Verfassung und Verwaltung des Deutschen Reiches
nebst wichtigen Nebengesetzen.

Ein Hilfsbuch für die Examina in Justiz und Verwaltung
sowie für die Doktorprüfung

Von

Dr. jur. M. Gebhardt
Gerichtsassessor a. D.

Berlin 1912.
J. Guttentag, Verlagsbuchhandlung,
G. m. b. H.

Roßberg'sche Buchdruckerei, Leipzig.

Vorwort.

Ich übergebe die vorliegende Bearbeitung der wichtigsten staatsrechtlichen Materien des Deutschen Reiches der Öffentlichkeit in einem neuen Gewande.

Hatte sich meine frühere Veröffentlichung desselben Stoffes viele Freunde erworben, so erhoffe ich das noch mehr von diesem Buche.

Es galt, viel Neues, sowohl auf dem Gebiete der Gesetzgebung wie auf dem der modernen Examensentwicklung, zu berücksichtigen.

Das ist selbstverständlich in vollstem Maße geschehen.

Insbesondere habe ich außer der Bearbeitung der heute geltenden Gesetze — vornehmlich der Reichsversicherungsordnung — den neuen Examenserlassen des Herrn Justizministers Rechnung getragen und den finanziellen Verhältnissen unseres Reiches große Sorgfalt gewidmet.

Ich glaube nach meiner langjährigen Vorbereitungserfahrung und Examenspraxis dem ausgesprochenen Zwecke des Buches — ein Hilfsbuch für die Examina sein zu sollen — gerecht geworden zu sein, und alles in dasselbe hineingetragen zu haben, was man billigerweise von den Examinanden, sowohl des ersten wie des zweiten Staatsexamens, als auch der Doktorprüfung verlangen kann.

Berlin, Oktober 1912.

Corneliusstr. 2.

Gebhardt.

Inhaltsübersicht.

Erster Teil.

Zweiter Teil.

Staatsrechtsgeschichtliche Übersicht.

Erster Teil.

Grundbegriffe des Allgemeinen Staatsrechts.[1]

§ 1.

I. **Staatsrecht ist öffentliches Recht.**

Das öffentliche Recht hat die Aufgabe, die Interessen der Gemeinwesen zu ordnen und zu schützen.[2]

Es umfaßt alle Rechtsdisziplinen mit Ausnahme des Privatrechts, also Staatsrecht, Völker- und Kirchenrecht.

Schon die Römer definieren: „Publicum ius est, quod ad statum rei Romanae spectat (§ 4 J. I, 1 und L. 1 § 2 D. 1, 1). Dabei hatten sie aber nur ein einzelnes (ihr eigenes) Staatswesen im Auge, die Rechtsbeziehungen der Staaten untereinander — das Völkerrecht — war ihnen unbekannt.[3]

II. **Staatsrecht im weiteren Sinne** ist der Inbegriff aller Normen, die sich auf die Rechtsverhältnisse der Staaten (Staatenverbindungen) und kommunaler Verbände beziehen.

Es gehören aber außer den sich auf die politischen Gemeinwesen beziehenden Rechtssätzen zum Staatsrecht im wahren Sinne noch die sich auf die Rechtspflege beziehenden Normen (Zivil-, Strafprozeß, Strafrecht) und das Verwaltungsrecht.

III. **Verwaltungsrecht** umfaßt die Rechtsregeln über die Organisation der Verwaltungsbehörden, insbesondere über diejenigen Funktionen des Staates und kommunaler Kreise, welche man im Gegensatz zur Gesetzgebung und Rechtsprechung die regierende Tätigkeit der Staatsgewalt nennt.

Neben dem Hauptgebiete der inneren Verwaltung kommen hierbei die auswärtigen, die Heeres- und Finanzangelegenheiten in Frage.

---

[1] Bornhak, Allgemeine Staatslehre, Berlin 1896; v. Gerber, Grundzüge . . ., 3. Aufl., Leipzig 1880.

[2] Vgl. Gareis, Rechts-Enzyklopädie, 3. Aufl., 1905, § 37.

[3] Vgl. Meyer-Anschütz, Deutsches Staatsrecht, 6. Aufl., 1905, § 15 II.

IV. Der nach Ausscheidung dieser Materien noch übrigbleibende Teil des Staatsrechts wird als

Staatsrecht im engeren Sinne oder **Verfassungsrecht**

bezeichnet.[1]

V. **Verfassungsrecht.**

a) Staatsverfassung ist die Organisation der Staatsgewalt.[2]

b) **Verfassungsrecht** ist der Inbegriff der Rechtssätze, welche über Innehabung und Ausübung der Staatsgewalt, über Regelung der allgemeinen Staatsfunktionen Bestimmungen treffen.[3]

Diese Rechtssätze sind zumeist in der Verfassungsurkunde des modernen Staates niedergelegt. Indessen enthalten einerseits die Verfassungsurkunden jenes, das sog. materielle, Verfassungsrecht nicht immer vollständig, andererseits enthalten sie auch anderweitige Normen (Prozeß-, Privatrecht), um diesen höhere Bedeutung beizulegen.

c) Übrigens versteht man unter „Verfassung" im gemeinen Sprachgebrauch auch die Summe gewisser konstitutioneller Einrichtungen, die den Herrscher beschränken.

VI. **Gegensätze.**

1. Das Staatsrecht, der Zweig der Rechtswissenschaft, welcher die auf die politischen Gemeinwesen bezüglichen, öffentlichrechtlichen Normen enthält, steht im Gegensatz zum Privatrecht und zum Völkerrecht.

a) **Privatrecht** oder bürgerliches Recht ist der Inbegriff derjenigen Rechtssätze, welche die vermögens- und familienrechtlichen Beziehungen der einzelnen Privatpersonen regeln.

Die Grenzen zwischen öffentlichem Recht und Privatrecht sind oft flüssig.

Die oben zitierte, von den Romanisten übernommene Definition und Unterscheidung Ulpians nach dem Interesse des Einzelnen und der Gesamtheit ist unbrauchbar, weil die beiden Interessen heute vielfach zusammenlaufen.

Man muß den Gegensatz aus dem Wesen der einzelnen Rechtsinstitute entnehmen. Wenn heute das Wesen eines Rechtsinstitutes von dem Grundsatze des staatlichen Herrschaftsrechts bestimmt ist, so hat man es dem öffentlichen Rechte zuzuzählen.[4]

---

[1] Meyer-Anschütz § 15 II 3.

[2] Loening im Handwörterbuch der Staatswissenschaften, 3. Aufl., Bd. 7, Art. Staat S. 692 ff. (V S. 717).

[3] Loening a. a. O.

[4] Vgl. Bornhak, Das Verwaltungsrecht in Preußen unter dem BGB., Berlin 1899, S. 2/3.

Handelt es sich nur um Rechte und Pflichten der Untertanen zueinander, so ist es Privatrecht.

b) **Völkerrecht** umfaßt die durch Gewohnheit und namentlich neuerdings mehr noch durch Verträge geregelten Beziehungen der Staaten zueinander, soweit sie nicht rein vermögensrechtlicher Natur und darum dem Privatrecht zugehörig sind.[1]

2. Im Staatsrecht dreht sich alles um den Staat und die Obrigkeit. Es geht aus von der Subordination, im Privat- und Völkerrecht herrscht Koordination.

3. Erwähnt sei auch das **Privatfürstenrecht.** Dasselbe regelt die Vermögens-, Familien- und Erbrechte des hohen Adels, gehört zwar dem Privatrecht an, ist indessen nicht ohne Einfluß auf das Staatsrecht, insbesondere die Thronfolge.[2]

4. **Sozial-Genossenschaftsrecht.**

a) Der Mensch als Individuum hat Interessen, deren Gesamtheit seine Interessensphäre, seinen Lebenskreis bilden (Ordnung derselben durch das bürgerliche Recht).

b) Das Individuum ist aber auf Assoziation, auf Gemeinleben angewiesen; es ist ein *ζῶον πολιτικόν*.

c) Als Verbände treten auf: Familien, Stämme, Vereine, Körperschaften, Staaten, Religionsgenossenschaften.

d) Diese bilden wieder ein Ganzes für sich und haben eine eigene Interessensphäre.

e) Die Normen, welche diese Verbände regeln, sind Sozialrecht, Genossenschaftsrecht.

f) Das Verhältnis der Einzelindividuen zu den Verbänden ist verschieden geartet, es ist entweder ein auf gleichartigen Interessen beruhendes Koordinations- oder ein Subordinationsverhältnis.

g) Nur die Staaten und die Religionsgemeinschaften zeigen ein „Herrschaftsverhältnis". Die hier entwickelten Rechtsdisziplinen, das Staats- und das Kirchenrecht, gehören daher dem öffentlichen Recht, die Beziehungen der Individuen zu den anderen Verbänden gehören dem Privatrecht an.

h) Dies ist insbesondere der Standpunkt v. Gerbers.[3] Andere, insbesondere Gierke,[4] leugnen, daß die Verwirklichung der Herr-

---

[1] Vgl. Triepel, Völkerrecht und Landesrecht, 1899.

[2] Vgl. Rehm, Modernes Fürstenrecht, 1904.

[3] C. F. v. Gerber, Grundzüge eines Systems des Deutschen Staatsrechts, 3. Aufl., 1880, § 1.

[4] Gierke in Zeitschrift für Staatswissenschaft S. 302, in Schmollers Jahrbuch S. 1125.

schaftsidee sich auf Staat und Kirche beschränke und behaupten die Gleichartigkeit des Staates mit anderen menschlichen Gemeinwesen.

VII. **Einteilungen.**

Man unterscheidet:

1. **Allgemeines und besonderes Staatsrecht.**[1]

a) Das allgemeine Staatsrecht ist das Recht nicht eines einzelnen Staates, sondern des Staates überhaupt. „Es ist die systematische Betrachtung derjenigen Rechtssätze, durch welche in den verschiedenen Staaten die Vertretung der Herrschaftsinteressen (in Gesetzgebung und Verwaltung) rechtlich gesichert ist.“ (Gareis.)

Das allgemeine Staatsrecht ist demnach verschieden von der philosophischen Lehre vom besten Staate oder dem Staatsideale, welches das Ergebnis des Nachdenkens ist, während das allgemeine Staatsrecht auf Beobachtung und Erfahrung beruht.

Das allgemeine Staatsrecht ist nicht nur ein Teil der Rechtswissenschaft überhaupt, sondern auch der Staatswissenschaft (vgl. unten).

b) Das besondere Staatsrecht ist dasjenige eines einzelnen bestehenden Staates. Auf ihm baut sich zum Teil die Theorie des allgemeinen Staatsrechts auf, insofern sie eine vergleichende, die Unterschiede betrachtende Darstellung der existierenden herrschenden Gemeinwesen ermöglicht.[2]

2. **Äußeres — inneres Staatsrecht.**

a) Das äußere Staatsrecht ist nicht identisch mit Völkerrecht. Es regelt nur die Verhältnisse des einzelnen Staates zu anderen (Handels-, Konsularverträge), stellt nicht völkerrechtliche Normen für den Gesamtstaatenverkehr auf.

b) Das innere Staatsrecht betrifft die Untertanen.

3. **Deutsches Reichs- und Landesstaatsrecht.**

A. Im alten Deutschen Reich unterschied man:
   a) Reichsstaatsrecht,
   b) Territorialstaatsrecht.

B. Im Deutschen Bunde:
   a) Bundesstaatsrecht,
   b) Partikuläres Staatsrecht.

C. Im Norddeutschen Bunde:
   a) Bundesstaatsrecht,
   b) Partikuläres Staatsrecht.

---

[1] Vgl. Meyer-Anschütz § 18 und Gareis a. a. O. § 39 und die dort zitierten, namentlich Bluntschli, Allgemeine Staatslehre S. 11 ff.

[2] Gareis a. a. O. § 39; Meyer-Anschütz a. a. O. § 18 a. E.

D. Im heutigen Deutschen Reich:
a) Reichsstaatsrecht,
b) Landesstaatsrecht.

Das Reichsstaatsrecht fließt aus einer Quelle und ist ius cogens. Das Landesstaatsrecht wird aus den 25 Einzelstaaten hergeleitet. Die gemeinsamen Institute sind allgemeines Recht.

Mit dem Untergange des alten Deutschen Reiches schwand übrigens das gemeine deutsche Staatsrecht an sich nicht. Seine Beseitigung erfolgte erst mit der Aufnahme des konstitutionellen Staatsrechts in die modernen Verfassungsurkunden, wodurch das öffentliche Recht der Einzelstaaten eine neue Gestalt in Widerspruch mit den Grundsätzen des gemeinen deutschen Staatsrechts erhielt.[1]

VIII. **Staatswissenschaft.**

Das Staatsrecht hat es nur mit Rechtsnormen zu tun.

Man kann den Staat jedoch auch von wirtschaftlicher und ethischer Seite betrachten. Die Gesamtheit dieser Zweige bilden die Staatswissenschaft.

Es gehören dahin:

1. Allgemeine Staatslehre, welche Entstehung, Organismus, Zweck des Staates erforscht,
2. Politik mit ihren Unterabteilungen, Gesetzgebungs-, Verwaltungspolitik, Polizei- und Finanzwissenschaft, Wirtschafts- und Sozialpolitik,
3. Staats- und Staatengeschichte, theoretische Volkswirtschaftslehre, Forst-, Berg-, Handelswissenschaft,
4. Statistik.

§ 2. Quellen des Staatsrechts.

Quellen sind **Gesetz** und **Gewohnheit.**[2]

1. **Gesetz.** Während Gesetz im weiteren Sinne jede Rechtsnorm ist (vgl. Art. 2 EG.BGB.), versteht man unter Gesetz im engeren Sinne den in einer Schrifturkunde formulierten, verfassungsmäßig erklärten Willen der gesetzgebenden Gewalt über Rechtsverhältnisse. (Dernburg, Pand. Bd. 1 § 23.)

a) **Verfassungsurkunde.** Als Quelle des Staatsrechts gilt vornehmlich die Verfassungsurkunde (sog. Staatsgrundgesetz) eines Staats, welche das Verhältnis der Regierung zu den Regierten, die Machtstellung der ersteren, die Rechtsstellung der letzteren regelt.

---

[1] Bornhak, Grundriß des Deutschen Staatsrechts, 1907, § 2 S. 11/12.
[2] Vgl. Meyer-Anschütz a. a. O. § 16.

Unterschied von Verfassung und Gesetz. Die Normen der Verfassungsurkunde sind insofern fester gefügt, wie die eines gewöhnlichen Gesetzes, als sie auch den zukünftigen Gesetzgeber binden und nicht durch einfaches Gesetz, sondern nur durch eine neue Verfassung selbst geändert werden können.

b) **Statuten.** Neben Gesetzen können Statuten oder autonomische Satzungen Quelle für Staatsrecht sein. Der Staat duldet, daß öffentliche Korporationen in ihm, z. B. die Kirche, Provinzen, Kreise, Gemeinden, bindende Anordnungen treffen.

2. **Gewohnheitsrecht.** Die Gewohnheit bedarf auch zur Bildung von Staatsrecht neben dem gleichförmigen Handeln der Staatsorgane der opinio iuris vel necessitatis, d. h. des Willens, künftig in gleicher Lage ebenso zu handeln, in der Überzeugung einem Rechtszwange zu gehorchen.

Grund seiner Geltung ist nicht die stillschweigende Zulassung der Staatsgewalt, sondern die Volksüberzeugung (sog. Volkstheorie aus dem römischen Recht). Andere leiten die Rechtskraft der Gewohnheit her aus der Verjährung (Verjährungstheorie), Dritte aus dem tacitus consensus legislatoris (Gestattungstheorie).

Sie zeigt sich namentlich in den parlamentarischen Gepflogenheiten, die auf Präzedenzfälle zurückgehen.

a) **Die Kraft des Gewohnheitsrechts** ist nicht unbestritten. Herrschend ist die Ansicht, daß sie selbst Bestimmungen der Verfassungsurkunde derogieren kann. Nur Änderungen der Verfassungsform werden auf dem Wege der Gewohnheit nicht vor sich gehen.

b) **Observanz.** Als Unterart des Gewohnheitsrechts können Observanzen, d. h. Gepflogenheiten staatsrechtlicher Natur in öffentlichen Korporationen, die der Autonomie teilhaftig sind, vorkommen.

3. **Staatsverträge.** Staatsverträge zwischen einzelnen Staaten sind völkerrechtlicher Natur, daher an sich nicht Quelle des Staatsrechts. Soll ein Staatsvertrag für die Untertanen bindend sein, so muß ein besonderes Gesetz ergehen. Der Staatsvertrag selbst schafft nach innen wirkende Verbindlichkeiten noch nicht.

4. **Staatsrechtliche Verträge.** Etwas anderes sind staatsrechtliche Verträge, d. h. Verträge zwischen Staat und seinen Untertanen über Hoheitsrechte.

Wirtschaftliche Verträge des Staates. Schließt der Staat als Fiskus einen wirtschaftlichen Vertrag ab, so ist derselbe bürgerlicher Natur; andererseits sind die Verträge, die er z. B. mit der Kirche, den Ständen, oder einzelnen Personen (bei Amtsbestallung) abschließt, nach herrschender Ansicht einseitige staatliche Akte, und darum der Ausdruck „staatsrechtlicher Vertrag“ ungenau. Aus der Zeit der alten Deutschen gehören zu den Verträgen über Hoheitsrechte die Wahlkapitulationen; Rezesse einer Staatsregierung mit den Standesherren, insbesondere die Rezesse zwischen Rat und Bürgerschaft in den Reichsstädten.

§ 3. Das Wesen des Staates.

1. Man hat das Wesen des Staates vom geschichtlichen, philosophischen, theologischen, juristischen, volkswirtschaftlichen Standpunkt aus zu ergründen und darzustellen versucht und ist dabei naturgemäß zu sehr verschiedenen Ergebnissen gelangt.[1]

2. Der Name „Staat“ entstammt übrigens der für die „Stadtstaaten“ der griechisch-römischen Welt verwendeten Bezeichnung *πόλις, πολιτεία*, res publica (gebildet aus der Bürgerschaft, der civitas).[2]

Im Mittelalter benutzte man in Italien den landessprachlichen Ausdruck „stato“, um den Staatsbegriff der Stadtrepubliken zu bezeichnen.

Von Italien kommt das Wort und sein Begriff nach Frankreich als estat, état.

In Deutschland und speziell in Preußen hat es längere Zeit gedauert, bis sich das Wort „Staat“ zur heutigen Bedeutung durchrang, und erst das allgemeine Landrecht von 1794 hat dem Worte Staat „volles Bürgerrecht in der Sprache der Gesetze gegeben“ (Loening).

3. Mag man nun auch von den verschiedenen Ausgängen zu verschiedenen Erklärungen des Begriffes „Staat“ gelangen, mag man ihn als einen „Organismus“, als „Juristische Person“, als eine „geschichtliche Tatsache“, als „Gemeinwesen“, als „Gewaltverhältnis“ oder als „Rechtsbegriff“ hinstellen, so braucht man doch nicht zu der Auffassung zu gelangen, daß es einen einheitlichen Staatsbegriff in der Staatswissenschaft überhaupt nicht gebe, denn alles läuft in der Hauptsache doch darauf hinaus, daß zum Staat dreierlei gehöre: Ein Land, ein Volk und die Zusammenfassung beider unter einer höchsten Obrigkeit (Herrscher und Beherrschte).[3]

---

[1] Bornhak, Grundriß des deutschen Staatsrechts § 53; Loening im Handwörterbuch Bd. 7 (II S. 694).

[2] Vgl. zur Geschichte des Wortes „Staat“ Loening im Handwörterbuch Bd. 7, Art. Staat (I S. 692 ff.).

[3] Bornhak a. a. O. S. 231/232 § 53; Loening a. a. O. S. 694 (II, 1).

Somit kann man definieren: „Staat ist das seßhafte, rechtlich geordnete und dadurch zur Einheit erhobene Volk.“

I. **Land.**

a) Für einen Staat muß ein festes Landgebiet vorhanden sein. Das Volk muß bodenständig sein.

Nomadenstämme mögen Rechts- und Herrschaftsverhältnisse mit sich herumtragen, mögen den Keim eines zukünftigen Staates in sich haben, ein Staat selbst sind sie noch nicht. Es fehlt die Gebietskörperschaft, die Basis der Gebietshoheit, Essentialien des Staates.

Kraft seiner Gebietshoheit betätigt sich der Staat in doppelter Weise:

α. Positiv, insofern alle Personen, auch Ausländer (Exterritoriale ausgenommen), und Personenvereinigungen seiner Herrschaft unterworfen sind.[1]

β. Negativ, insofern andere Staaten von jeder Einwirkung auf sein Gebiet ausgeschlossen sind.

Eine Ausnahme bilden die sog. Staatsservituten:

natürliche, aus der Gebietsnachbarschaft folgende (Flußaufnahme),

konventionelle, wenn durch völkerrechtliche Verträge besondere Herrschaftsrechte (Festungs-, Bahnhofsanlagen) eingeräumt werden.

b) Die Grenzen des Staatsgebietes sind teils natürliche (offene Meere, Wüsten), teils durch Staatsverträge vereinbarte.

Völkerrechtlich gelten auch die Meeresküsten auf drei Seemeilen (Kanonenschußweite: Quousque mare a terra superari potest sagt Bynkershoek) als Gebietsbestandteil. Desgleichen geschlossene Meere, Schiffe auf offener See.

Unsere Schutzgebiete gelten völkerrechtlich als Inland,[2] die Wirksamkeit fremder Staaten auf sie ist ausgeschlossen.

c) Kondominate sind Gebiete, innerhalb deren die Herrschaftsrechte von mehreren ausgeübt werden.[3]

---

[1] Nach Meyer-Anschütz, Lehrbuch § 74, ist das Gebiet kein Objekt der Staatsherrschaft, es bestimmt nur den räumlichen Umfang derselben. Näheres über die Streitfrage in der Note 3 daselbst.

[2] Die Streitfrage, ob sie auch staatsrechtlich als Inland anzusehen seien, wie Zorn gegen die herrschende Meinung behauptet, wird bei ihrer Besprechung erörtert.

[3] Die Gemeinde Moresnet z. B. (Deutschland—Belgien). Nicht der Bodensee, dieser ist aufgeteilt.

d) Staatsgebiet ist möglicherweise Objekt des Erwerbes wie der Veräußerung (früher auch der Belastung).

Heute ist natürlich, im Gegensatz zum Patrimonialstaat des Mittelalters, der als Privateigentum des Landesherrn angesehen wurde und seiner Verfügung unterstand, stets Gesetz erforderlich.

II. **Volk.**

a) Ein Volk ist die dauernde Gemeinschaft von familienweise miteinander lebenden Menschen.[1]

Es ist die Gesamtheit der Staatsangehörigen (Staatsvolk) ohne Rücksicht auf ethnographischen oder sprachlichen Zusammenhang, d. h. Naturvolk oder Nation.

b) Mit Nation wird technisch die natürliche Gemeinschaft von Menschen bezeichnet, die verbunden sind durch gleichen Ursprung, gleiche Sprache, Religion, Gesittung und die sich als eine soziale Einheit fühlen.

c) Nation ist Unterart der Rasse, die nach Hautfarben bestimmt wird. Nation gliedert sich in Stämme (Sachsen, Schwaben, Bayern); der Stamm in Geschlechter, die Geschlechter in Familien.

d) Die Nation ist nicht Staat. Nation ist ein soziologischer, Staat ist ein rechtlicher Begriff.

Man unterscheidet:

α. Nationalstaaten. In der Hauptsache sind hier Staats- und Naturvolk identisch (Frankreich, Spanien).

β. Staaten mit nationalen Teilen, wo viele Staaten je einen Teil der Nation enthalten (z. B. die Staaten Deutschlands).

γ. Staaten mit nationalen Mischungen, z. B. Österreich. Häufig herrscht hier Nationalitätenkampf (so über Sprache im Amtsverkehr usw.). Seine Basis ist das

Nationalitätsprinzip, d. h. der Grundsatz, daß jede Nation berufen und fähig ist, für sich allein einen Staat zu bilden.

e) Vom Volk zu scheiden ist auch die **Gesellschaft.** Es sind das die zahlreichen Sonderkreise, zu denen sich die Volksgenossen vereinigen, um ihre Sonderinteressen vereint durchzusetzen (Zünfte, Adel).

III. **Staatsgewalt.**

A. **Wesen.** Das Wesen der Staatsgewalt ist ein oberstes Machtrecht (imperium). Sie duldet keine höhere Gewalt über und keine gleiche neben sich. Es ist eine rechtlich gestaltete Herrschaft, die aber doch gewisse Grenzen aufweist. Nach dem Vorgange des französischen

---

[1] Vgl. über den „Totemismus", Kohler in seiner Einführung, 2. Aufl., 1905, § 53.

Rechtsphilosophen Bodin (lebte unter Heinrich IV., 1576: „Six livres de la republique") bezeichnet man diese Herrschaft als die **Souveränität** (= suprematas, suprema potestas; Bodin spricht von puissance souveraine). Sie äußert sich als völkerrechtliche den anderen Staaten, als staatsrechtliche den eigenen Untertanen gegenüber.

Verschiedene Auffassungen: Die Gewalt und die Gehorsamspflicht sind göttlichen Ursprungs. Die Ausübung durch den Träger beruht auf einer göttlichen Stellvertretung.

Demgegenüber läßt die Theorie der Volkssouveränität jede Gewalt ursprünglich kraft eigenen Rechts beim Volke stehen. Das Volk überträgt sie durch Vertrag.

B. **Objekt** der Staatsgewalt sind Land (?) und Leute „quidquid et quis est in territorio, est etiam de territorio".

C. **Subjekt.** Wer Subjekt der Staatsgewalt sei, ist bestritten:

α. Das rechtlich geordnete, zur Einheit erhobene Volk, d. h. der Staat selbst (Meyer).

β. Das Staatshaupt (Bornhak, Seidel). Danach hat der Staat keine Rechtspersönlichkeit: L'état c'est moi (Louis XIV.). „Regis voluntas, suprema lex." Staat und Herrscher sind identische Begriffe.[1]

D. **Träger** der Staatsgewalt.[2] Träger der Staatsgewalt ist die Person oder Personenmehrheit, welcher die Staatsgewalt als eigenes Recht zusteht. Der Begriff ist für entbehrlich erklärt. Jellinek z. B. sagt: „Träger der Staatsgewalt ist der Staat und niemand anders."[3]

Richtiger unterscheidet Meyer: „Subjekt seiner Gewalt ist der Staat selbst, Träger der Staatsgewalt ist das oberste Organn des Staates, z. B. der Monarch."

E. **Organe** der Staatsgewalt sind diejenigen, durch die der Staat seinen Willen äußert.

Die Organe sind nicht Vertreter, die für den Staat handeln sondern Werkzeuge, durch die er handelt.

Auch diese Frage ist bestritten.[4] Richtig wird von Meyer der Unterschied dahin präzisiert, daß Organe Glieder des betreffenden Gemeinwesens sein müssen, während der Vertreter dem Vertretenen als völlig fremde Persönlichkeit gegenübersteht.

---

[1] Bornhak, Grundriß § 54 I.

[2] Vgl. zu diesem umstrittenen Begriff: Meyer-Anschütz, Lehrbuch § 5 2 Note 6.

[3] Jellinek, Staatslehre S. 506.

[4] Vgl. Meyer-Anschütz, Lehrbuch § 5 Note 3.

F. **Funktionen** der Staatsgewalt. Es sind insbesondere drei:

1. Der Staat gibt Gesetze, d. h. er stellt Normen auf, die von den Untertanen ein facere, non facere, pati verlangen (Legislative).[1]

2. Der Staat richtet, ahndet (Rechtspflege).

3. Verwaltung. Hierher gehört im Grunde alles, was nicht Gesetzgebung oder Rechtspflege ist: Exekutive.

Diese drei Funktionen sind die sog. „Trias politica" von Aristoteles (384—322). Aristoteles unterscheidet in seiner Politik:

τὸ βουλευόμενον (Gesetzgebung),
τὸ δίκαζον (Rechtsprechung),
τὸ περὶ τὰς ἀρχάς (Ämtergewalt).

G. **Die Lehre von der Teilung der Gewalten.**

a) Die mittelalterliche Staatslehre, auch soweit sie die monarchische Staatsform verteidigte, kämpfte bereits gegen die Ungebundenheit der königlichen Gewalt. Man wies nachdrücklich auf die aus der Religion, Moral und Gerechtigkeit folgenden Beschränkungen derselben hin.

b) In der Theorie dieser neuen Lehre tat Locke (1689) den ersten Schritt durch die Aufstellung des Grundsatzes von der Teilung der Gewalten und der Sicherstellung der Rechte des Volkes.

c) Unter seinen Nachfolgern nimmt Montesquieu (1689—1755) den ersten Platz ein, der in seinem „Esprit des Lois" (1748) durch eine falsche Auffassung der englischen Verfassung[2] zu jenem Staatsschematismus gelangte, dessen Grundgedanken er in der Lehre vom Gleichgewichte der drei Gewalten, der gesetzgebenden richterlichen, und ausübenden aufstellte. (Pouvoir législatif; p. judiciaire; p. exécutif.)

d) Diese Gewaltenteilung glaubte Montesquieu in England so durchgeführt, daß sie zugleich eine Mischung von drei Staatsformen, der Monarchie, Aristokratie und Demokratie, enthalte.

Die Exekutive solle dem Könige, die Rechtsprechung dem Volke, die Gesetzgebung einer gemischt aristokratisch-demokratischen Versammlung zustehen.

e) Eine so systematische Trennung der Gewalten war jedoch in der englischen Verfassung keineswegs durchgeführt und ist auch kaum möglich, weil Gesetzgebung, Verwaltung und Rechtspflege keine selb-

---

[1] Über die Streitfrage, ob ein Rechtssatz bzw. ein Gesetz eine allgemeine Regel enthalten müsse, vgl. Meyer-Anschütz, Lehrbuch § 8 Note 2.

[2] Vgl. Loening im Handwörterbuch Bd. 7 S. 713.

ständigen Gewalten, sondern Ausflüsse der einheitlichen Staatsgewalt sind. Die Gesetzgebung ist auch den anderen übergeordnet.[1]

f) Bei den Römern findet sich eine Trennung der Funktionen in imperium, jurisdictio und auspicia. Im mittelalterlichen Staate standen sich die Unterarten der Banne gegenüber: Heerbann, Gerichtsbann und Schutzgewalt (Vogtei).

Im modernen konstitutionellen Staat ruht die Gesetzgebung bei Monarch und Volksvertretung; die Rechtsprechung erfolgt durch unabhängige, nur dem Gesetz unterworfene Richter, die der Monarch ernennt. Die Exekutive steht dem Monarchen zu, der sich der verantwortlichen Minister bedient.

H. **Rechtsgrund der Staatsgewalt.**

a) Mit der Existenz eines Staates ist auch zugleich eine höchste Gewalt notwendig. Die Frage nach der Berechtigung des Staates fällt daher zusammen mit der Frage nach der Berechtigung der Staatsgewalt.

Die Frage nach dem Rechtsgrund der Staatsgewalt könnte dagegen für sich erörtert werden, ohne die nach der Berechtigung des Staates in dem Falle, wo es sich nicht um Staatenneubildung, sondern um Verfassungsänderung eines bestehenden Staates handelt. Hier taucht alsdann die Frage nach der Legitimität oder Illegitimität der Staatsgewalt auf.[2]

b) Man pflegt bei den Erörterungen über den Rechtsgrund die **historischen** den **rationellen,** d. h. naturrechtlichen Theorien gegenüberzustellen. Indessen sind die Zugehörigkeitsgrenzen verwischt; so zählen einige die Theorie von der Übermacht zu den historischen, andere stellen sie als den Ausfluß naturrechtlicher Auffassung hin.

α. Über den historischen Theorien, d. h. denen, welche die Entstehung des Staates und der Staatsgewalt geschichtlich zu erklären suchen, steht die

theokratische. Sie ist im Mittelalter die herrschende gewesen. Der Staat ist danach eine göttliche Stiftung, die sittliche Weltordnung Gottes, eine wesentliches Stück des Weltplanes. Er sei schon vor, jedenfalls mit den Menschen geschaffen worden, nicht etwa habe sich die Menschheit aus anfänglicher Wildheit allmählich zur bürgerlichen Gesellschaft, genannt Staat, entwickelt.

Die daraus hergeleiteten Ansprüche der Kirche und der Wider-

[1] Vgl. hierzu Meyer-Anschütz, Lehrbuch § 54, aber auch Loening im Handwörterbuch Bd. 7 S. 712 ff.

[2] Vgl. Meyer-Anschütz, Lehrbuch § 7.

spruch der weltlichen Macht charakterisieren sich z. B. in der Zweischwerterlehre des Sachsen- und des Schwabenspiegels.

In Deutschland wird die Idee in der Mitte des 19. Jahrhunderts von Friedr. Jul. Stahl, einem rechtsphilosophischen Staatsmann, von neuem vertreten. Stahl war Professor in Erlangen, Würzburg, später in Berlin. Sein Hauptwerk: Philosophie des Rechts, 1830 ff. Stahl trat auch besonders für eine verfassungsmäßige, aber starke Monarchie ein.

Die Lehre, daß Staat und Gesellschaft überall in den ewigen Grundsätzen des Christentums ihre notwendige Grundlage habe, schwebt ziemlich in der Luft und mußte seit der Reformation anderen Auffassungen weichen.

β. Rein historische Theorien von geringerer Bedeutung waren neben der erstbesprochenen die sog. patriarchalische, sodann die patrimoniale und endlich die Theorie der Übermacht.

αα. Die patriarchalische Staatstheorie erklärt den Staat als eine Erweiterung und Vererbung der väterlichen Gewalt.

ββ. Die patrimoniale Theorie betrachtet die Staatsgewalt als ein Akzessorium zum Eigentum des Herrschers am Grund und Boden des Staates. In der Tat galt der mittelalterliche Staat vielfach als Privateigentum des Herrschers, der über Land und Leute nach Belieben verfügen konnte.

γγ. Die Machttheorie. Sie stellt den Staat als ein tatsächliches Gewaltverhältnis hin. Dem Willen des Herrschers haben die Beherrschten zu gehorchen, und er verfügt über die äußeren Machtmittel, um etwaigen Widerstand gegen seine Befehle zu beugen.

Schon Plato berichtet von der Auffassung griechischer Philosophen, die den Staat nur auf der Macht beruhend angesehen hätten und neuerdings war es Spinoza (Portugiese, 1632 in Amsterdam geboren, 1677 gestorben, Philosoph), welcher wissenschaftlich die Theorie begründete, daß der Staat nur Tatsache, das Recht nur Macht sei (Tractatus politicus 1677). Spinoza erklärt die Freiheit als den Endzweck des Staates und sieht in der demokratischen Republik die sicherste Basis dieses Endzwecks.

Auch von Haller (1816) begründet den Staat auf Naturgesetz, der Überlegene, der Mächtigere herrsche, die Unterworfenen fügen sich, weil es ihnen nützlich sei. Der Staat sei eine auf göttlichem Gesetze beruhende Tatsache, der Herrscher sei von Gottes Gnaden.

Neuerdings hat auch v. Seydel (Grundzüge 1873 usw.) die Theorie aufgestellt, daß der Staat nur ein tatsächliches Verhältnis der Herrschaft der Gewalt sei. „Staat ist die unter einem Herrscherwillen vereinigte Gesamtheit der Menschen eines Landes.“

Sehr richtig führt demgegenüber Loening aus,[1] **daß die Herrschaft unmöglich allein auf der Gewalt beruhen könne, es müsse bei den Beherrschten das Bewußtsein der Notwendigkeit dieser Gewalt vorhanden sein.** Deshalb sei der Staat nicht ein Gewalt-, sondern ein **Rechtsverhältnis.**

γ. Zu den sog. rationellen Theorien zählt:

αα. Die **Vertragstheorie.**

Hugo Grotius (1583—1645), der Vater des neueren Naturrechts, entwickelt zuerst die Lehre, daß alles positive Recht in der Gesellschaft aus der Übereinkunft abzuleiten sei, also auch die Gesellschaft selbst — der Staat — nicht auf einer göttlichen Ordnung beruhe, sondern auf einem Vertrage.

Mittels eines Vertrages hätten sich ursprünglich freie und gleiche Naturmenschen in eine Staatsgemeinschaft begeben.

Weiter ausgebildet wurde diese Lehre von Hobbes (englischer Philosoph, 1588—1679), welcher jedoch noch eine entschiedene Vorliebe für die monarchische Verfassung zur Schau trug, während seine Nachfolger aus denselben Prämissen die Theorie der Volkssouveränität ableiteten.

Der Begründer der Theorie von der Volkssouveränität und im Zusammenhang damit von der Lehre der Einheitlichkeit der Staatsverfassung (s. u.) ist Johannes Althusius (1557—1638). Wenn der Staat begründet werde durch Vertrag freier und gleicher Menschen, so könne es eine andere Quelle der Staatsgewalt als den Willen der freien Menschen nicht geben. Das Majestätsrecht stehe auch nur dem Volke zu, welches sich seiner nie entäußern könne. Eine Zession der Staatsgewalt durch Vertrag sei undenkbar, das souveräne Volk bestelle sich nur Bevollmächtigte, die in seinem Namen die staatlichen Funktionen ausübten. Bei Mißbrauch könne das Volk die Vollmacht entziehen — es habe das ius exauctorationis.[2]

Die Lehre des Althusius von der Volkssouveränität wurde $1^1/_2$ Jahrhundert später von Rousseau wieder aufgenommen. Rousseau (1712 bis 1778; Hauptwerk: „Le contrat social) ist der begeisterte Vorkämpfer der unveräußerlichen und unzerstörbaren Volkssouveränität, dessen Lehren von großem Einfluß auf die Französische Revolution wurden. Seine Lehre ist in Frankreich und den romanischen Ländern noch heute die herrschende.[3]

---

[1] Art. Staat im Handwörterbuch Bd. 7 S. 697.

[2] Gierke, Joh. Althusius und die Entwicklung der naturrechtlichen Staatstheorien, 2. Aufl., 1902.

[3] Vgl. Loening a. a. O. S. 718.

Auch nach **Kant** (1712—1778) ist der Staat eine Vereinigung von Menschen unter Rechtsgesetzen.

Die Lehre vom Vertragsstaate ist durch die Wirklichkeit nicht gestützt, eine vertragliche Staatengründung ist nicht nachweisbar; andrerseits beruht sie auf einem logischen Irrtum, insofern sie den Vertrag, also einen Rechtsakt, zur Schaffung des Staates verwertet, während der Staat erst Recht schaffen soll.

ββ. **Die ideale Theorie.**

Der Staat verdankt seine Entstehung der vernünftigen Erwägung, daß ein Gemeinwesen und eine Gewalt die notwendigen Grundlagen des Miteinanderlebens von Menschen sind.

7. **Zweck des Staates** (Staatsteleologie).

Die Frage nach dem Zweck wird ebenso verschieden beantwortet wie die nach dem Ursprung.

a) Die Anhänger der Theorie der göttlichen Stiftung lassen natürlich auch den Zweck göttlicher Art sein: Der Staat dient der Verwirklichung des göttlichen Willens. Eigentlich bedient sich Gott in seiner Weltordnung des Staates als Mittel, um die Menschheit höheren Zielen zuzuführen. Man spricht wohl auch von der

Theorie des Sittengesetzes.

b) Die Lehre des Naturrechts vom Vertragsstaate stellt als Zweck dieses Vertrages, d. h. des Staates, die salus publica auf: „Salus publica suprema lex esto.“ (Fichte, Hegel.) Man spricht von der

Wohlfahrtstheorie (Eudämonismus).

In ihrer Ausartung wird sie nicht selten zu einer Bevormundung des Volkes, zum sog. Polizeistaat führen. Wenn aber die staatliche Fürsorge, wie z. B. im Merkantilsystem, nur darauf hinausläuft, seine Hauptgrundlage, die Steuerkraft der Untertanen zu heben, so wird der Haß gegen den Polizeistaat, die Reaktion gegen ihn, im Wege der Revolution verständlich.

c) Die Theorie des **Rechtszweckes** wollte ebenfalls als Reaktion gegen den Polizeistaat die Grenzen der staatlichen Wirksamkeit wieder enger ziehen und sich ausschließlich auf den Schutz des Rechts beschränken (Kant).

Auf wirtschaftlichem Gebiete begegnet sich diese Theorie mit dem sog. Manchestertum,[1] d. h. den Bestrebungen des Freihandels.

[1] In Manchester begründete Cobden 1839 die freihändlerische Bewegung gegen die Kornzölle in England.

Dessen „laissez faire, laissez aller" verneint die Zulässigkeit des staatlichen Eingreifens in Handel und Wandel. Es soll alles der eigenen Verantwortlichkeit des einzelnen überlassen bleiben.

Den Gegensatz dazu bildet der sog. Kathedersozialismus[1] (Schmoller, Ad. Wagner), welcher den Schutz des wirtschaftlich Schwachen durch den Staat fordert.

d) Endlich spricht man von der sog. **Vereinigungstheorie** oder Theorie von der Totalität des Staatszwecks. Der Staat bezweckt die Gesamtentwicklung des Volkes durch Schutz nach außen, durch Schutz des Rechts und der Moral im Innern, durch Pflege der gesamten Kulturaufgaben. Vgl. Einleitung zur Verfassung des Deutschen Reichs: „Zum Schutze des Bundesgebietes und des innerhalb desselben gültigen Rechts, sowie zur Pflege der Wohlfahrt des deutschen Volkes."

§ 4. Die Staatsformen.

1. Der Ausdruck „Staatsform" will die Gattungen und Arten der Staaten bezeichnen.

2. Wie die meiste Wissenschaft vom Staate, sind auch diese Lehren von den Griechen ausgegangen.

Herodot, Plato und Aristoteles unterschieden die ihnen bekannten Staaten je nachdem sie unter der Person eines Alleinherrschers oder unter der eines bevorrechtigten Standes oder unter der Herrschaft der gesamten Bürgerschaft standen, in

Monarchie, Aristokratie, Demokratie.

Die beiden letzteren faßt man heute (seit Machiavelli) unter dem Begriff **Republik** zusammen.

3. Der Einteilungsgrund wäre hierbei also die Person des Herrschers.

Es sind aber die verschiedensten Einteilungsgründe denkbar, so neben den nach der rechtlichen Organisation der Staatsgewalt die Einteilung nach ethisch-politischen Prinzipien, und so gelangt die Wissenschaft zu den sog. gemischten Staatsformen, von denen bereits Aristoteles und Polybius (Geschichtschreiber im 2. Jahrhundert v. Chr.) handeln.

---

[1] Nicht zu verwechseln mit dem Staatssozialismus, der nationalökonomischen Richtung, welche an Stelle der Privatwirtschaften die Gemeinwirtschaft des Staates oder der Kommunen setzen will, indessen — im Gegensatz zur Sozialdemokratie — unter Beibehaltung der konstitutionellen Monarchie.

4. Bereits Aristoteles hatte den drei Grundformen drei Abarten zur Seite gestellt: Die **Tyrannis** (oder Despotie), die **Oligarchie** und die **Ochlokratie**, je nachdem einer oder mehrere, oder der ganze Pöbel sich in illegitimer Weise die Herrschaft in eigenem Interesse anmaßen.

Aristoteles erkannte aber auch, daß es Staaten gebe, die nicht rein unter eine dieser Typen fielen; und da sein Bestreben darauf ging, eine ideale Verfassung zu finden, die die beste für alle Staaten wäre, legte er den Grund für die z. B. von Polybius weiter ausgebildete Idee, daß in einem Gemisch monarchischer, aristokratischer, demokratischer Elemente (Sparta, Rom) die beste Verfassung zu suchen sei.

Die Theorie von der gemischten Verfassung hat bis in das Mittelalter hinein stets zahlreiche Anhänger gefunden.

5. Den herkömmlichen drei Formen wollte man neuerdings (Waitz, v. Treitschke) eine vierte, die sog. **Theokratie**, oder wie Bluntschli ausdehnend wollte, die **Ideokratie** anreihen.[1]

Die Theokratie führt den Grund der Staatsherrschaft auf den Willen der Gottheit zurück. Gott ist Träger der Staatsgewalt. Eine andere Person ist der Inhaber, d. h. der zur Ausübung der Herrschaftsrechte Befugte. Er herrscht im Namen und Auftrage der Gottheit.

In der Ideokratie ist ebenfalls keine menschliche Obrigkeit anerkannt, sondern als Herrscher erscheint ein Gott, ein übermenschlicher Geist oder eine Idee.

Diese Lehre hat wenig Anklang gefunden.

6. Dadurch, daß die Staatsrechtslehrer fast stets von verschiedenen, oft auch durcheinandergehenden Einteilungsgrundsätzen ausgegangen sind, lassen sich in den späteren Zeiten eine unendlich große Zahl und Art von Staatsformen in der Wissenschaft verfolgen.

Alle diese Versuche von Montesquieu mit seiner Despotie, Monarchie, Republik angefangen, über Haller (Fürstentümer — Freie Kommunitäten), Schleiermacher, Kant, Mohl usw., haben heute kaum noch Anspruch auf Beachtung, denn der Staat der heutigen Welt beruht einfach auf zwei Grundgegensätzen — dem Prinzip der **Monarchie** und dem der **Volkssouveränität**.

---

[1] Vgl. J. C. Bluntschli, Lehre vom modernen Staat, Stuttgart 1875, Bd. 1 S. 371 ff.; Meyer-Anschütz, Lehrbuch § 9 (A. 4) und Loening, Handwörterbuch 7 S. 719.

A. Monarchie.

1. Die Monarchie ist diejenige Form des Rechtsstaates, an welcher die Ausübung der höchsten Staatsgewalt sich in Besitz eines einzelnen befindet, der hierzu durch Wahl oder nach dem Grundsatz der Erblichkeit berufen ist.

2. Das Wesen der Monarchie wird darin gefunden, daß der Monarch nicht kraft der Bestallung der Allgemeinheit herrscht und handelt, daß er vielmehr kraft ureigenen Rechts das höchste Organ der Allgemeinheit ist. Er erhält nicht das Recht, sondern er hat das Recht der Regierung.[1] Dies auch in der Wahlmonarchie.

3. Die Monarchie kommt — abgesehen von der erblichen und Wahlmonarchie — nur in zwei Arten vor, je nachdem nämlich:

a) die Einherrschaft eine **unbeschränkte** (absolute) oder

b) **beschränkte** (konstitutionelle, repräsentative) ist.

4. Zu a. Zur unbeschränkten Einherrschaft sei bemerkt, daß diese Art der Staatsverfassung zwar die Existenz einer Verfassungsurkunde oder sonstiger Grundgesetze des Staates nicht ausschließt, deren Innehaltung das Staatsoberhaupt bei der Krönung verspricht, indessen ist die Sicherheit diesbezüglich eine schwache, weil der Monarch kraft seines Herrscherrechts als Inhaber der höchsten Gewalt jede Bestimmung zu jeder Zeit aufheben oder abändern kann.

Die Rechte der Untertanen der absoluten Monarchie sind im übrigen die in jedem Rechtsstaate gültigen, nur ist jede mittelbare oder unmittelbare Teilnahme des Volkes an der Regierung oder in der Beschränkung des Willens des Alleinherrschers völlig ausgeschlossen. Das Volk ist lediglich Objekt.

Die absolute Monarchie ist in Europa erst spät erwachsen. Zuerst in Frankreich seit Ludwig XIII. Sie löste die ständische Monarchie ab. (Richelieu, Mazarin u. a. begründeten den Begriff der absoluten Monarchie aus der Heiligen Schrift.)

Eine Entartung der absoluten Monarchie ist die Despotie. Hier steht nicht nur das öffentliche, sondern auch das Privatrecht in der Gewalt des Herrschers. (Regis voluntas — summa lex; rex legibus solutus est.)

5. Zu b. Die beschränkte Monarchie. Auch hier ist der Monarch Träger der Staatsgewalt, jedoch ist das Volk an der Regierung beteiligt. („Zusammenwirken des monarchischen Willens mit den Überzeugungen des Volkes." Bismarck, Jena.)

---

[1] Vgl. z. B. Kohler, Einleitung § 57.

Die repräsentative Monarchie erscheint in zwei Unterarten:

α. Der Monarchie mit ständischer Vertretung und

β. der Monarchie mit allgemeiner Volksvertretung.

Zu α: Die Monarchie mit ständischer Vertretung beruht auf dem Gedanken, daß das Volk aus einer Zusammensetzung von vielerlei Personenklassen, d. h. Ständen, besteht, die sich meist durch Geburt, Vermögen oder Amt auszeichnen, woraus teils Interessengleichheit, teils Gegensätze erwachsen.

Je ausgebildeter das Volksleben ist, desto zahlreichere Unterscheidungen der Stände werden sich zeigen.

Ältere Staatsrechtslehrer, z. B. Bluntschli, sind warme Befürworter dieses Repräsentativsystems gewesen.

Zu β: Die beschränkte Monarchie mit allgemeiner Volksvertretung beruht auf dem Grundsatze, daß nicht den einzelnen Bestandteilen des Volkes, sondern seiner Gesamtheit ein Recht auf Mitwirkung bei Ausübung der Staatsgewalt zustehe.

Das Volk übt in den größeren Staaten der neuen Zeit die Mitwirkung nicht selbst aus, sondern durch Abgeordnete, die als Vertreter der Volksgesamtheit erscheinen.

Diese Mitwirkung des Volkes ist eine verfassungsmäßige Selbstbeschränkung des Monarchen, die indessen nur so weit geht, als dies gesetzlich ausgesprochen ist, so daß eine gesetzliche Vermutung für die freie Regierung des Monarchen besteht.

Die Repräsentativverfassung hat von England aus ihren Siegeszug durch die monarchischen Staaten des Kontinents im Laufe des 19. Jahrhunderts vollzogen.

6. **Parlamentarismus.** Hierunter versteht man diejenige Art der repräsentativen Monarchie, in welcher der Monarch nicht mehr alle Rechte der Staatsgewalt in sich vereinigt.

Das Volk überträgt in der Verfassung die verschiedenen staatlichen Funktionen verschiedenen Trägern. (Locke, Montesquieu: Teilung der Gewalten.)

Die Gesetzgebung ruht bei der Volksvertretung — der Monarch hat nur ein Veto —; die Rechtsprechung steht unabhängigen Gerichten zu; die Exekutive dem Monarchen unter Verantwortlichkeit der Minister.

Der Monarch muß sich die Minister aus der Kammermajorität wählen.

Jedem Wechsel der Majoritäten muß er Rechnung tragen.

Für königliche Anordnungen, welche dem Willen der Kammermehrheit widersprechen, verweigert der Minister die Kontrasignatur.

Der Mehrheitswille wird durch Vertrauensvota dem Minister bekundet.

Wird dieses Votum versagt, muß der Minister zurücktreten.

Einen Zwang übt die Mehrheit gegenüber dem Minister aus durch Versagung der Geldmittel für die Staatsverwaltung.

In England — dem Urlande des Parlamentarismus — erfolgen die Geldbewilligungen in solchen Fällen nur für einen Monat.

Die Stellung des Königs bezeichnet hier das Wort: „Le roi règne, mais il ne gouverne pas."

So mündet die parlamentarische Monarchie in die Demokratie.

Der Monarch wird durch den Parlamentarismus politisch zur Untätigkeit verdammt (ein Souverain mit 100% Abzug).

B. **Der Staat der Volkssouveränität.**

1. In der Republik ist eine durch das Recht verbundene Mehrheit von Personen Inhaber der Staatsgewalt.

Im Gegensatz zur Monarchie werden in der Republik die Organe durch die Gesamtheit geschaffen.

Präsident oder Vorstand leiten die Geschäfte nicht, wie der Monarch, aus eigenem Recht, sondern weil sie dazu ernannt sind.

In der parlamentarischen Monarchie allerdings ist auch der Monarch — auch der erbliche — nur von Volkes oder Parlamentes Gnaden berufen. Er regiert nicht kraft eigenen Rechts, sondern kraft der Verfassung.

2. Republikanische Verfassungen scheiden sich in **Aristokratien** und **Demokratien,** je nachdem die Staatsgewalt nur einer Gruppe bevorrechtigter Staatsbürger oder der Gesamtheit der politisch berechtigten Staatsangehörigen zusteht.

Alle diese Begriffe fließen ineinander über, es kommt bei der Bezeichnung nur auf das Überwiegen an.

Ist z. B. in der Demokratie ein absolut gleiches Stimmrecht für alle — auch für die Enterbten der Nation —, so spricht man von Ochlokratie oder Demagogie. (Pöbelherrschaft im alten Griechenland.)

3. Im Mittelalter überwogen die Aristokratien, so in den italienischen Stadtstaaten, in den Landgemeinden der Schweiz, die sich mit Stadtstaaten zur Eidgenossenschaft verbanden.

Überbleibsel jener älteren Erscheinungen sind heute noch die Schweizer Kantone und die drei deutschen Hansestadt-Staaten.

4. In den modernen Republiken, welche mehrfach nach Beseitigung der früheren Monarchie zur republikanischen Verfassung übergingen, ist die Grundlage natürlich auch die Volkssouveränität und die Teilung der Gewalten.

Die Exekutive steht zumeist einem Präsidenten zu.

5. In der reinen — plebiszitären — Republik übt das souveräne Volk die obersten Regierungsrechte selbst aus (durch Plebiszite). Das Volk tritt auch selbst als Gesetzgeber auf.

In der repräsentativen Republik wählt das Volk bestimmte Organe für die Ausübung der Regierungsrechte. Dies ist z. B. scharf in Frankreich ausgebildet, wo sogar der Präsident erst von der Volksvertretung gewählt wird. Nur die Deputierten und Senatoren wählt das Volk noch alle 7 resp. 9 Jahre selbst. Eigentlich sind also die Volksvertreter die Träger der Souveränität.

6. Die Gesetzgebung kann in der Republik erfolgen durch:

α. **Referendum** oder

β. **Initiative.**

Das Referendum wird als Gesetzesvorlage dem Volke vorgelegt. Dieses entscheidet durch Plebiszit (Schweizer Landsgemeinde).

Bei der Initiative kann eine bestimmte Anzahl von Bürgern ein Gesetz vorschlagen und verlangen, daß das Volk in Komitien darüber abstimme.

§ 5. Einheitsstaat und Staatenverbindung.

I. Im Einheitsstaat leben die Genossen eines Volkes auf einem Gebiete unter einer Herrschergewalt.

Die innere Einteilung in Provinzen, Kreise, Gemeinden schafft keine unabhängigen Formationen, wenn ihnen auch eine gewisse Autonomie zusteht. Sie sind jedenfalls niemals souverän, sie sind wohl obere Gewalt (Obrigkeit), nicht aber oberste Gewalt.

II. **Zusammengesetzte Staaten.**[1] Die Verbindung der Staaten kann eine sehr mannigfache sein. Rechtlich zu scheiden sind zwei Gruppen:

Völkerrechtliche und staatsrechtliche Verbindungen.

A. **Völkerrechtliche Verbindungen.**

1. Solche bestehen darin, daß selbständige und selbständig bleibende Staaten gegenseitige rechtliche Beziehungen schaffen, die keine Unterordnung mit sich bringen, sondern nur frei gewollte, auf ihrem Willen beruhende, dem Völkerrecht entsprechende Ansprüche und Pflichten.

2. Hierher gehören die sog. **Realunionen.** Mehrere Staaten verbinden sich dauernd rechtlich und organisch. Es besteht ein einheitliches Thronfolgerecht. Auch einzelne gemeinsame Einrichtungen zur

---

[1] Vgl. Loening im Handwörterbuch Bd. 7 S. 724 ff.; Meyer-Anschütz §§ 12 ff.

Wahrung gemeinsamer Interessen werden geschaffen, z. B. Armee, Marine, Zollwesen. Dazu gewisse gemeinsame Organe. So besitzen z. B. Österreich und Ungarn einen österreichischen, einen ungarischen und einen Reichskriegsminister.

3. **Personalunion.** Keine Staatenverbindung entsteht dagegen durch die sog. Personalunion. Hier vereinigen sich die Träger der Staatsgewalt zufällig und vorübergehend in einer Person. Die äußere Vereinigung beruht auf dynastischer Erbfolge oder Vertrage (England-Hannover, Holland-Luxemburg, Preußen-Neuenburg, Belgien-Kongostaat).

4. Völkerrechtliche Staatenverbindungen sind auch die Staatenvereine, die man mit dem Namen **Staatenbund** bezeichnet.

a) Zweck derselben ist entweder nur die Förderung bestimmter Kulturinteressen (Weltpostverein usw.), oder es handelt sich

b) um einen engeren Zusammenschluß zu einem Ganzen (**Deutsche Bund** 1815: Geschlossen „zum Zwecke der Erhaltung der äußeren und inneren Sicherheit Teutschlands und der Unabhängigkeit und Unverletzbarkeit der einzelnen teutschen Staaten" — Art. 2 Bundesakte). Ähnlichen Charakter trugen die Republik der Vereinigten Niederlande (1576—1794), die Schweizer Eidgenossenschaft bis 1798 und von 1815—1848; die Vereinigten Staaten von Nordamerika (1776—1787).

In einem solchen Staatenbunde verzichten die konföderierten Staaten auf die Betätigung — nicht die Substanz — einzelner Hoheitsrechte.

c) **Allianzen.**

1. Zwar nicht zu Staatenverbindungen im vorigen Sinne, aber doch zu völkerrechtlichen Verbindungen zählen auch die Allianzen.

2. Sie erfolgen im Wege eines völkerrechtlichen Vertrages, eines Bündnisses (casus foederis).

3. Es ist nur ein Versprechen gegenseitiger Hilfe für einen bestimmten Fall. Eine vorübergehende politische Aktionsgemeinschaft — keine politische Lebensgemeinschaft. (So die „Heilige Allianz" 1815: Rußland, Österreich, Preußen. Der Dreibund: Deutschland, Österreich, Italien 1879/1881.)

B. **Staatsrechtliche Verbindungen.**

1. Solche sind die zusammengesetzten Staaten oder Staatenstaaten.

Hier sind nichtsouveräne Staaten einem souveränen Staate nicht nach Völkerrecht, sondern nach Staatsrecht untergeordnet.

2. Auch hier können die Beziehungen recht mannigfacher Art sein. Es gehören hierher die sog. Bundesstaaten und die Suzeränitätsverhältnisse (Unterstaaten, Vasallenstaaten).

a) **Bundesstaat.**

α. Mehrere Einheitsstaaten (Gliedstaaten; Bundesstaaten in Deutschland, vgl. Artt. 3, 8 usw. der Verfassungsurkunde) schaffen durch Staatsvertrag ein neues Gebilde, dem sich die einzelnen unterordnen und dem sie — unter Aufopferung ihrer bisherigen Souveränität — einen großen Teil ihrer Hoheitsrechte übertragen quoad exercitium und quoad substantiam.

β. Stark bestrittene Fragen: v. Seydel[1] läßt den Bundesstaat souverän bleiben und will überhaupt nur einfache Staaten oder Staatenverbände, aber nicht den Bundesstaatsbegriff (nach der Lehre von Waitz) anerkennen.

Andere lassen nur einen Teil der Souveränität übertragen sein und erklären die Gliedstaaten in bezug auf die festgehaltenen Hoheitsrechte für völlig souverän, es liegt nur eine Selbstbeschränkung vor. Allerdings sei auch der Bund mit seiner Zentralgewalt, Reichsstaatsgewalt souverän, so daß im Bundesstaat die Souveränität geteilt sei, wenn beide Teile Souveränität hätten.

Die herrschende Meinung sieht (bezüglich des Deutschen Reiches) die Bundesstaaten wohl noch für autonome Staatsgebilde, aber nicht mehr für souverän an. Die Souveränität liegt bei der Gesamtheit der Verbündeten, die ihren Ausdruck im Bundesrat findet.

γ. Bundesstaaten nach dieser Grundauffassung, aber im einzelnen mit vielen Varianten sind außer dem Deutschen Reich die Schweizer Eidgenossenschaft, die Nordamerikanische Union, Mexiko, Argentinien, die vereinigten Staaten von Brasilien.

b) **Unterschiede vom Bundesstaat und Staatenbund.**

α. Der Staatenbund ist kein Staat mit imperium, es ist eine völkerrechtliche societas, ein Verein. Verzicht und Beschränkung erfolgen wechselseitig, nicht zugunsten eines neuen Gebildes.

Im Bundesstaat herrscht Unterordnung unter das neue Umfassende.

β. Die Konföderation wird zwar von einer Zentralstelle geleitet, die jedoch keine oberste Gewalt ausübt. Sie ist nur Vereinsorgan, das auf Grund eines Mandats handelt.

Die Vereinsgewalt ergreift nur die Sozietäre, d. h. die Staaten selbst, nicht deren Untertanen.

---

[1] v. Seydel, Kommentar zur Verfassungsurkunde, 2. Aufl., 1897, Einleitung S. 3—11.

Im **Bundesstaat** ist dagegen die Zentralstaatsgewalt souverän. Nicht nur die Glied- resp. Bundesstaaten, sondern auch deren Angehörige sind ihr unterworfen; diese werden Untertanen des Gesamtstaates.

Der Bundesstaat bestimmt sich selbst den Umfang seiner gesetzgeberischen und verwaltenden Kompetenz, wobei die Abgrenzung zwischen der Zentralgewalt und den Landesgewalten stattfindet.

Zweiter Teil.
Staatsrechtsgeschichtliche Übersicht.

---

§ 6. A. Zeittafel zur Entwicklung des Deutschen Reichs.

Gründung des Fränkischen Reichs.

Chlodwig 481—511 aus dem Geschlecht der **Merowinger**. Gründer des Fränkischen Reichs. Vernichtet die römische Herrschaft in Gallien (Syagrius 486 Soissons), unterwirft Ripuarier und Alemannen und bricht die Macht der Westgoten im südlichen Gallien. Nach seiner Bekehrung zum Christentum „Patricius Romanus“.

511 Bei seinem Tode Teilung des Fränkischen Reichs.

558 stellt Chlotar dessen Einheit wieder her.

561 abermalige Teilung in

Neustrien (Gallien, Westen)
Austrasien (Deutschland, Osten)
Burgund (Hauptstadt Orleans).

613 erneute Vereinigung unter Chlotar II., jedoch 3 selbständige Kanzler (Majordomus).

Die Karolinger als Hausmeier.

687 Pipin von Heristal aus dem Geschlecht der **Karolinger**, Majordomus von Austrasien, besiegt Neustrien und Burgund und wird erblicher dux et princeps Francorum.

714—741 Karl Martell (der Hammer), unehelicher Sohn des vorigen. Rettet Europa vor dem Islam durch Besiegung der Araber bei Tours 732.

741—751 Pipin der Kleine, Sohn des vorigen. Von 747 an alleiniger Majordomus des Frankenreichs. Läßt sich nach Absetzung des letzten

Merowingischen Königs Childerich III. 751 auf dem Reichstag zu Soissons zum König wählen. Gesalbt von den Bischöfen und dem Papst erhält er den Titel „Patricius ecclesiae Romanae" und nennt sich als Erster „rex dei gratia".

Die Karolinger 751—911.

Pipin, mit Hilfe der Kirche auf den Thron gelangt, schenkt dem Papst das den Langobarden abgenommene Exarchat (Gebiet um Ravenna) und legt damit den Grund zum Kirchenstaat. (Die angebliche Schenkungsurkunde Konstantins d. Gr. ist gefälscht.)

768 Tod Pipins. Seine Söhne Karl und Karlmann. Nach des letzteren Tod (771) Karl alleiniger Herrscher des gesamten Frankenreichs.

768—814 **Karl der Große.** Frankenreich vom Ebro bis zur Raab, vom Tiber bis zur Eider. Sachsenkriege. Langobardenkriege. Karl organisiert sein Reich und sichert es durch militärisch besetzte Grenzprovinzen (Marken). Am Weihnachtstage 800 Krönung Karls zu Rom als römischer Kaiser. Stirbt 814, Grab zu Aachen. Unter den schwächlichen Nachfolgern Zerfall des Reichs.

814—840 Ludwig der Fromme, Karls Sohn. Empörung seiner Söhne und

843 Teilung des Reichs durch **Vertrag zu Verdun** unter ihnen:

1. Lothar erhielt die Kaiserkrone und Italien, Burgund, Lothringen (den ganzen Landstreifen bis zur Nordsee).
2. Karl (der Kahle) erhielt Westfranken (Frankreich).
3. Ludwig der Deutsche erhält Ostfranken (Deutschland).

Nach Lothars Tode teilen Ludwig und Karl sein Erbe durch **Vertrag zu Mersen** 870. Ludwig nimmt den deutschen Teil (Lothringen und den nördlichen Landstrich: Friesland); Karl nimmt Italien und Burgund.

870 wird von manchen als Entstehungsjahr des Deutschen Reiches genannt, weil von nun an der westliche Teil des Frankenreichs schlechthin Frankreich genannt wird und beide Teile eine Sonderstellung einnehmen und behalten. Zwar vereinigte Ludwigs des Deutschen Sohn Karl der Dicke (876—887) noch einmal für kurze Zeit die beiden Teile,

887 wird er aber wegen Unfähigkeit und Feigheit auf dem Reichstag zu **Tribur** abgesetzt. Streng genommen kann man also erst seit 887 von einer Scheidung sprechen; von einem Deutschen Reiche allerdings überhaupt erst seit dem Zusammenschweißen der großen Stammesreiche zu einem einheitlichen Ganzen. (Heinrich I.)

In Ostfranken (Deutschland) kommt
888—899 Arnulf von Kärnthen als König auf den Thron.
899—911 Ludwig das Kind, der letzte deutsche Karolinger.
911—918 ist Konrad I., Herzog von Franken, ein Verwandter der Karolinger, König.

919—1024 Die Sachsenkaiser.

919—936 Heinrich I. der Städtegründer.
936—974 Otto I. der Große.
962 wird Otto in Rom als erster seit Karl d. Gr. zum Kaiser gekrönt: **„Heiliges Römisches Reich deutscher Nation"**.
Bereits 951 war er zum König der Lombardei gekrönt und 952 war Italien deutsches Reichslehen geworden.
Ottos Nachfolger aus Sächsischem Hause sind Otto II. und III. und Heinrich II. der Heilige. Dieser erhält bei seiner Krönung 1014 die goldene Kugel mit Kreuz vom Papst als Symbol der Weltherrschaft.

1024—1125 Die Salisch-Fränkischen Kaiser.

1024—1039 Konrad II. der Salier.
1032 kommt Burgund zum Deutschen Reich (bis Karl IV.).
1039—1056 Heinrich III. der Schwarze. Läßt die 6 großen Herzogtümer: Bayern, Franken, Schwaben, Lothringen, Kärnthen und Sachsen unbesetzt.

Heinrich IV. und Gregor VII. Kanossa.

1056—1106 Heinrich IV. Stellt die Herzogtümer wieder her.
Sein großer kirchlicher Gegner:
1073—1085 Papst Gregor VII. Dessen Verbot der weltlichen Investitur, der Simonie und der Priesterehe (Zölibat).
1077 Heinrichs Gang nach Kanossa, wo er die Aufhebung des Kirchenbannes erwirkt.
1077 Der zum Gegenkaiser Heinrichs gewählte Rudolf von Schwaben schwört auf dem Reichstag zu Forchheim, das Reich nicht erblich machen zu wollen.
1106—1125 **Heinrich V.** setzt zunächst den Kampf mit dem Papst fort.
1111 Vertrag mit Paschalis II. Dem Papst soll die Investitur der Bischöfe zustehen.
1122 schließt er mit Calixtus II. das **Wormser Konkordat** (Calixtinisches), welches den Investiturstreit in folgender Weise beilegt:
1. Die Bistümer und Reichsabteien werden durch freie Wahl des zuständigen Klerus besetzt (electio canonica). In Deutschland

darf der König der Wahl persönlich beiwohnen oder sich bei ihr vertreten lassen, auch soll er hier bei Doppelwahl die Entscheidung haben. Nicht so in Italien und Burgund.

2. Der König verzichtet auf die bisherige Belehnung mit Ring und Stab — per annulum et baculum — welche dem Papste überlassen bleibt und als Symbole der Spiritualien gelten.

3. Der König verleiht die Temporalien unter dem Symbol des Szepters (Szepterlehen), und zwar in Deutschland vor, in Italien und Burgund 6 Monate nach der Konsekration durch den Papst.

1125—1137 Lothar II. (von Supplinburg). Beginn des Kampfes der Welfen und Ghibellinen.

1134 Albrecht der Bär, Graf von Ballenstädt (Askanier) wird von Lothar mit der Nordmark belehnt. (Markgraf der Nordmark, später Markgraf von Brandenburg. Haus der Askanier bis 1320. Die sächsische Nordmark, das Gebiet zwischen Elbe und Havel, ist die heutige Altmark.)

1137—1254 Die Hohenstaufen.

1137—1152 Konrad III.

1139 Heinrich der Stolze (Welfe) stirbt nach Verlust seiner Herzogtümer Bayern und Sachsen. Heinrich der Löwe, sein Sohn, erhält Sachsen wieder. Bayern kommt 1142 an Heinrich von Österreich.

1152—1190 **Friedrich I. Barbarossa.** Manche seiner Gesetze als leges authenticae Fridericianae in den Kodex Justinians aufgenommen. (Authentica „Habita", ein Privileg für die Bologna besuchenden Scholaren; von Friedrich II. stammt die Authentica „Omnes peregrini" — freies Testierrecht der Fremden, sowie Auslieferung ihres Vermögens an die gesetzlichen Erben.)

1156 Heinrich von Österreich gibt Bayern an Heinrich den Löwen zurück. Die frühere Markgrafschaft Österreich wird von Bayern getrennt und zu einem selbständigen Erzherzogtum erhoben.

1158 Reichstag auf den Roncalischen Gefilden (bei Mailand). Durch die **Constitutio de regalibus** werden die Rechte festgelegt, die der Kaiser als Regalien in Anspruch nahm. Dies Gesetz, ursprünglich nur für die Lombardischen Städte bestimmt, ist auch in Deutschland nach seiner Aufnahme in die libri feudorum (Buch II Kap. 56) zu praktischer Geltung gelangt. In der zitierten Stelle sind die „Regalia" festgelegt.

1180 **Heinrich der Löwe** in die Acht erklärt.
Bayern an Otto von Wittelsbach verliehen.
Sachsen an Bernhard von Anhalt.

Heinrich behält Braunschweig und Lüneburg.

Die Herzogtümer zerfallen und verwandeln sich in kleine Fürstentümer.

1190 **Tod Friedrichs I.** Friedrich I. stirbt auf dem dritten Kreuzzuge im Flusse Saleph. Nach seinem Tode Bürgerkriege im Reich.

1190—1197 Heinrich VI. Versucht die Kaiserwürde erblich zu machen, scheitert damit am Widerstand der Fürsten.

1197—1208 2 Herrscher: Philipp von Schwaben und der Gegenkönig Otto von Braunschweig.

1208—1212 Otto allein.

1212—1218 wiederum 2: Otto und Friedrich II. Gegenkönig.

1218—1250 **Friedrich II.** (Sohn Heinrichs VI.). (Gegenkönige Heinrich Raspe von Thüringen und Wilhelm von Holland.)

Friedrichs Bestreben, eine **Hausmacht** zu gründen, die ihn von den Fürsten unabhängig machen soll, führt

1220 zur **Confoederatio cum principibus ecclesiasticis.** Gegen Zustimmung der Geistlichen zur Wahl seines Sohnes zum Römischen König verzichtet Friedrich außer anderen Rechten auf das **jus regalium** — Einkünfte aus geistlichen Fürstentümern während der Sedisvakanz — und auf das **ius spolii** sive exuviarum — Recht auf den Mobiliarnachlaß verstorbener geistlicher Fürsten, soweit er ihrem Lehnsbesitz entstammte: Sie dürfen darüber — wie der niedere Klerus — testieren.

1232 zum **Statutum in favorem principum,** durch welches die weltlichen Fürsten die gleichen Rechte erhalten wie 1220 die geistlichen. Das Markt-, Münz-, Geleit-, Zollrecht geht hier vielfach dem Reich verloren.

1235 Landfriede zu Mainz — **Constitutio Moguntina** — in deutscher Sprache. Einsetzung eines judex curiae, eines ständigen Hofrichters zur besseren Rechtspflege.

Zwischen 1224—1235 Entstehung des **Sachsenspiegels.**

(Verfasser kennt die Henrici regis treuga dei **1224** und die in diesem Jahre eingeführte Strafe des Feuertodes für Ketzer, dagegen nicht die Constitutio Moguntina von **1235** und das im selben Jahre errichtete Herzogtum Braunschweig als Sächsisches Fahnlehn).

1250—1254 Konrad IV. (Gegenkönig Wilhelm von Holland).

1254—1256 Wilhelm allein.

1256—1272 **Interregnum.** Gegenkönige Richard von Cornwallis und Alphons von Kastilien.

1273—1347 Kaiser aus verschiedenen Häusern.

1273—1291 Rudolf von Habsburg.

1276 Schwabenspiegel.

Indem Rudolf die von Ottokar von Böhmen besessenen Reichslehen Österreich, Steiermark, Krain, Kärnthen zurückzieht und sie seinem Sohn Albrecht gibt, schafft er die Grundlage für die Hausmacht der Habsburger.

1291—1298 Adolf von Nassau.

1298—1308 Albrecht I. von Österreich.

1308—1313 Heinrich VII. von Luxemburg.

1313—1347 Ludwig der Bayer.

Kurverein zu Rhense.

Um die Einmischungen der Päpste in deutsche Angelegenheiten hinanzuhalten, treten die deutschen Kurfürsten

1338 zu Rhense (bei Koblenz a. Rh.) zusammen und erklären, daß die Wahl des Deutschen Kaisers unabhängig sei von Bestätigung und Krönung des Papstes.

1347—1437 Die Luxemburger.

1347—1378 **Karl IV.** Sein Hauptinteresse ist Böhmen.

1348 gründete er die Universität Prag.

1356 **Die goldene Bulle.** Das Reichsgrundgesetz Karls IV. besteht aus fünf lateinisch geschriebenen Gesetzen. Spätere Einteilung in 31 Kapitel. Im Januar zu Nürnberg die ersten 23, im Dezember zu Metz die letzten Kapitel 8 auf den Reichstagen vereinbart. Von manchen wird die Abfassung dem Postglossator Bartolus zugeschrieben, doch ist dies nicht erweislich. Allerdings muß der Verfasser römisches Recht gekannt haben. (**Bulla** bedeutet sowohl den den Staatsurkunden angehängten Metallabguß des Siegels, wie die Kapsel, welche das Siegel umschließt, endlich die Urkunde selbst.)

Ihr Hauptinhalt betrifft Königswahl und Stellung sowie Vorrechte der Kurfürsten.

Zur Wahl: Der Kurfürst von Mainz hat binnen 3 Monaten seit dem Tode des Kaisers die Kurfürsten nach Frankfurt a. M. zur Wahl zusammenzurufen.

Wähler sind:

a) Erzbischöfe von Mainz (Erzkanzler von Deutschland), Trier (Erzkanzler von Burgund), Cöln (Erzkanzler von Italien) als geistliche Fürsten.

b) 4 weltliche Fürsten:

1. Der König von Böhmen (Erzschenk),
2. Der Pfalzgraf bei Rhein (Erztruchseß),
3. Der Herzog von Sachsen (Erzmarschall),
4. Der Markgraf von Brandenburg (Erzkämmerer),

Bayern hatte also nach der G. B., die dem Sachsenspiegel folgt, die Kurwürde nicht.

In Sachsen kommt die Kurwürde an die jüngere Linie S.-Wittenberg unter Ausschluß der älteren S.-Lauenburg.

Als 1422 die Wittenbergische Linie ausstirbt, kommt die Würde mit Sachsen durch Kaiser Siegismund

1423 an den Markgrafen Friedrich den Streitbaren aus dem Hause Wettin. Von dessen beiden Linien hat sie

1547 zuerst die ältere Ernestinische und seit 1547 die **Albertinische** (noch heute regierende) Linie.

Änderungen im Kollegium.

1623 kommt die Pfälzische Kur mit dem Erztruchseßamt an Bayern.

1648 wird im Westfälischen Frieden für die Pfalz eine 8. Kurwürde — das Erzschatzmeisteramt — geschaffen.

1692 erhält Hannover-Braunschweig-Lüneburg eine neue Kurwürde — die 9. — das Erzbanneramt. (1708 vom Reichstag anerkannt.)

1777 stirbt Bayern aus, und die Bayrische Kur — Erztruchseßamt kommt an die Pfalz, als die ältere Linie des Hauses Wittelsbach. Das Pfälzische Erzschatzmeisteramt fällt an Hannover, dessen Erzbanneramt später (1803) an Württemberg kommt.

Nunmehr also nur 8 Kurfürsten!

1803 Der **Reichsdeputations-Hauptschluß** beseitigt, nachdem durch den Frieden von Luneville (1801) das linke Rheinufer an Frankreich abgetreten war, die geistlichen Kuren Trier und Cöln; für den noch allein übrig bleibenden geistlichen Kurfürsten, den Erzbischof von **Mainz** (Frhr. von Dalberg) wird **Kur-Regensburg** (Territorium aus Regensburg, Wetzlar, Aschaffenburg) gebildet und mit dem Erzkanzleramt verbunden.

Somit verbleiben 6 Kurwürden: Mainz-Regensburg, Sachsen, Bayern, Hannover, Böhmen, Brandenburg.

Dazu treten noch **4 neue:**

1. Kurfürstentum Salzburg (für den Großherzog von Toskana).
2. Württemberg.
3. Baden.
4. Hessen-Kassel.

Kurfürsten bei Auflösung des Reichs. Bei Auflösung des Reichs am 6. Aug. 1806 gab es also **10** Kurfürsten. Die 4 zuletzt ins Leben gerufenen haben niemals gewählt. Über ihre Erzämter kam keine Einigung zustande. Salzburg erlosch 1805. Die übrigen Kurfürsten verschwanden 1806.

Für Hessen-Kassel hat sich der Titel bis 1866 erhalten, wo es Preußen einzog.

1378—1400 Wenzel (Luxemburger). Rheinisch-Schwäbischer Städtebund. Verbindungen des Adels.

1410—1437 Sigismund.

1414—1418 Konstanzer Konzil. Beseitigung des Schisma. Huß' Verbrennung.

1415 Friedrich VI. von Hohenzollern, Burggraf von Nürnberg wird auf dem Konzil zum Kurfürsten und Erzkämmerer von Brandenburg ernannt. (Hier Friedrich I.)

1411 Bereits 1411 war ihm auf dem Reichstag zu Ofen die Verwaltung der Mark B. übertragen.

1438—1740 Die Habsburger.

1468—1439 Albrecht II. von Österreich.

1439—1493 Friedrich III.

1450 Johann Gutenberg in Mainz erfindet die Buchdruckerkunst.

1492 Kolumbus entdeckt Amerika.

1493—1519 **Maximilian I.** (der letzte Ritter).

1495 Auf dem Reichstage zu Worms wird der **ewige Landfriede** verkündet und als Gericht für die Friedensbrecher das **Reichskammergericht** eingerichtet. RKG.-Ordnungen von 1495, revidiert 1521 auf dem Reichstage zu Worms und 1548 auf dem Reichstag zu Augsburg. Diese 1555 neu verkündet (vgl. unten).

1499 Loslösung der Schweiz vom Reiche auf dem Frieden zu Basel.

Reichsregiment. Reichskreise.

1500 Auf dem Reichstag zu Augsburg wird das Reichsregiment errichtet. Behörde für Aufrechterhaltung des Friedens und Vollstreckung der Kammergerichtsurteile. Zwecks Ernennung der Mitglieder Einteilung des Reichs in 6, später 10 Kreise. (Bayrische, Schwäbische, Fränkische, Westfälische, Ober-, Niederrheinische, Ober-, Niedersächsische, Österreichische, Burgundische.)

1517 31. Oktober Beginn der Reformation. Luthers Thesenanschlag in Wittenberg.

1531 **Hofrat** (Hofgericht) für die österreichischen Erblande. **Konkurriert** mit Kammergericht.

1519—1556 **Karl V.**

1521 **Reichstag zu Worms. Luthers Acht.** Neue KG.-Ordnung.

1525 Der Deutschhochmeister Albrecht von Hohenzollern wird weltlicher Herzog von Preußen unter Lehnshoheit Polens.

1526 Reichstag zu Speier. Religionsfreiheit.

1529 **Reichstag zu Speier.** Protest der Evangelischen. Geschwisterkinder erben in capita.

1530 Reichstag zu Augsburg. Confessio Augustana. Erste Reichspolizei-Ordnung (2. 1548; 3. 1577).

1531 Bund von Schmalkalden.

1532 Nürnberger Religionsfriede.

1532 Auf dem Reichstag zu Regensburg die **Carolina.**

1545—1563 Das **Tridentiner Konzil.**

1552 Passauer Vertrag.

1555 **Augsburger Religionsfriede.** Reservatum ecclesiasticum für die Katholiken.

1558—1564 Ferdinand I.

1564—1576 Maximilian II.

1576—1612 Rudolf II.

1582 **Gregor XIII.** verbessert den **Kalender.**

1582 Normaljahr für Alt- und Neufürstliche Häuser.

1612—1619 Matthias.

1618—1648 **Der Dreißigjährige Krieg.**

1619—1637 Ferdinand II.

1637—1657 Ferdinand III.

1641 Friedensvorverhandlungen in Hamburg zwischen Österreich, Frankreich, Schweden.

1643 Ratifikation derselben.

1645 Friedensverhandlungen in **Münster** zwischen Kaiser und Frankreich (J.P.M.), in **Osnabrück** zwischen Kaiser und Schweden (J.P.O.).

1648 Abschluß des Friedens **(Westfälischer).**

Hauptinhalt:

1. Schweiz und Niederlande erhalten die Unabhängigkeit vom Deutschen Reich.
2. Frankreich behielt die schon früher besetzten lothringischen Bistümer Metz, Toul, Verdun, erhielt im Elsaß die habsburgischen Besitzungen und die Stadtherrschaft über 10 Reichsstädte, aber nicht diese selbst.

3. Brandenburg erhält das östliche Hinterpommern, sowie die Bistümer Halberstadt, Minden, Magdeburg.
4. Schweden erhält das westliche Vorpommern mit Stettin und Rügen, Wismar und die Bistümer Bremen und Verden.

1654 Jüngster Reichsabschied.

1658—1705 Leopold I.

1663 Reichstag tagt ständig in Regensburg.

1681 **Straßburg kommt an Frankreich.** Im Westfälischen Frieden hatte Frankreich die bereits früher besetzten lothringischen Bistümer Metz, Toul, Verdun und einen Teil des Elsaß erhalten. Ludwig XIV. setzte 1679 die **Reunionskammern** ein und vermochte es, den übrigen Teil des Elsaß (mit Straßburg) an sich zu bringen.

1697 Im Frieden von **Ryswik** wurde dieser Raub anerkannt.

1705—1711 Joseph I.

1711—1740 Karl VI., der letzte Habsburger. Pragmatische Sanktion. Maria Theresia.

1742—1745 Kurfürst Karl von Bayern als Karl VII. Kaiser.

1745—1806 Kaiser aus Habsburgisch-Lothringischem Hause.

1745—1765 Franz I., Gemahl der Maria Theresia (1740—1780 in Österreich).

1765—1790 Joseph II.

1792—1806 Franz II.

1789—1799 In Frankreich Revolution.

1793 Reichskrieg gegen Frankreich.

1797 Friede zu Campoformio zwischen Österreich und Frankreich. Österreich tritt Venedig, die Lombardei und die Niederlande an Frankreich ab.

1797 Kongreß zu Rastatt.

1798—1801 Zweite Koalition gegen Frankreich.

1801 **Friede zu Luneville** zwischen Österreich und Frankreich. Frankreich erhält das linke Rheinufer. Der Rheintalweg wird Grenze zwischen Deutschland und Frankreich. Reichsfürsten, die auf dem linken Rheinufer Gebiet verlieren, sollen aus dem Reichsgebiet entschädigt werden.

1803 Durch den **Reichsdeputationshauptschluß** von 1803 wurden zu diesem Zweck die unter geistlicher Herrschaft stehenden deutschen Territorien (Cöln, Trier, Mainz, Münster, Paderborn u. a. m.) säkularisiert.

Von Reichsstädten blieben selbständig: Hamburg, Lübeck, Bremen, Frankfurt a. M., Augsburg, Nürnberg. Diese letzten beiden kommen 1806 an Bayern, Frankfurt 1866 an Preußen.

1804 Kaiser Franz II. nimmt den Titel „**Kaiser von Österreich**" an.
1805 Dritte Koalition gegen Frankreich. Austerlitz.
Friede zu Preßburg. Bayern, Württemberg, Baden erhalten volle Souveränität. Die beiden ersteren werden Königreiche.
1806 **Rheinbundsakte,** 12. Juli. Deutsche Fürsten (16) sagen sich vom Reich los und stellen sich unter Napoleons Protektorat.
1806 6. August. Franz II. legt die Kaiserkrone nieder. Ende des Heiligen Römischen Reichs Deutscher Nation.
1806—1807 Napoleons Feldzug gegen Preußen und Rußland. Jena. Friede zu Tilsit. Errichtung des Königreichs Westfalen.
1807—1812 Deutschland unter dem Protektorat **Napoleons.** Ausgenommen sind Österreich, Preußen, welches durch den Tilsiter Frieden das Gebiet links der Elbe verloren hatte, Holstein und Schwedisch-Pommern.
1812 Napoleons Niederlage in Rußland.
1813—1815 **Freiheitskrieg.** 16.—19. Oktober 1813 Völkerschlacht bei Leipzig.
1814 **Erster Pariser Friede.** Frankreich auf die Grenzen von 1792 zurückverwiesen. Napoleon nach Elba verbannt. Rückkehr. Schlacht bei Belle-Alliance. Napoleon auf St. Helena. Allianz (heilige) zwischen Preußen, Rußland, Österreich.
1815 8. Juni Deutsche Bundesakte in Wien.
Deutscher Bund.
1815 Zweiter Pariser Friede.
1818 **Aachener Kongreß:** Großmächte erkennen Grundsätze des Völkerrechts als bindend an.
1819 **Karlsbader Kongreß.** Reaktion gegen Freiheit. Fürst Metternich. Beseitigung der Preßfreiheit, Zensur, Universitätskommissarien, Zentraluntersuchungs-Kommission in Mainz. Demagogenriecherei.
1820 15. Mai. Wiener Schlußakte des Deutschen Bundes.
1834 1. Januar. Der deutsche **Zollverein.**
1837 Trennung Hannovers von England. Abschaffung der Verfassung. Die Göttinger Sieben.
1846 Der „Offene Brief" des Königs von Dänemark in betreff Schleswig-Holsteins.
1847 In Leipzig tagt Konferenz für eine deutsche **Wechselordnung.**
1848 Februarrevolution in Frankreich.
1848 Nationale Bewegung in Deutschland. Konstituierende deutsche Nationalversammlung in Frankfurt a. M.
1849 28. März: **Verfassung des Deutschen Reichs.**
1864 Der **Dänische Krieg.** Friede zu Wien.

1865 **Gasteiner Konvention.** Lauenburg an Preußen. Österreich verwaltet Holstein, Preußen Schleswig.

1866 **Österreichischer Krieg.** 3. Juli Königgrätz. Friede zu Prag. Auflösung des Deutschen Bundes. Die Augustverträge (18., 21. Aug. 1866).

1867 1. Juli: Der **Norddeutsche Bund** tritt ins Leben. 8. Juli: Neuer Zollvereinsvertrag auf 12 Jahre. Zollpräsidium, Zollbundesrat, Zollparlament.

1870—71 **Krieg mit Frankreich. Novemberverträge** des Norddeutschen Bundes einerseits mit

a) Baden und Hessen (südlich des Mains) andrerseits am 15. November,

b) mit Bayern am 23. November,

c) mit Württemberg am 25. November.

Zuerst Deutscher Bund, ab 1. Januar 1871 **Deutsches Reich.**

1871 18. Januar Kaiserkrönung in Versailles. **Die Verfassungsurkunde** vom 16. April 1871.

Kaiser aus dem Hohenzollern-Hause.

1871—88 Wilhelm I. 1888 (9. März bis 15. Juni) Friedrich III. Seitdem Wilhelm II.

§ 7. B. Geschichtliche Einleitung.[1]

I. Die Vorfränkische Zeit.

1. Die germanischen Völkerstämme (West-, Ostgermanen) ermangelten jeder politischen Einheit. Jede Völkerschaft, die ihrerseits in Gaue und Gemeinden zerfiel, bildete einen Kleinstaat für sich, mit ursprünglich demokratischem, später monarchischem Gepräge.

2. Gesetzgebung und Rechtsprechung ist Sache des Volkes im Thing.

3. Beamte sind die im Thing gewählten **Fürsten** (principes, Gauvorsteher. In ihrer Gesamtheit — als Fürstenrat — sind sie oberste Behörde des Staates.

4. Unterabteilung des Gaues ist die Hundertschaft. An der Spitze der Zentenar. Auch diese hat ihr Hundertschaftsthing für staatliche, militärische, gerichtliche Angelegenheiten.

5. In den Staaten mit monarchischem Gepräge wird der rex aus königlichem Geschlecht von der Landesgemeinde gewählt. Er

[1] Vgl. Lehmann in Birkmeyers Enzyklopädie, 2. Aufl., 1904, Bd. 1 S. 185 ff. und die dortige Literatur. Meyer-Anschütz, Lehrbuch §§ 19 ff.; Brunner, Grundzüge der deutschen Rechtsgeschichte, 3. Aufl.

ist verantwortlicher Oberbeamter, neben dem der Fürstenrat und die Landesversammlung funktionieren.

6. In den demokratischen Staatsgebilden wird zu den Feldzügen ein **dux** gewählt für den militärischen Oberbefehl. Mit Friedensschluß tritt er wieder ab.

7. Eine gewisse öffentlichrechtliche Funktion hat auch die **Sippe.** Sie ist Rechtsverband für ihre Genossen, hat z. B. Sühneanspruch bei Tötung eines der Ihren (Wergeld), Eideshilfe, Gesamtvormundschaft usw.

8. **Stände.** Wenngleich die Volksgenossen prinzipiell gleichstehende Freie (Frilinge) sind, ragen doch in ältester Zeit bereits gewisse reiche Geschlechter hervor, aus denen die Fürsten gewählt werden.

Neben den Vollfreien gibt es andererseits auch Halbfreie (Liten) und Unfreie.

9. Besondere staatliche Organe außer dem rex, dem princeps, dem Thing bestehen kaum. So gibt es keine besondere Polizei- und Finanzverwaltung. Steuern sind unbekannt, die Beamten leben von den Einkünften ihres Grundbesitzes, der Beute, den Friedensgeldern. Das Gerichtswesen liegt beim Volk, dem Hundertschaftsgericht und dem Landesthing.

10. Rechtsquellen für diese Zeit sind eigentlich nur die Überlieferungen der Römer (Tacitus, Cäsar, Plinius).

II. Die fränkische Zeit.

1. Die Völkerwanderung, veranlaßt durch das Vordringen der Slawen und Mongolen, ist der Uranstoß der staatlichen Umwälzungen in Deutschland.

2. Schon vor Christus beginnt der Zug der Zimbern und Teutonen über die Alpen, ihnen folgen später die Goten und verwandte Stämme.

Im 3. Jahrhundert schließen sich westgermanische Völkerstämme unter dem Andrange der Slawen zu größeren Staatsgebilden zusammen, so die Franken am Unterrhein, die Friesen an der Nordsee, Sachsen um die Weser, Ems, Unterelbe, Thüringer zwischen der Elbe und Fulda usw.

Die Einfälle der Hunnen veranlassen neue Verschiebungen der ostgermanischen Stämme. West- und Ostgoten, Burgunder, Langobarden suchen und finden neue Siedlungen.

3. Mit dem 5. und 6. Jahrhundert erfolgt die Zusammenfassung aller dieser deutschen Stämme, vermischt mit romanischen Elementen, zu der großen politischen Einheit:

Dem Frankenreiche.

4. **Chlodwig**, aus dem Königsgeschlecht der Merowinger (481—511), schwingt sich zum Alleinherrscher des Frankenreichs empor. Seine Nachfolger erweitern die Machtfülle durch Unterwerfung fast aller Völkerstämme. Mit Pippin dem Kleinen werden alsdann (751) die Karolinger Könige der Franken, und als Karl der Große die bis zu ihm noch unabhängig gebliebenen Sachsen und Friesen sowie in Italien die Langobarden überwand, da umfaßte das Frankenreich sämtliche germanische Lande Europas außer Skandinavien.

5. Das Weltreich Karls des Großen umspannte den ganzen christlichen Okzident, und diese Universalmonarchie findet ihre äußere Anerkennung in der Übertragung der römischen **Kaiserkrone** auf ihren Herrscher (25. Dezember 800 in Rom).

6. Die merowingischen und karolingischen Herrscher waren nicht nur Eroberer, sondern auch tüchtige Staatsorganisatoren.

Schon vor ihnen waren die meisten größeren Staatenverbindungen von der demokratischen zur monarchischen Verfassung übergegangen (Ausnahme bei den Sachsen).

Bei den Franken wurde das Königtum erblich im Geschlecht der Merowinger und Karolinger. Allerdings besteht nicht Primogenitur, sondern dem Vater folgen mehrere Söhne als Teilkönige.

7. Als Teile des Frankenreichs erscheinen Austrasien, Neustrien, Aquitanien, Burgund.

8. Noch zweimal erfolgt allerdings nach Chlodwigs Tode eine Vereinigung des Gesamtreichs unter Chlotar I. (558—561) und Chlotar II. (613—628).

9. Was die **Staatsverfassung** des Frankenreiches anlangt, so haben bereits die Merowinger das Königtum auf eine andere Basis gestellt wie früher, insofern der König nicht mehr bloßer Beamter, sondern Herrscher ist. Die Regierungsgewalt ist vom Volke auf ihn übergegangen. Trotzdem ist er nicht absoluter Herr, weltliche und geistliche Große haben Mitanteil an Regierung und Gesetzgebung.

10. **Verwaltungsbeamte** leiten entweder am Hof die Zentralregierung, oder sind in der Provinz.

a) Von den ersteren sind die hervorragenderen:

Der **Majordomus**, ursprünglich Anführer des königlichen Gefolges (Trustis). Die merowingischen Könige geraten schließlich in Abhängigkeit von ihren „Hausmeiern", Pippin der Karolinger wird 687 durch den Sieg bei Testri Majordomus des ganzen Frankenreichs und Pippin der Kleine — Karl Martells Sohn — wird schließlich König der Franken (751). In Erinnerung dessen haben die Karolinger später diesen Posten nicht mehr aufrechterhalten.

Außer dem Majordomus ist am Hofe höherer Beamter der **Pfalzgraf** als Vorsteher des Königsgerichts sowie

der **Cancellarius** (Referendarius) als Vorsteher der Kanzlei.

b) **Provinzialbeamte** sind der **Graf** (grafio, comes), der, an der Spitze eines Gaues stehend, für Heeresaushebung, Eingang der Steuern sorgt, der Polizeigewalt und Vollstreckungsgewalt der königlichen Urteile hat, später selbst Gerichtsvorsitzender wird.

Unter ihm fungieren als Beamte der centenarius und vicarius als Richter in causae minores, der sacebaro, später der Schultheiß als Exekutor.

c) Die Zwischenstufe, die sich in der Merowingerzeit zwischen dem Grafen und dem Könige entwickelte, der **Herzog**, wurde von den kraftvollen Karolingern beseitigt. Sie führen als regelmäßige Kontrollbeamte die missi dominici ein.

11. Die früher so bedeutsame **Volksversammlung** tritt stark in den Hintergrund. Im Frühjahr (Märzfeld, Maifeld) noch abgehalten, dient sie fast ausschließlich dem Zwecke der Heerschau und der Publikation der Gesetze, die jetzt vom Könige und den zum Hoflager versammelten Großen erlassen werden.

Ihre frühere Gerichtsfunktion ist auf das Königsgericht übergegangen.

Das Volk, zumeist aus freien Grundbesitzern bestehend, ist dem König untertänig und leistet ihm den Treueid. Es besteht allgemeine Wehrpflicht.

12. **Die Immunitäten.** Die allgemeine Königsuntertänigkeit und auch Landesverwaltung wurde schon früh insofern durchbrochen, als geistliche und weltliche Große es verstanden, sich eine Exemtion gegenüber der Gewalt der königlichen Beamten, insbesondere der Grafen, zu verschaffen. Es entstanden ganze Bezirke, die immun waren, in denen namentlich der Grundherr die eigene Gerichtsbarkeit über seine Hintersassen selbst oder durch Patrimonialbeamte ausübte.

Das ist der Uranfang der Entwicklung der Einzelherrschaften im Deutschen Reich, die zu dessen allmählicher Zersetzung nicht zum wenigsten beitrugen.

13. **Das Lehnswesen.**

a) Das Lehnsverhältnis nimmt seinen Anfang bereits im Fränkischen Reiche und ist im späteren Deutschen Reiche von größtem Einfluß auf die staatsrechtlichen Verhältnisse geworden.

b) Es hat eine doppelte Wurzel:

α. eine dingliche: das **Benefizialwesen,**

β. eine persönliche: die **Vasallität.**

Zu α. Die Ungleichheit des Grundbesitzes schuf im Frankenreich neue Abhängigkeitsverhältnisse insofern, als kleinere, schwächere Besitzer und Freie ohne Besitz sich in den Schutz eines durch großen Grundbesitz Mächtigen begaben, von ihm Landbesitz erhielten, ihm Abgaben zahlten, seine Vogteileute, Hintersassen wurden.

Auch die Könige benutzten ihren ungeheuren Immobilienbesitz und den der Kirche, über den sie verfügen konnten, um durch leihweise Vergebung von Grundstücken die Großen an sich zu fesseln.

Das ist das **Benefizium**.

Zu β. Die Könige hatten außerdem sich von jeher mit einer einflußreichen Gefolgschaft (trustis) umgeben, die zwar später an Bedeutung verlor, indessen waren um den König stets eine Menge von Leuten, die zu ihm in einem persönlichen Treueverhältnisse standen und ihm Dienste — insbesondere Kriegsdienst — leisteten (vassi).

Das ist die **Vasallität**.

Indem nun die Könige insbesondere an ihre Gefolgsmannen Grund und Boden verliehen, bildete sich eine Verbindung von Vasallität und Benefizialwesen heraus:

das **Lehnsverhältnis** (feudum).

Die ersten Zwecke dieses Verhältnisses waren für die Könige die, sich für die Kriegszüge (Araber) die nötige Gefolgschaft von Rittern und Reisigen zu schaffen und zu sichern. Auf die Großgrundbesitzer wurde auch das Recht des Aufgebotes ihrer Hintersassen übertragen (**Seniorat**).

Auf diese rein militärischen Zwecke bleibt das Lehen nicht beschränkt. Die lehnsweise Übertragung dehnt sich von Grundstücken auf Ämter, insbesondere das Grafenamt, aus. Lehen und Ämter werden erblich. Das Grafenamt wird aus einem bloßen Amt ein patrimoniales Herrschaftsverhältnis. Das Lehnswesen durchdringt von den Karolingern an das gesamte Staatswesen.

§ 8.

III. Das alte Deutsche Reich.

1. Das riesige Reich, welches Karl der Große zusammengeschweißt und mit starker Hand zusammengehalten hatte, zerfiel alsbald unter seinen schwächlichen Nachfolgern, und mußte zerfallen infolge der erbrechtlichen Grundsätze, welche die Mehrheit der Söhne des Throninhabers als erbberechtigt anerkannten. Seit dem Ende des 9. Jahrhunderts tritt an die Stelle jenes Weltreiches eine Reihe kleinerer, selbständiger Staaten.

2. Von da ab datiert auch die Trennung des Deutschen Reiches von den französischen und italischen Gebieten.

Bei der bekannten Reichsteilung zu **Verdun** (843) erhält Ludwig der Deutsche Ostfranken (Deutschland), Karl (der Kahle) Westfranken (Frankreich) und dazwischen schiebt sich Lothars Reich: Italien, Burgund, Lothringen usw. bis zur Nordsee hinauf.

3. Nach Lothars Tode nimmt Ludwig im Vertrag zu **Mersen** (870) den deutschen Teil: Lothringen und den nördlichen Landstrich (Friesland).

4. Indessen kann man 870 nicht gut als Entstehungsjahr des Deutschen Reiches ansprechen, weil Ludwigs des Deutschen Sohn Karl der Dicke (876—887) noch einmal beide Reichsteile und nahezu Karls des Großen Monarchie vereinigt.

5. Nachdem Karl 887 wegen seiner Schwäche gegen die Normannen abgesetzt und Arnulf von Kärnten König von Ostfranken wurde, sondert sich der germanische Osten mehr und mehr von dem romanischen Westen, aber erst Heinrich I. aus sächsischem Hause (919—936) wird als Gründer des Deutschen Reiches angesehen, weil es ihm gelang, die machtvollen Stammesherzogtümer unter seine Oberhoheit zu bringen.

§ 9. Staatsgebiet und Grenzen.

1. Im Norden sind Nordsee und Eider die Grenzen und werden wenig geändert.

2. Im Osten hat das Deutsche Reich starke Zuwüchse erhalten. Die anfängliche Grenze war die Elbe, Saale, Böhmerwald.

Heinrich I. vereinigt Böhmen mit dem Deutschen Reich und erobert in glücklichen Kämpfen gegen die Wenden Brennabor. Außer Brandenburg kommen unter ihm hinzu die Marken, Zeitz, Merseburg, Meißen und die Lausitz. Das später wieder verlorene Brandenburg wird von Albrecht dem Bären (1134) wieder erobert.

Mecklenburg, Pommern werden unter Lothar von Sachsen (1125—1137) allmählich deutsche Gebiete. Mähren kommt durch Verbindung mit Böhmen an Deutschland, desgleichen Schlesien (Ende des 13. Jahrhunderts).

3. Im Süden gehörte Burgund infolge Erbvertrages (1032) zu Deutschland, doch geht der südlich der Rhone befindliche Teil zu Ende des 14. Jahrhunderts wieder verloren. Otto I. zieht 951 nach Italien, vermählt sich in Pavia mit Adelheid von Burgund, der Witwe König Lothars von Italien. So erwirbt er Ober- und Mittelitalien. Auch in Norditalien gehören Mailand und Savoyen, wenn auch nur lose, zu Deutschland.

4. Im Westen geht die Grenze während des Mittelalters längs der Schelde und Maas.

5. **Spätere Änderungen.**

Viele Gründe, in der Ohnmacht des Reichs gipfelnd, führten später zu starken Gebietsverlusten, insbesondere im Westen und Süden.

a) Die Schweiz weiß gegen mehrfache Versuche ihre bei Morgarten (1315) von den Österreichern gewonnene Unabhängigkeit zu behaupten. 1499 Anerkennung ihrer Exemtion vom Reichskammergericht und der Reichsmatrikel. 1648 wird im Westfälischen Frieden ihre Unabhängigkeit vom Deutschen Reiche anerkannt.

b) Oberitalien geht 1556 bei Abdankung Karls V. von Spanien verloren (Mailand kommt an seinen Sohn Philipp II.).

c) Die Niederlande machen sich 1581 von Spanien und dem Reiche los. Anerkennung ihrer Unabhängigkeit ebenfalls 1648.

d) Linksrheinische Gebietsverluste an Frankreich. 1648 erhält es einen großen Teil des Elsaß (Straßburg bleibt freie Reichsstadt) und endgültig Metz, Toul, Verdun 1680. (Reunionskammern). Ludwig XIV. raubt weitere Teile des Elsaß. 1681 wird Straßburg besetzt. Bestätigt durch den Frieden zu Ryswijk. 1766 kommt Lothringen an Frankreich. 1801 wird im Frieden von Lüneville das ganze linke Rheinufer an Frankreich abgetreten.

§ 10. Die Reichsverfassung.

A. Der König.

1. Die höchste Gewalt im Frankenreiche lag beim **König**. Ihm zur Seite steht die Reichsversammlung der fränkischen Großen.

2. Der Grundsatz der erbrechtlichen Teilungen weicht dem der Unteilbarkeit erst mit dem Aussterben der Karolinger.

3. Das Reich ist ein Wahlkönigtum, indessen finden die Wahlen jahrhundertelang aus dem regierenden Geschlecht statt (vgl. Zeittafel: Sachsen (919—1024); Salier (1024—1125); Staufen (1138—1254).

4. Nach dem Interregnum (1254—1273) findet freie Wahl statt (1273—1347).

5. Von 1347—1437 regieren die Luxemburg-Böhmischen Kaiser, von 1438—1740 die Habsburger und bis 1806 das Haus Lothringen-Toskana.

6. Karls des Großen Kaiserwürde geht nach Ludwig dem Deutschen auf französische und italische Herrscher über und gelangt erst mit Otto I. (962) an Deutschland zurück. Heiliges Römisches Reich deutscher Nation.

7. **Titel:** Statt des bisherigen rex Francorum (vir illuster; Patricius romanus) nunmehr der Titel: Imperator Augustus.

Lothar der Sachse (1125—1137) nennt sich Romanorum rex, und seit Konrad III. (1138—1152) wurde es üblich, mit der Königswürde das kaiserliche Prädikat „semper Augustus“ zu verbinden.

Seit Maximilian I. (1493—1519) wird der offizielle Titel: „Von Gottes Gnaden erwählter römischer Kaiser, zu allen Zeiten Mehrer des Reiches, König in Germanien.“

Der bei Lebzeiten des Kaisers erwählte Nachfolger desselben hieß: „**Römischer König**“.

8. Die von den fränkischen Königen, insbesondere Karl dem Großen, geschaffenen Verwaltungsinstitute, insbesondere die Teilung des Reiches in Grafschaften und Gaue, gehen auf das Deutsche Reich über.

9. Das Erblichwerden der Grafenämter, der Großgrundbesitz und sonstige Machtfülle Einzelner, die Immunitäten, das gesamte Lehnswesen schaffen indessen mit der Zeit Zwischenstufen zwischen den Königen und den Untertanen mit fast selbständiger Herrscherstellung: die Herzöge und Fürsten.

10. **Herzogtümer.**

a) Die Entwicklung dieser Herzogtümer ist insbesondere auf die Erbteilungen nach Stammesgebieten zurückzuführen.

b) Hierbei entwickelten sich unter den schwachen Königen Untergebiete mit einem Stammesherzog an der Spitze und fast königlicher Gewalt, vornemlich dem Heerbann.

c) Solche Stammesherzogtümer waren die fünf: Franken, Sachsen, Lothringen, Bayern, Schwaben.

d) Die späteren Könige suchen mit Erfolg diese von ihnen wohl erkannte Gefahr unter Beihilfe anderer Grafen und Herren zu beseitigen, ein Streben, das schließlich in der Unterwerfung Heinrichs des Löwen durch Friedrich I. (Barbarossa) im Jahre 1181 von endgültigem Erfolg gekrönt ist.

11. **Fürsten — Landesherren.**

a) Die Überwindung der Herzogtümer kam weniger den Königen selbst zustatten, als anderen Großen des Reichs, die ebenfalls innerhalb desselben zu selbständiger Machtfülle gelangt waren.

Das waren die Fürsten, erblich gewordene Grafen, nicht mehr bloße Beamte, sondern kleine Herrscher in ihrem Bereich, die über ihre Hintersassen förmlich regierten, und so eine Zwischenstufe zwischen Untertanen und dem König bildeten.

b) Diese Fürsten wurden nach dem Sturz der Stammesherzöge ein fester Begriff als Herren über ein Gebiet mit voller Herres- und Gerichtsgewalt. Das Gebiet hatten sie vom König unmittelbar unter dem Symbol der Fahne zum Lehen erhalten (Fahnlehen).

c) Für die größeren unter ihnen entstand die Bezeichnung Landesherren (domini terrae). Ihre Gebiete werden zu Ländern (territoria). Innerhalb derselben übten sie — entweder aus königlicher Verleihung oder eigener Anmaßung — königliche Rechte aus, bauten Burgen und Städte, erhoben Zölle, schlugen Münzen, setzten Gerichte ein usw.

So die weltlichen wie die geistlichen Großen.

d) Die erste reichsgesetzliche Anerkennung der Landeshoheit — des dominium terrae — findet sich in den Konstitutionen Friedrichs II:

α. Der confoederatio cum principibus ecclesiasticis (1220). Verzicht auf das ius regalium und das ius spolii (vgl. Zeittafel).

β. Dem statutum in favorem principum (1232).

γ. Durch eine sententia de iure statutum terrae erhielten die Landesherren das Recht, mit Zustimmung ihrer Landstände Landesgesetze zu erlassen.

e) Innerhalb der Länder entwickelten sich nämlich wiederum „Landstände".

Das corpus der Landstände, als Vertretung der Ritterschaft, der Geistlichkeit und der Städte (seltener auch der Bauern), maßte sich neben der Mitwirkung bei anderen Landesangelegenheiten hauptsächlich das Recht der Steuerbewilligung an.

Ursprünglich mit großen Befugnissen ausgerüstet (Selbstversammlungsrecht, Recht des bewaffneten Widerstandes), büßten sie ihre Machtstellung später wieder ein unter dem Bestreben der Landesherren, sich von ihnen — insbesondere durch Erhebung regulärer Steuern — unabhängig zu machen (für Preußen vgl. Bd. II).

f) Die meisten deutschen Territorialherren hatten noch die Reichsstandschaft, d. h. Sitz und Stimme auf dem Reichstage. Es gab indessen viele Große, die unabhängig von einer Landeshoheit waren, aber nicht die Reichsstandschaft besaßen, das ist die **Reichsritterschaft.** (Zerfällt in Kreise — schwäbische, fränkische, rheinische —, Kantone und Bezirke, Quartiere).

12. **Verhältnis der Landesherren zum König.**

a) Die Landesherren wußten — insbesondere während des Interregnums — ihre Macht mehr und mehr zu erweitern. Auch die Könige selbst fühlten sich nicht selten in höherem Maße als Landesherr denn als König, suchten besonders ihre Hausmacht zu erweitern, und sorgten mehr für eigene und dynastische Interessen als für die des Reiches.

b) So konzentrierte sich vom 14., 15. Jahrhundert ab das politische Leben Deutschlands mehr und mehr auf die Territorien, und die Reichsstände hatten die Macht.

13. **Kurfürsten.** Unter den Fürsten gewinnen — insbesondere was die Königswahl, die seit dem 12. Jahrhundert an Stelle des Volkes allen Fürsten oblag, anlangt, — einige eine hervorragende Stellung.

Es sind die drei Erzkanzler — Mainz, Trier, Cöln — und die Inhaber der vier großen Hofämter: Brandenburg (Kämmerer), Sachsen (Marschall), Rheinpfalz (Truchseß), Böhmen (Schenk). Sachsenspiegel (3, 57 § 2) nennt sie die „Ersten an der Kur".

Nach den Beschlüssen des Kurvereins zu **Rhense** (1338), sanktioniert durch die Constitutio de jure et excellentia imperii (Reichsschluß zu Frankfurt a. M. 1338) und die **Goldene Bulle** (1356), soll die Mehrheitswahl der Kurfürsten ausschließlich entscheiden und der rechtmäßig Gewählte solle ohne weiteres, d. h. ohne päpstliche Krönung, römischer Kaiser sein. (Über Änderungen des Kurfürstenkollegiums vgl. Zeittafel.)

14. **Die Königswahl.**

a) Das nähere Zeremoniell enthält die Goldene Bulle (Kap. II).

b) Majorität der Kurfürsten entscheidet.

c) Wahlort: Forchheim, Mainz, später (seit 1257) regelmäßig Frankfurt a. M.

d) **Krönung.** Auf die Wahl folgt die Krönung. Ursprünglich dreifach:

α. in Aachen zum deutschen König durch den Erzbischof von Cöln,

β. in Rom zum römischen Kaiser durch den Papst,

γ. in Pavia (Mailand) zum König von Italien durch den Erzbischof von Mailand.

Später (seit Ferdinand I., 1556—1564) findet nur noch einmalige Krönung durch den Erzbischof von Mainz in Frankfurt a. M. statt.

e) **Wählbar** ist nach dem Sachsenspiegel (III, 54, 3) jeder ehelich geborene, freie Mann, der nicht lahm, aussätzig ist und sich nicht im Kirchenbann befindet.

Nach der Goldenen Bulle (Kap. II § 1) mußte der Kaiser ein homo justus, bonus et utilis sein.

Tatsächlich gewählt wurde nur ein Fürst von Ansehen und Reichtum.

f) **Vikariat.** Sede vacante geht die Leitung des Reichs auf den Pfalzgrafen bei Rhein (für Pfalz und Schwaben), den Herzog von Sachsen (für Norddeutschland) als Reichsvikare über (G. B. Kap. V).

g) **Insignien** sind: Krone und Purpurmantel, Reichsapfel, Zepter, Armspangen und Ring, Banner mit Adler und Kreuz, Fahne (rot-gelb).

h) **Reichswappen** ist der ein-, später zweiköpfige schwarze Adler im goldenen Feld. Auf der Brust das Hauswappen des Kaisers.

15. **Rechtsstellung und Regierungsrechte des Königs.**

a) Der König ist rechtlich unabsetzbar. Die Kurfürsten haben indessen mehrfach Absetzungen ausgesprochen, desgleichen benutzte der Papst den Kirchenbann, um einen König abzusetzen (Heinrich IV. — Gregor VII., 1077 Kanossa).

b) Zivilrichter über den König ist der Pfalzgraf bei Rhein. Der König lebt nach fränkischem Recht.

c) Der König ist oberster Gerichts- und oberster Lehnsherr.

α. Von der obersten Gerichtsbarkeit des Königs wissen sich die Landesherren zu befreien durch privilegia de non appellando (Untertanen dürfen nicht an das Königliche Hofgericht appellieren) und privilegia de non evocando (König darf nicht die Prozesse vor sein Gericht ziehen). 1356 werden diese Privilegien für die Kurlande allgemein. Seit 1495 (Reichskammergericht) beschränkt sich die Gerichtsgewalt des Kaisers mehr und mehr auf seine Erblande.

β. Die Fürsten sind Lehnsmannen des Königs. Bei Mannfall fallen die Lehen zumeist an ihn zurück. Allerdings mußte der König ledig gewordene Fahnlehen binnen Jahr und Tag aufs neue verleihen, eine Schranke für Ausdehnung seiner Hausmacht.

d) Der König ist oberster Kriegsherr und alleiniger Vertreter des Deutschen Reiches nach außen. 1648 Anerkennung des Bündnisrechts der Landesherren. Außerdem Erfordernis ihrer Zustimmung zur Kriegserklärung und zum Friedensschluß.

e) Dem König steht — gemeinsam mit dem Reichstage — die Gesetzgebung zu. Er besetzt die Reichsämter und verwaltet die Finanzen des Reiches.

f) **Beamte.** Ursprünglich lag die Regierung fast ausschließlich in den Händen der Geistlichkeit. Die Erzkanzler für die drei Reiche Deutschland, Italien, Burgund sind Erzbischöfe.

Ebenso ist der eigentliche Leiter der Staatsgeschäfte, der Hofkanzler, ein hoher Geistlicher.

Den Landesherren gegenüber fehlt es dem Könige völlig an einer Aufsichtsbehörde.

Seit dem 10. Jahrhundert ist oberster Beamter des Kaisers der Reichserzkanzler (Erzbischof von Mainz), dem die Reichskanzlei, die Kanzlei des Reichstages und des Reichskammergerichts unterstand.

Neben resp. unter ihm ein Vizekanzler, den der Kaiser, später der Mainzer ernannte.

g) **Bannrecht.** Das ursprünglich ausgedehnte Bannrecht der fränkischen Könige, der Verordnungs-, Friedens- und Verwaltungsbann verliert mit Ausbildung der Landeshoheit seine Bedeutung. Insbesondere ist es das Kurkollegium, welches mit ihnen und nicht erfolglos um die Herrschaft rivalisiert. So erringen die Kurfürsten vorübergehend in dem unter ihrem Vorsitz tagenden Reichsregiment (1500, 1521) tatsächlich die Regierungsmacht. Allerdings nur bis 1530.

h) **Wahlkapitulationen.** Auch durch diese wissen die Kurfürsten eine weitere Schwächung der kaiserlichen Hoheitsrechte herbeizuführen.

Seit der Wahl Karls V. (1519) vereinbaren die Kurfürsten mit dem Erwählten jedesmal eine von ihm vor dem Regierungsantritt zu beschwörende Wahlkapitulation über die beiderseitigen Rechte und die Grundsätze der Reichsregierung.

Zumeist werden wichtige Staatsgeschäfte, Steuern, Kriegserklärungen usw. von der Zustimmung der Kurfürsten abhängig gemacht.

Im Westfälischen Frieden wurde die Feststellung einer dauernden Wahlkapitulation auf dem nächsten Reichstag in Aussicht genommen, indessen kam sie erst 1711 zustande und bei der Wahl Karls VI. zur Anwendung.

Die Kurfürsten nahmen für sich ein besonderes **„ius adcapitulandi"** in Anspruch, d. h. das Recht, besondere Zusätze machen zu dürfen.

Dieses Recht wurde aber von den übrigen Reichsständen nicht anerkannt. Sie protestierten mehrfach gegen die von den Kurfürsten beschlossenen Zusätze, daher sog. „passus contradicti".

Jedenfalls schrumpfte die plenitudo potestatis sacri imperii durch diese Wahlkapitulationen stark zusammen. Dem Kaiser verblieben noch einige iura reservata, d. h. freie Befugnisse im Gegensatz zu den iura comitialia, die er nur mit Zustimmung der Stände hatte.

B. **Der Reichstag.**

1. **Entwicklung.**

a) Im Fränkischen Reich lag, obwohl der König wirklicher Herrscher geworden war, die Gesetzgebung nicht bei ihm allein. Er hat wohl die Sanktion, aber zum Zustandekommen gehört die Zustimmung des Volkes.

b) Die ursprüngliche Volksversammlung, das Landesthing ist ausgesichts der Größe des Reichs ausgeschlossen.

An Stelle des Things tritt die im März, später Mai abgehaltene Heerschau (März-, Maifeld), welchem nach vorangegangener Beratung mit den Großen des Reichs die Gesetze zur Beschlußfassung vorgelegt werden.

c) Gegen Ende des 10. Jahrhunderts hört indessen jede Mitwirkung des Heeres auf; der sich nunmehr entwickelnde Reichstag hat mit der Heerschau nichts mehr zu tun.

2. **Zugehörigkeit.**

a) Ursprünglich erscheinen die Inhaber königlicher Ämter, später die Reichsfürsten. Seit 1180 gelten als stimmberechtigt nur die unmittelbar vom König belehnten Territorialherren.

b) Personalisten. Nach älterem Rechte hatte der Kaiser die Befugnis auch solchen Personen, die kein reichsunmittelbares Territorium besaßen, die Reichsstandschaft zu verleihen (sog. reichsständische Personalisten).

Später (Wahlkapitulation Ferdinands IV. 1653) wurde, um Mißbräuchen des kaiserlichen Ernennungsrechts vorzubeugen, das Ernennungsrecht an den Besitz eines unmittelbaren fürstlichen Reichsgutes, Veranlagung zur Reichsmatrikel und Zustimmung der Kurfürsten und Stände geknüpft.

c) Alt- und neufürstliche Häuser. In Wirklichkeit waren seit 1582 nur Fürsten mit reichsunmittelbarem Territorialbesitz unter Zustimmung des Fürstenrates aufgenommen. Deshalb bezeichnete man die, welche auf dem Reichstage 1582 bereits eine Virilstimme hatten, als altfürstliche, die, welche erst später eine erwarben, als neufürstliche Häuser.

3. **Einteilung.**

a) Neben den Fürsten waren seit Wilhelm von Holland (1254) die Städte, wenn auch zunächst ohne Anteilnahme an der eigentlichen Reichsgesetzgebung (bis um 1500) vertreten.

b) Um diese Zeit sondern sich auch die Kurfürsten als erstes Kollegium von dem übrigen Fürstenrat.

c) So bestand der Reichstag seit 1498 aus drei Kollegien:

Kurfürstenkollegium,
Reichsfürstenrat,
Städtekollegium.

Für die Zusammensetzung des Kurfürstenkollegiums aus drei geistlichen und vier weltlichen Kuren ist ursprünglich die Goldene Bulle maßgebend (vgl. Zeittafel bez. der Veränderungen). Den Vorsitz führte Mainz.

Der Fürstenrat bestand aus einer geistlichen und einer weltlichen Bank. Er hatte zusammen 100 Stimmen, und zwar 94 Viril- und 6 Kuriatstimmen.

Die 94 Virilstimmen zerfielen in 35 geistliche und 59 weltliche Fürstenstimmen.

Die Prälaten, Grafen und freien Herren waren in sechs Kurien vereinigt, von denen jede nur eine Stimme hatte.

α. Schwäbische und Rheinische Prälatenbank,

β. Schwäbische, Wetterauische, Fränkische, Westfälische Grafenbank.

Die Virilstimmen hafteten realiter an dem Fürstentum, so daß Besitzhäufung Innehabung mehrerer Stimmen, Besitzteilung Gemeinschaftlichkeit an einer Stimme zur Folge hatte.

Der Reichsfürstenrat stand unter dem wechselnden Vorsitz von Salzburg und Österreich.

Das Städtekollegium zerfiel ebenfalls in zwei Bänke:

α. Rheinische Städtebank (14 Städte),

β. Schwäbische Städtebank (37 Städte).

Das votum decisivum der Städte ist erst 1648 endgültig anerkannt (Instr. p. Osn. Art. VIII).

Den Vorsitz führte die Versammlungsstadt des Reichstags.

4. **Zusammentritt.**

a) Durch Wahlkapitulation war die Berufung des Reichstags auf mindestens alle 10 Jahre festgesetzt.

b) Seit 1653 fand dauernde Tagung in Regensburg statt, in. dessen erschienen die Reichsstände nicht mehr selbst, sondern ließen sich durch Gesandte vertreten. Häufig war für mehrere Stimmen nur ein Gesandter (der Kosten wegen).

c) Der Kaiser wurde repräsentiert durch einen Prinzipalkommissar fürstlichen Ranges, neben dem ein rechtsgelehrter Konkommissar die Geschäftsleitung des Verkehrs zwischen Kaiser und Direktorium hatte.

d) Der Kurfürst von Mainz als Erzkanzler hat die Leitung des ganzen Reichstags (Reichsdirektorium).

5. **Geschäftsgang.**

a) Jedes Kollegium beriet und beschloß für sich. An der Spitze steht ein Spezialdirektorium.

b) Verhandlungsvorlagen kamen teils vom Kaiser, teils von den Reichsständen.

c) Nach den getrennten Beratungen verhandelten Kurfürsten- und Fürstenkollegium mit einander in Relation und Korrelation.

d) Ihre gemeinsame Vereinbarung war ein conclusum duorum.

e) Nach Zustimmung der Reichsstädte lag ein Reichsgutachten, sog. consultum s. suffragium imperii, vor.

f) Die in einem Ratifikationsdekret erteilte Sanktion des Kaisers erhob das Reichsgutachten zu einem Reichsschluß, conclusum imperii.

g) Vor der Permanenz des Reichstags wurden diese Reichsschlüsse in feierlicher Schlußsitzung verlesen: Reichsschluß, recessus imperii.

Diese Verlesung gab als Publikation dem Gesetz verbindliche Kraft für die Reichsuntertanen.

h) In Religionssachen teilte sich der Reichstag in ein corpus catholicorum (Vorsitz Mainz) und ein corpus evangelicorum (Vorsitz Sachsen).

Entscheidung erfolgte durch Verständigung beider corpora (amicabilis compositio), die in sich nach Majorität abstimmten.

6. **Kompetenz.**

Auf der Grundlage des Westfälischen Friedens war der Reichstag zuständig für:

a) Gesetzgebung und Auslegung der Gesetze,

b) Auflage von Steuern,

c) Aushebung von Truppen,

d) Anlage von Festungen,

e) Beschlußfassung über Krieg, Frieden, Bündnisse,

f) Endlich hatte der Reichstag richterliche Funktionen, insofern ihm die Entscheidung über Rekurse gegen das Reichskammergericht oblag.

C. **Reichsregiment und Reichskreise.**

1. Die im 14. Jahrhundert mehr und mehr anwachsende Macht der Reichsstände, insbesondere der Kurfürsten, war auf dem Wege, das Reich in einen oligarisch regierten Bundesstaat umzuwandeln.

2. Nachdem die in der Goldenen Bulle vorgesehenen jährlichen Kurfürstentage sich nicht als lebensfähig erwiesen hatten, versuchten die Reichsstände durch ein fürstliches Reichsregiment, an welchem Kaiser, Kurfürsten und Stände durch Gesandte vertreten sein sollten, und welches die Verwaltung des Reichs führen sollte, die kaiserliche Macht zu unterbinden.

3. Maximilian I. war es, der dem 1495 gestellten Verlangen nach Errichtung eines Reichsrates (17 Mitglieder) entgegentritt

und diesen Bestrebungen durch jährliche Einberufung des Reichstags entgegentreten zu können glaubt.

4. Das erwies sich unmöglich und so wurde 1500 (Reichstag zu Augsburg) ein **Reichsregiment** errichtet, mit Sitz in Nürnberg, bestehend aus dem Kaiser (resp. dessen Stellvertreter) und 20 Räten.

5. **Reichskreise.** Um das Reichsregiment mit Räten zu besetzen wurde das Reich in zunächst **sechs** Kreise geteilt:

Fränkischen, Bayrischen, Schwäbischen,
Oberrheinischen, Westfälischen, Niedersächsischen.

6. Bereits 1502 hob Maximilian das Reichsregiment wieder auf, das unter Karl V. 1521 zu einem kurzen Dasein (bis 1530) nochmals entstand.

7. An Stelle des Reichsregiments trat sodann (seit 1558) eine „ordentliche Reichsdeputation" (Ausschuß des Reichstags), um zusammen mit den Kreisen für die Aufrechterhaltung des Friedens zu sorgen.

8. Die Kreiseinteilung blieb eine dauernde Institution. Ihnen wurde z. B. die Vollstreckung der Urteile des Reichskammergerichts übertragen. Es erfolgte eine Ergänzung auf **zehn:**

Österreichische, Burgundische, Obersächsische, Kurrheinische.

9. An der Spitze stand mit der Befugnis, Kreistage auszuschreiben, ein Fürst: „Kreisausschreibende Fürsten", die auch „Kreisdirektoren" wurden.

D. Die Hofämter. Das Reichskammergericht.

1. Das zur Karolingerzeit vom Hofkaplan verwaltete Kanzleramt existiert später als Erzkanzleramt unter dem Erzbischof von Mainz fort.

2. Die Erzkanzleien für Italien und Burgund werden ursprünglich von dortigen Bischöfen, später vom Erzbischof von Köln und Trier verwaltet. Um 1100 werden die Kanzlerstellen vereinigt.

3. Von Friedrich III. (1440—1493) an findet bereits Scheidung der für die Erblande gebildeten Hofkanzlei und der Reichskanzlei statt.

Maximilian I. organisiert kollegialische Behörden (wie sie Frankreich hatte). So ruft er den Hofrat ins Leben. Er war als politische Behörde gedacht, erreichte indessen keine Bedeutung.

4. Als eine Art von Ministerium kann man das seit 1527 fungierende Kollegium des Geheimen Rates betrachten, eine Versammlung von Großen des Reichs, berufen aus kaiserlichen Vertrauten als Berater in wichtigen Regierungssachen.

E. **Gerichtsbehörden.**

a) Reichshofgericht. Dem König war, nachdem die Gerichtsbarkeit zumeist auf die Landesherren übergegangen war, und von diesen durch ihrerseits bestellte Beamte ausgeübt wurde, nur die oberste Gerichtsbarkeit geblieben, die er durch sein Hofgericht ausübte.

b) Vorsitzender desselben war der König oder ein jedesmal bestellter Vertreter. Als Beisitzer fungieren Fürsten.

c) Seit 1235 (Mainzer Landfrieden Friedrichs II.) wird ein ständiger Vertreter — judex curiae regiae — bestellt. Der König führt den Vorsitz nur noch bei causae majores gegen die Fürsten (Leib, Leben, Reichsacht).

d) Dieses Reichshofgericht hat keinen festen Sitz, es folgt dem König.

Es ist zuständig für Fälle der justitia denegata vel protracta. Hier griffen die sonst die Zuständigkeit hemmenden privilegia de non evocando und de non appellando nicht ein. Sodann bei Klagen um Reichsgut, für Verhängung der Reichsacht, Klagen gegen Reichsunmittelbare.

e) Königliches Kammergericht. Die Tätigkeit des Reichshofgerichts wurde immer beschränkter und hörte schließlich — 1450 — ganz auf.

Dagegen hatte der König begonnen, außerhalb desselben auf Anrufen als Schiedsrichter eine persönliche Rechtsprechung mit seinen Räten auszuüben.

Hieraus erwuchs schließlich als besonderes Gericht das Königliche Kammergericht — 1415 —, bezeichnet als iudicium camerae.

Anfänglich mehr für königliche Fiskalsachen bestimmt, bekommt es schließlich eine feste Ordnung (1471) und tritt tatsächlich an die Stelle des Hofgerichts.

Auch das Kammergericht folgt dem König von Ort zu Ort.

F. **Das Reichskammergericht.**

1. **Zeit.** Die mit dem Königlichen Kammergericht namentlich unter Friedrich III. unzufriedenen Reichsstände erzwangen schließlich auf dem Reichstag zu Worms (1495) von Maximilian I. die Loslösung des Kammergerichts vom Königlichen Hofe, und die Errichtung des Reichskammergerichts.

2. **Sitz.** Das Reichskammergericht hatte einen festen Sitz. Errichtet in Frankfurt a. M., kam es später nach Worms, Regensburg, Nürnberg, Eßlingen, Speier. Endlich infolge dessen Zerstörung 1693 nach Wetzlar, wo es bis zur Auflösung (1806) blieb.

3. **Ordnung.** Für das Reichskammergericht wurde eine Ordnung erlassen (Reichskammergerichtsordnung von 1495). Dazu kamen Novellen 1521 (Worms), 1548 (Augsburg), Neupublikation 1555.

4. **Besetzung.** Die Besetzung stand teils dem Kaiser, teils den Ständen zu.

Der Kaiser ernannte den Kammerrichter (Fürst, Graf, Freiherr).

Die Beisitzer (ursprünglich 16) wurden von den Reichsständen, anfänglich dem Kaiser, später dem Gericht selbst präsentiert.

Die Beisitzerzahl wurde im Laufe der Zeit erhöht und sollte nach dem Westfälischen Frieden 50 sein (Kammerrichter, 4 Präsidenten, 50 Beisitzer).

Die Beisitzer waren aber, trotzdem sie später auf 25 reduziert wurden, aus Mangel an Mitteln nie vollzählig. Die von den Reichsständen zu entrichtenden Beiträge, sog. Kammerzieler, gingen selten ein.

Seit dem Augsburger Religionsfrieden (1555) mußten auch evangelische Beisitzer vorhanden sein, später war die Hälfte katholisch, die Hälfte evangelisch.

Bei Prozessen zwischen reichsunmittelbaren Katholiken und Evangelischen sollten die Beisitzer auch nach der Religion geteilt sein. Es war bei Einstimmigkeit beider Teile eine itio in partes gestattet. Alsdann kam die Sache zur Entscheidung an den Reichstag.

5. **Zuständigkeit.**

α. Das Reichskammergericht hatte über Landfriedensbrüche zu urteilen.

β. Es war erste Instanz in Streitigkeiten der Reichsunmittelbaren.

γ. Es war zweite Instanz gegen Austrägalsprüche erster Instanz und gegen landesherrliche Gerichte, wo kein privilegium de non appellando bestand.

6. **Prozeßnormen** und **Revisionsinstanz.**

α. Das Reichskammergericht hatte das Recht durch „Gemeine Bescheide" für sich Prozeßnormen festzusetzen.

β. Revisionsinstanz für das Reichskammergericht wurde die Visitationsdeputation des Reichs. Die Revision hatte aber seit dem jüngsten Reichsabschied (1654) keinen Suspensiveffekt mehr und war somit ziemlich bedeutungslos.

G. **Der Reichshofrat.** Maximilian I. errichtete, um die persönliche Jurisdiktion nicht völlig zu verlieren, fast gleichzeitig mit dem Reichskammergericht den Hofrat, ein Kollegium für Regierung und Justiz. Insbesondere für Reichslehns- und erbländische Sachen.

Anhang.

§ 11. Die Staatsform des alten Deutschen Reichs.

1. Vor der Entwicklung der Landeshoheit war das Deutsche Reich unzweifelhaft ein Einheitsstaat, d. h. eine durch die Stände beschränkte Monarchie.

2. Streitig wird die staatsrechtliche Konstruktion des Verhältnisses zwischen Reich und Reichsständen seit der Ausbildung der Landeshoheit.[1]

a) Eine kaiserliche Partei hielt an der formellen Souveränität des Kaisers fest und vindizierte demselben alle nicht nachweislich aufgegebenen Rechte.

b) Verbreitung fand im 17. Jahrhundert die Auffassung von der gemischten Staatsform. Zweifel herrschten dabei, ob unter den Elementen der Mischung die monarchischen oder die aristokratischen das Übergewicht hätten.

c) Ebenso fand später die Ansicht (Pütters) Anhänger, daß das Reich kein einfacher, sondern ein aus einer Reihe von Staaten zusammengesetzter Staatskörper mit beschränkt monarchischer Verfassungsform wäre.

d) Meyer-Anschütz hebt mit Recht hervor (§ 21), daß das Reich auch in den letzten Zeiten seines Verfalls noch ein Staat, und zwar ein sich auflösender Lehnsstaat gewesen sei.

Man hat dafür die Bezeichnung Staatenstaat geprägt (Schulze, Jellinek).

d) Jedenfalls kann man angesichts der prinzipiell fortbestehenden, wenn auch vielfach durchbrochenen souveränen Kompetenz des Reichs nicht von einem Bunde, insbesondere nicht von einem Bundesstaate sprechen.

e) Verständlich erscheint angesichts der von jeher geführten und niemals zum Schweigen gekommenen Streitigkeiten die an einen Definitionsverzicht gemahnende Erklärung Pufendorfs, es sei ein „irregulare aliquod corpus et monstro simile".

§ 12. Die Auflösung des Deutschen Reichs und der Rheinbund.

1. Das völlige Schwinden der Macht und des Ansehens des Reichs ist auf vielerlei Gründe zurückzuführen. In erster Linie auf

---

[1] Vgl. Literatur hierzu bei Meyer-Anschütz, Lehrbuch § 21 Noten.

die Machtentwicklung der einzelnen Landesherren (insbesondere Preußens).

Wurden doch von den selbständig gewordenen Reichsständen sogar Bündnisse mit dem Ausland gegen das Reich abgeschlossen (Bayern und Kurköln mit Frankreich im Spanischen Erbfolgekriege; Preußen 1740 mit Frankreich, später mit England).

Ja sogar Kriege der Reichsstände mit dem Reichsoberhaupt hat die Geschichte zu verzeichnen (schlesische).

2. Im Innern ruhte die Reichsgesetzgebung fast völlig und von einer Exekutivgewalt des Reichs war vollends keine Rede.

3. Seinen letzten Krieg führte das Reich in Gemeinschaft mit Österreich und Preußen im Jahre 1792 gegen Frankreich. Hier schloß schon Preußen 1795 den Frieden zu Basel für sich ohne das Deutsche Reich.

4. Beendigung dieses Krieges (nach Napoleons und Moreaus Siegen, Marengo, Hohenlinden in Bayern) durch den Frieden von **Luneville** 1801.

a) **Inhalt:** Abtretung sämtlicher linksrheinischer deutscher Gebietsteile an Frankreich. Der Talweg des Rheins ist Grenze.

b) Entschädigungspflicht des Deutschen Reichs an die depossedierten linksrheinischen erblichen Fürsten.

c) Festsetzung dieser Entschädigungen erfolgte durch den Reichsdeputationshauptschluß vom 25. Februar 1803 unter Mitwirkung Frankreichs aus geistlichem und Stadtbesitz. Bestätigt durch Reichsgutachten und Kaiserliches Dekret. Also Reichsgrundgesetz (sog. jüngster Reichsschluß).

d) Aufhebung der Kuren Trier und Köln. Kurmainz nach Regensburg verlegt. Neue Kuren: Württemberg, Baden, Hessen-Kassel, Toskana (Erzbistum Salzburg).

e) Im Fürstenrate fallen die geistlichen Stimmen (mit Ausnahme des Regensburger Kurfürst-Erzkanzlers, des Hoch- und Deutschmeisters und des Johannitermeisters) fort und gelangen an die entschädigten weltlichen Fürsten (statt 100 jetzt 82 Stimmen im Fürstenrat). Gegen die neuen Virilstimmen legte der Kaiser sein Veto ein.

f) Sämtliche freien Reichsstädte werden mediatisiert bis auf Augsburg, Nürnberg, Frankfurt, Hamburg, Bremen, Lübeck.

g) Endlich fand noch die Regelung der Rheinschiffahrt statt. Aufhebung der bisherigen Rheinzölle und gemeinsame Erhebung der Abgaben durch Frankreich und Deutschland.

5. Die definitive Auflösung erfolgt jetzt rasch.

a) 1805 kämpften die süddeutschen Staaten mit Frankreich gegen Österreich.

b) Im Frieden von **Preßburg** (26. Dezember 1805) mußte der Kaiser die „plénitude de la Souveraineté" der nunmehrigen Königreiche Bayern und Württemberg anerkennen. Trotzdem sollten diese „im Deutschen Bunde" (confédération germanique) verbleiben.

c) Am 12. Juli 1806 wurde zu Paris die Rheinbundakte vollzogen durch die Abgesandten von 16 deutschen Fürsten, die sich Unabhängigkeit vom Reiche und volle Souveränität beilegten. Sie sagten sich am 1. August 1806 zu Regensburg formell völlig vom Deutschen Reiche los.

d) Am selben Tage ließ Napoleon daselbst erklären, daß er das Deutsche Reich nicht mehr, sondern nur noch die volle Souveränität der deutschen Landesherren anerkenne.

e) Hierauf legte **Franz** II., der bereits im Jahre 1804 den Titel eines Kaisers von Österreich angenommen hatte, am **6. August 1806** die römisch-deutsche Kaiserkrone nieder, sagte sich und seine Nachkommen aller Pflichten gegen das Deutsche Reich ledig und entband Kurfürsten, Fürsten und Stände, sowie alle Reichsangehörigen von ihren Pflichten gegen das Reichsoberhaupt. Des Heiligen Römischen Reichs deutscher Nation ruhmloses Ende!

6. Preußens Absicht, einen Norddeutschen Bund (mit der Kaiserwürde bei Preußen) zu gründen, wurde durch den alsbald ausbrechenden Krieg mit Frankreich und die Niederlagen (Jena) zerstört. Im Frieden zu Tilsit (9. Juli 1807) verlor es seine Besitzungen zwischen Rhein und Elbe (auch das besetzte Hannover, Kottbuser Kreis, Polnischen Teilungserwerb) und mußte den Rheinbund anerkennen.

7. Der Rheinbund ist kein Staat gewesen, sondern nur ein Konglomerat von Protektoraten unter Napoleon. Er umfaßte allerdings schließlich fast ganz Deutschland (34 Staaten) mit Ausnahme von Österreich, Preußen, Schwedisch-Pommern, Holstein (zu Dänemark gehörig), Lauenburg und den Hansestädten.

8. Mit Frankreich bestand ein Schutz- und Trutzbündnis.

9. Für die gemeinsamen Interessen der Rheinbundfürsten sollte eine Bundesversammlung in Frankfurt a. M. geschaffen werden mit zwei Kollegien — le Collège des Rois und le Collège des Princes. Die Versammlung ist nie zusammengetreten.

10. **Äußere Veränderungen** waren noch folgende:

a) Im Jahre 1806 wurde das Kurfürstentum Sachsen zum Königreich erhoben.

b) Nach Vertreibung des Kurfürsten von Hessen-Kassel, des Herzogs von Braunschweig und des Fürsten von Nassau bildete Napoleon aus deren und anderem preußischen Gebiet das Königreich **Westfalen** (Jerôme).

c) Dem bisherigen Kurfürst-Erzkanzler, jetzt Fürst-Primas, war bereits durch die Rheinbundsakte (Art. 22) die Freie Stadt Frankfurt zugesprochen. Als Entschädigung für Regensburg bekam er zudem die Fürstentümer Hanau und Fulda und führte nunmehr den Titel „Großherzog von Frankfurt". (Freiherr von Dalberg).

11. Nach dem ereignisreichen Jahr 1813 löste sich der Rheinbund stillschweigend durch die Lossagungen der einzelnen Staaten auf.

12. Der Rheinbund ist durchaus nicht als Rechtsnachfolger des Deutschen Reichs anzusprechen. Dem steht nicht entgegen, daß er einzelne Verpflichtungen und Schulden übernahm.

13. Wirkung der Auflösung auf innere Zustände, insbesondere auf Gesetze des Reichs.

a) Staatsrechtlich wurde natürlich durch die Auflösung die Unabhängigkeit aller deutschen Staaten herbeigeführt.

Diese Unabhängigkeit ist vielen, insbesondere süddeutschen Herrschern wohl bewußt geworden und zur Grundlage von mehr oder weniger intensiven Beschränkungen der Rechte der Landstände gemacht worden.

b) Da die Auflösung des Reichs nicht etwa retrotraktive Kraft hatte, so blieben alle Reichsgesetze, Privilegien usw. in Kraft.

Selbstverständlich hatten aber die jetzt völlig souveränen Staaten die Macht durch Landesgesetzgebung, Aufhebungen und Änderungen des Bestehenden herbeizuführen.

c) In den sog. Verzichtartikeln sprachen die Rheinbundfürsten aus, daß alle Rechte (Anwartschaften, Belehnungen), die einzelnen von ihnen auf Territorien anderer zuständen, aufgehoben sein sollten (Sukzessionsrechte blieben ausgenommen).

14. Exkurs: **Mediatisierte.**

a) Als solche werden diejenigen früher mit Reichsstandschaft versehenen Fürsten und Grafen bezeichnet, deren Territorien den Ländern der Rheinbundfürsten einverleibt waren (Arenberg, Salm, v. d. Leyen, Isenburg-Birstein u. a.).

b) Diese bisher souveränen Standesherren verloren also ihre Souveränität und wurden Untertanen ihrer bisherigen Standesgenossen, der souverän gebliebenen Landesherren.

c) Die Rheinbundsakte (Art. 27/28) und später der Art. 14 der Deutschen Bundesakte sichern ihnen eine bevorzugte Stellung zu. Sie gehören zum Hochadel, haben die Ebenburt, Autonomie über güter- und familienrechtliche Verhältnisse, Freiheit von direkten Steuern und Militärdienst. Ihre Besitzungen sollten sie als freies, allodiales Eigentum behalten (einige Rheinbundfürsten nahmen die alte Lehnsherrlichkeit des Reichs darüber für sich in Anspruch). Sie behielten Regalien, Patronat, niedere Gerichtsbarkeit.

Sie selbst sollen nur vor einem Gerichtshof von Standesgenossen abgeurteilt werden.

d) Alle diese Garantien haben an und für sich mit dem Deutschen Bunde (1866) aufgehört, denn eine Übernahme seitens des Deutschen Reichs hat nicht stattgefunden.

e) Die Reglung der Stellung der Mediatisierten erfolgt heute zumeist durch Landesgesetz.

f) In Preußen ist der Art. 44 der Bundesakte ausgeführt durch Verordnungen und Instruktionen von 1815 und 1820.

g) Nachdem durch den Art. 4 der Verfassung alle Preußen vor dem Gesetz für gleich erklärt wurden, und Standesvorrechte nicht mehr statthaben sollten, erging ein Deklarationsgesetz von 1854 des Inhalts, daß die Privilegien des Hohen Adels als nicht beseitigt anzusehen seien.

§ 13. Der Deutsche Bund.

I. **Historisches.**

1. Die große Armee Napoleons ging 1812 in Rußland unter. Es erfolgte nunmehr die allgemeine Erhebung gegen den übermächtigen Unterdrücker. Im Februar 1813 schlossen Preußen und Rußland das Schutz- und Trutzbündnis zu Kalisch.

In dem namens der verbündeten Herrscher erlassenen Aufruf war den Fürsten und Völkern Deutschlands Freiheit und Unabhängigkeit und die Wiederkehr ihres „ehrwürdigen" Reichs verkündet und zugesichert worden.

2. Dem Bündnisse traten außer England (für Hannover), Schweden, Österreich, auch die meisten deutschen Staaten unter gleichzeitiger Lossagung vom Rheinbunde bei.

3. Unter den verschiedenen Beitrittsverträgen kann man zwei Gruppen, die mit Österreich und die mit Preußen abgeschlossenen unterscheiden, ebenso wie sich zwei divergierende staatsrechtliche Tendenzen geltend machen, die preußische und die österreichische.

5. Preußen wollte bereits damals ein fester gefügtes, insbesondere militärisch geeintes Deutschland schaffen, während Österreich nur einen loseren völkerrechtlichen Schutz- und Trutzbund nach dem Muster des Rheinbundes, natürlich unter seiner Vorherrschaft anstrebte.

6. Dieser Standpunkt Österreichs trat auch in den mit Bayern und Württemberg sowie anderen kleineren deutschen Staaten geschlossenen Verträgen in die Erscheinung, und schließlich fand die Verständigung über die Bundesverfassung ihren Ausdruck im Art. 6

des ersten Pariser Friedens vom 30. Mai 1814: „Les états de l'Allemagne seront indépendants et unis par un lieu fédératif."

7. Näheres sollte in einem Kongreß zu Wien festgesetzt werden. Dieser trat 1814 zusammen. Ein deutsches Komitee aus den Gesandten Österreichs, Preußens, Bayerns, Württembergs, Hannovers — seit 1814 Königreich — wurde eingesetzt, um die Verfassungsfrage zu erledigen. Die Vertreter von 29 kleineren Staaten protestierten gegen ihren Ausschluß und wurden später hinzugezogen.

8. Innere und äußere Schwierigkeit verzögerten den Abschluß. Zwischen den zwei Tendenzen, einer deutsch-nationalen und einer französisch-rheinbündlerischen (Bayern und Württemberg wollten möglichst ihre neue Souveränität auf Kosten der Bundesgewalt wahren), gelang es der Staatskunst eines Metternich, einen Ausgleich und für Österreich den Vorrang zu finden.

9. Das Ergebnis war die **Bundesakte** vom **8. Juni 1815** und die **Wiener Schlußakte** vom **15. Mai 1820.** Letztere wird durch Plenarbeschluß der Bundesversammlung (vom 8. Juni 1820) ebenfalls zum Grundgesetze erhoben.

II. **Inhalt der Akte.**

a) Die Bundesakte zerfällt in zwei Teile und 20 Artikel. I. Teil: Art. 1—11 „Allgemeine Bestimmungen" (Bundesorganisation usw.). II. Teil: „Besondere Bestimmungen" (innere Verhältnisse der einzelnen Staaten). Art. 20: Ratifikationsklausel.

b) Die Schlußakte zerfällt in 65 Artikel. Die Art. 1—52 beziehen sich auf Verhältnisse des Bundes, die Art. 53—65 betreffen innere Verhältnisse der Bundesstaaten. Die Schlußakte ist das Ergebnis von Konferenzen, durch die eine Ausbildung und Befestigung des Bundes herbeigeführt werden sollte.

III. **Name. Zweck. Charakter des Bundes.**

1. Gemäß Art. 1 der Bundesakte vereinigen sich die Fürsten und freien Städte Teutschlands,

der Kaiser von Österreich, der König von Preußen für ihre gesamten vormals zum Teutschen Reich gehörigen Besitzungen,

der König von Dänemark für Holstein,

der König der Niederlande für Luxemburg zu einem beständigen Bunde, welcher

der **Teutsche Bund** heißen soll.

2. Als Zweck desselben gibt Art. 2 an die Erhaltung der äußeren und inneren Sicherheit Teutschlands und der Unabhängigkeit und Unverletzbarkeit der einzelnen teutschen Staaten. (Ebenso auch Art. 1 der W. Schl. A.)

Alle Bundesglieder haben nach Art. 3 als solche gleiche Rechte und verpflichten sich, die Bundesakte unverbrüchlich zu halten.

3. Im Art. 1 der Wiener Schlußakte wird der Deutsche Bund charakterisiert als ein völkerrechtlicher Verein der deutschen souveränen Fürsten und freien Städte und der Art. 2 besagt, dieser Verein bestehe in seinem Innern als eine Gemeinschaft selbständiger, unter sich unabhängiger Staaten mit wechselseitigen gleichen Vertragsrechten und -pflichten, in seinen äußeren Verhältnissen aber als eine in politischer Einheit verbundene Gesamtmacht.

Der Art. 5 bezeichnet den Bund als einen unauflöslichen Verein, bei dem keinem Mitglied der Austritt frei steht.

Aus alledem ergibt sich, daß der Deutsche Bund im Innern ein **Staatenbund**,[1] nach außen eine selbständige, völkerrechtliche Persönlichkeit war.[2]

Sehr richtig ist es, darauf hinzuweisen (Meyer, Lehrb. § 41 S. 113), daß der Bund ein Verein mit selbständigen Rechten und Pflichten, mit Hoheitsrechten gegenüber seinen Mitgliedern ausgerüstet gewesen sei.

IV. **Mitglieder des Bundes.**

1. Über die Mitgliedschaft verhält sich der Art. 4 der Bundesakte.

2. Aufgezählt werden als erste die Großmächte Österreich und Preußen (mit den vormals zum Deutschen Reich gehörigen Besitzungen — Art. 1 —, so daß dessen Provinz Preußen und ein Teil von Posen nicht dazu gehörten).

Sodann die Königreiche Bayern, Sachsen, Hannover, Württemberg.

Sodann die Großherzogtümer Baden und Hessen, Kurhessen, die Großherzoglich und Herzoglich Sächsischen Häuser.

Dänemark wegen Holstein, die Niederlande wegen Luxemburg.

Beide Mecklenburg usw.

Aufgezählt sind in der Akte nur **38** Mitglieder; es waren aber **41**, weil die drei Häuser Reuß in Ziff. 16 als eins genannt sind.

Im Laufe der Zeit verminderte sich die Mitgliederzahl auf **33** wegen Aussterbens und Erbvereinigungen (Koburg-Gotha usw.).

Eine Aufnahme neuer Mitglieder konnte nur mit ausdrücklicher Zustimmung der Gesamtheit erfolgen (Art. 6 W. Schl. A.).

---

[1] Als solchen bezeichnete ihn auch der österreichische Präsidialgesandte bei der Eröffnungssitzung der Bundesversammlung am 5. November 1816.

[2] Über die Streitfrage, ob der Deutsche Bund juristische Persönlichkeit gehabt habe, vgl. Meyer-Anschütz, Lehrbuch § 41 Note 6 (Anschütz dagegen).

V. **Organe. Stimmenzahl.**

1. „Die **Bundesversammlung**, aus den Bevollmächtigten sämtlicher Bundesglieder gebildet, stellt den Bund in seiner Gesamtheit dar und ist das beständige verfassungsmäßige Organ seines Willens und Handelns" (Art. 7 W. Schl. A.).

Art. 8 spricht vom Bundestag.

2. In der Bundesversammlung hatte Österreich den Vorsitz (Art. 5 B. A.).

3. Die Bundesversammlung beschloß teils im „**Plenum**", teils im „**Engeren Rat**".

4. Im Plenum hatten je **vier** Stimmen: Österreich und die fünf Königreiche: Preußen, Bayern, Sachsen, Hannover und Württemberg (Pentarchie).

Je **drei**: Baden, Hessen, Kurhessen, Holstein, Luxemburg.

Je **zwei**: Braunschweig, Mecklenburg-Schwerin, Nassau.

Alle übrigen je **eine** Stimme.

Insgesamt **69** Stimmen (Art. 6 B. A.).

5. Im „Engeren Rat" waren **17** Stimmen:

11 Virilstimmen,
6 Kuriatstimmen (Art. 4 B. A.).

VI. **Beschlußfassung.**

1. Die gewöhnliche Verhandlung fand vor dem „Engeren Rat" statt.

2. Im Plenum mußten Beschlüsse gefaßt werden:

a) Über Abfassung oder Abänderung von Grundgesetzen des Bundes,
b) über die Bundesakte selbst,
c) über organische Bundeseinrichtungen,
d) Aufnahme neuer Mitglieder,
e) Kriegserklärungen und Friedensschlüsse (Art. 6 B. A.; Artt. 12, 13 W. Schl. A.).

3. Zumeist war Einstimmigkeit im Plenum erforderlich; für Krieg und Frieden genügte zwei Drittel Majorität.

4. Im „Engeren Rat" entschied einfache Majorität; bei Stimmengleichheit stand dem Vorsitzenden die Entscheidung zu (Art. 7 B. A.).

5. Standen jura singulorum in Frage, so war die Zustimmung der betreffenden Bundesglieder erforderlich (Art. 15 W. Schl. A.).

6. Die Gesandten zur Bundesversammlung waren von ihren Kommittenten unbedingt abhängig und diesen verantwortlich für Befolgung der Instruktionen und Geschäftsführung (Art. 8 W. Schl. A.)

Sie besaßen völkerrechtliche Gesandtenqualität und waren gemäß besonderer Note in Frankfurt extorritorial.

7. Die Geschäftsbehandlung in der Versammlung war durch besondere Geschäftsordnung geregelt.

8. Für einzelne Angelegenheiten bestanden besondere Ausschüsse von Bundesgesandten, z. B. ein Finanz-, ein Militärausschuß.

9. Außer diesen Ausschüssen der Bundesversammlung gab es übrigens noch besondere, nicht mit den Gesandten besetzte Bundeskommissionen, z. B. die Zentraluntersuchungskommission in Mainz.

VII. **Die Kompetenz des Bundes.**

1. Nach außen hin war der Bund, wie erwähnt, eine völkerrechtliche Persönlichkeit. Er hatte zur Regelung seiner eigenen Beziehungen **nach außen** zunächst

a) Das aktive und das passive **Gesandtschaftsrecht.** Das erstere wurde nie ständig ausgeübt, vorübergehend entsandte der Bund einmal einen Gesandten, nämlich den Grafen Beust auf die Londoner Konferenz (1852), wo die dänische Frage gelöst werden sollte.

b) **Vertragsrecht.** Der Bund hatte als solcher die Macht, internationale Verträge abzuschließen — Art. 35 W. Schl. A. (Vereinbarung bezüglich des Seeverkehrs).

c) **Kriegsrecht.** Dieses Hoheitsrecht sollte auf den Schutz des Bundes beschränkt sein. Kriege untereinander waren unmöglich. Der endliche Ausbruch eines solchen zerstörte den Bund. Eine Militärhoheit besaß der Deutsche Bund nicht. Jeder Staat muß seiner Bevölkerungszahl angemessen ein Kontingent stellen. Hieraus bestand die **Bundesarmee**; eingeteilt in 10 Armeekorps: 3 österreichische, 3 preußische, 1 bayrisches und 3 gemischte.

Für die Ausrüstung hatte jeder Staat selbst zu sorgen; zur Mobilmachung gehörte Beschluß des Bundestags, dem auch die Wahl des Oberbefehlshabers oblag.

d) **Festungen.** Landau, Luxemburg, Mainz, Rastatt, Ulm waren Bundesfestungen.

2. Die Kompetenz **nach innen** betraf sowohl Angelegenheiten der Bundesglieder untereinander, wie innere Angelegenheiten eines Staates.

a) **Austrägalverfahren.** Für den Zweck, Streitigkeiten unter Bundesstaaten zu vermeiden resp. dieselben zu schlichten, bestand ein Austrägalverfahren.

In diesem Verfahren gab es eine **Austrägalinstanz**, vor deren Zusammentritt jedoch der **Vermittlungsausschuß** des Bundestags die gütliche Beilegung des Streites zu versuchen hatte.

b) **Austrägalinstanz** war der oberste Gerichtshof eines Bundesstaates. Kläger konnte diesen aus drei vom Beklagten vorgeschlagenen unparteiischen Staaten auswählen. Dessen formelles Recht war maßgebend, während als materielles das gemeine Recht anzuwenden war (Art. 21 ff. W. Schl. A.).

c) **Vollstreckung** lag dem Bundestag ob (vgl. unter X).

d) **Rechtsmittel** gab es nicht, dagegen war auf Grund neuer Tatsachen eine restitutio in integrum möglich.

e) **Interventionsrecht des Bundes:**

α. In innere Angelegenheiten eines Mitgliedes durfte der Bund im allgemeinen nicht (vgl. Art. 53 W. Schl. A.), sondern nur bei Verletzung des Bundesrechts eingreifen. Ein solches Interventionsrecht stand auf dem Papier (Art. 54 W. Schl. A.) für den Fall, daß ein Staat — entgegen der Bestimmung des Art. 13 der Bundesakte — nicht eine landständische Verfassung einrichten würde (Preußen bis 1848) oder wenn eine Regierung in die Rechte der Landstände eingriffe. Praktisch ist diese Bundeshilfe nie geworden.

β. Desgleichen bestand das Interventionsrecht des Bundes bei partikularer Verletzung der den Untertanen durch die Bundesakte gewährleisteten Rechte, z. B.:

1. Religionsfreiheit für Katholiken, Lutheraner, Reformierte,
2. freier Erwerb von Grundeigentum im ganzen Bunde unter den gleichen Bedingungen wie Inländer,
3. freies Wegzugsrecht; aufgehoben sind gabella emigrationis und g. hereditaria (Abschoß, Nachsteuer),
4. Preßfreiheit,
5. bei justitia denegata (Art. 24 W. Schl. A.). Übrigens sollten in allen Bundesstaaten drei Gerichtsinstanzen bestehen (Art. 12 B. A.).

VIII. **Gesetzgebung des Bundes.**

a) Dem Bunde fehlte die zentrale Gewalt, Gesetze mit allgemein verbindlicher Kraft zu erlassen. (Kein gemeines Recht!)

b) Man bezeichnete gleichwohl mißbräuchlich die Bundesbeschlüsse als Bundesgesetze, indessen wurden durch diese zunächst nur die einzelnen Regierungen verpflichtet.

c) Um auch eine Bindung der Untertanen herbeizuführen, war der Erlaß von Landesgesetzen notwendig, also auch die Zustimmung der Landstände. (Für Preußen genügte allerdings einseitige landesherrliche Verkündung.) Es gibt also in der Hinsicht kein Bundesrecht, sondern nur Landesrecht; dagegen hatte der Bund das Gesetzgebungsrecht in eigenen Angelegenheiten (Art. 4 W. Schl. A.).

d) **Wechselordnung. Handelsgesetzbuch.** Die wichtigsten aus dem Deutschen Bunde hervorgegangenen Gesetze sind die Wechselordnung (1849) und das alte Handelsgesetzbuch (1861). Weil beide nur auf Grund der Einzeleinführungen, also zufällig über mehrere Gesetzesgebiete gelten, stellen sie sich als „allgemeines Recht" im Gegensatz zu dem von einer Zentralgewalt ausgehenden „gemeinen Recht" dar.

IX. **Finanzverwaltung** (W. Schl. A. Art. 52).

1. Für die recht einfache Finanzverwaltung des Bundes bestand eine **Bundeskanzleikasse.**

2. In diese hatte jede der 17 Stimmen des „Engeren Rates" jährlich ein Simplum von 2000 Gulden zu entrichten. Hiervon wurde die Verwaltung, insbesondere die Beamtengehälter bezahlt.

3. Des weiteren gab es eine **Bundesmatrikularkasse** für die nach Verhältnis der Bevölkerungszahl zu leistenden Matrikularbeiträge.

X. **Die Bundesexekution** (W. Schl. A. Artt. 31—34).

1. Die Bundesversammlung hatte eine Exekutionsbefugnis zur Aufrechterhaltung der Grundgesetze, zur Durchführung der Austrägalerkenntnisse sowie überhaupt zur Erzwingung der den Mitgliedern obliegenden Pflichten.

2. Nach fruchtloser Aufforderung wurde die Ausführung einer oder mehreren unbeteiligten Bundesregierungen übertragen.

3. Das Verfahren selbst leitete ein ad hoc ernannter Zivilkommissär auf Grund besonderer Instruktion.

§ 14. Bundesreformversuche.

a) Die bei Gründung des Bundes erhoffte Fortbildung desselben, namentlich die Ausdehnung seiner Kompetenz mußte scheitern und scheiterte an dem Erfordernis der Einstimmigkeit bei der innerorganischen Gesetzgebung. Die gegenseitige Eifersucht, namentlich zwischen dem führenden Österreich und der aufstrebenden Großmacht Preußen, ließen Ersprießliches nicht gedeihen.

b) **Reaktionäre Maßregeln.** Schon in der Wiener Schlußakte von 1820 hatte sich eine Reaktion gegen die in der Bundesakte von 1815 den Völkern zugesicherten freiheitlichen Neuerungen gezeigt.

c) Der Fürst Metternich hatte auf den im Jahre 1819 von ihm zusammenberufenen **Karlsbader Konferenzen** reaktionäre Maßregeln durchzusetzen gewußt. Statt wichtigerer Angelegenheiten beschäftigten den Bundestag die aus der Gründung der Burschenschaften gewitterten „demagogischen Umtriebe"!

Zu ihrer Verfolgung schuf man die Zentraluntersuchungskommission in Mainz, beschränkte die Preßfreiheit durch Einführung der **Zensur**, und die Universitätsfreiheit.

d) Ein erfreulicheres Bild gegenüber diesen recht zwecklosen Betätigungen zeigte sich auf wirtschaftlichen Gebiet.

§ 15. Der Zollverein.[1]

1. **Geschichtliches.** Das alte Deutsche Reich hatte kein einheitliches Zollgebiet. Das mit dem römischen Recht nach Deutschland gekommene Kaiserliche Oberzollregal vermochte nicht überall durchzudringen, geschweige denn eine Zentralisierung des deutschen Zollwesens herbeizuführen.

Ein staatsrechtliches Hemmnis solcher Entwicklung entstand auch aus der Erstarkung der einzelnen Landesterritorien.

Nachdem zur Reformationszeit innerhalb des Reichsregiments der Gedanke aufgetaucht war, aus dem Reich ein einheitliches Zollgebiet zu machen, erhielt derselbe eine greifbare Gestalt auf dem Reichstag zu Nürnberg 1532.

Man projektierte eine gemeinsame Zollgrenze und einen Ein- und Ausfuhrzoll auf alle Waren mit Ausnahme der notwendigen Lebensbedürfnisse.

Die geplanten Maßregeln scheiterten am Widerstand der Städte, die auch den Kaiser zur Zurücknahme seiner Zustimmung vermochten.

So blieb es denn erst in späteren Zeiten der Großmacht **Preußen** vorbehalten, jenem Projekt das Leben zu geben.

2. **Das preußische Zollgesetz von 1818.**

a) Trotz seiner damaligen schlechten Finanzlage erstrebte Preußen eine Reorganisation seines Zollwesens, insbesondere Beseitigung des veralteten kostspieligen Akzisewesens.

b) Unbeirrt durch die nach Aufhebung der Kontinentalsperre drohende englische Masseneinfuhr und trotz Widerstandes industrieller und kaufmännischer Kreise wollte Friedrich Wilhelm III. im Geiste Stein-Hardenbergs das „Prinzip der freien Einfuhr für alle Zukunft" gewahrt wissen (1817).

c) Am 26. Mai 1818 erging das von dem Generalsteuerdirektor **Maaßen** verfaßte neue Gesetz „über den Zoll und die Verbrauchssteuer von ausländischen Waren und über den Verkehr zwischen den Provinzen des Staates".

---

[1] Vgl. diesen Artikel im H. W. B. Bd. 8 S. 1058 ff. und Gebhard, Der Zollverein (Handbuch der deutschen Geschichte, II §§ 164, 188, 196, 205).

Das Gesetz beseitigte die vielen alten Lokaltarife und schuf eine übersichtliche Einheitlichkeit für alle Provinzen.

Die Zollerhebung erfolgte auf der 1073 Meilen langen Zollinie in einfacher Weise nach dem Gewicht der Waren (nicht dem abgestuften Wert) und wirkte als Schutz- wie als Finanzzoll gleich günstig.

Es wurde auch bereits eine Reziprozität in Aussicht genommen, falls andere Länder preußischen Untertanen Zollerleichterungen zuteil werden ließen.

d) Das Gesetz trat Neujahr 1819 in Kraft und wirkte zwar den Tarifen der Kleinstaaten gegenüber schutzzöllnerisch, denen der Großstaaten gegenüber indessen freihändlerisch.

e) Ein alsbaldiger Aufschwung in Industrie und Handel war die unverkennbare Folge des Gesetzes.

3. Dieses Vorgehen Preußens mußte selbstverständlich bei den übrigen deutschen Staaten den Wunsch nach einheitlicher Regelung des deutschen Zollwesens aufleben lassen.

Preußens Zollabschluß und hohe Durchgangszölle übten einen starken Druck für Angliederung auf die Kleinstaaten aus. Preußen war diesbezüglichen Anträgen durchaus geneigt.

4. **Süddeutsche Bestrebungen für die deutsche Handelseinheit.** In Süddeutschland trat insbesondere der Württemberger Friedr. **List** sowohl für unbedingte Handelsfreiheit, als für Schaffung eines deutschen Zollgesetzes auf.

Mit einer diesbezüglichen Eingabe vom Bundestag abgewiesen agitierte er lebhaft zugunsten eines Bundeszollsystems.

Ähnlich wie List verfocht auch der Badenser Nebenius die Ausgestaltung einer vom Bundestage abhängigen Zollverwaltung.

Die in seiner bedeutsamen Denkschrift vom Jahre 1819 niedergelegten Grundsätze — Zolltarif auf freihändlerischer Grundlage; Verteilung der Zolleinnahme nach der Kopfzahl der Bevölkerung usw. — sind im wesentlichen im späteren Zollverein zur Grundlage genommen.

5. Die in den Bundestag gesetzten Erwartungen dieser beiden Männer scheiterten allerdings an der völligen politischen Ohnmacht des Bundestags, den doch selbst der englische Schimpf, den deutschen Orlogwimpel als Piratenflagge behandeln zu wollen, nicht aufzurütteln vermochte.

6. **Zollanschlußverträge Preußens.**

a) Den ersten Anschlußvertrag schloß Preußen am 25. Oktober 1819 mit Schwarzburg-Sondershausen und gewährte hierbei in der Tat diesem Staate einen der Bevölkerungskopfzahl entsprechenden Anteil am Reinertrag der Zölle.

b) Zehn Jahre vergingen nunmehr — erfüllt nicht von Taten, sondern von Intrigen und ödem Geschimpfe gegen Preußen auf dem Bundestag. Der Art. 19 der Bundesakte mußte als Basis heftigster Angriffe gegen das preußische Zollgesetz herhalten.[1]

c) Vielfache Versuche, im Süden einen Verein zu gründen, der Preußen die Spitze bieten könnte, führten endlich 1828 Bayern und Württemberg zu einem Zollverein zusammen.

d) Darauf schloß sich Hessen, um seiner Isolierung zu entgehen, 1828 an Preußen an. Im Vertrage wurde beiderseitige selbständige Zollverwaltung und Gewinnverteilung nach Kopfzahl ausgemacht. Der Vertrag sollte von 6 zu 6 Jahren laufen.

In diesem Vertrage finden sich bereits die Grundlagen der Verfassung des Deutschen Zollvereins.

e) Alsbald traten auch noch Dessau, Köthen, Rudolstadt, Bernburg der Preußisch-Hessischen Gemeinschaft bei.

f) Allerdings fehlte es auch nicht an Gefahren. So konstituierte sich 1828 in Kassel der „Mitteldeutsche Handelsverein" (Sachsen, Kurhessen, Hannover, Bremen, Frankfurt) mit der ausgesprochenen Tendenz, den preußischen Durchfuhrhandel zu vernichten.

Da gelang dem preußischen Finanzminister **Motz** ein großer Gegenschlag: die Vereinigung des nördlichen Zollbundes mit dem süddeutschen im Jahre 1829.

Die Bunde garantierten sich gegenseitige Zollfreiheit für alle Inlandsprodukte auf 12 Jahre und nahmen eine Ausgleichung ihrer Zollsysteme in Aussicht.

Nachdem Motz überdies neue Ausfuhrstraßen durch Meiningen und Gotha nach dem Süden gefunden hatte, war die Kraft des mitteldeutschen gegnerischen Bundes gebrochen. Mit dem Beitritt Kurhessens zum Norden (1831) begann dessen Zerfall.

g) Das anfängliche Provisorium von 1829 mit dem Süden schritt auch dem Definitivum zu. Bereits 1831 stellten Bayern und Württemberg den Antrag auf völlige Vereinigung.

Nach Überwindung mannigfacher Schwierigkeit kam 1834 der Vertrag auf 8 Jahre zustande, wonach Nord und Süd sich vereinigten „in

[1] Art. 19 B. A.: „Die Bundesglieder behalten sich vor, bei der ersten Zusammenkunft der Bundesversammlung in Frankfurt wegen des Handels und Verkehrs zwischen den verschiedenen Bundesstaaten . . . . in Beratung zu treten.

fortgesetzter Fürsorge für die Beförderung der Freiheit des Handels zwischen ihren Staaten und damit zugleich in Deutschland überhaupt".

7. **Die Geburt des Zollvereins.** Nachdem sodann 1833 noch Sachsen und der aus 8 thüringischen Staaten bestehende Handelsverein beigetreten waren, war der große Handelsbund gesichert: In der **Neujahrsnacht 1834** begann sein Dasein. Er umfaßte das Gebiet von 18 Staaten mit 23 Mill. Einwohnern und annähernd 8000 Quadratmeilen.

Auf diesem riesigen Gebiet herrschte im Innern fast gänzliche Verkehrsfreiheit und ein gleichmäßiger Tarif für den Außenhandel.

8. Selbstverständlich war diesem Bunde gegenüber der Beitritt der übrigen Staaten nur eine Frage der Zeit. Indessen ließen sich manche recht lange Zeit.

Zunächst traten Baden und Nassau (1835), Frankfurt (1836) bei. Sodann folgten Braunschweig, Lippe und Luxemburg (1841/42) und als letzte vom 1. Januar 1854 ab Hannover und Oldenburg.

So war das größte Werk national-wirtschaftlicher Vereinigung nicht zum geringsten dank der preußischen Staatsmänner **Motz, Maaßen, Eichhorn** sowie des Württemberger Buchhändlers Frhr. **von Cotta** vollbracht.

9. Seines Wesens Kern lag in der nationalen Handelseinheit, nicht in der internationalen Verkehrsfreiheit. Hier ist er über den Abschluß einiger weniger Handelsverträge nicht hinausgekommen.

10. **Die Krisen des Zollvereins.**

a) Abgesehen von einigen inneren Kämpfen, die sich 1845 gegenüber der gewaltigen englischen Eisen- und Garneinfuhr um die Erhöhung der Zolltarife entspannen, kam es zu der schwereren Bedrohung seines nationalen Charakters, insofern Österreich, gestützt auf § 33 der Frankfurter Reichsverfassung, wiederholt seinen Eintritt in den Zollverein verlangte und einen „Großdeutschen Zollverein" schaffen wollte.

Sah sich doch Preußen gegenüber der Hinneigung der anderen Staaten zu Österreich (Plan eines mitteleuropäischen Zollbundes mit Österreich) sogar zu einer Kündigung der Verträge auf den 1. Januar 1854 veranlaßt.

b) Es kam aber sowohl mit den alten Vertragsstaaten wie mit Österreich zu einem Ausgleich; mit letzterem sogar zu einem Handelsvertrag mit der Aussichtnahme späterer Zolleinigung.

c) Mit den bisherigen Mitgliedern wurde im April 1853 zu Berlin der Zollverein auf 12 Jahre erneuert.

d) Eine weitere Krise entstand durch die für den Zollverein notwendig gewordene Annäherung an Frankreich.

Gegen den 1862 auf Betreiben Preußens abgeschlossenen deutsch-französischen Handelsvertrog protestierte Österreich lebhaft, weil es darin ein Hemmnis des für 1853 geplanten Deutsch-Österreichischen Zollvereins erblickte.

Es kam indessen auch hier wieder ein Ausgleich und der Berliner Vertrag von 1865 mit Österreich zustande.

e) Die letzte Erneuerung des Zollvereinsvertrags fand in der alten völkerrechtlichen Form im Mai 1865 in Berlin statt.

f) Der Krieg 1866 brachte auch hier die totale Änderung. Der Norddeutsche Bund vereinbarte im Juli 1867 mit den süddeutschen Staaten eine Fortdauer der Zollvereinigung auf 10 Jahre.

Das neu erstandene Deutsche Reich brachte dann die endgültige Einigung (Artt. 33—40 RV.).

Allerdings fehlten dem Zusammenschluß zunächst noch Hamburg und Bremen, und erst als diese auch (in der Nacht vom 14. zum 15. Oktober 1888) ihren Anschluß vollzogen hatten (Bremen erhielt 12 Millionen Reichszuschuß), waren nach 70 Jahren diese großen nationalen Ziele erreicht.

11. **Rechtscharakter und Organisation des Zollvereins.**

a) Der Zollverein war ein völkerrechtlicher Bund ohne gemeinsame Oberleitung und jedesmal nur auf 12 Jahre geschlossen.

b) Organ war die Generalzollkonferenz beschickt von den Mitgliedsstaaten. Deren Beschlüsse erforderten auch (wie die des Bundestags) Einstimmigkeit.

c) Änderung schuf der Vertrag von 1867:

α. Der **Zollbundesrat** ersetzte die Generalzollkonferenzen. Majoritätsbeschlüsse und Veto des Präsidiums (Preußen).

β. Das **Zollparlament**, bestehend aus dem Norddeutschen Reichstag und süddeutschen Abgeordneten, bildete eine eigene gesetzgebende Körperschaft für Zölle und indirekte Steuern. Das erste deutsche Zollparlament, und damit seit dem Deutschen Parlament des Jahres 1848 die erste Gesamtvertretung der deutschen Nation, trat im April 1868 in Berlin zusammen.

Auch bezüglich des Zollwesens überkam das Reich die ausschließliche Gesetzgebung (Art. 35 Ziff. 2 u. 4 RV.).

12. **Tarifpolitik des Zollvereins.**

Die ursprünglichen freihändlerischen Grundlagen der Tarifpolitik mußten später im Interesse der Produktion und Industrie einzelner Staaten dem Schutzzoll weichen.

Landwirtschaft und Industrie standen sich auch damals schon gegenüber, aber die erstere begehrte — auf Ausfuhr nach England bedacht — den Freihandel, die letztere Schutzzölle.

Im großen und ganzen hat jedenfalls der Zollverein das von Friedrich Wilhelm III. in der Karlsbader Kabinettsorder von 1817 geforderte „Prinzip der freien Einfuhr für alle Zukunft" durchgehalten.

Daß dies Prinzip das richtige war, beweist der offensichtliche Aufschwung, den es für Handel und Wandel der deutschen Staaten gebracht hat.

§ 16. Der Deutsche Bund und das Jahr 1848.

a) **Frankfurter Attentat.** Die Pariser Julirevolution von 1830 und Unruhen in Deutschland, z. B. das sog. Frankfurter Attentat — eine Anzahl Studenten, namentlich radikale Mitglieder der Heidelberger Burschenschaft, unterstützt von polnischen Revolutionären, unternahmen einen (ergebnislosen) Putsch gegen den Bundestag in Frankfurt — hatten weitere scharfe reaktionäre Maßregeln zur Folge.

b) **Pariser Februarrevolution und deutsche Bewegung.** Die im Volke latente Gärung wegen der Nichteinhaltung der Versprechen bezüglich Freiheit und Mitregierung erhielt neue Nahrung durch die Pariser Februarrevolution des Jahres 1848.

c) In Deutschland erhob sich allenthalten eine nationale Bewegung, deren Streben auf Erlangung einer neuen nationalen Verfassung mit einer Vertretung des Volkes und einem Kaiser an der Spitze gerichtet war.

d) **Frankfurter Vorparlament.** Die Volksbewegung gebar auch aus dem Schoße des Volkes heraus alsbald etwas Positives.

51 hervorragende liberale Männer traten — ohne amtlichen Auftrag — in Frankfurt zu dem sog. **Vorparlament** zusammen.

e) Deren Beschluß, eine Nationalversammlung mit konstituierender Kraft zusammenzurufen, kam nicht zur Ausführung.

f) Nun wollten auch die Regierungen nicht müßig beiseite stehen.

α. Man faßte in ziemlicher Eile eine Reihe mehr oder weniger wichtiger Beschlüsse. So wurde den Gliedstaaten freigestellt, die Zensuren aufzuheben, die Preßfreiheit einzuführen.

Der Adler und die Farben des ehemaligen Reichsbanners — schwarzrotgold — wurden zu Zeichen und Farben des Bundes erklärt. Die Ausnahmegesetze wurden abgeschafft usw.

β. Ein Bundesbeschluß vom 10. März 1848 berief 17 Vertrauensmänner — einen für jede Stimme des Engeren Rates — um die

Bundesorganisation zu revidieren, und ein zweiter vom 30. März 1848 schrieb allgemeine Wahlen für eine Nationalversammlung aus.

g) Die Seele jener 17 war Dahlmann. Sie stellten den sog. **Siebzehnerentwurf** einer neuen Verfassung auf. (Die Reichsverfassung geht teilweise auf den Dahlmannschen Entwurf zurück.)

h) Auf das Wahlausschreiben vom 30. März — auf 50000 Seelen sollte ein Abgeordneter nach allgemeiner, gleicher direkter Wahl gewählt werden — traten am **18. Mai 1848** die Vertreter des deutschen Volkes als **„Deutsche Nationalversammlung"** in der Paulskirche zu Frankfurt zusammen (tagte bis Juni 1849; Präsident Heinrich von Gagern, später Reichsminister).

i) Von deren **Beschlüssen** seien erwähnt:

1. Am 27. Mai erging eine **Erklärung**, daß die Bestimmungen einzelner deutscher Verfassungen, welche mit dem von ihr zu schaffenden Verfassungswerk nicht übereinstimmten, nur nach dessen Maßgabe gültig seien.

Von den Regierungen wurde diese Erklärung der Versammlung nicht anerkannt, und sie war eine Überschreitung ihrer Kompetenz, denn eine konstituierende Gewalt war der Frankfurter Versammlung weder vom Bunde noch von den einzelnen Regierungen beigelegt.

Die Nationalversammlung war rechtlich nur eine Versammlung angesehener Männer, deren Beschlüsse nur Kraft durch Annahme der Einzelstaaten erlangen konnten.

2. **Zentralgewalt. Reichsverweser.** Es wurde (durch ein Reichsgesetz, weil angeblich konstituierende Nationalversammlung) im Juni eine provisorische Zentralgewalt geschaffen, und diese dem Erzherzog Johann von Österreich als Reichsverweser übertragen.

Diesem sollten auch Minister unterstellt sein.

Der Reichsverweser, welcher bis zur vollendeten Schaffung des Reichs im Amte bleiben sollte, wurde von den Bundesregierungen allgemein anerkannt.

Die Bundesversammlung übertrug namens der deutschen Regierungen ihre verfassungsmäßigen Befugnisse dem Reichsverweser (12. Juli). Somit war der Bundestag aufgehoben!

Eine Auflösung des Bundes selbst wurde aber dadurch nicht herbeigeführt.

3. Die Beratung der **endgültigen Verfassung.**

a) **Grundrechte.** Als deren erster Teil wurden am 27. Dezember 1848 die **„Grundrechte des deutschen Volkes"** publiziert (nachgebildet den droits de l'homme et du citoyen von 1789 und gipfelnd in der Gleichheit vor dem Gesetz und der bürgerlichen Freiheit).

b) **Verfassung.** Der zweite Teil kam erst 1489 nach langen Kämpfen — insbesondere wegen der Oberhauptfrage — und ohne Mitwirkung des Reichsverwesers zur Veröffentlichung als **„Verfassung des Deutschen Reichs"** (28. März 1849).

Inhalt der Verfassung. α. Nach derselben sollte Deutschland von nun an ein **Bundesstaat** sein. Auf das Reich sollte die auswärtige Vertretung, Kriegs-, Friedensrecht, Heer, Seemacht, Verkehrsanstalten übergehen. Es sollte weitgehende Gesetzgebungsmacht haben.

An der Spitze sollte ein von der Nationalversammlung zu wählender erblicher **„Kaiser der Deutschen"** stehen, unverantwortlich, unverletzlich, bei der Gesetzgebung mit einem suspensiven Veto beteiligt.

β. Neben diesem sollte der **Reichstag** stehen, zerfallend in zwei Häuser, nämlich ein **Staatenhaus** (Vertreter der Einzelstaaten) und ein **Volkshaus** (Abgeordnete des Volkes, hervorgegangen aus allgemeiner, geheimer, direkter Wahl).

4. Zum erblichen Kaiser wurde am nämlichen Tage (28. März) gewählt König Friedrich Wilhelm IV. von Preußen.

Dieser lehnte ab, weil

a) nicht alle Fürsten (z. B. Österreich, Bayern, Sachsen, Hannover) ihre Zustimmung zur Verfassung gegeben hatten,
b) weil er die Reichsverfassung unbedingt annehmen sollte.

Damit brach das Verfassungswerk zusammen. Die nach der Ablehnung Friedrich Wilhelms noch durch die Nationalversammlung — ohne den Reichsverweser — am 28. April im Reichsgesetzblatt erfolgte Publikation der Verfassung, als vermeintlich auch ohne Genehmigung der Regierungen gültig, war durchaus eine Kompetenzüberschreitung.

Preußen und Österreich riefen ihre Abgeordneten aus der Versammlung unter großer Empörung derselben ab. Der Rest begab sich als sog. **Rumpfparlament** nach Stuttgart, wo er von der Polizei endgültig aufgehoben wurde.

Vielfach brachen, insbesondere in Baden, blutige Volksaufstände aus. In Baden wurden sie, wie zumeist, durch preußische Truppen niedergeworfen (Führung Prinz Wilhelm, spätere König und Kaiser).

§ 17. Weitere Reformversuche.

a) **Dreikönigsbündnis.** Die weiteren Reformversuche gingen nunmehr von den Regierungen aus.

Preußen, Hannover und Sachsen schlossen 1849 (Mai) das sog. **Dreikönigsbündnis.** Es war ein Bund beabsichtigt, dessen Verfassung sich im wesentlichen an die Frankfurter anlehnte.

Nach dem Beitritt mehrerer kleinerer Staaten erhielt dasselbe den Namen **„Deutsche Union"**.

Hannover und Sachsen trennten sich aber wieder davon und Preußen berief darauf das sog. **Erfurter Parlament** zur Schaffung einer Verfassung.

b) Hiergegen erhob Österreich Einspruch, verlangte Reaktivierung des alten Bundes und berief eine Bundesplenarversammlung nach Frankfurt a. M.

Schon drohte damals infolge der Ablehnung Preußens ein Krieg auszubrechen.

Indessen unter dem Druck der Vermittlung des russischen Kaisers Nikolaus I. gab Preußen im Vertrag von **Olmütz** (am 29. November 1850 zwischen dem österreichischen Minister Schwarzenberg und dem preußischen Freih. v. Manteuffel geschlossen, sog. Olmützer Niederlage) nach, und trat in den „reaktivierten" Bund wieder ein.

Es wurde auf der Basis des Bundesvertrages von 1815 und im reaktionären Geiste von 1819 seitens der Bundesversammlung fortregiert.

c) Es fehlte indessen nicht an neu auftauchenden Reformprojekten. Es bildeten sich zwei Parteien:

1. Der **Großdeutsche Reformverein**, der eine Einigung und Fortführung des Bundes unter Österreichs Führung anstrebte und der natürlich preußischerseits energischen Widerstand erfuhr,

2. die Kleindeutsche Partei (der später von Bennigsen gegründete **Nationalverein**), welche eine Einigung auf bundesstaatlicher Grundlage unter Führung Preußens und Ausschluß Österreichs anstrebte.

d) Von Sachsen aus wurde eine Reform versucht. Die Triasidee des Ministers v. Beust — es sollte ein zwischen Österreich, Preußen und einem dritten Bundesstaate alternierendes Direktorium eingesetzt werden, die Bundesversammlung sollte zweimal im Jahr auf höchstens vier Wochen in Regensburg und Hamburg zusammentreten — scheiterte bei den beiden Großmächten.

e) Im August 1863 trat in Frankfurt auf Einladung des Kaisers Franz Joseph ein **Fürstentag** zwecks Beratung einer Bundesreform zusammen. Preußen lehnte den Beitritt ab. An seinen Bedingungen — völlige Gleichberechtigung mit Österreich, allgemeine Nationalversammlung — scheiterte auch dieses Reformprojekt.

Schließlich war es das Schwert, welches die Reform schuf.

§ 18. Die Schleswig-Holsteinische Frage und die Auflösung des Bundes.

1. Unmittelbare Ursache des Krieges von **1866** und damit des Zerfalls des Deutschen Bundes war die Schleswig-Holsteinische Frage.

2. Die Herzogtümer Schleswig und Holstein waren im Jahre **1460** durch Erbgang an Dänemark gekommen. Es war ihnen dabei zugesichert worden, daß sie, während sie mit Dänemark nur in Personalunion standen, untereinander in Realunion „up ewig ungedeelt" verbleiben sollten.

3. Diese Verbindung kam in Gefahr, weil König Christian VIII. von Dänemark nur einen kinderlosen Sohn: Friedrich VII. hinterließ.

4. Nach dessen Tode mußte Dänemark an die weibliche Linie Sonderburg-Glücksburg fallen, während in Schleswig-Holstein, wo die lex Salica galt, weibliche Thronfolge mithin ausgeschlossen war, die Augustenburger Linie auf den Thron kommen mußte.

5. **Der „Offene Brief" Christians VIII.** Um der völligen Lostrennung vorzubeugen, verkündete Christian VIII. durch einen „Offenen Brief" (1846), daß bei seines Sohnes (Friedrich VII.) Tode Schleswig und Lauenburg bei Dänemark bleiben und nach dänischem Gesetz vererben, also der (weiblichen) Linie Sonderburg-Glücksburg, Holstein dagegen der Augustenburger Linie zufallen sollte.

6. Die somit drohende Auseinanderreißung führte nach der Thronbesteigung Friedrichs VII. zum Aufstand in den Elbherzogtümern, bei welchem sie ursprünglich die Hilfe des Bundes für sich hatten.

7. **Das Londoner Protokoll.** Schließlich kam es doch zur tatsächlichen Einverleibung Schleswig-Holsteins in Dänemark, indem im sog. Londoner Protokoll (1852) Herzog Christian von der Augustenburger Linie auf Holstein verzichtete und somit der Anwärter der Sonderburg-Glücksburgischen Linie (auch ein

Christian) als Thronfolger des ganzen dänischen Reiches anerkannt wurde.

8. **Gegenansprüche des Augustenburgers.** Kaum hatte dieser als Christian IX. den dänischen Thron bestiegen, trat der Sohn jenes Augustenburger Christian mit Ansprüchen auf Schleswig-Holstein unter der Behauptung hervor, daß der Londoner Verzicht seines Vaters für ihn nicht bindend wäre. Er erklärte sich als Friedrich VIII. zum Herzog.

9. **Bundesexekution gegen Dänemark.** Der Deutsche Bund unterstützte ihn auf sein Ansuchen und beschloß die Exekution gegen Dänemark. Mit Vollziehung derselben wurden die Regierungen von Sachsen und Hannover beauftragt. Deren Truppen besetzten Holstein.

10. **Der Dänische Krieg.** Christian IX. hatte sich Österreich und Preußen gegenüber verpflichtet (1852), Schleswig nicht zu inkorporieren. Dies verletzte er durch Sanktion der dänischen Verfassung (1863), welche die Einverleibung Schleswigs bis zur Eider aussprach. Nach wiederholten fruchtlosen Aufforderungen, diesen Schritt zurückzunehmen, besetzten Österreich und Preußen 1864 Schleswig-Holstein und erklärten Dänemark den Krieg.

11. Im Frieden von **Wien** wurden die Herzogtümer und Lauenburg an beide zur gemeinschaftlichen Verfügung abgetreten.

12. Österreich wollte sie dem Augustenburger überlassen; Preußen hatte kein Interesse an diesem neuen selbständigen Staat, und als Friedrich von Augustenburg auf Bismarcks Verlangen, sich an Preußen eng anzuschließen, nicht eingehen wollte, ließ man ihn fallen, indem man sich auf ein Gutachten der Preußischen Kron-Syndici stützte, welches ihn an den Verzicht seines Vaters gebunden erklärte.

Nunmehr war der Konflikt unvermeidlich.

13. **Gasteiner Vertrag.** Man versuchte noch eine Einigung im **Gasteiner Vertrag** (1865), nach welchem unter Beibehalt des Kondominats Österreich die Verwaltung Holsteins, Preußen die Schleswigs übernahm.

14. **Lauenburg an Preußen.** Das Herzogtum Lauenburg wurde gegen eine an Österreich zu zahlende Entschädigung von $2^1/_2$ Millionen Taler an Preußen abgetreten. Diese Personalunion wurde durch preuß. Gesetz (nicht Reichsgesetz, weil bereits uniert) vom 23. Juni 1876 in eine Realunion umgewandelt.

15. **Neuer preußischer Reformversuch.** Noch einmal ging von Preußen im April 1866 der Versuch zu einer Reformierung des

Bundes aus, und zwar diesmal in ganz bestimmter Formulierung der geplanten Neugestaltung.

16. **Preußens Vorlage.** Niedergelegt war dieselbe in einer Vorlage, welche der preußische Bundestagsgesandte am 11. Mai 1866 der Reformkommission des Bundes übergab.

17. Preußen verlangte die Einführung einer periodisch einzuberufenden Nationalvertretung, Beseitigung der Stimmeneinheit, Regelung des Konsulatswesens, Revision der Bundeskriegsverfassung und Schaffung einer deutschen Kriegsmarine.

18. Zu einer ernsten Beratung dieser Vorlage ist es nicht gekommen.

19. **Österreichs Gegenverhalten.** Österreich verlangte in der Sitzung der Bundesversammlung am 1. Juni 1866 die Entscheidung der Schleswig-Holsteinischen Frage durch den Bund, und berief die Holsteinischen Stände zur Proklamierung des Herzogs Friedrich nach Neumünster.

20. **Besetzung Holsteins.** Preußen erklärte dies als Bruch der Gasteiner Konvention und besetzte Holstein (Manteuffel, 7. Juni).

21. **Mobilmachungsbeschluß. Preußens Erklärung.** Den am 14. Juni 1866 von der Bundesversammlung auf Österreichs Antrag gefaßten Beschluß, sämtliche nicht österreichischen und nicht preußischen Armeekorps zu mobilisieren, beantwortete Preußen (v. Savigny) mit der Erklärung, „daß es den bisherigen Bundesvertrag für gebrochen und deshalb nicht mehr für verbindlich ansehe, denselben vielmehr als erloschen betrachten und behandeln werde." „Damit seien jedoch die nationalen Grundlagen des Bundes nicht zerstört. Preußen halte an diesen und an der über vorübergehende Formen erhabenen Einheit der deutschen Nation fest, und erachte es als Pflicht der deutschen Staaten, dafür den angemessenen Ausdruck zu finden."

Preußens Vorgehen war insofern gerechtfertigt, als nach der Bundesakte das Austrägalverfahren am Platze gewesen wäre.

Dem Austritt Preußens schlossen sich die auf seiner Seite stehenden Staaten an.

22. **Preußens Abrüstungsverlangen.** Preußen verlangte am 15. Juni von Hannover, Sachsen, Kurhessen die Abrüstung, von den kleineren norddeutschen Staaten Anschluß im Kriegsfall, beides unter Garantie des Gebietes und der Selbständigkeit.

23. **Kriegserklärung an Österreich. Königgrätz.** Auf die Weigerung erfolgte die Kriegserklärung an Österreich und die süddeutschen Staaten (Bayern, Württemberg, Baden, Großherzogtum Hessen, Nassau, Frankfurt, außerdem Sachsen-Meiningen und Reuß ä. L.). Die Entscheidung fiel schnell. (Königgrätz 3. Juli 1866.)

24. **Friede zu Nikolsburg und Prag.** Im Präliminarfrieden von Nikolsburg (26. Juli), sowie im Frieden von Prag (30. August) erkannte Österreich die Auflösung des bisherigen Deutschen Bundes an, und gab seine Zustimmung zu einer Neugestaltung Deutschland ohne Beteiligung des österreichischen Kaiserstaates. Drittens verspricht Österreich Anerkennung des engeren Bundesverhältnisses Preußens mit den Staaten nördlich des Mains und erklärt viertens sein Einverständnis eines Zusammentritts der süddeutschen Staaten zu einem Verein, sowie einer nationalen Verbindung desselben mit dem Norddeutschen Bunde.[1]

25. **Auflösung des Bundes.** Die Auflösung des Bundes wurde durch **Beschluß** des in Augsburg befindlichen Bundestags ausdrücklich ausgesprochen (24. August 1866 letzter Tag des Bundes).

26. Bayern, Sachsen, Württemberg, Baden, Hessen, Reuß ä. L. und Sachsen-Meiningen traten in den Berliner Friedensverträgen den Bestimmungen des Nikolsburger Friedens bei.

27. **Annexion Hannovers usw.** Hannover, Kurhessen, Nassau und die freie Reichsstadt Frankfurt a. M. verloren ihre Selbständigkeit, und wurden nebst kleineren bayrischen und hessischen Gebietsteilen in Preußen einverleibt, ebenso wie die durch den Wiener Frieden von 1864 von Dänemark abgetretenen Elbherzogtümer.

Bezüglich letzterer blieb allerdings vorbehalten eine Rückabtretung einiger Teile Nordschleswigs an Dänemark, wenn deren Bevölkerung durch Plebiszit einen diesbezüglichen Wunsch ausgesprochen hätte. Die diesbezüglich mit Dänemark geführten Verhandlungen führten aber zu keinem Resultat.

Auf diesen Vorbehalt hat Österreich 1878 vertraglich verzichtet.

28. **Anerkennung der Bundesauflösung.** Von Luxemburg und Limburg, die sich seit Preußens Austritt den Bundesversammlungen ferngehalten hatten, wurde dessen Auflösung und die politische Neugestaltung Deutschlands im Londoner Vertrag (11. Mai 1867) ausdrücklich anerkannt, so daß mit Ausnahme von Liechtenstein eine ausdrückliche Zustimmung zur Bundesauflösung von sämtlichen selbständig gebliebenen früheren Mitgliedern desselben vorlag. Die Festung Luxemburg wurde geschleift und für neutral erklärt.

29. Auch die europäischen Großmächte haben im Londoner Vertrag über Luxemburg diese Auflösung anerkannt (11. Mai 1867).

---

[1] Über die urkundlichen Materialien und die sonstige Literatur vgl. Laband, Staatsrecht Bd. I § 1 Anm. 1.

30. Das völkerrechtliche Verhältnis, als welches der Bund sich darstellte, war somit beendigt; eine Fortdauer der Rechte des Bundes, sowie weitere Gültigkeit seiner Beschlüsse gibt es nicht.

31. Die unter dem Bunde geschaffenen objektiven Rechtsnormen behielten um deswillen weitere Kraft, weil sie Landesgesetze waren.

§ 19. Die Augustbündnisse und der Norddeutsche Bund.

1. Fürst Bismarck hatte schon kurz vor Auflösung des Bundes den Regierungen „Grundzüge zu einer neuen Bundesverfassung" unterbreitet (10. Juni 1866) und machte am 16. Juni den norddeutschen Staaten (ausgenommen Hannover, Sachsen, Kurhessen, Hessen-Darmstadt, Luxemburg) den Vorschlag zu einem Bündnis.

2. Mit Ausnahme von Sachsen-Meiningen und Reuß ä. L. nahmen alle an, und so kam am **18. August 1866** ein Vertrag zustande (Augustbündnis), welchem alsbald noch das Königreich Sachsen, Sachsen-Meiningen, Reuß ä. L. und Hessen-Darmstadt mit den Gebietsteilen nördlich des Mains beitraten.

3. **Inhalt.** In dem Vertrag wurde auf die Dauer eines Jahres ein Offensiv- und Defensivbündnis zur Erhaltung der Unabhängigkeit und Integrität, sowie der inneren und äußeren Sicherheit der Staaten vereinbart. Die näheren Zwecke sollten einer Bundesverfassung vorbehalten bleiben. Also wieder, wie 1848, nicht durch „Bundesakte", sondern durch eine **Verfassung**, ein **festes Gesetz**, soll das Verhältnis unlösbar zusammengeschmiedet werden.

4. Als Basis dafür sollten die Bismarckschen „Grundzüge" vom 10. Juni 1866 dienen.

5. Zur Beratung sollte ein gemeinschaftliches **Parlament** zusammenberufen werden, und zwar auf Grundlage des Reichswahlgesetzes vom 12. April 1849.

6. Der wahre Charakter des Augustbündnisses ist also der, daß auf seiner Basis ein definitiver Bund geschlossen werden sollte (ein völkerrechtliches pactum de contrahendo).

7. Mit dem demnächst stattgefundenen Abschluß des Norddeutschen Bundes ist dieses politische Projekt erfüllt worden.

8. **Konferenzen über Verfassungsentwurf.** Die Bevollmächtigten von 22 Bundesstaaten traten am 15. Dezember 1866 in Berlin zu Konferenzen über den Verfassungsentwurf zusammen.[1]

[1] Vgl. über diese Vorlage die interessanten urkundlichen Hinweise bei Meyer-Anschütz, Lehrbuch § 64 Note 6.

9. **Die Einigung der Regierungen und Inhalt der Abmachungen.** Unter Bismarcks Vorsitz führten diese Beratungen am 7. Februar 1867 zu einer Einigung der Regierungen.

Dem Bund sollte für bestimmte Angelegenheiten das Gesetzgebungsrecht zustehen, welches durch einen Bundesrat und Reichstag ausgeübt werden sollte. Der Bund hatte aber weder Gerichtsbarkeit noch Exekutive.

10. **Hegemonische Stellung des Königs von Preußen im Bunde.** Dem König von Preußen sollten als Führer des Bundes dessen diplomatische Vertretung nach außen, sowie der Oberbefehl über Heer und Marine in Krieg und Frieden zustehen. Desgleichen die Oberleitung im Post- und Telegraphenverkehr.

11. **Partikulare Einführung eines Wahlgesetzes, nur beratender Reichstag.** Um einen Reichstag berufen zu können, war die partikulare Einführung eines Wahlgesetzes nötig. Die überwiegende Anzahl dieser Gesetze (voran das preußische) gab aber dem zu wählenden Reichstag nur die Befugnis zur „Beratung" — **nicht Vereinbarung** — der Bundesverfassung, so daß deren endgültige Genehmigung den Einzellandtagen vorbehalten blieb. Juristisch war dieser Reichstag nur eine Notabelnversammlung, kein Parlament, da er ja noch kein Staatsorgan war. (Er gleicht der Nationalversammlung in der Frankfurter Paulskirche.)

12. **Wahlen zum Reichstag.** Die Wahlen zum Reichstag erfolgten im Februar 1867.

13. **Mandat an den König von Preußen zur Einberufung und Vorlage.** Dem König von Preußen war von den verbündeten Regierungen die Einberufung des Reichstags und die Vorlage des Verfassungsentwurfs übertragen worden.

14. **Tagung des Reichstags und Annahme des Verfassungsentwurfs.** Der Reichstag wurde berufen am 24. Februar und tagte bis 17. April 1867. Am 4. März legte Bismarck ihm den Entwurf der Bundesverfassung vor.

Am 16. April nahm der Reichstag den von ihm vielfach geänderten und verbesserten Entwurf mit 230 gegen 53 Stimmen an.

Am gleichen Tage wurde derselbe auch von den Kommissionen der verbündeten Regierungen einstimmig angenommen (Prot. vom 17. April).

15. **Bundeskanzler.** Dem König von Preußen wurde ein Bundeskanzler zur Seite gestellt. Die Führerrechte Preußens werden zu Hoheitsrechten gemacht, und zur Ausübung das Organ des Bundeskanzlers geschaffen.

16. **Erfüllung der Augustbündnisse. Einzelstaatliche Einführung.** Es war nunmehr die im Augustbündnis aufgestellte völkerrechtliche Pflicht, einen Bund einzugehen, soweit erfüllt, daß es nur noch der einzelstaatlichen Durchführung bedurfte. Diese war aber absolut nötig, und zwar in Gestalt verfassungsändernder Gesetze, da ja durch den Eintritt in den Bund die Lage der einzelnen völlig geändert wurde.

Demgemäß ist der Entwurf der Bundesverfassung in allen Einzelstaaten den Landtagen zur Genehmigung vorgelegt, von allen angenommen und mit dem Vermerk publiziert, daß die Verfassung des Norddeutschen Bundes am **1. Juli 1867** im Gebiet des Staates X. in Kraft treten sollte.

17. Durch ein Publikandum im Bundesgesetzblatt vom 23. Juli 1867 übernahm der König von Preußen die ihm durch die Verfassung des Norddeutschen Bundes übertragenen Rechte, Befugnisse und Pflichten für sich und seine Nachfolger.

§ 20. Rechtlicher Charakter des Norddeutschen Bundes.

I. **Streitfragen.** Die Frage nach dem rechtlichen Charakter des Norddeutschen Bundes, insbesondere auf welchem Rechtsgrunde die verbindliche Kraft der Bundes- (auch Reichs-) Verfassung beruht, ist sehr bestritten.

Der Streit beginnt bereits bez. der Rechtsnatur des Augustbündnisses. Meyer-Anschütz (§ 64) u. a. erklären dasselbe als einen völkerrechtlichen Vertrag, auf welchem auch die Verbindlichkeit der Verfassung beruht. Laband hält dies (§ 2 S. 31) für eine Verkennung des Wesens völkerrechtlicher Verträge, welche an und für sich immer nur internationale Rechte und Verpflichtungen von Staat zu Staat erzeugen, in den Gebieten der Kontrahenten aber anders als durch Landesgesetz verbindliche Kraft gar nicht erlangen können. So wollen denn auch andere ein Gemisch von völkerrechtlichem Vertrag und staatsrechtlicher Basis (Gesamtwillen des neuen Staates) als Grundlage des Bundes annehmen (Hübler).

Im übrigen seien einige der hervorragenderen Auffassungen wiedergegeben. Der Kernpunkt dreht sich um die Frage: Ist Grundlage des Bundes Vertrag (so Meyer) oder Gesetz (so Laband, Seydel, Binding), oder endlich ein rein tatsächlicher Vorgang.

1. **Labandsche Theorie.** Die bedeutsamste ist die von Laband aufgestellte, auch von Zorn vertretene Theorie.[1]

[1] Laband, Staatsrecht, 4. Aufl., 1901, § 2 S. 21 ff., 32.

Derselbe erklärt die Gründung des Norddeutschen Bundes, d. h. den gleichzeitigen Eintritt der norddeutschen Staaten in denselben für eine Tat, eine Rechtshandlung. Es ist dieselbe, zu der sich die Staaten im Augustbündnis verpflichtet hatten. Diese Handlung, d. h. der Entschluß jedes Staates, in den Bund einzutreten, ist der Inhalt der einzelstaatlichen Publikationsgesetze.

Der Bund wurde ins Leben gerufen von Staaten, die vor ihm existiert waren: sie haben ihm seine Verfassung gegeben, nicht sich selbst. Bei seiner Gründung hat er seine Verfassung mit auf die Welt gebracht. Dieselbe ist also keineswegs unter den Gesichtspunkt des Landesgesetzes zu bringen, sondern als eine freie Willenstat aller bei der Gründung beteiligten Staaten aufzufassen.

2. **Seydel-Arndtsche Theorie.** Seydel (auch Arndt) ziehen aus den Einzelpublikationen den Schluß, daß die Verfassung gleichmäßiges Landesgesetz sämtlicher verbündeter Staaten geworden sei.

3. **Haenel.** Haenel vertritt im Gegensatz dazu die Auffassung, daß der Verfassung die Bedeutung eines für alle Einzelstaaten verbindlichen Bundesgesetzes zukomme, welches auf einer über ihnen stehenden Macht, dem Willen der Gesamtheit, beruhe.

4. **Binding:** Verfassung ist Landesgesetz, entstanden durch Vereinbarung der verbündeten Regierungen mit dem Reichstage.

5. Sicher ist, daß jedem einzigen Konstruktionsversuche Bedenken erheblicher Art entgegengebracht werden können. Einige neuere Schriftsteller — Jellinek, Meyer, Bornhak — sind daher der Ansicht, daß die Gründung eines Staates — auch Bundesstaates — ein rein tatsächlicher Vorgang sei, der sich jeder juristischen Konstruktion entziehe.[1]

§ 21. Verfassung des Norddeutschen Bundes.

1. **Subjekt** der Staatsgewalt ist der Bund selbst. Als Träger der Bundesgewalt sind die 22 Staatsregierungen anzusehen.

2. **Organe** des Bundes sind:

a) Bundesrat (aus Vertretern der Regierung),

b) Reichstag (aus Vertretern des Volkes),

c) Bundespräsidium (König von Preußen).

3. Die ersten beiden hatten Gesetzgebung und Verwaltung. Dem Präsidium stand die Ausübung gewisser Hoheitsrechte zu (Kriegshoheit, auswärtige Hoheit).

---

[1] Vgl. die Übersicht über die Ansichten bei Meyer-Anschütz, Lehrbuch § 64 S. 176 Anmerkung und bei Laband § 2.

§ 22. Die süddeutschen Staaten. Der Französische Krieg. Die Novemberverträge.

1. Die süddeutschen Staaten (Bayern, Württemberg, Baden, Hessen [südl. des Mains]) waren durch die Bestimmungen des Prager Friedens von dem Bundesstaate ausgeschlossen. Ihnen wurde die Bildung eines Südbundes offengelassen, der internationale Selbständigkeit haben, und Anschluß an den Nordbund finden sollte.

2. **Kein Südbund.** Zur Gründung dieses Südbundes ist es nicht gekommen.

3. **Verbindung von Nord und Süd.** Dagegen wurde eine anderweitige wichtige Verbindung zwischen Nord und Süd hergestellt.

Preußens Bündnisverträge mit dem Süden. Preußen hatte nämlich mit den nicht zum Norddeutschen Bunde gehörigen Regierungen von Bayern, Württemberg und Baden schon im Jahre **1866** gleichzeitig mit den Friedensschlüssen Bündnisverträge abgeschlossen, welche übereinstimmend dahin lauteten:

a) daß zwischen Preußen und den genannten Staaten ein Schutz- und Trutzbündnis dahin bestehen solle, daß die Kontrahenten sich gegenseitig die Integrität der Gebiete ihrer Länder garantieren und sich verpflichteten, im Falle eines Krieges ihre volle Kriegsmacht zu diesem Zwecke einander zur Verfügung zu stellen, und

b) daß für diesen Fall der Oberbefehl über die Truppen der kontrahierenden süddeutschen Staaten dem König von Preußen übertragen werden solle.

4. Endlich war zwischen Preußen und dem Großherzogtum Hessen für die nicht zum Norddeutschen Bunde gehörigen Bestandteile des letzteren im April 1867 gleichfalls ein Schutz- und Trutzbündnis, sowie eine engere Militärkonvention abgeschlossen.

5. **Art. 79 der Bundesverfassung.** Endlich war im Art. 79 der Norddeutschen Verfassung der Eintritt der süddeutschen Staaten bereits vorgesehen. Derselbe sollte auf Vorschlag des Präsidiums im Wege der Bundesgesetzgebung erfolgen. Die Bedeutung dieser Klausel liegt darin, daß kein verfassungänderndes, sondern nur ein gewöhnliches Bundesgesetz nötig war.

6. **Wirkung der französischen Kriegserklärung.** Die französische Kriegserklärung (Juli 1870) brachte die angestrebte Vereinigung.

Ludwig II. von Bayern erklärte, der Bundesfall mit Preußen sei gegeben. Er ordnete die Mobilmachung der bayerischen Armee an und ihm folgten die anderen süddeutschen Staaten.

7. **Die Novemberverträge.** Noch während des Krieges brach sich die Überzeugung von der Notwendigkeit eines engeren Zusammenschlusses Bahn. Es sollte auf der Grundlage der modifizierten norddeutschen Verfassung ein „**Deutscher Bund**" geschlossen werden.

Die Initiative ging auch hier von Bayern aus. Nach Vorverhandlungen in München führten die weiteren Verhandlungen im Hauptquartier zu Versailles zum Abschluß der sog. **Novemberverträge.**

a) **Baden—Hessen.** Zunächst wurde am **15.** November 1870 zwischen dem Norddeutschen Bund und Baden und Hessen ein Vertrag über Gründung des „Deutschen Bundes" und Annahme einer Bundesverfassung geschlossen. Letztere sollte vertragsgemäß im 1. Januar 1871 in Kraft treten.

b) **Württemberg.** Am **25.** November erfolgte der Vertrag zwischen dem Norddeutschen Bund, Baden und Hessen einer- und Württemberg andererseits (de dato Berlin), nach welchem Württemberg unter einigen Sonderbestimmungen dem Vertrag vom 15. November beitrat. (Dazu gehörig Schlußprotokoll und Militärkonvention.)

c) **Bayern.** Am **23.** November 1870 wurde der (erst 1871 publizierte) Vertrag von Versailles zwischen Bayern und dem Norddeutschen Bunde geschlossen. Derselbe enthält die vielfach von der norddeutschen abweichende „Verfassung des Deutschen Bundes". (Dazu gehört das Schlußprotokoll vom 23. November 1870.)

8. **Charakter der Verträge.** Die Versailler Verträge sind völkerrechtlicher Natur und ähnlich dem Augustbündnis.

9. Da die beabsichtigte Verfassung mit den einzelnen Staatsrechten im Widerspruch stand, mußten die Novemberverträge den einzelnen Parlamenten (d. h. dem norddeutschen Reichstag und den vier süddeutschen Landtagen zur Genehmigung vorgelegt werden.)

10. Das ist geschehen. Die Annahme und Einzelpublikationen erfolgten und damit trat der neue Bund am 1. Januar 1871 ins Leben.

§ 23. Deutsches Reich.

1. **Der Bund erhielt den Namen „Deutsches Reich". „Deutscher Kaiser."** Auf Anregung Bayerns (veranlaßt durch Bismarck) vereinbarten die deutschen Staaten einstimmig, daß der Bund den Namen „Deutsches Reich" und der Inhaber des Präsidiums den Titel „Deutscher Kaiser" erhalte. — Der starke Wunsch Wilhelms I., den Titel „Kaiser von Deutschland" zu erhalten, drang nicht durch.

2. **Proklamation zu Versailles.** Die feierliche Annahme des Kaisertitels erfolgte durch die — juristisch bedeutungslose — Proklamation zu Versailles am 18. Januar 1871.

3. **Stellung des Königs von Preußen.** Der König von Preußen erhielt durch die Kaiserwürde keinerlei weitere politische Rechte, wie als Inhaber des Bundespräsidiums.

4. **Redaktion der Reichsverfassung.** Das neue Reich trat alsbald an die Aufgabe heran, seine Verfassung zu redigieren. Es war dies nötig, weil die Publikation der Novemberverträge verschieden gestaltete Redaktionen enthielt.

5. **Die Reichsverfassung und ihre Gestaltung.** Dem nächsten Reichstag wurde deshalb der Entwurf einer Reichsverfassung vorgelegt.

Von diesem genehmigt, wurde dieselbe am **16. April 1871** als Reichsgesetz verkündet und trat am 4. Mai 1871 in Kraft. (Ausgabetag der Nr. 16 des Bundesgesetzblattes am 20. April 1871.)

Das Gesetz enthält 2 Teile:

a) Das Gesetz betreffend die Verfassung des Deutschen Reichs (Einführungsgesetz),

b) Die Verfassung selbst (der letzteren voranstehend eine Einleitung).

6. **Änderung.** Gegenüber dem bayerischen Novembervertrag, an den sie sich anschließt, enthält die Urkunde die materielle Änderung im Art. 8 Abs. 3, welcher die Zusammensetzung des Ausschusses für die auswärtigen Angelegenheiten betrifft. (Vorsitz bei Bayern.)

7. **Verhältnis der Reichsverfassung zu der des Norddeutschen Bundes.** Gegenüber der Norddeutschen Verfassung ist zunächst bemerkenswert der Fortfall des (erledigten) Art. 79. (Beitritt der Südstaaten.)

In der Verfassung des Novembervertrages (15. November) befand sich noch ein Art. 80; dieser, die Einführung der Gesetze des Norddeutschen Bundes ins Reich betreffend, ist ersetzt durch § 2 des Einführungsgesetzes vom 16. April 1871.

8. **Charakter der Verfassung.** Das Inkrafttreten der Verfassungsredaktion ist nicht mehr vertragsmäßige Vereinbarung, sondern Reichsgesetz. (Das Einführungsgesetz zeigt die übliche Publikationsformel.)

9. **Einteilung der Verfassung.** Die Verfassung zerfällt in 14 Abschnitte:

1. Bundesgebiet (Art. 1),
2. Reichsgesetzgebung (Artt. 2—5),
3. Bundesrat (Artt. 6—10),
4. Präsidium (Artt. 11—19),

5. Reichstag (Artt. 20—32),
6. Zoll-, Handelswesen (Artt. 33—40),
7. Eisenbahnwesen (Artt. 41—47),
8. Post-, Telegraphenwesen (Artt. 48—52),
9. Marine und Schiffahrt (Artt. 53—55),
10. Konsulatwesen (Art. 56),
11. Reichskriegswesen (Artt. 57—58),
12. Reichsfinanzen (Artt. 69—73),
13. Schlichtung von Streitigkeiten und Strafbestimmungen (Artt. 74 bis 77),
14. Allgemeine Bestimmungen (Art. 78).

10. **Spätere Änderungen der Verfassung.** Von späteren Änderungen der Reichsverfassung seien hervorgehoben:

1. Durch Gesetz vom 24. Februar 1873 wurde durch Aufhebung des Abs. 2 Art. 28 die „itio in partes" für den Reichstag beseitigt (besteht für Bundesrat: Art. 7 Abs. 4.).
2. Zu Art. 43 Ziff. 9 wurde durch Gesetz vom 3. März 1873 ein Zusatz, die „Seeschiffahrtszeichen" betreffend, gemacht.
3. Sehr wichtig ist die sog. **lex Lasker** vom 20. Dezember 1873: Die Zuständigkeit der Reichsgesetzgebung wurde auf das gesamte bürgerliche Recht — bisher nur Obligationenrecht — ausgedehnt, und somit die Grundlage für Schaffung des BGB. gewonnen. Art. 4 Ziff. 13.
4. Durch Gesetz vom 19. März 1888 (Gesetz Kaiser Friedrichs) wurde die fünfjährige Legislaturperiode des Reichstags eingeführt (statt 3 Jahre).
5. Die **lex Stengel** vom 14. Mai 1904 ändert den Art. 70 der Verfassung ab (Matrikularbeiträge sind nicht mehr provisorische, sondern dauernde Einrichtung).
6. Der Art. 59 (Dienstpflicht im Heere usw.) abgeändert durch Gesetz vom 15. April 1905.
7. Art. 32 (Diätenlosigkeit der Reichstagsmitglieder) abgeändert durch das Gesetz vom 21. Mai 1906.
8. Durch Art. I des Reichsgesetzes über die Verfassung Elsaß-Lothringens vom 31. Mai 1911 ist in die Reichsverfassung ein Art. 6a eingestellt worden, nach welchem Elsaß-Lothringen drei Stimmen im Bundesrat erhält.

§ 24. Der rechtliche Charakter des Reichs.

1. **Streitfragen.** Die Frage nach der Rechtsnatur des Deutschen Reiches ist eine der bestrittensten des ganzen Staatsrechts. Der

Streit beginnt bereits bei der Untersuchung über die Rechtsnachfolgeschaft und erreicht bei der Kernfrage seinen Höhepunkt in einer unzählbaren Vielheit von Ansichten und Varianten.

2. **Neuschöpfung oder Fortsetzung?** Eine Verschiedenheit in der Gründung des Norddeutschen Bundes und des Reiches besteht darin, daß ersterer sich als völlige Neuschöpfung, nicht etwa als Fortsetzung des Deutschen Bundes darstellt.

Das Reich dagegen — die Mehrzahl wenigstens der Staatsrechtslehrer vertritt den Standpunkt — ist nur eine Erweiterung und Umbildung des Norddeutschen Bundes, wie sie dessen Verfassung (Art. 79) bereits vorsah.

Einige — v. Seydel, Huebler — erklären allerdings auch das Reich als eine völlig neue Schöpfung, und leugnen die Rechtsnachfolge.

3. **Staatenbund und Bundesstaat.**[1]

a) **Arten der Staatenverbindungen.** Alle Staatenverbindungen sind entweder vertragsmäßiger (völkerrechtlicher) oder korporativer (staatsrechtlicher) Natur.

Die erstere entspricht auf dem Gebiete des Privatrechts der Gesellschaft, letztere der Korporation.

b) **Staatenbund.** Wenn sich, wie im Deutschen Bunde von 1815, verschiedene Staaten zur gemeinsamen Ausübung gewisser Hoheitsrechte dergestalt verbinden, daß sie ihre Souveränität behalten, so entsteht ein Staatenbund. Wie die privatrechtliche Gesellschaft hat ein solcher keine eigene juristische Persönlichkeit, sondern stellt sich als Rechtsverhältnis zwischen Personen des öffentlichen Rechts dar.

c) Die staatsrechtliche Vereinigung dagegen erzeugt ein Rechtssubjekt.

d) **Einheitsstaat.** Gehen die zusammentretenden Staaten völlig in dem neuen Gebilde auf, dergestalt, daß sie ihre bisherige Selbständigkeit verlieren, so entsteht ein Einheitsstaat.

e) **Bundesstaat.** In den staatlichen Vereinigungen indessen, wie sie die Vereinigten Staaten von Nordamerika z. B., der Norddeutsche Bund und nunmehr das Deutsche Reich zeigen, hat man es mit Neubildungen zu tun, die sich weder unter den Staatenbund noch unter den Einheitsstaat rubrizieren lassen: Man prägte für diese Erscheinungen das Wort Bundesstaat.

Von einem Einzelstaat, einem Kaiserreich kann bei uns die Rede nicht sein, der deutsche Kaiser als solcher ist kein souve-

---

[1] Vgl. dazu Laband, Staatsrecht (einbändig), 3. Aufl., 1902, § 2 S. 12 ff.

räner Monarch. Ebensowenig ist das Deutsche Reich eine Republik. Es läßt sich unter den Begriff Monarchie so wenig wie unter den der Republik einreihen, weil es sich aus verschiedenartigen Monarchien und Republiken zusammensetzt.

4. **Souveränität.** Unumgänglich ist für die definitive Beantwortung die Voruntersuchung über den Begriff „Souveränität" und die Frage: gehört diese Souveränität mit Naturnotwendigkeit zu einem Staat?

α. Souveränität ist die Unabhängigkeit eines Staates von der Herrschaft eines anderen Gemeinwesens. Ihr Fundament ist „höchste Gewalt", die keine Beschränkung duldet, um deswillen aber auch keine Teilbarkeit zuläßt. — Die Lehre des Historikers Waitz von der Teilbarkeit der Souveränität ist heute infolge der scharfsinnigen Gegenschrift v. Seydels (Tübinger Zeitschrift f. Staatswissenschaft 1872) allseitig verworfen.

β. Die zweite Vorfrage: „ist Souveränität begriffliches Merkmal des Staates" muß mit Laband gegen v. Seydel verneint werden. Auch die scharfsinnigste Dialektik kann die geschichtliche Tatsache nicht aus der Welt schaffen, daß man Gemeinwesen, die von einem anderen (z. B. Türkei) abhängig und somit nicht souverän sind, doch überall als „Staaten" betrachtet hat.

5. **Zur Charakteristik des Deutschen Reichs.** Diese Beantwortung der beiden Vorfragen und ein kleiner historischer Rückblick werden uns also logisch zum Endziel, der Charakteristik des Reichs, führen.

a) Mit jenen Augustverträgen des Jahres 1866 hatten sich souveräne Staaten verpflichtet, ein neues, über den einzelnen stehendes, souveränes Gemeinwesen zu schaffen. Und als dann diese Verträge mit der Gründung des Norddeutschen Bundes erfüllt wurden, da haben die Gliedstaaten zugunsten der Allgemeinheit auf das kostbare Gut ihrer Souveränität verzichtet: Der Bund als solcher war fortan souverän.

Staaten indessen sind die Glieder nach wie vor geblieben, denn Souveränität ist eben kein Wesensmoment des Staatsbegriffs.

b) Und dasselbe, was sich auf Grund der Augustverträge im Norddeutschen Bund verwirklichte, sehen wir analog aus den Novemberverträgen emporwachsen: das Deutsche Reich.

Aus den bisherigen völkerrechtlichen Verträgen erwuchs ein neues staatsrechtliches, selbständiges Gebilde mit eigener Rechtspersönlichkeit:

Das neue Deutsche Reich, die glänzende Fortsetzung des Norddeutschen Bundes.

6. In diesem Bundesstaat ist neben der eigenen Souveränität kein Platz für die eines anderen. In Deutschland ist heute weder das Königreich Preußen, noch Reuß ä. L. souverän; souverän ist einzig und allein das Reich. Und zwar ist Träger dieser Reichssouveränität die Gesamtheit der verbündeten Regierungen. (Bismarck 1871.)

7. **v. Seydels Ansicht.** Wenn v. Seydel das Reich nach wie vor als auf den völkerrechtlichen Verträgen souverän gebliebener Gliedstaaten aufgebaut ansieht, somit konsequenterweise nur einen Staatenbund anerkennt, so verschließt er seine Augen den Machtmitteln der neuen Schöpfung; übersieht er, oder will er nicht sehen die Gesetzgebungsmacht, — Reichsrecht geht vor Landesrecht — unterschätzt er die eigenen Organe des Reichs, den Kaiser, Bundesrat und Reichstag, und läßt er unbeachtet die wichtige Kompetenz-Kompetenz. Will das Reich seine Zuständigkeit erweitern, so ist zwar eine Verfassungsänderung notwendig und unmöglich, wenn 14 Stimmen im Bundesrat dagegen sind (Art. 78 RV.):

Wäre das Deutsche Reich aber ein völkerrechtlicher Staatenbund, so könnte nimmermehr ohne Zustimmung eines jeden einzelnen der Vertragschließenden die Verfassung geändert werden.[1]

8. **Die Einzelstaaten sind keineswegs bloße Verwaltungsbezirke.** Verneint man auch mit der herrschenden Ansicht die Souveränität der Gliedstaaten so muß man doch die Auffassung, daß sie nunmehr zu bloßen Verwaltungsbezirken — Selbstverwaltungskörpern — des Reiches degradiert seien, zurückweisen. Von solchen, die wie Provinzen, Kreise usw. ihre Selbstverwaltungsbefugnis gerade erst vom Staat empfangen, unterscheiden sie sich himmelhoch, weil sie nach wie vor die wahre Staatshoheit besitzen, und ihre Herrschaftsbefugnisse kraft originären, von keiner anderen Macht abgeleiteten Rechts innehaben.

§ 25. Verhältnis des Reichs zu den Bundesstaaten.

1. **Zusammensetzung des Reichs.** Die 25 Einzelstaaten:

3 Republiken (Hamburg, Bremen, Lübeck),

4 Königreiche (Preußen, Bayern, Sachsen, Württemberg),

5 Herzogtümer (Braunschweig, S.-Meiningen, S.-Altenburg, S.-Koburg-Gotha, Anhalt),

6 Großherzogtümer (Baden, Hessen, Mecklenburg-Schwerin, S.-Weimar, Mecklenburg-Strelitz, Oldenburg),

---

[1] Vgl. insbesondere Zorn, Die deutsche Reichsverfassung, 1907, §§ 13 ff.

7 Fürstentümer (2 Lippe, 2 Reuß, 2 Schwarzburg, Waldeck) haben dem Reich gegenüber, wie die Mitglieder einer Korporation des Privatrechts, Rechte und Pflichten.

2. **Pflichten der Bundesstaaten.** Die **Pflichten** der Bundesstaaten bestehen in positiven Leistungen (auf militärischem, finanziellem Gebiet) sowie in der Gehorsamspflicht gegen das Reich. (Art. 19 sieht Bundesexekution vor: auf Beschluß des Bundesrats auszuführen vom Kaiser.)

3. **Unlösliche Zugehörigkeit.** Die Zugehörigkeit zum Reich ist eine unlösliche, Ausschluß oder Austritt sind unmöglich.

4. **Personal-Realunion. Völliges Ineinanderaufgehen. Gebietsabtretung.** Personal- und Realunion zweier Gliedstaaten sind als innere Angelegenheiten ohne Reichsgesetz möglich, dagegen bedarf es richtiger Ansicht nach bei völligem Aufgehen eines Bundesstaates in den anderen der Zustimmung der Reichsgewalt (weil Art. 1 das Bundesgebiet aus 25 Staaten bestehen läßt). Wie zu solcher Vereinigung bedarf es auch eines verfassungsändernden Gesetzes unter Zustimmung des betreffenden Einzelstaates, um Gebietsteile eines Einzelstaates an eine auswärtige Macht abzutreten, desgleichen beim Erwerb eines außerdeutschen Gebietes (vgl. Helgoland).

5. **Rechte der Einzelstaaten.** Die **Rechte** der Einzelstaaten sind:

a) allgemeine Mitgliedschaftsrechte,

b) Sonderrechte (jura singularia),

c) die aus der gebliebenen Staatshoheit fließenden Rechte (jura singulorum), z. B. Gesetzgebung in Jagd-, Forst-, Bergsachen usw.

Zu a) **Allgemeine Mitgliedschaftsrechte.** Aus ihrer Mitgliedschaft zum Reich haben die Gliedstaaten an und für sich gleiche Rechte (und Pflichten). Diese grundsätzliche Gleichberechtigung, z. B. an der Bildung der Reichsorgane, schließt natürlich eine Rücksichtnahme auf die erheblich verschiedenen Machtverhältnisse nicht aus. Reuß ä. L. kann nicht überall Gleichstellung mit Preußen beanspruchen. Aber was Schutz und Vertretung gegenüber dem Ausland anlangt, sowohl für Gebiet wie für Untertanen, ist volle Gleichberechtigung vorhanden.

Zu b) **Jura singularia.** Darunter hat man solche Rechte zu verstehen, die einzelnen Bundesstaaten durch die Verfassung zugewiesen sind (Änderung nur mit Zustimmung der Berechtigten Art. 78).[1]

---

[1] Vgl. hierzu Zorn § 18 S. 44 ff.

Da solche Sonderrechte Abweichungen von der sonst geltenden Regel zugunsten einzelner Staaten sind, bedeuten sie Modifikationen des Prinzips der Gleichheit aller Mitglieder.

Als Gruppen solcher Sonderrechte sind zu scheiden

α. solche, in welchen einzelnen Staaten Hoheitsrechte vorbehalten sind, welche sonst dem Reiche zustehen (sog. **Reservatrechte**),

β. solche, welche Bevorzugungen der Einzelstaaten in der Organisation des Reiches enthalten.

Zu α. **Fälle von Reservatrechten.** Wichtige derartige Reservatrechte sind:

a) die Rechte Hamburgs und Bremens auf Freihäfen. (Art. 34, Zollausschluß beseitigt seit 1888.)

b) Die Exemtion Badens von der Biersteuer (Art. 35).

Die in der Verfassung vorgesehene Exemtion der Südstaaten von der Branntweinsteuer ist durch Reichsgesetz von 1887 aufgehoben.

c) Die Reservatrechte Württembergs bezüglich der Biersteuer, des Post-, Telegraphenwesens, des Reichskriegswesens und des Eisenbahnwesens (Art. 35, 52; Schlußbestimmung zum XI. Abschn. der Verfassungsurkunde).

d) Der Ausschluß Bayerns von der Biersteuergemeinschaft, von der Post-, Telegraphenverwaltung, Eisenbahnwesen, von der Reichsgesetzgebung bezüglich der Heimats- und Niederlassungsverhältnisse, von der Immobilarversicherung, von der Kompetenz der Normaleichungskommission; seine Befugnis, einer Bank das Notenprivileg bis 70 Millionen Mark zu verleihen; insbesondere aber seine Sonderstellung auf dem Gebiete des Militärwesens (Festsetzung des Militäretats), besonderer Senat für das bayerische Heer beim Reichsmilitärgericht).

Das bayerische Kontingent des Reichsheeres bildet im Frieden eine selbständige Einheit unter dem Oberbefehl des Königs von Bayern.

Die auf Bayern entfallende Summe des Reichsmilitäretats wird in Gestalt einer Pauschalsumme an Bayern überwiesen. Die Verwendung im einzelnen erfolgt daselbst durch Landesgesetz. In Bayern leistet also diese Ausgaben nicht der Reichs-, sondern der Landesfiskus. Etwaige Ersparnisse bleiben in der bayerischen Landeskasse.

Zu β. **Fälle der Sonderrechte.** Sonderrechte der zweiten Gruppe haben:

1. Preußen (Präsidialrechte) (Art. 11 RV.),

2. Bayern (auf sechs erhöhte Stimmenzahl im Bundesrat; Vorsitzrecht bei Verhinderung Preußens; ständiger Vorsitz im Ausschuß

für auswärtige Angelegenheiten, und Sitz im Ausschuß für Landheer und Festungen. Vertretung der Reichsgesandten durch seine Gesandten). (Art. 6 und Schlußprotokoll).

3. Württemberg (ständiger Sitz in den Ausschüssen für Landheer und Festungen und für auswärtige Angelegenheiten). (Art. 8 Abs. 3 und Militärkonvention v. 21. Okt. 1870, Art. 15).

4. Sachsen (ständiger Sitz im Ausschuß für auswärtige Angelegenheiten und im Ausschuß für Landheer und Festungen). (Art. 8 Abs. 3 und Militärkonvention 1867.)

Zu c) **Jura singulorum** Zu den jura singulorum gehören alle diejenigen Hoheits- und Vermögensrechte, welche nicht zur Kompetenz des Reichs gehören.

6. **Grenzen der Reichskompetenz.** Die Grenzen dieser Kompetenz sind in der Verfassung gezogen. Allerdings kann das Reich dieselben durch verfassungsänderndes Gesetz ohne spezielle Zustimmung eines Einzelstaats erweitern, indessen nehmen einige an, daß eine übermäßige Erweiterung der Kompetenz zur Kündigung der Bundesverträge (Novemberverträge) wegen Vertragsverletzung führen könnte.

Wenn man auch nicht soweit gehen will, wird man doch sagen müssen, daß jeder einzelne Staat verlangen kann, daß die Reichsgewalt sich eines Übergriffs über seine Kompetenzlinie enthalte.

§ 26. Die Organisation des Deutschen Reichs.

I. Der Kaiser. (Artt. 11—19).

1. **Art. 11 RV.** RV. Art. 11 Abs. 1: „Das Präsidium des Bundes steht dem Könige von Preußen zu, welcher den Namen Deutscher Kaiser führt."

A. **Die staatsrechtliche Stellung des Deutschen Kaisers.**

a) Im Deutschen Reiche ruht zwar die Souveränität bei der Gesamtheit der verbündeten Regierungen, wie dieselben im Bundesrate ihre Vertretung findet, in welchem auch der Kaiser die Mitgliedschaftsrechte Preußens ausübt.

b) Allein der Kaiser ist außerdem auch das verfassungsmäßige Oberhaupt, der selbständige Repräsentant des souveränen Reichs.

c) Dieser Stellung entspricht die Formel „von Gottes Gnaden", insofern dieselbe die Unabhängigkeit vom Willen anderer ausdrückt, ferner die Nichtverantwortlichkeit und der erhöhte Rechtsschutz gegen

Hochverrat und Majestätsbeleidigung, der ihm innerhalb des ganzen Reichsgebiets zukommt.

d) Wenn also der Kaiser wohl Organ des Reichs ist, so ist er doch nicht Beamter, denn er ist unverantwortlich und unabsetzbar.

e) **Verbindung der Kaiserkrone mit der Krone Preußens.** Die deutsche Kaiserkrone ist untrennbar mit der preußischen Königskrone verbunden. Wer König von Preußen ist, ist von Rechts wegen auch Deutscher Kaiser.

Die preußische Thronfolge entscheidet. Die verfassungsmäßige preußische Thronfolgeordnung (Art. 53 PrVU.) ist allein entscheidend.

Regentschaft. Im Falle der Notwendigkeit einer Regentschaft ist der preußische Regent von Rechts wegen deutscher Reichsverweser. (Doch führt der Regent nicht den kaiserlichen Titel.)

So kann beim Vorliegen des Art. 57 PrVU. das preußische Staatsministerium mit der Regierung in Preußen zugleich die Präsidialbefugnisse im Reich ausüben.

B. **Persönliche Rechte des Kaisers.**

a) Der Kaisertitel. Der Titel ist: „Deutscher Kaiser"; die Form „Kaiser von Deutschland" ist vermieden, um anzudeuten, daß er nicht monarchische Rechte hat.

b) Dem Titel „Deutscher Kaiser" wird stets, selbst bei Verkündung von Reichsgesetzen usw., der Titel „König von Preußen" hinzugefügt, während in rein preußischen Angelegenheiten nur der letztere Titel zur Anwendung kommt.

c) Im völkerrechtlichen Verkehr ist der Titel l'empereur d'Allemagne üblich.

d) **Erblichkeit der Kaiserwürde.** Die Erblichkeit der Kaiserwürde kommt dadurch zum Ausdruck, daß der Kronprinz von Preußen den Titel „Kronprinz des Deutschen Reichs" und das Prädikat „Kaiserliche Hoheit" neben seinen sonstigen Benennungen führt. (Die sonstigen preußischen Prinzen sind nur „Königliche Hoheit".)

e) **Kaiserkrone, Standarte, Wappen.**[1] Mit dem Kaisertitel ist die Kaiserkrone, die Führung des kaiserlichen Wappens und der kaiserlichen Standarte verbunden.

Das kaiserliche **Wappen** ist der schwarze, einköpfige, nach rechts sehende Adler mit rotem Schnabel, Zunge und Klauen, ohne Szepter und Reichsapfel. Auf dem Brustschild hat er den mit dem Hohenzollernschild belegten preußischen Adler, über demselben die Krone. (Form Karls des Gr., jedoch mit zwei sich kreuzenden Bügeln).

---

[1] Erlaß vom 3. August 1871.

Unbefugter Gebrauch der Abbildung ist strafbar (§ 360 Ziff. 7 StGB.), aber deutsche Fabrikanten können den kaiserlichen Adler — nur nicht in Form des Wappenschildes — zur Bezeichnung von Waren oder auf Etiketten gebrauchen.

Die kaiserliche **Standarte** enthält im gelben Grunde das eiserne Kreuz, belegt mit dem kaiserlichen, von der Kette des schwarzen Adlers umgebenen Wappen, in den vier Eckfeldern des Fahnentuchs abwechselnd Adler und kaiserliche Krone.

f) **Bestimmungsrecht des Kaisers über Titel, Uniformen. Keine Reichsorden, kein Reichsadel, keine Reichszivilliste.** Der Kaiser bestimmt die Titel und Uniformen der Reichsbeamten. Das Recht, Reichsorden oder Reichsadel zu verleihen, hat er nicht.

Eine Zivilliste gibt es für den Deutschen Kaiser nicht. Für Gnadenbewilligungen steht ihm ein Dispositionsfonds zu (laut Etat).

C. **Regierungsrechte des Kaisers.**

Abgesehen von den bei den einzelnen Verwaltungsgebieten besonders zu erwähnenden kaiserlichen Befugnissen ist hervorzuheben:

a) **Völkerrechtliche Vertretung des Reiches.** Dem Kaiser allein steht die völkerrechtliche Vertretung des Reiches zu (Art. 11), er vertritt das Reich überhaupt Dritten gegenüber und verkündet im Namen des Reichs die Reichsgesetze (Art. 17).

b) **Kriegserklärung, Friedensschluß, Vertragsschluß.** Er erklärt im Namen des Reichs Krieg und schließt Frieden; geht Bündnisse und andere Verträge mit fremden Staaten ein; er beglaubigt die deutschen Gesandten und empfängt die fremden.

c) **Beschränkungen dabei.** Zu Kriegserklärungen ist indessen die Zustimmung des Bundesrats erforderlich, es sei denn, daß ein Angriff auf das Bundesgebiet oder dessen Küsten erfolgt (Art. 11 Abs. 2).

d) Der **Friedensabschluß** steht dem Kaiser also unbeschränkt zu (bestritten); zur Kriegserklärung gegen seinen Willen kann er nicht gezwungen werden. Streit herrscht darüber, ob der Kaiser bei Friedensverträgen ohne weiteres Gebietsteile eines Bundesstaates abtreten kann. Bejaht von Laband, Meyer, verneint von v. Seydel.

e) Was die **Verträge** mit fremden Staaten angeht, so bedarf deren **Abschluß**, soweit sie in die Materien des Art. 4 fallen, der vorherigen Zustimmung des Bundesrats, und ihre Gültigkeit der nachherigen Genehmigung des Reichstags (Art. 11 Abs. 3).

f) **Streitfragen darüber.** Die Bedeutung dieser Beschränkung ist sehr bestritten. Drei Ansichten:

1. Beim Mangel der Erfordernisse des Abs. 3 sei ein Staatsvertrag des Kaisers nichtig. So v. Seydel, Zorn u. a.

2. Der Abs. 3 beschränkt den Kaiser nach außen nicht, er betreffe nicht die völkerrechtliche, vielmehr nur die staatsrechtliche Gültigkeit der Verträge (Laband II S. 131; ebenso Meyer, Gneist u. a.).

3. Die Gültigkeit der vom Kaiser abgeschlossenen Staatsverträge sei durch Art. 11 Abs. 3 an eine Resolutivbedingung geknüpft (Jellinek). Dagegen Laband (II S. 136), der die Vollmacht des Kaisers nach außen für eine unbeschränkte und die Bedingung als eine bloße Fiktion erachtet, wenn sie bei dem Abschluß eines Vertrages nicht gestellt und der letztere von dem Kaiser pure ratifiziert worden sei.

Ich bin der Meinung, daß die vom Kaiser mit einem Auslandstaat geschlossenen Verträge unter allen Umständen völkerrechtliche Wirksamkeit besitzen (Abs. 1 Art. 11); die Beschränkungen des Abs. 3 sind gar nicht für das Ausland erlassen, sondern wollen nur die inneren Bundesverhältnisse regeln.

g) **Regierungsgeschäfte.** Der Kaiser führt, und zwar zum Teil unter Mitwirkung des Bundesrats, des Reichstags oder der Einzelstaaten, die Regierungsgeschäfte des Reichs. Dahin gehört insbesondere:

Berufung, Eröffnung, Vertagung, Schließung des Bundesrats[1] und Reichstags. Hierzu ist erforderlich ein Beschluß des Bundesrates unter Zustimmung des Kaisers (Art. 24),

Überwachung der Ausführung der Reichsgesetze, welche er auszufertigen und zu verkünden hat (Art. 17),

Ernennung und Entlassung der Reichsbeamten, namentlich des Reichskanzlers (Art. 18 RV.).

h) **Kaiser hat Oberbefehl über das gesamte Heer und die Flotte.** Der Kaiser führt den Oberbefehl über das gesamte deutsche Heer und die kaiserliche Marine, so daß er allein über die Land- wie die Seemacht zu Kriegszwecken entscheidet (Artt. 53 u. 63). In Beziehung auf das Heer ist die Militärhoheit zwischen dem Kaiser, als oberstem Kriegsherrn, und den Bundesfürsten, als Kontingentsherren, geteilt.

Das „Reichskriegswesen" ist in umfassender Weise im Abschn. XI RV. geregelt; auf dessen Grundlage regelt eine weite Gesetzgebung die Einzelheiten des Militärrechts.

i) **Veto.** Bei Gesetzesvorschlägen über das Militärwesen, die Kriegsmarine und das Zoll- und Steuerwesen hat er ein Veto (Art. 5).

---

[1] Für den Bundesrat heute bedeutungslos, weil derselbe seit 1883 in Permanenz tagt.

k) **Begnadigungsrecht des Kaisers.** Der Kaiser übt das Begnadigungsrecht in denjenigen Strafsachen aus, in welchen:
1. das Reichsgericht oder ein Konsul oder Konsulargericht,
2. ein Marinegericht, ein Schutzgebiets- oder Schutztruppengericht,
3. ein Prisengericht oder
4. ein elsaß-lothringisches Gericht in erster Instanz erkannt hat,
5. sowie in Disziplinarsachen der Reichsbeamten.

l) **Ausübung der Staatsgewalt in Elsaß-Lothringen.** (G. vom 9. Juni 1871, betr. die Vereinigung Elsaß-Lothringens mit dem Reich.)

m) Die oberste Leitung der Post- und Telegraphenverwaltung (Art. 50). Die Anstellung der Beamten durch den Kaiser geschieht hier nur bei den höheren Stellen. Mittlere und untere Beamte werden von den Landesbehörden angestellt. Erstere sind also unmittelbare, letztere mittelbare Reichsbeamte.

n) **Belagerungszustand im Reich.** Der Kaiser kann, wenn die öffentliche Sicherheit des Bundesgebietes bedroht ist, einen jeden Teil desselben — Bayern ausgenommen — in Kriegszustand erklären (Art. 68). Bis zur reichsgesetzlichen Regelung gelten dabei die Vorschriften des preuß. G. über die Verhängung des Belagerungszustandes vom 4. Juni 1851. (Ein preußisches Gesetz, welches fürs Reich gilt.)

o) **Schutzgewalt in den Schutzgebieten.** Er übt in den Schutzgebieten die Schutzgewalt im Namen des Reichs aus (G., betr. die Rechtsverhältnisse der deutschen Schutzgebiete, vom 17. April 1886 — Neufassung 19. März 1888).

p) **Keine Eidesleistung des Kaisers.** Während der König von Preußen in Gegenwart der vereinigten Kammern das eidliche Gelöbnis ablegt, die Verfassung treu und unverbrüchlich zu halten und in Übereinstimmung mit derselben und den Gesetzen zu regieren, Art. 54 II PrVU.), hat der deutsche Kaiser keinen Eid auf die Reichsverfassung zu leisten. Der Regierungsantritt des Kaisers ist überhaupt an keine Förmlichkeit gebunden.

II. Der Bundesrat. (Artt. 6—10 RV.)

1. **Der Bundesrat, seine Bedeutung und seine Zusammensetzung, Streitfragen.** Der Bundesrat besteht aus den Vertretern der Mitglieder des Bundes: Er ist Träger der Reichssouveränität. Bornhak nennt ihn einen staatsrechtlichen Gesandtenkongreß.

2. Die Streitfrage, ob im Bundesrat die Staaten als solche, oder die Monarchen und Senate als Repräsentanten ihrer Staaten ver-

treten sind, ist meines Erachtens gegen Meyer (§ 123, 3) mit Laband und Anschütz im ersteren Sinne zu entscheiden. Auch Bismarck hat ihn ein „Staatenhaus“ genannt.

„Innerhalb des Bundesrats findet die Souveränität einer jeden Regierung ihren unbestrittenen Ausdruck“ (Fürst Bismarck 26. März 1867 und am 27. März 1879: „Der Bundesrat ist der Repräsentant der eigentlichen Souveränität“[1]).

3. Streitig ist, ob der Bundesrat nur die Vertretung und Organ der Einzelstaaten, oder ob er zugleich Organ der Einzelstaaten und des Reichs, oder ob er nur Organ des Reichs ist. Letzterer Ansicht Arndt, Gierke.

Laband weist ihm eine Doppelstellung als Organ der Einzelstaaten und des Deutschen Reichs zu.

Geffcken[2] will die Mitglieder und die Bevollmächtigten scheiden und definiert: „Der Bundesrat ist die Mitgliederversammlung der über Deutschland gebietenden Korporation der einzelstaatlichen Herrscher, dargestellt durch die Personen ihrer Bevollmächtigten.“

4. **Vertretungsverhältnis im Bundesrat.** Jedes Mitglied muß im Bundesrat vertreten sein und kann so viel Bevollmächtigte ernennen, wie es in demselben Stimmen führt.

Mitglieder des Reichstags können nicht zugleich Bevollmächtigte zum Bundesrat sein (sog. Inkompatibilität).

Die Gesamtzahl der Stimmen im Bundesrat beträgt heute **61.** Davon führt Preußen 17, Bayern 6, Sachsen und Württemberg je 4, Baden und Hessen sowie neuerdings Elsaß-Lothringen je 3, Mecklenburg-Schwerin und Braunschweig je 2 Stimmen, jedes der übrigen Mitglieder je 1 Stimme.

Elsaß-Lothringen ist zwar auch nach seiner neuen Verfassung nicht selbständiges Mitglied des Bundes, sondern Gebietsteil des Reichs. Trotzdem hat es gemäß der Verfassung vom 31. Mai 1911 **3** Stimmen im Bundesrat. Diese werden allerdings bei Verfassungsänderungen nicht, desgleichen dann nicht mitgezählt, wenn nur durch ihren Hinzutritt Preußen die Majorität erhalten oder sich Stimmengleichheit ergeben würde, so daß Preußen nach Art. 7 III Abs. 3 RV. den Ausschlag geben würde. Die Stimmführung Elsaß-Lothringens dauert nur so lange, als der Kaiser die Staatsgewalt ausübt, und an der Spitze der Landesregierung ein vom Kaiser ernannter Statthalter steht, der die Bundesratsbevollmächtigten instruiert. Die Bevollmächtigten haben nicht mehr, wie früher, nur beratende, sondern

[1] Ausführlich zitiert in Meyer, Staatsrecht § 120 Note 7.

[2] Sechs Vorträge, Leipzig 1901, S. 51.

beschließende Stimme. Sie können Anträge stellen und **haben Sitz** in den Ausschüssen.

Sämtliche einem Mitgliede zustehende Stimmen können nur einheitlich abgegeben werden. Jeder Staat (auch Elsaß-Lothringen) kann aber so viele Bevollmächtigte in den Bundesrat entsenden, als er Stimmen hat.

5. **Abstimmung im Bundesrat.** Es stimmt im übrigen nicht der Abgesandte, sondern der bevollmächtigende Staat stimmt durch ihn; deshalb darf keiner nach seiner individuellen Ansicht, sondern gemäß der ihm erteilten Instruktion abstimmen. (Bismarck: „Da stimmt nicht der Frhr. v. Friesen, sondern das Königreich Sachsen stimmt durch ihn. Nach seiner Instruktion gibt er ein Votum ab. Die Vota im Bundesrat nehmen für sich die Achtung in Anspruch, die man dem gesamten Staatswesen eines der Bundesglieder schuldig ist" (Reichstag 1871.)

6. Nicht vertretene oder nicht instruierte Stimmen werden nicht gezählt (Art. 7 Abs. 3). Der Bundesrat hat nur die Legitimation der Bevollmächtigten, dagegen nicht ihre Instruktion zu prüfen.

7. Die instruierenden Regierungen sind ihrer Volksvertretung für die Vota verantwortlich.

8. Die Geschäftsordnung des Bundesrats gestattet auch die Ernennung von stellvertretenden Bevollmächtigten.

9. **Kein Zwang zur Teilnahme.** Ein Zwang seitens des Reichs für die Gliedstaaten zur Teilnahme an den Bundesratssitzungen existiert nicht.

10. **Reihenfolge der Abstimmungen.** Die Abstimmungen im Plenum erfolgen nach der Reihenfolge des Art. 6, also Preußen zuerst, zuletzt Hamburg.

11. **Zusammentritt des Bundesrats.** Der Bundesrat tritt nach der Reichsverfassung periodisch zusammen. Tatsächlich tagt er seit 1883 in Permanenz.

Die Berufung, Eröffnung, Vertagung und Schließung des Bundesrats steht dem Kaiser zu; wann und so oft er will (Art. 12). Die Berufung muß alljährlich erfolgen und ferner, sobald sie von einem Drittel der Stimmen (d. h. 20) verlangt wird (Artt. 13 u. 14 RV.).

Der Bundesrat kann ohne den Reichstag, dieser aber nicht ohne den Bundesrat berufen werden (Art. 13).

12. **Vorsitz im Bundesrat der Reichskanzler.** Der Vorsitz im Bundesrate und die Leitung der Geschäfte stehen dem vom Kaiser ernannten Reichskanzler zu (Art. 15). Derselbe muß Mitglied des Bundesrats sein. Dies folgt u. a. aus der Bestimmung in

Art. 15 Abs. 2: „Der Reichskanzler kann sich durch jedes ‚andere‘ Mitglied des Bundesrats vermöge schriftlicher Substitution vertreten lassen.“ Außerdem muß der Reichskanzler notgedrungen preußischer Bevollmächtigter sein, denn der Kaiser ist im Bundesrat nur als König von Preußen vertreten.

Bayern ist im Schlußprotokoll (IX) des Versailler Vertrages vom 23. November 1870 das Recht des Vorsitzes zugesichert für den Fall der Verhinderung Preußens. Dies bedeutet ein Ehrenrecht Bayerns, welches schon eintritt, wenn nur der gewöhnliche Vertreter des Reichskanzlers (der Staatssekretär im Reichsamt des Innern) verhindert ist. Erst im Fall der Behinderung Bayerns beginnt wieder das freie Substitutionsrecht des Reichskanzlers. (Bestritten: a. A. läßt Bayern erst nach totaler Behinderung Preußens zu.)

13. Vorschläge von Bundesgliedern muß das Präsidium der Beratung des Bundes übergeben (Art. 7 Abs. 2). Bestritten ist, ob auch der Kaiser ein Initiative im Bundesrate habe. Dagegen Laband.

14. **Beschlußfassung.** Die Beschlußfassung erfolgt mit einfacher, d. h. nach Ansicht von Seydel, Arndt u. a. absoluter Stimmenmehrheit. Nicht vertretene oder nicht instruierte Stimmen werden nicht gezählt. Bei Stimmengleichheit gibt die Präsidialstimme, d. h. die preußische Stimme, den Ausschlag (Art. 7 Abs. 3).

15. **Ausnahmen von dem gewöhnlichen Stimmenverhältnis.** Von dem Erfordernis der einfachen (absoluten) Stimmenmehrheit stellt die Verfassung vier Ausnahmen auf und verlangt **qualifizierte Mehrheit**:

a) Verfassungsänderungen gelten als abgelehnt, wenn sie im Bundesrat 14 Stimmen gegen sich haben (Art. 78 Abs. 1). Sie erfolgen im übrigen im Wege der Gesetzgebung.

b) Reservatrechte einzelner Bundesstaaten (**iura singularia**) können nur mit Zustimmung des berechtigten Bundesstaats abgeändert werden (Art. 78 Abs. 2).

c) Bei Gesetzesvorschlägen über das Militärwesen, die Kriegsmarine und die indirekten Steuern (des Art. 35) gibt, wenn im Bundesrat Meinungsverschiedenheit stattfindet, die Stimme des Präsidiums den Ausschlag, wenn sie sich für die Aufrechterhaltung der bestehenden Einrichtungen ausspricht (Art. 5 Abs. 2). (Präsidialstimme ist stets die Preußens, die damit ein Veto hat.)

d) Bei Beschlußfassung über eine Angelegenheit, welche nach den Bestimmungen der Verfassung nicht dem ganzen Reiche gemeinschaftlich ist, werden die Stimmen nur derjenigen Bundesstaaten gezählt, welchen die Angelegenheit gemeinschaftlich ist (itio in partes; [Art. 7] für Reichstag beseitigt).

16. **Keine Formvorschrift für Beschlüsse des Bundesrats.** Übrigens existiert keine Formvorschrift für „Bundesratsbeschlüsse", so daß die Bundesregierungen auch schriftlich — telegraphisch — Beschlüsse fassen könnten.

17. **Geheime Sitzungen.** Ebensowenig ist darüber in der Verfassung Bestimmung getroffen, ob die Sitzungen des Bundesrats öffentlich oder geheim sein müssen. Tatsächlich sind sie geheim. Auch die zu führenden Protokolle werden nicht veröffentlicht.

18. **Ausschüsse des Bundesrats.** Der Bundesrat bildet gemäß Verfassung Art. 8 aus seiner Mitte dauernde Ausschüsse zur Vorbereitung der Bundesratsangelegenheiten und auch zur selbständigen Erledigung gewisser Angelegenheiten[1]

a) für das Landheer und die Festungen,
b) für das Seewesen,
c) für Zoll- und Steuerwesen,
d) für Handel und Verkehr,
e) für Eisenbahnen, Post und Telegraphen,
f) für Justizwesen,
g) für Rechnungswesen.

In jedem dieser Ausschüsse sind das Präsidium und mindestens vier andere Bundesstaaten vertreten und führt innerhalb derselben ein jeder Staat nur eine Stimme.

Mitglieder der Ausschüsse sind die Staaten, nicht Personen!

Im Ausschuß für das Landheer und die Festungen haben Bayern, Sachsen und Württemberg ständigen Sitz,[2] die übrigen Mitglieder desselben, sowie die Mitglieder des Ausschusses für das Seewesen werden vom Kaiser ernannt; die Mitglieder der anderen Ausschüsse werden vom Bundesrat alljährlich gewählt.

19. **Ausschuß für auswärtige Angelegenheiten.** Außerdem wird (als Ergebnis der Versailler Verträge) im Bundesrat aus den Bevollmächtigten der Königreiche Bayern, Sachsen und Württemberg und zwei vom Bundesrate alljährlich zu wählenden Bevollmächtigten anderer Bundesstaaten ein „Ausschuß für die auswärtigen Angelegenheiten" gebildet, in welchem Bayern den Vorsitz führt.

---

[1] Meyer, Lehrbuch § 125 bestreitet ihnen die selbständige Tätigkeit de vero zu Unrecht.

[2] Bayern laut RV. Art. 8 Abs. 2; Sachsen und Württemberg laut Militärkonvention.

Preußen ist darin nicht vertreten, weil dieser Ausschuß nur dazu dient, Mitteilungen über die auswärtigen Beziehungen des Reichs zu erhalten. Diese gehen aber gerade von Preußen (resp. dem Kaiser) aus.

20. **Nicht durch die Verfassung geschaffene Ausschüsse.** Weitere ständige Ausschüsse, die nicht wie die vorigen von der Reichsverfassung vorgesehen sind, sondern vom Bundesrat bestellt werden, sind:

a) für Elsaß-Lothringen,
b) für die Verfassung,
c) für die Geschäftsordnung,
d) für das Eisenbahngütertarifwesen.

21. Für die gesamte Geschäftsbehandlung im Bundesrat ist natürlich in erster Linie die Verfassung, sodann die auf autonomischer Festsetzung des Bundesrats beruhende Geschäftsordnung — von 1871 mit Revisionen — maßgebend.

22. **Diplomatischer Schutz der Bundesratsmitglieder.** Die Mitglieder des Bundesrates genießen den üblichen diplomatischen Schutz. Dem Kaiser liegt es ob, ihnen diesen zu gewähren (Art. 10 RV.). Das bedeutet, sie sind wie völkerrechtliche Gesandte der preußischen Gerichtsbarkeit nicht unterworfen (soweit sie nicht Preußen sind: §§ 18, 19 GVG.; vgl. auch §§ 382, 402 ZPO.; §§ 49, 72 StPO.). Sie sind jedenfalls nicht Beamte des Reichs, sondern diplomatische Vertreter ihrer Regierungen.

23. **Dem Bundesrate zustehende Befugnisse.** Die Kompetenz des Bundesrats als des Trägers der Reichssouveränität ist eine allgemeine, alle Betätigungen des Reichsstaatswillens umfassende, soweit sie nicht besonderen Organen zugewiesen sind.

Der Bundesrat ist Organ der **Gesetzgebung, Verwaltung, Rechtsprechung.**

A. Der Bundesrat ist das wichtigste Organ der Gesetzgebung insofern, als ihm die Sanktion der Reichsgesetze zusteht. Im übrigen wird die Reichsgesetzgebung ausgeübt durch den Bundesrat und den Reichstag. Die Übereinstimmung der Mehrheitsbeschlüsse beider Versammlungen ist zu einem Reichsgesetze erforderlich und ausreichend (Art. 5).

Der Bundesrat beschließt über die dem Reichstage zu machenden Vorlagen, insbesondere über alle Gesetzentwürfe, ferner über die von dem Reichstage gefaßten Beschlüsse, und sein Beschluß bedeutet die Sanktion der Reichsgesetze (Art. 7).

B. **Der Bundesrat als Verwaltungsorgan.** Der Bundesrat ist ferner Verwaltungsorgan mit dem Recht zum Erlaß von Verwaltungsverordnungen. Insbesondere beschließt er:

α. über die zur Ausführung der Reichsgesetze erforderlichen allgemeinen Verwaltungsvorschriften und Einrichtungen, sofern nicht durch das Reichsgesetz etwas anderes bestimmt ist (d. h. soweit nicht der Erlaß dem Kaiser, Reichskanzler usw. übertragen wird),

β. über Mängel, welche bei der Ausführung der Reichsgesetze hervortreten (Art. 7 Ziff. 2 u. 3 RV.).

Während der Kaiser nach Art. 17 der RV. die Ausführung der Reichsgesetze zu überwachen hat, steht dem Bundesrat die materielle Entscheidung über die richtige Auslegung und Handhabung der Reichsgesetze zu, und er beschließt über Einrichtungen, welche zur Abhilfe der bei Ausführung der Reichsgesetze hervorgetretenen Mängel erforderlich sind.[1]

24. **Mitwirkung des Bundesrats bei Bestellung der Beamten.** Der Bundesrat wirkt in dreifacher Weise mit bei der Ernennung gewisser Kategorien von Reichsbeamten:

a) er ist zu hören,
b) er hat ein Vorschlagsrecht,
c) er hat zu wählen.

Die diesbezüglichen Vorschriften finden sich nicht in der Verfassung, sondern in den jeweiligen Gesetzen, z. B. Reichsbankgesetz §§ 25, 27.

Zu a: Zu **hören** ist er bei der Anstellung gewisser Zoll- und Steuerbeamten, und der Reichskonsuln. An den Vorschlag der hier zu befragenden Ausschüsse für Zoll- und Steuerwesen, für Handel und Verkehr ist der Kaiser aber nicht gebunden.

Zu b: Ein **Vorschlagsrecht** hat er bezüglich der Mitglieder des Reichsgerichts, Reichsmilitärgerichts, des Bundesamts für das Heimatwesen, Reichsversicherungsamts, Patentamts bzw. des Oberreichsanwalts und der Reichsanwälte.

Wenngleich der Kaiser an den Vorschlag des Bundesrats nicht gebunden ist, kann er auch Nichtvorgeschlagene nicht ernennen. Einigung also erforderlich.

Zu c: Zu **wählen** hat der Bundesrat die Mitglieder des Rechnungshofs, der Reichsdisziplinarbehörden, des Reichsbankkuratoriums, der Verwaltung des Reichsinvalidenfonds. Die vom Bundesrat Gewählten hat der Kaiser zu ernennen.

25. **Auflösungsbeschluß für den Reichstag.** Die etwaige Auflösung des Reichstags während der Legislaturperiode wird vom

---

[1] Laband (Kl.) § 11 S. 47 (3. Aufl., 1902).

Bundesrat beschlossen; der Beschluß bedarf der Zustimmung des Kaisers (Art. 24 RV.).

26. **Zustimmung zur Kriegserklärung des Kaisers usw.** Soweit nicht ein Angriff auf das Bundesgebiet oder dessen Küsten vorliegt, bedarf der Kaiser zur Kriegserklärung der Zustimmung des Bundesrats (Art. 11 Abs. 2 RV.). Desgleichen zum Abschluß von Verträgen mit fremden Staaten (ibid.); zur Exekutionsvollstreckung gegen Bundesmitglieder (Art. 19). Auch sonst hat der Kaiser häufig Ausführungsverordnungen usw. nur „im Einverständnis", „mit Zustimmung" des Bundesrats zu erlassen (vgl. § 482 Abs. 2 BGB.).

C. **Der Bundesrat als Organ der Rechtspflege.** Als Organ der Rechtspflege endlich kommt der Bundesrat in mehrfacher Beziehung in Betracht:

1. Nach Art. 76 Abs. 1 RV. ist der Bundesrat berufen, Streitigkeiten zwischen verschiedenen Bundesstaaten — soweit dieselben nicht privatrechtlicher Natur und daher von den zuständigen Gerichten zu entscheiden sind — auf Anrufen des einen Teils zu erledigen. Vorausgesetzt ist also hierbei, daß wenigstens einer der streitenden Teile die Sache an ihn bringt.

Somit tritt er diesfalls an die Stelle der **Austrägalinstanz** des alten Deutschen Bundes.

Er braucht übrigens nicht selbst zu entscheiden, sondern kann mit der Erledigung eine andere Behörde oder einen Sachverständigen betrauen (so entschied im Jahre 1890 das Reichsgericht den Streit zwischen Mecklenburg und Lübeck wegen der Trave).

2. Ferner hat der Bundesrat — wie das **Bundesschiedsgericht** des Deutschen Bundes[1] — die Aufgabe (Art. 76 Abs. 2), Verfassungsstreitigkeiten in Bundesstaaten, deren Verfassung nicht eine hierfür kompetente Behörde bestellt hat, auf Anrufen eines Teiles gütlich auszugleichen, oder, wenn das nicht gelingt, im Wege der Reichsgesetzgebung zur Erledigung zu bringen.

Man hat hierunter Streitigkeiten zwischen Regierung und Volksvertretung, über Auslegung, Ausführung der Verfassung, insbesondere über das Budgetrecht zu verstehen.

Jedenfalls nicht einen Streit über Thronfolge und Regentschaft, da das keinen Streit zwischen Regierung und den Ständen bedeutet. Außerdem gibt es in ganz Deutschland keine Behörde zur Entscheidung von Thronfolgestreitigkeiten.

Hierbei hat der Bundesrat im Jahre 1898 sich in dem Lippeschen

---

[1] Vgl. den Bundesbeschluß vom 30. Oktober 1834 Art. I.

Thronfolgestreit für zuständig erklärt, aber dies geschah mit Rücksicht auf Abs. 1 des Art. 76, indem man „Bundesstaaten“ mit „Bundesfürsten“ identifizierte.

3. Der Art. 77 legt dem Bundesrat die Pflicht auf, für den Fall der Justizverweigerung in einem Bundesstaat eine diesbezügliche Beschwerde entgegenzunehmen. Eine derartige oberste Rekursinstanz hat aber durch die Gerichtsverfassung, wenigstens für das Gebiet der ordentlichen streitigen Gerichtsbarkeit, ihre Bedeutung verloren.

4. Endlich liegt in dem gemäß Art. 19 dem Bundesrat zustehenden Beschluß über eine Bundesexekution das Urteil, daß dieser Staat seinen Bundespflichten nicht nachgekommen sei.

III. Der Reichstag. (Artt. 20—32 RV.)[1]

Reichstagswahlgesetz vom 31. Mai 1869, Wahlreglement vom 28. Mai 1870, Geschäftsordnung vom 10. Februar 1876.

A. Wesen des Reichstags. Volksvertretung.

Der Reichstag ist die Vertretung des deutschen Volkes und verkörpert am klarsten dessen Einheit; in ihm sind die Unterschiede und Grenzen der Einzelstaaten aufgehoben. Demgemäß ist auch Elsaß-Lothringen im Reichstage vertreten. „Die Mitglieder des Reichstags sind Vertreter des gesamten Volkes und an Instruktionen nicht gebunden“ (RV. Art. 29).

Dementsprechend kann jeder wahlberechtigte Deutsche, ohne Rücksicht auf seine Staatsangehörigkeit, in jedem Orte des Reichsgebiets, an dem er seinen Wohnsitz hat, das Wahlrecht ausüben, und ebenso kann jeder wählbare Deutsche in jedem Wahlkreise gewählt werden (RTWahlG. § 1).

Die Zahl der Abgeordneten beträgt **397** (gegen 297 im Norddeutschen Bunde).

Trotz der Bezeichnung „Vertreter“ sind sie solche im juristischen Sinne nicht, ebensowenig sind sie Mandatare, weil durch nichts gebunden.

B. Entstehung des Reichstags und seine Zusammensetzung.

1. Der Reichstag geht aus allgemeinen und direkten Wahlen mit geheimer Abstimmung hervor (Art. 20 RV.).

---

[1] Viele Bestimmungen der preußischen Verfassung über den preußischen Landtag sind wörtlich übernommen, z. B. Art. 21R = 78P, 22 = 79, 24 = 73, 25 = 51, 26 = 52, 27 = 78 Abs. 1, 28 = 80, 29 = 93, 30 = 84, 31 = 84 (Laband I § 32 S. 269 Note 1).

Die näheren Bestimmungen enthalten daneben das Reichswahlgesetz vom 31. Mai 1869, das Reichsmilitärgesetz vom 2. Mai 1874, das Wahlreglement vom 28. Mai 1870 und dessen jetzige Fassung: Bek. des Reichskanzlers vom 28. April 1903 (RGBl. S. 202).

Das Wahlgesetz gilt auch in Elsaß-Lothringen, aber nicht in den Schutzgebieten.

2. In jedem Bundesstaat wird mindestens ein Abgeordneter ohne Rücksicht auf die Seelenzahl, sonst auf durchschnittlich 100000 Seelen ein Abgeordneter gewählt. Auch die Bevölkerung von Elsaß-Lothringen ist durch 15 Abgeordnete vertreten (RTWahlG. § 5).

3. **Wahlkreise. Bezirke.** Jeder Bundesstaat wird in möglichst abgerundete Wahlkreise eingeteilt, jeder Wahlkreis in Bezirke.

Jeder Wahlkreis wählt seinen Abgeordneten (§ 6 RTWahlG.).

Die Zahl der Abgeordneten (397) entspricht nicht mehr dem Wahlgesetz: Es müßten nach dessen Bestimmung (auf 100000 Seelen ein Abgeordneter) bereits weit über 600 gewählt werden.

4. **Aktive Wahlfähigkeit.** Zur Wahlberechtigung sind nach dem Wahlgesetz (§§ 2 u. 7) erforderlich:

a) Reichsangehörigkeit (§ 2),

b) männliches Geschlecht (obgleich nicht im Gesetz ausgesprochen),

c) vollendetes 25. Lebensjahr (§ 2).

5. **Ruhen der Wahlberechtigung.** Die Wahlberechtigung ruht:

a) Für Personen des Soldatenstandes des Heeres und der Marine so lange, als dieselben sich bei der Fahne befinden (§ 2 RTWahlG.).

Das Reichsmilitärgesetz vom 2. Mai 1874 sagt im § 49 Abs. 1: „Für die zum aktiven Heer gehörigen Militärpersonen, mit Ausnahme der Militärbeamten, ruht die Berechtigung zum Wählen sowohl in betreff der Reichsvertretung als in betreff der einzelnen Landesvertretungen."

Welche Personen zum aktiven Heere zu rechnen sind, deklariert der § 38 desselben Gesetzes, nämlich: Offiziere, Ärzte und Mannschaften.

Die nicht zum Dienst eingezogenen Personen des Beurlaubtenstandes können wählen, nicht aber die sog. Königsurlauber.

Passiv wählbar sind alle Militärpersonen.

b) Für Personen, welche sich zur Zeit der Wahl nicht an ihrem Wohnsitz befinden (§ 7 RTWahlG.). (Unter Wohnsitz ist nicht notwendig der zivilrechtliche hier zu verstehen, es genügt Aufenthalt von längerer Dauer, daher wählen Studierende, Gewerbegehilfen, Arbeiter, Dienstboten dort, wo sie sich in dieser Eigenschaft befinden).

c) Für Personen, welche nicht in die Wählerliste aufgenommen sind (§ 8 RTWahlG.).

6. Jeder Wahlberechtigte kann verlangen, in die zu jeder Wahl in jedem Bezirk vom Gemeindevorsteher 4 Wochen vor der Wahl aufzustellende Wählerliste aufgenommen zu werden. Die Listen müssen nach erfolgter Bekanntmachung mindestens 8 Tage öffentlich ausliegen. Einspruch steht jedermann zu. Über den Einspruch entscheidet der Gemeindevorstand endgültig.

7. **Verlust der Wahlberechtigung** (§ 3 RTWahlG.). Von der Berechtigung zum Wählen sind ausgeschlossen Personen:

1. welche unter Vormundschaft oder Kuratel stehen (BGB. §§ 1896 bis 1908, 1910 Abs. 1). Ein Volljähriger, der nach § 1910 Abs. 2 nur für einzelne Angelegenheiten einen Pfleger hat, ist wahlfähig,
2. welche sich im Konkurs befinden,
3. welche öffentliche Armenunterstützung beziehen oder im letzten Jahr vor der Wahl bezogen haben.
4. welche der bürgerlichen Ehrenrechte für verlustig erklärt sind, während der im Urteil bestimmten Zeit.

Bez. Ziff. 3 erging das Deklarationsgesetz vom 15. März 1909 (RGBl. S. 319). Dessen einziger Paragraph bestimmt, daß, soweit in Reichsgesetzen der Verlust öffentlicher Rechte von einer Armenunterstützung abhängig gemacht wird, als solche nicht gelten:

a) Krankenunterstützung,
b) Anstaltspflege gebrechlicher Angehöriger,
c) Unterstützungen zwecks Jugendfürsorge, Berufsausbildung,
d) einzelne Notlagehilfen,
e) Unterstützungen, die erstattet sind.

8. **Bundesfürsten und Regenten können nicht wählen,** da es sich um Vertreter des Volkes handelt, sie können auch nicht gewählt werden (Artt. 6, 9; Inkompatibilität). Thronfolger und Prinzen haben dagegen das aktive und passive Wahlrecht, desgleichen die Senatoren der Freien Städte.

9. **Keine Wählerstellvertretung.** Stellvertretung beim Wahlrecht ist ausgeschlossen.

10. Ein **Klagrecht** auf Gewährung der Wahlmöglichkeit gegen Arbeitgeber gibt es nicht.

11. **Gefangene** können Transport zum Wahllokal oder Wahlurlaub nicht beanspruchen.

12. **Freie Vereinsbildung in Wahlangelegenheiten.** Wahlberechtigte haben das Recht, zum Betriebe der Wahlangelegenheiten Vereine zu bilden und — unbewaffnet — in geschlossenen Räumen öffentliche

Versammlungen abzuhalten (§ 17 RTWahlG.). Der Abs. 2 § 17 ist aufgehoben durch § 23 des Reichsvereinsgesetzes vom 19. April 1908. Dessen § 4 bestimmt, daß Personenmehrheiten, welche Wahlvorbereitungen für öffentliche Körperschaften betreiben, nicht als politische Vereine gelten sollen.

13. **Wählbarkeit** (§ 4 RTWahlG.). Wählbar zum Abgeordneten ist im ganzen Deutschen Reiche jeder Deutsche, welcher das **25.** Lebensjahr zurückgelegt und einem zum Reiche gehörigen Staate seit mindestens einem Jahre — vom Tage der Wahl rückwärts — angehört hat, sofern er nicht gemäß § 3 von der Wahlberechtigung ausgeschlossen ist.

Auch Eingeborene und Ausländer, die in den Schutzgebieten die Reichsangehörigkeit erworben haben, sind wählbar. (In den Schutzgebieten selbst wird nicht gewählt.)

Alsdann sind auch wählbar die Personen, deren Wahlberechtigung ruht. (Militärs, nicht am Wohnsitz Befindliche, nicht in die Liste Aufgenommene.)

Auch Bundesratsbevollmächtigte sind wählbar, sie müssen aus dem Bundesrat aber ausscheiden (Art. 9 RV.).

14. **Wahlhandlung.**

a) Für den Reichstag kommen vier verschiedene Wahlen in Frage:
Hauptwahl,
Stichwahl,
Ersatzwahl,
Nachwahl.

b) Die Hauptwahlen finden auf Grund Kaiserlicher Verordnung im ganzen Reich an demselben Tage statt (RTWahlG. § 14; Wahlreglement von 1903 § 9).

c) Die Wahlhandlung sowie die Ermittlung des Ergebnisses sind öffentlich.

d) Die Wahl dauert von 10—7 Uhr.

15. **Wahlorgane.** Die Verwaltungsbehörde ernennt für jeden Wahlbezirk einen Wahlvorsteher und einen Stellvertreter.

Aus diesen und dem vom Vorsteher bestellten Protokollführer sowie 3—6 Beisitzern besteht der **Wahlvorstand.**

Vorsteher und Stellvertreter dürfen nicht unmittelbare Staatsbeamte sein. Es sind unentgeltliche Ehrenämter.

16. **Wahlreglement und Änderung desselben** (Klosetgesetz). Das Wahlreglement vom 28. Mai 1870 hat Änderungen erfahren. Der Grundgedanke der Neuerungen ist der, eine Sicherung der Wahl-

freiheit und des Wahlgeheimnisses anzustreben. Die diesbezügliche vom Bundesrat im März 1903 dem Reichstag gemachte Vorlage fand dessen Zustimmung im April 1903.

Danach müssen die weißen Stimmzettel der Wähler in einem mit amtlichem Stempel versehenen Briefumschlag, der keine Kennzeichen haben darf, abgegeben werden (§ 11 Reglement).

Besondere Nebenräume müssen bereit stehen, um dem Wähler die Möglichkeit zu schaffen, seinen Stimmzettel unbeobachtet in den Umschlag zu legen. Diese Umschläge sollen durch eine Öffnung des Deckels in die Wahlurne geworfen werden, damit ihre Schichtung und somit eine Kontrolle der Abstimmung unmöglich wird.

17. **Feststellung des Wahlresultats.** Nach Schluß der Wahl wird vom Vorstand das Resultat festgesetzt. Nach Stimmenmehrheit seiner Mitglieder entscheidet er über die Gültigkeit der Wahlzettel mit Vorbehalt der Prüfung des Reichstags (§ 13 RTWahlG.).

18. **Zusammenstellung der Bezirke eines Wahlkreises.** Die Zusammenstellung aller Bezirke eines Wahlkreises erfolgt am vierten Tage nach der Wahl durch eine behördlich eingesetzte Wahlkommission und wird in den amtlichen Organen bekanntgemacht.

19. **Erfordernis der absoluten Majorität.** Zur gültigen Wahl ist absolute Majorität — einer hat mehr Stimmen als die übrigen Wahlkandidaten zusammen — erforderlich (§ 12 RTWahlG.).

20. **Stichwahl.** Wird solche Majorität nicht im ersten Wahlgang erreicht, so hat innerhalb 14 Tagen zwischen den beiden Kandidaten mit der höchsten Stimmzahl eine Stichwahl stattzufinden. Anordnung derselben durch den Wahlkommissar (§ 12 RTWahlG.; §§ 28 ff. Reglement).

21. **Los.** Ergibt dieser zweite engere Wahlgang eine Stimmengleichheit, so entscheidet das Los (§ 12 RTWahlG.; § 32 Reglement).

22. **Erklärung des Gewählten.** Dem Gewählten ist das Resultat bekanntzugeben. Annahme unter Protest oder Vorbehalt, sowie Ausbleiben der Erklärung binnen 8 Tagen gilt als Ablehnung (Wahlreglement § 33) und es hat Nachwahl stattzufinden.

23. **Reichstag selbst hat endgültige Wahlprüfung.** Die endgültige Prüfung der Wahlen steht dem Reichstag selbst zu. Das diesbezügliche Verfahren regelt dessen Geschäftsordnung (vom 10. Februar 1876) §§ 3 ff.

An den Reichstag gelangen die Wahlakten durch die Landeszentralbehörden.

Die erste Prüfung findet in den durch das Los gebildeten sieben Abteilungen des Reichstags statt, denen eine möglichst gleiche Zahl von Wahlhandlungen durch das Los zugeteilt wird.

24. **Wahlprüfungskommission.** Bei Beanstandungen übergibt die Abteilung die Wahlverhandlungen an die für jede Session gewählte Wahlprüfungskommission; ev. erstattet sie dem Reichstag Bericht.

25. **Nichtbeanstandung.** Nichtbeanstandete Wahlen werden vom Präsidenten zur Kenntnis des Hauses gebracht und sind nach Ablauf einer zehntägigen Frist definitiv gültig.

26. **Plenum entscheidet.** Über die Gültigkeit oder Ungültigkeit entscheidet nur das Plenum des Hauses. Bei Stimmengleichheit ist die Wahl ungültig.

Bis zur Ungültigkeitserklärung hat der Gewählte Sitz und Stimme im Reichstag.

27. **Strafrechtlicher Schutz der Wahlen.** Erwähnt sei noch der besondere strafrechtliche Schutz der Wahl gemäß §§ 107, 108, 109 StGB., sowie des Reichstags selbst in den §§ 105, 106 ibid.

28. **Besondere Wahlen.** Während die Hauptwahlen, wie erwähnt, im ganzen Reich an einem Tag stattfinden, kommen außer der Stichwahl noch zwei besondere Wahlen nur in gewissen Kreisen an einem von der Landesbehörde festgesetzten Tage vor:

a) die Ersatzwahlen,
b) Nachwahlen.

29. **Ersatzwahlen** finden statt:

1. bei Tod des Abgeordneten,
2. bei Verzicht des Abgeordneten,
3. bei dem Verlust des Mandats.

Dieser tritt ein:

a) wenn ein Mitglied des Reichstags ein besoldetes Amt (Reichs-, Staats-) annimmt, oder in ein Amt befördert wird, mit welchem ein höherer Rang oder höheres Gehalt verbunden ist (Art. 21 RV.),
b) durch Verlust der Wählbarkeit.

Eine Entziehung der Mitgliedschaft zur Strafe kennt zwar das deutsche Strafrecht nicht, indessen verliert ein Mitglied mit Verlust der Wählbarkeit (Konkurs) auch von selbst Sitz und Stimme im Reichstag. (Nicht unbestritten, dafür Laband, Anschütz, Meyer.)

30. **Nachwahlen** finden statt:

1. bei Ablehnung des Mandats,
2. bei Ungültigkeitserklärung der Wahl.

31. **Eintritt der Beamten. Stellvertretungskosten.** Beamte bedürfen keines Urlaubes zum Eintritt in den Reichstag (Art. 21 RV.). Fraglich wurde, wer die Stellvertretungskosten zu tragen hat. Bei Reichs- und unmittelbaren preußischen Landesbeamten tragen Reichs- bzw. Staatskassen die Last; nicht aber ist dies für Kommunalbeamte bestimmt. Auf Kirchendiener und Offiziere bezieht sich diese Vorschrift nicht.

32. **Besoldung.** Ursprünglich lautete der Art. 32 RV.: „Die Mitglieder des Reichstags dürfen als solche eine Besoldung oder Entschädigung nicht beziehen." Durch Gesetz vom 21. Mai 1906 (RGBl. S. 467) ist das geändert. Heute erhalten die Reichstagsmitglieder:

a) Für die Dauer der Sitzungsperiode — also auch während Vertagung — sowie 8 Tage vor deren Beginn und 8 Tage nach Schluß freie Fahrt auf den deutschen Eisenbahnen.

b) Eine jährliche Aufwandsentschädigung von 3000 Mark aus der Reichskasse. (In Raten von 200—1000 Mark zahlbar.) (§ 1.)

Für jeden Tag, an dem ein Mitglied der Plenarsitzung ferngeblieben ist, werden 20 Mark in Abzug gebracht. (Eintragung in eine Anwesenheitsliste.) Wer an einer namentlichen Abstimmung nicht teilnimmt, gilt als abwesend. (§§ 2—4.)

Verzicht auf die Entschädigung ist unzulässig. (§ 8.)

Diäten von anderen politischen Körperschaften dürfen nicht gleichzeitig mit der Entschädigung aus der Reichskasse bezogen werden. Ausgenommen sind die Abzugstage. (§ 6).

Anderweite Besoldungen oder Entschädigungen an Reichstagsmitglieder sind verboten.

Der Anspruch ist unübertragbar, mithin unpfändbar. (§ 8.)

33. **Inkompatibilität.** Niemand kann gleichzeitig Mitglied des Bundesrats und des Reichstags sein (sog. Inkompatibilität), jedoch haben die Mitglieder des ersteren das Recht, im Reichstage zu erscheinen, und müssen daselbst auf Verlangen jederzeit gehört werden, um die Ansichten ihrer Regierung zu vertreten. (Art. 9 RV.)

34. **Berufung, Eröffnung, Vertagung, Schließung des Reichstags.** Die Berufung, Eröffnung, Vertagung und Schließung des Reichstags steht dem Kaiser zu. (Art. 12 RV.) Art. 24 RV. verlangt zur Auflösung einen Beschluß des Bundesrats unter Zustimmung des Kaisers.

Ein Recht von selbst zusammenzutreten existiert sowenig für den Reichstag, wie für das preußische Abgeordnetenhaus.

Der Reichstag darf nie ohne den Bundesrat, wohl aber dieser ohne den Reichstag versammelt sein. (Art. 13.)

Ordentlicherweise muß der Reichstag alljährlich berufen werden. (RV. Art. 13.) Auch der jährlich unter Mitwirkung des Reichstags festzustellende Etat (Art. 69) macht dies schon erforderlich. Der Tag der Berufung steht völlig im Ermessen des Kaisers. (Bestritten ob bereits vor den Stichwahlen möglich; dafür Meyer-Anschütz § 131).

35. **Immunität der Abgeordneten. (Art. 30 RV. und Art. 84 PrVU.)**

a) Die Mitglieder des Reichstags können wegen ihrer Abstimmung oder wegen der in Ausübung ihres Berufes getanen Äußerungen außerhalb der Versammlung nicht zur Verantwortung gezogen werden. (Art. 30 RV.; vgl. § 11 StGB.)

b) Diese Bestimmung hat nicht die Bedeutung einer Befreiung von Gesetzesvorschriften. Was Gesetze allen verbieten, ist auch den Abgeordneten verboten.

Sie will den Abgeordneten die straf- und zivilgerichtliche, die disziplinarische und amtliche Unverantwortlichkeit sichern.

c) Der Art. 30 weicht mit Absicht von der entsprechenden Vorschrift der Preußischen Verfassungsurkunde ab. Deren Art. 84 bestimmt: „Die Abgeordneten können für ihre Abstimmungen in der Kammer niemals, für ihre darin ausgesprochenen **Meinungen** nur innerhalb der Kammer auf Grund der Geschäftsordnung zur Rechenschaft gezogen werden."

d) In der preußischen Konfliktszeit legte das Obertribunal — zum Teil mit Hilfsrichtern besetzt — in einer Plenarentscheidung der Strafsenate vom 29. Januar 1866 (Fall Twesten) den Art. 84 dahin aus, daß die Straffreiheit sich nur auf die ausgesprochenen Meinungen als Resultate des Denkvermögens, nicht auf die Behauptung und Verbreitung von Tatsachen beziehe.

Das preußische Abgeordnetenhaus erklärte diesen Plenarbeschluß für verfassungswidrig.

e) Die Fassung des Art. 30 soll nun mit dem umfassenderen Ausdruck „Äußerung" eine derartige Auslegung ausschließen. Jede Äußerung — zu der auch das Sitzenbleiben beim Kaiserhoch des Präsidenten nach Auffassung des Reichstags selbst gehört, der die beantragte Verfolgung ablehnte — ist straflos. Nur Tätigkeit im Reichstag selbst, im Plenum und in den Kommissionen, nicht außerhalb, z. B. in Wahlversammlungen, macht immun, desgleichen fallen Privatgespräche im Hause nicht darunter.

Auf Tätlichkeiten erstreckt sich die Befreiung nicht. (Da Beleidigungen somit straflos sind, kann gegen sie keine Kompensation verlangt werden.)

Die Immunität dauert auch während der Vertagung fort.

Nur Abgeordnete — nicht Regierungsvertreter — genießen diese Immunität.

36. **Persönliche Vorrechte der Abgeordneten.** Die Mitglieder des Reichstags dürfen ferner gemäß Art. 31 RV. während der Sitzungsperiode, d. h. von der Eröffnung bis zur Schließung einer Periode, inkl. der Dauer einer Vertagung, ohne Genehmigung des Hauses wegen einer mit Strafe bedrohten Handlung weder in eine Untersuchung gezogen noch verhaftet werden, es sei denn, daß sie bei Ausübung der Tat oder im Laufe des nächsten Tages ergriffen werden.

Diese persönliche Freiheit schließt auch Durchsuchung (Haussuchung) und Beschlagnahme aus, ferner Disziplinaruntersuchung, Haft zur Erzwingung des Offenbarungseides und persönlichen Sicherheitsarrest (ZPO. §§ 904, 905, 933).

37. **Aufhebung einer Haft.** Handelt es sich hier — Abs. 1 u. 2, Art. 31 RV. — um Fälle, in denen Gerichte oder Staatsanwalt an den Reichstag herantreten müssen, so enthält Abs. 3 den Fall, daß der Reichstag mit einem Verlangen hervorzutreten hat: Jedes Strafverfahren gegen ein Mitglied und jede Untersuchungs- oder Zivilhaft wird auf Verlangen des Hauses für die Dauer der Sitzungsperiode aufgehoben.

Die Vollstreckung einer rechtskräftig erkannten **Strafhaft** ist weder von einer Genehmigung des Hauses abhängig, noch kann sie aufgehoben werden.

38. **Lex Rintelen.** Die Mißstände, die sich bezüglich der Strafverjährung ergaben, sind beseitigt durch das Gesetz vom 26. März 1893 (lex Rintelen: § 69 StGB.), wonach die Verjährung der Strafverfolgung ruht während der Zeit, in welcher auf Grund des Art. 31 die Strafverfolgung nicht begonnen oder nicht fortgesetzt werden kann.

39. **Kein Recht der Zeugnisverweigerung.** Ein Recht der Zeugnisverweigerung über den Inhalt der Verhandlungen haben die Abgeordneten nicht (Fall Erzberger). Allerdings ist eine Vernehmung der Reichstagsmitglieder als Zeugen oder Sachverständige außerhalb des Sitzes des Reichstags, während der Sitzungsperiode nur mit Zustimmung des Reichstags gestattet. (ZPO. §§ 382, 402; StPO. §§ 49, 72; MStGO. §§ 207, 208.)

40. **Die Hausdisziplin.** Innerhalb der Sitzung untersteht der Abgeordnete der Disziplin des Hauses.

Vorschriften hierüber enthält nicht die Verfassung, sondern die Geschäftsordnung.

Diese ist vom Reichstag selbst aufgestellt im Jahre 1876 und kann von ihm jederzeit geändert werden.

41. **Vorstand des Reichstags.** Der Reichstag bestellt sich auch seinen Vorstand selbst. Derselbe besteht aus dem Präsidenten, den beiden Vizepräsidenten, hervorgegangen aus Wahlen mit absoluter Majorität, 8 Schriftführern (relative Majorität) und zwei vom Präsidenten für das Kassen- und Rechnungswesen ernannten Quästoren. (§§ 9 ff. GeschO.)

42. **Alterspräsident.** Zu Anfang einer Legislaturperiode übernimmt zunächst der Alterspräsident provisorisch den Vorsitz.

Bei Beginn der zweiten oder ferneren Session geschieht dies durch das Präsidium der vorhergehenden. Zu Beginn jeder Session erfolgt Neuwahl.

Die Eröffnung selbst geschieht durch den Kaiser resp. dessen Bevollmächtigten (Reichskanzler) im Namen der verbündeten Regierungen.

43. **Provisorische Amtsführung des Vorstandes.** Die Amtsführung des Vorstandes hat in der ersten Session der Legislaturperiode zunächst nur die Dauer von 4 Wochen, sodann findet eine zweite, definitive Wahl statt. In den folgenden Sessionen erfolgt die Wahl sofort für die ganze Dauer der Session.

Die Konstituierung des Reichstags und das Ergebnis der Wahlen wird durch den Präsidenten dem Kaiser angezeigt. (§ 12 GeschO.)

44. **Personal des Reichstags.** Das Verwaltungs- und Dienstpersonal wird zwar vom Präsidenten angestellt und entlassen, hat aber die Rechte und Pflichten von Reichsbeamten. (RBG. 1907 § 156.)

45. **Präsident hat die Hausdisziplin. Inhalt derselben.** Was die oben erwähnte Hausdisziplin anlangt, so liegt dieselbe in der Hand des Präsidenten. (§§ 13, 60, 61 GeschO.) Dieser eröffnet, leitet, schließt die Sitzung und verkündet Tag und Stunde der nächsten. Er erteilt den Abgeordneten das Wort. Zur Geschäftsordnung kann dies zu jeder Zeit verlangt werden.

Verlesen der Reden ist nicht gestattet — es wäre denn ein Redner des Deutschen nicht mächtig.

46. **Ordnungsruf.** Der Präsident kann Redner unterbrechen und zur Sache rufen, oder er ruft sie zur Ordnung. (§ 60 GeschO.) Gegen den Ordnungsruf ist schriftlicher Einspruch möglich. Über diesen wird in nächster Sitzung debattelos entschieden. Nach zweimaligem Ordnungsruf kann das Haus auf Antrag des Präsidenten debattelos dem Redner das Wort entziehen. Eine Verlusterklärung der Mitgliedschaft wegen fortgesetzten Ausbleibens oder wegen Ver-

letzung der Ordnung ist gegen Abgeordnete nicht gegeben. Dagegen kann ein Mitglied im Falle gröblicher Verletzung der Ordnung durch den Präsidenten von der Sitzung ausgeschlossen werden. (§ 60 Abs. 3 GeschO.) Leistet derselbe der Aufforderung des Präsidenten keine Folge, so muß der Präsident gemäß § 61 GeschO. die Sitzung aufheben. Eventuell muß in solchem Falle, falls bei einer inzwischen erfolgten Abstimmung die Stimme des Ausgeschlossenen ausschlaggebend gewesen wäre, die Abstimmung in der nächsten Sitzung wiederholt werden.

47. **Unterbrechung der Sitzung.** Bei Tumult kann der Präsident die Sitzung unterbrechen oder aufheben. Bei Unmöglichkeit, sich Gehör zu schaffen, bedeckt er sein Haupt und vertagt damit auf 1 Stunde die Sitzung. (§ 61 GeschO.)

48. **Vertagungsanträge.** Anträge auf Vertagung oder Schluß der Debatte bedürfen der Unterstützung von 30 Mitgliedern.

49. **Abstimmung.** Unmittelbar vor der Abstimmung wird die Frage verlesen. (§ 54 GO.)

Bei Zweifeln an der Beschlußfähigkeit des Hauses erfolgt **Namensaufruf**, falls nicht der Präsident erklärt, daß kein Mitglied des Bureaus (d. i. des amtierenden Präsidiums) die Beschlußfähigkeit bezweifle. (§ 54 Abs. 3 GeschO.)

Abstimmung erfolgt nach absoluter Mehrheit (§ 55) durch Aufstehen oder Sitzenbleiben. Bei Zweifeln über das Ergebnis erfolgt Gegenprobe, eventuell der sog. **Hammelsprung**, d. h. eine Zählung derart, daß die Mitglieder den Saal verlassen. Mit Ausnahme einer Tür an der Ost- und einer an der Westseite werden die Türen verschlossen. Die „**Ja**-Stimmer" betreten nun einzeln den Saal an der **Ost**seite, die „**Nein**-Stimmer" an der **West**seite, wo sie von je 2 Schriftführern laut gezählt werden. (§ 56 GeschO.)

50. **Namentliche Abstimmung.** Ein Antrag auf namentliche Abstimmung ist beim Schluß der Beratung vor der Aufforderung zur Abstimmung mit Unterstützung von 50 Mitgliedern zulässig. (§ 57.)

51. **Polizeigewalt im Hause.** Der Präsident hat die Polizeigewalt im ganzen Gebäude. Die Tribünen kann er wegen Störungen seitens des Publikums räumen lassen. (§§ 62—64 GeschO.)

52. **Gestaltung des Reichstags.** Was die Gestaltung des Reichstags anlangt, so sind vorhanden:

Das Plenum,
Sieben Abteilungen,
Kommissionen.

53. **Plenum und Abteilungen.** Das Plenum wird für jede Session durch Auslosung in sieben Abteilungen mit möglichst gleicher Mitgliederzahl geteilt. Jede Abteilung wählt mit absoluter Stimmenmehrheit einen Vorsitzenden und einen Schriftführer. (§ 2 GeschO.)

54. **Kommissionen.** Die Kommissionen werden von den Abteilungen beschickt, so daß die Anzahl ihrer Mitglieder stets durch sieben teilbar ist. (GeschO. § 26.) Tatsächlich beruht die Bildung auf Vereinbarung der Fraktionen.

Die Kommissionen werden — mit Ausnahme der Wahlprüfungskommission — nur bei Bedürfnis gebildet. Ihre Aufgabe ist die Vorberatung von Vorlagen und Berichterstattung an das Plenum.

55. **Reichstagsvorlagen.** Die Reichstagsvorlagen sind entweder Anträge des Bundesrats oder von Mitgliedern des Hauses (sog. Initiativanträge). Die vom Bundesrat beschlossenen Vorlagen muß der Kaiser vor den Reichstag bringen. (Art. 16 RV.)

56. **Arten der Vorlagen.** Was die Behandlung der Vorlagen anlangt, so ist zu scheiden zwischen solchen, die einen Gesetzesentwurf enthalten, und solchen, bei denen dies nicht der Fall ist. Diese letzteren bedürfen nur einer einmaligen Beratung und Abstimmung.

57. **Gesetzentwurf (3 Lesungen).** Gesetzentwürfe werden in der Regel in **drei** getrennten Beratungen (Lesungen) behandelt. (§§ 18 ff. GeschO.)

a) Die **erste Lesung** beschränkt sich auf allgemeine Erörterungen und die Frage, ob die Vorlage an eine Kommission verwiesen werden, oder ob die zweite Lesung im Plenum stattfinden soll. Sie erfolgt frühestens am dritten Tage nachdem der Gesetzentwurf gedruckt und in die Hände der Mitglieder gekommen ist. (§§ 18, 17 GeschO.)

b) Die **zweite Lesung** — frühestens am zweiten Tage nach Abschluß der ersten — erfolgt über die einzelnen Abschnitte oder Artikel. Über dieselben wird einzeln beraten und abgestimmt.

Während dieser Beratungen können Abänderungsvorschläge ohne Unterstützung eingebracht werden. (§ 19 GeschO.)

Die gefaßten Beschlüsse werden vom Präsidenten mit Hilfe der Schriftführer zusammengestellt.

c) Die **dritte Lesung** geschieht auf der Grundlage dieser Zusammenstellung. Sie erfolgt frühestens am zweiten Tage nach dem Abschlusse der 2. Beratung. (§ 20.)

Jetzt noch einzubringende Abänderungsvorschläge bedürfen der Unterstützung von 30 Mitgliedern.

Abgestimmt wird nach nochmaliger allgemeiner Diskussion über die einzelnen Artikel und Amendements.

d) **Schlußabstimmung.** Am Schlusse wird über Annahme oder Ablehnung des Gesetzentwurfs im ganzen abgestimmt.

e) **Majorität.** Quorum. Der Reichstag beschließt mit absoluter Mehrheit. Zur Gültigkeit der Beschlußfassung ist die Anwesenheit der Mehrheit der gesetzlichen Anzahl der (397) Mitglieder erforderlich (also **199**!). (Art. 28.) (sog. Quorum.)

Nur Anwesenheit, nicht Teilnahme an der Beschlußfassung ist erforderlich. Anwesende, die sich der Stimme enthalten, werden bei der Untersuchung über Beschlußfähigkeit mitgezählt.

58. **Richtige Beschlüsse. Prüfung der Richtigkeit.** Beschlüsse des Reichstags, bei denen nicht 199 Mitglieder anwesend waren, müssen als nichtig angesehen werden.

Da die Bestimmung bezüglich der Zahl der Anwesenden eine verfassungsmäßige, demgemäß der Geschäftsordnung des Reichstags entrückt ist, muß sowohl dem Kaiser wie dem Bundesrat — außer dem Reichstag selbst — das selbständige Recht zuerkannt werden, die Nichtigkeit geltend zu machen, und derartigen Beschlüssen Anerkennung resp. Publikation zu versagen.

59. **Öffentlichkeit der Reichstagssitzungen.** Die Sitzungen des Reichstags sind öffentlich für jedermann, die Kommissionsberatungen nur für Reichstagsmitglieder.

a) **Ist Ausschluß der Öffentlichkeit möglich?** Mit Arndt, Seydel, Laband muß gegen Meyer-Anschütz, v. Roenne und Thudichum verneint werden, daß der Reichstag kompetent ist, in seiner Geschäftsordnung (§ 36) die in der Verfassung (Art. 22) aufgestellte Öffentlichkeit zu beseitigen. Die in geheimer Reichstagssitzung gefaßten Beschlüsse sind nichtig. Der von Meyer-Anschütz (Lehrb. § 132 Note 24) aus dem Abs. 2 des Art. 22 versuchte Beweis, daß die Verfassung stillschweigend nichtöffentliche Sitzungen anerkenne, weil sie den Berichten der öffentlichen das Privileg der Straflosigkeit verleiht, wirkt nicht überzeugend. Tatsache ist allerdings, daß der Reichstag bereits einmal die Öffentlichkeit ausgeschlossen hat.

60. **Verhandlungsprotokolle. Stenographische Berichte.** Über die Verhandlungen werden Protokolle geführt. Vom Präsidenten und 2 Schriftführern unterfertigt, sind sie öffentliche Urkunden. Außerdem werden stenographische Berichte aufgezeichnet. Diese werden gedruckt und veröffentlicht.

Wahrheitsgetreue Berichte über Verhandlungen in den öffentlichen Sitzungen sind von jeder Verantwortlichkeit frei. Als solche Berichte gelten nicht die Reproduktion einzelner Stellen und Bemerkungen, auch nicht der Abdruck nur der Reden einer bestimmten Partei. (RGSt. 15, 32).

62. **Legislaturperiode.** Die Legislaturperiode des Reichstags dauert seit Reichsgesetz von 1888 fünf Jahre. Zur Auflösung des Reichstags während derselben ist ein Beschluß des Bundesrats unter Zustimmung des Kaisers erforderlich. (Art. 24 RV.)

63. **Zwang zur Wiedereinberufung des Reichstags.** Nach der Auflösung besteht ein Zwang, den Reichstag wieder zu berufen durch Art. 25. Innerhalb **60** Tagen nach der Auflösung müssen die Wähler und innerhalb **90** Tagen nach Auflösung der Reichstag selbst wieder versammelt werden.

64. **Bestimmungen über Vertagung.** Eine Vertagung des Reichstags darf ohne dessen Zustimmung die Frist von **30** Tagen nicht übersteigen und während der Session nicht wiederholt werden (Art. 26).

Auch der verspätet einberufene Reichstag gilt als solcher.

65. **Verschiedene Wirkungen der Vertagung und Schließung (Kontinuität — Diskontinuität).** Bei einer Vertagung können die Verhandlungen einfach fortgesetzt werden (Grundsatz der Kontinuität), die Schließung dagegen unterbricht die Verhandlungen derart, daß sie bei dem Wiederzusammentritt von neuem aufgenommen werden müssen. (Diskontinuität.)

66. **Ende des Reichstags.** Die Existenz des Reichstags findet ihr Ende außer der Auflösung mit Ablauf der Wahl- oder Legislaturperiode. Streitig ist der **Beginn** derselben. Die Mehrzahl der Schriftsteller (Laband, Meyer-Anschütz — § 130 Note 3 —, Perels) vertreten die Ansicht, daß die Legislaturperiode mit dem Tage der Wahl beginnt. Dagegen Arndt u. a. mit dem Tage des Zusammentritts. Da der Reichstag kein Recht zum Selbstzusammentritt hat und das „legem ferre" erst mit der Berufung beginnt, müßte das letztere als das Richtige erscheinen. Dagegen aber die Regierung selbst.

67. **Reichstag kein Rechtssubjekt.** Der Reichstag ist kein Rechtssubjekt. Er besitzt kein Vermögen. Das Reichstagsgebäude usw. sind Reichseigentum.

68. **Die Zuständigkeit des Reichstags.**

a) Der Reichstag ist, wie oben erwähnt, eine Vertretung des gesamten deutschen Volkes. Die politischen und geographischen Grenzen der Bundesstaaten sind in ihm völlig verwischt.

b) **Reichstag ist Volksvertretung.** Der Reichstag ist seinem Begriff und Wesen nach eine Volksvertretung, wie jede andere eines Bundesstaates.

c) **Einkammersystem.** Das deutsche Volk hat nur diese eine Vertretung, es herrscht also im Reich, im Gegensatz zu Preußen, das Einkammersystem.

d) **Seydels Gruppierung der Reichstagsbefugnisse.** Eine glänzende Erörterung über den Reichstag und seine staatsrechtlichen Befugnisse findet sich von v. Seydel in Hirths Annalen des Deutschen Reichs (1880 S. 350 ff.).

Diese Ausführungen, namentlich die Gruppierung der Formen für die Tätigkeit des Reichstags, sind als grundlegend von fast allen Staatsrechtslehrern aufgenommen worden.

e) **Reichstag nicht Mitträger der Souveränität.** Nicht Mitträger der Reichssouveränität ist der Reichstag, nicht übt er etwa einen Teil der Reichsstaatsgewalt aus, aber Kaiser und Bundesrat sind bei der gesamten Reichsregierung teils an Zustimmung, teils durch Kontrolle desselben gebunden.

f) Die Zuständigkeit und Tätigkeit des Reichstags durchdringt den Regierungsmechanismus des Reichs nach allen Richtungen; seine Rechte enthalten eine Selbstbeschränkung in der Ausübung der Staatsgewalt, welche die verbündeten Herrscher sich auferlegt haben.

g) **Die vier Formen der Reichstagstätigkeit.** Die Formen, in denen er sich an der Ausübung der gemeinsamen Regierungstätigkeit beteiligt, sind (nach v. Seydel):

die Mitwirkung,
die Genehmigung,
die Kenntnisnahme,
die Überweisung.

α. **Mitwirkung.** Die Mitwirkung des Reichstags ist da erforderlich, wo staatliche Willensakte des Reichs nicht ohne seine Zustimmung zustandekommen können, wie z. B. bei den Reichsgesetzen. (Art. 5 RV.) Sie ist auch notwendig bei den Verwaltungsakten, die, wie die Feststellung des Reichshaushaltsetats (Art. 69) und die Aufnahme von Anleihen (Art. 73) in der Form von Gesetzen erfolgen.

Dem Reichstag steht bei seiner Mitwirkung an der Gesetzgebung das Recht der **Initiative** zu, d. h. er hat das Recht, innerhalb der Reichskompetenz (Art. 4) Gesetze vorzuschlagen.

Schwerinstag. Die Beratung derartiger Initiativanträge erfolgt in jeder Woche an einem bestimmten Tage (jetzt Mittwoch), dem sog. Schwerinstag. Diese Bezeichnung stammt aus dem preußischen Landtage, wo auf Anregung des Grafen Schwerin ein derartiger Tag eingeführt wurde.

β. **Genehmigung.** Die Genehmigung ist da erforderlich, wo ein staatlicher Willensakt der Herrscher zwar mit formell rechtlicher Kraft vorgenommen werden kann, aber ohne den Mitwillen des Reichstags nicht bestehen soll.

Fälle derselben:

1. bei Verordnungen, deren Erlaß einzelnen Regierungsorganen zusteht, aber mit der Modifizierung, daß ihre Rechtsbeständigkeit von der Genehmigung des Reichstags abhängig ist,

2. bei Verträgen, die der Kaiser mit fremden Staaten schließt (Art. 11 Abs. 3),

3. bei Vertagung des Reichstags (über 30 Tage, oder bei Wiederholung in derselben Session — Art. 26).

γ. **Kenntnisnahme.** Das Recht der Kenntnisnahme tritt da ein, „wo der Reichstag das Recht hat, zu erfahren, in welcher Weise die Regierungsorgane des Reichs tätig geworden sind" (v. Seydel). Es findet sich vielfach die gesetzliche Pflicht für die Reichsregierung, Berichte an den Reichstag zu erstatten, z. B. bez. der Finanzverwaltung (Art. 72).

δ. **Überweisung. Petitionsrecht. Wirkung der Überweisung.** Die Überweisung an die Reichsregierung steht dem Reichstag gemäß Art. 23 hinsichtlich der an ihn gerichteten Petitionen zu. Wenngleich solches Petitionsrecht an Bundesrat und Reichskanzler jedermann zweifellos direkt zusteht, so bedeutet doch die Vermittlung des Reichstags so viel, daß er einer solchen Bitte das Gewicht seiner Autorität hinzufügt, die von einer Regierung nicht leicht zu ignorieren ist. Darüber hinaus geht die Wirkung der Überweisung nicht: staatsrechtlich erzwingbare Folgen hat sie nie.

h) **Interpellations- und Adressenrecht des Reichstags.** Das Recht Interpellationen zu stellen und Adressen zu erlassen ist verfassungsmäßig dem Reichstag nicht gegeben. Indessen nimmt man sein Recht hierzu als selbstverständlich an, auf seiten der Reichsregierung besteht aber demgegenüber nicht die Pflicht, Adressen entgegenzunehmen und Interpellationen zu beantworten. (So Laband, Meyer-Anschütz.) Die Adressen sind de facto an den Kaiser gerichtet worden. (Fraglich, ob an den Bundesrat zulässig; dagegen v. Seydel, v. Rönne; an den Bundesrat würde der Reichstag Wünsche in Gestalt einer Resolution richten.)

i) **Die Geschäftsordnung über Interpellationen.** Bezüglich der letzteren ist übrigens in der Geschäftsordnung festgesetzt, daß sie bestimmt formuliert, von 30 Mitgliedern unterzeichnet, dem Präsidenten überreicht und von diesem dem Reichskanzler abschriftlich mitgeteilt werden sollen. Erklärt dieser sich zur Beantwortung bereit, so hat der Interpellant dieselbe in der Sitzung näher zu begründen, und auf einen von 50 Mitgliedern unterstützten Antrag kann sich eine sofortige Besprechung anschließen.

k) **Enquête.** Das Recht der enquête, wie es der Art. 82 der Preußischen Verfassungsurkunde jeder Kammer gibt, nämlich behufs ihrer Information Kommissionen zur Untersuchung von Tatsachen zu ernennen, hat der Reichstag nicht erhalten.

§ 27. Die Reichsbehörden.

A. Allgemeines. Welche Behörden sind Reichsbehörden?

1. Als Reichsbehörden sind diejenigen anzusehen, welche zur Besorgung von Geschäften des Reichs bestellt sind und die Vollmacht hierzu unmittelbar von der Reichsgewalt erhalten.

2. **Unterschied von Landesbehörden.** Damit ist zugleich das unterscheidende Merkmal von den Landesbehörden gegeben, denen die geschäftliche Erledigung von Angelegenheiten der Einzelstaaten obliegt, von deren Regierung sie bestellt sind.

Gleichgültig ist hierbei, ob die betreffende Verwaltung selbst durch Reichsgesetze geregelt ist; so sind Gerichte, Zollbehörden, Militärbehörden Landes-, nicht Reichsbehörden.

3. **Der selbständige Behördenapparat des Reichs.** Die Reichsregierung verfügt nur in denjenigen Angelegenheiten über einen selbständigen Behördenapparat, die gesetzlich ihrer eigenen Verwaltung übertragen sind, während in den meisten Gebieten, die an und für sich zur Zuständigkeit des Reichs gehören, die tatsächliche Verwaltung den Gliedstaaten überlassen ist, und das Reich sich mit der Oberaufsicht begnügt. (Zollwesen.) Der eigenen und unmittelbaren Verwaltung des Reichs unterstellt sind nur: Das Auswärtige, die Marine und das Post- und Telegraphenwesen.

4. **Verhältnis der Reichsbehörden zum Kaiser.** Wenn auch die Reichsbehörden im großen und ganzen nur als Gehilfen des Kaisers anzusehen sind, dem ja trotz der Teilung der Regierungsgewalt im Reiche zwischen Bundesrat und ihm verfassungsmäßig die überwiegende Führung der Regierungsgeschäfte obliegt, so daß Ernennung und Absetzung der Beamten ihm zusteht, so ist doch der Verwaltungsmechanismus gesetzlich so festgelegt, daß der Kaiser den Behörden gegenüber weder das **Devolutions-** noch das **Substitutionsrecht** hat.

Auch die Errichtung oder Einziehung von Reichsämtern ist dem freien Belieben des Kaisers entrückt. Sie sind eben nicht alleinige Organe des Kaisers.

5. **Teilung der Errichtungskompetenz.** Für die Errichtung derselben ist der Kaiser unter Umständen, andernfalls der Bundesrat

kompetent. Der Kaiser dann, wenn die Errichtung durch Reichsgesetz angeordnet ist, dann ist die Bildung derselben die Ausführung eines Verwaltungsgeschäfts, die gemäß Art. 17 dem Kaiser zusteht.

Im übrigen steht die Errichtung von Reichsbehörden prinzipiell dem Bundesrat zu (Art. 7 Ziff. 2).

6. **Die Verantwortlichkeit der Behörde als Maßstab ihrer Stellung.** Was die Gruppierung und die Stellung der Behörden anlangt, so ist für das Staatsrecht einzig und allein entscheidend deren Verantwortlichkeit.

Im absoluten Staate wie im konstitutionellen gibt es Behörden, welche dem Monarchen resp. auch der Volksvertretung verantwortlich sind für eine Verwaltung, die den Befehlen des Monarchen und dem Besten des Staates entspricht:

Die Minister.

7. **Staatsrechtliche Stellung des Ministers.** Das kennzeichnende Merkmal dieser Stellung ist die Änderung in der Gehorsamspflicht. Ein Minister ist willensfrei bei der Erwägung, ob er bei den vom Monarchen gewünschten Maßregeln mitwirken will oder nicht. Er hat selbständig zu prüfen, ob solche Maßregeln gesetzmäßig und zweckmäßig sind oder nicht; und in diesem Befreitsein von der Gehorsamspflicht eines Staatsdieners liegt die Möglichkeit, ihn für seine Amtstätigkeit verantwortlich zu machen.

8. **Im Reich nur ein Minister.** Die Reichsverfassung kennt nur einen einzigen Beamten dieser Art:

Den Reichskanzler.

9. **Stellung des Reichskanzlers als Reichsminister.** Nach Art. 17 bedürfen alle Anordnungen und Verfügungen des Kaisers zu ihrer Gültigkeit der Gegenzeichnung des Reichskanzlers, welcher dadurch die Verantwortlichkeit übernimmt. Es gibt zwar keine solche, die der Reichstag klageweise geltend machen könnte, aber eine zivil-, straf- und dienstrechtliche.

Zu beachten ist, daß dem Reichskanzler die Ministerverantwortlichkeit nur auferlegt ist für „Anordnungen und Verfügungen des Kaisers". Nur diese, nicht diejenigen des Bundesrats, bedürfen zu ihrer Gültigkeit der Gegenzeichnung.

Die Unterzeichnung der Beschlüsse des Bundesrats durch den Reichskanzler ist Ausfluß des Vorsitzrechts und hat nur formelle Bedeutung. Die materielle Verantwortung für seine Beschlüsse trägt der Bundesrat selbst.

Dem Kanzler, als einzigem Minister des Reichs, sind sämtliche Zweige der Reichsverwaltung unterstellt. Es gibt — abgesehen vom Kaiserlichen Statthalter in Elsaß-Lothringen — keinen ihm koordinierten Beamten; es gibt nur Untergebene oder Stellvertreter für ihn („nachgeordnete Stellen").

10. **Behördengruppen.** Beim Reich kann man wie bei jedem Staat zwei Gruppen von Behörden unterscheiden: Die für **Verwaltung** und die für **Rechtsprechung.**

11. **Stellung des Kanzlers zu diesen Gruppen.** Die Verantwortlichkeit des Kanzlers für die erste Kategorie ist unumschränkt, bei der zweiten haftet er wohl für ihre Unabhängigkeit, aber nicht für den Inhalt ihrer Sprüche.

12. **Mittelstufen.** Zwischen den Verwaltungs- und Rechtsprechungsbehörden gibt es nun im Reich als Mittelstufe eine Anzahl von **Finanz**behörden, wie z. B. die Verwaltung des Reichsinvalidenfonds, die Reichsschuldenverwaltung, die Reichsschuldenkommission, den Rechnungshof, die, obwohl unter Oberleitung des Reichskanzlers, doch gleich den richterlichen Behörden selbständig und selbstverantwortlich, also der materiellen Einwirkung des Kanzlers entzogen sind.

13. **Die vier Gruppen der Reichsbehörden.** Nach alledem sind also vier Gruppen von Reichsbehörden zu scheiden:

a) **Der Reichskanzler,**
b) **Verwaltungsbehörden,**
c) **richterliche Behörden,**
d) **selbständige Finanzbehörden.**

B. **Die Behörden im einzelnen:**

I. Der Reichskanzler.

1. **Der Reichskanzler als oberster Verwaltungsbeamter und als Bevollmächtigter zum Bundesrat.** Die hervorragendste Stelle unter den Reichsbehörden nimmt der Reichskanzler ein.

Zwei Seiten seiner Funktion sind streng zu scheiden:

a) Er ist preußischer Präsidialbevollmächtigter zum Bundesrat.
b) Er ist leitender Reichsminister.

Zu a. Innerhalb der ersten Funktion ist der Kanzler nicht Behörde, denn er vertritt, wie jeder andere Bevollmächtigte, die Person seines Herrn, nur daß er für diesen auch die Präsidialrechte wahrnimmt und Vorsitz und Leitung der Geschäfte des Bundesrats hat (Art. 15).

Irgendwelche Verantwortlichkeit des Kanzlers dem Reiche gegenüber kann aus dieser Ausübung der Präsidialrechte nicht hergeleitet werden.

Zu b. Die Reichsministerstellung des Kanzlers beruht auf Art. 17 der Verfassung (vgl. oben).

α. **Der Norddeutsche Verfassungsentwurf und der Reichskanzler.** Der Entwurf der Norddeutschen Verfassung kannte die im Art. 17 aufgestellte Verantwortlichkeit des Bundeskanzlers nicht. Ein Abänderungsantrag des Abg. Bennigsen hat sie hineingebracht, wodurch eine völlige Änderung in der Stellung des Kanzlers bedingt war.

β. **Bismarck 1878 über die Stellung des Reichskanzlers.** Diesbezüglich Bismarck im Reichstag am 5. März 1878: „Nun wurde durch den Art. 17 die Bedeutung des Reichskanzlers plötzlich zu der eines kontrasignierenden Ministers und nach der ganzen Stellung nicht mehr eines Unterstaatssekretärs für deutsche Angelegenheiten im auswärtigen preußischen Ministerium, wie es ursprünglich die Meinung war, sondern zu der eines leitenden Reichsministers heraufgeschoben."

„Darauf trat auch die von mir sofort erkannte Notwendigkeit ein, daß der Reichskanzler und der preußische Ministerpräsident ein und dieselbe Person sein müßten."

Die Unmöglichkeit einer dienstlichen Abhängigkeit des Kanzlers vom preußischen Ministerium, vielmehr die notwendige Zugehörigkeit zu diesem wird auch von v. Seydel (Komm. S. 178) hervorgehoben.

2. **Der Reichskanzler als Gehilfe des Kaisers.** Als Gehilfe des Kaisers hat der Kanzler dessen staatsrechtlichen Willen zu vollziehen, und sein Geschäftskreis umfaßt daher die ganze Fülle der kaiserlichen Prärogative:

a) Er nimmt die Rechte des Reiches nach außen wahr sowohl in völkerrechtlicher wie in reichsfiskalischer Beziehung.
b) Er leitet als oberster Chef die unmittelbare Reichsverwaltung.
c) Er überwacht die Einzelstaaten in der ihnen vom Reich überlassenen Ausführung von Reichsgesetzen.
d) Er hat für die Verwirklichung der Bundesratsbeschlüsse zu sorgen und zwar entweder durch unmittelbare Anordnungen, oder indem er zwischen Bundesrat und anderen Organen vermittelt.

In dieser Beziehung erscheint er übrigens als Organ des Bundesrats und nicht des Kaisers.

3. **Kanzler nicht mehr Minister in Elsaß-Lothringen.** Die dem Kanzler früher (G. vom 9. Juni 1871) übertragene Stellung eines Ministers für Elsaß-Lothringen ist ihm durch G. vom 4. Juli 1879 abgenommen und auf den Statthalter übertragen.

4. **Stellvertretungen des Reichskanzlers.** Der riesige Umfang des Geschäftskreises des Reichskanzlers hat naturgemäß zur Ausbildung eines Systems von Stellvertretungen führen müssen.

Die Regelung ist eine verschiedenartige.

a) **Im Bundesratsvorsitz.** Was seine Eigenschaft als Vorsitzender des Bundesrats betrifft, so hatte schon Art. 15 der Norddeutschen Verfassung dem Bundeskanzler die Befugnis eingeräumt, sich vermöge schriftlicher Substitution durch jedes andere Bundesratsmitglied vertreten zu lassen und das ist in der Reichsverfassung beibehalten (Art. 15 Abs. 2).

b) **Für die reichsministeriellen Geschäfte.** Damit waren jedoch die reichsministeriellen Geschäfte nicht geregelt, wie sie der Art. 17 der Reichsverfassung vorsieht, und es war zweifelhaft, ob der Kaiser sich zu der notwendigen Kontrasignatur bei Behinderung des Kanzlers eines Stellvertreters bedienen durfte.

Die offenbare Notwendigkeit einer solchen verantwortlichen Vertretung ist denn auch eingeführt und geregelt durch RG. vom 17. März 1878, betr. die Stellvertretung des Reichskanzlers (abgedruckt bei Art. 17).

Nach diesem Gesetz können alle dem Kanzler übertragenen Obliegenheiten, insbesondere die erforderliche Gegenzeichnung zu Anordnungen und Verfügungen des Kaisers, im Falle seiner Behinderung von einem Stellvertreter vorgenommen werden.

Den Stellvertreter bestellt der Kaiser auf diesbezüglichen Antrag des Kanzlers (§ 1 Gesetz).

Überhäufung mit Geschäften und Mangel spezialtechnischer Kenntnisse werden Anlaß hierzu bieten.

Nicht ausgeschlossen ist außer der Ressortstellvertretung die Bestellung eines Generalstellvertreters (§ 2).

5. Die **Verantwortlichkeit der Stellvertreter** ist die gleiche, wie die des Kanzlers selbst, natürlich nur soweit sie selbständig arbeiten, denn dem Kanzler steht der persönliche Eingriff zu jeder Zeit offen (§ 3 Gesetz), damit übernimmt er aber auch wieder die Verantwortung.

6. **Bedeutung des Gesetzes von 1878.** Durch das Gesetz von 1878 ist das Problem gelöst, wie die in einem Bundesstaat besonders notwendige Zentralisation der Behörden mit der ebenso notwendigen Arbeitsteilung zu verbinden war.

7. **Ressortstellvertreter.** Als Ressortstellvertreter sind übrigens die Vorstände der dem Reichskanzler unterstellten obersten Reichsbehörden vorgesehen (§ 2 Gesetz).

8. **Reichskanzlei.** Die zwischen dem Kanzler und diesen Behörden notwendige Geschäftsvermittlung geschieht durch die Reichskanzlei.

II. Verwaltungsbehörden im einzelnen.

1. **Die Behörden im Norddeutschen Bund.** Im Norddeutschen Bund war der Bundesbehördenmechanismus noch ein einfacher. Es wurde nur ein neues und höchstes Organ geschaffen: das **Bundeskanzleramt** mit drei Abteilungen:

Zentralabteilung,
Generalpostamt,
Generaldirektion der Telegraphen.

Die auswärtigen Angelegenheiten, sowie die des Bundesheeres und der Kriegsmarine wurden von den preußischen Ministerien mitverwaltet.

2. **Vereinigung der preußischen auswärtigen Angelegenheiten mit denen des Reichs.** Am 1. Januar 1870 wurde das preußische Ministerium für die auswärtigen Angelegenheiten in das „Auswärtige Amt des Norddeutschen Bundes" verwandelt. Seit 1871 heißt es:

1. „Auswärtiges Amt des Deutschen Reichs".

3. **Einteilung.** Dasselbe zerfällt in drei Abteilungen:

Abteilung I (politische) beschäftigt sich mit den Angelegenheiten der höheren Politik, Hofzeremonial- und Etikettesachen, Ordensangelegenheiten usw.

Abteilung II (handelspolitische) bearbeitet die Angelegenheiten des Handels und Verkehrs und das Konsulatswesen.

Abteilung III (Rechtsabteilung) bearbeitet die staats- und zivilrechtlichen Angelegenheiten, Angelegenheiten der Kunst und Wissenschaft, die Grenzsachen, die Privatangelegenheiten der Deutschen im Auslande usw.

An der Spitze der Abteilungen stehen Direktoren. Unmittelbar unter dem Reichskanzler stehen die Prüfungskommission für das diplomatische Examen und die archäologischen Anstalten in Rom und Athen.

Aus der früheren Kolonialabteilung ist ein selbständiges Reichsamt unter einem Staatssekretär geworden.

2. Das Reichsamt des Innern.

1. **Entwicklung.** Dieses Amt ist die Fortsetzung der Zentralabteilung des Bundeskanzler- resp. Reichskanzleramts. Der neue Name seit 1879.

Als im Laufe der 70er Jahre das Bedürfnis hervortrat, für die einzelnen Geschäftsgebiete besondere Ämter zu haben, wurden solche errichtet. Das Reichsamt des Innern ist eine diesen neuen Reichsämtern gleichgeordnete Behörde geblieben für alle die jenen nicht übertragenen Angelegenheiten, namentlich volkswirtschaftlicher und gewerbepolizeilicher Natur.

2. **Einteilung.** Das Reichsamt des Innern zerfällt in drei Abteilungen:

a) Zu dem Geschäftskreise der ersten Abteilung gehören die den Bundesrat, den Reichstag und die Reichstagswahlen betreffenden Angelegenheiten, die allgemeinen Angelegenheiten der Reichsbehörden und der Reichsbeamten, die Angelegenheiten der Presse und der Vereine usw., sowie diejenigen Reichssachen, deren Bearbeitung nicht anderen Behörden übertragen ist.

b) Die zweite Abteilung bearbeitet die die Fürsorge für die arbeitenden Klassen betreffenden Angelegenheiten, sowie die Gewerbesachen, einschließlich des Versicherungswesens, die Freizügigkeitssachen und das Armenwesen.

c) In der dritten Abteilung (A und B) werden die Handelsangelegenheiten, das Bank- und Börsenwesen, das Maß- und Gewichtswesen, die Angelegenheiten des geistigen Eigentums, der Patente usw. bearbeitet. In III B die Handelspolitik, Handelsverträge usw.

3. **Vom Reichsamt des Innern ressortierende Kommissionen.** Es ressortieren vom Amt als Kommissionen:

a) die Kommission für Arbeiterstatistik (Vorbereitung der Gesetzgebung für gewerbliche Arbeiter, Erhebungen statistischer Art, Gutachten),
b) die Reichskommission für das Auswanderungswesen (Überwachung aller diesbezüglichen Einrichtungen, Herbergen, Schiffe),
c) die technische Kommission für Seeschiffahrt,
d) die Reichsschulkommission,
e) der Börsenausschuß,
f) die Normaleichungskommission,
g) die Inspektoren für Prüfung der Seeschiffer,
h) die Zentraldirektion der Monumenta Germaniae historica.

4. **Vom Reichsamt des Innern ressortierende Behörden.** Als **Ämter:**

a) das Statistische Amt des Deutschen Reichs,
b) das Schiffsvermessungsamt,
c) das Reichsgesundheitsamt,
d) das Kanalamt zu Kiel,
e) die Physikalisch-Technische Reichsanstalt.

5. **Vom Reichsamt des Innern ressortierende rechtsprechende Behörden.** Als rechtsprechende Behörden (vgl. richterliche Reichsbehörden):

a) die Disziplinarbehörden,
b) die Behörden zur Untersuchung von Seeunfällen,
c) das Reichsversicherungsamt,
d) das Reichsaufsichtsamt für Privatversicherungswesen,
e) das Kaiserliche Patentamt.

3. Das Reichsmarineamt.

a) **Trennung von Marineverwaltung und Oberkommando.** Die Kaiserliche Admiralität, welcher ursprünglich alle Marineangelegenheiten (Verwaltung und Oberbefehl) unterstellt waren, ist 1889 aufgehoben. An ihrer Stelle wurde als oberste Behörde für die Verwaltung und die technischen Angelegenheiten das Reichsmarineamt geschaffen, und der von dieser getrennte Oberbefehl wurde dem Oberkommando unter einem kommandierenden Admiral übertragen.

b) **Kaiser.** Seit März 1899 hat der Kaiser das oberste Kommando der deutschen Marine persönlich übernommen.

c) **Admiralstab. Marinekabinett.** Ihm zur Seite steht der „Admiralstab der Marine" für die taktischen und das „Marinekabinett" für die persönlichen Angelegenheiten.

d) **Ressort.** Vom Reichsmarineamt ressortieren die Werften, die Depots, die Marineintendanturen und Lazarette, die Seewarte in Hamburg und das Observatorium in Wilhelmshaven und das Gouvernement von Kiautschou.

4. Das Reichspostamt.

a) **Entwicklung.** Schon 1875 wurden die Abteilungen des Reichskanzleramts für Post und Telegraphie zu einer besonderen Reichspostbehörde unter einem Generalpostmeister ausgestaltet. Seit 1880 der Name Reichspostamt dafür. Vier Abteilungen.

b) **Ressort.** Von ihm ressortieren 41 Oberpostdirektionen, Post- und Telegraphenämter (Bayern und Württemberg ausgenommen) und die Reichsdruckerei.

c) **Beamte.** Die oberen Post- und Telegraphenbeamten werden vom Kaiser, die mittleren und niederen von den Landesregierungen ernannt und haben Rechte und Pflichten der Reichsbeamten.

5. Das Reichsjustizamt (seit 1877).

a) **Zuständigkeit.** Dieses hat die Justizangelegenheiten des Reiches wahrzunehmen und die Reichsgesetze vorzubereiten und deren Ausführung zu beaufsichtigen.

b) Von ihm ressortieren das Reichsgericht, die Reichsanwaltschaft und der Ehrengerichtshof für Rechtsanwälte in Leipzig.

c) **Reichsmilitärgericht.** Dem Reichsjustizamt als eine oberste Verwaltungsbehörde koordiniert ist der Präsident des Reichsmilitärgerichts, dem die Justizverwaltung bezüglich des Reichsmilitärgerichts und der Militäranwaltschaft obliegt.

6. Das Reichsschatzamt (seit 1879).

a) **Zuständigkeit.** Es ist die oberste Finanzverwaltung des Reichs. Es zerfällt in zwei Abteilungen. Abteilung I bearbeitet das Etatswesen, das Reichsvermögen, Reichsschulden, Reichsmünz- und Papiergeldwesen. Abteilung II Zoll- und Steuersachen.

b) **Ressort.** Von ihm ressortieren die Reichshauptkasse (Abteilung der Reichsbank), die Verwaltung der 120 Millionen Kriegsschatz im Spandauer Juliusturm, die Reichsrayonkommission, die Reichszollbevollmächtigten.

7. Das Reichskolonialamt.

Seit 1907 ist die frühere Abteilung IV des Auswärtigen Amtes zu einem Staatssekretariat erhoben. Das Kolonialamt zerfällt in vier Abteilungen (politische und allgemeine, Verkehrs- und technische, Personalangelegenheiten, Kommando der Schutztruppen).

Diese **sieben** Reichsämter unterstehen einem **Staatssekretär.**

8. Reichseisenbahnamt.

Zuständigkeit. Dasselbe hat innerhalb der durch die Verfassung Art. 41—47 bestimmten Zuständigkeit des Reichs das Aufsichtsrecht über das Eisenbahnwesen wahrzunehmen, für die Ausführung der in der Reichsverfassung enthaltenen Bestimmungen, sowie der sonstigen auf das Eisenbahnwesen bezüglichen Gesetze und verfassungsmäßigen Vorschriften Sorge zu tragen und auf die Abstellung der in Hinsicht auf das Eisenbahnwesen hervortretenden Mängel und Mißstände hinzuwirken. Eine besondere Verwaltung liegt ihm nicht ob. An der Spitze ein Präsident.

9. Reichsamt für die Verwaltung der Reichseisenbahnen.

Chef der preußische Minister der öffentlichen Arbeiten.

Der Leitung untersteht die Verwaltung und der Betrieb der dem Deutschen Reiche gehörigen in Elsaß-Lothringen gelegenen sowie der sonst in die Verwaltung des Reichs übergegangenen Eisenbahnen (Wilhelm-Luxemburg-Bahn).

Von ihr ressortiert die Generaldirektion der Reichseisenbahnen in Elsaß-Lothringen zu Straßburg, welche die eigentliche Verwaltung hat.

10. Die Reichsbankbehörde (G. vom 14. März 1875, 1909).

a) **Aufgabe der Reichsbank.** Die Reichsbank hat die Aufgabe, den Geldumlauf im gesamten Reichsgebiet zu regeln, die Zahlungsausgleichungen zu erleichtern und für die Nutzbarmachung verfügbaren Kapitals zu sorgen. Ihr früherer Präsident Koch nennt sie den Zentralgeldbehälter des Reichs.

b) **Reichsbankdirektorium.** Sie wird unter Leitung des Reichskanzlers von dem Reichsbankdirektorium verwaltet.

c) **Reichsbankkuratorium.** Die Aufsicht über die Bank wird von seiten des Reichs ausgeübt durch das Reichsbankkuratorium. Vorstand desselben ist der Reichskanzler; vier Mitglieder, davon eines vom Kaiser, drei vom Bundesrat auf je zwei Jahre bestellt. Dieses Kuratorium tagt nicht ständig, sondern tritt nur vierteljährlich zur Entgegennahme eines Bankberichts zusammen.

d) **Geschichte der Reichsbank.** Die Reichsbank ist am 1. Januar 1876 an Stelle der 1765 als Staatsanstalt gegründeten Preußischen Bank getreten. Sie ist vermögensrechtlich von dem Reichsfiskus getrennt. (§ 12 des Bankgesetzes vom 14. März 1875 verleiht ihr juristische Persönlichkeit.)

e) **Charakter der Reichsbank.** Sie ist keine Aktiengesellschaft (Koch zu § 12), sondern hat ihr eigenes in dem Bankgesetz und ihrem Statut enthaltenes Sonderrecht. Neben diesem unterliegt sie dem Handelsgesetzbuch.

f) **Angestellte sind Beamte.** Obgleich die Reichsbank also privatrechtliche Körperschaft ist, sind ihren Beamten die Rechte und Pflichten der Reichsbeamten beigelegt (§ 28 des BankG.).

g) **Revision der Rechnungen.** Die Rechnungen der Bank unterliegen der Revision des Rechnungshofes des Deutschen Reichs (§ 29).

h) **Grundkapital.** Das Grundkapital seit 1. Januar 1901: 180 Mill. Mark.

Zerlegt in 40000 Anteile à 3000 ℳ
und 60000 „ „ 1000 „

i) **Anteilseigner.** Die Anteilseigner üben ihre Rechte aus durch

1. die Generalversammlung,
2. den Zentralausschuß (15 Mitglieder).

Dieser ist ihre ständige Vertretung gegenüber der Verwaltung. Von dieser erhält er monatliche Übersicht. Drei Deputierte des Ausschusses üben fortlaufende, spezielle Kontrolle (§ 34).

k) **Hauptsitz und Filialen.** Die Reichsbank mit Hauptsitz und allgemeinen Gerichtsstand in Berlin hat außerdem im Jahre 1912:

Reichsbankhauptstellen (20),
Reichsbankstellen (76),
Reichsbanknebenstellen (386).

l) **Verteilung des Reingewinns** (Art. 1 G. vom 1. Juni 1909):

1. Anteilseigner erhalten zunächst eine ordentliche Dividende von $3^1/_2$% des Grundkapitals (unter allen Umständen, ev. aus dem Reservefonds).

2. Von dem verbleibenden Rest fließen den Anteilseignern, $^1/_4$ der Reichskasse $^3/_4$ zu. Jedoch werden von diesem Reste zehn Hundertstel dem Reservefonds zugeschrieben, die je zur Hälfte auf Anteilseigner und Reich entfallen.

m) **Kündigungsrecht des Reichs.** Das Reich hat sich das Recht vorbehalten, von 10 zu 10 Jahren mit einjähriger Frist zu kündigen. Nächster Termin 1921.

Erforderlich dazu kaiserliche im Einvernehmen mit Bundesrat ergehende Anordnung.

n) **Regelung nach Kündigung.** Das Reich hebt nach Kündigung

entweder die Reichsbank auf und erwirbt deren Grundstücke gegen Erstattung des Buchwertes

oder

erwirbt die sämtlichen Anteile der Reichsbank zum Nennwert.

o) **Reservefonds.** Der Reservefonds geht alsdann zu $^1/_2$ auf Anteilseigner, zu $^1/_2$ auf das Reich über.

Die Bank bringt dem Reich zirka 15 Millionen Gewinn jährlich.

„Lombard der Reichsbank" ist der öffentlich bekanntgemachte Zinssatz, unter welchem sie Darlehen gibt.

„Diskont der Reichsbank" ist der ebenfalls bekanntgemachte Zinssatz, zu dem sie Wechsel diskontiert (Bankgesetz vgl. unten).

III. Richterliche Reichsbehörden.

a) **Reichsjustizgerichte,**
b) **Reichsverwaltungsgerichte,**
c) **Disziplinargerichte.**

Zu a. Reichsjustizgerichte.

1. Das **Reichsgericht in Leipzig** (G. vom 11. April 1877).

α. **Zuständigkeit.** Dasselbe ist, abgesehen davon, daß es in bürgerlichen Rechtsstreitigkeiten wie in Strafsachen letzte Instanz ist, auch zuständig für die Untersuchung und Entscheidung in erster und letzter Instanz in den Fällen des Hochverrats und des Landesverrats, insofern diese Verbrechen gegen den Kaiser oder das Reich gerichtet sind (GVG. §§ 135, 136).

Es hat damit diejenigen Funktionen übernommen, welche durch Art. 75 der Verfassung dem Oberappellationsgericht zu Lübeck überwiesen waren. Das durch Gesetz von 1869 errichtete Reichsoberhandelsgericht ist mit Errichtung des Reichsgerichts aufgehoben.

β. **Reichskanzler bestimmt Zahl der Senate.** Die Zahl der am Reichsgericht befindlichen Zivil- und Strafsenate bestimmt der Reichskanzler. Es sind sieben Zivil- und vier Strafsenate gebildet. Außerdem können Hilfssenate gebildet werden.

Der Aufsicht des Reichskanzlers unterstehen auch der Oberreichsanwalt und die Reichsanwälte.

γ. Am Reichsgericht besteht ein Plenum. Dasselbe entscheidet über Disziplinarsachen der Mitglieder und in Rechtsfragen bei Abweichungen (vgl. GVG. § 137).

2. Die **Reichskonsulargerichte** und die ihnen nachgebildeten kaiserlichen Gerichte in den deutschen Schutzgebieten (G. vom 7. April 1900 über die Konsulargerichtsbarkeit).

3. **Marinestrafgerichte.**

4. Das **Reichsmilitärgericht** in Berlin, seit 1. Oktober 1900 in Tätigkeit.

Zu b. Reichsverwaltungsgerichte.

1. **Bundesamt für das Heimatwesen.** Das Bundesamt für das Heimatwesen in Berlin.

α. **Zuständigkeit.** Seine Kompetenz liegt auf dem Gebiete des Armenwesens, d. h. es entscheidet Streitigkeiten zwischen verschiedenen Armenverbänden über öffentliche Unterstützung Hilfsbedürftiger. Zunächst dann, wenn die Verbände verschiedenen Gliedstaaten angehören, indessen auch bei innerstaatlichen Verbandsstreitigkeiten (so in Preußen). Besetzung mit fünf Mitgliedern.

β. **Bayern.** Seine Tätigkeit erstreckt sich nicht auf Bayern, weil in diesem das Gesetz über den Unterstützungswohnsitz — 6. Juni 1870 (12. März 1894) — keine Gültigkeit hat (vgl. unten).

2. Das durch Richter **verstärkte Reichseisenbahnamt.**

α. **Kompetenz.** Kompetenz zur Entscheidung über Rechtsfragen, falls Maßregeln des Reichseisenbahnamts beanstandet werden. Zwei vom Kaiser ernannte richterliche und drei Mitglieder des Reichseisenbahnamts.

3. Die **Reichsrayonkommission** zur endgültigen Entscheidung über Beschränkung des Grundeigentums in der Umgebung von Festungen.

4. Das **Patentamt** in Berlin. (Patentgesetz vom 7. April 1891.)

α. **Besetzung.** Besetzt mit einem vom Kaiser auf Vorschlag des Bundesrats ernannten Präsidenten und juristischen und technischen Mitgliedern. Abteilungen für Anmeldungen und für Beschwerden (vgl. unten).

5. Das **Oberseeamt** in Berlin. Vorsitzender und sechs Mitglieder (davon drei Schiffahrtskundige). Beschwerdeinstanz für Entscheidungen der Seeämter.

6. Das **Reichsversicherungsamt** in Berlin. Präsident, Direktoren und Senatspräsidenten werden vom Kaiser ernannt. Juristische und technische Mitglieder, teils ständige (vom Bundesrat gewählt), teils nichtständige (von Arbeitgebern und Versicherten gewählt). Oberste Aufsicht über die staatliche Arbeiterversicherung und letzte Instanz gegen die Urteile der Oberversicherungsämter (Reichsversicherungsordnung vom 19. Juli 1911; unten).

7. Das **Aufsichtsamt für Privatversicherungen** in Berlin. G. vom 12. Mai 1901.

Dasselbe hat die Aufsicht über private Versicherungsbetriebe, deren Geschäftsbereich sich über einen Bundesstaat hinaus erstreckt.

Gegen seine Entscheidungen Rekurs an das verstärkte Aufsichtsamt (§ 74 Gesetz). Versicherungsgesetz unten.

Zu c. **Disziplinargerichte.**[1]

α. **Kompetenz.** Disziplinargerichte treten in Tätigkeit, wenn gegen Reichsbeamte das förmliche Disziplinarverfahren behufs Entfernung aus dem Amte eingeleitet ist.

β. *In erster Instanz* entscheiden die *Disziplinarkammern*, in **zweiter** der *Disziplinarhof* in Leipzig (§ 86 Gesetz).

---

[1] Maßgebend das Reichsbeamtengesetz von 1873 in der Neufassung vom 18. Mai 1907 (RGBl. S. 245 ff.) §§ 72 ff. Früher in Preußen ALR. II 10.

γ. **Kammern.** Es gibt in Deutschland (außer Bayern) 28 Kammern für die dazu gebildeten Bezirke (§ 87).

Zuständig ist die Disziplinarkammer des dienstlichen Wohnsitzes des Angeschuldigten, und wenn dieser Wohnsitz sich im Auslande befindet, die Disziplinarkammer in Potsdam (§ 88).

δ. Jede Disziplinarkammer besteht aus **sieben** Mitgliedern. Der Präsident und mindestens drei andere Mitglieder müssen richterliche Beamte sein (§ 89 Abs. 1).

ε. Die Spruchbank des einzelnen Falles besteht aus **fünf** Mitgliedern, von denen der Vorsitzende und wenigstens zwei Beisitzer richterliche Beamte sein müssen (§ 89 Abs. 2).

ζ. Der **Disziplinarhof** besteht aus **elf** Mitgliedern, von denen mindestens **vier** Bevollmächtigte zum Bundesrate, der Präsident und wenigstens fünf müssen Mitglieder des Reichsgerichts sein.

η. Die Spruchbank besteht aus **sieben** Mitgliedern. Der Vorsitzende und wenigstens drei Beisitzer müssen richterliche Mitglieder sein (§ 91).

ϑ. Die Mitglieder der Disziplinarbehörden werden für die Dauer der von ihnen bekleideten Reichs- oder Staatsämter vom Bundesrat erwählt, vom Kaiser ernannt und für die Obliegenheiten ihres Amtes verpflichtet (§ 93).

ι. Die Disziplinarstrafen bestehen in:

1. Ordnungsstrafen,
2. Entfernung aus dem Amte (§ 73).

κ. Ordnungsstrafen sind:

1. Warnung,
2. Verweis,
3. Geldstrafe (ev. mit Verweis); § 74.

Die Amtsentfernung kann in Strafversetzung oder Dienstentlassung bestehen (§ 75).

λ. Die im Einzelfall zu verhängende Strafe ist nach der größeren oder geringeren Erheblichkeit des Dienstvergehens mit besonderer Rücksicht auf die gesamte Führung des Angeschuldigten zu ermessen (§ 76; näheres noch unten).

μ. Eine Bestätigung der Disziplinarerkenntnisse durch den Kaiser findet nicht statt, doch hat der Kaiser das Begnadigungsrecht (Erlaß, Milderung; § 118).

ν. **Exemtionen.** Von der Aburteilung durch die Disziplinarbehörden sind ausgenommen die Mitglieder des Reichsgerichts, des Bundesamts für das Heimatwesen, des Rechnungshofs sowie die richterlichen Militärjustizbeamten (§ 158).

Die Disziplinargewalt über die drei ersten Kategorien wird durch das **Plenum** der betreffenden Behörden ausgeübt. Zulässig sind dabei Suspension vom Amte, Amtsverlust, oder unfreiwillige Versetzung in den einstweiligen Ruhestand.

ρ. **Disziplinierung der Militärbeamten.** Die Militärbeamten unterstehen gemäß §§ 120 ff. zunächst den für jedes Armeekorps und jede der 2 Flottenstationen gebildeten Militärdisziplinarkommissionen. In zweiter Instanz entscheidet der Disziplinarhof am Reichsmilitärgericht.

§ 28. Rechtsverhältnisse der Reichsbeamten.

(Reichsgesetze vom 31. März 1873, 23. April 1886 und 25. Mai 1887; Neufassung 18. Mai 1907.)

1. **Wer ist Reichsbeamter?** Reichsbeamter im Sinne des Gesetzes ist jeder Beamte, welcher entweder vom Kaiser angestellt, oder nach Vorschrift der Reichsverfassung den Anordnungen des Kaisers Folge zu leisten verpflichtet ist (§ 1).

2. **Begriff der Beamten überhaupt.** Der Begriff „Beamter" ist natürlich für Reichs- oder Landesbeamte der gleiche. „Beamter ist derjenige, welcher sich freiwillig dem Landesherrn verpflichtet hat, ein Staatsamt zu übernehmen, d. h. die zu diesem Amte gehörenden Geschäfte zu verrichten." (Laband § 14.) Reichsbeamte sind also Staatsdiener, welche im Reichsdienst tätig sind.

Das Innehaben eines Amtes ist jedenfalls nicht das Entscheidende: Man kann Beamter sein, ohne ein Amt innezuhaben, z. B. als Schöffe, Geschworener.

Es ist demnach zu scheiden zwischen der Begründung und Aufhebung des Dienst- und der des Amtsverhältnisses.

3. **Unmittelbare — mittelbare Reichsbeamte.** Man hat nach dem Wortlaute des § 1 des Gesetzes unter den Reichsbeamten unmittelbare und mittelbare zu scheiden.

Die ersteren stehen im direkten Dienst des Reichs, unter mittelbaren versteht man diejenigen Landesbeamten, welche gemäß der Reichsverfassung den Anordnungen des Kaisers Folge zu leisten haben.

Zu den Reichsbeamten gehören die Gesandten und Konsuln, die Militärbeamten, die Reichsbankbeamten, die höheren Post- und Telegraphenbeamten, die Beamten in Elsaß-Lothringen — bestritten —, die Mitglieder des Reichsgerichts, des Rechnungshofes usw.

4. **Berufsbeamte — Ehrenbeamte.** Den Berufsbeamten stehen solche gegenüber, die nur zeitweise amtieren, und solche, die ehrenhalber ein unbesoldetes Amt verwalten.

5. **Pflichten zur Amtsübernahme.** Der Beamte übernimmt, wie erwähnt, seine Dienstverpflichtungen freiwillig, es gibt indessen Amtstätigkeiten, deren Übernahme eine allgemeine — gesetzlich festgelegte — Untertanenpflicht ist (Schöffe, Geschworener).

6. **Charakter der Amtsübernahme.**

Die Auffassung, daß die freiwillige Amtsübernahme der Beamten auf Vertrag beruhe, wird stark bestritten. Der Vertrag selbst wird wieder verschieden als „rein staatsrechtlicher" (Arndt) oder als ein „gemischtes Rechtsverhältnis (Reichsgericht) aufgefaßt. Gegen die Vertragsnatur Meyer-Anschütz, Zorn u. a. Nach ihnen erfolgt die Begründung des Beamtenverhältnisses durch Anstellung, d. h. einen einseitigen staatsrechtlichen Akt. Daran ändert auch nichts die Freiwilligkeit des Eintritts. „Das Erfordernis der Einwilligung des Beteiligten stempelt die Anstellung so wenig zu einem Vertrage, wie das Naturalisationsgesuch die Naturalisation, oder der Strafantrag die Verfolgung des Antragsdelikts" (Anschütz).

Jedenfalls unterwirft sich der Beamte mit der Amtsübernahme der Dienstgewalt des Staates und übernimmt besondere Dienst- und Treupflichten.

Das Reichsgericht (Bd. VI S. 105) hebt auch hervor, daß der Staatsdienst ein Gewaltsverhältnis des Staates gegenüber dem Beamten voraussetzt.

7. **Form des Anstellungsvertrags und Abschluß desselben.** Die Form des Anstellungsvertrags ist die Bestallung, d. h. die Aushändigung der Anstellungsurkunde (§ 4); den Abschluß bildet die vorbehaltslose Annahme der Ausfertigung seitens der Beamten.

Es bestehen im allgemeinen in bezug auf Alter, Konfession, Geschlecht und Staatsangehörigkeit keine besonderen Voraussetzungen für die Anstellung. Auch Ausländer können als Reichsbeamte angestellt werden und erwerben durch die Bestallung die Staatsangehörigkeit. (Vgl. § 9 des Gesetzes vom 1. Juni 1870 und Reichsgesetz, betr. Naturalisation von Ausländern, welche im Reichsdienst angestellt sind, vom 20. Dez. 1875 — RGBl. S. 324 —; Nichtversagung der Naturalisation im Bundesstaat.)

8. **Wer stellt an?** Die Anstellung und damit die Begründung des Dienstverhältnisses erfolgt durch den Kaiser oder in seinem Namen durch den Reichskanzler oder die von diesem dazu ermächtigten Be-

hörden, in einzelnen Fällen durch den Bundesrat (Mitglieder des Rechnungshofes, des Bankkuratoriums usw.) oder doch unter dessen Mitwirkung (Vorschlagsrecht bei Besetzung von Stellen des Reichsgerichts).

Eine Kaiserliche Bestallungsurkunde erhalten nur die höheren Reichsbeamten und die Konsuln.

10. **Wie lange?** Ist der Vorbehalt des Widerrufes oder der Kündigung nicht ausdrücklich gemacht, so gelten Reichsbeamte als **auf Lebenszeit** angestellt (§ 2).

Über die Befähigungsnachweise geben Spezialgesetze Bestimmungen. Ein Recht auf Anstellung durch Ablegung von Examinas gibt es nicht.

11. **Vereidigung.** Vor dem Dienstantritt ist jeder Reichsbeamte auf die Erfüllung aller Amtsobliegenheiten eidlich zu verpflichten (§ 3). Die Gültigkeit seiner Amtshandlungen ist von der Beeidigung unabhängig. Der Eid ist nur das Verständigungsmittel für die Erfüllung der Dienstpflicht.

12. **Gehaltsanspruch.** Mit dem Tage des Amtsantritts beginnt in Ermanglung besonderer Festsetzungen der Anspruch auf Gewährung des mit dem Amte verbundenen Diensteinkommens (§ 4 Abs. 2).

Seit 1898 ist die Kautionspflicht der Reichsbeamten gesetzlich beseitigt.

In Krankheits- und Abwesenheitsfällen ohne Urlaub (RV. Art. 21) erduldet der Beamte keinen Gehaltsabzug (§ 14 Abs. 2 Gesetz).

13. **Verantwortlichkeit der Beamten.** Die Reichsbeamten sind für die Gesetzmäßigkeit ihrer Handlungen verantwortlich, und haben durch ihr Verhalten in und außer dem Amte sich der Achtung, die ihr Beruf erfordert, würdig zu zeigen. Insbesondere liegt ihnen Amtsverschwiegenheit ob, auch nachdem das Dienstverhältnis gelöst ist.

Die Beamten dürfen in Dienstangelegenheiten niemals ohne Erlaubnis der vorgesetzten Behörde als Zeuge oder Sachverständiger gehört werden (ZPO. §§ 376, 408; StPO. §§ 53, 76; RBG. § 12).

14. **Einschränkungen.**

a) Titel, Ehrenzeichen, Geschenke usw. von anderen Regenten oder Regierungen dürfen Reichsbeamte nur mit Genehmigung des Kaisers, und sonstige Geschenke in Beziehung auf ihr Amt nur mit Genehmigung der obersten Reichsbehörde annehmen (§ 15).

b) Mit Ausnahme der Wahlkonsuln dürfen Reichsbeamte ohne Genehmigung weder Nebenämter noch mit Einkünften verbundene Nebenbeschäftigungen übernehmen (§ 16).

c) Zum Eintritt eines Reichsbeamten in den Vorstand, Verwaltungs-Aufsichtsrat einer auf Erwerb gerichteten Gesellschaft ist ebenfalls Genehmigung erforderlich. Die erteilte Genehmigung ist jederzeit widerruflich.

Ist die Stelle mittelbar oder unmittelbar mit einer Remuneration verbunden, darf die Erlaubnis nicht erteilt werden (§ 16).

d) Beamte dürfen sich ohne Urlaub von ihrem Amte nicht entfernen, widrigenfalls sie für die Zeit unerlaubter Entfernung ihres Diensteinkommens verlustig gehen (§ 14).

Nähere Vorschriften über Urlaub der Reichsbeamten erläßt der Kaiser (Verordn. von 1874/1904).

Keines Urlaubes bedarf es zum Eintritt in den Reichstag (Art. 21 RV.).

Anzeige an die vorgesetzte Behörde ist erforderlich bei Schöffen- und Geschworenendienst, bei Erfüllung der Zeugen- und Sachverständigenpflicht, in Krankheitsfällen, bei Einberufung zum Militärdienst.

Stellvertretungskosten trägt die Reichskasse (§ 14 Abs. 2).

15. **Versetzung. Einstweiliger Ruhestand (Ausnahmen).** Die Reichsbeamten können in ein anderes Amt (von gleichem Range usw. und gegen Umzugskosten), wenn es das dienstliche Bedürfnis erfordert, versetzt, auch bei Aufhören ihres Amtes infolge einer Umbildung der Reichsbehörden gegen Wartegeld (drei Viertel des Gehalts) einstweilig in den Ruhestand versetzt werden.

Auf die richterlichen und die denselben gesetzlich gleichgestellten Reichsbeamten finden diese Vorschriften keine Anwendung (§§ 23—25).

16. **Pensionierung.**

a) Pensionsberechtigung tritt vom Ablauf des **zehnten** Dienstjahres (von der ersten eidlichen Verpflichtung für den Reichsdienst bzw. den Dienst eines Bundesstaates an gerechnet) ein (§§ 34, 45).

b) **Höhe der Pension.** Die Pension beträgt bei vollendeter zehnjähriger oder kürzerer Dienstzeit $^{20}/_{60}$ und steigt vom 10. Dienstjahr mit jedem weiteren Dienstjahre um $^{1}/_{60}$ resp. $^{1}/_{120}$ des pensionsfähigen Diensteinkommens, jedoch, abgesehen von den Mitgliedern des Reichsgerichts, höchstens bis zum Betrage von $^{45}/_{60}$ des gedachten Diensteinkommens (§ 41).

17. **Wenn erfolgt Pensionierung?**

a) Pensionierung tritt ein bei vorhandener Dienstunfähigkeit, erforderlichenfalls zwangsweise nach vorausgegangenem Verfahren, wenn der Reichsbeamte die Dienstunfähigkeit bestreitet (§ 34).

b) Ist die Dienstunfähigkeit die Folge einer Krankheit, Verwundung oder sonstigen Beschädigung, welche sich der Beamte im Dienst zugezogen hat, so tritt die Pensionsberechtigung auch bei kürzerer als zehnjähriger Dienstzeit ein.

c) Reichsbeamte, welche das 65. Lebensjahr vollendet haben, haben Anspruch auf Pensionierung, ohne die Dienstunfähigkeit nachweisen zu müssen. Aber auch die vorgesetzte Dienstbehörde kann die Pensionierung eines Reichsbeamten dieses Alters gegen dessen Willen ohne besonderes Verfahren herbeiführen (§ 34a).

Dies gilt jedoch nicht von richterlichen und den denselben gleichgestellten Beamten.

Der Reichskanzler und die Staatssekretäre können jederzeit ihre Entlassung erhalten und fordern. Diese erhalten Pension auch ohne eingetretene Dienstunfähigkeit, wenn sie entweder ihr Amt mindestens 2 Jahre bekleidet oder sich mindestens 10 Jahre im Dienst befunden haben (§ 35).

18. **Gebundensein der Regierung gegenüber den Beamten.** Während also ein Beamter jederzeit das Recht hat, seine Entlassung zu fordern, kann die Regierung regelmäßig das Verhältnis nicht ohne weiteres lösen, vielmehr die lebenslänglich angestellten Beamten nur auf dem Disziplinarwege entfernen oder wegen Gebrechlichkeit pensionieren.

19. **Gesetzliches Ende des Amtes.** Von Rechts wegen hört das Beamtenverhältnis übrigens auf bei Bestrafung mit Zuchthaus, bei der Aberkennung der bürgerlichen Ehrenrechte, und der Aberkennung der Fähigkeit zur Bekleidung öffentlicher Ämter (§§ 31, 33, 35 StGB.).

Mit dieser Beendigung, sowie der disziplinarischen Entfernung und dem freiwilligen Ausscheiden vor 10 Jahren Dienstzeit ist Verlust des Amtstitels und der Pension verbunden.

20. **Wiederanstellung.** Zur Wiederanstellung von Beamten, welche freiwillig oder unfreiwillig aus dem Reichsdienste ausgeschieden sind, bedarf es der Genehmigung der obersten Reichsbehörde (§ 33).

21. **Stellung der Beamtenwitwen und -waisen.**

a) Hinterläßt ein etatsmäßig angestellter Beamter eine Witwe oder eheliche (legitimierte) Abkömmlinge, so gebührt den Hinterbliebenen für das auf den Sterbemonat folgende Vierteljahr (Gnadenvierteljahr) die volle Besoldung des Verstorbenen (§§ 7—9 RBG.).

b) Den Hinterbliebenen werden nach dem Gesetz vom 17. Mai 1907 (RGBl. S. 208) Witwen- und Waisengelder gewährt.

Ersteres beträgt 40% der Pension, welche der Beamte am Todestage erdient haben würde und mindestens **300**, höchstens **5000** Mark § 2 II.

Das Waisengeld beträgt für jedes Kind, falls die Mutter lebt, $^1/_5$ des Witwengeldes, anderenfalls $^1/_3$ (§ 3).

c) Schließlich tritt für die Beamten selbst und die Hinterbliebenen noch die **Unfallfürsorge** ein. Werden in unfallversicherungspflichtigen Betrieben Beamte infolge eines im Dienst erlittenen Betriebsunfalles dauernd dienstunfähig oder getötet, so erhalten sie oder ihre Hinterbliebenen Entschädigungen nach den Vorschriften der Reichsversicherungsordnung (vgl. unten).

22. **Disziplinierung und Strafen.** Ein Beamter, welcher die ihm obliegenden Pflichten verletzt, begeht ein Dienstvergehen und hat neben der Disziplinarbestrafung strafrechtliche und zivilrechtliche Folgen verwirkt (§ 72 RBG.).

A. **Disziplinarstrafen** sind (§§ 74, 75):

1. **Ordnungsstrafen:** a) Warnung, b) Verweis, c) Geldstrafe (bei besoldeten Beamten bis zu dem Betrage des einmonatlichen Diensteinkommens, bei unbesoldeten bis zu **90** Mark).

2. **Entfernung aus dem Amt:**

a) Strafversetzung in ein anderes Amt von gleichem Range, jedoch mit Verminderung des Diensteinkommens von höchstens **ein Fünftel.**

b) Dienstentlassung. Diese hat den Verlust des Titels und Pensionsanspruches von Rechts wegen zur Folge. Bei mildernden Umständen kann ein Teil des Pensionsbetrages fürs Leben oder auf Zeit belassen werden (§ 75).

Die Disziplinarstrafen beruhen auf dem Gewaltverhältnis zwischen dem Staat und seinem Diener. Die Strafen sind also nicht straf-, sondern staatsrechtlicher Natur.

Ordnungsstrafen können von den Dienstvorgesetzten ohne vorausgegangenes förmliches Disziplinarverfahren verhängt werden.

Der Entfernung aus dem Amte muß ein förmliches Disziplinarverfahren vorhergehen. Die Einleitung desselben wird von der obersten Reichsbehörde verfügt.

Entschieden wird, wie oben erwähnt, in erster Instanz von den Disziplinarkammern, in zweiter und letzter Instanz von dem Disziplinarhof.

Die Vorschriften über Disziplinarbestrafung finden auf richterliche Beamte keine Anwendung.

B. **Strafrechtliche Folgen** sind davon abhängig, daß der Beamte mit seiner Pflichtverletzung ein im Strafgesetzbuch festgesetztes Delikt begeht.

Man scheidet **eigentliche** und **uneigentliche** Amtsdelikte.

Die eigentlichen können nur von einem Beamten begangen werden (StGB. §§ 331 ff.), d. h. es sind Handlungen, deren Strafbarkeit davon abhängt, daß ein Beamter sie beging.

Die uneigentlichen Amtsdelikte sind Handlungen, welche allgemein strafbar sind, aber bei Beamten höher bestraft werden.

C. **Zivilrechtliche Folgen von Amtsdelikten.** Die zivilrechtlichen Folgen gipfeln in der Verpflichtung zum Schadenersatz, welcher gemäß § 839 BGB. mittels der Syndikatsklage (syndicus = italischer Verwaltungsrichter im Mittelalter) vor den Landgerichten (§ 70 GVG.) geltend gemacht wird.

D. **Heutige Haftung des Reichs.** Heute haftet auf Grund des Gesetzes vom 22. Mai 1910 [RGBl. S. 798], (vgl. Art. 77 EG.-BGB.) das Reich für seine Beamten an erster Stelle (§ 1).

Bisher bestand nur eine Haftung auf Grund der §§ 31, 89 BGB. für den Schaden, den ein verfassungsmäßig berufener Vertreter durch eine in Ausführung der ihm zustehenden Verrichtungen einem Dritten zugefügt hatte. Es handelte sich also nur um Ausübung der den Beamten in **privat**rechtlichen Verhältnissen zustehenden Vertretungsmacht. Durch das oben zitierte Gesetz ist nunmehr auch eine Haftung des Reichs (wie schon vorher Preußens, G. v. 1. August 1909), für Schäden begründet, welche die Beamten in Ausübung der ihnen anvertrauten **öffentlichen** Gewalt einem Dritten zufügen.

Selbst wenn der Beamte im Zustande der Bewußtlosigkeit oder in Geisteskrankheit den Schaden verursacht hat, haftet das Reich, wie wenn dem Beamten Fahrlässigkeit zur Last fiele, jedoch nur so weit, als die Billigkeit die Schadloshaltung erfordert (§ 1 Abs. 2).

Personen des Soldatenstandes (mit Ausnahme der Bayern) stehen im Sinne des Gesetzes den Reichsbeamten gleich (Abs. 3).

Das Reich kann von dem Beamten innerhalb drei Jahren Schadensersatz verlangen (§ 2).

Erstinstanzlich sind die Landgerichte, letztinstanzlich ist das Reichsgericht zuständig (§ 3).

Das Gesetz findet auf Beamte der Schutzgebiete entsprechende Anwendung (§ 4).

Das Gesetz findet keine Anwendung, wenn es sich um Beamte handelt, die nur auf Gebühren angewiesen sind, und auf Beamte im auswärtigen Dienst, falls ihr Verhalten nach amtlicher Erklärung des Reichskanzlers politischen oder internationalen Rücksichten entsprochen hat (§ 5).

Ausländern steht ein Ersatzanspruch nur im Falle der Reziprozität zu (§ 7).

Während in Preußen, wenn der Staat auf Grund des G. vom 1. August 1909 in Anspruch genommen wird, für ihn der Konflikt erhoben werden kann (§ 2), kann das Reich keinen Konflikt erheben.

E. **Defektenersatz** (§§ 134—148 RBG.).

a) Neben diesen allgemeinen, dem Zivil- und dem öffentlichen Recht angehörenden Sätzen über die Haftung der Beamten resp. des Reichs (Preußens) trifft das Reichsbeamtengesetz noch Spezialbestimmungen über den Ersatz von Defekten, d. h. die Verpflichtung der Beamten zum Ersatz, wenn „der tatsächliche Bestand einer Kasse oder eines Magazins geringer ist, als der rechnungsmäßige Sollbestand" (Laband).

b) Es braucht nicht notwendig der Tatbestand der Unterschlagung vorliegen.

c) Diese Defekte sind durch motivierten und vollstreckbaren Beschluß der Verwaltungsbehörde festzustellen.

d) Den Beamten steht hiergegen der Rechtsweg offen. Reichsgericht letzte Instanz (§§ 154, 152).

§ 29. Reichs-Gesetzgebung.

1. **Gesetze geben** heißt allgemein Rechtssätze materiellen oder formellen Inhalts aufstellen. Den Gegensatz dazu bildet die Verfügung, welche Einzelfälle regelt.

2. **Formen der objektiven Normen.** Die objektiven Rechtsnormen, welche dem allgemeinen Willen gemäß die Ordnung der Lebensverhältnisse innerhalb eines Staates regeln sollen, treten der Hauptsache nach in zwei Formen in die Erscheinung: als Gewohnheitsrecht und als Gesetz.

3. **Gewohnheit.** Während das erstere ein allmählicher Werdegang der Art ist, daß die im Schoße der Volksgenossen auftauchenden Gewohnheiten für Erledigung rechtlicher Angelegenheiten sich allmählich zu einer Rechtsüberzeugung, zu einem Zwange auswachsen, erlangt im Gesetz der allgemeine Wille durch einen einmaligen Staatsakt seine Kraft und Geltung.

4. **Gesetz.** Dernburg definiert: „Gesetz ist der in einer Schrifturkunde formulierte, verfassungsmäßig erklärte Wille der gesetzgebenden Gewalt über Rechtsverhältnisse." (Pand. I § 23.)

5. **Gesetzesinhalt. Gesetzesbefehl. Sanktion.** Ein Gesetz stellt einmal einen Rechtssatz auf, formuliert denselben. Das ist sein Inhalt.

Daneben ordnet es aber auch das Inkrafttreten dieses Rechtssatzes an. Das ist sein Befehl.

Staatsrechtlich nennt man diesen Befehl die Sanktion des Gesetzes, und in dieser Sanktion tritt die staatliche Herrschergewalt vornehmlich zutage, jedenfalls deutlicher als bei der Formulierung der Rechtsnormen.[1]

6. **Gesetzesurkunde.** Bei dieser Formulierung wirkt im modernen konstitutionellen Staat das Volk durch seine Vertretung mit, den Befehl dagegen erteilt allein der Träger der Souveränität.

7. **Ausfertigung.** Das Gesetz erscheint, wie die Definition ergibt, in einer (öffentlichen) Urkunde, um den Inhalt in authentischer Form bekanntzugeben. Erste Voraussetzung für solche Beurkundung ist das Zustandekommen in der verfassungsmäßigen Weise. Dies wird neben dem Inhalt durch die Ausfertigung mitbezeugt.

8. **Verkündigung.** Endlich bedarf das Gesetz der Verkündigung. Diese Amtshandlung hat von den laut Verfassung kompetenten Organen zu geschehen.

Die Unterscheidung von Ausfertigung und Verkündigung ist von Laband aufgestellt, hat aber Gegner gefunden, u. a. Gierke, die in der Ausfertigung (in Frankreich **Promulgation** genannt) einen integrierenden Bestandteil der Verkündigung erblicken.

9. **Schlagworte der Gesetzgebung.** Als Schlagworte für die moderne Gesetzgebung ergeben sich demnach:

1. Festsetzung des Inhalts,
2. Erteilung des Befehls (Sanktion),
3. Ausfertigung,
4. Verkündigung.

10. **Festsetzung der Gesetze im Deutschen Reich. Vorbearbeitung.** Im Deutschen Reich erfolgt die endgültige Festsetzung des Inhalts durch den **Bundesrat** und **Reichstag.** Die Übereinstimmung der Mehrheitsbeschlüsse beider Versammlungen ist zu einem Reichsgesetz erforderlich und ausreichend. (RV. Art. 2.) Selbstverständlich ist, daß, ehe sich diese Körperschaften mit einem Gesetz befassen, es vielfach eine Vorbearbeitung erfahren hat (Reichsjustizamt); aber erstens ist darüber in der Verfassung nichts bestimmt, und staatsrechtlich kommt nur die Behandlung vor jenen beiden Versammlungen in Betracht. Diese stehen sich für dieses Stadium der Gesetzgebung völlig gleichwertig gegenüber. Beide haben das Recht der **Initiative**, die im Bundesrat von jedem Mitglied ausgehen darf, während ein Antrag im Reichstag die Unterschrift von 15 Mitgliedern aufweisen muß.

---

[1] Vgl. über diese Unterscheidung von Gesetzesinhalt und -befehl Laband (klein) § 15 Abs. 2 und die dort zitierten Gegner, Gierke in GrünhutsZ.

11. **Gang der Vorschläge.**

a) **Vom Bundesrat.** Vom Bundesrat ausgehende Vorschläge bringt der Reichsminister (Kanzler) im Auftrag und im Namen des Kaisers (nach v. Seydel im Namen der Verbündeten) an den Reichstag (Art. 16). Der Kaiser muß Bundesratsbeschlüsse dem Reichstag zugehen lassen.

Dieser muß gemäß Geschäftsordnung darüber beschließen — annehmen oder ablehnen —, er darf nicht durch Übergang zur Tagesordnung über eine Vorlage hinweggehen.

b) **Vom Reichstag.** Gehen Vorschläge vom Reichstag aus, so überreicht sie der Präsident dem Reichskanzler, welcher sie dem Bundesrat vorlegt.

Die Vorschläge gehen so lange hin und her, bis Einigung erzielt ist.

12. **Sanktion der Reichsgesetze.** Was nun die Sanktion der Reichsgesetze anlangt, so erfolgt dieselbe durch den Bundesrat.

Man hat bei dieser — bestrittenen — Frage davon auszugehen, daß nur der Inhaber der souveränen Staatsgewalt einen Gesetzesbefehl erteilen kann.

Das ist aber im Deutschen Reich der Bundesrat.

13. **Worin besteht der Sanktionsbeschluß?** Der Sanktionsbeschluß des Bundesrats besteht darin, daß er den von ihm und Reichstag gemeinsam festgelegten Gesetzesinhalt an den Kaiser zwecks Ausfertigung und Verkündung gelangen läßt.

14. **Publikationsformel.** Allerdings lautet die Publikationsformel der Reichsgesetze: „Wir Wilhelm, von Gottes Gnaden deutscher Kaiser, König von Preußen usw., verordnen im Namen des Reichs, nach erfolgter Zustimmung des Bundesrats und Reichstags, was folgt." Hieraus aber den Schluß zu ziehen, daß der deutsche Kaiser den Gesetzbefehl erteilt, wäre falsch. Denn logischerweise muß man dem, der die Macht hat einen Befehl zu erteilen, auch die Macht geben, ihn nicht zu erteilen, oder anders ausgedrückt, man muß ihm ein Veto geben.

15. **Der Kaiser hat kein Veto. Beweis dafür. Art. 5 der Verfassung.** Ein solch allgemeines Veto hat aber der Kaiser durch die Verfassung nicht erhalten. (Nicht unbestritten. Vgl. dazu Meyer-Anschütz, Lehrb. § 163 Note 5, wo auch die Autorität Bismarcks für diese herrschende Auffassung zitiert wird. A. A. v. Martitz, Bornhak. Letzterer will aus der steten Anwendung der Formel ein Gewohnheitsrecht erblicken, wonach dem Kaiser Sanktion und Veto zustände. Vgl. dagegen Meyer Note 17.)

Beweis dafür ist u. a. die Tatsache, daß ihm im Art. 5 ein spezielles Veto beigelegt ist.

Denn bei Gesetzvorschlägen über das Militärwesen und die Kriegsmarine und die im Art. 35 bezeichneten Abgaben gibt, wenn im Bundesrate eine Meinungsverschiedenheit stattfindet, die Stimme des Präsidiums den Ausschlag, wenn sie sich für die Aufrechthaltung der bestehenden Einrichtungen ausspricht.

Hätte also der Kaiser bereits ein allgemeines Veto, so wäre es sinnlos, ihm bei Beschlüssen über Heer, Marine und indirekte Steuern nochmals ein Spezialveto zu geben.

16. **Ausfertigung der Reichsgesetze. Promulgation.** Die Ausfertigung der Reichsgesetze steht gemäß Art. 17 dem Kaiser zu. Das ist keineswegs das Recht der Sanktion der Gesetze, sondern ein Ehrenrecht des Kaisers. Die herrschende Ansicht nimmt eine Verkündungspflicht des Kaisers an. Nach v. Seydel[1] würde der Kaiser durch Nichtverkündung eines Gesetzes einen Verfassungsbruch begehen. Ein Zwang gegen den Kaiser existiert allerdings nie.

Durch diese Ausfertigung (Promulgation) wird der authentische Inhalt des Gesetzes und sein rechtmäßiges Zustandekommen der Öffentlichkeit verbürgt und zugleich der interne sanktionierende Beschluß des Bundesrats als nach außen wirkender formeller Befehl durch den Kaiser vollzogen.[2]

17. **Information des Kaisers vor Ausfertigung.** Der Kaiser wird sich vor Ausfertigung durch Vortrag des Reichskanzlers über das Vorhandensein der notwendigen Voraussetzungen (Mehrheitsbeschlüsse, Beschlußfähigkeit des Reichstags usw.) vergewissern, anderenfalls die Ausfertigung ablehnen.

18. **Die Verantwortlichkeit des Reichskanzlers.** Da der Kaiser unverantwortlich ist, übernimmt der Reichskanzler durch Gegenzeichnung die Verantwortung für das formell richtige Gesetz. „Die

---

[1] v. Seydel, Kommentar, 2. Aufl., 1897, zu Art. 17.

[2] v. Seydel (a. a. O. Art. 17 Abs. II) polemisiert gegen den von Laband aufgestellten Unterschied von Promulgation und Sanktion. In der Sanktion des Bundesrats sei bereits notwendig die Prüfung des gehörigen Zustandekommens der Gesetze enthalten. Wenn Art. 17 RV. von Ausfertigung und Verkündigung spreche, so sei daraus nichts für Labands Auffassung zu entnehmen. Das seien eben zwei Formalakte: Ausfertigung bedeute, daß die Reichsgesetze unter der Unterschrift des Kaisers ergehen, Verkündigung die Bekanntgabe durch das Reichsgesetzblatt. Gegen Laband auch Meyer-Anschütz, Lehrbuch § 158 Note 8: „Die Promulgation ist nichts weiter als die Anordnung der Publikation."

Anordnungen und Verfügungen des Kaisers werden im Namen des Reichs erlassen und bedürfen zu ihrer Gültigkeit der Gegenzeichnung des Reichskanzlers, welcher dadurch die Verantwortlichkeit übernimmt." (Art. 17 Satz 2.) Ausgenommen sind militärische Befehle.

19. **Verkündung der Reichsgesetze.** Die Verkündung der Gesetze steht nach Art. 17 ebenfalls dem Kaiser zu. Das bedeutet, daß der Kaiser dem Kanzler den Befehl erteilt, das Gesetz im Reichsgesetzblatt zu veröffentlichen.

20. **Verbindliche Kraft.** Durch diese allein mögliche und wirksame Publikation erhalten die Reichsgesetze ihre verbindliche Kraft (Art. 2).

21. **Richterliche Nachprüfung.** Eine Nachprüfung der Reichsgesetze durch den Richter wird sich auf die Frage zu beschränken haben, ob sie dem Art. 17 entsprechend richtig verkündet sind. Nach Laband, Zorn ist das richterliche Prüfungsrecht bezüglich des gehörigen Zustandekommens der Gesetze ausgeschlossen, weil letzteres bereits durch die Ausfertigung formell unanfechtbar konstatiert werde. A. A. Meyer-Anschütz u. a., die behaupten, daß auch heute noch die Richter aus dem Grundsatz ihrer Unabhängigkeit heraus und weil sie nur dem Gesetz unterworfen sind, das verfassungsmäßige Zustandekommen der Gesetze und die materielle Gesetzmäßigkeit der Verordnungen zu prüfen haben (Meyer-Anschütz § 173 Note 5 u. 6).

22. **Die Wirkung der Gesetze.**

a) Man hat eine **formelle** und eine **materielle** Gesetzeskraft zu scheiden.

I. **Eintritt der formellen Kraft.** Die formelle Kraft beruht darin, daß das, was in Gesetzesform als Wille des Staates publiziert wurde — es brauchen das durchaus nicht immer nur objektive Rechtssätze sein —, nur auf demselben Wege wieder abgeändert werden kann.

Diese formelle Kraft des Gesetzes tritt bereits mit seiner Verkündung ein.

Erhöhte formelle Kraft von Verfassungsbestimmungen. Es ist denkbar, jeder staatlichen, nicht als Gesetz ergangenen Willenserklärung — Verordnung — die Bedeutung beizulegen, daß sie nur durch Gesetz beseitigt werden kann, und umgekehrt, jedem Gesetz die formelle Kraft zu nehmen, derart, daß es durch Verordnung aufgehoben werden darf.

Eine erhöhte formelle Kraft kommt den Verfassungsbestimmungen zu: Nur durch ihresgleichen können sie geändert oder beseitigt werden.

II. **Eintritt der materiellen Kraft.** Die materielle Kraft eines Gesetzes bestimmt sich nach seinem Inhalt.

Legis virtus est: imperare, vetare, permittere, punire.

Neben wirklichen Rechtsnormen kann, wie oben berührt, das Gesetz auch Verwaltungsvorschriften (Instruktionen) enthalten, es kann auch — wie das Etatsgesetz — rein finanztechnische Aufstellungen enthalten.

III. Der **Anfangstermin** der materiellen Wirkung eines Gesetzes ist von diesem speziell angegeben, sonst richtet er sich nach der diesbezüglichen Verfassungsvorschrift (Art. 2).

a) **Im Reich.** Reichsgesetze treten demnach im Reichsgebiet mit dem 14. Tage nach Ablauf des Tages, an dem das betreffende Reichsgesetzblatt in Berlin ausgegeben ist, in Kraft. (Auf dem Blatt links unten Ausgabevermerk.)

b) **In Konsularbezirken und Schutzgebieten.** Für Konsulargerichtsbezirke und Schutzgebiete bestimmt das RG., betr. die Konsulargerichtsbarkeit, vom 7. April 1900 und das Schutzgebietsgesetz vom 10. September 1900 das Inkrafttreten vier Monate nach der Ausgabe in Berlin. Für die Bezirke in Europa, Ägypten, Küsten des Mittel- und Schwarzen Meeres zwei Monate.

c) **Für sonstige Auslandsgebiete.** Für die in anderen Auslandsgebieten lebenden Deutschen muß mangels einer besonderen Bestimmung an den 14 Tagen festgehalten werden, denn so gut es bezüglich des Inkrafttretens an einem Inlandsorte irrelevant ist, ob das Gesetzblatt dorthin gelangt ist oder überhaupt hingelangen konnte, muß man dies meines Erachtens auch für einen Auslandsort annehmen. So auch Meyer-Anschütz.

Anderer Ansicht ist Laband. Dieser will zu den in Art. 2 vorgeschriebenen 14 Tagen noch den Zeitraum hinzurechnen, der für das Hingelangen des Reichsgesetzblattes nach dem betreffenden Gebiete erforderlich ist (§ 15, kleine Ausg.).

23. **Verordnungen.**

1. **Begriff.** Während die Gesetze solche allgemeine Anordnungen sind, die unter Mitwirkung der Volksvertretung ergehen, sind Verordnungen die allgemeinen Anordnungen, die ohne Mitwirkung der Volksvertretung lediglich von den Regierungsorganen erlassen werden. Die konstitutionellen Verfassungen haben erst den Unterschied von Gesetz und Verordnung gezeitigt.

2. **Arten derselben.** Man hat mit Laband **Verwaltungs-** und **Rechts**verordnungen zu scheiden.

a) **Verwaltungsverordnungen (materielle Verordnungen).** Die Verwaltungsverordnung steht dem Gesetz gegenüber. Sie ordnet nicht Rechtsverhältnisse der Untertanen durch objektive Rechtsnormen, sondern sie enthält Dienstbefehle an Behörden und kann sich sowohl auf die Tätigkeit wie auf die Organisation der Verwaltungsbehörden erstrecken. Jede übergeordnete ist an die unterstellten Behörden für solche Verordnungen zuständig. Einer Verkündigung bedürfen sie nicht.

Man bezeichnet sie als **materielle Verordnungen.**

b) **Rechtsverordnungen.** Für das Verständnis der Rechtsverordnungen ist auf die althistorische Einteilung der Staatsgewalt in Legislative und Exekutive hinzuweisen.

An ersterer ist im modernen, konstitutionellen Staat das Volk neben dem Herrscher mitbeteiligt.

Die Exekutive dagegen steht diesem allein zu.

An dieser strengen Teilung hält man indessen heute nicht mehr fest.

Es gibt eine Anzahl von Gesetzen, die anderes enthalten als Rechtssätze.

Die Regierung beschreitet nicht selten „den Weg der Gesetzgebung", um staatliche Willensakte, die sie einseitig als Verordnung erlassen könnte, als Gesetz ergehen zu lassen.

Nicht selten wird das Motiv dazu der Wunsch sein, bei wichtigen Angelegenheiten nicht allein die Verantwortung tragen zu wollen: Die Regierung vergewissert sich vorher der Zustimmung der Regierten.

c) **Formelle Gesetze.** Solche Gesetze, deren Inhalt nicht Rechtssätze sind, pflegt man neuerdings mit Laband formelle zu nennen.[1]

d) **Formelle Verordnungen.** Andererseits zeigt sich aber nicht selten heutzutage das Bedürfnis, Rechtssätze auf dem schnelleren Wege der Verordnung als dem der Gesetzgebung entstehen zu lassen. — Man denke an die Kaiserliche Verordnung bezüglich der Tiermängel (vgl. § 482 Abs. 2 BGB.).

Solche Verordnungen nennt man formelle. Sie können entweder

α. Rechtsverordnungen mit vorläufiger Gesetzeskraft sein, deren Gültigkeit von der Genehmigung des demnächst zusammentretenden Parlaments abhängt, z. B. Notverordnungen, oder

β. Ausführungsverordnungen, welche innerhalb der regulär aufgestellten Rechtssätze Spezialbestimmungen treffen.

---

[1] Vgl. Meyer-Anschütz, Lehrbuch § 155 Note 3.

24. **Verordnungsberechtigung im Reich.**

1. Auch für das Deutsche Reich ist zwischen Verwaltungs- und Rechtsverordnungen zu unterscheiden.

I. Verwaltungsverordnungen.

a) Das Recht, solche zu erlassen, haben innerhalb der Reichsverwaltung alle höheren Organe:

α. der Bundesrat, soweit seine Verwaltungskompetenz reicht (Zollwesen),

β. der Kaiser für die unter seiner Leitung stehenden Angelegenheiten:

αα. Militärwesen,

ββ. Kriegsmarine,

γγ. Post und Telegraphie;

γ. dem Reichskanzler und sonstigen höheren Reichsbehörden.

δ. Über Publikation solcher Verwaltungsverordnungen schweigt die Verfassung. Sie erfolgt teils im „Zentralblatt für das Deutsche Reich" teils in speziellen Verordnungsblättern (Marine, Post).

II. **Rechtsverordnungen.**

a) Das Recht, solche zu erlassen, gibt die Reichsverfassung niemandem (Art. 5 spricht nur vom Gesetz).

b) Es ist also stets eine besondere Ermächtigung erforderlich.

c) So die herrschende Ansicht und die Praxis des Bundesrats selbst (v. Jagemann).

d) Daß ein Reichsgesetz solche Ermächtigung erteilen kann, unterliegt keinem Zweifel.

e) **Art. 7 RV.** Der Art. 7 Ziff. 2 gibt dem Bundesrat lediglich den Beschluß „über die zur Ausführung der Reichsgesetze erforderlichen allgemeinen Verwaltungsvorschriften und Einrichtungen". Trotz des meines Erachtens klaren Wortlautes sind doch Stimmen laut geworden, die hierunter auch Rechtsverordnungen zählen wollten. Doch wird das neuerdings von Theorie und Praxis (Reichsgericht) allgemein abgelehnt.

f) Weder für den Bundesrat noch für den Kaiser, dem nach Art. 17 die Überwachung der Ausführung der Reichsgesetze zusteht, ergibt sich aus der Verfassung eine Berechtigung, formelle Verordnungen zu erlassen.

g) **Delegation.** Ist solche Berechtigung nun auch durch die Verfassung allgemein nicht gegeben, so hindert nichts, daß ein Spezialgesetz sie verleiht (Delegation).

h) **Verkündungsformeln.** So handhabt es die Reichspraxis und es lautet die Verkündungsformel demgemäß: „Wir . . . verordnen auf Grund des Gesetzes . . . nach erfolgter Zustimmung des Bundesrats, was folgt."

i) **Publikation erforderlich.** Solche Rechtsverordnungen müssen wie Gesetze ausgefertigt und im Reichsgesetzblatt publiziert werden.

k) **Prüfung.** Die Rechtsgültigkeit einer Verordnung ist in jedem einzelnen Falle zu prüfen.

l) **An wen kann Delegation erfolgen?** Die reichsgesetzliche Delegation zum Erlaß von Rechtsverordnungen kann erfolgen an den Bundesrat, den Kaiser, Reichskanzler und die Gliedstaaten.

m) **Bundesrat hat allgemeines Recht, Verwaltungsverordnungen zu erlassen.** Die allgemeinste Berechtigung hat der Bundesrat, d. h. ist keine andere Stelle bezeichnet, spricht eine praesumptio für den Bundesrat; der Kaiser kann allein berechtigt oder an die Zustimmung des Bundesrats gebunden werden. Die Sanktion steht hier dem Kaiser zu. Auch der Kanzler — dem als Gehilfen des Kaisers, um diesen nicht zu belasten, das Verordnungsrecht übertragen werden kann, ist entweder allein berechtigt oder an Zustimmung des Bundesrats gebunden.

n) **Unterschied der einzelstaatlichen autonomen Gesetzgebung von der vom Reich delegierten Verordnungsbefugnis** a) **in materieller,** b) **in formeller Beziehung.** Das Verordnungsrecht der Einzelstaaten kraft Delegation ist zu scheiden von deren autonomen Gesetzgebungsrecht. Dieses entspringt eigener Staatshoheit, das erstere ist Ausfluß der Reichsgewalt. Auch das Gebiet ist verschieden: die autonomen Satzungen regeln Gebiete, die nicht zur Kompetenz des Reichs gehören, die delegierten Ausführungsverordnungen bewegen sich innerhalb des Rahmens der Reichsgesetze. Ebenso ist ein Unterschied bezüglich der Form:

Die autonomen, einzelstaatlichen Gesetze erscheinen in der Form, wie sie das Landesstaatsrecht bestimmt, das delegierende Reichsgesetz kann verfügen, ob die Ausführungsverordnung im Wege der Gesetzgebung vom Landesherrn oder einer Landeszentralbehörde ausgehen soll.

§ 30. Zuständigkeit des Reichs für Gesetzgebung und Verhältnis der Reichsgesetze zu Landesgesetzen.

a) **Art. 4 der Verfassung.** Der Beaufsichtigung seitens des Reichs und der Gesetzgebung desselben unterliegen die nachstehenden Angelegenheiten:

1. die Bestimmungen über Freizügigkeit, Heimats- oder Niederlassungsverhältnisse, Staatsbürgerrecht, Paßwesen und Fremden-

polizei und über den Gewerbebetrieb, einschließlich des Versicherungswesens, desgleichen über die Kolonisation und Auswanderung nach außerdeutschen Ländern;

2. die Zoll- und Handelsgesetzgebung und die für die Zwecke des Reichs zu verwendenden Steuern;
3. die Ordnung des Maß-, Münz- und Gewichtssystems nebst Feststellung der Grundsätze über die Emission von fundiertem und unfundiertem Papiergelde;
4. die allgemeinen Bestimmungen über das Bankwesen;
5. die Erfindungspatente;
6. der Schutz des geistigen Eigentums;
7. die Organisation eines gemeinsamen Schutzes des deutschen Handels im Auslande, der deutschen Schiffahrt und ihrer Flagge zur See und Anordnung gemeinsamer konsularischer Vertretung, welche vom Reiche ausgestattet wird;
8. das Eisenbahnwesen und die Herstellung von Land- und Wasserstraßen im Interesse der Landesverteidigung und des allgemeinen Verkehrs;
9. der Flößerei- und Schiffahrtsbetrieb auf den mehreren Staaten gemeinsamen Wasserstraßen und der Zustand der letzteren, sowie die Fluß- und sonstigen Wasserzölle; desgleichen die Seeschiffahrtszeichen (Leuchtfeuer, Tonnen, Baken und sonstige Tagesmarken) (Gesetz vom 3. März 1873);
10. das Post- und Telegraphenwesen;
11. Bestimmungen über die wechselseitige Vollstreckung von Erkenntnissen in Zivilsachen und Erledigung von Requisitionen überhaupt;
12. sowie über die Beglaubigung von öffentlichen Urkunden;
13. die gemeinsame Gesetzgebung über das gesamte bürgerliche Recht, das Strafrecht und das gerichtliche Verfahren (Gesetz vom 20. Dezember 1873);
14. das Militärwesen des Reichs und die Kriegsmarine;
15. Maßregeln der Medizinal- und der Veterinärpolizei;
16. die Bestimmungen über die Presse und das Vereinswesen.[1]

b) **Kritik des Inhalts.** Der Art. 4 enthält keine erschöpfende Aufzählung der der Reichsgesetzgebung (und Aufsicht) unterstehenden Angelegenheiten. Es werden z. B. durch die Artt. 11, 18, 20, 76, 78 noch andere Zuständigkeiten begründet.

---

[1] Die wichtigeren Gesetze werden unten einzeln behandelt, so daß sich eine Aufzählung hier erübrigt.

c) Andererseits hat die Gesetzgebungsbefugnis des Reichs durch die Novemberverträge zugunsten Bayerns und Württembergs gewisse Einschränkungen erfahren. So bestehen in Beziehung auf Heimats- und Niederlassungsverhältnisse und das Eisenbahnwesen für Bayern, in Beziehung auf Post-, Telegraphen- und Reichskriegswesen für Bayern und Württemberg Ausnahmebestimmungen.

d) **Aufsicht.** Das Wort „Beaufsichtigung" ist absichtlich vor „Gesetzgebung" gestellt. Damit ist zum Ausdruck gebracht, daß das Aufsichtsrecht dem Reiche auch dann zusteht, wenn von dem Gesetzgebungsrecht ein Gebrauch noch nicht gemacht ist. Die Aufsichtsbefugnis besteht also gegenüber der Materie an sich, nicht erst gegenüber dem über sie ergangenen Reichsgesetze.

e) **Reichsgesetzgebung und Landesgesetzgebung** (Art. 2). „Innerhalb des Bundesgebietes übt das Reich das Recht der Gesetzgebung nach Maßgabe des Inhalts dieser Verfassung und mit der Wirkung aus, daß die Reichsgesetze den Landesgesetzen vorgehen."

α. Das Gesetzgebungsrecht des Reiches besteht also zunächst nur so weit, wie es durch die Verfassung selbst festgelegt ist (vgl. a—c).

β. Innerhalb dieses Rahmens hat nun das Reich die Gesetzgebung entweder

αα. als ein ausschließliches, die Tätigkeit der Gliedstaaten völlig beseitigendes Recht (vgl. Artt. 35, 52 Verfassung), oder

ββ. es entsteht eine konkurrierende Befugnis, so daß Reichsrecht und Landesrecht nebeneinander bestehen und entstehen können.

Nur für diese letzteren Gebiete gilt der Grundsatz, daß Reichsgesetze den Landesgesetzen (sowohl Gesetzen wie Verordnungen, wie dem Gewohnheitsrecht) vorgehen. In den ersteren Fällen der ausschließlichen Reichszuständigkeit sind Landesgesetze überhaupt und abgesehen von dem Dasein eines Reichsgesetzes gänzlich unverbindlich.

γ. Das Vorgehen der Reichsgesetze ist so aufzufassen, daß konkurrierende Landesgesetze nur insoweit aufgehoben werden, als sie mit Vorschriften der Reichsgesetze im Widerspruch stehen oder mit ihnen übereinstimmen.

Die im Reichsgesetz dagegen gar nicht geregelten Punkte bleiben im Landesgesetz unberührt, vorausgesetzt, daß das Reichsgesetz nicht von vornherein eine erschöpfende Regelung sein sollte.

δ. Diesbezüglich haben Gerichte und Behörden das Prüfungsrecht. Außerdem hat das Reich das Recht, die Ausführung seiner Gesetze zu überwachen, und bei diesbezüglich sich zeigenden Mängeln steht dem Bundesrat die Abstellung zu (Art. 7 Ziff. 3). Der Kaiser resp. der Reichskanzler werden z. B. den Gliedstaat auf die Unzulässigkeit von Gesetzen hinweisen und zur Zurücknahme veranlassen.

ε. **Keine einzelstaatliche Publikation.** Eine besondere Publikation der sämtliche Reichsuntertanen unmittelbar verpflichtenden Reichsgesetze durch die Gliedstaaten ist weder notwendig noch überhaupt statthaft. Diesbezüglich bestimmt der Art. 2, daß Reichsgesetze durch die Verkündung ihre verbindliche Kraft von Reichs wegen erhalten.

ζ. **Kompetenz der Landesgesetzgebung.** Der Regelung durch Landesgesetze sind also die Materien vorbehalten, für die das Reich nicht kompetent ist.

η. **Ergänzungsgesetze.** Ergänzungsgesetze sind seitens der Einzelstaaten, wie gezeigt, dann denkbar, wenn das Reich eine Materie nicht erschöpfend regeln wollte.

ϑ. **Ausführungsgesetze.** Davon zu scheiden sind aber die landesrechtlichen Ausführungsgesetze.

Diese Landesgesetze bezwecken die Ausführung der Reichsgesetze zu erleichtern resp. zu ermöglichen. Ihre Bedeutung wird sich z. B. da zeigen, wo das Reichsgesetz staatliche Einrichtungen, Behörden, Gefängniswesen usw. als vorhanden annimmt, die interne Regelung aber dem Gliedstaat überläßt.

§ 31. Das Reichskriegswesen.

(RV. Artt. 57—68; Gesetz vom 9. November 1867 (Wehr- oder Kriegsdienstgesetz), abgeändert durch G. vom 11. Februar 1888, vom 26. Mai 1893, vom 3. August 1893, vom 15. März 1899, vom 15. April 1905 (zweijährige Dienstzeit).

Nähere Bestimmungen brachte das Reichsmilitärgesetz vom 2. Mai 1874 mit vielfachen Abänderungen desgl. Ergänzungen, so 1905 (zweijährige Dienstzeit), 14. Juni 1912 (25 Armeekorps).

Zur Ausführung ergingen:

a) die **Wehr**ordnung (1901—1910 mit Änderungen),
b) die **Heer**ordnung,
c) die **Marine**ordnung (1909).

Gesetz vom 20. Juni 1872 (Militärstrafgesetzbuch); Militärstrafgerichtsordnung vom 1. Dezember 1898.

A. **Allgemeines.**

1. **Bestand der bewaffneten Macht.** Die bewaffnete Macht besteht aus der Marine, dem Heere und dem Landsturm (Wehrgesetz § 2).

2. **Wehrpflicht.** Jeder Deutsche ist wehrpflichtig und kann sich in Ausübung dieser Pflicht nicht vertreten lassen. (Art. 57 RV.). Wehrpflicht ist demnach die allgemeine Verpflichtung zur Dienstleistung in der Wehrmacht.

3. **Befreiungen.** Ausgenommen von der Wehrpflicht sind nur die Mitglieder regierender Häuser und die Mitglieder der mediatisierten, vormals reichsständischen und derjenigen Häuser, welchen die Befreiung von der Wehrpflicht durch Verträge zugesichert ist oder auf Grund besonderer Rechtstitel zusteht (Kriegsdienstgesetz § 1).

Ausgenommen sind ferner die vor 1851 geborenen Elsaß-Lothringer, die Helgoländer und ihre vor dem 11. August 1890 geborenen Kinder.

4. **Beginn und Dauer der Wehrpflicht.** Die Wehrpflicht beginnt mit dem vollendeten **17.** Lebensjahre und dauert bis zum vollendeten **45.** Lebensjahre. Sie zerfällt in die Militärpflicht, die Dienstpflicht und die Landsturmpflicht.

5. **Militärpflicht.** Die Militärpflicht ist die Pflicht, sich der Aushebung für das stehende Heer oder die Flotte zu unterwerfen.

Sie beginnt mit dem 1. Januar des Kalenderjahres, in welchem der Wehrpflichtige das 20. Lebensjahr vollendet, und dauert so lange, bis über die Dienstpflicht des Wehrpflichtigen endgültig entschieden ist. Während der Dauer der Militärpflicht heißen die Wehrpflichtigen militärpflichtig. Für die Gestellung kommt nicht die Landesangehörigkeit in Frage, sie findet am Wohnsitz resp. Aufenthaltsort statt. Es existiert militärische Freizügigkeit im Reich (Kriegsdienstgesetz § 17).

a) **Gruppen** der Militärpflichtigen:

α. die als brauchbar in einen Truppenteil Eingestellten. Reihenfolge entscheidet das Los (WehrO. § 43);

β. die völlig Unbrauchbaren (Ausgemusterte) und die Unwürdigen (Zuchthäusler);

γ. die Zurückgestellten (zeitig Unbrauchbare) und später der Ersatzreserve oder dem Landsturm Überwiesenen;

δ. die bedingt Brauchbaren und der Ersatzreserve resp. Landsturm I. Aufgebots Überwiesenen;

ε. endlich gibt es noch Überzählige, Reklamierte, Dispositions- oder Königsurlauber (im dritten Jahre dienende Mannschaften werden zur Disposition gestellt), Kapitulanten.

6. **Dienstpflicht.** Die Dienstpflicht ist die Pflicht zum Dienste im Heere oder in der Marine vom 20.—39. Lebensjahre.

a) Während der Dauer der Wehrpflicht ist jeder Deutsche dienstpflichtig 7 Jahre im stehenden Heere (aktive Dienst- und Reservepflicht), und zwar sind die Mannschaften der Kavallerie und der reitenden

Feldartillerie die ersten 3 Jahre, alle übrigen Mannschaften (Fußtruppen, fahrende Artillerie, Train) die ersten 2 Jahre zum ununterbrochenen Dienst bei den Fahnen verpflichtet (Art. 59 RV.).

b) Sie treten nach Ablauf dieser Zeit zur **Reserve** über.

c) An die Dienstpflicht im stehenden Heere schließt sich die Dienstpflicht in der **Landwehr** an, welche für das erste Aufgebot von fünfjähriger Dauer ist und für das zweite Aufgebot am 31. März desjenigen Kalenderjahres endet, in welchem der Dienstpflichtige das 39. Lebensjahr vollendet. Das zweite Aufgebot hat Erleichterungen.

d) Mannschaften der Kavallerie und der reitenden Feldartillerie, welche im stehenden Heere drei Jahre aktiv gedient haben, dienen in der Landwehr ersten Aufgebots nur drei Jahre.

e) Junge Leute, welche die gehörige Bildung nachweisen und sich selbst bekleiden und verpflegen, brauchen nur ein Jahr bei der Fahne in selbst gewählten Truppenteilen zu dienen. (Auch Volksschullehrer können nach einjähriger Dienstzeit zur Reserve entlassen werden.)

7. **Der Landsturm.**

a) Der Landsturm hat die Pflicht, im Kriegsfall an der Verteidigung des Vaterlandes teilzunehmen; er kann in Fällen außerordentlichen Bedarfs zur Ergänzung des Heeres und der Marine herangezogen werden.

b) Der Landsturm besteht aus allen Wehrpflichtigen vom vollendeten 17. bis zum vollendeten 45. Lebensjahre, welche weder dem Heere, noch der Marine angehören; er wird in **zwei Aufgebote** eingeteilt, und zwar gehören zum ersten Aufgebot die unausgebildeten Landsturmpflichtigen bis zum 31. März desjenigen Kalenderjahres, in welchem sie ihr 39. Lebensjahr vollenden. In das zweite Aufgebot treten die Landwehrleute nach vollendeter Dienstzeit über.

c) Wenn der Landsturm nicht aufgerufen ist, dürfen die Landsturmpflichtigen keinerlei militärischen Kontrolle und Übungen unterworfen werden. Nachdem der Aufruf ergangen ist, sind die Aufgerufenen den Militärstrafgesetzen unterworfen.

8. **Friedenspräsenzstärke des Heeres.** Die Friedenspräsenzstärke des deutschen Heeres wird seit 1874 im Wege der Reichsgesetzgebung festgestellt und soll nach dem neuesten Abänderungsgesetz vom 14. Juni 1912 Art. I bis zum Jahre 1915 an Gemeinen, Gefreiten und Obergefreiten 544211 Mann als Jahresstärke betragen. Unser Heer besteht fortan aus 651 Bataillonen Infanterie, 516 Eskadrons Kavallerie, 633 Batterien Feldartillerie, 33 Bataillonen Pioniere, 18 Bataillonen Verkehrstruppen und 25 Bataillonen Train.

Die Einjährig-Freiwilligen kommen hierbei nicht in Anrechnung (ebensowenig Offiziere, Unteroffiziere, Ärzte, Beamte).

Der Kaiser bestimmt für jedes Jahr die Zahl der in das stehende Heer und die Marine einzustellenden Rekruten.

Alle Bestimmungen über die Dauer der Dienstverpflichtung für das stehende Heer und die Landwehr, die Flotte und die Seewehr gelten nur für den Frieden.

Im Kriege entscheidet darüber allein das Bedürfnis, und werden alsdann alle Abteilungen des Heeres und der Marine, soweit sie einberufen sind, nach Maßgabe des Abganges ergänzt.

Sollte im Frieden ein neues Gesetz über die Friedenspräsenzstärke nicht zustande kommen, so hat die bisherige Ziffer weiter zu gelten.

B. **Die Marine.**

1. **Oberbefehl.** Die Kriegsmarine des Reichs ist eine einheitliche unter dem Oberbefehl des Kaisers (Art. 53 RV.).

2. Die Organisation und Zusammensetzung derselben liegt dem Kaiser ob, welcher die Offiziere und Beamten der Marine ernennt, und für welchen dieselben nebst den Mannschaften eidlich in Pflicht zu nehmen sind.

Der zur Gründung und Erhaltung der Kriegsflotte und der damit zusammenhängenden Anstalten erforderliche Aufwand wird aus der Reichskasse bestritten (Art. 53).

3. Die gesamte seemännische Bevölkerung des Reichs, einschließlich des Maschinenpersonals und der Schiffshandwerker, ist vom Dienst im Landheer befreit, dagegen zum Dienst in der Kaiserlichen Marine verpflichtet (Art. 53). Die Verteilung findet nach Maßgabe der vorhandenen zur Einstellung in den aktiven Dienst tauglichen Militärpflichtigen der seemännischen Bevölkerung statt.

4. Beim Mangel an Ersatzmannschaften der seemännischen Bevölkerung wird der Bedarf durch Hinübergreifen auf geeignete Militärpflichtige der Landbevölkerung unter Zurechnung zu den für das Landheer aufzubringenden Rekruten gedeckt.

5. **Reichskriegshäfen. Flagge.** Der Kieler Hafen und der Jadehafen (Wilhelmshaven) sind Reichskriegshäfen (Art. 53).

Die Flagge der Kriegsmarine ist schwarz-weiß-rot mit dem preußischen Adler und Eisernen Kreuz.

6. **Kriegsflotte.** Die Organisation der Marine, ursprünglich lediglich dem Kaiser unterstellt, ist jetzt gesetzlich geregelt. Nach den verschiedenen Flottengesetzen von 1898, 1900, 1906 gilt jetzt das G., betr. die deutsche Flotte, vom 27. Juni 1912 (RGBl. S. 435).

a) Das Gesetz bestimmt:

I. den Schiffsbestand, und zwar der Schlachtflotte und der Auslandsflotte (zusammen 100 Linienschiffe und Kreuzer, 1 Flottenflaggschiff, § 1). Regulärer Ersatz nach 20 Jahren (§ 2),

II. Indiensthaltung (§ 3),

III. Personalbestand (§ 4),

IV. Kosten (§§ 5, 6).

b) Eine Anlage stellt den Plan für Ersatzbauten bis 1917 fest (17 Linienschiffe, 6 große, 19 kleine Kreuzer).

c) Linienschiffe sind Panzer über 5000 Tonnen Wasserverdrängung (déplacement), Kreuzer sind Schiffe über 800 Tonnen.

7. **Marinekabinett. Admiralstab.**

a) Für Personalangelegenheiten der Marine untersteht dem Kaiser seit 1889 das Marinekabinett.

b) Entsprechend dem Generalstab der Armee funktioniert der Admiralstab der Marine für die taktische Verwendung der Flotte.

8. **Sonstige Kommandoeinrichtungen.**

a) Die Chefs der Marinestationen (für die Ostsee in Kiel, für die Nordsee in Wilhelmshaven).

α. Unter dem Kieler Stationschef stehen die Schiffsartillerie-, Torpedo-, Marineinfanterieinspektionen.

β. Dem Stationschef der Nordsee unterstehen die Inspektionen der Küstenartillerie, des Minenwesens.

γ. Jedem Stationschef untersteht ferner je eine Marineinspektion mit je einer Matrosen- und je einer Werftdivision.

b) Der Inspekteur des Bildungswesens (Kiel).

Unter ihm

α. die Marineakademie für Offiziere,

β. die Marineschule für Seekadetten,

γ. Deckoffizierschule,

δ. Ingenieurschule.

9. **Marineverwaltung.** Diese liegt dem Staatssekretär des Reichsmarineamts unter Verantwortlichkeit des Reichskanzlers ob (vgl. oben bez. d. Ressorts).

10. **Marineersatz.**

a) Das Ersatzwesen ist das gleiche wie beim Landheer. Im Interesse der Seefahrer finden besondere Schiffsmusterungen im Dezember statt.

b) Die Marinereserve, die Seewehr (I. und II. Aufgebot) und die Marineersatzreserve entspricht dem Landheer.

C. **Das Heer.**

I. **Organisation, Oberbefehl usw.**

1. **Organisation und Oberbefehl im Heere. Die Kontingente.** Die gesamte Landmacht des Reichs bildet ein einheitliches Heer, insofern es im Krieg und Frieden unter dem Befehle des Kaisers steht und die Kontingente der Einzelstaaten gleichmäßig organisiert und bewaffnet sind, endlich auch die gesamten Kosten gemeinsam aus Reichsmitteln getragen werden. Trotz dieser Einheitlichkeit des Heeres darf die Existenz der Kontingente aller Gliedstaaten sowie deren Militärhoheit nicht übersehen werden. (Art. 63, 64, 66 RV.)[1] (Über die Kontingente unten.)

2. **Heute ist das Heer ein Reichsheer.** Heute gehorchen die Kontingente nicht mehr wie zur Zeit des Deutschen Bundes ihren Landesherren, sondern sie unterstehen heute als Reichsheer einem einzigen militärischen Befehl: dem des Kaisers. Und die Militärhoheit der Einzelstaaten ist um deswillen keine souveräne, als das Reich die Vorschriften über die innere Einrichtung, Rekrutierung, Dienstzeit, Ausrüstung usw. bestimmt.

3. **Heereseinteilung.** Die Regimenter, Brigaden, Divisionen, Armeekorps führen fortlaufende Nummern durch das ganze deutsche Heer. Die unterste taktische Einheit ist das Bataillon (jetzt 651).

Die gesamte Heeresmacht des Deutschen Reichs besteht nach dem Abänderungsgesetz vom 14. Juni 1912 (RGBl. S. 391) mit Kraft vom 1. Oktober 1912 nunmehr im Frieden aus **25** Armeekorps, von denen 3 von Bayern, 2 von Sachsen und 1 von Württemberg aufgestellt werden, während Preußen gemeinschaftlich mit den übrigen Staaten 19 Armeekorps formiert (§ 3).[2]

4. **Gebietseinteilung.** Das Gebiet des Deutschen Reichs wird in militärischer Hinsicht in 24 Armeekorpsbezirke eingeteilt (§ 4) —

---

[1] Zu dem bekannten Streit, ob das deutsche Heer den Charakter eines einheitlichen Heeres oder den eines Kontingentsheeres habe, vgl. insbesondere Arndt, Staatsrecht des Deutschen Reiches, 1901, § 45 S. 450 ff. und Meyer-Anschütz, Lehrbuch § 196 Note 1.

[2] Gewissermaßen als Anfang zu dem Verstärkungsgesetz erging unter dem gleichen Tage (14. Juni 1912) ein Gesetz über die Deckung der Kosten der Verstärkung von Heer und Marine. Nach dessen einzigem Artikel soll die im Art. V des G. betr. Änderungen im Finanzwesen vom 15. Juli 1909 vorgesehene Ermäßigung der Zuckersteuer 6 Monate nach der Einführung eines allgemeinen Besitzsteuergesetzes, spätestens am 1. Oktober 1918 eintreten. Der Entwurf des Besitzsteuergesetzes ist dem Reichstag bis zum 30. April 1913 vorzulegen.

das Gardekorps hat keins. Es wird ersetzt aus Preußen, Thüringen und Elsaß-Lothringen. — Unbeschadet der staatlichen Hoheitsrechte der einzelnen Bundesstaaten sind die kommandierenden Generale die Militärbefehlshaber in den Armeekorpsbezirken.

Das 12. und 19. Korps ist Sachsen, das 13. Württemberg, 14. Baden, 15. Elsaß, 16. Lothringen; Bayern hat 3 besondere.

5. **Kriegsformation. Mobilmachung.**

a) Die Kriegsformation des Heeres bestimmt der Kaiser.

b) Der Kaiser ordnet im Kriegsfall die Mobilmachung für das ganze Reich an. (In Bayern erfolgt die Mobilmachung durch den König auf Veranlassung des Kaisers.)

c) Die Feldarmee wird durch Heranziehung der Reserven und Landwehr mehr als doppelt so stark wie die Friedensarmee.

d) Es werden im Hinblick auf den Abgang von den Truppenteilen Ersatztruppen gebildet (ergänzt durch die Ersatzreserve). Die Kavallerieregimenter lassen zu dem Zweck eine Schwadron in den Standorten zurück, die übrigen Truppen bilden Ersatzbataillone, -kompagnien, -batterien.

e) Die Landwehr wird als Besatzungstruppe verwendet.

f) Für den Postverkehr wird eine besondere Feldpost gebildet.

g) Schließlich sorgt noch die Feldgendarmerie im polizeilichen Sinne für Sicherheit und Ordnung.

6. **Militärgesetzgebung.** Die gesamte preußische Militärgesetzgebung, mit Ausnahme der Militärkirchenordnung, ist für das ganze deutsche Heer maßgebend.

7. **Kosten und Lasten des deutschen Kriegswesens.** Die Kosten und Lasten des gesamten deutschen Kriegswesens sind von allen Bundesstaaten gleichmäßig zu tragen (Art. 58).

8. **Bayern und der Heeresetat.** Nach Ziff. III § 5 des Bayrischen Vertrags vom 23. November 1870 ist der Art. 58 der RV. auch für Bayern gültig. Derselbe erhält jedoch für Bayern folgenden Zusatz: „Der in diesem Artikel bezeichneten Verpflichtung wird von Bayern in der Art entsprochen, daß es die Kosten und Lasten seines Kriegswesens, den Unterhalt seiner festen Plätze ausschließlich und allein trägt." Diese Wortfassung ist irreführend.

Es ist durchaus nicht gemeint, daß Bayern die Kosten seines Kriegswesens ausschließlich und allein trägt; es trägt sie mit den anderen Staaten gemeinsam; es sollte nur gesagt werden, daß es, der Selbständigkeit seiner Heeresverwaltung entsprechend, mit seinem Anteile für den Heeresaufwand auf eigene Rechnung wirtschaftet.

Der Geldbetrag für Bayern wird im Reichsbudget in einer Summe ausgeworfen, und seine Verausgabung bleibt ihm überlassen unter der Voraussetzung, daß er bezüglich der Ausrüstung, Ausbildung, Vollzähligkeit usw. genau so wirtschaftet, wie im Reich gewirtschaftet wird.

Aber der Betrag wird mit der Überweisung bayrisches Geld, etwaige Ersparnisse bleiben im bayrischen Staatssäckel. (Ausnahme von Art. 67 RV.)

Behufs Erhaltung der unentbehrlichen Einheit in der Administration, Verpflegung, Bewaffnung und Ausrüstung aller Truppenteile des deutschen Heeres sind die bezüglichen künftig ergehenden Anordnungen für die preußische Armee den Kommandeuren der übrigen Kontingente durch den Ausschuß des Bundesrats für das Landheer und die Festungen zur Nachachtung mitzuteilen.

9. **Befugnisse des Kaisers.** Die dem Kaiser verfassungsmäßig zustehenden Befugnisse sind:

a) Derselbe bestimmt als Ausfluß seines Oberbefehls den Präsenzstand, die Gliederung und Einteilung der Kontingente des Reichsheeres, sowie die Organisation der Landwehr, und hat das Recht, innerhalb des Bundesgebiets die Garnisonen zu bestimmen, sowie die kriegsbereite Aufstellung eines jeden Teiles des Reichsheeres anzuordnen (Art. 63 Abs. 4).

b) Alle deutschen Truppen sind verpflichtet, den Befehlen des Kaisers unbedingte Folge zu leisten, und übernehmen diese Verpflichtung im Fahneneid (Art. 64 Abs. 1).

c) Er kann sich jederzeit durch Inspektionen von der Verfassung der einzelnen Kontingente überzeugen und die Abstellung der dabei vorgefundenen Mängel anordnen (Art. 63 Abs. 3).

d) Er ernennt den Höchstkommandierenden eines Kontingents, sowie alle Offiziere, welche Truppen mehr als eines Kontingents befehligen, und alle Festungskommandanten (über Bayern s. unten).

Die von ihm ernannten Offiziere leisten ihm den Fahneneid.

Die Ernennung von Generalen und von Generalstellungen versehenden Offizieren ist von seiner Zustimmung abhängig (Art. 64 Abs. 2).

Übrigens ist das Recht der Offiziersernennung anerkanntermaßen nicht Ausfluß der Militärverwaltung, sondern der Kommandogewalt; demnach ist keine Gegenzeichnung erforderlich. (AllerhErl. vom 18. Januar 1861).

e) Er hat das Recht, behufs Versetzung mit oder ohne Beförderung für die von ihm im Reichsdienst zu besetzenden Stellen, seien es solche im preußischen Heere oder in anderen Kontingenten, aus den Offizieren aller Kontingente des Reichsheeres zu wählen (Art. 64 Abs. 3).

f) Ihm steht das Recht der Anlage von Festungen innerhalb des Bundesgebietes zu (Art. 65).

g) Er kann, wenn die öffentliche Sicherheit in dem Bundesgebiete bedroht ist, einen jeden Teil desselben oder das ganze in Kriegszustand erklären. Über die Voraussetzungen, die Verkündung und die Wirkung dieser Militärdiktatur sind bis zum Erlaß eines besonderen Reichsgesetzes die Vorschriften des Preußischen Gesetzes vom 4. Juni 1851 subsidiär maßgebend (Art. 68).

Das Wesen des Kriegszustandes besteht in der Unterstellung der gesamten Verwaltung unter die Militärgewalt. Das Institut stammt aus Frankreich (1791).

Gestattet ist in diesem Zustand die Suspension gewisser die persönlichen Rechte der Untertanen betreffender Bestimmungen, z. B. über Verhaftungen, Haussuchungen, Vereins-, Versammlungsrecht, Briefgeheimnis, Presse usw. Gewisse Verbrechen werden schwerer bestraft (EG.StGB. § 4). Die Kriegsgesetze treten in Kraft (MStGB. § 9).

Auch die Aufhebung erfolgt durch Kaiserliche Verordnung.

Ob den Landesherren die Befugnis, den Belagerungszustand zu verhängen, noch zusteht, ist bestritten. Von der Mehrzahl bejaht.

Für Elsaß-Lothringen sind durch das Reichsgesetz vom 30. Mai 1892 entsprechende Bestimmungen getroffen.

h) Er ernennt die Mitglieder der Ausschüsse des Bundesrats für das Landheer und die Festungen und für das Seewesen (mit Ausnahme des bayrischen, württembergischen und sächsischen Mitglieds im ersteren Ausschuß). (Art. 8 RV. und Militärkonvention.)

i) Ihm werden die (gesetzlich normierten) Mittel zur Bestreitung des Aufwandes für das gesamte deutsche Heer und die zu demselben gehörenden Einrichtungen zur Verfügung gestellt (Art. 62).

10. **Die Rechte der Kontingentsherren.**

Die den einzelnen Bundesfürsten und Senaten auf militärischem Gebiete zustehenden Befugnisse faßt man unter den Begriff *Kontingentsherrlichkeit* zusammen. Die verfassungsmäßigen Befugnisse der *Kontingentsherren* (Bundesfürsten, Senate) sind kein einheitliches Rechtsinstitut, setzen sich vielmehr aus folgenden Einzelbefugnissen zusammen (Art. 64):

a) Ihnen bleibt überlassen, die äußeren Abzeichen (Kokarden usw.) zu bestimmen (Art. 63 Abs. 2).

Am Zentenarfest (22. März 1897) hat der Kaiser unter Zustimmung Bayerns, Sachsens und Württembergs angeordnet, daß das Heer neben der Landeskokarde in der **deutschen Kokarde** das Wahrzeichen des geeinten Vaterlandes trage. Am Helm rechts die deutsche, links die Landeskokarde. An der Mütze die letztere auf dem Besatzstreifen, die deutsche darüber auf dem Grundtuch.

b) Wo nicht besondere Konventionen ein anderes bestimmen, ernennen die Kontingentsherren die Offiziere ihres Kontingents, soweit diese Ernennung nicht dem Kaiser zusteht bzw. wie bei Generalen mit seiner Zustimmung (Art. 64).

c) Sie genießen als Chefs aller ihren Gebieten angehörenden Truppenteile die damit verbundenen Ehren, haben insbesondere das Recht der Inspizierung zu jeder Zeit, erhalten regelmäßige Rapporte und Meldungen über vorkommende Veränderungen usw. (Art. 66).

d) Sie können alle in ihren Landesgebieten dislozierten Truppenteile zu polizeilichen Zwecken requirieren (Art. 66 Abs. 2).

---

11. In Bayern und Württemberg kommen die vorstehenden Verfassungsvorschriften nur nach Maßgabe der Bündnisverträge vom 23. bzw. 25. November 1870 zur Anwendung.

Die wesentlichsten Bestimmungen dieser Verträge sind

I. **Für Bayern:**

a) Das bayrische Heer bildet einen in sich geschlossenen Bestandteil des deutschen Heeres mit selbständiger Verwaltung unter der Militärhoheit des Königs von Bayern; erst im Kriege — und zwar mit Beginn der Mobilisierung — steht es unter dem Befehle des Kaisers. (Vertr. vom 23. Nov. 1870: III § 5 und Schlußbestimmung z. Abschn. XI der RV.)

Im Kriege sind die bayrischen Truppen verpflichtet, den Befehlen des Kaisers unbedingt Folge zu leisten, diese Verpflichtung wird in den Fahneneid aufgenommen.

b) Der König von Bayern hat im Frieden alle Befugnisse, welche sonst im Reich unter Kaiser und Kontingentsherren geteilt sind. Er hat den Oberbefehl, das Ernennungsrecht sämtlicher Offiziere, die Militärverwaltung (Kriegsministerium in München), das Verordnungsrecht.

c) Die Anordnung der Mobilmachung geht vom König von Bayern aus, derselbe ist aber verpflichtet, diesen Befehl „auf Veranlassung des Bundesfeldherrn" zu erteilen.

d) In bezug auf Organisation, Formation, Ausbildung und Gebühren, dann hinsichtlich der Mobilmachung, wird Bayern volle

Übereinstimmung mit den für das deutsche Heer bestehenden Normen herstellen. Bezüglich der Bewaffnung, Ausrüstung und der Gradabzeichen ist die Herstellung dieser Übereinstimmung vorbehalten (auch bereits erfolgt).

e) Der Kaiser hat die Pflicht und das Recht, sich durch Inspektionen von der Übereinstimmung in Organisation, Formation und Ausbildung, sowie von der Vollzähligkeit und Kriegstüchtigkeit des bayrischen Kontingents Überzeugung zu verschaffen.

Er muß sich aber über die Ausführung und das Ergebnis mit dem König von Bayern ins Vernehmen setzen. Der Kaiser hat also kein selbständiges Abänderungsrecht bei vorgefundenen Mängeln.

f) Die Anlage von neuen Befestigungen auf bayrischem Gebiete setzt ebenfalls besondere Vereinbarung voraus.

g) Die Feststellung von Vereinbarungen, unter welchen dem Kaiser das Recht zustehen wird, das bayrische Gebiet oder einen Teil desselben wegen Bedrohung der öffentlichen Sicherheit in Kriegszustand zu erklären, ist der Reichsgesetzgebung vorbehalten.

II. **Württemberg:**

a) Die württembergischen Truppen bilden einen Teil des deutschen Reichsheeres mit den entsprechenden fortlaufenden Nummern (13. Armeekorps usw.), jedoch ein in sich geschlossenes Armeekorps, welches in Friedenszeiten nur in Württemberg disloziert bleibt.

b) Versetzungen württembergischer Offiziere in andere Kontingente und umgekehrt sind der besonderen Vereinbarung vorbehalten; ferner ernennt usw. der König von Württemberg alle Offiziere und Beamte des württembergischen Armeekorps, den Höchstkommandierenden jedoch nur nach vorgängiger Zustimmung des Kaisers.

c) Das Armeekorps gelobt im Fahneneid dem Kaiser auch für Friedenszeiten Gehorsam.

d) Für Organisation usw. des württembergischen Armeekorps sind die bezüglichen preußischen Gesetze usw. maßgebend mit Ausnahme der Militärkirchenordnung.

12. **Die übrigen Bundesstaaten.** Zwischen Preußen und den übrigen Bundesstaaten bestehen Militärkonventionen, durch welche die Kontingentsherren von den ihnen zustehenden, aus der Militärhoheit sich ergebenden Rechten (wie Recht zur Ernennung der Offiziere, Militärjustizhoheit usw.) einen größeren oder geringeren Teil gegen anderweite Zugeständnisse (Verzicht auf Ausübung des Dislokationsrechts in Friedenszeiten usw.) auf den König von Preußen übertragen haben.

13. **Sachsen.** Die Militärhoheit des Königs von Sachsen ist jedoch im wesentlichen nicht weiter beschränkt, als durch die Verfassung vorgeschrieben ist. In der Konvention von 1867 ist dem König von Sachsen bei Ernennung der Höchstkommandierenden ein Vorschlagsrecht eingeräumt. Sachsen ist darin auch ein ständiger Sitz im Ausschuß für Landheer und Festungen zugesichert.

14. **Vier Hauptabteilungen des Reichsheeres.** Aus dem Gesagten ergeben sich folgende vier Hauptteile der deutschen Armee:

a) Preußen mit seinen Verbänden,
b) das bayrische Heer,
c) das württembergische,
d) das sächsische Kontingent.

Allerdings haben die badischen, hessischen und mecklenburgischen Truppen noch eine Gliederung als besondere Kontingente behalten.

15. **Konventionen. Hessen, Mecklenburg, Baden, Oldenburg usw.**

a) In den Konventionen mit den Großherzogtümern Hessen und beiden Mecklenburg 1871/72 ist bestimmt, daß die Truppenteile, Behörden und Offiziere das Prädikat „Großherzoglich" führen, daß die Offiziere außer den preußischen auch großherzogliche Patente erhalten, sowie daß sie die Uniformabzeichen in den Landesfarben tragen.

b) Laut Konvention mit Baden (1870) führen die Truppenteile das Prädikat „Großherzoglich Badisch", die Offiziere dagegen das Prädikat „Königlich Preußisch", die Schärpe und das Portepee in den Reichsfarben. Uniformen sind preußisch.

c) In Oldenburg, den thüringischen Staaten und Anhalt tragen die Truppen am Helm das Landeswappen und die Landeskokarde, die Offiziere daneben die preußische. Schärpen der Offiziere in den Landesfarben.

d) Das Ernennungsrecht sämtlicher Offiziere steht dem König von Preußen zu. Diesem wird von ihnen der Fahneneid geleistet. Durch Handgelöbnis oder Revers verpflichten sie sich, das Wohl des Landesherrn zu fördern.

e) Die Mannschaften dagegen leisten den Fahneneid ihrem Landesherrn. In demselben wird die Gehorsamspflicht gegen den Kaiser eingeschaltet.

f) Während für Oldenburg, Braunschweig, Anhalt und einige thüringische Staaten laut Konvention von 1873 besondere Regimenter bestehen, ist dies für die kleineren Staaten (Schwarzburg, Lippe, Waldeck) und die Hansestädte nicht der Fall. Sie erhalten preußische Regimenter, die allerdings z. B. die Hansenamen führen.

16. **Das Ersatzwesen (Aushebung).**

a) Den (25) Armeekorpsbezirken des Reichs entsprechen Brigade-, Landwehr-, Aushebungs-, Musterungsbezirke.

b) Jeder Truppenteil bekommt seinen Ersatz aus einem bestimmten Bezirk.

c) An der Spitze der Landwehrbezirke stehen die **Bezirkskommandos** als Kontrolle über die Beurlaubten und zur Mitwirkung beim Ersatzgeschäft.

d) **Ersatzbehörden** sind dreiinstanzlich:

α. Ersatzkommission (für den Landkreis: 1 Offizier — Bezirkskommandeur — und 1 bürgerliches Mitglied — Landrat),

β. Oberersatzkommission (für Brigadebezirk, 1 Offizier (General), 1 höherer Verwaltungsbeamter).

γ. Kommandierender General mit dem Oberpräsidenten.

e) Das Ersatzgeschäft erfolgt auf der Grundlage der Geburtsregister und Listen und Stammrollen der Gemeinden. Es zerfällt in Musterung (vor der Ersatzkommission) und Aushebung (vor der Oberersatzkommission).

D. **Besondere Rechtsverhältnisse der Militärpersonen und der Zivilbeamten der Militärverwaltung.**

1. **Die Gerichtsbarkeit über Militärpersonen.** Die besondere Gerichtsbarkeit über Militärpersonen beschränkt sich auf Strafsachen und ist durch Reichsgesetz geregelt (Militärstrafgerichtsordnung vom 1. Dezember 1898).

Unter Militärpersonen sind zu verstehen die Personen des Soldatenstandes und die Militärbeamten, nicht auch die Zivilbeamten der Militärverwaltung.

2. **Heiratskonsens.** Die Militärpersonen des Friedensstandes, sowie die vorläufig in die Heimat beurlaubten Rekruten und Freiwilligen bedürfen zu ihrer Verheiratung der Genehmigung ihrer Vorgesetzten; dieselben und die Zivilbeamten der Militärverwaltung können die Übernahme von Vormundschaften ablehnen, und sind zu deren Übernahme nur mit Genehmigung ihrer Vorgesetzten berechtigt.

3. **Erlaubnis zum Gewerbebetrieb.** Zum Betriebe eines Gewerbes bedürfen die Militärpersonen des Friedensstandes für sich und für die in Dienstgebäuden bei ihnen wohnenden Mitglieder ihres Hausstandes der Erlaubnis ihrer Vorgesetzten, insofern nicht das Gewerbe mit der Bewirtschaftung eines ihnen gehörigen ländlichen Grundstücks verbunden ist.

4. **Befreiung von Staatssteuern.** Das Militäreinkommen der Personen des Unteroffizier- und Gemeinenstandes, sowie für den Fall

einer Mobilmachung das Militäreinkommen aller Angehörigen des aktiven Heeres ist von **Staatssteuern** befreit.

Von der Kommunalsteuer ist das dienstliche Einkommen der aktiven Militärpersonen befreit; für Einnahmen aus Grundbesitz und Gewerbebetrieb ist dieselbe zu entrichten.

Das sonstige außerdienstliche Einkommen der im Offiziersrange stehenden Militärpersonen unterliegt der Besteuerung nach Bestimmung der Landesgesetzgebung.

5. **Ämterannahme. Vereinsteilnahme.** Zur Annahme von Ämtern in der Verwaltung und Vertretung der kirchlichen und politischen Gemeinden und weiteren Kommunalverbände bedürfen aktive Militärpersonen der Genehmigung ihrer Dienstvorgesetzten.

Es ist ihnen auch die Teilnahme an politischen Vereinen und Versammlungen untersagt.

6. **Militärtestamente.** In Kriegszeiten und während eines Belagerungszustandes tritt Erleichterung in den zur Errichtung letztwilliger Verfügungen vorgeschriebenen Formalitäten für die Angehörigen des aktiven Heeres und für die ausnahmsweise den Kriegsgesetzen unterworfenen Personen ein. (Vgl. § 44 RMG. vom 2. Mai 1874; vgl. Art. 44 EG.BGB.: Ausdehnung auf Kriegsschiffe).

7. **Pensionsverhältnisse.** Diese sind durchweg in neueren Gesetzen geregelt.

I. Für Offiziere und Sanitätsoffiziere ist maßgebend das **Offizierpensionsgesetz** vom 31. Mai 1906. (RGBl. S. 565.) „Gesetz über Pensionierung der Offiziere einschließlich Sanitätsoffiziere des Reichsheeres, der Kaiserlichen Marine und der Schutztruppen."

Aufbau des Gesetzes.

Das Gesetz zerfällt in drei Teile:

α. Teil I: §§ 1—44 enthält Vorschriften über das **Reichsheer.**

β. Teil II: Über die **Kaiserliche Marine** (§§ 45—61). Die Vorschriften aus Teil I finden mit (einigen Sonderbestimmungen) entsprechende Anwendung.

γ. Teil III: Kaiserliche **Schutztruppen** in den afrikanischen Schutzgebieten (§§ 62—75). Auch hier gilt das gleiche wie zu β (§ 62).

a) Der Anspruch auf Pension entsteht bei Dienstunfähigkeit nach **10**jähriger Dienstzeit. Früher nur bei Dienstbeschädigung (§§ 1, 5).

b) Die Dienstunfähigkeit muß durch motivierte Erklärung der Vorgesetzten und ärztliches Zeugnis nachgewiesen werden (§ 4). Befreit sind von diesem Nachweis die Offiziere über **65** Jahre (§ 4 IV).

c) Betrag. Die Pension beträgt bei vollendeter 10jähriger oder kürzerer Dienstzeit $^{20}/_{60}$ und steigt vom 10. Dienstjahr jährlich um

$^1/_{80}$ bis auf $^{45}/_{80}$ des letzten Diensteinkommens. Vom Regimentskommandeur aufwärts steigt sie allerdings vom 30. Dienstjahre an nur um $^1/_{20}$ (§ 6).

d) **Neben der regulären Pension** sieht das Gesetz vor:
α. Bedürftigkeitsbeihilfen (§ 7),
β. Verstümmlungszulage (§ 11),
γ. Kriegszulage (§ 12),
δ. Alterszulage vom 65. Lebensjahr an (§ 13).
ε. Über die neue Luftdienstzulage s. unter „Anhang".

e) Ein **Erlöschen** der Pension tritt ein:
α. Bei Wiederanstellung,
β. bei Verurteilung zur Zuchthausstrafe wegen Hoch-, Landesverrats usw (§ 22).

f) Ein **Ruhen** der Pension tritt ein:
α. Solange der Pensionär nicht Reichsangehöriger ist,
β. bei Einleitung eines Straf- oder Zivilverfahrens wegen Hochverrat usw. (§ 23),
γ. ferner bei Versorgung in einem Invalideninstitut, bei vorübergehender Heranziehung zum aktiven Militärdienst, ev. auch bei Anstellung im Zivildienst und in der Gendarmerie (§ 24).

g) Verfahren. Die Feststellung und Anweisung der Pensionsgebührnisse erfolgt durch die oberste Militärverwaltungsbehörde des Kontingents (§ 19).

h) Rechtsweg ist wegen aller Ansprüche aus dem Gesetz zulässig. Fiskalischer Vertreter ist die oberste Militärverwaltung. Diese muß vor Erhebung der Klage eine Entscheidung getroffen haben (§ 39). Alsdann 6 Monate Frist.

i) Steuer- und pfändungsfrei sind die Verstümmlungs-, Kriegs- und Alterszulagen. Pfandfrei auch die Gebührnisse aus dem Gnadenvierteljahr (§ 37).

k) Hinterbliebenenansprüche. Den Witwen und ehelichen Abkömmlingen eines pensionierten Offiziers werden für die auf den Sterbemonat folgenden 3 Monate (Gnadenvierteljahr) die Pensionsgebührnisse des Verstorbenen weitergezahlt (§ 27; vgl. unter III).

l) Auch Offiziere des **Beurlaubtenstandes** (Sanitätsoffiziere u. dgl.) haben, falls sie als solche aktiven Militärdienst geleistet haben, Anspruch auf Pension, wenn sie infolge einer Dienstbeschädigung (§ 5) zu jedem Militärdienst unfähig werden (§ 28).

m) **Beamte** des Reichsheeres können neben der ihnen auf Grund des Reichsbeamtengesetzes zustehenden Pension Verstümmlungs-, Kriegs- und Alterszulage erhalten (§ 32).

n) Schadenersatz. Die aus dem Gesetz pensionsberechtigten Personen haben aus Dienstbeschädigungen nur die auf diesem Gesetz beruhenden Ansprüche (§ 38).

Aufgehoben ist ausdrücklich das Unfallfürsorgegesetz von 1901 für Personen des Soldatenstandes, soweit es Offiziere usw. betrifft (§ 77 Ziff. 2).

II. **Unteroffizierversorgung.** Vom gleichen Tage (31. Mai 1906) erging das Gesetz über die Versorgung der Personen der **Unterklassen** des Reichsheeres, der Kaiserlichen Marine und der Kaiserlichen Schutztruppen (RGBl. S. 593).

a) Auch hier (wie in I) drei Teile (Reichsheer, Marine, Schutztruppen) und Schlußbestimmung.

b) **Rentenanspruch.** Die Unteroffiziere und Gemeinen haben bei der Entlassung aus dem aktiven Dienst Anspruch auf eine Rente (Militärrente), wenn und solange ihre Erwerbsfähigkeit infolge einer Dienstbeschädigung (§ 3) aufgehoben oder um 10% gemindert ist (§ 1).

Kapitulanten (d. h. solche Unteroffiziere und Gemeine, die sich über die gesetzliche Dienstzeit hinaus zum aktiven Dienst verpflichtet haben — § 1 Abs. 4), haben Rentenanspruch

α. nach 8jähriger Dienstzeit bei verminderter Erwerbsfähigkeit ohne Nachweis einer Dienstbeschädigung, solange die Erwerbsfähigkeit vermindert ist,

β. nach 18jähriger Dienstzeit lebenslänglich und ohne Nachweis verminderter Erwerbsfähigkeit (§ 1 Abs. 2 u. 3).

c) Dienstzeit wird vom Eintritts- bis zum Entlassungstage gerechnet. Kriegsjahre zählen doppelt (§§ 5, 6).

Ob Kriegsteilnahme vorliegt, bestimmt der Kaiser.

Die Zeit einer Kriegsgefangenschaft wird nicht mitgezählt (§ 8).

d) **Betrag der Rente** (§ 9). Vollrenten betragen bei voller Erwerbsunfähigkeit vom Gemeinen, Unteroffizier, Sergeant bis Feldwebel aufwärts 540, 600, 720, 900 Mark.

Teilrenten werden nach dem Maße der Einbuße der Erwerbsunfähigkeit berechnet.

e) Verstümmlungs-, Kriegs- und Alterszulagen werden auch hier gewährt (§§ 13, 14, 26).

f) **Zivilversorgung.** Kapitulanten erhalten nach 12jähriger — oder bei körperlichen Gebrechen geringerer Dienstzeit — den Anspruch auf den Zivilversorgungsschein, wenn sie zum Beamten würdig und brauchbar erscheinen (§§ 15, 16).

Kapitulanten mit 12jähriger Dienstzeit können an Stelle des Scheins die Zivilversorgungsentschädigung von 12 Mark monatlich wählen (§ 20) oder es kann ihnen eine einmalige Geldabfindung von 1500 Mark bewilligt werden (§ 21).

Einen Anstellungsschein für den Unterbeamtendienst können Unteroffiziere und Gemeine, die nicht Kapitulanten sind, neben der Rente erhalten (§ 17).

g) Das Verfahren betreffend Festsetzung (§§ 27 ff.), Zahlung der Versorgungsgebührnisse (§ 32), die Normen über Erlöschen und Ruhen des Bezugsrechts (§§ 33 ff.), die Ansprüche der Hinterbliebenen (§ 39), Ausschluß von der Pfändung und Besteuerung (§ 40), der Rechtsweg (§ 42 ff.), sind in gleicher Weise wie im Offizierspensionsgesetz geregelt.

h) Auch auf Schadenersatz wegen Dienstbeschädigung ist nur nach Maßgabe dieses Gesetzes ein Anspruch gegen die Militärverwaltung gegeben.

Hervorgehoben sei der § 554 Ziff. 2 RVO., wonach Militärpersonen der Unterklassen mit Hinweis auf das Mannschaftsversorgungsgesetz versicherungsfrei sind.

III. Endlich ist die Versorgung der **Witwen und Waisen** neu geregelt durch das **Militärhinterbliebenengesetz** vom 17. Mai 1907 (RGBl. S. 214). (Ebenfalls drei Teile: Heer, Marine, Schutztruppen und Schlußvorschrift.)

a) Zunächst handelt das Gesetz (in A und B) von den Hinterbliebenen der aktiven Offiziere und des Beurlaubtenstandes, sodann (in C) von denen der Unterklassen.

α. Das Witwengeld der ersteren beträgt (wie im Beamtenhinterbliebenengesetz vom gleichen Tage) **40%** der Pension, zu welcher der Verstorbene am Todestage berechtigt gewesen war (§ 2).

β. Das Waisengeld beträgt jährlich, wenn die Mutter noch lebt, für jedes Kind $^1/_5$, andernfalls $^1/_3$ des Witwengeldes (§ 3).

γ. Eine Kürzung des Witwengeldes hat statt, wenn sie mehr als 15 Jahre jünger war wie der Verstorbene (§ 6).

δ. Keinen Anspruch auf Witwengeld hat die Witwe, wenn die Eheschließung mit dem Verstorbenen innerhalb dreier Monate vor seinem Ableben zu dem Zweck erfolgt ist, um der Witwe den Bezug von Witwengeld zu verschaffen.

Ebenso ist kein Anspruch auf Witwen- und Waisengeld, wenn der Verstorbene die Ehe erst nach Pensionierung oder Zurdispositionsstellung eingegangen ist. (γ. und δ. fast wörtlich im Beamtenhinterbliebenengesetz.) (§§ 6 ff.)

b) Die Witwen der Unterklassen erhalten ein jährliches Witwengeld von 300 Mark mit Erhöhung von 6% pro Jahr bei 15- bis 40jähriger Dienstzeit des Verstorbenen (§§ 12, 13).

Das Waisengeld ist wie oben geregelt (§ 14).

c) Kriegsversorgung (§§ 19 ff.). Die Witwen und Waisen der im Kriege Gebliebenen erhalten besondere nach dem Range und Diensteinkommen abgestufte Kriegswitwen- und Kriegswaisengelder.

d) Sonstige Vorschriften über das Gnadenvierteljahr, das Erlöschen und Ruhen der Versorgung, Zulassung des Rechtsweges usw., entspricht den Vorschriften des Reichsbeamtengesetzes (vgl. §§ 28 ff.). So erlöschen Witwenbezüge mit Verheiratung und Tod, Waisenbezüge mit dem 18. Lebensjahre (§ 30).

8. **Militärlasten.** Einen Gegensatz zur Militärpflicht — gewissermaßen einer Blutssteuer — bilden Militärlasten, d. h. öffentlichrechtliche, jedes im Inland befindliche Vermögen treffende Verpflichtungen, die allerdings meistens entschädigt werden.

Diese Lasten, die nur subsidiär gefordert werden, d. h. dann, wenn mit den gewöhnlichen Mitteln nicht auszukommen ist, teilt man in **Friedens-** und in **Kriegsleistungen.**

Für erstere enthalten Bestimmungen das Gesetz über die Quartierleistungen vom 25. Juni 1868, ergänzt 21. Juni 1887 und das Gesetz übre die sog. Naturalleistungen vom 13. Februar 1875, ergänzt 24. Mai 1898.

Es zählen hierher die Verpflichtungen, **Quartier** für Truppen und Stallung für Pferde zu geben, Fourage zu liefern, Vorspann zu leisten, Truppentransport der Eisenbahnen, Duldung von Truppenübungen auf dem Gelände.

Die **Kriegsleistungen** sind geregelt durch das Gesetz vom 13. Juni 1873. Sie entstehen mit der Mobilmachung, bestehen ähnlich wie die Friedensleistungen in Quartierleistung. Außerdem werden Lieferungsverbände gebildet zur Lieferung des Verpflegungsbedarfs. Eisenbahnen, Schiffsbesitzer, Fahrzeug- und Pferdebesitzer müssen sich zur Gestellung bereit halten

9. **Beschränkungen des Grundeigentums (Rayongesetz).** Als Militärlast ist auch die Beschränkung des Grundeigentums in der Nähe der Festungen zu betrachten. (Reichsrayongesetz vom 21. Dezember 1871, für die Gebiete der Reichskriegshäfen vom 19. Juni 1883).

In einem um die Festungswerke gezogenen Gürtel mit 2250 m Abstand von der Festungsenceinte sind die Grundstücke in 3 Rayons verschieden abgestuften Beschränkungen unterworfen, dahingehend, keine massiven Gebäude zu errichten, keine Terrainveränderungen vorzunehmen oder auch bauliche Anlagen usw. zu beseitigen.

Die ersten Entscheidungen trifft der Festungskommandant. Gegen seine Anordnungen gibt es innerhalb 4 Wochen die Berufung an die vom Kaiser eingesetzte Reichsrayonkommission (§§ 13 ff.). Diese ressortiert vom Reichsschatzamt. Für Grundstückswertminderungen wird Entschädigung in Gestalt einer Rente gewährt. Die Feststellung erfolgt im Verwaltungsverfahren unbeschadet des Rechtswegs (§§ 34 ff.).

Anhang.

Auch der neuesten militärischen Betätigung, dem Fliegerwesen, und den damit verbundenen Gefahren ist Rechnung getragen durch das

Fürsorgegesetz für militärische Luftfahrer vom 29. Juni 1912 (RGBl. S. 415).

a) Die Angehörigen des Reichsheeres, der Kaiserlichen Marine und der Kaiserlichen Schutztruppen, die in Ausübung des Luftfahrdienstes infolge der besonderen, diesem Dienste eigentümlichen Gefahren eine Dienstbeschädigung erleiden und dadurch pensions- oder rentenberechtigt geworden sind, haben neben dem Anspruch auf Pension oder Rente Anspruch auf **Luftdienstzulage** (§ 1).

Die Vorschriften über die Kriegszulage sollen Anwendung finden. Neben Kriegszulage, Tropenzulage, Pensions- oder Rentenerhöhung wird die Luftdienstzulage nicht gewährt (§ 1 Abs. 2 u. 3).

b) Die Hinterbliebenen obiger Personen sowie solcher, die durch den militärischen Luftfahrdienst getötet sind, werden versorgt wie die Hinterbliebenen der Kriegsdienstbeschädigten oder im Kriege Gefallenen (G. vom 17. Mai 1907 § 19); § 2.

§ 32. Die Reichsfinanzen.

Einleitung.

A. Begriff der Finanzwirtschaft.[1]

1. Die politischen Gemeinwesen — von der Gemeinde herauf bis zum Staat — haben die Aufgabe, für die gemeinschaftlichen und öffentlichen Bedürfnisse ihrer Angehörigen zu sorgen, und zwar jedes nach seinen bestimmten Zielen und seiner rechtlichen Ordnung.

---

[1] v. Eheberg, Finanzwissenschaft, 9. Aufl., 1908, Einleitung; derselbe, Artikel „Reichsfinanzen" im Handwörterbuch der Staatsrechtswissenschaften (Conrad, Elsber usw.), 3. Aufl., Bd. 7 S. 65 ff.; Georg Meyer, Deutsches Verwaltungsrecht, 3. Aufl., 1910, § 213, S. 612 ff.

Dazu gehören wirtschaftliche Mittel.

Für jeden öffentlichen Verband ergibt sich also die Notwendigkeit einer geordneten Wirtschaftsführung in bezug auf Erwerb, Verwaltung und Verwendung der für seine Existenz erforderlichen Mittel. Das ist Finanzwirtschaft. So stellt sich die Staats- (Kommunal-) Wirtschaft den Einzelwirtschaften gegenüber.

2. Der besondere Charakter der Finanzwirtschaft. Die Finanzwirtschaft ist Einnahme- und Ausgabewirtschaft. Damit steht sie den Privatwirtschaften gleich. Sie unterscheidet sich von diesen insbesondere durch ihre Zwecke, die in der Förderung des gesamten nationalen Lebens, der Kultur des Friedens usw. gipfeln. Die Mittel dazu nimmt der Staat teilweise aus Zwangserwerb (Steuern).

Der Staat macht Ausgaben nicht nur für die Gegenwart, sondern für die Zukunft, eventuell unter Anspannung des Kredits.

Der einzelne wird seine Ausgaben nach seinen Einnahmen richten, in der Staatswirtschaft haben sich die Einnahmen nach den Ausgaben zu richten.

3. Die Verwaltungstätigkeit auf dem Gebiete der Finanzwirtschaft scheidet sich ihrer Rechtsnatur nach in zwei Gruppen:

a) in eine privatrechtliche,

b) in eine staatsrechtliche.[1]

Die erstere beruht auf staatlicher Tätigkeit, welche sich in den gewöhnlichen Formen des Vermögensverkehrs bewegt und auch von Privatpersonen vorgenommen werden könnte, letztere auf der Ausübung von Staatshoheitsrechten.

Die erstere findet sich auf dem Gebiete staatlicher Vermögensverwaltung, gewerblicher Unternehmungen und überall da, wo Vertragsverhältnisse zwischen Staat und Privatpersonen existieren. Die letzteren insbesondere in der Steuerverwaltung.

In bezug auf die privatrechtliche Finanzverwaltung ist der Staat (Fiskus) den Normen des Privatrechts und der Jurisdiktion der gewöhnlichen Gerichte unterworfen.

B. Die Finanzwirtschaft des Reichs.[2]

1. Allgemeines. Im Bundesstaat — dessen wesentlicher Gegensatz zum Staatenbunde darin besteht, daß er eine höchste Gewalt mit unmittelbarer Verfügung und Verpflichtung über gemeinsame Machtmittel und Staatsangehörige besitzt — ist eine doppelte Gestaltung

---

[1] G. Meyer § 213; Meyer-Anschütz § 201.

[2] Laband, Annalen des Deutschen Reichs, 1873, S. 408 ff.; Staatsrecht Bd. 2 S. 847 ff., 931; v. Seydel, Kommentar: Vorwort Bd. 12 S. 383 ff.; v. Eheberg, Finanzwissenschaft, Anhang S. 479 ff.

des Finanzwesens möglich, indem entweder die Gesamtheit als etwas Einheitliches oder die Vielheit das maßgebende Prinzip bildet.

2. Laband bezeichnet diesen Gegensatz als Staatswirtschaft und Sozietätswirtschaft.

3. Bei der ersteren gibt es nur einheitliche und ungeteilte Einnahmen und Ausgaben, diesbezüglich keine Sonderstellung einzelner Gliedstaaten, bei der Gesellschaftswirtschaft gibt es konsequent nur Einnahmen und Ausgaben der einzelnen.

4. Der entscheidende Punkt ist nach Laband, ob der Einzelstaat in der einheitlichen Finanzwirtschaft verschwindet oder ob die Einnahme- und Ausgabedifferenz auf ihn quotenmäßig verteilt wird.

5. Die Sozietätswirtschaft des Reichs wird charakteristisch dargetan durch die Matrikularbeiträge der Gliedstaaten zu den Reichsausgaben einerseits[1] und die Überweisung von Reichseinnahmen an dieselben andrerseits. Das ist ein deutlicher Hinweis auf eine gesellschaftliche Natur der Finanzwirtschaft. Dazu kommt noch, daß an gewissen Einnahmen und Ausgaben des Reichs nicht alle Bundesstaaten oder nicht alle gleichmäßig teilnehmen.

6. Dieses Finanzwesen unseres Reichs ist der stärkste Stützpunkt derjenigen, die, wie v. Seydel,[2] demselben die Bundesstaatsqualität absprechen, vielmehr in ihm nur einen Staatenbund sehen.

a) Laband erkennt unumwunden an, daß die Gestaltung des Reichsfinanzwesens sich in den Rahmen einer Bundesstaatstheorie nicht einfügt. „Unter den Unebenheiten, welche die Reichsverfassung aufweist, ist die hervorragendste und bemerkenswerteste die, daß während auf allen anderen Gebieten das bundesstaatliche Prinzip obwaltet, die Finanzwirtschaft von dem föderalistischen Prinzip beherrscht wird[1] (Bd. II S. 847). v. Seydel[3] dagegen steht auf dem Standpunkt, daß sich hier die Staatenbundsnatur gerade mit unverkennbarer Deutlichkeit zeige.

7. **Der Reichsfiskus.** In seinen Vermögens-, d. h. privatrecht-

---

[1] Recht passend vergleicht Grotewold (Finanzsystem des Deutschen Reichs, Leipzig 1906, S. 54) die Matrikularbeiträge mit den Nachschußzahlungen von Versicherten einer auf Gegenseitigkeit beruhenden Gesellschaft, wenn die ordentlichen Prämieneinnahmen nicht zur Deckung des Geldbedarfs ausgereicht haben.

[2] v. Seydel, Kommentar zur Verfassungsurkunde, 2. Aufl., 1897, Einleitung.

[3] v. Seydel, Kommentar zu Art. 70; II (S. 392); vgl. auch dessen Einleitung.

lichen Verhältnissen, ist das Deutsche Reich juristische Person. „Der Reichsfiskus ist das Reich als Vermögenssubjekt" (Laband).[1] [2]

8. **Einheitlichkeit des Reichsfiskus.** Es gibt nur **einen** Reichsfiskus; zwischen einzelnen Ressorts (stationes fisci, wie Militär-, Marine-, Postfiskus) können Abrechnungen stattfinden, niemals aber besondere Rechtsverhältnisse bestehen.

9. **Verschiedenheit des Reichs- und des Landesfiskus.** Ganz verschieden vom Reichsfiskus ist jeder Landesfiskus und der von Elsaß-Lothringen. An dieser Verschiedenheit kann auch die Tatsache nichts ändern, daß mehrfach Reichsfinanzgeschäfte durch Landesverwaltungen selbständig erledigt werden (Zölle).

Schwierigkeiten staatsrechtlicher Art ergaben sich bez. der Qualifizierung des Militärfiskus als Reichsfiskus. Heute sieht man denselben — abgesehen von Bayern — allgemein als Reichsfiskus an. (So ständige Rechtsprechung des Reichsgerichts.)

10. **Vertreter des Reichsfiskus.** Der Reichsfiskus wird in dubio durch den Reichskanzler oder seinen Stellvertreter vertreten, falls nicht gesetzlich besondere Behörden bestimmt sind.

11. **Gerichtsstand des Reichsfiskus.** Allgemeiner Gerichtsstand ist gemäß § 18 ZPO. der Sitz der Behörde, die ihn im Prozeß zu vertreten hat.

12. **Vorrechte des Fiskus.** Der Reichsfiskus genießt in jedem Gliedstaat die Privilegien des Landesfiskus. (Vgl. § 1 des G. vom 25. Mai 1873 über die Verhältnisse der zum dienstlichen Gebrauche einer Reichsverwaltung bestimmten Gegenstände.) Dieselben sind privatrechtlicher und prozessualer Natur, Befreiung von Gebühren, Staatssteuern; endlich genießt er Konkursprivilegien. (KO. § 48 Abs. 1, § 61 Abs. 2.)

Maßgebend für privatrechtliche Privilegien ist heute lediglich das BGB. Siehe indessen Art. 91 EG. (Fiskus hat gesetzliches Pfandrecht an Grundstücken seiner Schuldner.)

13. **Aktives Reichsvermögen und Reichsschulden.**

I. Das Vermögen des Reichs ist entweder

Finanz- oder **Verwaltungsvermögen.**

a) Das erstere ist als „werbendes" Vermögen (z. B. Eisenbahnen) bestimmt, mit seinen Erträgnissen die Reichsbedürfnisse zu decken, das letztere dient unmittelbar (z. B. als Inventar) durch seinen Gebrauch den Regierungszwecken des Reichs.

---

[1] Laband § 44 (kl. Ausg.).

[2] Zur Zeit des Norddeutschen Bundes stellte Fr. v. Martitz, Betrachtungen usw. (S. 35), das Dasein eines Bundesfiskus noch in Abrede.

b) Das **Finanzvermögen** des Reichs besteht:

aus den Reichseisenbahnen in Elsaß-Lothringen,

den 120 Millionen Kriegsschatz im Juliusturm zu Spandau,

dem Reichsinvalidenfonds (ursprünglich 561 Millionen Mark aus der Kriegsentschädigung, wie der Kriegsschatz, jetzt allerdings fast aufgebraucht),

der Reichsdruckerei (unter einer Direktion vom Reichspostamt ressortierend),

dem deutschen Reichs- und preußischen Staatsanzeiger,

einem Verwaltungsbetriebsfond für die Reichsanstalten (zirka 80 Millionen Mark).

c) Das **Verwaltungsvermögen** besteht aus Inventarstücken — beweglichen und unbeweglichen — des Reichs, die dasselbe für seine Verwaltungsmaschinerie braucht, und die es teils neu erstanden, teils von den Einzelstaaten übernommen hat. Durch das Gesetz vom 25. Mai 1873 ist dem Reich an den letzteren das Eigentum, den Gliedstaaten aber ein Rückfallsrecht an Grundstücken zugesprochen worden (§§ 1, 5, 6) — Tempelhofer Feld.

Das Reich hat z. B. durch dieses Gesetz das Eigentum an dem gesamten Post- und Telegrapheninventar der Bundesstaaten — mit Ausnahme von Bayern und Württemberg — erworben.

II. Wie beim Vermögen, so unterscheidet man auch bei den Reichsschulden:

Finanz- und Verwaltungsschulden.

a) Der Unterschied liegt in der Entstehungsweise und in den Zwecken der Kontrahierung.

b) Während **Verwaltungsschulden** in der regelmäßigen Verwaltungstätigkeit zum Zweck der Erfüllung staatlicher Aufgaben ohne weiteres kontrahiert werden, bedarf es für die **Finanzschulden** einer besonderen gesetzlichen Ermächtigung.

Finanzschulden sind solche, welche die allgemeine Finanzverwaltung für kürzere oder längere Zeit aufnimmt, um dem Staat Ausgaben zu ermöglichen, für welche Einnahmequellen gar nicht oder nicht zurzeit vorhanden sind. Eine derartige Finanzschuld wird kontrahiert entweder als verzinsliche oder als unverzinsliche (Reichskassenscheine). Die verzinsliche Schuld ist entweder eine schwebende (Reichsschatzscheine)[1] oder eine fundierte (Reichsanleihe). Die Schulden des Reichs

---

[1] Reichsschatz- und Reichskassenscheine sind nicht zu verwechseln mit Reichsbanknoten. Diese haben mit dem Reich und seinen Schulden nichts zu tun, sind vielmehr Inhaberschuldverschreibungen (§ 793 BGB.) eines juristisch als privat zu bezeichnenden Instituts.

sind leider zum geringsten Teil für unmittelbar rentable Zwecke angelegt (wie die der Gliedstaaten, z. B. Preußische Eisenbahnen usw.), sondern zumeist für Heeres- und Marinezwecke.

Art. 73 RV.: „In Fällen außerordentlichen Bedürfnisses kann im Wege der Reichsgesetzgebung die Aufnahme einer Anleihe zu Lasten des Reichs erfolgen."

Bundesrat und Reichstag ermächtigen also den Kaiser, dieser erteilt dem Reichskanzler Vollmacht mittels Erlasses.

c) **Wie kommt Aufnahme einer Anleihe zustande? Buchschulden.** Die Aufnahme von **Anleihen** erfolgt durch Ausgabe von Inhaberpapieren. Hierbei wendet sich der Staat entweder direkt an die Kapitalisten, indem er die Obligationen durch Agenten — gegen Provision — verkaufen läßt resp. die Anleihe im Wege der öffentlichen Subskription begibt oder indirekt durch Vermittlung der Bankhäuser und Konsortien, sog. Negoziation.

Derartige Schuldverschreibungen des Reichs können gemäß Gesetz vom 31. Mai 1891 (ergänzt zwecks Erleichterung des Geschäftsverkehrs durch Gesetz vom 6. Mai 1910; RGBl. S. 665, 840) in **Buchschulden** des Reichs, auf den Namen des bestimmten Gläubigers lautend, umgewandelt werden.

d) **Verhältnis des Reichs zu seinen Gläubigern.** Das Schuldverhältnis des Reichs zu seinen Gläubigern ist bei diesen Finanzschulden ein rein privatrechtliches. Die Tilgung erfolgt durch Ankauf der Schuldverschreibungen. Der Inhaber kann nicht kündigen, wohl aber das Reich. (RSchO. §§ 1—8.)

Bei den Verwaltungsschulden, die zum Teil, wie z. B. Pensionen, unmittelbar auf Gesetz beruhen, zeigen sich auch öffentlichrechtliche Momente.

e) **Garantieübernahme seitens des Reichs.** Der Art. 73 erwähnt auch noch die Übernahme von Garantien seitens des Reichs als Finanzschulden, die einer gesetzlichen Ermächtigung bedürfen.

So hat das Reich 1886 mit Österreich, England, Rußland, Frankreich eine solidarische Bürgschaft für 9 Millionen Pfund Ägyptischer Anleihe übernommen. Ferner eine Zinsgarantie für die ostafrikanische Eisenbahn von Daressalam nach Mrogroro (1904), desgleichen 1906 für die Kameruner Eisenbahn.

f) **Arten der Reichsschulden.**[1] Nach dem Gesagten erscheinen die Reichsschulden in **vier** Kategorien:

[1] Vgl. Artikel „Reichsfinanzen" im H.-W.-B. Bd. 7 S. 65 ff.

1. Als **Schuldverschreibungen** aus den Reichsanleihen nach Maßgabe der einzelnen Anleihegesetze. Sie sind Rentenschulden, denn das Reich ist nur zur jährlichen Zinszahlung, nicht zur Rückzahlung verpflichtet. Die näheren Ausgabebestimmungen, Zinssatz usw. trifft das Anleihegesetz oder der Reichskanzler.

2. Als die vorübergehend, insbesondere nach Maßgabe der einzelnen Etatsgesetze zur Ausgabe gelangenden **Schatzanweisungen** (RSchO. 1900/1904).

Sie lauten auch auf den Inhaber, sind teils kurzfristige unverzinsliche, teils langfristige verzinsliche. Sie dienen vornehmlich zur vorübergehenden Verstärkung der Betriebsmittel der Reichskasse. (Abteilung der Reichsbank.) Ihre Umlaufszeit darf nicht sechs Monat über das Etatsjahr dauern (30. September). Die Schatzanweisungen werden zumeist von der Reichsbank aufgekauft. Zu ihrer Ausgabe wird der Reichskanzler durch das Etatsgesetz ermächtigt. Ausstellung erfolgt durch die Reichsschuldenverwaltung, Ausgabe durch die Reichskasse.

3. Als **Reichskassenscheine** (G. vom 30. April 1874). Gesamtbetrag 120 Millionen. Sie sind unverzinsliche, auf den Inhaber lautende Schuldverschreibungen ohne Zwangskurs für den Privatverkehr. Annahmepflicht der Reichs- und Staatskassen. Ausfertigung durch die Reichsschuldenverwaltung. Stückelung: 5, 10 *M*.

4. **Sonstige Schuldverpflichtungen.** Die oben genannten finanziellen Garantien, Kautionsbeträge, nicht erhobene Kupons usw.

g) **Reichsschuldenordnung.** Die Rechtsvorschriften über die Reichsanleihen sind geregelt durch die Reichsschuldenordnung vom 19. März 1900. Die Beschaffung der Mittel erfolgt danach durch Anleihen oder Schatzanweisungen mit Umlaufszeit von sechs Monaten.

h) **Verwaltung der Reichsschulden.** Die Verwaltung der Reichsschulden ist der preußischen Hauptverwaltung der Staatsschulden als Reichsschuldenverwaltung übertragen.

Die obere Leitung dieser im übrigen unabhängigen Behörde (RSchO. §§ 9, 10) hat der Reichskanzler (Reichsschatzamt).

i) **Aufsicht über die Verwaltung.** Die Aufsicht über die Reichsschuldenverwaltung liegt der **Reichsschuldenkommission** ob. Diese ist zusammengesetzt aus je sechs Mitgliedern des Bundesrats und Reichstags, dem Präsidenten des Rechnungshofs (RSchO. §§ 9—15).

14. **Ausgaben und Einnahmen des Reichs.**

Sowohl Reichsausgaben wie Reichseinnahmen sind entweder **ordentliche** oder **außerordentliche**.

a) **Ordentliche und außerordentliche Ausgaben.** Die ordentlichen sind die periodisch wiederkehrenden, die außerordentlichen Ausgaben durch besondere Bedürfnisse hervorgerufen.

α. Zu den ersteren zählen

Die Ausgaben für die Aufrechterhaltung der gesamten Reichsverwaltung, inklusive Bundesrat und Reichstag. (Der Kaiser bekommt vom Reiche keine Zivilliste, es wird ihm ein Gnadenfonds zur Verfügung gestellt.)

Die Verzinsung, Amortisation der Reichsschuld.

β. Die Beteiligung an diesen Ausgaben ist im Reich durchaus nicht einheitlich:

So haben Bayern, Württemberg, Baden, Elsaß-Lothringen keinen Anteil an den Kosten für die Biersteuerkontrolle.

Bayern und Württemberg haben keinen Anteil an den Kosten für Post- und Telegraphenwesen.

Bayern nicht an denen für das Reichseisenbahnamt und das Bundesamt für Heimatwesen.

Für das Gesandtschaftswesen zahlt Preußen eine Aversionalsumme an das Reich; Bayern erhält dafür, daß seine Gesandten ev. die Reichsgesandten vertreten, eine Vergütung, desgleichen Sachsen, weil es eine eigene Gesandtschaft in Wien hat.

b) **Privat- und öffentlichrechtliche Einnahmen.** Die Einnahmen kann man scheiden in privat- und öffentlichrechtliche (staatsrechtliche).

Die ersteren gewinnt das Reich aus seinem werbenden Finanzvermögen (Eisenbahnen, Reichsdruckereieinnahmen, Münzprägung), die letzteren aus Gebühren und Steuern.

I. **Gebühren.** Gebühren sind die Sätze, die das Reich von den Privaten für die Benutzung seiner Organe (z. B. Post, Gerichte) erhebt. Sie haben teils staats- teils privatrechtlichen Charakter (Justiz — Post).

II. **Steuern.** Steuern sind Zwangsbeiträge, welche das Reich (wie jeder Staat) auf Grund seiner Finanzhoheit zur Bestreitung seiner staatlichen Bedürfnisse nach einem gesetzlich festgelegten Maßstab erhebt. Im Gegensatz zur Gebühr wird hierbei eine spezielle Gegenleistung nicht gewährt.

Exkurs über Steuern.[1] **(Terminologie.)**

a) Begründung der Steuerpflicht. Das Reich (Staat und öffentliche Gemeinwesen) sind die von Natur gegebenen und notwendigen Formen des Zusammenlebens der Menschen.

---

[1] Aus v. Eheberg, Finanzwissenschaft, 9. Aufl., 1908, § 86 S. 153 ff. und Artikel „Steuer" im Handbuch Bd. 7 S. 945 ff.

Zur Ausgestaltung und zur Durchführung der Ausgaben dieser Gemeinwirtschaften sind dauernde materielle Beiträge der Einzelwirtschaften unentbehrlich.

Jedes politische Gemeinwesen verfügt über eine Zwangsgewalt zur Durchführung seiner Zwecke. Steuern sind ein Zwangserwerb derselben.

b) Die Möglichkeit einer dauernden und nutzbringenden Steuererhebung setzt voraus, daß die nationale Wertschaffung Überschüsse über den nationalen Wertverbrauch erzielt.

c) Bedeutungsvoll ist die **Reproduktivität** der Steuer: die von den Steuererträgen errichteten und erhaltenen Anstalten müssen rückwärts die nationale Gesamtarbeit befruchten und „reproduktiv" das ganze Erwerbs- und Wirtschaftsleben fördern.

d) **Steuerquelle** sind die Güterfonds, aus denen nach dem Willen des Gesetzgebers die Steuern entrichtet werden (das Einkommen).

e) **Steuerobjekt** ist der Gegenstand, die Handlung, der Vorgang, welcher zum Anlaß der Besteuerung gemacht wird.

f) Identität von Steuerquelle und Steuerobjekt ist wohl die Regel, aber nichts Notwendiges. Identität liegt vor bei der allgemeinen Einkommensteuer. Hier ist das Gesamteinkommen der Fonds, aus dem die Steuer entrichtet wird, wie das Objekt. Nicht selten fällt Quelle und Objekt auseinander, z. B. bei der Zucker-, Spielkartensteuer. Hier sind Zucker und Spielkarten Steuerobjekte; „Steuerquelle ist das Einkommen derer, welche Zucker verbrauchen und Spielkarten benutzen".

g) **Steuereinheit** ist das bestimmte Maß oder Gewicht, Zahl usw. des Objekts (100 kg Tabak; bei der Einkommensteuer eine zahlenmäßige Größe des Einkommens).

h) **Steuersatz** ist der Betrag, welcher als Steuer von der Einheit erhoben wird.

i) **Steuerfuß** ist identisch mit Steuersatz. Man spricht von ihm da, wo die Steuereinheit ein Geldbetrag ist, von dem ein Bruch erhoben wird.

k) **Steuerzahler** ist derjenige, welcher die Steuer an die Behörde entrichtet.

l) **Steuerträger** ist derjenige, welcher die Steuer endgültig aus seiner Tasche bestreitet.

m) **Steuersubjekt** ist derjenige, welcher gesetzlich zur Entrichtung der Steuer verpflichtet ist.

n) **Steuerdestinatar** ist derjenige, der nach Absicht des Gesetzgebers die Steuer tragen soll.

o) Unter Umständen sind Zahler, Träger, Subjekt identisch. Verschieden ist Träger und Zahler bei der indirekten Besteuerung, wo Produzent oder Händler zur Zahlung verpflichtet sind, die ihrerseits die Steuer auf die Konsumenten — die Steuerdestinatare — durch Preisaufschläge überwälzen.

p) **Steuertarife** sind die Verzeichnisse der Steuer- (Zoll-) Einheiten und Steuersätze für eine bestimmte Stückzahl einer Kategorie.

q) **Steuerkataster** sind amtliche Verzeichnisse von allen Tatsachen, welche zur Feststellung von Steuersubjekten und Objekten führen.

r) **Steuerlisten (Steuerrollen)** sind die amtlichen Verzeichnisse der Steuersubjekte unter Angabe ihrer Steuerverpflichtung.

III. Man unterscheidet **direkte** und **indirekte** Steuern.

a) Die **direkten** Steuern treffen unmittelbar das Vermögen oder das Einkommen des Steuerpflichtigen (Grund-, Gebäudesteuer, Gewerbesteuer, Einkommensteuer, Vermögenssteuer). Sie gehen von der Einnahme aus.

b) Die Merkmale, nach denen die **indirekten** Steuern sich bestimmen, sind der **Verkehr** und der **Verbrauch**. Sie gehen von der Ausgabe aus.

IV. **Erhebungsformen.** Für den **Verkehr** hat sich als Erhebungsform der **Stempel**, für den **Verbrauch** entweder die Form des **Zolls** (und zwar als Eingangszoll beim Passieren ausländischer Waren über die inländischen Grenzen), oder bei Herstellung der Waren im Inland die Form der **Fabrikationssteuer** herausgebildet.

Zölle sind also indirekte Steuern, welche auf die Einfuhr, Ausfuhr oder Durchfuhr von Waren gelegt sind.

Die direkten Steuern zahlt derjenige, der sie trägt; die indirekten dagegen verauslagt gewissermaßen nur der Importeur resp. Fabrikant, und wälzt sie dann zum größten Teil durch Preisaufschlag auf die Konsumenten ab.

Die direkte wird zu festgesetzter Zeit, ev. zwangsweise, erhoben, also Mußzahlung, die indirekte zahlt der Pflichtige, wenn er kann und will (Beliebensleistung).

V. **Quotitätssteuern und kontingentierte Steuern (Repartitionssteuern).** Bei den direkten Steuern unterscheidet man Quotitätssteuern und kontingentierte oder Repartitionssteuern.

a) Bei den Quotitätssteuern steht nur der Prozentsatz (Steuerfuß) fest, den man von seinem Vermögen (Einkommen) als Steuer zu entrichten hat. Das Endergebnis für den Staat ist also schwankend.

b) Umgekehrt stellt der Staat bei den Repartitionssteuern die Summe auf, die ihm gewisse Steuerobjekte einbringen müssen (z. B.

in Preußen die den Kommunen überwiesene Grundsteuer von den Liegenschaften mit 39600000 *M*) und berechnet voraus für jeden Steuerpflichtigen die auf ihn entfallende Repartitionsquote. (Preuß. Grundsteuergesetz vom Jahre 1861 [21/V]).

VI. **Nur indirekte Reichssteuern aus Verkehr und Verbrauch.** Das Deutsche Reich erhebt nur indirekte Steuern, und zwar Zölle, Verbrauchs- und Verkehrssteuern.

a) An erster Stelle stehen natürlich die **Zölle** mit zirka 700 Millionen jährlich.

b) Die **Verbrauchs**steuern des Reichs sind heute:

Die Tabak-, Zigaretten-, Zucker-, Salz-, Branntwein-, Schaumwein-, Brausteuer.

Dazu durch die G. vom 15. Juli 1909: Die Essigsäureverbrauchsabgabe (§ 110 des Branntweinsteuergesetzes), die Leuchtmittel- und die Zündwarensteuer.

(Die ertragreichste davon, die Branntweinsteuer, ist seit G. vom 15. Juli 1909, betr. Änderung im Finanzwesen, Art. I § 5 Abs. 3 gänzlich den einzelnen Bundesstaaten nach Maßgabe ihrer Bevölkerung überwiesen.)

c) Zu den Reichs**verkehrs**abgaben gehören: die Reichsstempelabgaben (mit vielen Unterarten vgl. unten), die Wechselstempelsteuer, die Spielkartensteuer, die Banknotensteuer, die Reichserbschaftssteuer, die statistische Gebühr.

VII. **Kompetenz des Reichs für Zoll- und Steuergesetzgebung.** Die Zölle und die für die Zwecke des Reichs zu verwendenden Steuern unterliegen gemäß Art. 4 Ziff. 2 der RV. der Gesetzgebung des Reichs.

VIII. **Die Quellen des Reichszollrechts sind:**

1. Verfassung Artt. 33—40,

2. der durch Art. 40 aufrechterhaltene Zollvereinsvertrag vom 8. Juli 1867 zwischen dem Norddeutschen Bunde und den Südstaaten (durch diesen Vertrag sind auch frühere Verträge aufrechterhalten),

3. das Vereinszollgesetz vom 1. Juli 1869,

4. das Reichsgesetz, betr. den Zolltarif, vom 15. Juli 1879,

5. das neue Zolltarifgesetz vom 25. Dezember 1902 (mit den für Handelsverträge aufgestellten Mindesttarifsätzen, Roggen 5 *M*, Weizen $5^1/_2$ *M*),

6. die Einzelgesetze bezüglich der Verbrauchsabgaben sowie

7. die Einzelgesetze bezüglich der Verkehrsabgaben (Näheres unten).

IX. **Einzelheiten** über Zölle,[1] Handelsverträge, Verbrauchs- und Verkehrsabgaben.

1. **Charakter und Zweck der Zölle.** Wie oben bereits dargelegt, gehört der Zoll unter die Kategorie der indirekten Steuern — Aufwandsteuern —, welche auf die Ein-, Aus- oder Durchfuhr von Waren gelegt sind, wenn sie die Grenzen eines Wirtschafts- oder Steuergebietes überschreiten.

2. **Finanz—Schutzzölle.** Zölle können einen doppelten Zweck haben, entweder den der Reichskasse Mittel zuzuführen (Finanzzölle), oder sie sollen inländische Erzeugnisse gegen das Eindringen einer übermächtigen ausländischen Konkurrenz schützen (Schutzzölle). Zumeist werden beide Zwecke bei den Zöllen gemeinsam auftreten. Reiner Finanzzoll wird auf Waren ruhen, die im Inland überhaupt nicht produziert werden (Eingangszoll).

3. **Überblick über Deutschlands Zollpolitik.** Deutschland hat im Jahre 1879 das System des Freihandels verlassen und ist zu einer strengen Schutzzollwirtschaft übergegangen.

4. **Freihandel — Schutzzoll. Anti-Corn-Law-League. Manchestertum.** Der Freihandel will alle künstlichen Beschränkungen des Erwerbslebens, namentlich durch Zölle, sowohl im Inland, wie im internationalen Verkehr beseitigen, Handel und Gewerbe sollen überhaupt jeder wirtschaftlichen Einwirkung des Staates entzogen sein. (Die Bewegung erreichte ihren Gipfelpunkt 1839 in England unter der Führung Cobdens und gestützt auf die Anti-Corn-Law-League, nach dem Hauptsitz der damaligen Agitation Manchester-Partei genannt; daher Manchestertum für das Freihandelswesen.)

5. **Deutscher Zolltarif von 1818. Ära Delbrück.** In Deutschland fanden die von Adam Smith ausgehenden theoretischen Lehren früh eine praktische Anwendung in dem Zolltarifgesetz vom 26. Mai 1818. Noch in der zweiten Hälfte des vorigen Jahrhunderts hatte namentlich nach 1866 die Freihandelspartei großen Anhang und Erfolg in Deutschland. An ihrer Spitze Delbrück (Ära Delbrück), der Präsident des Bundes-, späteren Reichskanzleramts, dem Bismarck ein Jahrzehnt hindurch die Leitung der Wirtschaftspolitik überließ.

6. **Abkehr vom Freihandel in Deutschland. Zolltarif 1879.** Auf die großen Erfolge folgte der Rückschlag. Schlechte Geschäftszeiten

[1] Der Name „Zoll" (ahd. „Zol") ist aus dem lateinischen telonium, toloneum bzw. aus der vulgär-lateinischen Form „toloneum" entstanden (toloneum = Zollhaus). Einfluß hat auch wohl das „tollere" (Steuer erheben) gehabt. Der Ausdruck „Maut" ist bayrisch.

und der Gründerschwindel der 70er Jahre führten zu wirtschaftlichen Krisen, und man war geneigt, im Freihandel die Wurzel allen Übels zu erblicken. Namentlich die Agrarier wandten sich, erschreckt durch die gewaltige nordamerikanische Konkurrenz, gegen den Freihandel, und so kam es zu dem Zolltarif vom 15. Juni 1879; unter der machtvollen Initiative eines Bismarck schwenkte Deutschland vom Freihandel zu einem starren Schutzzollsystem um.

7. **Begriff eines autonomen Zolltarifs.** Derartige Zolltarife, die, wie der deutsche von 1879, von einem Staat selbständig mit ausschließlicher Berücksichtigung seiner eigenen Interessen festgesetzt werden, nennt man autonome.

Neben solchem Tarif, der die Waren nur nach Gruppen aufzählt, gibt es in Deutschland noch ein spezialisierendes „Amtliches Warenverzeichnis".

8. **Handelsverträge.** Nach dem Rücktritt Bismarcks kam es unter Caprivi infolge des Sinkens der deutschen Ausfuhr und des abermaligen Niederganges von Industrie, Handel und Wohlstand zu einer Wendung zur gemäßigteren Schutzzollpolitik und zum Abschuß von Handelsverträgen.

9. **Zweck der Handelsverträge.** Wenn ein starker Schutzzoll des einen Staates mit Naturnotwendigkeit mehr oder minder einschneidend auf das wirtschaftliche Leben der anderen Staaten eingreift, wenn beispielsweise deutsche Zölle dem russischen Getreide den Eingang erschweren und umgekehrt Rußland durch allzuhohe Eingangszölle dem deutschen Maschinenexport die Ader unterbindet, so wollen Handelsverträge einen gewissen Ausgleich zwischen den wirtschaftlichen Interessen der auf Ausfuhr und Einfuhr angewiesenen Länder herbeiführen und, wenigstens für die Dauer ihrer Gültigkeit, eine gewisse Stetigkeit in den Handelsbeziehungen der Kontrahenten sichern.

10. **Inhalt der Verträge.** Die Verträge enthalten Tarife, welche für gewisse Waren niedrigere Zollsätze als die im Tarifgesetz normierten aufstellen, oder sie enthalten Bestimmungen, wie hoch äußerstenfalls Zollsätze für gewisse Waren aufgestellt werden dürfen.

11. **Die Meistbegünstigungsklausel.** Die ev. Meistbegünstigungsklausel in einem solchen Vertrag bestimmt, daß alle die Zollbegünstigungen und Zollbefreiungen, welche ein Kontrahent irgend einem dritten Staat angedeihen läßt, ohne weiteres dem anderen Kontrahenten zugute kommen sollen.

12. **Einzelne Verträge.** Derartige Verträge (mit obiger Klausel) sind seitens Deutschlands abgeschlossen (in den Jahren 1891/1892 mit Erneuerungen 1904/1905)

a) mit Österreich-Ungarn, Italien, Belgien und der Schweiz,
b) mit Serbien, Rumänien, Bulgarien, Rußland, Japan, Schweden,
c) das Recht der Meistbegünstigung haben Spanien, Portugal, Vereinigte Staaten von Nord-Amerika, Türkei und bis 1898 England.

13. **Deutschlands Zollverhältnis zu Frankreich.** Mit Frankreich war Deutschland durch Art. 11 des Frankfurter Friedensvertrages vom 10. Mai 1871 die unkündbare Verpflichtung eingegangen, sich in den gegenseitigen Handelsbeziehungen die gleichen Rechte mit England, Belgien, den Niederlanden, der Schweiz, Österreich und Rußland zu gewähren. Jedenfalls hat Frankreich das Recht der Meistbegünstigung.

14. **In Ermangelung von Verträgen gilt der Zolltarif.** Soweit Handelsverträge nicht bestehen, gelangen bei Wareneinfuhr allgemein die Sätze des Zolltarifgesetzes (jetzt vom 25. Dezember 1902) zur Anwendung.

15. **Tarif von 1901 mit Mindestsätzen.** Es hatte sich gegen die alten Verträge mit ihrer Ermäßigung der landwirtschaftlichen Zölle (von 5 auf $3^1/_2$ ℳ für 100 kg) eine starke Agitation entwickelt. Die Reichsregierung zeigte sich den Wünschen der „Agrarier" entgegenkommend, und versprach für den neu zu schaffenden Zolltarif, der ja die Grundlage für neu abzuschließende Verträge sein mußte, eine Erhöhung sowohl der Landwirtschafts- wie der Industriezölle.

In dem Ende 1901 an den Reichstag gelangten Tarifentwurf sind die Zollsätze zum Teil Maximalsätze (die mangels vertraglicher Bestimmungen zu gelten haben), zum Teil Mindestsätze, d. h. solche, unter welche auch vertragliche Abmachungen nicht heruntergehen dürfen.

So ist Roggenzoll von 3 auf 7 ℳ, Weizenzoll von $3^1/_2$ auf $7^1/_2$ ℳ für 100 kg erhöht, und unter 5 ℳ für Roggen, sowie $5^1/_2$ ℳ für Weizen dürfen auch durch Verträge die Sätze nicht herabgesetzt werden.

16. **Tarif wird Gesetz.** Der neue Zolltarif ist unter heftigen parlamentarischen Kämpfen am 13./14. Dezember 1902 in einer neunzehnstündigen Sitzung vom Reichstag angenommen. Als Gesetz datiert er vom 25. Dezember 1902. In Kraft gesetzt vom 1. März 1906. Auf der Grundlage dieses neuen Tarifs sind alsdann zunächst für zwölf Jahre Zusatzverträge zu den bestehenden vereinbart.

17. Ausführungsvergütungen sollen daneben den Absatz deutscher Waren in das Ausland erleichtern. Man vergütet z. B. bei Ausfuhr von Kakaowaren den für den Kakao gezahlten Zoll. Bei Ausfuhr von Getreide, Ölfrüchten, Mühlenfabrikaten können Einfuhrscheine erteilt werden, die zur zollfreien Einfuhr einer entsprechenden Warenmenge berechtigen.

18. **Deutschland hat nur Einfuhrzölle.** Was nun die **drei** Möglichkeiten der Zollauflage anlangt für Ein-, Durch- und Ausfuhr von Waren, so gibt es in Deutschland zur Zeit nur Einfuhrzölle (Vereinsgesetz).

19. **Wer entrichtet den Zoll?** Erhoben wird der Zoll von demjenigen, der die Ware als Besitzer, z. B. Frachtführer in das Zollgebiet hineinbringt, oder der dieselbe aus einer öffentlichen Niederlage entnimmt. Die Zollpflicht ist also eine subjektive. Objektiv und zwar ohne Rücksicht auf Rechte Dritter haftet erst die Ware selbst für ihren Zoll bei Zahlungsverweigerung oder -unfähigkeit des subjektiv Verpflichteten.

Die vom Verfrachter ausgelegten Zollgelder werden natürlich auf den Verbraucher als endgültigen Steuerträger überwälzt.

20. **Örtliche Einrichtungen für Zollerhebung.** Die Feststellung und Erhebung der Zölle (sog. Zollabfertigung) erfolgt in hierzu gebildeten Grenzbezirken (zwischen der Zollgebietsgrenze und einer 10—15 km nach dem Inland gelegenen Binnenlinie) auf den Haupt- und Nebenzollämtern.

Die Zollinie ist diejenige Stelle, bei deren Überschreitung die Zollpflicht begründet wird.

Uniformierte und bewaffnete Grenzwachen versehen den Dienst.

21. **Deklarationspflicht.** Der Warenführer hat die Ladung vorzuzeigen und zu deklarieren, worauf die Revision und endlich die Berechnung und Erhebung des Zolls erfolgt. Die Deklaration hat alle für die Zollabfertigung erforderlichen Tatsachen zu enthalten.

Leibesuntersuchung ist nur bei verdächtigen Personen gestattet.

22. **Zollermittlung.** Die Waren werden, um die Höhe des Zolls zu ermitteln, gewogen (die Gewichtsverzollung ist die regelmäßige) oder gemessen, gezählt, gewertet, und der zuständigen Nummer des Zolltarifs unterstellt.

Im neuen Tarif (1902) sind die Waren nicht mehr wie früher in alphabetischer Ordnung, sondern nach Gattungen (in 19 Abschnitten) aufgeführt.

23. **Strafbestimmungen.** Die Strafbestimmungen des Vereinszollgesetzes unterscheiden **Kontrebande** (d. h. Einfuhr verbotener Ware) oder **Defraudation** (d. h. Hinterziehung der Abgaben — Schmuggel) und Ordnungswidrigkeiten und lassen Konfiskation, Geld-, im Nichtbeitreibungsfall Freiheitsstrafen zu. Es besteht eine subsidiäre Haftung der Handel- und Gewerbetreibenden für ihre Angestellten und Kinder, der Eisenbahn-, Schiffahrtsgesellschaften für ihre Angestellten usw.

Die Konfiskation richtet sich gegen den Eigentümer, zunächst allerdings gegen den Täter. Ist sie nicht vollziehbar, tritt Geldstrafe bis 3000 *M* ein.

Geldstrafe ist die reguläre Zollstrafe bestehend in einem Vielfachen des hinterzogenen Betrages. Steigerung im Rückfalle. Hierbei ev. Freiheitsstrafe bis zwei Jahre.

Ordnungsstrafen bis 150 *M*.

24. **Zollkartell** nennt man die Verträge zweier Grenzstaaten zur Verhütung derartiger Zollvergehen. (So hat Deutschland mit Österreich-Ungarn ein Zollkartell abgeschlossen im Handelsvertrag von 1891.) Die Grenzstaaten gewähren sich dabei Rechtshilfe und Mithilfe bei der Aufsicht, Verfolgung usw. (jus **sequelae**).

25. **Statistische Gebühr.** Um die vom Reich veranlaßte Statistik aller die Grenze passierenden Waren zu bezahlen, wird neben dem Zoll noch eine besondere „statistische Gebühr" erhoben (Gesetz von 1879, ergänzt 1906). Die Gebühr wird in Reichsstempelmarken erhoben. Sie ist im Grunde keine „Gebühr", da keinerlei Gegenleistung erfolgt, sie hat den Charakter eines Zolls. Sie bringt dem Reich zirka $1^1/_2$ Mill. *M*.

26. **Art. 33.** Nach Art. 33 der RV. bildet Deutschland ein Zoll- und Handelsgebiet, umgeben von gemeinschaftlicher Zollgrenze.

27. **Zollfreiheit innerhalb des Zollgebiets.** Innerhalb des Zollgebiets soll völlige Verkehrsfreiheit herrschen, denn gemäß Abs. 2 können alle Gegenstände, welche im Verkehr eines Bundesstaates befindlich sind, in jeden anderen Bundesstaat eingeführt und dürfen in letzterem einer Abgabe nur insoweit unterworfen werden, als daselbst dieselben Erzeugnisse einer inländischen Steuer unterliegen.

28. **Übergangssteuern. Möglichkeiten weiterer Erschwerungen.** Außer derartigen Übergangssteuern könnte eine Erschwerung oder Verhinderung der Ein- und Ausfuhr unter den Bundesstaaten nur statthaben bei Eintritt außerordentlicher Umstände, namentlich zur Abwehr ansteckender Krankheiten.

29. **Reichsgebiet und Zollgebiet nicht identisch. Zollanschlüsse. Zollexklaven.** Das deutsche Reichsgebiet ist aber mit dem Zollgebiet nicht identisch.

Es gibt Zollanschlüsse und Zollausschlüsse. Erstere sind nicht Reichsgebiet, letztere sind Reichsgebiet. So sind das Großherzogtum Luxemburg (Vertrag vom 8. Februar 1842 und 25. Oktober 1865) sowie die österreichischen Gemeinden Jungholz und Mittelberg dem Zollgebiet des Deutschen Reiches angeschlossen, während andere

Gebietsteile teils aus zolltechnischen Rücksichten (z. B. einige badische Gemeinden) teils aus wirtschaftlichen Erwägungen, wie mit Rücksicht auf den Transithandel die Freihafengebiete Hamburgs und Bremens, endlich Helgoland ausgeschlossen sind.

30. **Hamburg und Bremen.** Hamburg und Bremen selbst, deren Anschluß bereits Art. 34 RV. vorsah, sind 1888 dem Zollverband des Deutschen Reichs beigetreten, nur blieb zur Förderung des Transithandels ein Teil des sog. Freihafengebiets außerhalb der Zollgrenze.

31. **Erhebung und Verwaltung der Zölle erfolgt durch die Gliedstaaten.** Die Erträge der Zölle und Verbrauchssteuern fließen in die Reichskasse; ihre Erhebung und Verwaltung erfolgt jedoch durch die Gliedstaaten, welche nur die Reinerträge an das Reich abzuführen haben (Art. 36 Abs. 1 RV.).

32. **Reichsbevollmächtigte und Stationskontrolleure.** Die Beobachtung des gesetzlichen Verfahrens erfolgt durch Reichsbevollmächtigte und Stationskontrolleure, welche den Provinzial- und örtlichen Behörden beigegeben sind. Die Beseitigung gefundener Mängel erfolgt durch den Bundesrat [Ausschuß für Zoll- und Steuerwesen] (Art. 36 Abs. 3 RV.).

33. **Kein Zoll ohne Vorschrift.** Die Verpflichtung Zoll zu entrichten, lastet nur dann auf einer Ware, wenn diese Gattung im Zolltarif oder Zollvertrag aufgezählt ist. Alle übrigen Waren sind zollfrei.

34. **Ausnahme von der Zollpflicht.** Ausgenommen von einer Verzollung sind geringe Mengen (Postsendungen unter 250 g) und die im Veredlungsverkehr eingeführten, sowie die von auswärtigen Messen und Märkten unverkauft zurückkommenden Waren. [Unter Veredlungsverkehr versteht man die Einführung roher Materialien, die nach Verarbeitung wieder ausgeführt werden.] (VZG. §§ 111—115.)

35. **Vorläufige Befreiung.** Das Vereinszollgesetz[1] gewährt auch die Möglichkeit, vorläufig keinen Zoll zu entrichten, bis von eingeführten Waren feststeht, daß sie auch im Inland verbraucht werden.

36. **Freilager.** Solche Waren werden in öffentlichen, oder unter Mitverschluß der Behörde stehenden privaten Niederlagen, oder an Freilagern der Seeplätze aufbewahrt.

---

[1] Das Vereinszollgesetz vom 1. Juli 1869 — mit zahlreichen Ausführungsbestimmungen — ist ursprünglich für den Norddeutschen Bund ergangen, ist als Landesgesetz in die süddeutschen Staaten eingeführt uvd ist jetzt Reichsgesetz (Art. 35 RV.). Diese Zollordnung ist der formale Teil unserer Zollgesetzgebung.

37. **Fortlaufende Konten.** Ähnliche Erleichterungen bieten die fortlaufenden Konten, wonach Großbetrieben Waren unverzollt nach Eintragung in ein Konto verabfolgt werden, und wo alsdann der Nachweis der Ausfuhr die Zollpflicht aufhebt.

38. **Aufhebung des Identitätsnachweises.** Während der Regel nach Zollbefreiungen nur bei Identität der ein- und ausgeführten Ware stattfinden, hat das Gesetz vom 14. April 1894, betr. Aufhebung des Identitätsnachweises, dieses Prinzip fallen lassen bei Getreide, Mehl u. a. und bestimmt, daß bei Ausfuhr von Roggen, Weizen usw., wenn die ausgeführte Menge wenigstens 500 kg beträgt, auf Antrag des Warenführers Bescheinigungen (Einfuhrscheine) erteilt werden, welche den Inhaber berechtigen, innerhalb 6 Monaten die gleiche Menge der gleichen Ware zollfrei einzuführen. Bare Herauszahlungen werden auf Einfuhrscheine nicht geleistet, aber da sie jedem Inhaber, nicht bloß dem Ausführenden angerechnet werden, sind sie umlaufsfähig. Der Preis wird sich dem Betrage nähern, der für die Einfuhr der betreffenden Menge zu zahlen gewesen wäre.

39. **Erleichterungen für Mühlenfabrikate usw.** Ebenso gewährt dasselbe Gesetz den Inhabern von Mühlen oder Mälzereien für Ausfuhr ihrer Fabrikate eine Erleichterung insofern, als ihnen der Einfuhrzoll für eine der Ausfuhr entsprechende Menge des zur Mühle gebrachten ausländischen Getreides nachgelassen wird. (Wird also im Inland russischer Weizen vermahlen und über Danzig ausgeführt, so kann die gleiche Menge amerikanischen Weizens zollfrei dafür eingeführt werden.)

40. **Retorsionszölle.** Waren, die aus Staaten kommen, welche deutsche Schiffe oder deutsche Waren ungünstiger behandeln, als diejenigen anderer Staaten, können — soweit nicht Vertragsbestimmungen entgegenstehen — mit einem Zuschlag bis zu 50% des Betrags der tarifmäßigen Abgabe, oder wenn sie tarifmäßig zollfrei sind, bis zu 20% des Wertes mit Zoll belegt werden (sog. Retorsionszoll). Erforderlich ist dazu Kaiserliche Verordnung unter Zustimmung des Bundesrats und Genehmigung des Reichstags. Genehmigt letzterer die Verordnung nicht, so ist sie außer Kraft zu setzen (Zollvertragsgesetz von 1902 § 10).

§ 33. Die einzelnen Verbrauchsabgaben.

I. **Allgemeines.**

a) Es handelt sich um Abgaben, die erhoben werden von Erzeugnissen, welche im Inland gewonnen resp. bereitet und daselbst auch verbraucht werden.

b) Bei Ausfuhr werden die Abgaben entweder nicht erhoben oder zurückvergütet, weil es sich nur um solche Produkte handelt, die dem inländischen Verbrauch dienen.

c) **Arten der Verbrauchssteuern.**[1] Man teilt die Verbrauchs-(Aufwand-)steuern in zwei Gruppen:

α. die Verbrauchs- oder Verzehrungssteuern,
β. die Aufwandsteuern.

Die ersteren (α) treffen den Verbrauch oder Genuß von Sachgütern, sind also die Auflagen auf Lebensmittel, Getränke, Genuß-, Gebrauchsmittel aller Art.

Die zweiten (β) treffen Gegenstände, die benutzt, gebraucht werden, ohne konsumiert zu werden.

Auch wenn diese zweite Art (z. B. die Luxussteuern, Wohnungs-, Mietsteuern) direkt von dem erhoben wird, der den Aufwand macht, sind sie doch, wie alle Verbrauchssteuern, indirekte Steuern, denn sie wollen das Einkommen auf dem Umwege über die Ausgabewirtschaft besteuern.

d) Die **Erhebungsarten** der Verbrauchssteuern sind verschieden:

I. **Produktionssteuern** als

α. Rohstoff- oder Materialsteuern,
β. Fabrikations- (Halbfabrikat-) Steuern,
γ. Fabrikatsteuern oder Verbrauchsabgaben im engeren Sinne.

Die ersteren (α) werden nach den bei der Produktion verarbeiteten Rohstoffen oder Materialien bemessen. Sie kann Flächen-, Gewichts- oder Wertsteuer sein. Die Einzelkontrolle wird nicht selten durch Pauschalierung ersetzt.

Die zweiten (β) werden nach Merkmalen des Fabrikationsverfahrens erhoben. Mit Zähl- oder Wägeapparaten sucht man Rückschlüsse auf Menge und Qualität der Erzeugnisse zu gewinnen. Sie fordert vielfach lästige Betriebsüberwachungen.

Die dritte (γ) wird veranlagt nach Qualität (auch Quantität) der Produkte, und erhoben, wenn diese in den freien Handelsverkehr treten. Sie ist jedenfalls die bequemste und heute zumeist angewandte Form.

II. **Zirkulationssteuern.** Diese folgen der Güterbewegung und nehmen den Kauf oder Wiederverkauf der Waren als Ausgangspunkt für die Besteuerung.

---

[1] Vgl. Artikel „Verbrauchssteuern" (M. v. Heckel) im Handwörterbuch der Staatswissenschaften, 3. Aufl., Bd. 8 S. 138 ff.

III. **Monopol.** Der Staat betreibt Produktion oder Vertrieb von Waren unter Ausschluß der Privatindustrie. In der Preisgestaltung liegt dann für ihn der Steuerersatz.

e) Die Defraudation von Verbrauchssteuern ist mit Geldstrafe, und zwar dem Vierfachen der defraudierten Abgabe bedroht. Versuch und Vollendung sind gleich strafbar. Die Unternehmer haften für die Defrauden ihrer Hausgenossen und Gehilfen. Begnadigung hat das Staatsoberhaupt, dessen Gericht erkannt hat.

I. Die Salzsteuer[1]

(Gesetz vom 12. Oktober 1867).

Für einen Zentner Nettogewicht sind 6 Mark vom Produzenten zu entrichten.

Frei ist das zu Viehfütterung und gewerblichen Zwecken verwendete Salz, nachdem es denaturiert ist.

Ausländisches Salz zahlt Zoll. Die Steuer figuriert im Etat von 1911 mit ca. 58 Millionen Einnahme. Erhebung durch die Einzelstaaten (Art. 38 RV.).

II. Die Biersteuer

(Gesetz vom 15. Juli 1909 — Brausteuergesetz). Ergänzt vom 21. Juli 1909 (RGBl. S. 773).

a) Die Verfassung schließt die Gesetzgebung des Reichs bezüglich des Biers aus für Bayern, Württemberg und Baden (Art. 35 Abs. 2).

b) Auch Elsaß-Lothringen ist vom Reich nicht in die Biersteuergemeinschaft einbezogen, so daß eine solche nur für die Staaten nördlich des Mains, einschließlich Südhessens, besteht.

c) **Übergangsabgaben.** Das von den außerhalb dieser Gemeinschaft stehenden obigen Staaten nach den übrigen Bundesstaaten ausgeführte Bier unterliegt demgemäß einer Übergangsabgabe, entsprechend dem auf ausländischem Bier lastenden Zoll.

d) Das neue Brausteuergesetz nimmt (wie die süddeutschen Biersteuern) Rücksicht auf den Umfang der Betriebe und stuft danach ab.

Im übrigen wird die Steuer vom Nettogewicht des verbrauchten Rohmaterials, d. h. Malz und Zucker, erhoben. Für die ersten 250 Doppelzentner gleich 14 Mark und dann steigend bis 20 Mark für

[1] Im Mittelalter hatte sich das Salzregal entwickelt als Teil des allgemeinen Bergregals. Ursprünglich auf Produktion gerichtet, umfaßte es später auch den Handel. So entstanden die staatlichen Salzmonopole (Preußen). Im Jahre 1867 ersetzten die Zollvereinsstaaten das Salzmonopol durch eine Salzsteuer.

den Doppelzentner bei über 5000 Verwertung. (Ermäßigung bei Hausbedarfbier.)

e) Brausteuervergütung erfolgt bei Bierausfuhr. Ausländisches zahlt Einfuhrzoll.

Diese Steuer bringt ca. $123^1/_2$ Mill. Mark Einnahme.

III. Die Tabaksteuer

(Gesetz vom 16. Juli 1879, geändert 15. Juli 1909).

a) Dieselbe beträgt für 100 kg des fabrikationsreifen Tabaks 157 Mark. Wir haben im Prinzip Gewichtssteuer.

b) Eine Arealbesteuerung — 5,7 Pfennig für 1 qm — findet statt bei Grundstücken von weniger als 4 a Flächeninhalt.

c) Zahlpflichtig ist der Produzent resp. der erste Käufer. Ausfuhrvergütung wird gewährt.

Ertrag ca. 14 Mill. Mark.

d) Unterstützung geschädigter Arbeiter. Gemäß Art. IIa (Gesetz wegen Änderung des Tabaksteuergesetzes vom 15. Juli 1909 — RGBl. S. 705 ff.) können Hausgewerbtreibende und Arbeiter, die infolge des neuen Gesetzes vorübergehend oder für längere Zeit arbeitslos werden, Unterstützungen bis zum Zeitraum von 2 Jahren erhalten. Näheres bestimmt der Bundesrat.

e) **Zigarettensteuer.** (Gesetz vom 3. Juni 1906, abgeändert Art. IIIa Gesetz vom 15. Juli 1909.)

α. Neben dem Tabak unterliegen Zigaretten einer besonderen Steuer von 2—15 Mark pro Tausend.

β. Besonders besteuert ist auch der Zigarettentabak und das Zigarettenpapier.

f) Ausländischer Tabak zahlt Eingangszoll von 85 Mark für den Doppelzentner aufwärts bis 700 Mark. Zigarren 270 Mark. Zigaretten 1000 Mark. (Art. I § 1 Gesetz vom 15. Juli 1909.)

IV. Die Zuckersteuer

(Gesetz vom 27. Mai 1896; geändert durch Gesetz vom 6. Januar 1903 — RGBl. S. 1 — und durch Gesetz vom 19. Februar 1908 — RGBl. S. 27).

a) Die Zuckersteuer war ursprünglich eine Rohstoffsteuer. Später erhob man nach Art der Branntweinbesteuerung eine Verbrauchsabgabe und eine Betriebssteuer.

b) Der Ertrag der Betriebssteuer sollte für die früher geleisteten Ausfuhrprämien verwendet werden. Nachdem aber durch den Vertrag zwischen dem Deutschen Reich und mehreren anderen Staaten über die Behandlung des Zuckers vom 5. März 1902 (abgedruckt RGBl. 1903 Nr. 4 S. 7 — sog. Brüsseler Zuckerkonvention), die Ausfuhrprämien aufgehoben waren — jetzt bis 1918 —, wurde durch das Abänderungsgesetz der Zuckersteuer vom 7. Januar 1903 (S. 1) die Betriebssteuer nebst der mit derselben früher bestandenen Kontingentierung aufgehoben (Art. 1) und die Zuckersteuer auf 14 Mark für 100 kg Reingewicht festgesetzt (Art. 2).

Eine Herabsetzung auf 10 Mark wird vom 1. April 1914 ab eintreten (vgl. Gesetz vom 19. Februar 1908 Art. 1 — RGBl. S. 27 — und Art. V des Gesetzes, betr. Änderung im Finanzwesen vom 15. Juli 1909).

c) Die Zuckersteuer ist zu entrichten, sobald der Zucker aus der Steuerkontrolle in den freien Verkehr tritt. Zur Entrichtung ist der Fabriksinhaber verpflichtet, aus dessen Fabrik der Zucker herausgeht (§ 3).

d) Ausgeführter Zucker bleibt steuerfrei.

e) Ausländischer Zucker zahlt Eingangszoll (40 Mark pro 100 kg).

f) Die Zuckersteuer bringt dem Reich über 150 Millionen und ist nach Nr. V die zweithöchste.

V. Die Branntweinsteuer

(Gesetz vom 15. Juli 1909; Gesetz, betr. Beseitigung des Branntweinkontingents vom 14. Juni 1912 — RGBl. S. 378).

a) Vorweg sei bemerkt, daß das Gesetz **3 Arten** von Brennereien unterscheidet:

1. **Landwirtschaftliche Brennereien**, d. h. solche, welche ausschließlich Kartoffeln oder Getreide verarbeiten, und sämtliche Rückstände als Fütterungs- oder Düngemittel in eigener Wirtschaft verwenden. (Gesetz vom 15. Juli 1909 § 10.)

2. **Obstbrennereien**, d. h. solche, welche ausschließlich Obst, Beeren oder Rückstände davon verarbeiten (§ 12).

3. **Gewerbliche Brennereien**, d. h. solche, welche Hefe erzeugen, sowie diejenigen, welcher weder zu 1 noch zu 2 gehören (§ 13).

Die Bezeichnung „Verschlußbrennereien" (§ 14) bezieht sich nur auf die Sicherung gegen heimliche Entnahme von Branntwein (§§ 82 bis 88).

b) Entwicklung der Steuer.

1. Ursprünglich war die Steuer eine Rohstoffsteuer und wurde nach dem zum Einmaischen bestimmten Gefäß bemessen, sog. Maischbottichsteuer.

2. Von der Rohstoffsteuer ging man zur Fabrikatsteuer über.

3. Das neue Gesetz von 1909 (15. Juli) kennt:

α. **die Branntweinverbrauchsabgabe** (§§ 1 ff.),

β. **die Betriebsauflage** (§§ 42 ff.).

4. Das Gesetz von 1909 ist vielfach und wesentlich abgeändert durch das Gesetz, betr. Beseitigung des Branntweinkontingents, vom 14. Juni 1912 (RGBl. S. 378 ff.).

5. Die wichtigste Änderung ist die Beseitigung des Kontingents (mit Ausnahme für Bayern, Württemberg, Baden) und die Beseitigung der Liebesgabe.

6. Während nämlich nach dem Gesetz von 1909 (§ 2) die Verbrauchsabgabe von der innerhalb des Kontingents hergestellten Alkoholmenge 1,05 Mark, von der außerhalb des Kontingents hergestellten Menge 1,25 Mark für das Liter Alkohol betrug, ist jetzt der niedrigere Abgabensatz von 1,05 Mark aufgehoben (§ 1 Abs. 1 Satz 2 Gesetz vom 14. Juni 1912, in Kraft vom 1. Oktober 1912). (§ 30.)

7. Die Betriebsauflage wird von den Brennereien (außer der Verbrauchsabgabe) je nach dem Umfang der Erzeugung erhoben, und zwar von 50—3000 hl mit 4—14 Mark pro Hektoliter steigend. (Vgl. § 42 Gesetz von 1909 und § 9 Gesetz von 1912.)

8. Vergütung der Betriebsauflage. Aus den Einnahmen an Branntwein werden für vollständig vergällten und — außer mit Essig — teilweise vergällten und für — ausgenommen nach Luxemburg — ausgeführten Branntwein Vergütungen gezahlt.

Das neue Gesetz vom 14. Juni 1912 führt (§ 1 Abs. 2) diesen Vergütungen 16 Millionen aus der Verbrauchsabgabe hinzu.

9. Verwaltungskosten. Für die Erhebung und Verwaltung der Verbrauchsabgabe wird den Bundesstaaten eine Vergütung von 8% der Gesamteinnahme gewährt (§ 23 Gesetz von 1909).

Von der Mehreinnahme, die sich aus dem Gesetz von 1912 ergibt, erhalten sie indessen keine Vergütung (§ 18).

10. Zuweisung der Steuererträge. Die Reineinnahme aus der Branntweinsteuer wird den einzelnen Bundesstaaten nach dem Maßstabe der Bevölkerung mit der sie zu den Matrikularbeiträgen herangezogen werden, überwiesen. (Gesetz, betr. Änderung im Finanzwesen vom 15. Juli 1909 Art. I § 5 Abs. 3.)

11. Die Einnahme aus der Branntweinsteuer erscheint im Etat von 1911 (RGBl. S. 127) mit 163476000 Mark als höchste von den Steuern.

VI. Die Schaumweinsteuer

(Gesetz vom 9. Mai 1902, geändert durch Gesetz vom 15. Juli 1909 — RGBl. S. 714).

1. Gegenstand der Besteuerung ist Schaumwein aus Traubenwein, Obst- oder Beerenwein, sowie jedes schaumweinähnliche Getränk, sofern es zum Verbrauch im Inland bestimmt ist (§ 1 Gesetz 1902).

2. Befreit ist Schaumwein, welcher bereits verzollt ist (§ 1 Abs. 3). Der Eingangszoll beträgt heute 180 Mark pro Doppelzentner (Art. 3 Gesetz 1909).

3. Höhe der Verbrauchsabgabe (zum Teil geändert durch Art. 1 Gesetz 1909):
 a) für Schaumwein aus Fruchtwein ohne Traubenzusatz 10 Pfennig pro Flasche,
 b) für anderen Schaumwein und schaumweinähnliche Getränke bei Flaschenpreis von nicht mehr als 4 Mark — 1 Mark,
 zwischen 4 und 5 Mark Preis — 2 Mark,
 bei mehr als 5 Mark Preis — 3 Mark pro Flasche.

4. Entrichtung der Steuer hat vom Hersteller mittels Anbringung eines Steuerzeichens an der Umschließung zu erfolgen vor Entfernung (oder Konsumierung) aus der Ergänzungsstätte (§ 3).

5. Erhaltung der Steuerzeichen an den Umschließungen ist bis zur Öffnung erforderlich (§ 13).

6. Bei Ausfuhr von Schaumwein kann eine Vergütung des Eingangszolls, welcher für den dazu verwendeten ausländischen Rohwein entrichtet wurde, erfolgen (§ 4).

7. Eine Stundung der Schaumweinsteuer kann gegen Sicherheit bis auf 9 Monate stattfinden (§ 3 Abs. 3).

8. Das Gesetz (von 1902) stellt eingehende Kontrollvorschriften der Schaumweinfabriken auf (§§ 7 ff.) und enthält Strafbestimmungen gegen Defraudation (§§ 15 ff.).

9. Eine Nachsteuer in Höhe von 50 Pfennigen bestimmt Art. 4 (Gesetz 1909) für den Schaumwein, der sich am 1. August 1909 außerhalb der Erzeugungsstätte oder einer Zollniederlage befand.

10. Der Etat von 1911 setzt die Einnahme der Schaumweinsteuer mit 11,8 Millionen an.

VII. Zündwarensteuer

(Gesetz vom 15. Juli 1909 — RGBl. S. 814 ff. — ergänzt durch Gesetz vom 6. Juni 1911).

1. Gegenstand. Zum Verbrauch im Inlande bestimmte Zündwaren unterliegen einer Verbrauchsabgabe (§ 1).

2. Höhe der Steuer: Für Zündhölzer, -spänchen, -stäbchen in Schachteln unter 30 Stück — 1 Pfennig, 30—60 Stück — 1½ Pfennig. Für Kerzchen aus Stearin, Wachs usw. 5 Pfennige pro Schachtel bis 20 Stück; sonst für je 20 Stück 5 Pfennige (§ 2).

3. Zeit der Entrichtung: Vor dem Übergang der Zündwaren in den freien Verkehr des Inlandes aus den Herstellungsräumen oder den Steuerlagern.

4. Verpflichtung zur Zahlung trifft den Hersteller (§ 5).

5. Befreiung haben die unter Steueraufsicht ausgeführten oder vernichteten Zündwaren (§ 9).

6. Verpackung der Zündwaren, sowie Bezeichnung des Herstellers ist vorgeschrieben (§ 10).

7. Zündwarensteuerlager zur unversteuerten Niederlegung unter amtlichem Mitverschluß sind vorgesehen (§ 11).

8. Der Eingangszoll für ausländische Zündhölzer beträgt 30 Mark für 100 kg (Zolltarif von 1902 und § 40 Gesetz).

9. Strafvorschriften treffen die Steuerhinterziehung. Geldstrafe (das Vierfache des Hinterzogenen) ev. Gefängnis (§§ 23 ff.).

VIII. Leuchtmittelsteuer.

(Gesetz vom 15. Juli 1909 — RGBl. S. 880 ff.)

1. Gegenstand: Elektrische Glühlampen und Brenner für solche; Glühkörper für Gas-, Spiritus-, Petroleum- und ähnliche Glühlampen; Brennstifte für elektrische Bogenlampen; Quecksilberdampflampen und ähnliche Lampen (§ 1).

2. Höhe der Steuer:

a) für elektrische Glühlampen und Brenner je nach Watt 5—50 Pfennig resp. 10 Pfennig bis 1 Mark pro Stück, je nachdem ob Kohlenfaden- oder Metallfadenlampen,
b) für Glühkörper 10 Pfennig pro Stück,
c) Bogenlampenbrennstifte 60 Pfennig bis 1 Mark pro Kilogramm.

3. Entrichtung der Steuer hat vor der Entfernung der fertigen Waren aus den Herstellungsräumen mittels Verwendung von Steuerzeichen an der Verpackung durch den Hersteller zu erfolgen (§ 3).

4. Stundung auf 3, bei Sicherheit auf 6 Monate ist möglich (§ 3 Abs. 4).

5. Verpackungszwang der Beleuchtungsmittel ist aufgestellt, bevor sie dem Verkehr übergeben werden (§ 6).

6. Anmeldepflicht vor Betriebseröffnung für jeden, der gewerbsmäßig steuerpflichtige Beleuchtungsmittel herstellen will (§ 8). Anzumelden sind Betriebs-, Lager- und Verkaufsräume unter gleichzeitiger genauer Beschreibung.

7. Strafvorschriften bedrohen Defrauden und Fälschung von Steuerzeichen. Für Hinterziehung das Vierfache des Betrags, für Fälschung 600 Mark (§§ 17 ff.). Umwandlung der Geldstrafe bei Nichtbeitreibbarkeit in Freiheitsstrafe bis zu 2 Jahren (§ 29).

§ 34. Die einzelnen Verkehrsabgaben.

Zu den Reichsverkehrsabgaben werden gezählt: Die Reichsstempelsteuer, die Spielkartensteuer, die Reichsstempelabgaben, die Banknotensteuer und auch die statistische Gebühr.

1. Die Wechselstempelsteuer

(Reichsgesetz vom 15. Juli 1909).

a) **Steuerpflichtige Papiere.** Der Steuer unterliegen (§§ 1, 27):

1. Wechsel (gezogene und eigene). Von mehreren im Kontext als Prima, Sekunda usw. bezeichneten Exemplaren desselben Wechsels ist das im Umlauf befindliche zu versteuern (§ 9).

2. Verpflichtungsscheine über Geld, die auf Order lauten.

3. Anweisungen auf Geldzahlungen, sofern sie indossabel sind oder Inhaberpapiere sind.

b) **Betrag der Steuer.** Die Steuer steigt mit dem Wechselbetrag. Bis 1000 Mark: 10 Pfg. für je 200 Mark. Für jedes weitere, auch nur angefangene Tausend: 50 Pfg. (§ 2).

c) **Form der Erhebung** ist Verwendung von Stempelblanketts oder Aufkleben von Stempelmarken, die vom Aussteller vor der Begebung aufgeklebt und durch Datierung entwertet werden (§ 14 Ziff. 2).

d) **Solidarische Haftpflicht für Entrichtung.** Für die Entrichtung der Abgabe sind der Reichskasse sämtliche Presonen, welche am Umlauf des Papiers im Reichsgebiet teilgenommen haben, solidarisch verhaftet (§ 5); d. h. die Strafe für Hinterziehung der Abgabe wird von jedem Beteiligten, d. i. Aussteller, Akzeptant, Indossant, Bürge, Erwerber, Veräußerer, Verpfänder (§ 6), besonders und ganz eingezogen (§ 18 Abs. 2).

e) **Strafbetrag für Hinterziehung.** Dieser beträgt das 50fache der hinterzogenen Abgabe; Umwandlung in Freiheitsstrafe findet nicht statt (§ 18 Abs. 1, § 22). Ist der hinterzogene Betrag nicht festzustellen, beträgt die Strafe 25—10000 Mark (§ 18 Abs. 3).

f) **Verjährung.** Der Anspruch auf Entrichtung des Strafstempels, desgleichen die Strafverfolgung von Hinterziehungen, verjähren in 5 Jahren (§§ 16, 23).

Anzeigepflicht für alle Behörden und Beamte (§§ 25, 26).

g) **Steuerbefreiung.** Befreit von der Stempelabgabe sind (§ 1 Abs. 2):

1. Durchgangswechsel (die vom Ausland auf das Ausland gezogen und daselbst zahlbar sind).
2. Die vom Inland auf das Ausland gezogenen kurzfristigen, im Ausland zahlbaren und vom Aussteller unmittelbar dorthin gesandten Wechsel.

h) **Reinertrag** ca. 17 Mill. Mark (für 1911).

2. Die Spielkartensteuer

(Gesetz vom 3. Juli 1878).

a) **Pflichtige Karten.** Es unterliegen derselben sämtliche im Inland hergestellte oder vom Ausland importierte Spielkarten. Spiele bis 36 Blätter zahlen 30 Pfg., darüber 50 Pfg. Ausländische Karten zahlen 60 Mark für 100 kg Eingangszoll (Schutzzoll) neben dem inländischen Stempel.

b) **Strafbestimmungen.** Ungestempelte Spiele unterliegen der Einziehung. Spieler und Wirte unterliegen wegen ihres Gebrauchs einer Strafe von je 30 Mk. pro Spiel, Spielkartenhändler 500 Mk.

c) **Fabrikbetrieb ist konzessionspflichtig.** Die Errichtung von Spielkartenfabriken unterliegt der Konzession, dieselbe hängt von der Möglichkeit der Beaufsichtigung ab.

d) **Handel.** Der Handel mit Spielkarten ist frei, nur der Hausierhandel verboten (§ 56 Abs. 4 GewO.).

e) **Reinertrag** ca. 2 Mill. Mark (für 1911).

3. Die Reichsstempelsteuer[1]

(Reichsstempelgesetz vom 15. Juli 1909 mit Tarif — RGBl. S. 833).

a) Durch die Finanzreform von 1909 sind die wichtigsten Verkehrsabgaben — die Reichsstempelabgaben — sowohl erhöht, wie auf weitere Objekte ausgedehnt worden. Sie setzen sich aus sehr verschieden-

---

[1] Vgl. Artikel „Reichsfinanzen" im Handwörterbuch der Staatswissenschaften Bd. 7 S. 77 (D) und Artikel „Verkehrssteuern" Bd. 8; v. Eheberg, Fin.-W., Anhang S. 479 ff.

artigen Bestandteilen zusammen. Sie treffen Anlagewerte, Lotterien, den Fuhrverkehr, Güterumsatz, Schecks und Grundstücksübertragungen. Im Etat von 1911 (RGBl. S. 127/128) figurieren sie unter Einnahme, inkl. Zuwachs- und Erbschaftssteuer und Statistischer Gebühr, mit ca. 240 Mill. Mark.

b) Im einzelnen umfaßt das Reichsstempelgesetz folgende Unterarten:

I. Die sog. **Emissionssteuer** auf Wertpapiere, d. h. die Steuer, die bei der Ausgabe von Aktien, Kuxen, Renten- und Schuldverschreibungen, Gewinnanteilscheinen und Zinsbogen erhoben wird. Hierbei hat das Gesetz von 1909 nicht nur eine Erhöhung der Steuersätze, sondern auch die sog. Talonsteuer gebracht auf den Umtausch von Zins- und Gewinnanteilscheinen (§§ 1—11).

Die Einnahme hieraus ist für 1911 auf 49 Mill. veranschlagt. (Befreit sind laut Tarif Nr. 1 u. 2 Aktien usw. inländischer gemeinnütziger Anstalten; Eisenbahnen unter Reichs-, Staats- oder sonstiger kommunaler Garantie und Schuldverschreibungen der Reichs- und der Bundesstaaten.)

II. Das Gesetz trifft weiter (§§ 12—27) die **Kauf-** und sonstigen **Anschaffungs**geschäfte über Wertpapiere oder ausländisches Geld (Tarif Nr. 4), sog. Schlußnotensteuer. Einnahme 1911: 15,4 Mill.

III. **Spiel und Wette.** (§§ 28—36; Tarif Nr. 5.)

a) Für Lotterien und Ausspielungen sind Stempelabgaben zu entrichten (20% resp. für ausländische 25%). Befreit sind Ausspielungen unter 100 Mark, mildtätige Veranstaltungen bis 25 Mille.

Ertrag 1911 ca. 45 Mill.

b) Erwähnt sei hier auch die sog. **Totalisatorsteuer.** (Gesetz vom 4. Juli 1905, betr. Wetten bei öffentlich veranstalteten Pferderennen — RGBl. S. 595.) Gemäß § 5 fließt die Hälfte des Ertrags dieser Reichsstempelabgaben den Einzelstaaten für Zwecke der Pferdezucht zu.

IV. **Frachturkunden** (§§ 37—45; Tarif Nr. 6). Konnossemente und Frachtbriefe sind im Seeschiffsverkehr mit 1 Mark, im Hafenverkehr der Nord- und Ostsee mit 10 Pfg., im Binnenschiffsverkehr mit 20 bis 40 Pfg. zu stempeln. Einnahme 1911 ca. 15 Mill.

V. **Personenfahrkarten** (§§ 46—55; Tarif Nr. 7). Einer Abgabe unterliegen Fahrkarten, Fahrscheine und sonstige Ausweise über erfolgte Zahlung des Personenfahrgeldes im Eisenbahn-, Straßenbahn- und Schiffsverkehr auf inländischen Linien und Seen.

Die Höhe der Abgabe richtet sich nach dem Fahrpreise und der Wagenklasse.

Die Steuerpflicht beginnt mit dem Fahrpreise von 60 Pfg.

Befreit sind sonst ermäßigte Militär-, Schüler- und Arbeiterfahrkarten.

Die Entrichtung der Steuer obliegt den Eisenbahnverwaltungen und Dampfschiffsunternehmungen, die den Betrag vom Kartenkäufer einziehen dürfen (§ 46).

Einnahme 1911: 19,6 Mill.

VI. **Erlaubniskarten für Kraftfahrzeuge** (§§ 56—69; Tarif Nr. 8).

a) Kraftfahrzeuge, welche der Personenbeförderung dienen, dürfen zum Befahren öffentlicher Straßen nur mit bezahlter Erlaubniskarte benutzt werden (§ 56).

b) Die Erlaubniskarte gilt für 1 Jahr. Zur Lösung verpflichtet ist der Eigenbesitzer (§§ 57, 58).

c) Bei Besitz mehrerer Fahrzeuge ist für jedes eine Sonderkarte erforderlich (§ 59).

d) Die Karten enthalten die Bezeichnung des Besitzers und des Fahrzeugs und die Gültigkeitsdauer (§ 60).

e) Auf der Erlaubniskarte sind von der ausstellenden Behörde die Stempelmarken zu verwenden (§ 61).

f) Der Fahrzeugführer hat die gestempelte Erlaubniskarte stets bei sich zu führen (§ 63).

g) Die Höhe der Stempelabgabe richtet sich laut Tarif nach der Zahl der Pferdekräfte und beträgt bei 6 PS 25 ℳ und steigt bis 150 ℳ (über 25 PS). Krafträder = 10 ℳ.

h) Befreit sind Fahrzeuge, die zur ausschließlichen Benutzung im Dienste des Reichs, eines Bundesstaats oder einer Behörde bestimmt sind sowie die, welche der gewerbsmäßigen Personenbeförderung dienen.

i) Einnahme 1911: 2,3 Mill. Mark.

VII. **Vergütungen** (§§ 66—69; Tarif Nr. 9).

a) Die Aktiengesellschaften, K.-G. a. A., G. m. b. H., haben neben der Jahresbilanz eine besondere Aufstellung über die gesamten Vergütungen (Gewinnanteile, Tantiemen, Gehälter, Tage- und Reisegelder) ihrer Aufsichtsratsmitglieder anzufertigen (§ 66).

b) Diese Vergütungen unterliegen einer Abgabe von 8% (Tarif).

c) Befreit sind Gesamtvergütungen unter 5000 ℳ (Tarif).

d) Die Entrichtung der Abgabe durch Stempelmarken obliegt dem Gesellschaftsvorstand bzw. den Geschäftsführern (§§ 67, 68).

e) Einnahme 1911: 4,4 Mill. Mark.

VIII. **Schecks** (§§ 70—77; Tarif Nr. 10).

a) Im Inland ausgestellte und auf das Inland ausgestellte Schecks unterliegen einer festen Abgabe von je 10 Pf.

b) Befreit sind Postschecks.

c) Einnahme 1911: 3,7 Mill. Mark.

IX. **Grundstücksübertragungen** (§§ 78—90; Tarif Nr. 11).

a) Beurkundungen der Eigentumsübertragung von inländischen Grundstücken und Erbbaurechten unterliegen einem Stempel von $1/3$%. Auch Zwangsversteigerungen sind betroffen.

b) Befreit sind Übergänge bei Erbauseinandersetzungen; Überlassungsverträge zwischen Eltern und Kindern; der Landesfürst und die Landesfürstin (§ 84).

c) Einnahme 1911: 43,7 Mill. Mark.

---

4. Die Zuwachssteuer

(G. vom 14. Februar 1911, RGBl. S. 33).

a) **Objekt.** Diese Steuer trifft die ohne Zutun gewonnene Bereicherung, die daraus entsteht, daß jemand ein Grundstück über den Anschaffungspreis hinaus verkauft. Auch Berechtigungen, für welche Grundstücksnormen gelten, sind betroffen. Ausgenommen sind unbewegliche Bergwerksanteile (§§ 1, 2, 8).

b) **Befreiungen.**

α. Der Eigentumsübergang bleibt frei, wenn der Versteigerungspreis bei bebauten Grundstücken nicht mehr als 20 Mille, bei unbebauten nicht mehr als 5 Mille beträgt. (Mit Gartenhäusern, Schuppen usw. vorübergehend belegte Grundstücke gelten als unbebaut.)

Voraussetzung für diese Steuerfreiheit ist, daß der Veräußerer und sein Ehegatte im letzten Jahre nicht mehr als 2000 Mark Einkommen gehabt haben und nicht gewerbsmäßigen Grundstückshandel betreiben (§ 1 Abs. 2).

β. Erbanfälle, Schenkungen (die von der Erbschaftssteuer betroffen werden), Anfälle infolge ehelicher Gütergemeinschaft oder Erbauseinandersetzung, Erwerbungen in gerader Verwandtenlinie, Einbringungen in Gesellschaften, die nur vom Veräußerer und seinen Abkömmlingen oder unter Miterben geschlossen werden, Austausche zum Zwecke der Flurbereinigung usw. (§ 7).

γ. Frei sind ferner: der Landesfürst und die Landesfürstin, das Reich, die Bundesstaaten und Gemeinden, Kolonisationsvereinigungen mit sozialen Tendenzen für die unteren Klassen (§ 30).

c) Umgehungsversuche trifft der § 3, indem Illationen von Grundstücken in Gesellschaften aller Art (ausgenommen Aktiengesellschaften) dem Eigentumsübergange gleichgestellt werden.

d) Steuerpflichtiger Wertzuwachs ist der Unterschied zwischen dem Erwerbs- und dem Veräußerungspreis.

Als Preis gilt die Gesamtheit aller Gegenleistungen.

Bei Zwangsversteigerungen ist Preis das Meistgebot, auf welches der Zuschlag erteilt wird mit den Übernahmen.

Vom Veräußerer übernommene Lasten, Maschinen kommen vom Preis in Abzug.

Ist ein Preis nicht vereinbart oder nicht zu ermitteln, so tritt an dessen Stelle der gemeine Wert des Grundstücks (§§ 8—11).

Die §§ 14 ff. bringen eine kasuistische Aufstellung dessen, was als Kosten, Aufwendungen usw. dem Veräußerungspreise hinzuzurechnen oder von ihm in Abzug zu bringen ist.

e) Die Steuerpflicht wird begründet durch Eintragung der Rechtsänderung ins Grundbuch oder in öffentliche Bücher ev. durch das obligatorische Veräußerungsgeschäft, falls nicht innerhalb Jahresfrist seit demselben die Eigentumsübertragung erfolgt (§§ 4, 5).

f) **Höhe der Steuer** (§ 28).

Der Steuersatz beträgt 10—30% des ermittelten Wertzuwachses (vgl. d).

Berücksichtigt werden dabei sowohl die Höhe der Wertsteigerung als auch die Schnelligkeit ihres Eintritts.

Steuerbeträge unter 20 Mark werden nicht erhoben.

g) Zahlungspflichtig ist derjenige, dem das Eigentum am Grundstück vor dem die Steuer begründenden Vorgange zustand (§ 29). (Mehrere haften als Gesamtschuldner.)

Kann die Steuer vom Veräußerer nicht beigetrieben werden, so haftet der Erwerber bis 2% des Veräußerungspreises (§ 29 Abs. 2). Keine Erwerberhaftung bei der Zwangsversteigerung.

h) **Verfahren** (§§ 35 ff.).

α. Für die Verwaltung und Erhebung der Zuwachssteuer sind die Bundesstaaten zuständig (Veranlagung in Preußen von den Gemeindevorständen in den Städten, auf dem Lande vom Kreisausschuß).

β. Anmeldepflicht. Veräußerer und Erwerber haben jeden steuerpflichtigen Rechtsvorgang binnen Monatsfrist der zuständigen (Landes-) Behörde anzumelden (§ 37).

Außerdem haben Grundbuchämter, Registerbehörden, Notare den Steuerbehörden von den Eintragungen und Beurkundungen Mitteilung zu machen (§ 38).

γ. Der Veräußerer hat der Steuerbehörde eine Zuwachssteuererklärung auszufertigen, welche alle für die Steuer in Betracht kommenden Umstände ersichtlich macht (§ 39).

Bei Bedenken beanstandet die Behörde die Angaben und fordert Gegenerklärung, ev. nimmt sie selbst Ermittlungen vor und setzt danach die Steuer fest (§ 40).

Alle Behörden usw. sind den Steuerbehörden zur Rechtshilfe verpflichtet (§ 41).

δ. Nach Berechnung der Zuwachssteuer erfolgt ein Steuerbescheid mit der Anweisung der Steuerentrichtung binnen bestimmter Frist (mindestens ein Monat). Im Bescheid sind auch die Rechtsmittel, Fristen dafür und Behörden anzugeben (§ 43).

ε. Rechtsmittel gegen den Steuerbescheid:

1. Beschwerde (falls landesrechtlich nicht ausgeschlossen),
2. das Verwaltungsstreitverfahren, ev. der Rechtsweg.

Für 1. Frist von 1 Monat, für 2. die landesrechtlichen Fristen, sonst 1 Monat (§§ 44—46).

ζ. Zur Vermeidung von Härten sind Teilzahlungen zu gestatten. Zwangsversteigerung gegen einen Deutschen ist ohne dessen Zustimmung ausgeschlossen (§§ 48, 49).

i) **Strafen** (§§ 50—55).

Nichtanmeldung oder wissentliche Falschmeldung steuerpflichtiger Vorgänge wird mit Geldstrafe bis zum Vierfachen der Zuwachssteuer geahndet.

Bei Nichtabsicht der Hinterziehung tritt ev. Geldstrafe bis 600 Mark ein. Tätige Reue macht straflos.

Unabhängig von der Strafe wird natürlich die Zuwachssteuer selbst erhoben.

k) **Verjährung** des Anspruchs auf Zuwachssteuer tritt nach zehn Jahren seit Jahresschluß der Anspruchsentstehung ein (§ 57).

l) **Steuerverteilung** (§ 58).

Von dem Zuwachssteuerertrage erhält das Reich 50%; weitere 10% erhalten die Bundesstaaten als Entschädigung für die Verwaltung und Erhebung der Steuer; die restlichen 40% fließen den Gemeinden oder Gemeindeverbänden zu, in deren Bereich sich das Grundstück befindet.

Gemäß preuß. AusfG. §§ 3, 4 fließen den kreisangehörigen Gemeinden nur $^2/_3$, bei Gemeinden über 15 Mille Einwohner $^3/_4$ dieses Betrages zu. Den Rest und den auf die Gutsbezirke entfallenden Teil erhält der Kreis.

m) **Zuschläge** (§ 59).

Die Gemeinden sind berechtigt (mit Genehmigung der Landesregierung), zu dem ihnen zufließenden Steueranteil Zuschläge — bis 100% — zu erheben.

Reichssteuer und Zuschlag dürfen zusammen 30% der Wertsteigerung nicht übersteigen.

n) **Übergangsbestimmungen.**

α. Die Besteuerung unterbleibt, wenn das Veräußerungsgeschäft vor dem 1. Januar 1911 perfekt war (§ 63).

β. Liegt der für die Bemessung des Wertzuwachses maßgebende Erwerbsvorgang vor dem 1. Januar 1885, so tritt an die Stelle des Preises der Wert des Grundstücks an diesem Tage (§ 17 Abs. 4).

γ. Liegt der letzte steuerpflichtige Vorgang mehr als 40 Jahre vor dem Eintritt der Steuerpflicht zurück, so gilt als Erwerbspreis der Wert des Grundstücks 40 Jahre vor dem Eintritt der Steuerpflicht (§ 17 Abs. 3).

5. Die Erbschaftssteuer[1]

(G. vom 3. Juni 1906, RGBl. S. 654 als Anlage 4 des G., betr. Ordnung des Reichshaushalts und die Tilgung der Reichsschuld; dazu G., betr. Änderung im Finanzwesen, vom 15. Juli 1909 Art. I § 5 Abs. 1).

A. **Allgemeines.**

a) **Wesen** der Erbschaftssteuer. Die Erbschaftssteuer wird beim Erwerb einer Erbschaft erhoben. Sie ist demnach eine Steuer vom Erwerb von Todes wegen.

Steuerquelle ist die bereinigte Erbmasse. Steuerpflichtig ist jeder, der als Erbe, Pflichtteilsberechtigter, Legatar etwas aus dem Nachlaß überkommt.

Obwohl sie — da der Vermögensverkehr getroffen wird — zu den indirekten Steuern gehört, nähert sie sich doch der direkten Steuer, da sie nach der Höhe der Erbschaft bemessen wird, mithin wie eine Vermögenssteuer wirkt.

b) **Für** und **Wider.**

α. Mannigfache Theorien sind zur Begründung der Erbschaftssteuer aufgestellt: Mit dem Ausfluß des staatlichen Erbrechts, als Folge des staatlichen Mit- oder Obereigentums hat man sie erklären wollen.

β. Die Gegner der Erbschaftssteuer führen die Nichtberechtigung des Staates an, in Erbrechtsverhältnisse einzugreifen, weil Erbrecht Familiensache sei und die Familie älter wie der Staat wäre.

Sodann treffe die Erbschaftssteuer kein neues Vermögen, da nur ein Besitzerwechsel stattfinde. Insbesondere trete keine Bereicherung ein, wenn Familienerbgang stattfinde, denn hier finde gar kein Ver-

[1] Nach v. Eheberg, Fin.-Wissensch., 9. Aufl., S. 310 ff.

mögenszuwachs statt, da die Erben das Erbschaftsvermögen schon bei Lebzeiten des Verstorbenen mit diesem gemeinsam besessen und genossen hätten (vgl. dieselbe Idee bereits im Gaius II 156—157 und Dig. 28, 2 L. 11).

Volkswirtschaftliche Stimmen bekämpfen die Erbschaftssteuer als eine Verringerung des Vermögensstammes.

γ. Zur Rechtfertigung der Erbschaftssteuer wird andererseits angeführt, daß Erbteile und Vermächtnisse einen Leistungszuwachs bedeuten. So gut wie man erarbeitete Leistungsfähigkeit besteuere, dürfe man diese häufig unverdienten Zuwüchse, die Lotteriegewinnen vergleichbar seien, nicht steuerfrei lassen.

Mit der Erbschaftssteuer würden — gewissermaßen als Ergänzungssteuer — nicht selten Vermögensbestandteile getroffen, die, wie z. B. kostbare Einrichtungen, Gemälde, Schmucksachen, sonst unbesteuert blieben.

Vor allem aber wird betont, daß die Erbschaftssteuer ein sicheres Kontrollmittel der Steuererklärungen bezüglich der Einkommens- und Vermögenssteuer bilde und Hinterziehungen entgegenwirke.

Schließlich kommt die praktische Erwägung in Frage, daß die durch die Erbschaftssteuer eingehenden und benötigten Summen sonst durch andere vielleicht ungerechtere Steuern aufgebracht werden müßten.

Auch mancherlei sonstige Vorzüge der Erbschaftssteuer sprechen für sie: sie gestattet eine sichere Erfassung des Steuerobjekts, eine leichte Veranlagung und Erhebung. Dem Steuerpflichtigen stehen im Moment der Erhebung Mittel zu Gebote. Die Erbschaftssteuer ist eine der wenigen Steuern, die keine Überwälzung zulassen. Die sonst schon erforderlichen Vermögensverzeichnisse erleichtern dem Erben die Deklaration.

c) Die Erbschaftssteuer hat sich auf den gesamten Nachlaß, Immobilien, Mobilien, Forderungen nach ihrem gemeinen Werte zu erstrecken. Nutzungen werden kapitalisiert.

Ein Unterschied zwischen Testaments- oder Intestaterbfolge hat nicht statt.

d) Nach dem Umfang der subjektiven Steuerpflicht unterscheidet man

die allgemeine Erbschaftssteuer und
die beschränkte Kollateralsteuer.

Ersterer unterliegen alle Verwandten (inkl. Ehegatten), letzterer nur die Seitenverwandten.

Der Grundsatz der allgemeinen Besteuerung wird für die erstere sprechen (auch die Kontrolle tut das).

Eine allmähliche Progression, Freiheit geringerer Anfälle, Berücksichtigung mehrerer kurzfristiger Erbfälle werden hier Härten wohl vermeidbar machen.

e) **Schenkungen.** Schon um Umgehungen entgegenzutreten, bedarf die Erbschaftssteuer einer Ergänzung auf Schenkungen, insbesondere solcher von Todes wegen. Diese werden zumeist durch die Erbschaftssteuern mitbetroffen, so daß der Schenkungssteuer im engeren Sinne nur die Schenkungen unter Lebenden unterliegen.

B. **Das deutsche Erbschaftssteuergesetz.**

a) Die Erbschaftssteuer war früher eine große Verschiedenheiten zeigende Landessteuer und ist erst im Verlaufe der Reichsfinanzreform zur Reichssteuer gemacht.

b) Um die Bundesstaaten einigermaßen für den Ausfall zu entschädigen, war ihnen durch das Gesetz von 1906 $^1/_3$ des Rohertrages der Steuer überlassen. Das ist jetzt durch Art. I § 5 Abs. 1 des G. vom 15. Juli 1909, betr. Änderung im Finanzwesen, auf $^1/_4$ herabgesetzt.

Den Bundesstaaten bleibt außerdem überlassen, für eigene Rechnung **Zuschläge** zu der nach den Vorschriften des Reichsgesetzes veranlagten Steuer zu erheben (§ 58).

Sie können ferner die Steuer auf die Deszendenten und Ehegatten — d. h. auf die von der Reichssteuer nach § 11 Abs. 4 a—e befreiten Personen — erstrecken (§ 59). Deszendenten besteuern z. B. die Hansestädte und Elsaß-Lothringen. Letzteres auch die Ehegatten.

c) **Gegenstand** der Erbschaftssteuer ist der Erwerb von Todes wegen (§ 1).

Als solcher Erwerb gilt alles, was aus Erbfolge, Vermächtnis, Pflichtteil, aus Auflagen, Vorwegempfang, der auf den Pflichtteil anzurechnen ist, aus Erbverzichts-Abfindung, Eintritt eines Lehens- oder Fideikommißfalls, aus Familienstiftungen, aus Geschäften des Erblassers zugunsten Dritter für den Todesfall erworben wird (§§ 1—4).

Schenkungen unter Lebenden unterliegen der gleichen Steuer wie der Erwerb von Todes wegen. Hierher zählt auch der Erwerb aus der einer Schenkung beigefügten Auflage, desgleichen das, was bei einer Stiftung unter Lebenden vom Stifter der Stiftung zugesichert und auf sie übergegangen ist (§ 55).

An Stelle der Verhältnisse des Erblassers und des Erwerbers werden die des Schenkers und des Beschenkten berücksichtigt.

d) **Räumliche Herrschaft des Gesetzes** (§§ 5—9).

α. Ist der Erblasser oder Schenker zur Zeit des Anfalls ein Deutscher oder Angehöriger eines Bundesstaates, so unterliegt das ganze bewegliche Vermögen, auch das ausländische, der Steuer. Bei letzterem wird auf Antrag die nachweislich im Auslande gezahlte Abgabe auf die Erbschaftssteuer eingerechnet. Keiner Besteuerung unterliegt das im Schutzgebiete befindliche bewegliche Vermögen, wenn der Erblasser zur Zeit seines Todes im Schutzgebiet Wohnsitz oder gewöhnlichen Aufenthalt hatte (§ 5 Abs. 1).

β. Das Vermögen eines ausländischen Erblassers unterliegt der Steuer nur, insoweit es sich im Inlande befindet und der Erblasser hierselbst zur Zeit seines Todes seinen Wohnsitz oder Aufenthalt hatte (§ 6 Abs. 1).

Das im Inlande befindliche Vermögen eines ausländischen Erblassers, der weder Wohnsitz noch seinen gewöhnlichen Aufenthalt in einem Bundesstaate hatte, unterliegt insoweit der Steuer, als der Erwerber zur Zeit des Anfalls im Inlande seinen Wohnsitz oder gewöhnlichen Aufenthalt hat (§ 6 Abs. 2).

Die Besteuerung unterbleibt, wenn im Heimatlande des Erblassers in reziproker Weise der Nachlaß eines Deutschen auch nicht besteuert wird (§ 6 Abs. 3).

γ. Von inländischen Grundstücken und ihnen gleichstehenden Berechtigungen wird die Steuer erhoben ohne Unterschied, ob der Erblasser Deutscher oder Ausländer war, ob er im Inland Wohnsitz hatte oder nicht (§ 7 Abs. 1).

Ausländische Grundstücke gehören nicht zur steuerpflichtigen Masse (§ 7 Abs. 2).

δ. Ein Gegenstand gilt als im Inland befindlich, wenn für ihn ein zur Eintragung der Berechtigten bestimmtes Buch oder Register von deutschen Behörden geführt wird, desgleichen gelten Ansprüche als im Inland befindlich, wenn für die Klage ein deutsches Gericht zuständig ist (§ 8).

e) **Betrag der Erbschaftssteuer** (§ 10).

α. Die Steuersätze sind sowohl nach dem Grade der Verwandtschaft als nach der Höhe des Erwerbes abgestuft.

α. Die Steuer beträgt:

I. **4%** für leibliche Eltern, voll- und halbbürtige Geschwister und deren Abkömmlinge ersten Grades.

II. **6%** für Großeltern und sonstige Voreltern, Schwieger-, Stiefeltern und -kinder, Geschwisterabkömmlinge zweiten Grades, uneheliche, vom Vater anerkannte Kinder und deren Abkömmlinge für Adoptierte und deren Abkömmlinge soweit sich der Adoptionsvertrag auf sie erstreckt.

III. **8%** für Geschwister der Eltern und Verschwägerte im zweiten Grade der Seitenlinie.

IV. **10%** in den übrigen Fällen.

γ. Die Steuer ist leicht progressiv: Bei Anfällen
von über 20 Mille wird das $1^1/_{10}$fache der Steuer,
von über 30 Mille wird das $1^2/_{10}$fache usf. erhoben,
bis bei Anfällen von mehr als 1 Mill. Mark das $2^1/_2$fache der regulären Sätze erhoben wird.

Die Steuer steigt demgemäß in den vier Klassen bis auf 10, 15, 20 und 25% (Quarta Millionaria).

Bei Steuerpflichtigen der Klasse I beginnt diese Steigerung erst, wenn der Wert des Erwerbes 50 Mille Mark übersteigt.

f) **Befreiungen. Herabsetzungen** (§§ 11 ff.).

α. Verwandte.

αα. Völlig steuerfrei bleibt der Anfall an:

1. Eheliche Kinder und deren Abkömmlinge,
2. uneheliche Kinder und deren Abkömmlinge für Anfälle von der Mutter her,
3. Ehegatten.

ββ. Eltern, Voreltern, uneheliche vom Vater anerkannte Kinder und Adoptierte bleiben frei, sofern der Wert des Erwerbes nicht 10 Mille übersteigt.

γγ. Die anderen Verwandten der Klasse I und II für den Erwerb von Haushaltungsgegenständen, soweit der Wert nicht 5000 Mark übersteigt.

β. Nichtverwandte. Personen, die in einem Dienst- oder Arbeitsverhältnisse zum Erblasser gestanden haben, bleiben frei, sofern der Wert des Erwerbes nicht 3000 Mark übersteigt.

γ. Sonstige Fälle. Frei bleiben:

1. Ein Erwerb von nicht mehr als 500 Mark;
2. der vom Erben aus § 1969 BGB. den Angehörigen des Erblassers zu gewährende Unterhalt (Dreißigste);
3. Befreiungen von Schuld wegen Notlage des Schuldners;
4. Anfälle an Familienstiftungen auf Grund eines Stiftungsgeschäfts von Todes wegen;
5. befreit sind auch der Landesfürst und die Landesfürstin (§ 13).

δ. **Herabgesetzt** ist die Steuer auf 5% (§ 12):

1. Für Erwerb der inländischen Kirchen, Stiftungen, Gesellschaften, Vereinen, Anstalten mit mildtätigen, gemeinnützigen Zwecken,
2. für Zuwendungen zu solchen allgemeinnützigen Zwecken innerhalb des Deutschen Reichs oder der Schutzgebiete,
3. für Erwerb, der Kassen oder Anstalten anfällt, welche die Unterstützung von solchen Personen und deren Familienangehörigen bezwecken, die zu dem Erblasser in einem Dienst- oder Arbeits-

verhältnis gestanden haben bzw. in einem wirtschaftlichen Unternehmen, bei dem der Erblasser beteiligt war, beschäftigt sind.

In diesen drei Fällen sind Vermögensvorteile von nicht mehr als 5000 Mark überhaupt steuerfrei.

ε. Eine Ermäßigung tritt auch beim Anfall land- und forstwirtschaftlicher Grundstücke ein: Ein Viertel der Steuer bleibt unerhoben (§ 15 Abs. 1).

Steuerpflichtige der Klasse I (§ 10 Abs. 1 Ziff. I) genießen Befreiung von der Steuer, wenn die Grundstücke im Laufe der dem Anfall vorhergehenden fünf Jahre der Erbschaftssteuer unterlegen waren und Ermäßigung um die Hälfte, wenn der frühere Steuerfall zwar mehr als fünf, aber nicht über zehn Jahre zurückliegt (§ 15 Abs. 2; vgl. auch § 47 Abs. 2; vgl. unten).

Auch hier kommen (wie überhaupt § 9) Schulden und Lasten in Abzug.

g) **Ermittlung des Wertes der Masse** (§§ 16 ff.).

α. Der Ermittlung des Betrags der Masse wird der Wert, bei Grundstücken der Ertragswert zur Zeit des Anfalls zugrunde gelegt.

Ertragswert ist das 25fache des ordnungsmäßig nachhaltig erzielten Reinertrags (§ 16 Abs. 2).

β. Der Wert von Leibrenten oder sonstigen auf Lebenszeit beschränkten Nutzungen wird nach dem Lebensalter des Empfängers berechnet. Vom 25. bis mehr als 80. Lebensjahr fällt die Skala vom 20fachen bis zum 4fachen des einjährigen Nutzungswertes (§ 18).

h) **Bedingter Erwerb. Bedingte Belastung. Unsichere Rechte.**

1. Suspensiv bedingter Vermögenserwerb unterliegt der Steuer erst bei Eintritt der Bedingung (§ 21).

Auflösend bedingter Vermögensanfall wird wie unbedingter behandelt, doch wird bei Eintritt der Bedingung die Steuer bis auf den der wirklichen Bereicherung entsprechenden Teil erstattet (§ 21 Abs. 2).

2. Aufschiebend bedingte Lasten, die den Massewert mindern, bleiben unberücksichtigt. Bei Eintritt der Bedingung wird die gezählte Steuer entsprechend erstattet (§ 22).

Auflösend bedingte Lasten werden wie unbedingte in Abzug gebracht. Eventuell tritt Nachforderung ein.

3. Ungewisse, unsichere Rechte kommen zu ihrem mutmaßlichen Werte in Ansatz, wobei der Pflichtige ein Vorschlagsrecht hat. Einziehung der Steuer resp. Nachforderung oder Erstattung bleibt dem definitiven Ausgang vorbehalten.

i) **Berechnung der Erbschaftssteuer** (§§ 28 ff.).

1. Die Erbschaftssteuer wird nach dem ganzen Erwerbe jedes einzelnen Beteiligten für diesen besonders unter Berücksichtigung seines Verhältnisses zum Erblasser berechnet (§ 28 Abs. 1).

2. Sie kommt nur von dem Betrag zur Erhebung, um welchen der Erwerber durch den Anfall bereichert ist (§ 29 Abs. 1). Eine Berücksichtigung der confusio hat nicht statt. Gewisse Kosten, Beerdigung, Grabdenkmal, (angemessen) Kosten der Nachlaßregulierung kommen in Abzug (§ 29 Abs. 3), desgleichen die Verwendung für Auflagen (§ 30).

3. Eine **Pauschversteuerung** ist auf Antrag durch die oberste Landesfinanzbehörde zuzulassen, derart, daß von der genauen Ermittlung der Masse abgesehen und ein Pauschbetrag für die Erbschaftssteuer angesetzt wird (§ 44).

k) **Haftung für die Erbschaftssteuer** (§§ 31 ff.).

1. Die Erbschaftssteuer ist im Prinzip vom Erwerber, bei kirchlichen und allgemeinnützigen Zuwendungen aber vom Beschwerten zu entrichten (§ 31 Abs. 1).

Neben dem Erwerber haftet auch der Erbe als Gesamtschuldner (§ 31 Abs. 2).

2. Eine persönliche Haftung tritt ein für gesetzliche Vertreter, Verwalter, Testamentsvollstrecker usw., welche die Masse vor Entrichtung der Steuer ausantworten (§ 32).

l) **Erhebung und Verwaltung** der Erbschaftssteuer erfolgt durch den Bundesstaat des letzten Wohnsitzes des Erblassers. Bei mehreren ist der letzte Aufenthalt maßgebend (§ 33 Abs. 1).

Für die Verwaltung werden Erbschaftssteuerämter von den Landesregierungen errichtet (§ 34).

Diese unterstehen besonderen Oberbehörden.

m) **Anmeldung des Erwerbes** liegt jedem binnen drei (bei Auslandsaufenthalt sechs) Monaten ob, dem ein steuerpflichtiger Erwerb anfällt, es sei denn, daß derselbe auf einer vor deutschen Gerichten oder Notaren eröffneten Verfügung von Todes wegen beruht (§ 36).

Außerdem muß der zur Anmeldung Verpflichtete auf Verlangen des Amts noch eine spezifizierte **Erbschaftssteuererklärung** nach amtlichem Muster einreichen, unter der Versicherung, daß die Angaben nach bestem Wissen und Gewissen gemacht sind (§ 37).

Standesämter, Gerichte, Notare, Verwaltungsbehörden haben durch Mitteilungen die Erbschaftssteuerämter zu unterstützen (§ 40).

n) **Erbschaftssteuerbescheid.**

1. Nach Berechnung der Erbschaftssteuer erteilt das Amt einen Bescheid, welcher außer den Angaben über die Masse usw. auch den Betrag der zu entrichtenden Steuer angibt und die Frist für deren Entrichtung (mindestens ein Monat) bestimmt (§ 45 Abs. 1).

2. Durch verzögerte Erbauseinandersetzung darf die Zahlung der aus dem Nachlasse zu entnehmenden Steuer nicht aufgehalten werden (§ 45 Abs. 2).

3. Beschwerde gegen den Bescheid ist binnen Monatsfrist beim Amt selbst oder beim Oberamt einzulegen.

Gegen die Entscheidung des Oberamts gibt es weitere Beschwerde binnen zwei Monaten bei der obersten Landesfinanzbehörde (§ 46).

o) **Stundung.** Um Härten zu vermeiden, kann die Steuerzahlung gegen Sicherheit gestundet werden (§ 47).

Bei Grundstückserwerb ist die Zahlung in zehn Jahresteilbeträgen möglich. Eventuell wird auf das Grundstück eine Sicherungshypothek (BGB. §§ 1184 ff.) eingetragen (§ 47 Abs. 2).

p) **Strafen.**

1. Für nicht rechtzeitige Einreichung der Anmeldung und Steuererklärung trifft den Pflichtigen eine Geldstrafe im Werte der zwei- bis vierfachen Steuer resp., falls diese nicht festgestellt werden kann, eine Geldstrafe bis 20 Mille (§ 49).

2. Liegt nicht die Absicht der Hinterziehung dabei vor, kann Ordnungsstrafe bis 150 Mark eintreten (§ 49 Abs. 2).

3. Hinsichtlich des Strafverfahrens kommen die sich auf die Zollstrafen beziehenden Vorschriften zur Anwendung (§ 51).

4. Die festgesetzten Geldstrafen fließen in die Bundesstaatskasse (§ 51 Abs. 2).

5. Umwandlung der Geldstrafen in Freiheitsstrafe findet nicht statt (§ 52).

q) **Kosten** erwachsen aus dem Verfahren in Erbschaftssteuerangelegenheiten nicht (§ 53).

r) **Verjährung** des Anspruchs der Staatskasse auf die Erbschaftssteuer tritt in zehn Jahren ein seit Jahresschluß der Anspruchsentstehung (§ 54).

s) **Rechtsweg.** In Ansehung der nach den Vorschriften dieses Gesetzes zu entrichtenden Steuer ist der Rechtsweg zulässig mit Ausnahme der Stundungsfrage.

Klagefrist seit Zahlung resp. Stundung sechs Monate. Die Frist ist aus §§ 203, 206, 207 BGB. gehemmt.

Ausschließliche Zuständigkeit der Landgerichte ohne Wertrücksicht. Revision geht an das Reichsgericht.

t) Die **Einnahmehöhe** aus der Erbschaftssteuer war im Entwurf des Gesetzes auf 72 Millionen (zirka das dreifache der bisherigen deutschen Erbschaftssteuern) veranschlagt, doch figuriert sie im Etat 1911 (RGBl. S. 128) nur mit 39 Millionen.

6. **Die Banknotensteuer** (Bankgesetz vom 14. März 1875 § 9; ergänzt Art. 2 G. vom 1. Juni 1909, RGBl. S. 515).

a) Von dem Überschusse, um den der Notenumlauf einer Bank ihren Barvorrat und den für sie festgestellten (kontingentierten) Betrag übersteigt, hat sie jährlich 5% an die Reichskasse zu entrichten (§ 9).

b) Die Banken haben viermal monatlich eine Aufstellung des Notenumlaufs zwecks Feststellung der Steuer zu fertigen (§ 10).

c) Art. 2 Gesetz 1909 setzt das Kontingent der Reichsbank auf 750 Millionen, den Gesamtbetrag auf 818771000 Mark fest.

d) Steuereinnahme laut Etat 1911: 507000 Mark.

7. Die **Statistische Gebühr** wird im Interesse der Statistik des Warenverkehrs mit dem Auslande erhoben in Wechselstempelmarken. 5 Pf. pro Stück Vieh, 10 Pf. für 500 kg verpackter oder 1000 kg unverpackter Waren und für 10000 kg Massengüter (Reichsgesetz 1879 ergänzt 7. Februar 1906 — RGBl. S. 104, 109 — § 11).

Die Waren, welche über die Grenzen des deutschen Zollgebiets ein-, aus- oder durchgeführt werden, sind den Amtsstellen nach Gattung, Menge, Herkunfts- und Bestimmungsland anzumelden.

Gebührenfrei sind unter Zollüberwachung versandte oder in Niederlagen für unverzollte Gegenstände gebrachte Waren, lediglich durchgeführte Waren, Ausstellungsgüter, Postsendungen und Sendungen unter 20 kg Rohgewicht (§ 12).

Einnahme laut Etat 1911: zirka $1^1/_2$ Millionen.

§ 35. Das finanzielle Verhältnis des Reichs zu den Gliedstaaten. Franckensteinsche Klausel. Matrikularbeiträge. Reichsfinanzreform.

1. **Art. 70 der RV.** Der Ertrag der Zölle und der im Art. 35 der RV. aufgeführten Verbrauchssteuern, soweit sie der Reichsgesetzgebung unterliegen, fließt gemäß Art. 38 RV. in die Reichskasse. Der Art. 70 bestimmte ursprünglich: „Zur Bestreitung aller gemeinschaftlichen Ausgaben dienen zunächst die etwaigen Überschüsse der Vorjahre und die aus den Zöllen, den gemeinschaftlichen Verbrauchssteuern und aus dem Post- und Telegraphenwesen fließenden gemeinschaftlichen Einnahmen. Insoweit die Ausgaben des Reichs durch die gemeinschaftlichen Einnahmen desselben nicht gedeckt werden, sind sie, solange

Reichssteuern nicht eingeführt sind, durch Beiträge der einzelnen Bundesstaaten nach Maßgabe der Bevölkerung aufzubringen, welche bis zur Höhe des budgetmäßigen Betrages durch den Reichskanzler ausgeschrieben werden."

Die Verfassung wollte demnach den Matrikularbeiträgen nur einen provisorischen Charakter geben. (Über die Umwandlung zu einer definitiven Einrichtung durch die lex Stengel unten.)

2. **Die Verpflichtung zur Leistung der sog. Matrikularbeiträge** beruht materiell auf der Reichsmitgliedschaft, formell auf dem Reichsetat, und war also nur subsidiär und nur provisorisch gedacht (solange Reichssteuern nicht eingeführt sind).

3. Die verfassungsmäßige Bestimmung, daß der Ertrag der Zölle und Steuern in die Reichskasse fließen solle, ist inzwischen verschiedene Male, und zwar durch ein einfaches Gesetz durchbrochen:

4. **Franckensteinsche Klausel und spätere Gesetze.** Durch § 7 des Zollgesetzes vom 15. Juli 1879 (sog. Franckensteinsche Klausel) wurde zuerst bestimmt, daß der Ertrag der **Zölle** und der **Tabaksteuer,** welcher die Summe von **130** Mill. Mark jährlich übersteigt, sodann durch das Reichsstempelgesetz vom 1. Juli 1881 und das Branntweinsteuergesetz vom 24. Juni 1887, daß der volle Reinertrag der Reichsstempelabgaben (Börsen-, Konnossement-, Lotteriestempel) und der Verbrauchsabgabe vom Branntwein zwar zunächst in die Reichskasse fließe, aber alsdann den einzelnen Bundesstaaten nach dem Maßstabe der Bevölkerung, mit welcher sie zur Leistung von Matrikularbeiträgen herangezogen werden, zu überweisen sei.

5. **Materielle Wirkung der Klausel.** Die de facto später eingeführten Reichssteuern dienen also nicht, wie die Verfassung vorsah, der Deckung gemeinschaftlicher Ausgaben, sondern zur Verteilung an die Bundesstaaten. Das ist die materielle Wirkung der lex Franckenstein.

6. **Formelle Bedeutung der Klausel.** Die formelle Bedeutung dieser eigentümlichen Finanzgebarung, den Einzelstaaten Erträge von Reichssteuern zu überweisen und ihnen andererseits wieder Matrikularbeiträge abzunehmen, lag auf finanzpolitischem Gebiete, nämlich in der ausgesprochenen Absicht, dem Reichstag eine Einwirkung auf das Reichsbudget vorzubehalten.

Die Klausel hat nämlich die Wirkung, daß die einzigen Einnahmen, des Reichs, die erst durch das Etatgesetz erschlossen werden, da sie nicht, wie die Steuern, ein für allemal gesetzlich feststehen, nämlich die Matrikularbeiträge, alljährlich durch das Etatgesetz (also unter Mitwirkung des Reichstags) festgestellt werden müssen, und zwar auch dann, wenn die gemeinschaftlichen Einnahmen an und für sich zur Deckung der Reichsausgaben hinreichen würden.

Die Erhebung von Matrikularbeiträgen sollte gemäß Verfassung nur ultima ratio sein, wenn die Reichssteuern einmal nicht zureichen würden, durch die lex Franckenstein indessen war nunmehr ein Wegfall der Beiträge ausgeschlossen.

Das Reich konnte somit nicht aus der unerwünschten Lage kommen, „ein lästiger Kostgänger der Einzelstaaten zu sein" (Bismarck 1878). Sehr gut spricht v. Eheberg (S. 485) von der künstlichen Herstellung eines „chronischen Defizits", um über Einnahmen (Matrikularbeiträge) entscheiden zu können.

7. **Ansicht v. Seydels über die Klausel.** v. Seydel (Komm. S. 391) erklärt die lex Franckenstein für „völlig bedeutungslos" unter der Ausführung, daß sie überhaupt nur auf einen Budgetkonflikt des Reichstages mit den verbündeten Regierungen gemünzt sei; in einem solchen aber auch versagen werde, da die Bundesregierungen niemals verfassungswidrig handeln würden, wenn sie freiwillig Beiträge, auch ohne daß der Reichstag sie vorher festgesetzt hätte, an die Reichskasse abführten.

Die einzige tatsächliche Wirkung der Klausel sei die, daß, wenn die gemeinschaftlichen Einnahmen für sich allein, ohne die Matrikularbeiträge, die gemeinsamen Ausgaben überstiegen, alsdann den Bundesstaaten eine Dividende nach dem Matrikularfuß zuflösse.

8. **Durchbruch der lex Franckenstein. Lex Lieber.** Die Überweisungen sowohl wie die Matrikularbeiträge haben für das Reich wie für die Einzelstaaten eine Reihe von Mißhelligkeiten im Gefolge gehabt. Für die letzteren waren sie schwankende und störende Faktoren in den Haushaltsetats, das Reich dagegen war mangels anderweitiger Einnahmen auf die Erhöhung der Matrikularbeiträge und bei deren konstanter Nichtzahlung auf Schuldenmachen angewiesen.

Um eine Tilgung der Reichsschulden anzubahnen, wurde die lex Franckenstein selbst wieder durchbrochen durch die sog. lex Lieber, vom Jahre 1896, welche, alljährlich wiederkehrend, die Tilgung der Reichsschuld im Auge hat.

9. **Tilgung der Reichsschulden.** Es wurde bestimmt, daß, insoweit die den Bundesstaaten zustehenden Überweisungen die Matrikularbeiträge übersteigen, die Hälfte (neuerdings $^3/_4$) des Überschusses zur Tilgung der Reichsschuld zurückzuhalten sei. Aus demselben Grunde wurde die ursprüngliche Summe von 130 auf 143 und später auf 170 Millionen erhöht. Es wurden dadurch ca. 140 Millionen Schulden getilgt.

10. Das **Rechnungsverhältnis** zwischen Reich und Gliedstaaten war dadurch ein ungemein kompliziertes geworden.

Zunächst liegt den Einzelstaaten die Abführung der von ihnen verwaltungsweise für die Reichskasse vereinnahmten Zölle usw. abzüglich der Erhebungskosten ob.

Das Reichsschatzamt berechnet alsdann nach dem Gesamtergebnis die den Einzelstaaten zu überweisenden Summen, welche dann von den Matrikularbeiträgen, oder umgekehrt diese von jenen in Abzug kommen.

Es ergibt sich so, was ein Einzelstaat zu bekommen oder was er zu bezahlen hat.

11. **Ungerechtigkeiten der Beitragspflicht.** Die Beiträge der Einzelstaaten werden nach Maßgabe der ortsanwesenden Bevölkerung berechnet. Eine sehr ungerechte Steuer, insofern z. B. von 30000 armen Thüringern ebensoviel aufzubringen ist, wie von ebenso vielen Bremer Handelsherren.

Die allgemeine Verpflichtung der Gliedstaaten zur Zahlung der Matrikularbeiträge ist indessen bei manchen Staaten dadurch modifiziert, daß sie einen verhältnismäßig höheren Beitrag dafür zu zahlen haben, daß gewisse prinzipiell der Reichskasse zukommende Einnahmen bei ihnen der Landeskasse verbleiben.

Neben diesen Beiträgen haben manche Staaten noch ein sog. Aversum zu entrichten für die dem Reiche entgehenden Einnahmen in den Zollexklaven.[1]

Erweisen sich die budgetmäßigen Matrikularbeiträge als unzureichend, so haben die Bundesstaaten die Verpflichtung nachzuschließen.

Demgemäß kann es, solange die deutschen Einzelstaaten solvent sind, ein wahres Defizit in der Reichswirtschaft nicht geben!

De facto sind aber zur Deckung vielfach Reichsanleihen aufgenommen, und das in den 70er Jahren schuldenfreie Reich hat jetzt ca. 5 Milliarden Schulden.

12. **Abänderung der lex Franckenstein. Beginn der Finanzreform.** Die am 3. Dezember 1903 zur Eröffnung des Reichstags verlesene Thronrede enthielt über das finanzielle Verhältnis des Reichs zu den Einzelstaaten folgenden Passus:

„Das Bedürfnis einer besseren Ordnung der Reichsfinanzen und des finanziellen Verhältnisses zwischen dem Reich und den Einzelstaaten hat sich immer mehr geltend gemacht. Wenn auch eine durchgreifende Reform zurzeit nicht erfolgen kann, soll

---

[1] Vgl. Jellinek im Artikel „Budgetrecht" H.-W.-B. III.

doch einstweilen die Beseitigung der größten Übelstände angebahnt werden.

Zu diesem Zweck wird dem Reichstag ein Gesetzentwurf, betreffend die anderweite Ordnung des Finanzwesens des Reichs, zugehen."

13. **Lex Stengel.** In Verfolg dessen erging die sog. lex Stengel vom 14. Mai 1904, betreffend Änderungen im Finanzwesen des Reichs.

a) Der § 1 des Gesetzes hebt die Überweisung eines Teils des Ertrags der Zölle und der Tabaksteuer (lex Franckenstein) auf und bestimmt, daß neben den Reichsstempelabgaben und der Branntweinverbrauchssteuer auch der Reinertrag der Maischbottich- und Branntweinmaterialsteuer den einzelnen Bundesstaaten nach Maßgabe der matrikularmäßigen Bevölkerung, mit welcher sie zum Gebiete der Branntweinsteuergemeinschaft gehören, zu überweisen sei.

b) **Art. 70 der Verfassung.** Der § 2 des Gesetzes gibt dem Art. 70 RV. folgende Fassung:

„Zur Bestreitung aller gemeinschaftlichen Ausgaben dienen zunächst die aus den Zöllen und gemeinsamen Steuern, aus dem Eisenbahn-, Post- und Telegraphenwesen sowie aus den übrigen Verwaltungszweigen fließenden gemeinschaftlichen Einnahmen. Insoweit die Ausgaben durch diese Einnahmen nicht gedeckt werden, sind sie durch Beiträge der einzelnen Bundesstaaten nach Maßgabe ihrer Bevölkerung aufzubringen, welche in Höhe des budgetmäßigen Betrages durch den Reichskanzler ausgeschrieben werden. Insoweit diese Beiträge in den Überweisungen keine Deckung finden, sind sie den Bundesstaaten am Jahresschluß in dem Maße zu erstatten, als die übrigen ordentlichen Einnahmen des Reichs dessen Bedarf übersteigen.

Etwaige Überschüsse aus dem Vorjahre dienen, insoweit durch das Gesetz über den Reichshaushaltsetat nicht ein anderes bestimmt wird, zur Deckung gemeinschaftlicher außerordentlicher Ausgaben."

c) Damit ist also der ursprünglich provisorische Charakter der Matrikularbeiträge zu einer definitiven Reichseinrichtung gemacht.

d) Der Franckensteinschen Klausel entzogen wurden nur die Zölle und die Tabaksteuer, verblieben sind ihr damals die Reichsstempelsteuer und neu unterstellt die Maischbottich- und Branntweinmaterialsteuer.

e) Jedenfalls sind durch die lex Stengel die Überweisungen derartig eingeschränkt, daß ein Überschuß über die Matrikularbeiträge kaum mehr eintreten kann.

f) Wichtig ist, daß nach dem Gesetz Überschüsse aus den Vorjahren nicht mehr zur Bestreitung ordentlicher Ausgaben, sondern nur zur Verminderung des Anleihebedarfs resp. zur Tilgung verwendet werden dürfen.

14. **Die weitere Reform aus 1906.**[1]

a) Der ungenügende Erfolg der lex Stengel, insbesondere das immer bedrohlichere Anwachsen der Matrikularbeitragsrückstände und der Reichsschulden, ergaben die Notwendigkeit der Ausdehnung der vorhandenen und der Schaffung von neuen Steuern.

b) Die gesamten 1906 neu in Kraft getretenen Steuergesetze:

1. Änderung des Brausteuergesetzes,
2. Zigarettensteuergesetz,
3. Änderung des Reichsstempelgesetzes,
4. Erbschaftssteuergesetz,

bilden Anlagen zu dem die eigentliche Finanzreform darstellenden Gesetz, betr. die Ordnung des Reichshaushaltsetats und die Tilgung der Reichsschulden vom 3. Juli 1906 (RGBl. S. 620).

c) **Einschränkung der lex Franckenstein.** Zunächst bestimmt der § 2 dieses aus acht Paragraphen bestehenden Mantelgesetzes, daß die Reineinnahmen der drei ersten Gesetze der Reichskasse verbleiben.

Somit verbleibt als Rest der Franckensteinschen Klausel heute nur noch die Reineinnahme aus der Branntweinsteuer, welche noch den Bundesstaaten überwiesen wird. (Art. I § 5 des Gesetzes, betr. Änderung im Finanzwesen, vom 15. Juli 1909.)

d) Eine **Tilgung der Reichsanleiheschuld** wurde durch den heute aufgehobenen (s. u.) § 4 des Mantelgesetzes angestrebt, indem nach dem Muster des preußischen Gesetzes vom 8. März 1897 eine regelmäßige Tilgungsquote von $^3/_5$% der jeweiligen Schuld vom Rechnungsjahr 1908 ab in den Etat eingestellt werden soll.

Man war damit insofern vorgeschritten, als an Stelle des Stengelschen Systems der freien Tilgung aus etwaigen Überschüssen das System der Zwangstilgung getreten war.

Allerdings war eine Absetzung vom Anleihesoll einer Tilgung gleichzuachten (§ 4 Abs. 1 Satz 2), und angesichts des wiederholten Anleihebedarfs und des schlechten Finanzjahres 1908 konnte eine Tilgung nicht eintreten (vgl. § 4 Etatgesetz von 1908).

---

[1] Vgl. Artikel „Reichsfinanzen“ im H.-W.-B. Bd. 7 S. 78 E und v. Eheberg a. a. O. S. 491 ff. und Grotewold, Finanzsystem des Deutschen Reichs, Leipzig 1906 (S. 100).

Neben dieser Bestimmung des § 4 blieben übrigens die Bestimmungen des Gesetzes vom 14. Mai 1904 über die Verwendung von Überschüssen zur Schuldentilgung unberührt.

e) **Die Matrikularbeiträge.**

1. Der überstarken Anspannung der Beitragspflicht infolge der schlechten Finanzlage des Reichs und der dadurch herbeigeführten prekären Finanzlage der Bundesstaaten suchte der § 3 des Mantelgesetzes von 1906 entgegenzutreten: „Soweit die nach Art. 70 RV. von den Bundesstaaten aufzubringenden Matrikularbeiträge in einem Rechnungsjahre den Sollbetrag der Überweisungen um mehr als **40** Pf. auf den Kopf der Bevölkerung übersteigen, wird die Erhebung des Mehrbetrags für dieses Rechnungsjahr ausgesetzt.

Soweit sich ein solcher Mehrbetrag auch nach der Rechnung ergibt, findet dessen Erhebung im Juli des drittfolgenden Rechnungsjahres statt."

D. h. also ungedeckte, nicht durch Überweisungen ausgeglichene Matrikularbeiträge können bis zu 40 Pf. auf den Kopf der Bevölkerung ohne weiteres in den Etat eingesetzt und ausgeschrieben werden.

Höhere und nicht durch Überweisungen gedeckte Beiträge können zwar vom Reichstage beschlossen werden, ihre Zahlung wird aber den Bundesstaaten — im Hinblick auf manche 2—3jährige Etatsperioden — gestundet, so daß sie Vorsorge treffen können.

Außerdem bleibt die Erhebung dieser höheren Beträge abhängig von den definitiven Rechnungsergebnissen.

2. Diese geplante Regelung erwies sich indessen bald als undurchführbar.

Die den Betrag von 40 Pf. auf den Kopf übersteigenden Matrikularbeiträge erreichten eine solche Höhe, daß trotz der 3jährigen Stundung eine Zahlung seitens der Bundesstaaten nicht möglich war, ohne deren finanzielle Existenz aufs äußerste zu gefährden.

3. **Löschung der aufgelaufenen Rückstände.** Der Art. I (§ 1) des Gesetzes, betr. Änderung im Finanzwesen, vom 15. Juli 1909, hob nun die Verpflichtung der Bundesstaaten aus 1906 wieder auf und übernahm (§ 2) die inzwischen bedrohlich angewachsenen Beiträge auf Anleihe.

Dagegen wurde der Satz der im Bedarfsfalle zu leistenden ungedeckten Matrikularbeiträge von 40 auf **80** Pf. für den Kopf der Bevölkerung erhöht.

Für den Fall, daß die Matrikularbeiträge nach dem Etat von 1909 den Sollbetrag der Überweisungen um mehr als $48^1/_2$ Millionen

(d. i. 80 Pf. pro Kopf) übersteigen würden, wird der Reichskanzler ermächtigt, den Mehrbetrag durch Kreditaufnahme flüssig zu machen.

Soweit diese Kreditaufnahme auch nach der Rechnung aus 1909 nicht in den Matrikularbeiträgen oder Wirtschaftsüberschüssen des Reichs Deckung findet, hat ihre Abbürdung innerhalb der Rechnungsjahre 1911—13 aus den bereitesten Mitteln des Reichs zu erfolgen (§ 2 Abs. 2).

Im Etat von 1911 sind die Matrikularbeiträge, Kap. 20 der Einnahmen, mit 212004700, die Überweisungen, Kap. 68a Ausgabe, mit 163492700 angesetzt. Mehrbetrag der Beiträge mithin 48512000 Mark (d. h. das Höchstmaß).

15. **Abschluß der Finanzreform** (1909).

a) Nachdem die Reformen von 1904 wie 1906 sich als unzulänglich erwiesen hatten, um eine Gesundung des Reichsfinanzwesens herbeizuführen, griff man im Jahre 1909 nach drei Richtungen hin zu energischen Maßregeln:

1. durch Erhöhung der Reichseinnahmen,
2. durch ausgedehntere Schuldentilgung,
3. durch die (vorhin besprochene) Regelung des Verhältnisses des Reichs zu den Bundesstaaten.

b) Zu 1. Abgesehen von der Minderung der Überweisungen an die Bundesstaaten — es bleiben, wie erwähnt, hierfür nur die Branntweinverbrauchsabgabe, 1/4 der Reichserbschaftssteuer und 10% der Wertzuwachssteuer — galt es, die Reichseinnahmen um 500 Millionen zu erhöhen.

Zu dem Zwecke wurden — nachdem im Jahre 1906 bereits die Erbschafts- und Zigarettensteuer neu eingeführt, die Reichsstempel- und die Brausteuer erweitert waren — im Jahre 1909

die Leuchtmittel- und Zündwarensteuer neu eingeführt (Artt. III u. IV Gesetz vom 15. Juli 1909),

sowie die Wechsel- und nochmals die Reichsstempelsteuer erweitert,

der Kaffee- und Teezoll erhöht (Art. II Gesetz vom 15. Juli 1909), endlich

die Branntwein-, Brau-, Tabak-, Zigarettensteuer (Art. IIIa) neu geregelt.

Die Gesetze sind alle aus dem Juli 1909 (RGBl. Stücke 39—45 S. 695—890).

Im Jahre 1911 (14. Februar) erfolgte die Zuwachssteuer (RGBl. S. 33).

Einzelnes s. oben.

c) Zu 2: **Schuldentilgung.**

α. Maßgebend ist jetzt der § 3 des Mantelgesetzes, betr. Änderung im Finanzwesen, vom 15. Juli 1909, welcher den § 4 des Gesetzes vom 3. Juni 1906, betr. Ordnung des Reichshaushaltsetats und die Tilgung der Reichsschuld mit dem 1. April 1911 außer Kraft setzt.

β. Vom 1. April 1911 ab erfolgt die Tilgung der Reichsanleiheschuld mit folgender Maßgabe:

1. Die besonderen Bestimmungen, welche für die Tilgung der zu werbenden Zwecken bereits ausgegebenen Anleihen — sog. Anlageschulden — gelten, bleiben in Kraft.

2. Zur Tilgung des vom 1. Oktober 1910 ab begebenen Schuldkapitals sind jährlich:
   a) von dem für werbende Zwecke bewilligten Anleihebetrage mindestens 1,9%,
   b) im übrigen mindestens 3%,

in beiden Fällen unter Hinzurechnung der ersparten Zinsen zu verwenden.

Ersparte Zinsen sind $3^1/_2$% der zur Tilgung aufgewendeten Summen.

3. Die danach zur Schuldentilgung erforderlichen Beträge sind jährlich durch den Etat bereit zu stellen.

4. Abschreibungen vom Anleihesoll sind einer Tilgung gleichzuachten.

Die Maßnahmen haben unverkennbar bereits den Grundstein zu einer Gesundung der Reichsfinanzen gelegt. Der weitere Fortschritt auf dem begangenen Wege — bringt doch z. B. die Erbschaftssteuer in England ca. 400 Millionen, gegen 40 bei uns — ließe eine weitere Klärung und die Möglichkeit der Erleichterung der im Volke unbeliebten einzelnen Steuern (Fahrkarten-, Zündwaren- usw.) erhoffen.

§ 36. Das Etatwesen im allgemeinen und das Reichsbudget im besonderen.

A. Allgemeines.[1]

1. Jede geordnete Finanzwirtschaft kommunaler Körperschaften erfordert ein Gleichgewicht zwischen Ausgaben und Einnahmen. Dies wird dadurch zu erreichen gesucht, daß die maßgebenden Behörden einen Wirtschaftsplan aufstellen, der eine Übersicht über den Um-

[1] Vgl. Artikel „Budget" im H.-W.-B. Bd. 3 S. 277 ff.; v. Eheberg a. a. O. § 193 (S. 411 ff.); Grotewold, Finanzsystem des Deutschen Reichs, 1906, Einleitung usw.

fang der Ausgaben und Einnahmen ergibt und damit die Grundlagen des Gleichgewichts für einen gewissen Zeitraum gewinnen läßt.

2. Auf der Grundlage des Wirtschaftsplanes wird dann der Voranschlag (Etat, Budget) für die nächste Finanzperiode entworfen.[1]

3. Der **Begriff des Budgets** ist also die bilanzierte, als Norm für die Haushaltsführung aufgestellte Übersicht der in einer bevorstehenden Finanzperiode beabsichtigten Ausgaben, sowie die zur Deckung derselben vorgesehenen Einnahmen einer öffentlichen Wirtschaft.

Man spricht von Reichs-, Staats-, Provinz-, Kreis-, Gemeindebudgets usw. und überträgt den Ausdruck auf Privatwirtschaften.

Innerhalb des Staatsbudgets spricht man auch bezüglich einzelner Teile öffentlicher Ausgaben von Budget, so Heeres-, Marinebudget usw.

4. Die **Notwendigkeit** und **Zweckmäßigkeit** des Budgets ergibt sich aus der Tatsache, daß ohne dasselbe der Überblick über die künftigen Einnahmen und Ausgaben verloren gehen und der Staat Gefahr laufen würde, die vorhandenen Mittel zu überschreiten resp. nicht dringliche Ausgaben vorzunehmen.

Für den modernen konstitutionellen Staat kommt noch hinzu, daß gerade hier die Volksvertretung ihre wirkungsvollste Mitwirkung an der Entwicklung des gesamten Staatslebens findet.

5. **Geschichtliche Entwicklung des Etatswesens.**

a) Früher als dem Etat — der Ausschau in die Zukunft — begegnet man dem Rechnungswesen, d. h. dem Nachweis über vollzogene Ausgaben und der Fixierung der den Untertanen obliegenden Leistungen, insbesondere soweit es sich um grundherrliche Gerechtsame handelte. (Land- und Lagerbücher, z. B. das domesday book Wilhelm des Eroberers 1086.)

b) Erst die Not und finanzielle Unordnung schufen das Bedürfnis nach Etats. Man mußte eine Übersicht über die zu erwartenden Einnahmen haben, um ein Bild von den möglichen Ausgaben zu gewinnen.

---

[1] Das Wort „Budget" stammt aus dem lateinischen „bulga", woraus das altfranzösische „bouge" oder „bougette" = Ledertasche abgeleitet wurde. Dies kam mit den Normannen nach England, wo daraus „budget" wurde. Der englische Schatzkanzler öffnete im Hause der Gemeinen seine Mappe, in der der Gesetzentwurf für die zu bewilligenden Subsidien enthalten war. Von England kam das Wort dann wieder nach Frankreich und in die ganze Welt. Der Ausdruck „Etat" kommt von „status" = Rechnungslegung. (In Deutschland seit dem 17. Jahrhundert.)

Insbesondere sahen sich die Fürsten, wenn sie die Stände um Beihilfen zu den Staatsausgaben angehen mußten, genötigt, eine klare Rechnung aufzumachen.

So begegnet man solchen Überschlägen bereits 1302 in Frankreich unter Philipp dem Schönen, in England 1379 unter Richard II.

c) Selbstverständlich bedeuteten diese Anfänge nur Unvollkommenes und Sporadisches.

d) Die deutschen Stände nahmen die auf solche Übersichten hin bewilligten Steuern vielfach in eigene Verwaltung, um ihrer Zuführung zu den beabsichtigten Zwecken sicher zu sein.

e) Im absoluten Staat des Mittelalters schwand wohl mit der Erstarkung der Machtfülle der Landesherren deren Abhängigkeit von den Ständen mehr und mehr, das „Bedewesen" machte regulären Steuern Platz, nichtsdestoweniger wuchs das Bewußtsein von der Notwendigkeit einer Etatisierung. Dies um so mehr, als man, insbesondere in den Städten, von der früheren Naturalwirtschaft allmählich überall zur Geldwirtschaft überging.

So wurden vom 16. und 17. Jahrhundert gerade in deutschen Territorien die Etats zur dauernden Einrichtung, allerdings zumeist einer ganz internen. Zu einer Veröffentlichung der Etats ist es vor der konstitutionellen Zeit wohl selten gekommen.

Ein Fortschritt in der formalen Entwicklung der Aufstellung (Filiation[1]) zeigt sich darin, daß man von Einzel- und Provinzialetats zu Generaletats überging.

f) **Preußen** speziell hat mit Aufstellung von Etats früh angefangen. Bereits Albrecht Achilles hat für Brandenburg schon im 15. Jahrhundert Übersichten und Voranschläge fertigen lassen nach denen er selbst und seine Beamten sich richteten.

Er führte in seiner Kammerverwaltung festbegrenzte Zeitabschnitte ein und ließ die Naturalabgaben in Geld abschätzen, um eine bessere Rechnungsführung zu ermöglichen.

Ein erster Generalfinanzetat wurde 1688 errichtet. (Kammerpräsident Knyphausen.) Dieser wurde grundlegend für die seitdem dauernd errichteten Etats.

Im Jahre **1821** wurde in Preußen der Etat zum ersten Male veröffentlicht.

6. **Die Vorbereitung des Budgets.** Der Aufbau der Voranschläge vollzieht sich von unten nach oben.

Die untersten örtlichen Verwaltungsbehörden stellen den für ihren

[1] Vom französischen filiation = Abstammung, Verkettung.

Bezirk und ihren Dienstzweig erforderlichen Aufwand und die zu erwartenden Einnahmen nach festen Regeln zusammen.

Die nächsthöhere Mittelinstanz (Regierung, Provinz) stellt die Ergebnisse der Lokalbehörden zusammen und nimmt bereits eine erste Sichtung vor.

Die Einzel- oder Elementaretats sammelt das zuständige Ministerium und stellt aus ihnen für jeden unter seiner Leitung stehenden Verwaltungszweig den Verwaltungszweigetat auf.

Die Gesamtheit dieser Verwaltungszweigetats ergibt den **Ministerialetat.**

Bei den meisten Ministerialetats handelt es sich vornehmlich um Ausgaben, weil die Einnahmen zumeist von der obersten Finanzbehörde veranschlagt werden. Diese besorgt die Abstriche, um Einnahmen und Ausgaben ins Gleichgewicht zu bringen.

Wenn indessen besondere Erwerbsbetriebe, wie Eisenbahnen, Domänen, Forsten in Frage stehen, nehmen die Ressortministerien auch die Veranschlagung der Einnahmen (unter Beteiligung des Finanzministers) vor.

Die Etats sämtlicher Ministerien und Zentralstellen ergeben den **Hauptfinanzetat.**

Dieser ist nach bestimmten Gesichtspunkten in Kapitel, Titel und Nummern, je für Ausgaben und Einnahmen, gegliedert und wird im Finanzministerium (Reichsschatzamt) zusammengestellt.[1]

Hier laufen also alle Fäden der Etatsaufstellung zusammen. Das ist der Grund für den erheblichen Einfluß eines Finanzministers auf das gesamte Staatsleben.

Bei Meinungsdifferenzen zwischen ihm und den Ressortministern über Abstreiche usw. würde das Gesamtministerium zu entscheiden haben.

In **Preußen** hat übrigens der Finanzminister aus einer Kabinettsorder von 1826 ein Veto gegen Mehrforderungen der Ressorts. Neue Forderungen oder Erhöhungen bisheriger Ausgaben dürfen in den Voranschlag nur mit seiner Zustimmung aufgenommen werden.

Es ist klar, daß sich bei den Voranschlägen für die Ausgaben eine festere Basis finden läßt, als für die Einnahmen. Erstere sind vielfach feststehend und dauernd gleich zu leisten (Beamtengehälter),

---

[1] Neben dem Hauptfinanzetat bestehen als Anlagen die sog. **Einzeletats,** welche zur Erläuterung desselben dienen und die Grundlage für die parlamentarischen Voten bilden.

Auch **Neben-** oder **Spezialetats** kommen neben dem Hauptfinanzetat vor. Sie werden für bestimmte Verwaltungszweige oder für Spezialfonds außerhalb des Finanzetats geführt.

letztere sind zumeist Einflüssen ausgesetzt, die mehr oder weniger erhebliche Schwankungen hervorrufen. Ein vorsichtiges Einsetzen ist darum das Geheimnis der Bilanzkunst.

Der **Beginn der Vorbereitung** des Budgets sollte so nahe wie möglich an die eigentliche Vorlage gerückt werden, weil die Voranschläge um so mehr der Wirklichkeit entsprechen werden, je kürzere Zeit sie vor der Beratung aufgestellt sind.

7. **Gestaltung des Budgets. Einheitlichkeit und Vollständigkeit. Ausnahmen.**

a) Das Budget zerfällt zunächst in ein **Ausgabe-** und ein **Einnahmebudget.**

Beide Teile sind zumeist wiederum gegliedert in **ordentliche** oder dauernde, und **außerordentliche** oder einmalige Ausgaben und Einnahmen.

b) Angestrebt wird ein in Ausgaben wie Einnahmen möglichst gleichartiger Rubrikenaufbau, die sog. Filiation.

c) Die Anordnung des Ausgabeetats folgt zumeist der Organisation der Ministerien.

Der Einnahmeetat ist entweder nach dem Real- oder dem Formalsystem aufgebaut. Bei ersterem werden die einzelnen Einnahmequellen nach ihrer wirtschaftlichen Zusammengehörigkeit, bei letzterem nach Ressorts, in denen sie erscheinen, gegliedert und aufgestellt.

Im Hauptfinanzetat finden sich nicht selten beide Systeme verbunden.

Durch diese Gliederung wird das Budget übersichtlich und für die parlamentarische Behandlung geeignet.

d) **Zweck und Charakter des Budgets** verlangen, daß es möglichst alle Einnahmen und Ausgaben der Staatswirtschaft ins Auge faßt und der öffentlichen Kontrolle unterstellt.

Diesem Erfordernis wird indessen nicht immer entsprochen: Es kommen neben dem Hauptfinanzetat noch

Neben- oder **Spezialetats** vor, welche für bestimmte ausgesonderte Verwaltungszweige oder für spezielle Fonds außerhalb des Finanzetats geführt werden. Die Gründe dafür sind mannigfacher Art.

Der Deutlichkeit und Übersichtlichkeit sind solche selbständigen Etats und Fonds jedenfalls sehr hinderlich, auch stören sie das Gleichmaß der verwendbaren Mittel — hier herrscht Überfluß, dort Mangel.

Indessen schon die Tatsache, daß solche Fonds oft nicht Staatseinkünfte, sondern Zuwendungen Privater sind, läßt ihr Verschwinden nicht zu. Nur wird das Bestreben dahin zu richten sein, sie dem Allgemeinbudget nach Möglichkeit einzugliedern.

Die preußische Etatssprache nennt solche namentlich im Ministerium des Kultus und des Innern erscheinende Spezialfonds: „mittelbare Staatsfonds" oder „Staatsnebenfonds" im Gegensatz zu den eigentlichen Staatseinnahmen.

Man unterscheidet dann noch, ob diese meist wohltätigen Stiftungen eigene juristische Persönlichkeit haben oder nicht.

Eingestellt werden sie jedenfalls seit 1898 sämtlich in den Etat.

e) **Fehlende Budgetposten** sind häufig unentgeltliche Naturalleistungen wie freie Dienstwohnung, Eisenbahnfahrt usw.

Manchmal sind es staatsrechtliche Besonderheiten, welche eine Unvollständigkeit des Budgets bewirken. So ist z. B. der preußische Etat in Einnahme und Ausgabe um 7719296 Mark zu klein. Das ist die dem Kronfideikommißfonds verbleibende Rente, die durch Gesetz vom 17. Februar 1820 auf die Einkünfte der Domänen und Forsten angewiesen wurde (vgl. Art. 59 PrVU.). (Es waren 2500000 Taler einschließlich 548240 Taler Gold.)

Dieser Teil der Zivilliste wird im Hauptetat gleich von dem Ertrag der Domänen und Forsten in Abzug gebracht und in den Ausgaben nicht mit aufgeführt.

f) Endlich ist noch der **Nachtragetats** zu gedenken. Sie bilden ein Anhängsel des Budgets und bringen Forderungen, welche erst nach Aufstellung des Hauptetats resp. sogar nach Verabschiedung des Etatsgesetzes entstanden sind. Sie werden sich am häufigsten bei mehrjährigen Finanzperioden zeigen.

8. **Finanzperioden. Zeitdauer des Budgets.**

a) Jedes Budget kann nur für eine bestimmte Zeitdauer aufgestellt werden (R e c h n u n g s j a h r).

b) Diese Periode ist in den größeren Staaten heute zumeist **ein** Jahr, während in kleineren Staaten noch zweijährige Perioden (so in Bayern, Sachsen, Württemberg, Baden, Braunschweig, Koburg-Gotha) und dreijährige (in Sachsen-Weimar, Oldenburg u. a.), vierjährige in Schwarzburg-Sondershausen vorkommen.

c) Der S t r e i t, ob ein- oder mehrjährige Perioden das Vorteilhaftere sind, ist und bleibt auch wohl unausgetragen, denn die historischen und politischen Entwicklungen sind überall zu verschieden, um eine absolute Einheitsregel aufstellen zu können.

d) **Zugunsten** der **mehrjährigen** Budgets pflegt man in erster Linie darauf hinzuweisen, daß Parlament und Regierung nicht alljährlich in den oft öden Debatten ihre besten Kräfte und die gute Zeit verzetteln brauchten, sondern dieselben für anderes Wichtige sparen; daß ferner nicht ein so großer, kostspieliger Beamtenapparat erforderlich sei; daß weiter die Übernahme größerer außerordentlicher Ausgaben durch Verteilung auf zwei oder mehr Jahre im Etat sich leichter bewerkstelligen lasse, daß die Übertragungen innerhalb einer Finanzperiode von einem Jahr zum anderen vorgenommen und damit die Führung der Finanzgeschäfte erleichtert werden könnten. Endlich rühmt man den mehrjährigen Perioden nach, daß sie ein langsameres Anwachsen der Ausgaben nach sich ziehen, da begehrliche Ansprüche an den Staatssäckel jeweils für längere Zeit hintangehalten sind.

e) **Gegen mehrjährige Budgets** wird vor allem das politische Moment geltend gemacht, daß das Kontrollrecht und der Einfluß der Parlamente auf die Finanzwirtschaft eine Einbuße erleidet, sodann das wirtschaftliche Bedenken, daß die Schwierigkeit, einen zuverlässigen Voranschlag herzustellen, mit der Dauer der Budgetperiode wachse und daß die Möglichkeit vermehrter außerordentlicher Ausgaben sowie Preisschwankungen größere Störungen verursachen.

Einzelne Staaten (England) haben für die stets in gleicher Höhe wiederkehrenden Staatsausgaben (Zivilliste, Apanagen, Gehälter) ein stabiles (konstantes) Budget geschaffen und nur den Rest als wandelbares Budget der jährlichen Bewilligung unterworfen.

f) Der **Beginn** des Rechnungsjahrs fällt entweder mit dem Kalenderjahr zusammen oder liegt, wie im Deutschen Reiche (seit 1877) und Preußen, auf dem **1. April**. Er wird abhängig sein von der dem Parlament bequemsten Zeit der Tagung resp. der praktischsten Vorbereitungszeit für die Regierung.

Theorie und meistens auch die Praxis legen die Zeit der Vorlage und Durchberatung des Budgets 3—4 Monate vor Beginn der Finanzperiode wegen der alsdann vorhandenen besten Möglichkeit, die Einnahmen und Bedürfnisse zu überschauen.

9. **Brutto- und Nettobudget.**

a) Beim Bruttobudget werden sämtliche Einnahmen und sämtliche Ausgaben, also auch die Verwaltungs-, Erhebungs- und Betriebskosten vorgetragen.

Beim Nettobudget sind die Bewirtschaftungskosten in Abzug gebracht und nicht aufgeführt.

b) Das Nettobudget war früher das vorherrschende, weil die Einnahmeverwaltung dezentralisiert war und nur die Überschüsse in die Zentralkasse gelangten.

c) Das Bruttobudget gewährt indessen die bessere Möglichkeit der Kontrolle und ein Urteil über die Rentabilität der Erwerbsanstalten.

In der verfassungsmäßigen Staatswirtschaft drangen darum die Volksvertretungen auf Ersetzung der Nettoetats durch Bruttoetats.

Dazu kam die staatliche Zentralisation der ganzen Verwaltung, das Prinzip der fiskalischen Kasseneinheit, wonach alle Ab- und Eingänge mindestens rechnerisch in einer Kasse zusammenfließen, kurz, es macht sich heute eine entschiedene Hinneigung zum Bruttoetat bemerkbar. (So auch im Deutschen Reich, vgl. u.)

10. **Ordentliches — außerordentliches Budget.**

a) Von hervorragender Wichtigkeit im Budgetaufbau ist diese Scheidung, weil sie das Fundament einer soliden Wirtschaftsführung bedeutet.

b) **Begriff.** Diese Unterscheidung des Budgets geht zurück auf den Unterschied von ordentlichen und außerordentlichen Ausgaben und Einnahmen.

α. Ordentliche Ausgaben und Einnahmen sind diejenigen, welche regelmäßig in jeder Finanzperiode wiederkehren, die sich im ganzen gleich bleiben oder nur allmählich entsprechend den allgemeinen Entwicklungstendenzen zu- oder abnehmen.[1]

β. Außerordentliche sind solche, welche einmal oder in unregelmäßiger Zeitfolge auftreten, in der Höhe wechseln und häufig unvorhergesehen erscheinen.

c) Überwiegende Praxis ist es nun, daß die Budgets die einmaligen und unperiodischen Ausnahmebedarfe und Einnahmen in dem außerordentlichen Etat, die anderen in dem ordentlichen aufführen.

Der außerordentliche Etat ist es dann vornehmlich, welcher Gegenstand der parlamentarischen Debatten bildet, denn er enthält fast lauter neue Forderungen.

d) Was nun im Einzelfalle in den ersten oder in den zweiten Etat gehört, ist vom höheren Standpunkt der allgemeinen Staatswirtschaft zu beurteilen. Es mag ein notwendiger Neubau der unteren, ihn zunächst fordernden Behörde als eine außerordentliche Ausgabe erscheinen, von der großen Warte des allgemeinen Staatsbetriebes aus gesehen, sind solche Neubauten indessen im Laufe der Zeit selbstverständliche und periodisch wiederkehrende Ausgaben.

Nur das gehört also in den außerordentlichen Etat, dessen periodische Wiederkehr nicht zu erwarten ist, wie z. B. der Bau einer Eisenbahn.[2]

---

[1] v. Eheberg a. a. O. § 197 S. 420.

[2] v. Eheberg a. a. O. (§ 197 S. 420) erklärt, daß die Periodizität allein nicht entscheiden könne, während Schanz (Artikel „Budget" im H.-W.-B. Bd. 3 S. 298) die Periodizität oder Nichtperiodizität das für die Unterscheidung maßgebende erklärt.

Ebenso ist es mit den Einnahmen. Bei ihnen wird allerdings der periodische oder nicht periodische Charakter deutlicher erscheinen.

Ordentliche Einnahmen sind z. B. die jährlich aus der Selbstwirtschaft, Vermietung, Verpachtung, aus Abgaben wiederkehrenden, wogegen Darlehen, Verwendung von Schatzgeldern, Kriegsentschädigungen, Erlös aus veräußerten Anlagen, Grundstücken usw. zu den außerordentlichen zu zählen sind.

Auch hier werden selbstverständlich, wie stets im praktischen Leben, Zwischen- und Übergangsgebilde in die Erscheinung treten.

11. **Bilanz. Überschüsse. Defizit. Reservefonds.**[1]

a) Jede gute Verwaltung muß das Gleichgewicht zwischen Ausgabe und Einnahme — d. h. die Bilanz — im Auge haben.

Selbstverständlich zeigt der „Abschluß" stets eine gleiche Summe der Einnahmen und der Ausgaben. Aber dieses Gleichgewicht ist häufig nur ein formelles durch Anleihedeckung herbeigeführtes. Indessen ist bei aller Aufstellungssorgfalt ein abweichendes Ergebnis nach der Plus- oder Minusseite unvermeidlich.

b) **Überschüsse.** Es kann nicht als Zeichen gesunder Finanzwirtschaft gelten, wenn alljährlich erhebliche Überschüsse bleiben. Es soll eben nur der wirkliche Bedarf von den Einzelwirtschaften gefordert werden.

Ein Überschuß bereits in der Aufstellung wird selten sein; kleinere, die sich bei der Endrechnung ergeben, sind das Zeichen der Blüte des Staatswesens.

Erhebliche dauernde Überschüsse müssen zur Frage führen, ob nicht drückende Steuern beseitigt oder ermäßigt werden können.

Sie werden angemessenerweise zur Tilgung von Staatsschulden benutzt.

c) Etwas anderes wie Budgetüberschüsse sind **Kassenreste**, welche durch Einnahmen entstehen, für welche momentane Verwendung fehlt. Sie werden bis zum Bedarfsfall aufbewahrt und beeinflussen den Gang der Finanzwirtschaft nicht.

Die Regelung der Budgetüberschüsse wird dem nächsten Etat obliegen. Ob sie in diesen als Vortrag einzustellen sind, ist in der Theorie bestritten und von der Praxis verschieden gehandhabt.

d) **Defizit.** Auch hier kann man ein **Kassendefizit** und ein **Budgetdefizit** unterscheiden.

α. Das Kassendefizit kann durch verspäteten Eingang der Einnahmen entstehen und berührt als solches das Budget nicht.

---

[1] v. Eheberg a. a. O. § 198; Artikel „Budget" im Handwörterbuch Bd. 3.

Es wird mit dem späteren Einnahmeeingang oder durch kurzfristige Schatzanweisungen (oder Schatzscheine) beseitigt.

Ein vorübergehendes Defizit ist erklärlich und unbedenklich, nur das „chronische“, welches sich über die Finanzperioden hinauszieht, wirkt störend auf den Etat.

β. Das Budgetdefizit, d. h. das eigentliche oder materielle, ist vorhanden, wenn den Ausgaben keine Deckung gegenübersteht. Hierbei ist wichtig, ob das Minus beim ordentlichen Bedarf oder angesichts außerordentlicher Bedürfnisse auftaucht, denn das wirft einerseits ein Licht auf die Finanzlage, andererseits ist es wichtig für die Frage nach der Abhilfe.

Das budgetmäßige Defizit zeigt sich entweder schon bei Aufstellung des Etats oder später als wirkliches bei der Endrechnung.

Auch diese beiden Arten können wiederum beim ordentlichen wie beim außerordentlichen Bedarf auftauchen.

αα. Ein dauerndes materielles Defizit beim ordentlichen Bedarfe ist ein Zeichen des Niedergangs.

Wenn hier an den Ausgaben Abstriche nicht möglich sind, muß der Staat notgedrungen zur Erhöhung resp. Neueinführung von Steuern schreiten.

Die dauernde Deckung durch Schuldenmachen muß notwendigerweise den Staatsbankerott herbeiführen.

ββ. Ein Defizit im außerordentlichen Bedarfe tritt ein, wenn dieser durch Überschüsse des ordentlichen Etats nicht mehr gedeckt werden kann, so bei großen Neuforderungen für die Wehrhaftigkeit des Landes, Eisenbahn-, Kanalbauten usw.

Hierzu werden ja nur selten genügende Überschüsse parat sein und es bleibt nur der Weg, die Steuerschraube anzuziehen, Staatsvermögen zu veräußern, oder — Anleihen aufzunehmen.

Reservefonds, die ja in vielen Staatsbudgets erscheinen und zur Deckung der Defizits dienen, werden — abgesehen davon, daß ihre Berechtigung ziemlich fraglich ist — für größere Bedürfnisse zumeist unzulänglich sein.

(Für den Fall eines Krieges hat das Deutsche Reich zur Deckung der ersten Ausgaben seinen aus der französischen Kriegskontribution aufgesparten Kriegsschatz von 120 Millionen gemünzten Goldes im Juliusturm zu Spandau.)

12. **Der Vollzug des Budgets.**[1]

a) Nach Abstimmung der Kammern über das Budget erscheint

[1] Artikel „Budget“ im H.-W.-B. Bd. 3 S. 302.

zunächst das ihn feststellende Finanzgesetz. Sodann kommt es zum tatsächlichen Vollzug.

Es erfolgt die Eröffnung der Kredite, d. h. die Zentralleitung bezeichnet allen Behörden die für sie verfügbaren Summen und gibt den Kassen die Zahlungsorders.

b) Über die nunmehrigen Zahlungsempfänge und die daraufhin gemachten Ausgaben hat jede Behörde genau Buch zu führen.

Diese Buchführung, die genaue Inventarisierung aller Bestände, Fixierung der Zu- und Abgänge bilden die Grundlage für die Prüfungsbehörde (Rechnungshof) und der Decharge.

c) Die Rechnungslegung, d. h. die allgemeine Staatshaushaltsrechnung, die sich wesentlich auf den Nachweis der Verwirklichung des Budgets erstreckt, folgt dem Schema desselben um die Übersicht zu erleichtern.

d) Über die Zugehörigkeit einer Einnahme oder Ausgabe zu einem bestimmten Etatsjahr können Zweifel entstehen.

Als Merkmale können zugrunde gelegt werden

1. der Rechts- und Entstehungsgrund,
2. der Fälligkeitstermin.

Dem letzteren gibt man wegen der leichten Erkennbarkeit den Vorzug.

Eine strenge Durchführung eines einzigen Prinzips ist kaum möglich. Wenn z. B. in Preußen die Seehandlung und Porzellanmanufaktur ihre Bilanz kaufmännisch aufstellen, wenn Gruben und Salinen ihren Abnehmern längere Kredite geben müssen, so kann nicht der Fälligkeitstermin, sondern der Entstehungstermin maßgebend sein — auch für den Staatsetat.

Auch bezüglich der Abgrenzung am Wendepunkt eines Finanzjahres können Zweifel entstehen. Sollen fällige Einnahmen und Ausgaben mit dem Jahrestage auf das neue Budget gebracht werden oder dürfen sie noch für das vergangene verrechnet werden? Man wählt in der Praxis das letztere und Schanz prägt für das solche verlängerte Periode treffende französische Wort „exercice" den Ausdruck: „Gebarungsperiode". (In Preußen muß gemäß Staatshaushaltsgesetz von 1898 der Abschluß des Kassenbuchs der Generalstaatskasse spätestens im dritten Monat nach Ablauf des Etatsjahres, der bei den Zentral-, Provinzialhaupt- und Spezialkassen entsprechend früher erfolgen.)

e) **Abweichungen** können sich bei der Ausführung des Etats nach mehreren Richtungen herausstellen:

α. Etatsüberschreitungen, d. h. quantitative Abweichungen in Gestalt von Mehrausgaben oder Mehreinnahmen gegenüber den Etatstiteln.

β. Außeretatsmäßige Ausgaben und Einnahmen, die sich qualitativ gänzlich außerhalb des Etatrahmens bewegen.

γ. Fondsverwechslungen, welche Anweisungen auf unrichtige Titel bedeuten.

Zu α. Ausgaben, welche den Etat überschreiten, bedürfen der Genehmigung des Ressortministers und später der Genehmigung der Kammern (Indemnität).

Zu β. Für diese muß mangels eines Titels im Etat ein eigener „außeretatsmäßige Ausgabe resp. Einnahme" geschaffen werden. Genehmigung wie zu α.

Zu γ. Diese Gruppe wird die Rechnungsrevision aufdecken. Diese Kontrolle ist wichtig, denn sonst kann leicht der ganze Etatsvollzug gestört werden.

d) Endlich kommt beim Budgetvollzug noch die **Übertragung** (virement[1]) vor, und zwar entweder von einem Titel desselben Kapitels auf einen anderen, oder von einer Finanzperiode auf eine andere.

Sie macht eigentlich, wenn weitgehend getrieben, die Spezialisierung der Noten und das ganze Budget illusorisch.

13. **Budgetrecht.**[2]

a) Die Gesamtheit aller der Rechtssätze, welche sich im modernen Staat auf die Art und Weise des Zustandekommens des Finanzgesetzes, auf die Kontrolle über dessen Vollzug, auf die Bedingung der Steuererhebung usw. beziehen, nennt man das Budgetrecht im objektiven Sinne.

b) Das Budgetrecht im subjektiven Sinne ist der Inbegriff der Befugnisse der Volksvertretung in bezug auf die Finanzverwaltung des Staates. Sicherlich im konstitutionellen Staat der Kernpunkt aller parlamentarischen Befugnisse.

c) Historisch zeigt sich hier ein enger Zusammenhang mit dem Steuerbewilligungsrecht der mittelalterlichen Stände und doch besteht zwischen dem und dem verfassungsmäßigen Finanzrecht der heutigen Volksvertretung ein tiefer Unterschied.

Die Stände erscheinen dem Staate gegenüber als selbstberechtigte Korporationen die über Leistungen ihrerseits mit dem

---

[1] Von virer = drehen, wenden.

[2] Vgl. diesen Artikel im H.-W.-B. Bd. 3 S. 308 ff.

Staate Verträge abschlossen, wobei sie zumeist ihre eigenen Interessen im Auge hatten und zu fördern suchten. Die heutigen Volksparlamente sind dagegen Organe des konstitutionellen Staates, denen die Sorge für das Gemeinwohl in gleicher Weise obliegt wie der Regierung. Jedenfalls kann für das Parlament nicht das partikulare Interesse in Frage kommen, welches die Stände leitete.

d) Wie sämtliche konstitutionellen Einrichtungen hat auch das Budgetrecht seine Entwicklung in England gefunden und ist von da nach Frankreich und Belgien hinübergekommen. Die Ausbildung, die es in diesen beiden Ländern gefunden, ist dann für den übrigen Kontinent vorbildlich geworden.

Auch die Verfassungssätze des Deutschen Reichs über das Budget sind ebenfalls wesentlich durch die französisch-belgischen Maximen beeinflußt worden.

B. Das Budget des Deutschen Reichs.

1. **Art. 69 RV. Reichshaushaltsetat.** Nach Art. 69 der Verfassung müssen alle Einnahmen und Ausgaben des Reichs für jedes Jahr veranschlagt und auf den Reichshaushaltsetat gebracht, und dieser durch ein Gesetz nach bestimmten Grundsätzen festgestellt werden, und zwar vor Beginn des Etatsjahres.

2. **Formelles Gesetz.** Die Aufstellung dieses formellen Gesetzes (es enthält keine Rechtsnormen) ist ein Akt der Staatsverwaltung (nicht der Gesetzgebung, welche Rechtsordnungen schafft), bei der die Mitwirkung der Volksvertretung sehr bemerkenswert ist.[1] Sie widerlegt die Lehre von der Teilung der Gewalten.

3. **Etatsjahr des Reichs.** Das Etatsjahr des Deutschen Reichs läuft seit 1877 vom 1. April bis zum 31. März. Es führt seit 1899 den Namen Rechnungsjahr und die Ziffer des Jahres, von dem drei Viertel mit ihm zusammenfallen.

Gemäß Art. 70 werden die gemeinschaftlichen Ausgaben in der Regel für ein Jahr bewilligt, können jedoch in besonderen Fällen auch für eine längere Dauer bewilligt werden.

4. Weil das Budget vor Beginn eines jeden Etatsjahres festzustellen ist, muß notwendigerweise der Reichstag alljährlich rechtzeitig einberufen werden. Vgl. außerdem Art. 13 RV.

5. **Form des Budgets.** Über die Form des Budgets — das Wort stammt, wie bereits oben gesagt, vom altfranzösischen bougette, Lederbeutel; dies kam mit den Normannen nach England, wo daraus budget wurde — trifft die Verfassung keine Bestimmung. Gewöhnlich ergeht

---

[1] Vgl. Laband (kleine Ausgabe) § 46, I (S. 295), 3. Aufl.

ein Gesetz, betreffend die Feststellung des Haushaltsetats, dem dann der Etat selbst als Anlage beigefügt ist.

Alle Einnahmen und Ausgaben des Reichs sollen jedenfalls in einem einheitlichen Etat zusammengestellt werden, denn die Verfassung spricht nur von dem Reichshaushaltsetat, der durch ein Gesetz festgestellt wird. Eine Sonderfeststellung der Etats einzelner Verwaltungszweige ist also unzulässig. Das schließt aber nicht die Möglichkeit von Nachtragsetats aus, die auch de facto vorkommen.

Während in Preußen jetzt das G. vom 11. Mai 1898 die Rechtsregeln über den Staatshaushalt kodifiziert hat, fehlt es bislang noch an einem gleichen Gesetz für den Haushalt des Reichs. Möglich wäre hier und da eine analoge Anwendung der preußischen Vorschriften.

Das Gesetz, betreffend die Feststellung des Reichshaushaltsetats kann sich darauf beschränken, zu erklären, daß der als Anlage beigefügte Etat in Ausgabe und Einnahme auf soundso viel Mark festgestellt wird. Gewöhnlich findet sich allerdings weiterhin noch die Ermächtigung des Reichskanzlers zur Bestreitung einmaliger außerordentlicher Ausgaben soundso viel Millionen (1911:97,7; 1912:46,8) im Wege des Kredits flüssig zu machen, resp. zur vorübergehenden Verstärkung der ordentlichen Betriebsmittel der Reichshauptkasse bis zu gewissem Betrage nach Bedarf Schatzscheine auszugeben, wie auch die Schuldtilgungsmittel zum Ankauf von Schuldverschreibungen zu verwenden u. a.

Eine „Bepackung" des Etatsgesetzes mit Bestimmungen, die seinem Zweck nicht entsprechen, braucht sich die Regierung nicht gefallen zu lassen.

6. **Schutzgebiete haben besonderen Etat.** Für die Schutzgebiete wird seit 1892 ein besonderes Etatgesetz erlassen.

7. **Etatsaufstellung.**

α. Es ist ein Vorzug der Budgetaufstellung des Deutschen Reichs, daß er die oben dargelegte hochwichtige Scheidung in

A. **Ordentlichen Etat,**

B. **Außerordentlichen Etat**

auch formal deutlich zum Ausdruck bringt.

β. Der Etat stellte bis 1911 zunächst im „Ordentlichen Etat" (A) zunächst unter

I. die **Ausgaben** auf. Und zwar

a) **Fortdauernde Ausgaben,**

b) **Einmalige Ausgaben.**

Sodann erschienen unter

II. **Einnahmen.**

Im **Außerordentlichen Etat** (B):

I. **Ausgaben,**

II. **Einnahmen.**

Sodann erfolgt in einer **Wiederholung** eine Zusammenstellung des „Ordentlichen", wie des „Außerordentlichen Etats"

nach: I. **Ausgaben**

a) fortdauernden,

b) einmaligen,

II. **Einnahmen.**

Endlich der **„Abschluß"**, d. h. die ausbalanzierte Endsumme (1911: 2,924 Milliarden; 1912: 2,886 Milliarden).

γ. Der Reichshaushaltsetat für das Rechnungsjahr 1912 (RGBl. Nr. 31 vom 28. Mai 1912 S. 319 ff.) zeigt insofern eine Abweichung gegen früher, als er im „Ordentlichen Etat" (A)

zunächst unter I die **Einnahmen,**

sodann erst unter II die **Ausgaben** bringt.

δ. Die Ausgaben sind nach den Zentralverwaltungsbehörden, die Einnahmen nach den Einnahmequellen gruppiert und nach Kapiteln und Titeln zusammengefaßt.

Auch hier zeigt sich eine Abweichung der (im Reichsgesetzblatt) publizierten Aufstellung für 1912 von der für 1911 und den früheren.

Bisher wurden unter der Rubrik „Zölle, Steuern und Gebühren" die Erträge der einzelnen Steuern usw. angegeben, diesmal erscheinen sie nur unter einer Totalsumme (1,6 Milliarde).

ε. Einen eigentümlichen Aufbau zeigt der **Militäretat.**

Hier kommt für Bayern die Bestimmung des Vertrages vom 23. November 1870 (III § 5 Ziff. II) zur Anwendung, wonach die für das bayrische Heer notwendige Summe im Reichsetat in einem Betrage ausgeworfen und an Bayern überwiesen wird. Die Aufstellung der Spezialetats bleibt Bayern überlassen. Diese Quote (96,9 Millionen) erscheint 1912 unter „Allgemeine Finanzverwaltung" (XVIII S. 334), während sie früher unter „Verwaltung des Reichsheeres" aufgeführt war.

Für die bayrische Quote gilt der Grundsatz der anteilmäßigen Berechnung. Berücksichtigt werden die fortdauernden Ausgaben für das Reichsheer, die einmaligen Ausgaben des „ordentlichen Etats" für das Reichsheer und die Ausgaben des allgemeinen Militärpensionsfonds.

Für die übrigen Kontingente stellt das Reich die Spezialetats auf. Für die drei Staaten mit eigenem Kriegsministerium (Preußen,

Sachsen, Württemberg) werden die Ausgaben bei den einzelnen Titeln in Parallelkolonnen aufgeführt (vgl. VI „Verwaltung des Reichsheeres").

ζ. Eine zweite und dritte Anlage zum Etatgesetze bringen den Besoldungsetat:

für das Reichsbankdirektorium und

für das Direktorium der Reichsversicherungsanstalt für Angestellte.

Diese Etats werden zwar durch Reichsgesetz festgestellt, erfolgen aber aus den Mitteln der Anstalten.

η. **Netto — Bruttobudget.** Das Budget des Deutschen Reichs war ursprünglich ein Nettobudget. Dies erklärt sich daraus, daß die Einzelstaaten die Reichsabgaben gegen feste Prozente (ausgenommen Zölle und Salzsteuer) erheben und nur den Nettobetrag an die Reichskasse abliefern.

Seit 1900 ist jedoch bei Post, Eisenbahnen, Reichsdruckerei die Bruttobudgetierung durchgeführt. (Preußen, Bayern und die meisten deutschen Staaten haben in der Hauptsache Bruttoetats.)

8. **Schwerpunkt des Etats. Keine Einnahmebewilligung.** Der Schwerpunkt des Etats liegt in der Ausgaben-, nicht der Einnahmenbewilligung. Von der letzteren spricht die Verfassung überhaupt nicht, und da die meisten Einnahmen durch Gesetze dauernd festgelegt sind, brauchen sie nicht erst jedesmal von neuem bewilligt zu werden; ihre Einstellung hat also mehr den Charakter der Schätzung.

Nur neue Einnahmen (Anleihen) bedürfen absolut jedesmal der Genehmigung des Reichstags.

9. **Keine willkürliche Ausgabenbewilligung.** Auch die Ausgabenbewilligung ist nicht durchweg von der Willkür des Reichstags abhängig. Man wird vielmehr von den rein willkürlichen die staatsrechtlich notwendigen Ausgaben zu trennen haben.

10. **Kein Stillstand des Staatslebens.** Die ein für allemal gesetzlich festgelegte Staatsmaschinerie wird der Reichstag niemals durch Nichtbewilligung der für den Betrieb notwendigen Ausgaben (Gehälter usw.) zum Stillstand bringen dürfen. Er hat die Pflicht, hierfür die Mittel zu bewilligen, sein Ausgabebewilligungsrecht ist nach Ansicht fast aller deutschen Staatsrechtsschriftsteller[1] durch die bestehenden Institutionen gebunden und beschränkt.

---

[1] Vgl. Laband, Staatsrecht Bd. 4 S. 490 Note 2.

Die nicht aus der Reichsorganisation folgenden d. h. also die nur willkürlichen Ausgaben kann er verweigern.

Man wird dem Budget ernstlich nicht die Bedeutung beilegen dürfen, daß von ihm die Befugnis der Regierung abhinge, überhaupt Ausgaben machen zu dürfen. Die einfache Konsequenz wäre alsdann beim ersten Budgetzwist der Stillstand resp. das Auseinanderfallen des Ganzen.

Die Praxis wird über eine solche absurde Theorie hinwegschreiten und schließlich noch mit formellem Recht, denn nirgends ist in Art. 69 oder 71 zum Ausdruck gebracht, daß die Bewilligung des Reichstags conditio sine qua non für Ausgaben der Regierung sei.

11. **Etat ist Wirtschaftsprogramm.** Der Etat enthält, wie bereits erwähnt, keine objektiven Rechtsnormen, er stellt sich mit seinen Zahlen vielmehr dar als das Wirtschaftsprogramm der Reichsregierung. An dieses Programm ist sie selbst, soweit irgend möglich, gebunden. So gut wie vorher die Notwendigkeit und Nützlichkeit der Ausgaben geprüft wird, ist nach Ablauf des Etatsjahres der Etat die Grundlage für die Kontrolle gegen die Regierung.

Mehrausgaben resp. Einnahmen müssen mit besonderer Begründung nachgewiesen werden.

Hält sich dagegen die Regierung völlig im Rahmen des Etats, so ist sie infolge des von der Volksvertretung genehmigten Voranschlags jeder Verantwortung überhoben.

12. **Rechnungslegung. Rechnungskontrolle. Decharge.** Über die Verwendung aller Einnahmen des Reiches ist durch den Reichskanzler dem Bundesrate und dem Reichstag zur Entlastung jährlich Rechnung zu legen (Art. 72).

Die gesamten Reichsrechnungen gehen dem Rechnungshof des Deutschen Reichs zur Vorprüfung zu, der sie mit seinen Monita an Bundesrat und Reichstag zurückgehen läßt. Der Rechnungshof ist eine mit der preußischen Oberrechnungskammer vereinigte Behörde.

Eine eingehende reichsgesetzliche Regelung der Rechnungskontrolle ist noch nicht erfolgt.

Eventuell findet vor der Budgetkommission des Reichstags oder vor dem Ausschuß für Rechnungswesen im Bundesrat noch eine Nachprüfung statt.

Schließlich erfolgt die Decharge (Entlastung) an den Reichskanzler, und zwar durch einfache Bundesrats- und Reichstagsbeschlüsse.

Die Reichsverfassung bestimmt nichts für den Fall der Versagung solcher Entlastung.

§ 37. Doppelbesteuerung;[1] Verbot derselben.

G. vom 13. Mai 1870 wegen Beseitigung der Doppelbesteuerung. Heute abgeändert durch das **Doppelsteuergesetz** vom 22. März 1909 (RGBl. S. 332).

1. Es widerspricht allgemeiner Gerechtigkeit, daß einzelne Personen bezüglich der nämlichen Steuerobjekte einer mehrfachen Besteuerung unterworfen werden.

2. Dabei ist nicht zu denken an die Besteuerung seitens über- oder untergeordneter Verbände (Staaten, Provinzen, Kreise, Gemeinden), welche die Pflichtigen mehrmals trifft, sondern an die wiederholte Besteuerung desselben Subjekts und Objekts seitens verschiedener Staaten, d. h. voneinander unabhängiger Steuergewalten.

3. Eine solche Konkurrenz ist leicht möglich, wenn der Bürger, welcher der Steuerhoheit seines Wohnsitzstaates unterliegt, unter dem Schutze eines anderen Staates Erwerbsakte oder Rechtshandlungen vornimmt, durch die er unter die dortige Steuerhoheit gerät.

Das ist die Gefahr der Doppelbesteuerung desselben Steuersubjekts für dasselbe Steuerobjekt, z. B. die gleichzeitige Besteuerung des gewerblichen Einkommens am Betriebsort und am Wohnort der Person, desgleichen doppelte Grundsteuer von außerhalb belegenen Grundstücken.

4. Das Doppelsteuergesetz von 1909 bezieht sich nur auf die direkten Staatssteuern und bestimmt in §§ 1 u. 3, daß ein Deutscher zu diesen nur in demjenigen Bundesstaat herangezogen werden darf, in welchem er seinen **Wohnsitz** hat (Wohnsitz ist nach dem Gesetz Innehaben einer Wohnung an einem Ort unter Umständen, welche auf die Absicht der dauernden Beibehaltung einer solchen schließen lassen).

Bei doppeltem Wohnsitz (im Heimatsstaat und einem anderen Bundesstaat) darf der Deutsche nur im Heimatsstaate zu den direkten Steuern herangezogen werden (§ 2 Abs. 2).

Hat ein Deutscher in keinem Bundesstaat einen Wohnsitz, zieht der Aufenthaltsstaat die Steuer ein (§ 2 Abs. 1).

Reichs- und Staatsbeamte steuern am dienstlichen Wohnsitz. (Aufgehoben ist die frühere Bestimmung, wonach Gehälter usw. von Militär- und Zivilbeamten von dem auszahlenden Staat ohne Rücksicht auf den Wohnsitz des Empfängers besteuert wurden.)

---

[1] v. Eheberg, Finanzwissenschaft § 95 (S. 172); Fleiner, Institutionen des Deutschen Verwaltungsrechts 1911, § 26, S. 338; Artikel „Doppelbesteuerung" im H.-W.-B. Bd. 3 S. 553 ff.

5. Eine besondere Deklaration schafft der § 3. Danach dürfen Grund- und Gebäudebesitz und der Betrieb eines stehenden Gewerbes sowie das aus diesen Quellen herrührende Einkommen nur in demjenigen Bundesstaate besteuert werden, in dessen Gebiet der Besitz liegt oder der Betrieb unterhalten wird.

Befinden sich Betriebsstätten (Haupt- und Zweigniederlassungen usw.) eines gewerblichen Unternehmens in mehreren Bundesstaaten, so erfolgt die Steuerheranziehung in jedem Staate anteilig.

Umherziehende Gewerbebetriebe besteuert der Bundesstaat, in dem der Betrieb stattfindet.

6. Beschwerden wegen Doppelbesteuerung sind innerhalb eines Jahres anzubringen (§ 6).

7. An den Steuerpflichten eines Deutschen im Auslande wird durch dieses Gesetz nichts geändert (§ 5).

8. Das Gesetz trifft nur die Doppelbesteuerung der Bundesstaaten, so daß sie bezüglich der Kommunalsteuern zulässig wäre. Diese ist indessen für die meisten Staaten — so in Preußen durch G. vom 17. Februar 1885 — beseitigt.

§ 38. Rechtsverhältnisse der Reichsangehörigen.

A. **Allgemeines.**[1]

a) Die Untertanen sind nicht nur als Objekte der Staatsherrschaft dem Staate zu Pflichten verbunden, sie haben diesem gegenüber auch die Stellung berechtigter Subjekte.

b) Diese staatlichen Rechte sind entweder:

α. **Politische, staatsbürgerliche,**

oder

β. **bürgerliche** Rechte.

c) Die ersteren berechtigen den einzelnen zur Teilnahme an der staatlichen Herrschaftsausübung, sie sind das ius suffragii et honorum.

Die letzteren sind mehrfacher Art:

αα. Aufenthalts-, Wohnrecht im Staate,

ββ. Anspruch auf Schutz und Fürsorge,

γγ. Freiheit der Grundrechte, d. h. der Staat darf in einen gewissen Rechtskreis (leibliche, geistige Freiheit) nicht eingreifen,

δδ. Verschaffung des Rechtswegs, Gleichheit vor dem Gesetz, Petitionsrecht (vgl. Art. 32 PrVU.).

---

[1] Vgl. Meyer-Anschütz, Lehrbuch §§ 213 ff.

d) Der Kreis der Pflichten und Rechte ist im Deutschen Reich ein doppelter, neben dem Reich steht der Gliedstaat.

e) Der Gegensatz zum Untertan ist bei alledem der Ausländer. Wohl hat auch dieser Pflichten und Rechte im Inland, doch in anderem Maße wie der Inländer.

Für das Reich kommen nur diese beiden Kategorien in Frage. Für den Gliedstaat kommt als Dritter der Untertan der anderen Bundesstaaten in Frage (vgl. unten).

f) Eines der wichtigsten Merkmale der verschiedenen Rechtslage zwischen Inländer und Ausländer ist die Möglichkeit, den letzteren auszuliefern und auszuweisen.

Für das erstere sind die verschiedenen Auslieferungsverträge, für das letztere die deutschen Gesetze maßgebend (vgl. StGB. §§ 39, 284, 362).

Ein deutscher Untertan kann weder ausgeliefert (StGB. § 7) noch (gänzlich) ausgewiesen werden. (In Preußen schon 1744 beseitigt.)

Nicht beseitigt ist die Ausweisungsmöglichkeit aus einzelnen Orten resp. dem Staatsgebiet (StGB. §§ 38, 39 bei Polizeiaufsicht; preuß. G. vom 31. Dezember 1842 § 2 — Landespolizeibehörde kann Zuchthaussträflinge, die der allgemeinen Sicherheit oder Moralität gefährlich sind, oder die in Korrektionshaft waren, ausweisen; Freizügigkeitsgesetz von 1867 §§ 3—12: Abweisung durch Gemeindevorstand wegen öffentlicher Armenunterstützung oder völliger Erwerbsunfähigkeit).

Die Ausweisung eines Inländers ist also weder aus dem Reichs- noch Landesgebiet möglich.

B. **Einzelne, die Rechtsverhältnisse der Reichsangehörigen regelnden Gesetze.**

§ 39. I. Wohnrecht; Reichs- und Staatsangehörigkeit.

I. **Wohnrecht; Reichs- und Staatsangehörigkeit** (RV. Artt. 3 und 4; PrVU. Art. 3; RG. vom 1. Juni 1870,[1] abgeändert durch RG. vom 22. April 1871 sowie durch Art. 41 EG.BGB.).

1. **Geschichtliches.** Im Deutschen Bunde waren für das Wohnrecht usw. innerhalb der einzelnen Staaten lediglich die völkerrechtlichen Grundsätze maßgebend.

Die Auslieferung war durch verschiedene Bundesbeschlüsse geregelt (1832, 1836, 1854).

---

[1] Bundesangehörigkeit = Reichsangehörigkeit; Norddeutscher = Deutscher; Bundesgebiet = Reichsgebiet.

Die Übernahme Ausgewiesener richtete sich nach den Bestimmungen der Gothaer Konvention (15. Juli 1851), an welcher außer Österreich Holstein alle deutschen Staaten beteiligt waren.

Auch für diese Verhältnisse brachte der Norddeutsche Bund einschneidende Änderungen.

2. Für ganz Deutschland besteht heute gemäß Art. 3 RV. ein **gemeinsames Indigenat** mit der **Wirkung**, daß der Angehörige (Untertan, Staatsbürger) eines jeden Bundesstaates in jedem anderen Bundesstaate als Inländer zu behandeln und demgemäß

zum festen Wohnsitz,
zum Gewerbebetriebe,
zu öffentlichen Ämtern,
zur Erwerbung von Grundstücken,
zur Erlangung des Staatsbürgerrechts und zum Genusse aller sonstigen bürgerlichen Rechte (d. h. Freiheit der Person und des Eigentums, der Wohnung, Auswanderung, Meinung usw.)

unter denselben Voraussetzungen wie der Einheimische zuzulassen, auch in betreff der Rechtsverfolgung und des Rechtsschutzes demselben gleich zu behandeln ist.

3. Die Reichsangehörigkeit setzt, abgesehen von den besonderen Verhältnissen in Elsaß und Lothringen als unmittelbarem Reichsland, den Schutzgebieten und § 1723 Abs. 2 BGB. stets die Staatsangehörigkeit in einem Bundesstaate voraus; sie wird durch die letztere erworben und erlischt mit deren Verlust. Nicht Reichs- sondern Staatsbehörden entscheiden.

4. Die Normen über **Erwerb** und **Verlust** der Staatsangehörigkeit in den einzelnen Bundesstaaten stellt das RG. vom 1. Juni 1870 auf, welches in einigen Punkten durch das G. vom 22. April 1871 sowie durch das EG.BGB. (Art. 41) unmittelbar, in anderen durch die familienrechtlichen Bestimmungen des BGB. mittelbar abgeändert ist.

A. **Begründet** wird gemäß § 2 die Staatsangehörigkeit fortan nur:

1. durch Abstammung (§ 3),
2. durch Legitimation (§ 4),
3. durch Verheiratung (§ 5),
4. für einen Deutschen durch Aufnahme und
5. für einen Ausländer durch Naturalisation (§§ 6 ff.).

Die Adoption hat für sich allein diese Wirkung nicht.

Eine Ersitzung der Reichsangehörigkeit gibt es nicht.

Zu 1. Durch **Abstammung** (§ 3). Durch die Geburt erwerben eheliche Kinder eines Deutschen die Staatsangehörigkeit des Vaters, uneheliche Kinder einer Deutschen die Staatsangehörigkeit der Mutter. Gleichgültig ist, ob die Geburt im In- oder Ausland erfolgt ist.

Die Voraussetzungen einer gültigen Ehe und die Ehelichkeit richten sich nach den Vorschriften des BGB.

Zu 2. Durch **Legitimation** (§ 4). Ist der Vater eines unehelichen Kindes ein Deutscher, und besitzt die Mutter nicht die Staatsangehörigkeit des Vaters, so erwirbt das Kind durch legale Legitimation die Staatsangehörigkeit des Vaters.

Bezüglich der Legitimation (durch nachfolgende Ehe resp. durch Ehelichkeitserklärung) kommen die Vorschriften des BGB. §§ 1719 ff. zur Anwendung.

Zu 3. Durch **Verheiratung** (§ 5). Die Verheiratung mit einem Deutschen begründet für die Ehefrau die Staatsangehörigkeit des Mannes.

Zu 4. **Verleihung.**

a) **Aufnahme,**

b) **Naturalisation.**

Durch Verleihung und zwar

a) für einen Deutschen durch Aufnahme und

b) für einen Ausländer durch Naturalisation (§§ 6 ff.).

Die Aufnahme und die Naturalisation erfolgen durch eine von einer höheren Verwaltungsbehörde ausgefertigte Urkunde.

Aufnahmeurkunde ist stets kostenfrei, für Naturalisation können Stempel- und Anfertigungsgebühren erhoben werden. (In Preußen 150 Mark; preuß. Stempelgesetz 1898/1909 Tarifnummer 43.)

Nichtverweigerung der Aufnahme. Die Aufnahme darf nicht verweigert werden, wenn der Nachsuchende in dem betreffenden Bundesstaat seinen Wohnsitz genommen hat und nachweist, daß er eine Bundesstaatsangehörigkeit besitzt; wenn er, unter väterlicher Gewalt stehend oder als Ehefrau, die Genehmigung des gesetzlichen Vertreters oder des Ehemannes nachweist; wenn er eine unbestrafte Person ist und den Unterhalt für sich und seine Angehörigen hat (vgl. §§ 7 und 2—5 des Freizügigkeitsgesetzes).

Nichterteilung der Naturalisation. Umgekehrt darf nur unter ähnlichen Voraussetzungen die Naturalisation erteilt werden, nämlich, daß der Ausländer dispositionsfähig, unbescholten ist, daß er am Niederlassungsort Wohnung und Unterkommen findet und imstande ist, sich und seine Angehörigen zu ernähren (vgl. § 8). Die höhere Verwaltungsbehörde hat vor Erteilung der Naturalisationsurkunde den Gemeindevorstand resp. Armenverband zu hören.

In welchem Zeitpunkt wird Angehörigkeit erworben? Der Zeitpunkt der **Aushändigung** der Verleihungsurkunde ist maßgebend für die Begründung aller mit der Staatsangehörigkeit verbundenen Rechte und Pflichten (§ 10).

Durch die Verleihung wird die Staatsangehörigkeit zugleich begründet für die Ehefrau und diejenigen minderjährigen Kinder, deren gesetzliche Vertretung dem Aufgenommenen oder Naturalisierten kraft elterlicher Gewalt zusteht, sofern nicht dabei eine Ausnahme gemacht wird. Ausgenommen sind Töchter, die verheiratet sind oder gewesen sind (§ 11).

Die Ehe muß gültig sein. Wird sie für nichtig erklärt, hört diese staatsrechtliche Wirkung auf. Nicht so bei späterer Scheidung.

Charakter der Verleihung. Die Verleihung ist ein Verwaltungsakt des Staates, nicht Vertrag (Laband, Meyer-Anschütz).

Anstellung. Die Aufnahme wie Naturalisation wird ersetzt durch Anstellung in dem unmittelbaren oder mittelbaren Staatsdienst oder im Kirchen-, Schul-, Kommunaldienst, sofern nicht in der Bestallung ein entgegenstehender Vorbehalt gemacht ist.

Die Bestallung muß aber vollzogen sein von der Regierung, von einer Zentral- oder höheren Verwaltungsbehörde eines Bundesstaates (§ 9).

Ausländer erhalten die Landesangehörigkeit des Staates, in dem sich ihr dienstlicher Wohnsitz befindet.

Befindet sich dieser im Auslande, so erwerben sie keine Staatsangehörigkeit. Sind sie aber im Reichsdienst angestellt und beziehen ein Diensteinkommen aus der Reichskasse, so darf ihnen, wenn sie in einem Bundesstaate die Verleihung der Staatsangehörigkeit nachsuchen, die Naturalisationsurkunde nicht versagt werden (G., betr. Naturalisation von Ausländern, welche im Reichsdienst angestellt sind, vom 20. Dezember 1875, RGBl. S. 324).

Militärdienst. Ob der Militärdienst von Einfluß auf die Staatsangehörigkeit sei, ist bestritten.

Ausländer erwerben durch Anstellung im Militärdienst Reichsangehörigkeit (auch durch Ernennung zum Reserve-, Landwehroffizier).[1] Im übrigen hängt die Entscheidung der Frage davon ab, ob der Militärdienst als Reichs- oder Staatsdienst angesehen wird.

[1] RGSt. Bd. 32 S. 17 ff.; vgl. hierzu Meyer-Anschütz § 76.

Ersterenfalls erwerben Ausländer die Staatsangehörigkeit ihres ersten dienstlichen Wohnsitzes; für Reichsangehörige kein Wechsel. Letzterenfalls erwerben sowohl Ausländer wie Reichsangehörige die Angehörigkeit des Staates, in dessen Kontingent die Anstellung erfolgt.

Für die Marine kann nur Reichsdienst in Frage kommen. Für das Landheer ist von der Praxis Staatsdienst angenommen. Für Bayern ist dies selbstverständlich.

B. **Verloren** wird gemäß § 13 die Staatsangehörigkeit fortan **nur**:

1. durch Entlassung auf Antrag (§§ 14 ff.),
2. durch Ausspruch der Behörde (§§ 20, 22),
3. durch zehnjährigen Aufenthalt im Auslande (§ 21),
4. bei unehelichen Kindern durch eine gesetzmäßige Legitimation, wenn der Vater einem anderen Staate angehört als die Mutter,
5. bei einer Deutschen durch Verheiratung mit dem Angehörigen eines anderen Bundesstaates oder mit einem Ausländer.

Zu 1. **Durch Entlassung auf Antrag** (§§ 14 ff.). Die Entlassungsurkunde erteilt die höhere Verwaltungsbehörde des Heimatsstaates.

Bei Reichsangehörigen ohne Staatsangehörigkeit erteilt die Entlassung der Reichskanzler oder ein von ihm delegierter Beamter.

Auch die Entlassung ist Verwaltungsakt, nicht Vertrag (so Meyer-Anschütz und Zorn gegen Laband).

Die Entlassung wird jedem Staatsangehörigen erteilt, der nachweislich in einem anderen Bundesstaate die Staatsangehörigkeit erworben hat (§ 15 Abs. 1). In diesem Falle muß sie unbedingt und kostenfrei erteilt werden.

Wird der Nachweis nicht erbracht, so darf gewissen, durch besondere Pflichten (Wehrpflicht) gebundenen Personenklassen die Entlassung entweder überhaupt nicht, oder nur unter gewissen Voraussetzungen erteilt werden.

I. Überhaupt nicht:

a) **Militärpersonen** des stehenden Heeres und der Flotte, Offizieren des Beurlaubtenstandes und Beamten, bevor sie aus dem Dienste entlassen sind, und

b) den reserve-, land- und seewehrpflichtigen Mannschaften, wenn sie zum aktiven Dienst einberufen sind (§ 15 Ziff. 2 u. 3).

II. Nur bedingungsweise:

c) **Wehrpflichtigen** im Alter vom vollendeten 17. bis zum vollendeten 25. Lebensjahre, sofern sie nicht durch ein Zeugnis der

Kreisersatzkommission nachweisen, daß sie die Entlassung nicht bloß in der Absicht nachsuchen, um sich der Militärdienstpflicht in Heer oder Flotte zu entziehen (§ 15 Abs. 2 Ziff. 1).

Aus anderen als den im § 15 aufgeführten Gründen darf in Friedenszeiten die Entlassung nicht verweigert werden. Für Kriegszeiten bleibt dem Kaiser besondere Anordnung vorbehalten (§ 17).

Die **unerlaubte Auswanderung** der beurlaubten Reservisten und Wehrleute ist im § 360 Ziff. 3 des StGB., die der Offiziere und Sanitätsoffiziere des Beurlaubtenstandes im § 140 Ziff. 2 daselbst mit Strafe bedroht.

Wirksamkeit der Entlassungsurkunde. Die Entlassungsurkunde bewirkt mit dem Zeitpunkt der Aushändigung den Verlust der Staatsangehörigkeit, jedoch unter der Bedingung, daß der Entlassene binnen sechs Monaten seinen Wohnsitz außerhalb des Reichs verlegt oder die Staatsangehörigkeit in einem anderen Bundesstaat erwirbt (§ 18).

Die Entlassung erstreckt sich zugleich auf die Ehefrau und die noch unter väterlicher Gewalt stehenden minderjährigen Kinder. Ausgenommen sind verheiratete Töchter (§ 19).

Zu 2. **Durch Ausspruch der Behörde.** Die Zentralbehörde des Heimatsstaates eines Deutschen kann diesen der Staatsangehörigkeit verlustig erklären, wenn derselbe:

a) sich im Ausland aufhält und im Falles eines Krieges oder einer Kriegsgefahr der durch den Kaiser für das ganze Bundesgebiet angeordneten ausdrücklichen Aufforderung zur Rückkehr binnen der darin bestimmten Frist keine Folge leistet (§ 20) oder

b) ohne Erlaubnis seiner Regierung in fremde Staatsdienste tritt und einer ausdrücklichen Aufforderung zum Austritt binnen der darin bestimmten Frist keine Folge leistet (§ 22).

In diesen Fällen der Entziehung hat keine Erstreckung auf Frau und Kinder statt.

Das G. vom 4. Mai 1874 (Expatriierungsgesetz), wonach es zulässig war, widerspenstigen Geistlichen oder anderen Religionsdienern die Staatsangehörigkeit zu entziehen, ist aufgehoben (RG. vom 6. Mai 1890).

Zu 3. **Durch zehnjährigen Aufenthalt im Auslande** (§ 21). Die Frist beginnt mit dem Austritt aus dem Reichsgebiet oder, wenn der Austretende sich im Besitz eines Reisepapieres oder Heimatscheines befindet, mit dem Zeitpunkt des Ablaufs dieser Papiere.

Sie wird unterbrochen durch die Eintragung in die Matrikel eines Reichskonsuls.

Der Verlust erstreckt sich auf die Ehefrau und die noch unter väterlicher Gewalt stehenden minderjährigen Kinder, soweit sie sich bei dem Ehemanne bzw. Vater befinden. Ausgenommen sind verheiratete Töchter.

Das Gesetz begünstigt die Personen, welche ihre Staatsangehörigkeit in dieser Weise verloren haben beim Wiedererwerb derselben gegenüber Ausländern. Haben solche Deutsche eine andere Staatsangehörigkeit nicht erworben, so kann ihnen ihre frühere Staatsangehörigkeit wieder verliehen werden, ohne daß sie sich in ihrem Heimatsstaate niederlassen.

Kehrt der Ausgewanderte demnächst nach Deutschland zurück und läßt sich nieder, so kann ihm in demjenigen Bundesstaate, in welchem er sich niedergelassen hat, auf sein Nachsuchen der Wiedererwerb der Staatsangehörigkeit nicht verweigert werden.

Der Aufenthalt in den Schutzgebieten zieht den Verlust nicht nach sich (§ 6 G. vom 15. März 1888, nach welchem die Schutzgebiete im Sinne des § 21 des vorliegenden Gesetzes — 1. Juni 1870 — als Inland gelten).

Bancroftverträge. Die zehnjährige Frist kann nach Abs. 3 § 21 durch Staatsvertrag mit ausländischen Staaten bis auf eine fünfjährige herabgesetzt werden, wenn der Ausgewanderte ein fremdes Indigenat erworben hat. Dabei soll es keinen Unterschied machen, ob der Ausgewanderte sich im Besitz eines Reisepapiers oder Heimatscheins befindet oder nicht.

Nach dem Vertrage zwischen dem Norddeutschen Bunde und den Vereinigten Staaten von Amerika vom 22. Februar 1868 sollen Angehörige des Norddeutschen Bundes, welche naturalisierte Angehörige der Vereinigten Staaten von Amerika geworden sind und fünf Jahre lang ununterbrochen in den Vereinigten Staaten zugebracht haben, von dem Norddeutschen Bunde als amerikanische Bürger erachtet und als solche behandelt werden. Das deutsche Heimatsrecht ist endgültig erloschen und der Ausgewanderte vollständig Ausländer geworden. Nur Naturalisation könnte ihn wieder zum Deutschen machen.[1] Die wichtigste rechtliche Folge ist, daß solche amerikanische Bürger in Deutschland, auch bei etwaiger Rückkehr dahin, nicht militärpflichtig sind, mit der alleinigen Ausnahme, daß sie noch vor vollendetem 31. Lebensjahre wieder Reichsangehörige werden (§ 11 Abs. 3 des Reichsmilitärgesetzes vom 2. Mai 1874).

---

[1] Über die Naturalisationsgesuche entscheidet in Preußen der Regierungspräsident. Gegen dessen ungerechtfertigten Ablehnungsbeschluß gibt es binnen 2 Wochen Klage beim Oberverwaltungsgericht (vgl. § 155 ZustG.).

Nach dem amerikanischen Gesandten sog. Bancroft-Vertrag. Die süddeutschen Staaten haben mit den Vereinigten Staaten von Amerika entsprechende Verträge abgeschlossen.

Für Erfüllung der Militärpflicht ist nicht die Staatsangehörigkeit entscheidend. In Beziehung auf die Erfüllung der Militärpflicht eines Reichsangehörigen entscheidet nicht die Staatsangehörigkeit, es wird zu dieser Erfüllung vielmehr jeder Deutsche in dem Bundesstaate herangezogen, in welchem er zur Zeit des Eintritts in das militärpflichtige Alter seinen Wohnsitz hat (sog. militärische Freizügigkeit).

Den Einjährigfreiwilligen steht die Wahl des Truppenteils, bei welchem sie ihrer aktiven Dienstpflicht genügen wollen, innerhalb des Reichs frei (RG. vom 9. November 1867 § 17).

§ 40. II. Freiheit der Niederlassung und des Umherziehens usw.

(RG. vom 1. November 1867 — gilt im ganzen Reich).

Das Reichsindigenat erfordert die Möglichkeit, daß der Reichsangehörige sich innerhalb des Reichs frei bewege. Dies Recht der freien Bewegung regelt die Reichsgesetzgebung, und zwar:

Das **Gesetz vom 1. November 1867** über die **Freizügigkeit** (eingeführt durch § 2 EG.RV.).

Jeder Reichsangehörige hat das Recht, innerhalb des Bundesgebietes:

a) an jedem Orte sich aufzuhalten oder niederzulassen, wo er eine eigene Wohnung oder ein Unterkommen sich zu verschaffen imstande ist;

b) an jedem Orte Grundeigentum aller Art zu erwerben;

c) Gewerbe zu betreiben (stehend oder umherziehend) unter den für Einheimische geltenden Bestimmungen (§ 1).

Alleiniges Erfordernis für Ausübung dieser Befugnisse ist der Nachweis der Reichsangehörigkeit (durch Staatsangehörigkeitsausweise, in Preußen vom Regierungspräsidenten), sowie für die der elterlichen oder vormundschaftlichen Gewalt Unterstehenden der Nachweis der Genehmigung des gesetzlichen Vertreters. Eine Ehefrau bedarf der Genehmigung des Ehemannes (§ 2; vgl. EG.BGB. Art. 37).

Sonst dürfen den Befugnissen aus § 1 andere als im Gesetz selbst zugelassene Hemmnisse nicht entgegengesetzt werden, insbesondere nicht wegen des Glaubensbekenntnisses, wegen fehlender Landes- oder Gemeindeangehörigkeit.

Ausnahmen.

A. **Aus sicherheitspolizeilichen Gründen:**

α. Denjenigen Verurteilten, welche auf Grund eines gerichtlichen Erkenntnisses unter Polizeiaufsicht gestellt sind, kann von der höheren Landespolizeibehörde der Aufenthalt an einzelnen bestimmten Orten untersagt werden (StGB. § 39 Ziff. 1).

β. Auch sonst bleiben Landesgesetze in Kraft, nach denen bestrafte Personen Aufenthaltsbeschränkungen durch die Polizeibehörde unterworfen werden können (§§ 3, 2). Für Preußen kommt in Frage das G. vom 31. Dezember 1842 (nur für die alten Provinzen). Die Landespolizei kann den wegen sicherheits- oder sittlichkeitswidriger Handlungen Bestraften den Aufenthalt an gewissen Orten untersagen.

B. **Aus Rücksichten der Armenpflege:**

a) **Abweisung seitens der Gemeinde.** Eine Gemeinde kann den Anziehenden nur dann abweisen, wenn er keine Kräfte und Mittel hat, sich und seine nicht arbeitsfähigen Angehörigen notdürftig zu ernähren, und kann die Fortsetzung des Aufenthaltes nur dann versagen, wenn der Anziehende den Unterstützungswohnsitz (Heimatsrecht) noch nicht erworben hat und aus anderem Grunde, als wegen vorübergehender Arbeitsunfähigkeit, unterstützungsbedürftig geworden ist (§ 46).

Die Besorgnis vor künftiger Verarmung berechtigt den Gemeindevorstand nicht zur Zurückweisung.

b) Ist eine Ausweisung aus einem Orte auch rechtlich möglich, so darf sie doch tatsächlich nicht eher erfolgen, bevor nicht eine Annahmeerklärung der in Anspruch genommenen Gemeinde oder eine vollstreckbare Entscheidung über die Fürsorgepflicht erfolgt ist (§ 6).

c) Die Übernahme der Auszuweisenden unter verschiedenen Bundesstaaten regelt sich nach dem **Gothaer** Vertrag vom 15. Juli 1851.

d) Zur Erhebung von Abgaben wegen des Anzugs ist die Gemeinde nicht befugt, doch kann der neu Anziehende nach Ablauf von drei Monaten zu den Gemeindelasten herangezogen werden (§ 8).

e) Die Rechtsverhältnisse bezüglich der Gemeindeangehörigkeit, des Ortsbürgerrechts, der Teilnahme an den Gemeindenutzungen werden durch den gesetzlich gestatteten Aufenthalt oder die Niederlassung nicht berührt (§ 11). Lassen Landesgesetze infolge fortgesetzten Aufenthalts das „Heimatsrecht" (Gemeindeangehörigkeit, Unterstützungswohnsitz) entstehen, behält es dabei sein Bewenden (§ 11 Abs. 2).

§ 41. III. Das Gesetz vom 6. Juni 1870 über den Unterstützungswohnsitz

ergänzt durch G. vom **12. März 1894** und durch G. vom 30. Mai 1908 (neue Redaktion laut Bekanntmachung des Reichskanzlers vom 30. Mai 1908 (RGBl. S. 381).

In innigster Verbindung mit der Freizügigkeit stehen die Bestimmungen über Erwerb und Verlust des Unterstützungswohnsitzes (Heimatsrecht).

Der Unterstützungswohnsitz wird **erworben** durch:

a) **Aufenthalt**, wenn jemand innerhalb eines Ortsarmenverbandes nach zurückgelegtem **16.** Lebensjahre **ein** Jahr lang ununterbrochen seinen gewöhnlichen Aufenthalt gehabt hat (§§ 9, 10);

b) **Verehelichung**, indem die Ehefrau von dem Zeitpunkte der Eheschließung ab den Unterstützungswohnsitz des Mannes teilt (§§ 9, 15);

c) **Abstammung**, indem eheliche und diesen gesetzlich gleichstehende Kinder den Unterstützungswohnsitz des Vaters, uneheliche den der Mutter teilen (§§ 9, 18).

Der Unterstützungswohnsitz wird **verloren** durch:

a) Erwerbung eines anderen Unterstützungswohnsitzes;

b) **ein**jährige ununterbrochene Abwesenheit nach zurückgelegtem 16. Lebensjahre (§ 22).

Jeder Deutsche ist in jedem Bundesstaat in bezug auf die Art und das Maß der im Falle der Hilfsbedürftigkeit zu gewährenden öffentlichen Unterstützung sowie auf den Erwerb und Verlust des Unterstützungswohnsitzes als Inländer zu behandeln (§ 1).

Jeder hilfsbedürftige Deutsche muß vorläufig von demjenigen Ortsarmenverbande unterstützt werden, in dessen Bezirk er sich bei Eintritt der Hilfsbedürftigkeit befindet (§§ 2 ff.).

Wer nicht an einem bestimmten Ort unterstützungsberechtigt ist, fällt als Landarmer einem größeren Verbande, dem sog. Landarmenverband (in Preußen, abgesehen von Berlin und Breslau, dem Kreise, Bezirke, sonst der Provinz) zur Last.

Ausländer werden in Krankheitsfällen den Inländern gleich behandelt. Die Kosten trägt der Landarmenverband (§ 60). Im übrigen regeln hier zumeist Verträge das Nähere.

Streitigkeiten zwischen verschiedenen Armenverbänden über die öffentliche Unterstützung Hilfsbedürftiger werden, wenn die streitenden Teile einem und demselben Bundesstaate angehören, auf dem durch die Landesgesetze vorgeschriebenen Wege entschieden (§ 37); andernfalls entscheidet in letzter Instanz das **Bundesamt für das Heimatswesen.** Dieses ist auch für Preußen letzte Instanz, während zunächst ein Verwaltungsstreitverfahren vor dem Bezirksausschuß stattfindet. Zuständig ist derjenige, welcher dem in Anspruch genommenen Armenverbande vorgesetzt ist.

Statt des Streitverfahrens ist für preußische Armenverbände auch die schiedsrichterliche Entscheidung des Kreis(Stadt-)ausschusses möglich (AG. §§ 60—62).

Exemtion Bayerns. Gothaer Vertrag. Eisenacher Konvention. Die Gesetze vom 6. Juni 1870, 12. März 1894 und 30. Mai 1908 gelten nicht in Bayern. Wohl aber heute in Elsaß-Lothringen (Art. 5 Gesetz vom 30. Mai 1908 läßt dort das Gesetz vom 1. April 1910 an in Kraft treten). Bayern gegenüber gilt noch der sog. Gothaer Vertrag vom 15. Juli 1851 „wegen gegenseitiger Übernahme der Ausgewiesenen und Heimatlosen" und die Eisenacher Konvention vom 11. Juli 1853 „wegen Verpflegung erkrankter und Beerdigung verstorbener Untertanen".

§ 42. IV. Fortfall polizeilicher Beschränkungen der Eheschließung.

Gesetz vom 4. Mai 1868 über die Aufhebung der polizeilichen Beschränkungen der Eheschleßung.

a) Deutsche bedürfen zur Eingehung einer Ehe oder zu der damit verbundenen Gründung eines eigenen Haushalts weder des Besitzes noch des Erwerbes einer Gemeindeangehörigkeit (Gemeindemitgliedschaft) oder des Einwohnerrechts, noch der Genehmigung der Gemeinde (Gutsherrschaft) oder des Armenverbandes, noch einer obrigkeitlichen Erlaubnis (§ 1).

b) Insbesondere darf die Befugnis zur Verehelichung nicht beschränkt werden wegen Mangels eines bestimmten, die Großjährigkeit übersteigenden Alters, oder der Nachweisung einer Wohnung, eines hinreichenden Vermögens oder Erwerbs, wegen erlittener Bestrafung, bösen Rufes, vorhandener oder zu befürchtender Verarmung, bezogener Unterstützung oder aus anderen polizeilichen Gründen. Auch darf von der ortsfremden Braut ein Zuzugsgeld oder eine sonstige Abgabe nicht erhoben werden (§ 1, II).

c) Polizeiliche Beschränkungen der Befugnis zur Eheschließung in Ansehung der Ehe zwischen Juden und für die Angehörigen einzelner bürgerlicher Berufsstände sind unzulässig (§ 2).

d) Die Bestimmungen über die Genehmigung der Eheschließung der Militärpersonen, Beamten, Geistlichen und Lehrer durch die Vorgesetzten werden hiervon nicht betroffen (§ 2, II).

e) Die Bestimmungen des bürgerlichen Rechts werden durch dieses Gesetz nicht berührt (§ 5).

§ 43. V. Das Reichspersonenstandsgesetz vom 6. Februar 1875.

1. Das Reichspersonenstandsgesetz brachte als wichtigste Neuerung für ganz Deutschland die obligatorische Zivilehe und die Schaffung der Standesämter. In dieser Beziehung ist es eine Fortsetzung preußischer Gesetze. Hier wurden bereits 1847 an Stelle der von Geistlichen geführten Kirchenbücher staatliche von den Kreisgerichten geführte Register eingeführt für Ehen der Juden und Dissidenten.

2. **Das preußische Personenstandsgesetz.** 1874 wurden sie durch preußisches Gesetz vom 9. März über die Beurkundung des Personenstandes und die Form der Eheschließung für alle Preußen eingeführt.

Dem folgte alsdann das Reichsgesetz vom 6. Februar 1875 (mit Kraft vom 1. Januar 1876). Dasselbe ist mit seinen die Eheschließung behandelnden Bestimmungen nunmehr teils in das BGB. hinübergenommen, teils dem BGB. entsprechend abgeändert (vgl. Art. 46 EG.BGB.).

3. **Einteilung des Gesetzes.** Das Gesetz zerfällt in 8 Abschnitte.

Den allgemeinen Bestimmungen folgen solche über Beurkundung der Geburten, der Eheschließung und der Sterbefälle.

Dieselbe erfolgt ausschließlich durch die **Standesbeamten** durch Eintragung in deren **Register.** (Geburts-, Heimats-, Sterberegister.) Die Standesbeamten sind entweder Kommunal- oder in deren Ermangelung königliche Beamte.

Außer den Standesregistern werden noch **Nebenregister** geführt, die nach Jahresschluß den Gerichten erster Instanz zur Aufbewahrung übergeben werden.

Sie sind öffentliche Urkunden (§ 418 ZPO.), Gegenbeweis der Unrichtigkeit oder Fälschung ist möglich.

Geburten sind innerhalb 1 Woche anzumelden (Haft, Geldstrafe bis 150 Mk.).

Pflichtig dazu Vater, Hebamme, Arzt, Mutter.

Totgeburten sind am nächsten Tage anzumelden und werden nur ins Sterberegister eingetragen.

Sterbefälle sind am nächsten Wochentag anzumelden.

Berichtigung von Eintragungen nur zulässig auf Grund amtsgerichtlicher Anordnung (§ 69 FGG.).

Auf **hoher See** werden Geburten und Sterbefälle vom Kapitän (2 Zeugen) im Tagebuch beurkundet. Die nächsterreichten Seemannsämter übermitteln an das Standesamt des Wohnsitzes.

Für das **preußische Königshaus** ist der Hausminister Standesbeamter.

§ 44. VI. Paßwesen.[1]

Das Gesetz vom 12. Oktober 1867 über das Paßwesen.

1. Zur Durchführung seiner Aufgabe, die öffentlichen und privaten Interessen zu schützen, muß der Staat die in ihm Lebenden einer dauernden Aufsicht unterstellen. Er muß vor allem auch über die Persönlichkeit der Fremden selbst orientiert sein. Demgemäß herrscht Legitimationspflicht: „Bundesangehörige wie Ausländer sind verpflichtet, sich auf amtliches Erfordern über ihre Person genügend auszuweisen" (§ 3 Paßgesetz).

2. Die zunehmende Ausdehnung des internationalen Landstreicher- und Verbrechertums hat die verschiedenen Staaten zu mehr oder weniger scharfen Aufsichtsmaßregeln geführt. Man unterscheidet so Länder der Reisefreiheit und der Reisebeschränkung (Rußland mit Paß- und Visierungszwang).

3. Deutschland gehört im allgemeinen zu den Ländern der Reisefreiheit.

Reichsangehörige bedürfen zum Ausgange aus dem Bundesgebiete, zur Rückkehr in dasselbe, sowie zum Aufenthalt und auch zum Reisen innerhalb desselben keines Reisepapieres; auf ihren Antrag sind ihnen Pässe und Reisepapiere zu erteilen (§ 1).

Von der normalen Reisefreiheit statuiert indessen eine Ausnahme die Kaiserliche Verordnung vom 9. Juni 1897 (RGBl. S. 501), wonach jeder Reisende, welcher aus **Rußland** kommt, verpflichtet ist, sich durch einen Paß auszuweisen. Auch soll für dieselben Verhältnisse von Ausländern ein Reisepapier nicht gefordert werden (§ 2). Aber Legitimationspflicht auf Verlangen (§ 3).

4. Von der zuständigen Behörde eines Bundesstaates ausgestellte Pässe usw. haben Gültigkeit für das ganze Bundesgebiet (§ 4).

Eine Verpflichtung zur Vorlegung der Reisepapiere behufs der Visierung findet nicht statt (§ 5).

5. **Vorübergehende Paßpflichtigkeit.** Paßpflichtigkeit überhaupt oder in eingeschränkter Weise kann durch den Kaiser aus be-

[1] Vgl. Artikel „Paßwesen" im H.-W.-B. Bd. 6 S. 1011; Meyer, Deutsches Verwaltungsrecht, 3. Aufl., 1910, § 49.

sonderen Gründen (Krieg, innere Unruhen usw.) vorübergehend eingeführt werden (§ 9).

6. Die **Ausstellung** der Pässe erfolgt für Bundesangehörige durch die Bundesgesandten oder -konsuln, wenn es sich um den Eintritt in das Bundesgebiet handelt, nach dem Ausland hin von den zuständigen Landesbehörden (§ 6).

7. Stempelabgaben resp. Ausfertigungsgebühren dürfen für Pässe und sonstige Reisepapiere nur bis zu **3** Mk. erhoben werden.

§ 45. VII. Auswanderungswesen.

Reichsgesetz über das Auswanderungswesen vom 9. Juni 1897 (RGBl. S. 463).

1. Das Recht der freien Bewegung reicht für die Reichsangehörigen über die Grenzen des Reichs hinaus und enthält die Auswanderungsfreiheit.

2. Diese war in Preußen bereits gewährleistet durch Art. 11 PrVU.: „Die Freiheit der Auswanderung kann von Staats wegen nur in bezug auf die Wehrpflicht beschränkt werden. Abzugsgelder dürfen nicht erhoben werden."

3. Nachdem durch Art. 4 Ziff. 1 der RV. die Bestimmungen über Freizügigkeit, Heimats- und Niederlassungsverhältnisse usw. der Kompetenz des Reichs unterstellt waren, erging das oben zitierte Reichsgesetz.

Das Reich hat die Auswanderungsfreiheit aufrechterhalten und nur die der Wehrpflichtigen beschränkt (im § 15 Ziff. 2 u. 3 des Gesetzes vom 1. Juni 1870 über Erwerb und Verlust der Staatsangehörigkeit und im AuswG. § 23).

Eine Bestrafung wegen unerlaubten Auswanderns bestimmen §§ 140, 360 Nr. 3 StGB.

4. Deutschland treibt eine nationale Auswanderungspolitik. Die Auswanderer sollen gegen Ausbeutung geschützt und durch wahre Auskünfte, Hinlenkung auf dem Deutschtum möglichst geeignete Plätze, Fürsorge daselbst, dem Heimatlande möglichst erhalten bleiben.

5. Das Gesetz verlangt für den Auswanderungsunternehmer eine Erlaubnis (§ 1).

Zuständig dafür ist der Reichskanzler unter Zustimmung des Bundesrats (§ 2).

Für Agenten bedarf es einer Erlaubnis der Landesbehörde [Regierungspräsident] (§§ 11, 12).

Die Erlaubnis wird widerruflich und gegen Sicherheitsleistung erteilt.

Der Geschäftsbetrieb unterliegt der Beaufsichtigung (AG. §§ 1—21).

6. Auswanderungsbehörden sind außer dem dem Reichskanzler zugeteilten Beirat in den Hafenorten (Hamburg, Bremen) angestellte Reichskommissare, die Landesbehörden und Konsuln (§§ 38—41, 49).

7. Die Aufsicht erstreckt sich auf die Ausrüstung der Schiffe, ihre Inspektion, die ärztliche Untersuchung des Gesundheitszustandes der Besatzung und der Auswanderer vor der Abfahrt (§§ 33—35). Der Bundesrat erläßt die erforderlichen Ausführungsvorschriften (§ 36). So Vorschriften über die Auswandererschiffe: Bek. des BR. vom 14. März 1898 (RGBl. S. 57).

8. In Preußen sind für den Durchzug fremder Auswanderer besondere Sicherungsmaßregeln zur Verhütung der Verschleppung von Krankheiten usw. getroffen (Vf. von 1904/1905).

§ 46. VIII. Preßwesen.[1]

Reichsgesetz über die Presse vom 7. Mai 1874; PrG. über die Presse vom 12. Mai 1851 (§§ 9, 10, 41; vgl. § 30 Abs. 2 RG.).

A. Begriffliches und Geschichtliches.

1. Die Presse als Vervielfältigung des Gedankens durch den Druck ist die Beherrscherin der öffentlichen Meinung.

Indem sie dank ihrer Macht sämtliche Zweige des Staatslebens durchdringt, ist sie entweder Freundin oder Gegnerin der Staatsgewalt. Je nachdem wird diese sie hegen und pflegen oder niederdrücken.

Nach beiden Richtungen hin bedarf es rechtlicher Ordnung, und der Gesetzgebungspolitik liegt es ob, den richtigen Weg zwischen Wahrung der Preßfreiheit und den staatlichen Interessen zu finden.

Die Schranken für die Preßfreiheit — die nie absolut sein kann — dürfen aber stets nur gesetzliche, nicht polizei-exekutivische sein.

2. Die Preßgesetzgebung folgte der Erfindung der Buchdruckerkunst (1450) auf dem Fuße.

Zunächst war es die Kirche, die gegen dieses ihre Schwächen und Mißgriffe der Mitwelt darlegende „Werk des Teufels" einschritt.

Zwei Mittel dienten den kirchlichen Zielen: Die **Zensur** und die Leseerlaubnis.

3. Papst Alexander VI. gilt als Schöpfer der Zensur. Die Druckwerke wurden vor ihrer Fertigstellung bischöflicher Prüfung und Be-

---

[1] Vgl. Artikel „Preßgewerbe und Preßrecht" im H.-W.-B. Bd. 6 S. 1193 ff.; Meyer, Verwaltungsrecht § 50; v. Liszt, Das Deutsche Reichspreßrecht, 1880, und im Rechtslexikon (v. Holtzendorff), 3. Aufl., Leipzig 1882.

willigung unterstellt. (Köln 1475; Zensurkommission für die Erzdiözese Mainz 1486.)

Nichteinholung der Zensur wurde mit Exkommunikation bestraft, das Werk verbrannt.

4. Paul IV. schuf 1558 den Index librorum prohibitorum. Das Lesen der darauf gesetzten Bücher war Theologen und Gelehrten verboten.

5. Von diesen ersten katholisch-kirchlichen Bestrebungen greift die Zensur allmählich auch auf protestantische Länder über und insbesondere eignet die weltliche Macht sie sich an, um staatsfeindliche Drucksachen zu unterdrücken. (Reichsabschied von Nürnberg 1524, von Speyer 1529, 1530 Augsburg schrieb Namensangabe des Druckers vor und Visitationen der Druckereien usw.)

Den letzten Ausbau erhielt die Zensur 1548 durch die Reichspreßordnung: Der Druckerlaubnis wurden ganz allgemein „Bücher, Schrifften, Gemählte, Abgüss, Geschnitzt und Gemächts im Druck" unterworfen. Auch Dichter oder Autor sollten genannt sein.

Schwere Geldstrafen und Niederlegung des Handwerks wurden angedroht.

So war die Zensur in Deutschland eine dauernde staatliche Polizeieinrichtung geworden.

Durch den Reichsabschied von Speyer 1570 wurde angesichts der geringen Erfolge der Zensur der Betrieb des Buchdruckereigewerbes von obrigkeitlicher Konzession abhängig gemacht.

Man sah die Konzession als Privileg an, demgegenüber Taxgelder und Freiexemplare an die Hofkanzlei zu leisten waren.

Einem 1589 in Frankfurt a. M. — dem Mittelpunkt des Buchhandels — eingesetzten Kaiserl. Bücherkommissariat wurden weitgehende Kontroll- und Beschlagnahmebefugnisse beigelegt.

Auch nach dem 30jährigen Kriege änderten sich an diesen Zuständen im Reich wenig.

Man unterstellte die Preßpolizei der Unterrichts- und Bildungspolizei. (So auch in Preußen, wo im 18. Jahrhundert die Zensur ziemlich streng gehandhabt wurde.)

Die Zensur vom Auslande eingehender Druckwerke wurde im 18. Jahrhundert landesrechtlicher Kontrolle unterstellt.

6. **Der Übergang zur Zensurfreiheit.** Von den Universitäten und ihren Werken ging allmählich eine andere Auffassung aus.

Es tauchte das Schlagwort der freien Meinungsäußerung als einen allgemeinen Menschenrechts auf.

Zu einer allgemeinen Preßfreiheit kam es aber noch nicht so schnell.

Trotz der im Art. 18 der deutschen BA. in Aussicht genommenen freiheitlichen Regelung kam es infolge der verschiedenen regierungsfeindlichen Kundgebungen (Wartburgfeier, Kotzebues Ermordung usw.) zu den reaktionären Karlsbader Beschlüssen und dem Bundespreßgesetz von 1819, welches die Zensur aufrecht erhielt.

Ein Bundesbeschluß von 1832 unterwarf die ausländischen Preßerzeugnisse bei ihrem Eingang polizeilicher Genehmigung. „Die scharfe Märzluft des Jahres 1848 fegte diese Bundesgesetzgebung hinweg" (Rehm).

Recht extrem bestimmten die „deutschen Grundgesetze" von 1848, daß die Preßfreiheit unter keinen Umständen und in keiner Weise durch vorbeugende Maßregeln beschränkt werden dürften.

B. **Die neue Preßgesetzgebung.**

I. **Geschichtliche Entwicklung.**

a) In Preußen führte die Verfassung vom 31. Januar 1850 die Preßfreiheit ein.[1] (Die Theaterzensur wird dadurch nicht berührt.)[2]

b) Ein späteres Gesetz vom 12. Mai 1851 brachte den Konzessionszwang für das Preßgewerbe und Kautionspflicht für politische Zeitschriften (500—5000 Taler).

c) Das Reich (nicht schon der Norddeutsche Bund) hat die Beaufsichtigung und Gesetzgebung des Preßwesens seiner Kompetenz unterstellt (Art. 4 Ziff. 16 RV.) und somit eine einheitliche Regelung der Materie herbeigeführt.

d) Das Reichsgesetz über die Presse (7. Mai 1874) steht auf dem Boden der Preßfreiheit.

e) Man hat heute das **Verwaltungsrecht** der Presse von dem **Preßstrafrecht** zu scheiden.

---

[1] Art. 27: „Jeder Preuße hat das Recht, durch Wort, Schrift oder Druck und bildliche Darstellung seine Meinung frei zu äußern. Die Zensur darf nicht eingeführt werden, jede andere Beschränkung der Preßfreiheit nur im Wege der Gesetzgebung.

Art. 28: Preßvergehen sind nach allgemeinen Strafgesetzen zu bestrafen.

[2] Vgl. GewO. § 32: Genehmigung für Schauspielunternehmer. Voraussetzung ist sittliche, künstlerische, finanzielle Zuverlässigkeit.

Durch Polizeiverordnung kann die Einreichung der aufzuführenden Theaterstücke vorgeschrieben werden (Berlin).

Die Darstellung verstorbener Mitglieder des Kgl. Hauses ist im Prinzip verboten.

Zensur für kinematographische Schaustellungen (Bf. 16. XII. 10).

II. **Preßverwaltungsrecht.**

a) Der Betrieb der Preßgewerbe ist frei. Eine Entziehung zur Herausgabe und zum Vertriebe ist unmöglich (§ 4). Anzeigepflicht des Betriebslokals: § 14 GewO.

b) Der § 1 des PreßG. bestimmt, daß die Preßfreiheit nur denjenigen Beschränkungen unterliegen soll, welche durch das gegenwärtige Gesetz vorgeschrieben oder zugelassen sind.

c) Das Gesetz findet Anwendung auf alle Erzeugnisse der Buchdruckpresse, sowie auf alle anderen, durch mechanische oder chemische Mittel bewirkten, zur Verbreitung bestimmten Vervielfältigungen von Schriften und bildlichen Darstellungen mit oder ohne Schrift, und von Musikalien mit Text oder Erläuterungen (§ 2).

d) Mit dieser seiner Fassung trifft das Gesetz also auch andere Erzeugnisse als gerade der Druckpresse, z. B. die Galvanoplastik, den Stein-, Holzdruck, Kupfer-, Stahlstiche, Farbendruck, Metallguß usw. usw.

Ausdrücklich ausgenommen sind öffentliche Wahlstimmzettel (Reichsgesetz 12. März 1884).

Begriff der Druckschrift.

Exkurs:

α. Das Gesetz verwendet den Ausdruck „Druckschrift" und bestimmt, daß alles, was für diese verordnet wird, auf alle vorstehend aufgeführten Erzeugnisse Anwendung finden soll (§ 2 Abs. 2).

β. Der Begriff dessen, was man unter Druckschrift zu verstehen hat, ist nicht unbestritten.

γ. Als wesentliche Merkmale sind zwei zu nennen:

α. Äußerung eines Gedankens, und

β. Bestimmung der Vervielfältigung zur Mitteilung an andere.

δ. Spielkarten oder Banknoten sind demnach wohl Preßprodukte, aber keine Druckschriften.

ε. v. Liszt (und die herrschende Meinung) verlangen nun als weiteres Merkmal noch, daß, um Druckschrift zu sein, das Druckwerk nicht nur zur Mitteilung an Dritte schlechthin, sondern notwendig zur Mitteilung an einen individuell **unbegrenzten** Kreis von Personen, also zur Veröffentlichung, Verbreitung bestimmt sein müsse. Außerdem verlangt v. Liszt (S. 73 a. a. O.) auch noch die Gewerbsmäßigkeit der Verbreitung.

ζ. Mit Rücksicht auf die oben mitgeteilte Fassung des § 2 — „zur Verbreitung bestimmten" — dürfte dieser Auffassung im ersten Punkt gegen Rehm, Meyer u. a. der Vorzug zu geben sein. Von der Gewerbsmäßigkeit verlautbart das Gesetz allerdings nichts.

e) **Äußere Angaben auf Preßerzeugnissen.**

α. Auf jeder Druckschrift muß der Name und Wohnort des Druckers und, wenn sie für den Buchhandel oder sonst zur Verbreitung bestimmt sind, Name und Wohnort des Verlegers und Herausgebers genannt sein (§ 6 Abs. 1).

β. Ausgenommen sind die dem häuslichen und gewerblichen Zwecken dienenden Druckschriften wie Formulare, Preiszettel, Visitenkarten, Stimmzettel usw., desgleichen die sich auf amtliche Mitteilungen beschränkenden Drucksachen der Staats- und Kommunalbehörden (§§ 6 II, 12).

γ. Besondere Vorschriften sind aufgestellt für die **periodische Presse**, d. h. für Zeitungen und Zeitschriften, welche in monatlichen oder kürzeren, wenn auch unregelmäßigen Fristen erscheinen. Bei ihnen muß jede Nummer den Namen und Wohnort des verantwortlichen Redakteurs enthalten (§ 7).

Solches dürfen nur verfügungsfähige, im Besitz der bürgerlichen Ehrenrechte befindliche Personen mit Wohnsitz oder Aufenthalt im Deutschen Reich sein (§ 8).

Die Benennung sog. „Scheinredakteure" ist unzulässig und strafbar (§ 18 Abs. 2).

Von jeder Nummer einer periodischen Druckschrift hat der Verleger, sobald die Austeilung oder Versendung beginnt, ein sog. Pflichtexemplar der Polizeibehörde des Ortes unentgeltlich (gegen Bescheinigung) abzuliefern (§ 9). Ausgenommen sind Druckschriften, welche ausschließlich der Wissenschaft, Kunst, Industrie, dem Gewerbe dienen (§ 9 II).

Auch von der Redakteurangabe sind wieder ausgenommen die amtlichen Publikationen der Behörden, des Reichstags und der Landesvertretungen, sowie die ausschließlich an Redaktionen versandten, auf mechanischem Wege vervielfältigten Korrespondenzen (§§ 12, 13).

δ. Zuwiderhandlungen gegen die Formvorschriften ziehen Strafe und ev. die polizeiliche Beschlagnahme nach sich (§§ 18, 19, 23).

f) **§ 11: Berichtigungspflicht von Tatsachen.** Der verantwortliche Redakteur periodischer Druckschriften ist zur Aufnahme von Berichtigungen verpflichtet unter folgenden Voraussetzungen:

α. Gegenstand der Berichtigung muß eine Tatsache sein (Gegensatz: Urteil, Kritik).

β. Die Tatsache muß in der betreffenden Druckschrift mitgeteilt sein.

γ. Die Berichtigung muß vom Einsender unterzeichnet sein, darf keinen strafbaren Inhalt haben und muß sich auf tatsächliche Angaben beschränken.

Die Berichtigungspflicht besteht nicht, wenn die betreffende Zeitung die Tatsache nicht selbst mitteilt, sondern nur andere Mitteilungen referiert. Bestritten ist, ob schon die bloße Quellenangabe von der Berichtigungspflicht befreit.[1]

Wenn der Berichtiger (Behörde oder Privatperson) sich nicht auf Tatsachenangabe beschränkt, sondern Kritiken, Urteile abgibt, kann der Redakteur die ganze Berichtigung zurückweisen.

Liegen die Voraussetzungen für die Berichtigungspflicht vor, so muß die Aufnahme in folgender Art erfolgen:

α. Ohne Einschaltungen und Weglassungen.

β. In der nach Empfang der Einsendung nächstfolgenden, für den Druck nicht bereits abgeschlossenen Nummer.

γ. In demselben Teile der Druckschrift, mit derselben Schrift, wie der Abdruck des zu berichtigenden Artikels.

δ. Kostenfrei, soweit nicht die Entgegnung den Raum der zu berichtigenden Mitteilung überschreitet. Für das Übermaß sind Insertionsgebühren zu entrichten.

Bei (für Anzeigen) dolos unberechtigter Weigerung der Berichtigungsaufnahme trifft den Redakteur Strafe [Geld bis 150 Mark oder Haft] (§ 19). Allerdings tritt die Verfolgung nur auf Antrag ein. Geschah die unberechtigte Verweigerung in gutem Glauben, so hat das Strafurteil nur die nachträgliche Aufnahme anzuordnen, dagegen von Strafe und Kosten freizusprechen (§ 19 Abs. 2).

g) Außer für Berichtigungen besteht eine Pflicht zur Aufnahme amtlicher Bekanntmachungen von Behörden für die periodischen Druckschriften, welche Anzeigen aufnehmen. Gegen die gewöhnlichen Einrückungsgebühren sind dieselben in der nächsten Nummer aufzunehmen (§ 10).

Zuwiderhandlungen unterliegen Geldstrafe bis 150 Mark oder Haft (§ 19 Ziff. 3).

h) **Mitteilungsverbote.** Der Pflicht, etwas zu bringen, stehen Verbote gegenüber. Diese beruhen entweder auf Gesetz oder Verordnung des Reichskanzlers.

α. Gesetzlich verboten sind:

αα. Öffentliche Aufforderungen der Presse zur Aufbringung der wegen eines Delikts erkannten Geldstrafen und Kosten, desgleichen Bescheinigungen über solchen Empfang [das Gesammelte verfällt der Ortsarmenkasse] (§ 16).

---

[1] So v. Liszt a. a. O. S. 97; a. A. Meyer, Deutsches Verwaltungsrecht, 3. Aufl., § 54 Note 5.

ββ. Die Anklageschrift oder andere amtliche Schriftstücke eines Strafprozesses dürfen durch die Presse vor der öffentlichen Verhandlung resp. dem Ende des Verfahrens nicht veröffentlicht werden (§ 17).

β. Durch öffentliche Bekanntmachung kann der Reichskanzler in Zeiten der Kriegsgefahr oder des Krieges Veröffentlichungen über Truppenbewegungen oder Verteidigungsmittel verbieten (§ 15).

Zuwiderhandlungen gegen α und β ziehen Strafe (bis 1000 Mark, oder Haft, oder Gefängnis bis zu 6 Monaten) nach sich und begründen im Falle β (§ 15) das polizeiliche Recht der Beschlagnahme ohne richterliche Anordnung (§ 23 Ziff. 2).

i) **Beschlagnahmen.**

1. Die Gesetze kennen die Beschlagnahme von Preßerzeugnissen sowohl als richterliche, wie als polizeiliche Maßregel.

α. Die richterliche Beschlagnahme ist in der StPO. §§ 94 ff. geregelt.

Sie ist:

αα. eine **definitive**, wenn die Gerichte bei strafbarem Inhalt die Unbrauchbarmachung von Abdrücken, Platten und Formen aussprechen (StGB. §§ 41, 42),

ββ. eine **vorläufige**, zwecks Beschaffung von Beweismitteln für die Untersuchung oder zur Sicherung der Ausführung eines zukünftigen Strafurteils.

(Auf die richterliche Beschlagnahme finden auch die Vorschriften der §§ 27, 28 Preßgesetz Anwendung: Nur möglich an Orten der Verbreitung; die Anlaßstellen und die verletzten Gesetze sind zu bezeichnen; trennbare, nicht strafwürdige Teile sind auszuschließen.)

β. Die polizeiliche Beschlagnahme ist ein vorläufiger, im Interesse der demnächstigen strafprozessualen Untersuchung ausgeführter **Verwaltungsakt.**

Sie ist zulässig (§ 23):

αα. bei Nichteinhaltung der Formvorschriften (Angabe des Druckers, Verlegers, Redakteurs usw.),

ββ. bei Verbreitung ausländischer periodischer Druckschriften trotz Verbot des Reichskanzlers,

γγ. bei Berichten über verbotene Truppenbewegungen usw. (§ 15),

δδ. bei Aufforderungen zu hochverräterischen Handlungen; bei Majestätsbeleidigungen; bei unzüchtigen Abbildungen oder Darstellungen (vgl. § 23 Ziff. 3).

2. Erforderlich ist stets der Beginn der Verbreitung, ev. schon der Moment der Ausgabe.[1]

---

[1] Vgl. v. Liszt a. a. O. S. 123.

3. Angesichts des vorläufigen Charakters der polizeilichen Beschlagnahme erfordert der § 24 ein Angehen der Staatsanwaltschaft innerhalb 12 Stunden, während diese in weiteren 12 Stunden gerichtliche Bestätigung zu beantragen hat.

4. Der beschlagnehmende Staatsanwalt muß richterliche Entscheidung innerhalb 24 Stunden beantragen.

5. Das Gericht muß innerhalb 24 Stunden nach Eingang die Entscheidung treffen, die auf Bestätigung oder Aufhebung lauten muß.

6. Gegen den Aufhebungsbeschluß gibt es kein Rechtsmittel (§ 25), gegen Bestätigung Beschwerde (StPO. § 346).

7. Die Beschlagnahme erlischt, wenn nicht bis zum Ablauf des fünften Tages nach Anordnung die gerichtliche Bestätigung der sie verfügenden Behörde zugegangen ist (§ 24 Abs. 3).

k) **Verbote von Preßerzeugnissen** kennt das auf dem Regressivsystem stehende Reichspreßgesetz im Prinzip nicht.

Auch die einzige Ausnahme hat nicht präventiven, sondern regressiven Charakter.

Ist nämlich gegen eine Nummer einer ausländischen periodischen Druckschrift binnen Jahresfrist (seit Fällung des erstinstanzlichen Erkenntnisses) zweimal eine Verurteilung auf Grund der §§ 41, 42 StGB. (das objektive Strafverfahren) erfolgt, so kann der Reichskanzler innerhalb zwei Monaten nach Rechtskraft des letzten Erkenntnisses die fernere Verbreitung auf **zwei** Jahre verbieten (§ 14).

Über die Art der Publikation des Verbotes entscheidet der Reichskanzler.

Zuwiderhandlungen begründen Strafe und Beschlagnahme (§§ 18, 23).

Bei lediglicher Titeländerung ohne sachliche Änderung kann sich das Verbot auf die neue Ausgabe erstrecken.[1]

l) **Verbreitung der Preßerzeugnisse.**

1. Die diesbezüglichen Vorschriften enthält die GewO.

2. Es wird gewerbsmäßige und nichtgewerbsmäßige Verbreitung geschieden.

a) Für die erstere bedarf es ortspolizeilicher Genehmigung [einjähriger Legitimationsschein] (GewO. § 43; Strafen § 148 Abs. 5).

Der Schein ist abschreckend oder ansteckend kranken und solchen Personen zu versagen, die unter Polizeiaufsicht stehen. Desgleichen Landstreichern usw.

Er kann auch sonstigen bedenklichen Personen versagt werden.

---

[1] Näheres siehe bei v. Liszt a. a. O. S. 107 ff.

b) Für nicht gewerbsmäßige Verbreitung bedarf es keiner vorherigen Erlaubnis, sie kann aber den vorher genannten Personen verboten werden (vgl. §§ 43, 148 Abs. 5 GewO.; § 5 Preßgesetz).

m) **Das Plakatwesen.**

1. Über das öffentliche Anschlagen, Anheften usw. kam eine Einigung zwischen Bundesrat und Reichstag nicht zustande und es sind die diesbezüglichen Vorschriften dem Landesrecht anheimgegeben.

2. Da es sich um die wirksamsten Mittel der Massenwirkung handelt, glaubte die Mehrzahl der Staaten trotz der Beschränkungen, die das Reichsrecht in bezug auf die Persönlichkeit der Verbreiter aufstellt, besonderer Garantien hinsichtlich des Inhalts der zu verbreitenden Druckschriften nicht entraten zu können.

3. In Preußen gelten auf Grund des § 30 Abs. 2 Reichspreßgesetzes heute noch die §§ 9, 10, 41 des preuß. G. über die Presse vom 12. Mai 1851.

a) Danach dürfen Anschlagzettel und Plakate, welche einen anderen Inhalt haben als

1. Ankündigungen über gesetzlich nicht verbotene Versammlungen,
2. über öffentliche Vergnügungen,
3. über gestohlene, verlorene, gefundene Sachen,
4. über Verkäufe und andere gewerbliche Nachrichten

nicht angeschlagen, angeheftet oder in sonstiger Weise öffentlich ausgestellt werden (§ 9). Bekanntmachungen öffentlicher Behörden sind ausgenommen.

b) Niemand darf auf öffentlichen Straßen, Wegen, Plätzen, überhaupt öffentlichen Orten ohne obrigkeitliche Erlaubnis (Ortspolizei) Druckschriften verkaufen, verteilen usw.

Ein auf Namen lautender Erlaubnisschein wird erteilt und ist mit sich zu führen (§ 10).

c) Zuwiderhandlungen werden bestraft [Geld bis 150 Mark oder Haft bis zu sechs Wochen] (§ 11).

III. **Preßstrafrecht.**[1]

„Die Verantwortlichkeit für Handlungen, deren Strafbarkeit durch den Inhalt einer Druckschrift begründet wird, bestimmt sich nach den allgemeinen Strafgesetzen" (§ 20 Abs. 1 Preßgesetz).

1. Diese allgemeinen Grundsätze weichen aber den Preßvergehen gegenüber nicht aus. Angesichts des Zusammenwirkens vieler Personen bedarf es hier einer Ergänzung, soll nicht die Strafverfolgung häufig an juristischen Schwierigkeiten scheitern.

---

[1] v. Liszt, Lehrbuch des Strafrechts, 10. Aufl., 1900, § 43.

2. Eine solche Ergänzung bringt das Preßgesetz (§ 20 Abs. 2), indem es bei einer periodischen Druckschrift den verantwortlichen Redakteur als Täter strafbar sein läßt, wenn nicht durch besondere Umstände die Annahme seiner Täterschaft ausgeschlossen wird. (Über die erforderlichen Qualitäten des Redakteurs bestimmt § 8 Preßgesetz.)

Verantwortlich ist nur der Redakteur, der als solcher zeichnet und in dessen Machtvollkommenheit die Aufnahme oder Nichtaufnahme von Artikeln liegt.

3. „Das Reichspreßgesetz hat aber weiter das System der Fahrlässigkeitsstrafen, verbunden mit dem sog. belgischen System der stufenweisen Verantwortlichkeit, zur Ergänzung der allgemeinen Grundsätze herangezogen" (v. Liszt).

So bestimmt der § 21, daß, wenn der Inhalt einer Druckschrift den Tatbestand einer strafbaren Handlung begründet, so sind

der verantwortliche Redakteur,
der Verleger,
der Drucker,
die gewerbsmäßigen Verbreiter, welche den Inhalt nicht mit der erforderlichen Aufmerksamkeit geprüft haben, oder nicht wenigstens durch die Nennung ihres Vormannes den Nachweis mangelnden eigenen Verschuldens erbringen können, wegen dieser Fahrlässigkeit strafbar.

4. **Verjährung.** Die Strafverfolgung derjenigen Verbrechen und Vergehen, welche durch die Verbreitung von Druckschriften strafbaren Inhalts begangen werden, sowie der sonstigen im Preßgesetz mit Strafe bedrohten Vergehen verjährt in **sechs** Monaten.

Beginn dieser Verjährung mit dem Beginn der Verbreitung.

5. **Tatort** des Preßdelikts. Durch die Praxis des Reichsgerichts war — angesichts der Streitfrage — der fliegende (ambulante) Gerichtsstand der Presse geschaffen (RGSt. 25, 155). Tatort sollte danach überall dort sein, wo auch nur ein einzelnes Blatt der Druckschrift verbreitet worden war.

Die Streitfrage ist durch den vom G. vom 13. Juni 1902 dem § 7 StPO. zugefügten Abs. 2 dahin entschieden, daß als Tatort des Preßdelikts der Ort des Erscheinens der Druckschrift zu gelten hat.

Nur in den Fällen der Beleidigung — wenn die Verfolgung im Wege der Privatklage stattfindet — ist auch das Gericht zuständig, in dessen Bezirk die Druckschrift verbreitet ist.

6. **Gerichtszuständigkeit.** Schöffengericht resp. Strafkammer; das Schwurgericht ist landesrechtlich für die durch die Presse

begangenen strafbaren Handlungen zuständig in Bayern, Württemberg, Baden, Oldenburg (§ 6 EG.GVG.).

7. **Postvertrieb** (Postzwang). Keine politische Zeitung darf ausgeschlossen oder benachteiligt werden (Postgesetz §§ 1, 2, 2a, 3; Ausnahme § 14 Preßgesetz für ausländische Zeitungen).

8. Verbot von Berichten über Gerichtsverhandlungen, welche Gefährdung des Staatswohls (GVG. § 175 Abs. 2); Strafe: Gesetz 1888: Geld bis 100 Mark, Haft, Gefängnis bis sechs Monate.

9. Wahrheitsgetreue Berichte über Parlamentsverhandlungen sind straflos: § 12 StGB.

§ 47. IX. Vereins- und Versammlungsrecht.[1]

Reichsvereinsgesetz vom 19. April 1908; (Preußen: VO. vom 11. März 1850: Über die Verhütung eines die gesetzliche Freiheit und Ordnung gefährdenden Mißbrauchs des Versammlungs- und Vereinigungsrechts).

A. Begriffliches und Geschichtliches.

1. Vereine und Versammlung berühren sich zwar vielfach, sind aber ihrem Begriff nach nicht identisch. In der Gesetzgebung (Reichsgesetz vgl. unten) sind sie allerdings zumeist einheitlich behandelt.

α. Verein im Sinne des öffentlichen Rechts ist eine freiwillig eingegangene Verbindung mehrerer Menschen für längere Dauer zur gemeinsamen Verfolgung bestimmter Zwecke.

β. Versammlung ist ein zeitweiliges Zusammenkommen von Personen, um gemeinsam zu beraten und Beschlüsse zu fassen zur Verfolgung gemeinsamer Zwecke (dieses Verfolgen gemeinschaftlicher Zwecke unterscheidet die Versammlung von einer Ansammlung von Menschen auf der Straße. Hier fehlt diese Absicht).

2. Solange es eine Geschichte der Menschheit gibt, läßt sich das Bestreben nach Vereinsbildung erkennen. Was der einzelne mit seinen persönlichen und wirtschaftlichen Kräften nicht zu erreichen vermag, das sucht er mit vereinten Kräften in gemeinschaftlicher Arbeit zu verfolgen und zu erreichen.

3. Die Vereinszwecke werden demnach so mannigfaltig gestaltet sein, wie die Kulturzwecke der Menschen überhaupt. Die Vereine können hier fördernd und hindernd auftreten und in letzterem Punkt wurzelt die staatliche Pflicht, ein wachsames Auge auf die Betätigung der Vereine zu werfen, um Mißbräuche und die öffentliche Ordnung

[1] Vgl. den Artikel von Loening im H.-W.-B. Bd. 8 S. 132 ff.

störende Gefährlichkeiten hintanzuhalten. Das ist die öffentlichrechtliche Staatsaufsicht, deren Niederschlag den Inhalt des öffentlichen Vereinsrechts bildet, nämlich die Rechtssätze, welche die persönliche Freiheit des einzelnen, Vereine zu bilden, beschränken. Daneben gehören dahin die Bestimmungen über die Funktionen der Staatsbehörden, welche diese im öffentlichen Interesse in bezug auf Vereine auszuüben haben. Das öffentliche Vereinsrecht findet auf rechtsfähige wie auf nicht rechtsfähige Vereine Anwendung.

4. Eine Ausnahmestellung nehmen allerdings diejenigen „Gesellschaften" ein, deren Ziele ausschließlich auf die Hebung der wirtschaftlichen Interessen ihrer Mitglieder gerichtet sind.

Die Bildung und rechtmäßige Geschäftsgebarung solcher ist seit altersher gestattet und lediglich den Normen des Privatrechts unterworfen. (Es gehören hierher insbesondere die handelsrechtlichen Gesellschaften.)

5. Eine besondere Stellung nehmen außerdem die kirchlichen Vereinigungen ein. Ihnen gegenüber sind nicht selten staatliche Sonderbestimmungen vorhanden.

So ist z. B. nach dem RG. vom 4. Juli 1872 § 1 dem Orden der Gesellschaft Jesu und den ihm verwandten Orden und Kongregationen (Lazaristen, Kongregation vom Heiligen Herzen Jesu) die Errichtung von Niederlassungen im Reichsgebiet untersagt (vgl. auch Art. 13 preuß. VU.).

6. Schon die römische Geschichte zeigt eine reiche Vereinsbildung, die sich ursprünglich frei entfalten durfte (L. 4 D. 47, 22); später aber (lex Julia de collegiis unter Augustus 7 v. Chr.) durch das Erfordernis der Genehmigung beschränkt wurde (L. 2 D. 47, 22; L. 1 § 1 D. 48, 4).

Im allgemeinen erfreuten sie sich trotzdem in der Praxis einer milden Behandlung (L. 3 D. 47, 227), die erst in der späteren Kaiserzeit strengeren Grundsätzen wich.

7. Auch im Frankenreiche (unter Karl d. Gr.) unterlagen die Vereine staatlicher Aufsicht und auch wohl Unterdrückung; desgleichen im späteren Mittelalter. Doch machte sich auch hier der Vereinsbildung gegenüber vielfach die Ohnmacht des Reiches geltend. Jedenfalls zeigt das Deutsche Reich im Mittelalter ein sehr starkes Vereinsleben mannigfachster Art mit großen autonomen Befugnissen (Gilden, Bruderschaften, insbesondere die Städtebünde). Im Prinzip galt jedenfalls im Reich Freiheit der Vereinsbildung.

8. Die Entwicklung der ständischen Territorialmächte brachte dann seit dem 15. Jahrhundert das Ende der Vereinsfreiheit. Vereine ohne

obrigkeitliche Genehmigung wurden verboten; auch hier stillschweigende Ausnahme für die Vereine mit Privatinteressen.

Auch für die Versammlungen wurde vielfach obrigkeitliche Überwachung angeordnet (selbst bei erlaubten Vereinen).

B. **Die neuere Gesetzgebung.**

1. Diese beginnt in Deutschland mit dem preuß. ALR. 1794. Auch dieses scheidet die privatrechtlichen Gesellschaften (I, 17) von den übrigen (II, 6).

Indem das preuß. Landrecht die Genehmigung nur für geheime Verbindungen verlangte, brach es mit dem römischen Recht und dem Rechte des Polizeistaates.

Allerdings behielt sich der Staat bei Gemeinschädlichkeit die Auflösung vor (II, 6 § 4).

2. Die weitere Entwicklung zeigt das wachsende Mißtrauen gegen öffentliche, insbesondere politische Vereine (preuß. Edikt von 1798 und 1816 verboten solche allgemein).

3. Erst „die scharfen Märzwinde" des Jahres 1848 beseitigten die gesetzgeberische Auffassung, daß Vereine und Versammlungen der Genehmigung bedürften (vgl. preuß. VU. Artt. 29—31).[1]

4. Die landesrechtlichen Bestimmungen galten in den deutschen Staaten bis zum 15. Mai 1908 (dem Tage des Inkrafttretens des RG. vom 19. April 1908).

Indessen hat das Reich doch vordem auf Grund seiner Kompetenz (Art. 4 Ziff. 13 u. 16) vielfach in das Landesrecht eingegriffen.

α. Das BGB. regelt allerdings im Prinzip nur die privatrechtliche Seite des Vereinsrechts, wobei indessen ein Hinübergreifen in

---

[1] Art. 29. Alle Preußen sind berechtigt, sich ohne vorgängige obrigkeitliche Erlaubnis friedlich und ohne Waffen in geschlossenen Räumen zu versammeln.

Diese Bestimmung bezieht sich nicht auf Versammlungen unter freiem Himmel, welche auch in bezug auf vorgängige obrigkeitliche Erlaubnis der Verfügung des Gesetzes unterworfen sind.

Art. 30. Alle Preußen haben das Recht, sich zu solchen Zwecken, welche den Strafgesetzen nicht zuwiderlaufen, in Gesellschaften zu vereinigen.

Das Gesetz regelt, insbesondere zur Aufrechterhaltung der öffentlichen Sicherheit, die Ausübung des in diesem und dem vorstehenden Artikel (29) gewährleisteten Rechtes.

Politische Vereine können Beschränkungen und vorübergehenden Verboten im Wege der Gesetzgebung unterworfen werden.

Art. 31. Die Bedingungen, unter welchen Korporationsrechte erteilt oder verweigert werden, bestimmt das Gesetz. (Nicht erschienen.)

das öffentliche Recht vielfach unverkennbar ist. Man wird hier zunächst an die „juristische Persönlichkeit“ der Vereine zu denken haben, ein Punkt, bei dem die Bestimmungen des BGB. zweifellos auch für das öffentliche Verwaltungsrecht von Bedeutung sind. Denn die Frage, unter welchen Voraussetzungen der Staat eine juristische Person als solche anerkennen will, ist öffentlichrechtlich, und das BGB. greift daher mit der Regelung dieser Voraussetzungen in das öffentliche Vereinsrecht hinüber.

β. Nach Art. 4 Ziff. 16 ist das Reich zuständig für die öffentlichrechtlichen Verhältnisse der Vereine. Die mehrfachen von dem Reichsvereinsgesetz ergangenen Reichsvorschriften hoben die entgegenstehenden landesrechtlichen auf und sind nach dem Reichsvereinsgesetz in Kraft geblieben (vgl. § 1 Abs. 1 Satz 2 und § 23 Schlußsatz).

Dahin gehören:

αα. Die §§ 128, 129 StGB., betr. Teilnahmeverbot an geheimen Verbindungen usw.

ββ. Militärgesetz vom 2. Mai 1874 § 49: Aktiven Militärpersonen ist die Teilnahme an politischen Vereinen und Versammlungen verboten.

γγ. Wahlgesetz vom 31. Mai 1869 § 17: Die Wahlberechtigten dürfen für die Reichstagswahlen Vereine bilden und in geschlossenen Räumen unbewaffnet öffentliche Versammlungen abhalten.

δδ. Die Verbindung politischer Vereine war in Preußen (§ 8) wie in den meisten deutschen Staaten verboten. Das RG. vom 11. Dezember 1899 ließ die Verbindung von Vereinen jedweder Art miteinander zu.

C. **Das Vereinsgesetz des Reichs.**[1]

1. Dasselbe gibt im § 1 allen Reichsangehörigen — ohne Unterschied des Geschlechts — das Recht, zu Zwecken, die den Strafgesetzen nicht zuwiderlaufen, Vereine zu bilden und sich zu versammeln.

2. Somit findet sich eine Schranke der Vereinsfreiheit zunächst in den Strafgesetzen (§§ 110, 111, 115, 116, 124, 125, 127—129 StGB.).

Sodann wird erklärt, daß das freie Vereinsrecht nur den Beschränkungen des Vereinsgesetzes und der anderen Reichsgesetze unterworfen sei.

---

[1] Aufbau des Gesetzes: Das Gesetz behandelt, nachdem es das Vereins- und Versammlungsrecht ausgesprochen hat (§§ 1, 17), die Vereine (§§ 2—4), sodann die Versammlungen (§§ 5—16, 20), ferner enthält es Strafbestimmungen (§§ 18, 19); sodann den Zuständigkeitshinweis bezüglich der Behörden (§ 21, dazu AusfVO.); endlich die Übergangsbestimmungen (22—25).

Endlich, daß die sicherheitspolizeilichen Bestimmungen des Landesrechts nur Anwendung finden, soweit es sich um die Verhütung unmittelbarer Lebens- und Gesundheitsgefahr der Teilnehmer einer Versammlung handelt.

3. Wenn also auch alle anderen polizeilichen Beschränkungen der Vereinsfreiheit durch § 1 aufgehoben sind, so werden dadurch andere im bürgerlichen Recht oder im Disziplinarrecht begründete Beschränkungen einzelner Personen (Schüler, Beamte), Vereine zu bilden oder Mitglieder solcher zu werden, nicht berührt.[1]

4. Das Gesetz spricht im § 1 nur von Reichsangehörigen. Damit ist Ausländern die Vereinsbildung und -mitgliedschaft nicht verboten (hier würde in Preußen die bekannte Bestimmung des ALR. II, 17 § 10 für die Polizei in Frage kommen).

Jedenfalls gibt es kein Verbot für die Aufnahme von Ausländern in die von Reichsangehörigen gebildeten Vereine.

5. **Auflösung** (§ 2).

a) Ein Verein, ob politisch oder nicht, dessen Zweck den Strafgesetzen zuwiderläuft, kann aufgelöst werden.

Die Verfügung kann im Wege des Verwaltungsstreitverfahrens, und wo solches nicht besteht, im Wege des Rekurses nach Maßgabe der Vorschriften der §§ 20, 21 GewO. angefochten werden (vgl. BGB. § 62). — In erster und zweiter Instanz muß hierbei die Entscheidung durch das Kollegium nach mündlicher und öffentlicher Verhandlung erfolgen; der Rekursbescheid ist mit Gründen zu versehen. Rekursinstanz in Elsaß-Lothringen ist der Kaiserliche Rat.

b) Die endgültige Auflösung des Vereins ist öffentlich bekanntzumachen.

Aus anderen, wie im § 1 angegebenen Gründen kann eine Vereinsauflösung nicht angeordnet werden.

6. **Politische Vereine.** Während unpolitische Vereine sonstigen Beschränkungen gesetzlich nicht unterstehen und behördlicherseits auch nicht unterworfen werden können, unterstehen Vereine, die eine Einwirkung auf politische Angelegenheiten bezwecken (politische Vereine), einigen Sonderbeschränkungen.

Ein Verein verfolgt einen politischen Zweck, wenn er eine Einwirkung auf die Tätigkeit des Staates, auf die Gesetzgebung oder die Handhabung der Verwaltung, sei es in den inneren oder äußeren Angelegenheiten, erstrebt.[2]

---

[1] Loening a. a. O. (H.-W.-B. 8 S. 165).

[2] Vgl. Kommentar von Reichsgerichtsräten zum BGB. § 61 Note 3.

Politische Angelegenheiten sind also nicht alle öffentlichen Angelegenheiten, sondern nur diejenigen des Staates, allerdings in allen seinen Funktionen.

Politisch im Sinne des Gesetzes ist auch der Verein nur dann, wenn eine Einwirkung auf diese staatlichen Funktionen anstrebt, nicht wenn er sich zu anderen, z. B. wissenschaftlichen, Zwecken mit politischen Angelegenheiten befaßt.

Eine Unterart des politischen Vereins bilden Vereine mit sozialpolitischem Zweck. Hier richten sich die Bestrebungen des Vereins auf politische und soziale Zwecke, d. h. auf Verbesserung der Gesellschafts- und Wirtschaftslage mit Hilfe einer Änderung der Staats- und Rechtsordnung.[1]

Für die politischen Vereine gelten nun folgende Vorschriften (§ 3):

a) Der Verein muß einen Vorstand und eine Satzung haben.

Der Vorstand ist verpflichtet (ohne Aufforderung) binnen einer Frist von zwei Wochen nach Gründung des Vereins die Satzung sowie das Mitgliederverzeichnis des Vorstands der zuständigen Polizeibehörde einzureichen. Über die Einreichung ist eine kostenfreie Bescheinigung zu erteilen.

b) Satzungs- und Vorstandsänderungen sind anzuzeigen (zwei Wochen).

c) Im Prinzip ist stets die deutsche Sprache anzuwenden, Ausnahmen können von der höheren Verwaltungsbehörde zugelassen werden.

d) Wahlbestrebungen gelten nicht als politische Vereine (§ 4).

e) Personen unter 18 Jahren dürfen nicht Mitglieder politischer Vereine, desgleichen nicht in Versammlungen anwesend sein, die sich mit Politik befassen (§ 17).

7. **Das Versammlungsrecht.**

a) Die oben charakterisierte Versammlung — das Gesetz definiert weder diese, noch den Verein überhaupt — ist eine Vereinigung zu einem gemeinsamen Zweck und findet ihre Einheit in dem gemeinsamen Willen.[2]

b) Zu dem weiteren Begriff der Versammlung wird man aus dem Zusammenhang des Gesetzes auch (wie beim Verein) den Versuch der Einwirkung erfordern müssen, mag sich diese auch nicht auf die volle Allgemeinheit, sondern nur auf die Gesamtheit eines gewissen Personen- und Interessenkreises richten.

---

[1] Protokolle zum BGB. I S. 559/563.

[2] Loening a. a. O. H.-W.-B. Bd. 8 S. 166.

Jedenfalls sind „Veranstaltungen zu geselligen Zwecken" (§ 17) nicht Versammlungen im Sinne des Gesetzes.

c) Das Gesetz unterscheidet „öffentliche" und „private" Versammlungen. Erstere sind solche, zu denen eine unbestimmte Anzahl von Personen zugelassen wird, mag sie auch nach Geschlecht oder sonstwie z. B. nach Parteirichtung begrenzt sein.

Gleichgültig ist, ob Eintrittsgeld erhoben wird oder nicht.

Auch eine von einem Verein ausgehende Versammlung kann demnach eine „öffentliche" sein.

d) Das Vereinsgesetz unterwirft — mit der Ausnahme des Teilnahmeverbotes Jugendlicher (§ 17; vgl. 6e) — nur die öffentlichen Versammlungen besonderen Beschränkungen, die man in Anzeige- und Genehmigungspflicht geteilt sieht.

α. **Anzuzeigen** sind — und zwar mindestens 24 Stunden vorher — bei der Polizeibehörde öffentliche politische Versammlungen (§ 5).

Ausgenommen sind (§ 6):

αα. öffentlich bekanntgemachte Versammlungen,

ββ. Versammlungen Wahlberechtigter zum Wahlbetrieb,

γγ. Versammlungen von gewerblichen Arbeitern und Bergarbeitern zur Erlangung günstiger Lohn- und Arbeitsbedingungen (ausgenommen und dem Landesrecht unterstellt sind ländliche Arbeiter und Dienstboten — § 24 Abs. 3).

β. Einer vorherigen polizeilichen **Genehmigung** bedürfen nur öffentliche Versammlungen, die unter freiem Himmel abgehalten werden sollen, desgleichen Aufzüge auf öffentlichen Straßen und Plätzen (§ 7).

In geschlossenen Räumen veranstaltete Versammlungen werden auch dadurch nicht zu solchen unter freiem Himmel, weil außerhalb des Versammlungsraumes befindliche Personen teilnehmen, oder die Versammlung in einen mit dem Raume zusammenhängenden, umfriedeten Hof oder Garten verlegt wird (§ 8).

Die Genehmigung ist vom Veranstalter mindestens 24 Stunden vor der Versammlung oder dem Aufzug unter Angabe des Ortes und der Zeit nachzusuchen (§ 7 Abs. 2).

Sie ist schriftlich zu erteilen und darf nur versagt werden, wenn aus der Abhaltung Gefahr für die öffentliche Sicherheit zu besorgen ist (§ 7 Abs. 2).

Im Versagungsfalle erhält der Veranstalter sofort kostenlosen und begründeten Bescheid (§ 7 Abs. 2).

Die Versagung ist Polizeiverfügung, als solche in Preußen anfechtbar mit Beschwerde oder Verwaltungsklage (LVG. §§ 127 ff.).

Veranstaltungen ohne Erlaubnis unterliegen nach § 19 der Bestrafung (Geld bis 300 Mark ev. Haft).

e) **Bewaffneten** ist die Teilnahme an öffentlichen Veranstaltungen verboten, sie seien denn Berufswaffenträger oder hätten behördliche Erlaubnis zum Erscheinen mit Waffen (§ 11).

f) Außer Anzeige- und Genehmigungspflicht verlangt das Gesetz noch (§ 10), daß jede öffentliche politische Versammlung einen Leiter habe, der für Ruhe und Ordnung zu sorgen und sie ev. aufzulösen hat.

g) **Sprache.** Nach § 12 Abs. 1 sind die Verhandlungen in öffentlichen Versammlungen in **deutscher** Sprache zu führen.

Ausnahmen (§ 12 Abs. 2 u. 3):

α. für internationale Kongresse,

β. für Versammlungen Wahlberechtigter zu den Parlamenten,

γ. für Versammlungen in Landesteilen, in denen im Jahre 1908 alteingesessene Bevölkerungsteile nichtdeutscher Muttersprache vorhanden waren, sofern dieselben nach der jeweilig letzten Volkszählung **60%** der Gesamtbevölkerung des Landesteils übersteigen.

h) **Polizeifunktionen.**

α. Zu jeder öffentlichen Versammlung müssen **zwei** Beauftragte der Polizeibehörde zugelassen und es müssen ihnen angemessene Plätze eingeräumt werden (§ 13).

Die Veranstalter oder Leiter trifft bei Verweigerung des Zutritts oder Platzeinräumung Geldstrafe bis 150 Mark (§ 18).

β. Die Beauftragten der Polizei können bei Verstößen gegen das Gesetz und bei Erörterung von Anträgen oder Vorschlägen, die eine Aufforderung oder Anregung zu Verbrechen oder nicht nur auf Antrag zu verfolgenden Vergehen enthalten, die Versammlung unter Angabe des Grundes für **aufgelöst** erklären (§ 14).

γ. Als Verstöße gegen das Gesetz werden aufgezählt die Unmöglichkeit, die Anzeigebescheinigung vorlegen zu können, die nicht erteilte Genehmigung, die Anwesenheit Bewaffneter, Nichtzulassung der Polizeibeauftragten.

i) Nach der Auflösung sind die Anwesenden verpflichtet, sich sofort zu entfernen (§ 16) bei Vermeidung einer Geldstrafe bis 150 Mark (§ 18 Ziff. 4).

k) Die Auflösungserklärung muß auf Antrag binnen drei Tagen schriftlich und begründet dem Leiter mitgeteilt werden (§ 14 Schluß) und kann von diesem, wie von jedem Teilnehmer der Versammlung, im Verwaltungsstreitverfahren resp. im Wege des Rekurses nach Maßgabe der GewO. §§ 20, 21 angefochten werden (§ 15).

l) **Das Landesrecht.**

α. Das Vereinsgesetz enthält (§ 24) eine Reihe einzelner Vorbehalte für das Landesrecht, d. h. für einzelne im Gesetz geregelte Verhältnisse finden seine Vorschriften nur dann und insoweit Anwendung, als Landesrecht keine abweichenden Vorschriften aufstellt.

β. Dabei ist hervorzuheben, daß für Handlungen, die nach allgemeinem Reichs- oder Landesrecht verboten sind, es eines besonderen Vorbehaltes nicht bedarf. Dieselben dürfen selbstverständlich weder in einem Verein noch in einer Versammlung vorgenommen werden. Ist z. B. nach Landesrecht die Aufführung von Theaterstücken ohne vorherige Polizeierlaubnis verboten, so darf auch ein Verein ohne Genehmigung solche *öffentliche* Aufführung nicht veranstalten.

γ. Die *einzelnen Vorbehalte* des § 23:

αα. Unberührt bleiben die Vorschriften des Landesrechts über kirchliche und religiöse Vereine und Versammlungen, kirchliche Prozessionen usw., über geistliche Kongregationen und Orden. (Für Preußen sind maßgebend die Artt. 12, 13 PrVU.).[1]

ββ. Die Vorschriften in bezug auf Vereine und Versammlungen für die Zeiten der Kriegsgefahr, des Krieges, des Belagerungszustandes und Aufruhrs (preuß. G. vom 4. Juni 1851).

γγ. Die Vorschriften zum Schutze der Feier der Sonntage und Festtage.

Hierbei aber die Besonderheit, daß für Sonntage, die nicht zugleich Festtage sind, Beschränkungen nur bis zur Beendigung des vormittäglichen Hauptgottesdienstes zulässig sind.

Der Exemtion der ländlichen Arbeiter und Dienstboten von der Koalitionsfreiheit ist oben bereits Erwähnung getan,[2] desgleichen der

---

[1] Art. 12. Die Freiheit des religiösen Bekenntnisses, der Vereinigung zu Religionsgesellschaften (Artt. 30 und 31) und der gemeinsamen häuslichen und öffentlichen Religionsübung wird gewährleistet. Der Genuß der bürgerlichen und staatsbürgerlichen Rechte ist unabhängig von dem religiösen Bekenntnisse. Den bürgerlichen und staatsbürgerlichen Pflichten darf durch die Ausübung der Religionsfreiheit kein Abbruch geschehen.

Art. 13. Die Religionsgesellschaften, sowie die geistlichen Gesellschaften, welche keine Korporationsrechte haben, können diese Rechte nur durch besondere Gesetze erlangen.

[2] Damit sind die für die älteren Provinzen Preußens geltenden G. vom 24. April 1854, betr. die Verletzungen der Dienstpflichten des Gesindes und der ländlichen Arbeiter, aufrechterhalten.

Tatsache, daß „sicherheitspolizeiliche Bestimmungen des Landesrechts nur Anwendung finden, soweit es sich um Verhütung unmittelbarer Lebens- und Gesundheitsgefahr der Teilnehmer an einer Versammlung handelt" (§ 1 Abs. 2 Vereinsgesetz).

§ 48. X. Glaubensfreiheit und Gleichberechtigung der Konfession.[1]

1. Neben der Preß- und der Vereinsfreiheit steht heute auch die Freiheit des Bekenntnisses.

Anerkanntermaßen entzieht sich das innere Glaubensleben des Einzelindividuums jedweder staatlichen Einwirkung. Vom Rechte getroffen werden kann nur das äußerliche Bekennen zu einer Konfession.

2. Eine Beschränkung der Bekenntnisfreiheit kann in direkter oder indirekter Weise stattfinden, indem bestimmte Religionen im Staate überhaupt nicht zugelassen werden (religio reprobata) oder indem man den Bekennern derselben die bürgerliche Gleichberechtigung versagt.

3. **Geschichtliches.**

a) In Roms älterer Zeit war ja wohl das ganze Rechtsleben von einem starken Zug sakralen Wesens durchweht, doch war, wenigstens unter den cives selbst, von Bekenntnisunterschieden keine Rede. Erst in der Epoche des Christentums traten diese hervor und zeitigten die Verfolgungen seitens der heidnischen Kaiser.

Als dann das Christentum zur Staatsreligion erhoben war, wurden allmählich nur dessen Anhänger und Bekenner als wahre Bürger angesehen und des ius suffragii et honorum für würdig erachtet.

b) Mittelalterliche Reichsgesetze (1231/32; der Sachsenspiegel II Art. 13 § 7) erklären den Abfall vom katholischen Glauben für ein nicht nur kirchlicher, sondern weltlicher Strafen wertes Verbrechen.

c) Mochte auch die Reformation und insbesondere der Augsburger Religionsfriede den Protestanten eine äußerlich gesicherte Rechtsstellung im Reiche schaffen, so war damit eine Anerkennung der Religionsfreiheit noch keineswegs erreicht.

Sowohl der Augsburger Religionsfriede (RA. von 1555 §§ 15, 16) wie der Westfälische Friede (I. p. O. Art. V § 30) stellten das Recht der Landesherren auf, die Religionsverhältnisse in ihren Territorien nach ihrem Ermessen zu regeln.

---

[1] H. Fürstenau, Das Grundrecht der Religionsfreiheit, Leipzig 1891; Meyer-Anschütz, Lehrbuch des deutschen Staatsrechts § 220.

Den Untertanen blieb ev. nur das Recht der Auswanderung.

Die geringen Beschränkungen, die überhaupt dem „landesherrlichen Reformationsrecht" im Westfälischen Frieden gezogen waren, bezogen sich auch nur auf Katholiken und Protestanten. Andere als diese beiden Bekenntnisse sollten überhaupt im Reiche nicht zugelassen werden, und die Juden mußten ihre diesbezügliche Ausnahmestellung mit schweren Schutzgeldern bezahlen. Schließlich waren sie auch nur geduldet und — gegenüber einzelnen privatrechtlichen Bevorzugungen (eigenes Recht in Familiensachen, Zinsrecht) — im öffentlichen Leben rechtlos.

d) Die Toleranz in Glaubenssachen, welche seit dem 18. Jahrhundert in Deutschland erwacht, fand ihre Hauptstätte in Preußen (Friedrich der Große). In dem sonst protestantischen Lande blieben nicht nur den mit den neu erworbenen Teilen zu Untertanen gewordenen Katholiken die volle Gleichstellung gewahrt, auch kleinere Religionsgesellschaften fanden Duldung und Schutz.

Ein Religionsedikt von 1788 und das preuß. ALR. proklamierten Glaubens- und Gewissensfreiheit, und, soweit nicht besondere Gesetze etwas anderes bestimmten, die Gleichberechtigung der Angehörigen aller Konfessionen in bürgerlicher Beziehung (vgl. ALR. II, 11 §§ 1 bis 6).

e) Das oben erwähnte Reformationsrecht der Landesherren fand eine weitere Einschränkung durch den Reichsdeputationshauptschluß von 1803 (§ 63). Es sollte in den durch die Säkularisation neu entstandenen Territorien mit konfessionell gemischter Bevölkerung freie Religionsausübung gestattet sein.

f) Auch die Rheinbundfürsten verpflichteten sich zumeist, den Angehörigen der beiden christlichen Kirchen gleiche politische Rechte in ihren Landen einzuräumen.

g) Die Deutsche Bundesakte bestimmt im Art. 16: „Die Verschiedenheit der christlichen Religionsparteien kann in den Ländern und Gebieten des Deutschen Bundes keinen Unterschied in dem Genusse der bürgerlichen und politischen Rechte begründen."

Nach Abs. 2 sollte eine bürgerliche Verbesserung der Bekenner des jüdischen Glaubens in möglichst übereinstimmender Weise herbeizuführen versucht werden. Die ihnen bereits eingeräumten Rechte sollten sie behalten.

h) Das Jahr 1848 und die Verfassungen der Einzelstaaten stehen auf demselben Standpunkt (vgl. den oben mitgeteilten Art. 12 PrVU.).

Preußen hat jedenfalls den Grundsatz der Gleichberechtigung für alle Konfessionen aufgestellt, während in anderen Staaten der Vollgenuß der bürgerlichen Rechte nur den Mitgliedern der christlichen Kirchen zugestanden wurde.

Übrigens waren auch in Preußen die Juden noch insofern nicht völlig gleichberechtigt, als ihnen durch besondere Vorschriften (Edikt vom 11. März 1812 und G. vom 23. Juli 1847) die Fähigkeit zur Bekleidung gewisser Ämter (z. B. Richteramt) entzogen war.

i) Durch das sog. Emanzipationsgesetz vom 3. Juli 1869, betr. die Gleichberechtigung der Konfessionen in bürgerlicher und staatsbürgerlicher Beziehung, ist nunmehr der Grundsatz der Gleichberechtigung im Deutschen Reiche allgemein durchgeführt. (Das Gesetz ist überall eingeführt, im Jahre 1911 auch in Elsaß-Lothringen — G. vom 31. Mai 1911, RGBl. S. 225.)

Das Gesetz bestimmt: „Alle noch bestehenden, aus der Verschiedenheit des religiösen Bekenntnisses hergeleiteten Beschränkungen der bürgerlichen und staatsbürgerlichen Rechte werden hierdurch aufgehoben. Insbesondere soll die Befähigung zur Teilnahme an der Gemeinde- und Landesvertretung und zur Bekleidung öffentlicher Ämter vom religiösen Bekenntnis unabhängig sein."

k) Eine konsequente Folge des Grundsatzes der Glaubensfreiheit ist zunächst die, daß man überhaupt keiner Glaubensgemeinschaft anzugehören braucht.

So zieht in Preußen der in vorgeschriebener Form vor dem Richter erklärte **Austritt** aus der Kirche oder einer korporativen Religionsgemeinschaft die Befreiung der kirchlichen Verbandslasten nach sich (G. vom 14. Mai 1873; für Juden gestattet das preuß. G. vom 28. Juli 1876 den Austritt aus einer lokalen Synagogengemeinde ohne Austritt aus der jüdischen Religionsgemeinschaft).

Die Austrittserklärung bewirkt, daß der Ausgetretene mit Schluß des auf sie folgenden Kalenderjahres zu Leistungen, die auf der persönlichen Kirchenangehörigkeit beruhen, nicht mehr verpflichtet ist; nur zu den Kosten eines außerordentlichen Baues hat er bis zum Ablaufe des zweiten Kalenderjahres beizutragen.

Anderweite Verpflichtungen, z. B. Zehnten, dingliche Kirchenbaulast, werden durch den Austritt nicht berührt. (Über die Folgen des Austritts findet der Rechtsweg statt: preuß. G. vom 24. Mai 1861.)

l) Eine Schranke findet übrigens die Bekenntnisfreiheit in dem einen Punkte, daß sich niemand seinen bürgerlichen Pflichten (Wehrpflicht usw.) unter Berufung auf das Glaubensbekenntnis entziehen darf (Art. 12 PrVU. Abs. 1 Satz 2; vgl. oben).

§ 49. XI. Gewerbe.[1]

Das Recht der freien Niederlassung und des freien Umherziehens würde für den Reichsangehörigen von nur untergeordnetem Werte bleiben müssen, wenn ihm nicht das Recht der freien Wahl der Arbeit zur Seite stände. Diese gewährleistet die

Gewerbeordnung für das Deutsche Reich vom **21. Juni 1869**, welche vielfach abgeändert, in späterer Fassung unter dem 1. Juli 1883 (RGBl. S. 177) vom Reichskanzler bekanntgemacht worden ist. Ferner abändernde Reichsgesetze vom 8. Dezember 1884, 23. April 1886, 6. Juli 1887 und 1. Juni 1891. Insbesondere das sog. **Handwerkergesetz** vom 26. Juli 1897, in Kraft seit dem 1. April 1898. Sodann das Ergänzungsgesetz vom 30. Juni 1900. Auf Grund Art. 17 desselben am 26. Juli 1900 (RGBl. S. 871) neu publiziert. Weitere Ergänzungsgesetze aus 1905, 1907 und Mai und Dezember 1908 und 27. Dezember 1911. (Das Gesetz zerfällt in **10** Titel mit Unterabteilungen und 155 Paragraphen.)

Titel I. Allgemeines.

1. **Begriff.**

a) Unter Gewerbe im weiteren Sinne ist jede auf Vermögenserwerb gerichtete dauernde, selbständige und erlaubte Tätigkeit zu verstehen, welche durch Beteiligung am allgemeinen Verkehr ausgeübt wird (Meyer).[2]

b) Unter Gewerbe im engeren Sinne werden nur die Industriegewerbe, d. h. die Verarbeitung von Erzeugnissen, sowie die gewerbsmäßig geleisteten persönlichen Dienste verstanden, welche eine höhere wissenschaftliche und künstlerische Bildung nicht voraussetzen, während die Gewinnung der Rohprodukte (Urproduktion, wie Landwirtschaft, Viehzucht, Bergbau usw.), sowie die höheren wissenschaftlichen und künstlerischen Berufe mit Ausnahme der Schauspielunternehmungen ausscheiden.

Ein weiterer Gegensatz zum Gewerbe ist der den Umsatz von Gütern vermittelnde Handel.

c) Weil unter den Wortbegriff „Gewerbe" nur jede bestimmte

---

[1] Artikel „Gewerbe" in H.-W.-B. Bd. 4 S. 847 ff. (Bücher); „Gewerbegesetzgebung" ebenda S. 895 ff. (Loening, Meyer); Gg. Meyer, Deutsches Verwaltungsrecht 1910 §§ 148 ff. S. 411.

[2] Sprachlich ist das Wort „Gewerbe" wie „Erwerb" auf das Zeitwort „werben" zurückzuführen, welches eigentlich bedeutet „sich um eine Achse, kreisförmig bewegen" und in übertragenem Sinne: „sich umtun, etwas erstreben, zu erlangen suchen" z. B. Werber! (Bücher).

berufsmäßig ausgeübte Tätigkeit zum Zwecke des Gütererwerbs fällt, so fallen darunter nicht einzelne Gelegenheitsgeschäfte, die jemand aus besonderem Anlaß abschließt, ebensowenig die Tätigkeit der Tagelöhner, Gesellen, weil dieselbe nicht selbständig, sondern in Diensten anderer ausgeübt wird.

d) Gewerbebetrieb ist auch nicht der Reichs-, Staats-, Kommunal- und Kirchendienst, desgleichen nicht der Dienst bei Privatgesellschaften, nicht der Gesinde- und sonstige häusliche Dienst.

e) Unentgeltliche Tätigkeit kann nicht als Gewerbebetrieb qualifiziert werden, weil der Zweck des Vermögenserwerbes fehlt.

f) Selbstverständlich sind auch verbotene Handlungen niemals Gewerbebetrieb.

g) Die Gewerbegesetzgebung bezieht sich im wesentlichen nur auf die Gewerbe im engeren Sinne.

h) **Freiheit des Gewerbebetriebes.** Der Betrieb eines Gewerbes ist jedermann gestattet, soweit nicht durch die Gewerbeordnung Ausnahmen oder Beschränkungen vorgeschrieben oder zugelassen sind (§ 1 GewO. vom 26. Juli 1900).

i) Die Unterscheidung zwischen Stadt und Land in bezug auf den Gewerbebetrieb hat aufgehört, der gleichzeitige Betrieb verschiedener Gewerbe, sowie desselben Gewerbes in mehreren Betriebs- oder Verkaufsstätten ist gestattet, und es findet eine Beschränkung der Handwerker auf den Verkauf der selbstverfertigten Waren nicht statt (§§ 2, 3 GewO. vom 26. Juli 1900).

k) Ausschließliche Gewerbeberechtigung oder **Zwangs- und Bannrechte**, welche durch Gesetz aufgehoben oder für ablösbar erklärt worden sind, können nicht mehr erworben, und Realgewerbeberechtigungen nicht mehr begründet werden.[1] Das Gesetz hebt im übrigen die meisten derartigen Vorrechte auf oder erklärt sie für ablösbar (§ 7). Eine Ausnahme macht z. B. die Abdeckereigerechtigkeit.

l) **Der Gewerbeordnung nicht unterliegende Betriebe.** Die Gewerbeordnung ändert nichts in den Beschränkungen einzelner Gewerbe, welche auf den Zoll-, Steuer- und Postgesetzen beruhen; sie findet auch keine Anwendung auf die Fischerei, die Errichtung und Verlegung von Apotheken, die Erziehung von Kindern gegen Entgelt, das Unterrichtswesen, die Advokatur und No-

---

[1] Zwangsrecht ist die Befugnis, die Anschaffung oder Zubereitung bestimmter Bedürfnisse bei anderen als den Berechtigten zu untersagen.

Bannrecht ist das Zwangsrecht, wenn es sich auf die Bewohner eines gewissen Bezirks, oder auf bestimmte Klassen von Einwohnern erstreckt.

tariatspraxis, den Gewerbebetrieb der Auswanderungsunternehmer und Auswanderungsagenten, der Versicherungsunternehmer und der Eisenbahnunternehmungen, die Befugnis zum Halten öffentlicher Fähren und die Rechtsverhältnisse der Schiffsmannschaften auf den Seeschiffen.

Auf das Bergwesen, die Ausübung der Heilkunde, den Verkauf von Arzneimitteln, den Vertrieb von Lotterielosen und die Viehzucht findet dieselbe nur so weit Anwendung, als sie darüber ausdrückliche Bestimmungen enthält (§ 6).

m) **Drei Arten des Gewerbebetriebes.** Die Gewerbeordnung unterscheidet drei Arten des Gewerbebetriebes:

das stehende Gewerbe,
den Gewerbebetrieb im Umherziehen und
den Marktverkehr.

A. **Stehender Gewerbebetrieb** (Tit. II §§ 14—54).

1. **Begriff:** Stehender Gewerbebetrieb ist im Sinne der Gewerbeordnung jede Form des Gewerbebetriebes, welcher in derselben nicht ausdrücklich als Gewerbebetrieb im Umherziehen oder Marktverkehr bezeichnet wird.

2. Derselbe unterliegt der **Anzeigepflicht**, welche sich für gewisse Gewerbe, wie Buch- und Kunsthandel, Verkauf von Druckschriften usw. auch auf das Lokal und jeden Wechsel desselben erstreckt (§ 14).

3. Die Anzeige ist an die Ortspolizeibehörde zu erstatten bei Eröffnung des Betriebes. Unterlassung zieht Strafe nach sich (§ 148, 1—4).

4. Gewerbtreibende, die einen offnen Laden haben oder Gast- oder Schankwirtschaften betreiben, müssen ihren Familien- und mindestens einen ausgeschriebenen Vornamen an der Außenseite des Ladens lesbar anbringen (§ 15).

5. **Polizeiliche Beschränkungen** im Tit. II (Stehender Gewerbebetrieb) beziehen sich auf:

a) die Befugnis zum Betrieb,
b) die Ausübung desselben.

Beschränkungen sind aber dann vorhanden, wenn sie ausdrücklich angeordnet sind.

6. Die Beschränkungen der **Befugnis** zum stehenden Gewerbebetrieb haben wieder eine doppelte Richtung:

a) sie beziehen sich auf gewerbliche **Anlagen** (§§ 16—28),
b) sie beziehen sich auf den Gewerbebetrieb gewisser **Personen** (§§ 29—54).

7. Die Beschränkungen äußern sich:

a) in der Form von **Konzessionen**,

b) in der Form von **Verboten.**

8. **Anlagebeschränkungen.** Polizeiliche Beschränkungen bestehen hinsichtlich solcher gewerblicher **Anlagen**, welche durch die örtliche Lage oder die Beschaffenheit der Betriebsstätte für die Besitzer oder Bewohner der benachbarten Grundstücke oder für das Publikum überhaupt erhebliche Nachteile, Gefahren oder Belästigungen herbeiführen können [Schießpulverfabriken, Gasbereitungsanstalten, Glas- und Rußhütten usw.] (§ 16).

Ferner **Dampfkessel**, Windtriebwerke und solche Anlagen, deren Betrieb mit ungewöhnlichem Geräusch verbunden ist, sofern in der Nähe der letzteren Kirchen, Schulen oder andere öffentliche Gebäude, Krankenhäuser oder Heilanstalten vorhanden sind (§§ 24, 27).

9. Diese Anlagen bedürfen entweder besonderer **Genehmigung** oder können untersagt werden. So erstens die sämtlichen im § 16 aufgeführten Gewerbe und die Dampfkessel. Die letztgenannten geräuschvollen Anlagen müssen der Polizei angezeigt werden und diese hat die Entscheidung der höheren Verwaltungsbehörde einzuholen darüber, ob der Betrieb zu untersagen oder nur unter Bedingungen zu erstatten sei (§ 27).

10. Die Aufzählung der konzessionspflichtigen Gewerbe im § 16 GewO. ist eine abschließende. Auch andere Anlagen mögen mit Belästigungen verbunden sein, das bedingt nicht ohne weiteres ihre Konzessionspflicht. Dagegen kann der Bundesrat gemäß Abs. 2 § 16 das Verzeichnis abändern; spätere Genehmigung des Reichstags ist erforderlich.[1]

11. Das **Konzessionierungsverfahren** ist in den §§ 77—22 GewO. als ein besonderes kontradiktorisches geregelt.

a) Zunächst erfolgt behördliche Prüfung der die Anlage erläuternden Zeichnungen und Beschreibungen.

b) Sodann erfolgt, wenn kein Anstand gegen deren Vollständigkeit erhoben wird, die öffentliche Bekanntmachung des Unternehmens, mit Aufforderung binnen 14 Tagen Einwendungen zu erheben (§ 17).

c) Alsdann erfolgt die behördliche Sachprüfung insbesondere aus sicherheitspolizeilichen Gesichtspunkten (§ 18).

d) Öffentlichrechtliche Bedenken sind von Amts wegen zu verfolgen, Belästigungen usw. der Nachbarschaft nur auf erhobene Einwendungen hin (§ 18).

---

[1] Landmann-Rohmer, Kommentar zur Gewerbeordnung § 16 Note 55.

e) Auf privatrechtlichen Titeln (Servituten) beruhende Einwendungen sind auf den Rechtsweg zu verweisen (§ 19).

f) Im übrigen ergeht nach Prüfung ein Bescheid der Verwaltungsbehörde, welcher sowohl dem Unternehmer, wie dem Widersprechenden zu eröffnen ist (§ 19 Abs. 2).[1]

g) Gegen diesen Bescheid ist der **Rekurs** an die nächstvorgesetzte Behörde zulässig. Die §§ 20 u. 21 GewO. regeln das Verfahren teils selbst, teils lassen sie Landesgesetzen Raum.

Der Rekurs muß binnen 14 Tagen von der Eröffnung des Bescheides an eingereicht und begründet werden.

h) Sowohl die erste Instanz, die den Bescheid erteilt, wie die zweite, die auf den Rekurs entscheidet, muß eine kollegiale Behörde sein. Die Bestimmung derselben bleibt den Landesgesetzen überlassen. (In Preußen ist in erster Instanz der Kreisausschuß [Stadtausschuß] bzw. der Bezirksausschuß, in zweiter Instanz der Handelsminister zuständig. Für das Verfahren in erster Instanz gelten die Vorschriften des LVG. vom 30. Juli 1883 mit den Modifikationen aus § 21 Ziff. 1—5 GewO.).

i) Die betreffenden Behörden sind befugt, Untersuchungen an Ort und Stelle vorzunehmen, Zeugen, Sachverständige zu hören und zu beeidigen, überhaupt jeglichen Beweis zu erheben (§ 213 Abs. 1).

k) Parteien im Verfahren sind der Unternehmer und der Widersprechende.

l) Der Rekursbescheid ist den Parteien schriftlich zu eröffnen und mit Gründen zu versehen (§ 19 Abs. 2).

m) Dieses mit zwei Instanzen ausgerüstete Verfahren findet übrigens nicht nur bei dem Streit um die Konzessionierung von Anlagen statt, sondern ebenso

bei Untersagung des ferneren Betriebes gewerblicher Anlagen aus Gründen des Gemeinwohls (§§ 51, 54 GewO.),
bei Konzessionserteilung zum persönlichen Gewerbebetrieb (§ 40),
bei Entziehung von Approbationen resp. Konzessionen (§§ 53, 54),
bei Untersagung der Ausübung eines Gewerbes (§§ 40, 54),
bei Versagung, Entziehung des Wandergewerbescheins (§ 63),
gegenüber Innungen, Versagung, Schließung (§§ 84, 97, 102),
bei Entziehung der Befugnis Lehrlinge zu halten (§§ 126a, 128, 139c).

[1] Zwar darf der Unternehmer bis zur Erledigung des Rekursverfahrens auf seine Gefahr bauliche Anlagen fertigstellen, aber nicht den Betrieb eröffnen (§ 19a).

12. II. Beschränkungen des **persönlichen** Betriebes von Gewerben äußern sich ebenfalls teils in der Form von **Konzessionen**, teils in der Form von **Verbietungsrechten** [Untersagung] (§§ 29 ff.).

Die Konzessionen sind teils **Approbationen**, wenn sie nur auf Grund nachgewiesener Befähigung erteilt werden dürfen, im Falle dieses Nachweises aber auch erteilt werden müssen, teils **Konzessionen im engeren Sinne**, bei welchen es namentlich auf Prüfung gewisser persönlicher Eigenschaften ankommt. Zu erwähnen sind an dieser Stelle auch die Beeidigungs- und Anstellungsbefugnisse der Behörden, Bezüge gewisser Gewerbtreibender, wie Feldmesser, Auktionatoren, Bücherrevisoren usw. (vgl. § 36). Die Freiheit des Betriebes dieser Gewerbe ist dadurch nicht eingeschränkt.

α. **Approbation** (Befähigungszeugnis) bedürfen (§ 29):

a) Apotheker und diejenigen Personen, welche sich als Ärzte (Wundärzte, Augenärzte, Geburtshelfer, Zahnärzte und Tierärzte oder mit gleichbedeutenden Titeln) bezeichnen; die Approbation darf von der vorherigen akademischen Doktorpromotion nicht abhängig gemacht werden. Approbierte Personen sind, mit Ausnahme der Errichtung von Apotheken (§ 6), in der Wahl ihres Betriebsortes nicht beschränkt.

b) Hebammen, Seeschiffer, Seesteuerleute, Maschinisten der Seedampfschiffe und Lootsen (§ 31).

Die Approbationen wirken, abgesehen von Lotsen, für das Gesamtgebiet des Reichs (§ 30 Abs. 3 und § 31 Abs. 3).

c) In Preußen: der Betrieb des Hufbeschlaggewerbes (Gesetz vom 18. Juni 1884). (Vgl. GewO. § 30a.)

β. **Konzession** im engeren Sinn (Erlaubnis) bedürfen gemäß §§ 30 ff.:

a) Unternehmer von Privatkranken-, Privatentbindungs- und Privatirrenanstalten. Die Konzession berechtigt nur zum Betrieb der konzessionierten Anstalt. Sie darf nur aus den im Gesetz festgelegten Gründen, wie persönliche Unzuverlässigkeit oder bauliche Unzulänglichkeit versagt werden.

b) Schauspielunternehmer, d. h. Privatpersonen, welche gewerbsmäßig theatralische Darstellungen veranstalten (§ 32). Die Konzession ist zu versagen, wenn der Unternehmer die erforderliche Zuverlässigkeit, insbesondere in sittlicher, artistischer und finanzieller Hinsicht nicht besitzt. Die Erlaubnis gilt nur für das bei ihrer Erteilung bezeichnete Unternehmen.

c) Personen, welche Gastwirtschaft, Schankwirtschaft oder Kleinhandel mit Branntwein oder Spiritus betreiben wollen (§ 33).

Gastwirtschaft ist die gewerbsmäßige Aufnahme Fremder zur Beherbergung (vgl. BGB. § 701).

Schankwirtschaft ist der gewerbsmäßige Verkauf von Getränken zwecks Verzehrung derselben im Schanklokal.

Kleinhandel der gewerbsmäßige Verkauf in kleinen Quantitäten zum Mitnehmen (Verkauf über die Straße).

Die Konzession ist nur dann zu versagen, wenn gegen den Nachstehenden Verdachtsgründe vorliegen, daß er das Gewerbe zur Förderung der Völlerei, des verbotenen Spiels, der Hehlerei und der Unsittlichkeit mißbrauchen werde, oder bei ungenügender Beschaffenheit des Lokals (§ 33 Ziff. 1 u. 2).

Die Erteilung der Konzession erfolgt nur für eine bestimmte Person und ein bestimmtes Lokal.

d) Gewerbsmäßige Veranstalter von Lustbarkeiten, Singspielen usw. in geschlossenen Räumen, wenn ein höheres Interesse der Kunst oder Wissenschaft dabei nicht obwaltet (§ 33a).

Desgleichen Schaustellungen usw., welche gewerbsmäßig im Umherziehen betrieben werden (§ 33b).

e) Pfandleiher, Pfandvermittler, Rückkaufshändler (§ 34).

Bei Unzuverlässigkeit des Nachsuchenden ist die Erlaubnis zu versagen.

f) Für den Handel mit Giften kann nach Landesgesetz besondere Erlaubnis vorgeschrieben werden (§ 34 Abs. 3).

γ) **Wirkung** der Konzession ist die Befugnis zum Gewerbebetrieb, der ohne dieselbe mit Geldstrafe bis 300 Mark, im Unvermögensfalle mit Haft bestraft wird (GewO. § 147). Spezielle Bestimmungen über den Umfang der Befugnis treffen noch die §§ 41 ff. So das Recht der Annahme von Gesellen, Gehilfen, Arbeitern jeder Art und Lehrlingen sowie von Stellvertretern. Diese müssen jedoch den für das betreffende Gewerbe vorgeschriebenen Erfordernissen genügen (§ 45).

δ. Die **Entziehung** der Befugnis zum Betrieb eines konzessionspflichtigen Gewerbes ist nur aus gesetzlichen Gründen möglich (§ 143 GewO.).

Hierbei ist wieder zwischen der Approbation und Konzession im engeren Sinne zu scheiden.

αα. Approbationen der Apotheker und Ärzte (§ 29) können von der Verwaltungsbehörde nur dann zurückgenommen werden, wenn die Unrichtigkeit der Nachweise dargetan wird oder dem Inhaber die bürgerlichen Ehrenrechte aberkannt sind (§ 53 GewO).

Letzterenfalls nur für die Dauer des Ehrverlustes (vgl. § 32 StGB.: 2—10 Jahre neben Zuchthaus, 1—5 Jahre neben Gefängnis).

Bei den Seeleuten (§ 31 GewO.) wird auf Entziehung der Gewerbebefugnis durch ein Seeamt bei verschuldeten Seeunfällen erkannt. (Beschwerde an das Oberseeamt; Wiedereinräumungsbefugnis nach Jahresfrist durch das Reichsamt des Innern.) Reichsgesetz, betr. Untersuchung von Seeunfällen vom 27. Juni 1877 §§ 26—34.

ββ. Die Konzessionen im engeren Sinne können außer den gleichen Gründen (wie αα) zurückgenommen werden, wenn Handlungen und Unterlassungen den Inhaber als nicht qualifiziert erscheinen lassen (§ 53 Abs. 2).

13. Dem polizeilichen **Verbietungs-** bezw. **Untersagungsrecht** unterliegen unter bestimmten gesetzlichen Voraussetzungen:

a) Das Gewerbe der Erteilung von Tanz-, Turn- und Schwimmunterricht und der Betrieb von Badeanstalten (§ 35).

b) Der Trödelhandel [Handel mit gebrauchten Kleidern, altem Metall usw.] (§ 35 Abs. 2).

c) Die geschäftsmäßige Besorgung fremder Rechtsangelegenheiten (Rechtskonsulenten).

d) Das Geschäft eines Gesindevermieters, Stellenvermittlers, Auktionators und Vermittlungsagenten für Immobiliarverträge, Darlehen und Heiraten (§ 35 Abs. 3).

e) Der Handel mit Drogen und chemischen Präparaten, welche zu Heilzwecken dienen bei Lebens- und Gesundheitsgefährdung von Menschen (§ 35 Abs. 4).

Diesen Geschäften gegenüber besteht ein besonderes polizeiliches Überwachungsrecht (§ 38 Abs. 4).

14. Der ortspolizeilichen **Regelung und Kontrolle** unterliegt das öffentliche Fuhr- und sonstige Verkehrswesen, sowie das Anbieten von öffentlichen Diensten auf der Straße (§ 37). Für Schornsteinfeger ist die Einrichtung von Kehrbezirken gestattet (§ 39). (Preußisches Gesetz 1888.)

15. Beschränkungen der **Ausübung** des stehenden Gewerbes.

a) Solche beruhen teils auf Gesetz (Reichs-, Landes-), teils auf Verwaltung.

b) Die reichsgesetzlichen Beschränkungen beziehen sich auf Ausübung am Ort oder außerhalb.

α. Am Ort dürfen Gegenstände, welche im Umherziehen nicht feilgeboten werden dürfen, auch nicht von Haus zu Haus feilgeboten oder zum Wiederverkauf angekauft werden (§ 42a).

Verbreitung von Druckschriften an öffentlichen Orten ist nur mit polizeilicher Erlaubnis gestattet (§ 43).

β) **Außerhalb des Ortes** werden zwei Arten des Gewerbebetriebes unterschieden:

αα. das Feilbieten von Waren und Aufkaufen solcher bei Nichtkaufleuten,

ββ. das Aufsuchen von Warenbestellungen und Aufkauf von Waren bei Kaufleuten.

Zu αα: Dies wird von der GewO. als Betrieb im Umherziehen aufgefaßt und dessen Beschränkungen unterworfen (vgl. B.).

Zu ββ: Dies ist stehender Gewerbebetrieb und kann von jedem ausgeübt werden mit wenigen persönlichen resp. sachlichen Beschränkungen (§§ 44, 44a).

16. Beschränkungen durch **Taxen** (Tit. V §§ 72 ff.).

a) Der Grundsatz der Gewerbefreiheit wird auch insofern noch durchbrochen, als gewissen Gewerbtreibenden, entgegen der sonst freien Preisbestimmung, behördliche Beschränkungen auferlegt werden können.

Diese zeigen Abstufungen:

α. entweder unterliegen die vom Gewerbtreibenden selbständig aufgestellten Preise der Kontrolle oder

β. die Behörde setzt die Preise fest.

Zu α: Bäcker, Gastwirte können ortspolizeilich angehalten werden, Verzeichnisse ihrer Preise einzureichen und dieselben durch Anschlag in ihren Verkaufsräumen bekanntzumachen (§§ 73, 74, 75).

Eine obrigkeitliche Änderung der Taxen ist nicht vorgesehen; dieselben haben nur insofern privatrechtliche Wirkung, als das Publikum nicht höhere Preise zahlen braucht.

Das Fordern höherer Preise ist auch strafbar (§ 148 Ziff. 8 GewO.).

b) Eine besondere Regelung hat das Gewerbe der **Stellenvermittler** durch das Reichsgesetz vom 2. Juni 1910 (RGBl. S. 860) erfahren. (Dies Gesetz hebt die auf die Gesinde- und Stellenvermittler bezüglichen Vorschriften der GewO. §§ 34, 38, 53, 75a, 148, 149 auf.)

α. Dieses Gewerbe bedarf der behördlichen Erlaubnis (§ 2), welche bei persönlicher Unzuverlässigkeit zu versagen ist (§ 2 Abs. 2) oder später zurückgenommen werden kann (§ 9).

β. Den Stellenvermittlern sind Nebengewerbe, wie Gastwirtschaft usw. verboten (§ 3).

γ. Für die Gebühren werden von den Landesbehörden[1] Taxen festgesetzt (§ 5).

---

[1] Für Berlin ist vom Polizeipräsidenten ein vom 10. Januar 1912 geltender Gebührentarif mit detaillierter Staffelung und Höchstbeträgen erlassen. Unterschieden wird darin die Vermittlung von 1. männlichem, 2. weib-

δ. Gewerbsmäßige Vermittlung ohne Erlaubnis ist strafbar bis zu 600 Mark oder Haft, desgleichen Taxüberschreitungen und Verleitung zum Bruch des Arbeitsvertrages (§ 12).

17. **Sprengstoffe.** Eine besondere, nur auf Widerruf zu erteilende polizeiliche Genehmigung ist für die Herstellung, den Vertrieb und Besitz, sowie zur Einführung von Sprengstoffen aus dem Auslande erfordert. Registerführung ist hierbei vorgeschrieben (vgl. §§ 1—4 des Sprengstoffgesetzes vom 9. Juni 1884, RGBl. S. 61).

B. **Gewerbebetrieb im Umherziehen** (Tit. III §§ 55—63).

a) Der Gewerbebetrieb im Umherziehen besteht darin, daß jemand außerhalb seines Gemeindebezirks ohne gewerbliche Niederlassung und ohne vorgängige Bestellung in eigener Person Waren feilbietet oder zum Wiederverkauf ankauft, Warenbestellungen aufsucht, Leistungen anbietet oder solche Musikaufführungen oder Schaustellungen darbietet, mit welchen ein höheres Interesse der Kunst oder Wissenschaft nicht verbunden ist (§ 55).

b) Dahin gehören auch **Wanderlager** (§ 56c). Zu diesem Betriebe bedarf es eines Wandergewerbescheins, der für die Person und das Kalenderjahr ausgestellt wird und zum Gewerbebetrieb im Gebiete des Reichs berechtigt. Die Erteilung darf nur unter gesetzlich bestimmten Voraussetzungen untersagt werden, z. B. ansteckend kranken Personen, solchen, die unter Polizeiaufsicht stehen, Landstreichern und sittlich Unzuverlässigen (§ 57).

Beschränkungen bestehen hinsichtlich der Musikaufführungen und Schaustellungen. Sie bedürfen vorgängiger Erlaubnis der Ortspolizei (§ 60a).

c) Ausgeschlossen ist der Gewerbebetrieb im Umherziehen mit Schießpulver, Arzneimitteln, Spielkarten. Desgleichen geistigen Getränken, Explosivstoffen, Waffen, Giften. Die Ausübung der Heilkunde durch Nichtapprobierte ist ebenfalls im Umherziehen verboten.

C. **Marktverkehr** (Tit. IV §§ 64—71).

a) **Begriff und Arten des Marktes.**

α. „Märkte sind Versammlungen Gewerbtreibender zum Zwecke des öffentlichen Feilhaltens von Waren, die an bestimmten Orten zu gewissen feststehenden Zeiten stattfinden" (Meyer a. a. O. § 159). Die Bedeutung des Marktverkehrs liegt darin, daß er von den gewöhnlichen Beschränkungen des Gewerbebetriebes, sowohl des stehenden, wie des im Umherziehen befreit ist (§ 71 GewO.).

---

lichem Personal in niederen Stellungen, 3. Lehr- und Erziehungspersonal (die Hausoffizianten des Landrechts), 4. Ammen; (1—4 = 6—25 Mark).

β. Nach herrschender Ansicht[1] ist Gegenstand des Marktverkehrs nur An- und Verkauf von Waren, nicht persönliche Dienstleistungen und Schaustellungen.

γ. Die GewO. unterscheidet:

1. Allgemeine Märkte (§ 64),

2. Besondere Märkte, welche bei besonderen Gelegenheiten (Weihnachten, Schützenfest) oder für bestimmte Gegenstände (Woll-, Ledermesse) abgehalten werden (§ 70).

Die allgemeinen sind entweder Wochen- oder Jahrmärkte.

b) Der Besuch der Messen, Jahr- und Wochenmärkte, sowie der Kauf und Verkauf auf denselben steht frei. Die Zahl, Zeit und Dauer der Messen, Jahr- und Wochenmärkte setzt die Verwaltungsbehörde fest (§§ 64, 65 Abs. 1).

c) Gegenstände des **Wochen**marktverkehrs sind: rohe Naturerzeugnisse mit Ausschluß des größeren Viehes; Fabrikate, deren Erzeugung mit der Land- und Forstwirtschaft, dem Garten- und Obstbau oder der Fischerei in unmittelbarer Verbindung steht oder zu den Nebenbeschäftigungen der Landleute der Gegend gehört oder durch Tagelöhnerarbeit bewirkt wird, mit Ausschluß geistiger Getränke; endlich frische Lebensmittel aller Art (§ 66).

c) Auf **Jahr**märkten dürfen dagegen Verzehrungsgegenstände und Fabrikate aller Art feilgehalten werden (§ 67). Zum Verkaufe geistiger Getränke bedarf es indessen polizeilicher Erlaubnis (§ 67 Abs. 2).

§ 50. D. Innungen.

(Tit. VI §§ 81—100u).

I. Begriff und geschichtliche Entwicklung.

1. Innungen oder Zünfte (auch Gilden, Brüderschaften) nennt man die lokalbegrenzten Genossenschaften desselben Fachgewerbes.

2. **Drei Perioden.** Im Mittelalter gelangten die Innungen zu ihrer höchsten Blüte, das 17. und 18. Jahrhundert ist die Zeit ihres Verfalls, und seit dem 19. Jahrhundert strebt man ihre Wiederbelebung an.

3. **12., 13. Jahrhundert.** Das Bedürfnis nach einem Zusammenschluß der Gewerbtreibenden machte sich im 12., 13. Jahrhundert geltend, wo es in den von der Gewalt der Grundherren frei gewordenen Städten an einer Stelle mangelte, welche die Gewerbeangelegenheiten zu regeln und Streitigkeiten zu entscheiden befugt war.

---

[1] A. A. Bornhak, Preuß. Staatsrecht III, 394. Derselbe will auch gewerbliche Leistungen Gegenstand des Marktverkehrs sein lassen.

4. **Privatrechtlicher, öffentlichrechtlicher Charakter der Innungen.** Die ersten Vereinigungen solcher Handwerksgenossen trugen einen rein privatrechtlichen Charakter.

Alsbald erlangten sie jedoch die Stellung öffentlichrechtlicher Körperschaften, welche zur Aufstellung objektiver Rechtsnormen und zur Abhaltung eigener Spruchgerichte befugt waren.

5. **Zunftzwang.** Selbstverständlich ist die Entwicklung in den verschiedenen Städten nicht die gleiche gewesen, doch grundlegend war wohl überall der Zunftzwang, d. h. die Ausübung eines Handwerks war abhängig von der Zugehörigkeit zu einer Zunft.

6. **Befähigungsnachweis.** In ihren Satzungen stellten die Innungen vielfach recht rigorose Aufnahmebedingungen auf, so namentlich den heute so viel umstrittenen Befähigungsnachweis.

7. **Organe** der Innungen waren zur Erledigung der laufenden Geschäfte der **Vorstand** (mit einem Ausschuß neben sich), gewählt von der **Generalversammlung** der Genossen („Morgensprache").

Die Tätigkeit des Vorstandes umfaßte Verwaltungs- und Gerichtsangelegenheiten; er stellte Preislisten auf, regelte das Gesellen- und Lehrlingswesen; fahndete namentlich auf diejenigen, die außerhalb der Zunft das Handwerk heimlich zu betreiben versuchten (Boenhasen gen., weil sie das auf Böden ängstlich vornahmen), und hatte über die Meister, Gesellen und Lehrlinge die eigene Gerichtsbarkeit in Gewerbesachen.

8. **Geschlossene, gesperrte Zünfte.** Die Zünfte bestimmten vielfach die Höchstzahl ihrer Meistermitglieder (geschlossene Zunft) und nahmen, um die einheimischen Familien hochzuhalten — ähnlich wie heute vielfach die englischen Arbeiter — fremde Meister nicht auf (gesperrte Zunft).

9. **Zwangsbannrechte der Zunft.** Schließlich maßten sie sich noch über das Weichbild der Stadt hinaus, für die sog. Bannmeile, Zwangs- und Bannrechte, d. h. den ausschließlichen Gewerbebetrieb an.

10. **Vorkehrungen gegen die Zunft.** Die übertriebene Anmaßung und Ausbeutung der Zunftrechte brachte schließlich die ganze Institution stark in Mißkredit, und Reichs- und Landesgesetze trafen Vorkehrungen gegen die Handwerksmißbräuche.

11. Was **Preußen** anlangt, so stand zwar das ALR. noch auf dem Boden des Zunftzwanges, aber die Stein-Hardenbergsche Ära brachte auch hier den Umschwung.

12. **Die Edikte 1810/11.** Das Gewerbesteueredikt von 1810 und das Gewerbepolizeiedikt von 1811 führten bereits die Gewerbefreiheit ein.

13. **Verlust des öffentlichrechtlichen Charakters.** Vornehmlich aber wurden die Innungen ihres öffentlichrechtlichen Charakters entkleidet und zu privatrechtlichen Vereinen heruntergeschraubt, denen beizutreten im Belieben jeden Meisters stand.

14. **Die Preußische Gewerbeordnung** beließ es bei der Gewerbefreiheit, führte aber staatliche Aufsicht ein; eine Verordnung von 1849 brachte gar für viele Handwerke den Befähigungsnachweis.

15. **Reichsgewerbeordnung 1869.** Der Norddeutsche Bund erließ zunächst 1868 das sog. Notgewerbegesetz und alsdann die Reichsgewerbeordnung vom 21. Juni 1869 (zum Reichsgesetz geworden, wie alle Bundesgesetze durch § 2 des EG.RV.).

Auch nach diesem grundlegenden, durch zahlreiche Novellen abgeänderten Gesetz war die **Gewerbefreiheit** geblieben und waren die Innungen nur **privatrechtliche** Vereine.

16. Erst das sog. **Handwerkergesetz** vom 26. Juli **1897** gab ihnen im Verfolg des modernen Bestrebens, das Handwerk in die Höhe zu bringen, die Stellung **öffentlichrechtlicher** Körperschaft wieder, führte indessen den **Zunftzwang** und den (staatlichen) Befähigungsnachweis **nicht** ein.

II. Die heutige Rechtslage der Innungen.

1. Der Tit. VI der GewO. hat durch das Handwerkergesetz eine völlige Umgestaltung erfahren und hat folgende Überschrift: „Innungen, Innungsausschüsse, Handwerkerkammern, Innungsverbände."

Der Aufbau dieses wichtigen Tit. VI ist folgender:

I. Innungen.
   a) Allgemeine Vorschriften (§§ 81—99).
   b) Zwangsinnungen (§§ 100—100u).
II. Innungsausschüsse (§§ 101 u. 102).
III. Handwerkerkammern (§§ 103—103q).
IV. Innungsverbände (§§ 104—104n).

a) Allgemeine Vorschriften.

1. Diejenigen, welche ein Gewerbe selbständig betreiben, können zur Förderung der gemeinsamen gewerblichen Interessen zu einer Innung zusammentreten (§ 81).

Die Innungen bestehen mithin heute nicht notwendigerweise aus Handwerksmeistern, es können auch andere selbständige Gewerbtreibende Mitglieder werden, ebenso Werkmeister in Großbetrieben (§ 87) usw.

2. **Aufgaben der Innungen.** Aufgabe der Innungen ist die Pflege des „Gemeingeistes“, die Stärkung der „Standesehre“ und die Förderung eines „gedeihlichen Verhältnisses“ zwischen Meistern und Gesellen (§ 81a).

Weiter liegen der Innung die Aufsicht über das Herbergswesen und den Arbeitsnachweis ob.

Sie hat für nähere Regelung des Lehrlingswesens Sorge zu tragen und es steht ihr die schiedsrichterliche Entscheidung von Streitigkeiten zwischen den Innungsmitgliedern und ihren Lehrlingen zu.

3. Die Innungen sind auch heute noch lokale Verbände, in der Regel für den Bezirk der höheren Verwaltungsbehörde (§ 82).

4. Jede Innung bedarf eines behördlich genehmigten **Statuts,** welches über eine größere Reihe einzelner Punkte (Ziff. 1—15 § 83) Bestimmungen treffen muß (§§ 83 u. 84).

5. Die genehmigten Innungen sind **juristische Personen** (§ 86). Sie können unter ihrem Namen Rechte erwerben und Verbindlichkeiten eingehen, vor Gericht klagen und verklagt werden. Für ihre Verbindlichkeiten haftet den Gläubigern nur ihr Vermögen.

6. **Organe** derselben sind die Innungsversammlungen und der Vorstand, für die Gesellen ein Ausschuß (§§ 92—95).

7. Wenngleich auch die Gewerbeordnung den **Befähigungsnachweis** für den Betrieb eines Handwerks nicht aufgestellt hat, ermöglicht es doch eine private Aufsicht der Fachgenossen; so dürfen sie die Aufnahme neuer Mitglieder von einer Prüfung abhängig machen, die sich allerdings nur auf die selbständige Herstellung der Normalarbeiten des betreffenden Handwerks erstrecken darf (§ 87).

Im übrigen darf ein Beitritt nicht versagt werden.

8. Der **Austritt** aus der Innung steht jedem Mitgliede frei. Er kann statutarisch von einer Anzeige abhängig gemacht werden (§ 87a).

9. **Beendigung.** Eine Innung hört auf:

a) durch Eröffnung des Konkursverfahrens über das Innungsvermögen (§ 97 Abs. 4);

b) durch Innungsbeschluß (§ 93 Ziff. 10);

c) durch Schließung seitens der Behörde (§ 97). Diese darf nur in den gesetzlich festgelegten Fällen erfolgen. Muß aber erfolgen, wenn in selbem Bezirk für das gleiche Gewerbe eine Zwangsinnung angeordnet wird (§ 100b Abs. 4).

10. **Aufsicht.** Die Innungen unterliegen der Aufsicht der unteren Verwaltungsbehörde, die namentlich die Innehaltung der gesetzlichen und statutarischen Vorschriften zu überwachen hat (§ 96).

Die Behörde entscheidet auch Streitigkeiten über Aufnahme und Ausschließung von Mitgliedern.

Gegen Anordnungen usw. der Behörde ist innerhalb vier Wochen Beschwerde zulässig (§ 96 Abs. 7).

b) Zwangsinnungen (§§ 100—100u).

a) Für Handwerker ist die Errichtung von Zwangsinnungen möglich (nicht dagegen für Gewerbtreibende, die nicht unter die GewO. fallen, z. B. Fischer).

b) Sie erfolgt auf Antrag der Beteiligten (daher „fakultative Zwangsinnung"): seitens der höheren Verwaltungsbehörde d. i. in Preußen der Regierungs-, in Berlin der Oberpräsident. **Voraussetzung** ist,

1. daß die Mehrheit der beteiligten Gewerbtreibenden zustimmt (dann muß sie sogar erfolgen),
2. daß im Bezirk eine zur Bildung einer leistungsfähigen Innung ausreichende Anzahl der beteiligten Handwerker vorhanden ist,
3. daß der Bezirk entsprechend abgegrenzt ist.

c) Berechtigt (nicht verpflichtet) zum Beitritt sind die, welche das Gewerbe fabrikmäßig betreiben (§ 100 f).

d) Streitigkeiten über die Zugehörigkeit zu einer Innung werden im Aufsichtswege entschieden (§ 100 h).

e) Auf Antrag einer Dreiviertelmajorität ist die Zwangsinnung von der höheren Verwaltungsbehörde zu schließen (§ 100t Ziff. 3).

II. **Innungsausschüsse** (§§ 101 u. 102).

a) Für Innungen, welche derselben Aufsichtsbehörde unterstehen, kann zur Vertretung der gemeinsamen Interessen ein gemeinsamer Innungsausschuß gebildet werden.

b) Die einzelnen Innungsversammlungen errichten dessen Statut, welches der Genehmigung der höheren Verwaltungsbehörde bedarf.

c) Dem Ausschuß kann von der Landeszentralbehörde juristische Persönlichkeit beigelegt werden.

III. **Handwerkerkammern** (§§ 103—103 q).

Für die Interessen eines größeren Bezirks können die Einzelstaaten Handwerkerkammern errichten, welche die Interessen des Handwerkerstandes in gleicher Weise wahrnehmen sollen, wie es die Handelskammern für die Industrie und den Handel tun. Dieselben haben mit ihrer Errichtung ohne weiteres juristische Persönlichkeit.

IV. Innungsverbände (§§ 104—104 n).

Innungen, welche nicht derselben Aufsichtsbehörde unterstehen, können zwecks gemeinsamer Interessenvertretung zu Innungsverbänden zusammentreten. Ebenfalls behördlich genehmigtes Statut erforderlich.

Ein Bundesratsbeschluß kann diesen die juristische Persönlichkeit verleihen.

E. Schutz gewerblicher Arbeiter (Titel VII §§ 105 ff.).

I. Allgemeine Verhältnisse.

1. Es handelt sich teils um die Fürsorge für den Arbeiterstand, teils um die Sicherstellung des Arbeitsvertrages.

Die diesbezüglichen Bestimmungen der GewO. sind meist zwingender Natur und gegen den Arbeitgeber gerichtet.

2. **Koalitionsrecht.** Allen gewerblichen Arbeitern steht das Koalitionsrecht, d. h. das Recht zu, sich zum Zwecke der Erlangung günstigerer Lohnbedingungen zu vereinigen und die Arbeit einzustellen; jedoch darf der Beitritt nicht durch Zwang oder Drohung herbeigeführt werden (§§ 152, 153).

3. Das Arbeitsverhältnis ist Gegenstand freier Übereinkunft (§ 105).

4. Eine Verpflichtung zur Sonntagsarbeit findet nicht statt (§ 105 a).

5. In gewissen Betrieben (Bergwerken, Fabriken, Salinen, Bauhöfen usw.) ist die Sonntagsarbeit überhaupt verboten (§ 105 b). Ausgenommen sind unaufschiebbare Arbeiten.

6. Den Arbeitern muß eine gesetzlich festgelegte Ruhezeit gewährt werden.

7. Vom Verbot der Sonntagsarbeit besonders ausgenommen sind das Gast- und Schankwirtschaftsgewerbe, Musikaufführungen, Theater usw. (§ 105 i).

8. **Arbeitsbuch.** Für Arbeiter unter 21 Jahren ist die Führung eines von der Polizeibehörde auszustellenden Arbeitsbuches vorgeschrieben, in welches Ein- und Austritt und Art der Beschäftigung einzutragen sind (§ 107).

9. **Zeugnis.** Beim Abgange können Zeugnisse über Beschäftigung und Führung gefordert werden (§ 113).

10. **Verbot des Trucksystems.** Die Lohnzahlung muß bar in Reichswährung erfolgen; die Zahlung in Waren (Trucksystem) und die Kreditierung derselben ist verboten (§ 115).

11. Die **Kündigungsfrist** beträgt in der Regel vierzehn Tage.

12. Die Arbeitgeber sind verpflichtet, ihren Arbeitern unter 18 Jahren die für den Besuch von Fortbildungsschulen erforderliche Zeit zu gewähren (§ 120).

13. Die Gewerbeunternehmer sind endlich verpflichtet, nach Möglichkeit **Schutzvorrichtungen** gegen die Gefahren ihres Betriebes herzustellen und für den Schutz der Arbeiter gegen Gefahr des Lebens, der Gesundheit zu sorgen, sowie für Aufrechterhaltung der guten Sitten und des Anstandes (§§ 120a—120e).

14. **Gewerbeinspektoren.** Eine besondere Aufsicht über die Ausführung der Bestimmungen über die Sonntagsruhe, über Arbeitsräume und Einrichtungen ist besonderen Beamten (Gewerbeinspektoren), die von den Landesregierungen ernannt werden, zu übertragen.

Diese haben die Pflicht und das Recht zu Revisionen der Anlagen. Hierüber haben sie Jahresberichte zu erstatten (§ 139b).

F. Besondere Bestimmungen enthält die GewO. noch über das Lehrlingswesen (§§ 126ff.), die Gesellen und Gehilfen (§§ 121—125), über Betriebsbeamte, Werkmeister und Techniker (§ 133a—f) und Fabrikarbeiter (§§ 134—139).

1. **Lehrlingsverhältnisse.** Der sog. „Lehrlingszüchterei" soll durch Beschränkung in der Zahl der Lehrlinge entgegengetreten werden.

Der Lehrvertrag muß schriftlich abgeschlossen werden und das Gewerbe und die Dauer der Lehrzeit enthalten. Während einer Probezeit (vier Wochen bis drei Monate) hat jeder Teil das Recht des einseitigen Rücktritts.

Eine spätere Auflösung ist nur aus bestimmten gesetzlich festgelegten Gründen (Pflichtverletzungen) auf beiden Seiten möglich.

Das Halten von Lehrlingen kann ganz oder auf Zeit solchen Personen entzogen werden, die sich wiederholt grober Pflichtverletzungen gegen ihre Lehrlinge schuldig gemacht haben oder die in sittlicher Beziehung oder wegen geistiger und körperlicher Gebrechen zur Anleitung ungeeignet sind (§ 126a).

Das Halten von Lehrlingen in Handwerksbetrieben ist abhängig von einem Alter von 24 Jahren, und Absolvierung der eigenen Lehrzeit und des Gesellenexamens, oder selbständiger persönlicher Ausübung des Handwerks während fünf Jahre (§ 129).

Personen ohne die bürgerlichen Ehrenrechte dürfen Lehrlinge überhaupt nicht halten (§ 106).

Der Lehrling ist der väterlichen Zucht des Lehrherrn unterworfen und demselben gegenüber zur Folgsamkeit verpflichtet. Übermäßige und unanständige Züchtigungen sind verboten (§ 127 a).

2. **Gesellen und Gehilfen.** Gesellen und Gehilfen sind verpflichtet, den Anordnungen der Arbeitgeber in Beziehung auf die ihnen übertragenen Arbeiten und auf die häuslichen Einrichtungen Folge zu leisten; zu häuslichen Arbeiten sind sie nicht verbunden (§ 121).

Der Arbeitsvertrag unterliegt, falls nicht längere oder kürzere Fristen ausdrücklich vereinbart sind, einer vierzehntägigen Kündigung. Auch hier ist in bestimmten Fällen auf beiden Seiten sofortiger Austritt oder sofortige Entlassung möglich (§§ 122, 123).

Die Befugnis zur Führung des Titels „**Meister**" setzt die Fähigkeit zur Anleitung von Lehrlingen und die Ablegung einer Meisterprüfung voraus (§ 133).

3. **Betriebsbeamte, Werkmeister, Techniker.** Dieses Dienstverhältnis unterliegt einer Kündigungsfrist von sechs Wochen zum Quartal. Auch hier sofortige Lösung aus bestimmten Gründen beiderseitig möglich (§§ 133 a ff.).

Ein Konkurrenzverbot (vgl. HGB. § 61) ist bei übertriebener Beschränkung und bei Minderjährigkeit nichtig (§§ 133 f.).

4. **Fabrikarbeiter** (§§ 134 ff.). Was Fabrik ist, kann nur im Einzelfalle unter Berücksichtigung aller obwaltenden Umstände, namentlich des Geschäftsumfanges, der Maschinenverwendung usw. entschieden werden (Reichsgericht). — Die GewO. hat den Begriff „Fabrik" jedenfalls nicht festgelegt.

Zu Fabrikarbeitern zählen Gesellen, Gehilfen, Lehrlinge und nicht gegen feste Bezüge angestellte Betriebsbeamte.

a) Jede Fabrik mit über 20 Arbeitern muß eine **Arbeitsordnung** durch Aushang erlassen. Inhalt derselben sind die Details des Arbeitsvertrages und -verhältnisses, z. B. Arbeitszeit, Pausen, Lohnzahlung, Strafen usw.

Die Arbeiter sollen Gelegenheit haben, sich über die Ordnung zu äußern.

Die Ordnung ist mit diesen Äußerungen der unteren Verwaltungsbehörde einzureichen.

b) **Jugendliche und Frauen in Fabriken.**

Für diese Kategorien sind noch besondere Schutzvorschriften erlassen:

α. Kinder unter 13 Jahren dürfen in Fabriken gar nicht, über 13 Jahren nur dann beschäftigt werden, wenn sie nicht mehr schulpflichtig sind und dann nur höchstens 6 Stunden täglich (§ 135).

β. Junge Leute zwischen 14 und 16 Jahren dürfen in Fabriken nicht länger als 10 Stunden täglich beschäftigt werden (§ 135 Abs. 3).

γ. Sonstige Beschränkungen beziehen sich auf
die Tageszeit der Beschäftigung,
Ruhepausen,
Ausschluß der Sonntagsarbeit,
Besuch des Konfirmandenunterrichts,
Anzeige solcher Beschäftigten bei der Ortspolizei usw. (§ 136).

δ. Arbeiterinnen dürfen nicht in Fabriken, nicht in der Nachtzeit von $8^1/_2$ Uhr abends bis $5^1/_2$ Uhr morgens — an Sonnabenden und Feiertagsvortagen nicht nach $5^1/_2$ Uhr abends — beschäftigt werden (§ 137 Abs. 1).

ε. Die Beschäftigung von Arbeiterinnen über 16 Jahren darf 11 — an Sonnabenden nicht 10 — Stunden täglich überschreiten, mit einstündiger Mittagspause (Abs. 2).

ζ. Wöchnerinnen dürfen whärend 4 Wochen nach ihrer Niederkunft überhaupt nicht, in den folgenden 2 Wochen nur mit Zulässigkeitszeugnis eines approbierten Arztes beschäftigt werden (Abs. 5 § 137).

η. Die Vorschriften über Kinderarbeit, jugendliche Arbeiter und Arbeiterinnen finden Anwendung auf Bergwerke, Salinen, Aufbereitungsanstalten und unterirdisch betriebene Brüche und Gruben (§ 154 a).

ϑ. Arbeiterinnen dürfen in solchen Anlagen überhaupt nicht unter Tage beschäftigt werden (Abs. 2).

ι. Vom 1. April 1912 ab ist die Beschäftigung der Arbeiterinnen bei der Förderung, beim Transport und Verladen auch über Tage verboten, desgleichen in Werkstätten, in denen mit elementarer Kraft bewegte Triebwerke nicht bloß vorübergehend zur Anwendung kommen.

§ 51. Arbeiterfürsorge.

1. Die Fürsorge des Reichs, inauguriert durch die Allerhöchste Botschaft Sr. Majestät Kaiser Wilhelms I. vom 17. November 1881, hat sich der arbeitenden Bevölkerung in stets steigendem Maße zugewendet.

2. Sie ist bestrebt, den allein auf seine Gesundheit und Arbeitsfähigkeit — dem einzigen „Patrimonium der Enterbten“ —

gestellten Arbeiter und seine Angehörigen gegen die Wechselfälle des Schicksals und gegen die aus Invalidität oder Altersschwäche eintretende Arbeitsunfähigkeit soviel als möglich zu sichern.

3. Es handelt sich bei dieser Einrichtung um eine vom **Reich** geübte Fürsorge für die deutschen Arbeiter.

4. Die Träger der Fürsorgepflicht erfüllen eine ihnen vom Reich auferlegte Pflicht, indem sie die Unterstützung gewähren.

5. Der Versicherungsanspruch des Arbeiters ist nicht von ihm privatrechtlich erworben, sondern ihm vom Reich gesetzlich verliehen.

6. Der Ausdruck „Arbeiterversicherung" hat nur den Namensklang gemein mit dem privatrechtlichen Begriff der Versicherung.

7. Der Anspruch der verschiedenen Kassen auf Zahlung von **Beiträgen** seitens der Versicherten ist ein einseitiges, vom Reich verliehenes Recht; ihm gegenüber steht die einseitige vom Reich auferlegte öffentliche Last der Zahlung von Beiträgen.

8. Dieses große in der ganzen Welt vorbildlich dastehende deutsche Werk der sozialen Fürsorge hat von Anfang an einen dreifachen Weg eingeschlagen:

Der Arbeiter soll geschützt sein

I. in **Krankheit**,

II. bei **Berufsunfällen**,

III. bei **Arbeitsunfähigkeit** im **Alter** und in der **Invalidität**.

9. Zur Erreichung dieser Ziele erging eine große Anzahl von Gesetzen:

I. für die Krankenversicherung das Gesetz von 1883 revidiert von 1892 und 1900 und 1903;

II. die Unfallversicherungsgesetze. Ursprünglich von 1884, sodann das Haupt- oder Mantelgesetz von 1900; daneben Unfallgesetze für einzelne Personengruppen, so für Gewerbe, Land- und Forstwirtschaft, Bau- und Seewesen.

Endlich die Unfallfürsorge für Gefangene (Gesetz 1901) für Beamte und die Personen des Soldatenstandes;

III. das Invalidenversicherungsgesetz (1899).

§ 52. Lex Trimborn.

1. Den Abschluß der sozialen Gesetzgebung sollte die **Witwen- und Waisen**versorgung die sog. **Relikten**versicherung bilden.

2. Sie wurde angebahnt durch den § 15 des Zolltarifgesetzes vom 25. Dezember 1902 (nach dem Antragsteller lex Trimborn genannt).

3. Es sollte der Mehrertrag der erhöhten Zölle auf Getreide, Vieh usw. für die Zwecke einer Witwen- und Waisenversicherung aufgewendet werden.

4. Durch ein Gesetz von 1907 wurde ein Hinterbliebenenversicherungsfonds gebildet, der bis 1911 auf 51 Millionen Mark anwuchs.

5. Der Art. 2 E.G.RVO. hebt beide Gesetze auf; die gesammelten Beträge werden zu den Zuschüssen des Reichs für die Hinterbliebenenversicherung verwandt.

6. Die Einführung wurde schließlich bis zum 1. Januar 1912 hinausgeschoben.

§ 53. Das neue Gesetz.

1. Dieser Reliktenversicherung wegen, und weil sich auch sonst die Notwendigkeit der Ausdehnung der bisherigen Versicherung sowie eine Neuregelung des gesamten Versicherungswesens herausgestellt hatte, erging an Stelle aller früheren Gesetze die **Reichsversicherungsordnung** vom **19. Juli 1911** (RGBl. Nr. 42 S. 509—838).

2. Diese Reichsversicherungsordnung stellt sich mit ihren 1805 Paragraphen als das umfangreichste Reichsgesetz nach dem BGB. dar.

3. Es zerfällt in 6 Bücher. Die Bücher zerfallen in Abschnitte.

Das I. enthält „**Gemeinsame Vorschriften**" für alle Zweige der Reichsversicherung.

Das II. die **Kranken**versicherung.

Das III. die **Unfall**versicherung mit 3 Unterarten: **Gewerbeunfall-**, der **Landwirtschaftlichen-** und **Seeunfall**versicherung.

Das IV. **Invaliden- und Hinterbliebenenversicherung.**

Das V. behandelt die Beziehungen der Versicherungsträger zueinander und zu anderen Verpflichteten.

Das VI. das **Verfahren** für alle Versicherungszweige.

4. Dazu kommt ein Einführungsgesetz mit 2 Abschnitten (A und B) mit 104 Artikeln (RGBl. S. 839—860).

5. Endlich sind Geschäftsgang und Verfahren des Reichsversicherungsamts, der Oberversicherungsämter und der Versicherungsämter durch die Kaiserl. VO. vom 24. Dezember 1911 geregelt (§ 35 Abs. 2 RVO.).

6. Am gleichen Tage erging eine kaiserliche Verordnung, betreffend Gebühren der Rechtsanwälte im Verfahren vor den Versicherungsbehörden (§ 1804 Abs. 2 RVO.).

7. Das Inkrafttreten.

a) Die RVO. ist hinsichtlich der Maßnahmen zu ihrer Durchführung sofort, hinsichtlich der Invaliden- und Hinterbliebenenversicherung (Buch 4) mit dem 1. Januar 1912 in Kraft getreten.

b) Das sonstige Inkrafttreten wird durch Kaiserliche Verordnung bestimmt (EG.RVO. Artt. 1, 2, 4).

Diese Verordnung ist unter dem 13. Juli 1912 (RGBl. S. 439) ergangen und bestimmt:

Die Vorschriften des zweiten Buches der RVO. über Errichtung von Krankenkassen treten mit dem 13. Juli 1912 in Kraft, jedoch mit der Maßgabe, daß die allgemeinen Ortskranken- und Landkrankenkassen erst mit dem 1. Januar 1914 ins Leben treten (Art. 1).

Die Vorschriften des dritten Buches treten mit dem 1. Januar 1913 in Kraft (Art. 3).

Alle übrigen Vorschriften treten schließlich mit dem 1. Januar 1914 in Kraft (Art. 4).

8. Endlich erging das **Versicherungsgesetz für Angestellte** vom 20. Dezember 1911 (RGBl. S. 989 ff.).

§ 54. Allgemeines zur Reichsversicherungsordnung.

1. Die RVO. zeigt in ihren Grundlinien das Bestreben nach **Ausbau** und **Reformierung** des bisher Gewesenen.

a) Der Ausbau zeigt sich in der Ausdehnung des Kreises der Versicherten, der Neuschaffung der Hinterbliebenenversicherung, der freiwilligen Zusatzversicherung und der Privatbeamtenversicherung.

b) Reformatorisch ist eine Vereinheitlichung der Versicherungszweige angestrebt, wenngleich die bisherigen oben erwähnten **drei Richtungen** der sozialen Fürsorge nicht verschmolzen, sondern in Buch 2, 3 und 4 getrennt behandelt sind.

2. Für die Interessen der Versicherten ist durch ausgedehnte Neuschaffung von besonderen Versicherungsbehörden neben den Trägern der Versicherung Sorge getragen: so durch **Versicherungsämter** und **Oberversicherungsämter**.

3. Die ersteren sind **Spruch**behörden in Rentenstreitigkeiten mit der Krankenkasse.

4. Als **Beschluß**behörden insbesondere fungieren sie als Beschwerdeinstanz gegen die Träger der Kranken-, Invaliden- und Hinterbliebenenversicherung.

5. Die Oberversicherungsämter treten an Stelle der bisherigen Schiedsgerichte (Näheres unten).

§ 55.

Erstes Buch.

Gemeinsame Vorschriften (§§ 1—164).

1. Das erste Buch zerfällt in 4 Abschnitte:
   1. Umfang der Versicherung (§§ 1 und 2),
   2. Träger der Versicherung (§§ 3—34),
   3. Versicherungsbehörden (§§ 35—109),
   4. Sonstige gemeinsame Vorschriften (§§ 109—164).

2. Zu Abschnitt 1. Die Reichsversicherung umfaßt:
   1. Die **Kranken**versicherung,
   2. die **Unfall**versicherung,
   3. die **Invaliden-** und **Hinterbliebenen**versicherung (§ 1).

3. Zu Abschnitt 2. **Träger** der Reichsversicherung sind:
   1. für die Krankenversicherung die **Krankenkassen**,
   2. für die Unfallversicherung die **Berufsgenossenschaften**,
   3. für die Invaliden- und Hinterbliebenenversicherung die **Versicherungsanstalten** (§ 3).

4. Sämtliche Träger der Versicherung sind **rechtsfähig** (§ 4).

5. Neben den eben genannten Versicherungsträgern bestehen noch besondere, so die knappschaftlichen Krankenkassen (§§ 495 ff.), die Ersatzkassen (§§ 503 ff.).

6. Ebenso sind neben den Berufsgenossenschaften noch andere Träger der Unfallversicherung zugelassen, z. B. das Reich, Staat, Gemeinden usw. (§§ 623 ff.).

7. Die Vorschriften der RVO. über Organe, Ehrenämter, Vermögen der Versicherungsträger und über die Aufsicht schließen sich im wesentlichen dem bisherigen Rechte an.

In den §§ 4—34 finden sich für sämtliche Versicherungsträger eine Reihe gemeinsamer Vorschriften:

a) Die **Organe** (§§ 5—11) setzen sich zusammen aus besoldeten Beamten und aus gewählten Vertretern der Arbeitgeber und der Versicherten.

b) Jeder Versicherungsträger hat einen **Vorstand**, der ihn gerichtlich und außergerichtlich vertritt, und die Stellung eines gesetzlichen Vertreters inne hat.

Beschränkungen in der Vertretungsmacht wirken Dritten gegenüber nur bei Aufnahme in die Satzung (§ 5 Abs. 2).

c) Die Wahlen der **Vertreter** der Arbeitgeber und der Versicherten erfolgen nach dem Grundsatze der Verhältniswahlen, um eine angemessene Beteiligung an der Verwaltung auch den Minderheiten der Interessenten zu gewährleisten.

d) Die Ämter sind unentgeltliche **Ehrenämter**, die bei Vermeidung von Geldstrafen bis zu 500 ℳ nicht abgelehnt werden dürfen (§§ 18 u. 21).

e) Die passive Wählbarkeit zu den Organen der Versicherungsämter haben nur volljährige Deutsche (auch Frauen).

f) Nicht wählbar sind Personen, denen die Fähigkeit zur Ämterbekleidung strafrechtlich aberkannt ist und die gerichtlich in der Vermögensverfügung beschränkt sind (Entmündigte, Kridare).

g) Den Vertretern werden ihre Barauslagen ersetzt und die Vertreter der Versicherten erhalten Ersatz für entgangenen Arbeitsverdienst oder statt dessen einen Pauschbetrag für Zeitverlust (§ 21).

h) **Das Vermögen** der Versicherungsträger darf nur für die gesetzlich vorgeschriebenen oder zugelassenen Zwecke verwendet werden (§ 25) und muß wie Mündelgeld verzinslich angelegt werden (§§ 1807, 1808 BGB.). Im Interesse des Kurses der Reichs- und Staatsanleihen ist mehrfach eine Anlage in solchen Papieren vorgeschrieben.

i) **Rückstände** können im Verwaltungszwangsverfahren wie Gemeindeabgaben beigetrieben werden und genießen im Konkurs das Vorzugsrecht des § 61 Ziff. 1 (§§ 28, 29). Sie verjähren in zwei Jahren nach Jahresschluß von der Fälligkeit.

k) **Die Aufsicht** seitens der Behörden erstreckt sich darauf, daß Gesetz und Satzung beobachtet werden (§ 30).

l) Die Behörde hat das Prüfungsrecht über Geschäfts- und Rechnungsführung und kann verlangen, daß die Organe zu Sitzungen einberufen werden, ev. kann sie selbst solche Sitzungen anberaumen (§§ 31 und 32).

m) Die Aufsicht erstreckt sich auch auf Genesungsheime und Pflegeanstalten, die vom Versicherungsträger errichtet werden (§ 34).

Dritter Abschnitt. Versicherungsbehörden.

Als öffentliche Versicherungsbehörden sind im § 35 aufgezählt:

Die **Versicherungsämter**,
die **Oberversicherungsämter**,
das **Reichsversicherungsamt** und die **Landesversicherungsämter**.

A. Versicherungsämter (§§ 36—60).

I. Errichtung.

1. Bei jeder unteren Verwaltungsbehörde (in Preußen Landräte resp. Stadtmagistrate) wird eine Abteilung für Arbeiterversicherung (Versicherungsamt) errichtet.

2. Für mehrere untere Verwaltungsbehörden kann ein gemeinsames Versicherungsamt errichtet werden, sogar für das Gebiet mehrerer Bundesstaaten auf Vereinbarung der Bundesstaaten hin.

3. Die Versicherungsämter nehmen die Geschäfte der Reichsversicherung wahr und erteilen in Angelegenheiten der Reichsversicherung Auskunft (§ 37).

II. **Zusammensetzung** (§§ 39 ff.).

1. Das Versicherungsamt besteht aus einem Vorsitzenden, nämlich dem Leiter der unteren Verwaltungsbehörde. Für ihn können geeignete und ständige Stellvertreter ernannt werden.

2. Als Beisitzer fungieren in den vom Gesetz bestimmten Fällen Versicherungsvertreter, die zur Hälfte aus Arbeitgebern und aus Versicherten entnommen werden (§ 40).

3. Es sollen mindestens 12 sein, ev. werden Stellvertreter bestimmt; ausgeschlossen sind besoldete Beamte des Versicherungsamts (§ 41 Abs. 2).

4. Die Wahl der Versicherungsvertreter erfolgt von den Vorstandsmitgliedern der Krankenkassen, außerdem nehmen an der Wahl teil die Vorstandsmitglieder der knappschaftlichen Krankenkassen, Ersatzkassen und Seemannskassen (§ 42).

5. In den Kassenvorständen nehmen die Mitglieder der Arbeitgeber nur an der Wahl der Arbeitgebervertreter, die Mitglieder der Versicherten nur an der Wahl der Versichertenvertreter teil (itio in partes); (§ 44).

6. Die Stimmenzahl einer Kasse richtet sich nach ihrer Mitgliederzahl im Bezirke des Versicherungsamts und wird von diesem vor der Wahl festgesetzt (§ 43).

7. **Wahl.** Die Wahl geschieht schriftlich, und zwar wie mehrfach im Gesetz, um eine angemessene Beteiligung an der Verwaltung auch den Minderheiten der Beteiligten zu gewähren, nach dem Grundsatze der Verhältniswahl (§ 45). Eine Wahlordnung hat die oberste Verwaltungsbehörde unter dem 3. Juli 1912 (RGBl. S. 419) erlassen. Die Leitung der Wahl liegt beim Vorsitzenden des Versicherungsamts.

8. Wählbar in die Versicherungsämter sind nur Männer mit Wohn- oder Betriebssitz im Bezirk des Versicherungsamts (§ 47).

9. Die passive Wahlfähigkeit zu den Ehrenmitgliedern fehlt gemäß § 12 denen, welchen die Amtsfähigkeit aberkannt worden ist und den in der Vermögensverfügung Beschränkten.

10. Die Versicherungsvertreter sollen mindestens je zur Hälfte in der Unfallversicherung beteiligt sein (§ 48), weil das Versicherungsamt auch in der Unfallversicherung tätig ist.

11. Bei der Wahl sollen die hauptsächlichsten Erwerbszweige, insbesondere die Landwirtschaft, berücksichtigt werden (§ 49 Abs. 2).

12. Ablehnung der Wahl ist bei Strafe — 50 M — verboten und nur mit zulässiger Begründung möglich (§ 51).

13. Die Versicherungsvertreter versehen ihr Amt unentgeltlich als Ehrenamt, sie erhalten die baren Auslagen erstattet. Sie werden vor der ersten Dienstleistung vom Vorsitzenden des Amts auf gewissenhafte Erfüllung ihrer Pflichten verpflichtet.

14. Der Vorsitzende hat Strafbefugnis gegen die Vertreter von 30—100 M. Rücknahme der Strafe bei genügender Entschuldigung ist möglich.

15. Bei Beschwerden entscheidet die Beschlußkammer beim Oberversicherungsamt endgültig (§ 53).

III. **Ausschüsse** (§§ 56, 57).

1. Jedes Versicherungsamt bildet einen oder mehrere **Spruch**ausschüsse für die dem Spruchverfahren überwiesenen Sachen, desgleichen einen **Beschluß**ausschuß für die Sachen des Beschlußverfahrens.

2. **Besetzung.**

a) Der Spruchausschuß besteht aus dem Vorsitzenden des Versicherungsamts und je einem Versicherungsvertreter der Arbeitgeber und der Versicherten (§ 56).

b) Der Beschlußausschuß besteht aus dem Vorsitzenden und zwei Versicherungsvertretern, von denen je einer von den Vertretern der Arbeitgeber und der Versicherten aus ihrer Mitte auf vier Jahre gewählt werden (§ 57 Abs. 2).

IV. **Kosten** (§§ 59—60).

Sämtliche Kosten des Versicherungsamts trägt der Bundesstaat, und wenn das Versicherungsamt bei einer gemeindlichen Behörde errichtet ist, der Gemeindeverband.

B. **Oberversicherungsämter** (§§ 61—82).

I. **Errichtung.**

1. Das Oberversicherungsamt, welches in der Regel für den Bezirk einer höheren Verwaltungsbehörde (Regierung) errichtet wird, nimmt die Geschäfte der Reichsversicherung als höhere Spruch-, Beschluß- und Aufsichtsbehörde wahr (§ 61 Abs. 1).

2. Die Oberversicherungsämter können durch die oberste Verwaltungsbehörde an höhere Reichs- oder Staatsbehörden angegliedert oder als selbständige Staatsbehörden errichtet werden (§ 64).

3. Die Landesregierungen mehrerer Bundesstaaten können für ihre Gebiete ein gemeinsames Oberversicherungsamt errichten (§ 62 Abs. 2).

4. Bei Angliederung des Oberversicherungsamts an eine höhere Staatsbehörde hat wieder Personalunion statt, insofern als der Leiter (Regierungspräsident) zugleich der Vorsitzende ist (§ 67). Als sein ständiger Stellvertreter wird ein Direktor des Oberversicherungsamts bestellt.

5. Der Sitz des Oberversicherungsamts wird durch die oberste Verwaltungsbehörde ev. die beteiligten Landesregierungen bestimmt (§ 65).

II. **Zusammensetzung** (§§ 68 ff.).

1. Das Oberversicherungsamt besteht aus Mitgliedern und Beisitzern und hat außer dem Direktor mindestens noch ein ständiges Mitglied zugleich als dessen Stellvertreter.

2. Die Beisitzer (in der Regel 40) werden je zur Hälfte aus Arbeitgebern und Versicherten bestellt, und zwar die Beisitzer aus dem Arbeitgeberstande zur Hälfte aus den Arbeitgebermitgliedern im Ausschuß der zuständigen Versicherungsanstalt und zur Hälfte von den Vorständen der zuständigen landwirtschaftlichen sowie einer sog. Vertrauensberufsgenossenschaft (§ 73).

3. Das Reichsversicherungsamt erläßt eine Wahlordnung.

4. Die Beisitzer aus den Ständen der Versicherten werden von den Versicherungsvertretern bei den Versicherungsämtern des Bezirks des Oberversicherungsamts nach dem Grundsatze der Verhältniswahl gewählt (§ 73 Abs. 2).

III. **Kammern** (§§ 77—78).

1. Jedes Oberversicherungsamt bildet Spruchkammern und Beschlußkammern für die nach dem Gesetz dem Spruch- resp. dem Beschlußverfahren überwiesenen Sachen.

2. Besetzung.

1. Die Spruchkammer besteht aus einem Mitgliede des Oberversicherungsamts als Vorsitzenden und je zwei Beisitzern der Arbeitgeber und der Versicherten.

2. Die Beschlußkammer besteht aus dem Vorsitzenden des Oberversicherungsamts, einem zweiten Mitgliede und zwei Beisitzern.

3. Bei Stimmengleichheit gibt der Vorsitzende den Ausschlag.

IV. **Aufsicht, Kosten** (§§ 79—82).

1. Die Aufsicht über die Oberversicherungsämter führt die oberste Verwaltungsbehörde, welche auch seine Geschäftsräume und die Be-

amten bestellt. Letztere haben Rechte und Pflichten der Reichs- oder Staatsbeamten und werden vom Vorsitzenden auf gewissenhafte Amtserfüllung verpflichtet.

2. Die Kosten der Oberversicherungsämter trägt der Bundesstaat, die Versicherungsträger haben indessen für jede Spruchsache, in der sie beteiligt sind, einen Pauschbetrag zu entrichten. Dieser ist der vom Bundesrat für das Reich einheitlich festgesetzte.

C. **Reichsversicherungsamt** und die **Landesversicherungsämter** (§§ 83—109).

I. **Geschäftskreis. Sitz** (§§ 83—84).

1. Das Reichsversicherungsamt mit dem Sitz in Berlin nimmt die Geschäfte der Reichsversicherung als oberste Spruch-, Beschluß- und Aufsichtsbehörde wahr.

2. Seine Entscheidungen sind endgültig, soweit dieses Gesetz nichts anderes vorschreibt.

II. **Zusammensetzung** (§§ 85 ff.).

1. Das Reichsversicherungsamt besteht aus ständigen und nichtständigen Mitgliedern.

2. An der Spitze steht ein vom Kaiser auf Vorschlag des Bundesrats ernannter Präsident. Der Kaiser ernennt auch die ständigen Mitglieder und aus diesen die Direktoren, Senatspräsidenten. Die übrigen Beamten ernennt der Reichskanzler.

3. Von den nichtständigen (32) Mitgliedern wählt der Bundesrat acht. Je zwölf sind Vertreter der Arbeitgeber und der Versicherten.

Die Wahl der Vertreter erfolgt getrennt und schriftlich, die der Versicherten wählen nach dem Grundsatze der Verhältniswahl.

4. Wählbar sind nur Männer, die nicht nach § 12 ausgeschlossen sind (§ 92).

III. **Senate.**

Das Reichsversicherungsamt bildet Spruchsenate und Beschlußsenate.

1. Spruchsenate bestehen aus einem Vorsitzenden (Präsident, Direktor oder Senatspräsident), einem Bundesratsdelegierten, einem ständigen Mitglied, zwei richterlichen Mitgliedern, zwei Arbeitgebern und einem Versicherten (7 Mitgliedern).

2. Beschlußsenate (5 Mitglieder) bestehen aus dem Vorsitzenden, einem Bundesratsdelegierten, einem ständigen Mitglied, einem Arbeitgeber und einem Versicherten (§ 100 Abs. 2).

3. Der **große Senat**, welchen das Reichsversicherungsamt bildet, (11 Mitglieder), hat die Aufgabe, die Einheitlichkeit der Rechtsprechung aufrechtzuerhalten (vgl. §§ 101, 1718 Abs. 2).

IV. **Rechnungsstelle. Kosten** (§§ 103, 104).

1. Für die rechnerischen Arbeiten wird beim Reichsversicherungsamt die Rechnungsstelle errichtet (§ 103).

2. Die Kosten des Reichsversicherungsamts einschließlich der Kosten des Verfahrens trägt das Reich.

V. **Landesversicherungsämter** (§§ 105 ff.).

1. Ein Landesversicherungsamt, welches früher bestand, kann bestehen bleiben, sofern zu seinem Bereiche mindestens vier Oberversicherungsämter gehören. Es tritt an die Stelle des Reichsversicherungsamts. Neue Landesversicherungsämter werden nicht mehr errichtet.

Die Kosten des Landesversicherungsamts trägt der Bundesstaat (§ 105).

Vierter Abschnitt. Sonstige gemeinsame Vorschriften (§§ 110 ff.).

1. Behörden. Die oberste Verwaltungsbehörde ist befugt, einzelne der ihr gesetzlich überwiesenen Aufgaben auf andere Behörden zu übertragen (§ 110).

2. Rechtshilfe (§§ 115 ff.). Die öffentlichen Behörden sind verpflichtet, den im Vollzuge an dieses Gesetzes an sie ergehenden Ersuchen der Versicherungs- und anderen öffentlichen Behörden, sowie der Organe der Versicherungsträger zu entsprechen, insbesondere vollstreckbare Entscheidungen zu vollstrecken (§ 115 Abs. 1).

3. Leistungen, die nach der Reichsversicherung oder ergänzenden Landesgesetzen gewährt werden, sind keine öffentlichen Armenunterstützungen (§ 118). Wichtig in bezug auf Wahlrecht usw.

4. Die Ansprüche der Berechtigten können weder übertragen noch verpfändet, noch gepfändet werden (§ 119).

5. Trunksüchtigen können statt Barleistung Sachleistungen gewährt werden. Die Sachleistungen gewährt die Gemeinde des Wohnorts (§ 120).

6. Ärztliche Behandlung wird durch approbierte Ärzte geleistet (§ 122).

7. Die Vorschriften über Fristen und Wiedereinsetzung in den vorigen Stand sind in Anlehnung an die Vorschriften des BGB. und die ZPO. geregelt (§§ 124—134).

8. Zustellungen können durch eingeschriebene Briefe erfolgen.

9. Gebühren- und stempelfrei sind mangels besonderer Vorschriften alle Verhandlungen und Urkunden, die bei den Versicherungsträgern und Versicherungsbehörden erforderlich sind, um die rechtlichen Verhältnisse der Beteiligten zu begründen oder abzuwickeln (§ 157).

10. Strafen bedroht die Arbeitgeber für den Versuch, die Versicherten in der Übernahme oder Ausübung eines Ehrenamts der Reichsversicherung zu beschränken oder sie deswegen irgendwie benachteiligen zu wollen (§§ 139 ff.).

11. Als Ortslohn gilt der ortsübliche Tagesentgelt gewöhnlicher Tagesarbeiter (§§ 149 ff.).

Er wird von dem Oberversicherungsamt auf vier Jahre festgesetzt und bekanntgemacht (§ 151).

12. Beschäftigungsort ist der Ort, in dem die Beschäftigung tatsächlich stattfindet (§ 153).

13. Die Beschäftigung eines Ehegatten durch den anderen begründet z. B. keine Versicherungspflicht (§ 159).

§ 56.

Zweites Buch.

Die Krankenversicherung.

Das zweite, die Krankenversicherung behandelnde umfangreiche Buch zerfällt in 11 **Abschnitte:**

Umfang der Versicherung,
Gegenstand der Versicherung,
Träger der Versicherung,
Verfassung,
Aufsicht,
Kassenverbände,
Sektionen,
Besondere Berufszweige,
Knappschaftliche Krankenkassen,
Ersatzkassen,
Schluß- und Strafvorschriften.

Erster Abschnitt. Umfang der Versicherung.

Zwei Untertitel:
Versicherungspflicht,
Versicherungsberechtigung.

I. **Versicherungspflicht.**

1. Auf diesem Gebiet ist durch die RVO. dem früheren Recht gegenüber eine erhebliche Ausdehnung herbeigeführt worden:

a) Gemäß § 165 erstreckt sich die Krankenversicherung auf alle gegen Entgelt Angestellten (Arbeiter, Gehilfen, Gesellen, Lehrlinge, Dienstboten, Betriebsbeamte, Handlungsgehilfen, Lehrer und Erzieher, Bühnen-Orchestermitglieder, Hausgewerbetreibende usw.).

b) Die früher auf 2000 M festgesetzte Grenze des Einkommens ist jetzt auf 2500 M erhöht.

c) Neu hinzugekommen sind insbesondere Dienstboten, Gehilfen in Apotheken, Lehrer und Erzieher, Schauspieler.

d) Insgesamt unterliegen der Versicherung 18 Millionen Menschen.

2. **Versicherungsfrei** sind gemäß §§ 172—174:

a) Kraft Gesetzes die Reichs-, Staats-, Gemeindebeamten, Lehrer, Erzieher an öffentlichen Schulen, Personen des Soldatenstandes, Mitglieder geistlicher Genossenschaften, Diakonissen usw.

b) Auf Antrag des Arbeitgebers bleiben frei Lehrlinge im Betriebe ihrer Eltern und in Arbeiterkolonien beschäftigte Personen.

c) Auf eigenen Antrag, wer dauernd nur zum geringen Teil arbeitsfähig ist.

II. **Versicherungsberechtigte**

sind gemäß § 176:

a) versicherungsfrei Beschäftigte,

b) unentgeltlich Beschäftigte,

c) Kleinunternehmer bis 2500 M Einkommen.

Steigt das jährliche Gesamteinkommen über 4000 M, erlischt die Versicherungsberechtigung (§ 178).

Zweiter Abschnitt. Gegenstand der Versicherung.

Dieser Abschnitt enthält 6 Titel:

1. Leistungen im allgemeinen,
2. Krankenhilfe,
3. Wochenhilfe,
4. Sterbegeld,
5. Familienhilfe,
6. Gemeinsame Vorschriften.

I. Leistungen im allgemeinen (§§ 179 ff.).

1. Auch hier finden sich durch die RVO. vielfach Änderungen. Es erscheinen neue Grundsätze über Regelleistungen, erweiterte und verminderte Regelleistungen.

a) Die Regelleistungen der Krankenkassen stehen gemäß §§ 179 ff. in der Gewährung von Krankenhilfe, Wochen- und Sterbegeld.

b) Durch die Satzungen können daneben Mehrleistungen bestimmt werden, indessen nur soweit das Gesetz es vorsieht.

c) Die Barleistungen werden nach einem Grundlohn bemessen, das ist der durchschnittliche Tagesentgelt derjenigen Klassen Versicherter, für welche die Kasse errichtet ist, bis 5 oder 6 M für den Arbeitstag.

II. **Krankenhilfe** (§§ 182 ff.).

Diese besteht in:

a) Krankenpflege, d. h. ärztlicher Behandlung, Gewährung von Arzneien, Bruchbändern usw. vom Beginn der Krankheit an.

b) Krankengeld bei Arbeitsunfähigkeit des Kranken in Höhe des halben Grundlohns für jeden Tag vom vierten Krankheitstage — ev. vom Tage der Unfähigkeit an — (kleine Karenzzeit); (§ 182 Ziff. 2).

c) Die Krankenhilfe endet spätestens mit Ablauf der **26.** Woche nach Beginn der Krankheit (§ 183).

d) Statt der Krankenpflege und des Krankengeldes können die Kassen Krankenhauspflege ev. auch Hauspflege gewähren (§ 184).

e) Hat der Kranke einen eigenen Haushalt oder ist er Mitglied eines Familienhaushalts, so bedarf die Unterbringung in ein Krankenhaus seiner Zustimmung (§ 184).

f) Hat der in Krankenhauspflege Gegebene von seinem Arbeitsverdienst Angehörige ganz oder überwiegend zu erhalten, so ist diesen als Unterstützung ein Hausgeld im Betrage des halben Krankengeldes zu gewähren (§ 186).

g) Die Satzung kann diese Regelleistung erweitern durch Verlängerung der Krankenhilfe bis auf ein Jahr, Erhöhung des Kranken- und Hausgeldes (§§ 187, 191, 194).

h) Eine Beschränkung der Regelleistung ist möglich bei Rückfall innerhalb eines Jahres durch Abkürzung der Unterstützungsdauer auf **13** Wochen, durch Versagung des Krankengeldes bei eigenem Verschulden des Mitgliedes (§§ 188, 192).

III. **Wochenhilfe** (§§ 195 ff.).

a) Wöchnerinnen, die im letzten Jahre vor der Niederkunft mindestens sechs Monate hindurch versichert waren, erhalten ein Wochengeld in Höhe des Krankengelds für acht Wochen, von denen mindestens sechs in die Zeit nach der Niederkunft fallen müssen (§ 195).

b) Wöchnerinnen können mit ihrer Zustimmung in ein Wöchnerinnenheim untergebracht werden, oder es kann ihnen gegen Abzug des halben Wochengeldes eine Hauspflegerin bestellt werden (§ 196).

c) Auch eine Erhöhung dieser Regelleistungen an Wöchnerinnen ist möglich (§§ 198, 199).

IV. **Sterbegeld** (§§ 201 ff.).

a) Als solches wird beim Tode eines Versicherten das 20fache des Grundlohns gezahlt (§ 201).

b) Vom Sterbegeld werden die Begräbniskosten bestritten und dem gezahlt, der das Begräbnis besorgt hat (§ 203).

c) Etwaiger Überschuß fällt nacheinander an Ehegatten, Kinder, Vater, Mutter, Geschwister, die mit dem Verstorbenen in häuslicher Gemeinschaft zur Todeszeit gelebt haben. Beim Fehlen solcher Berechtigter verbleibt der Überschuß der Kasse (§ 203).

d) Erhöhung des Sterbegeldes ist denkbar (§ 204).

V. **Familienhilfe.**

Solche kann die Satzung zubilligen an versicherungsfreie Familienmitglieder der Versicherten, z. B. Wochenhilfe an Ehefrauen (§ 205).

VI. **Gemeinsame Vorschriften** (§§ 206 ff.).

a) Für die Versicherungspflichtigen entsteht der Anspruch auf die Regelleistungen ohne weiteres mit ihrer Mitgliedschaft, d. h. mit dem Anfangstage der Beschäftigung (§§ 206, 306—308).

b) Während den Versicherungspflichtigen die Ansprüche mit dem Anfang der Beschäftigung zustehen, kann die Satzung den Anspruch Versicherungsberechtigter von einer Wartezeit — höchstens sechs Wochen — abhängig machen (§ 207).

c) Barleistungen mit Ausnahme des Sterbegeldes werden nach Ablauf jeder Woche ausgezahlt (§ 210).

d) Für Straf- und Untersuchungsgefangene ruht die Krankenhilfe (§ 216).

e) Geht ein Versicherter nach Eintritt des Versicherungsfalls ins Ausland, so kann er durch eine einmalige Zahlung abgefunden werden (§ 217).

f) Eine Verjährung der Ansprüche auf Kassenleistungen tritt mit zwei Jahren nach dem Tage der Entstehung ein (§ 223).

Dritter Abschnitt. Träger der Versicherung (§§ 225 ff.).

I. **Arten der Krankenkassen.**

Krankenkassen nach der RVO. sind:

1. die Ortskrankenkassen,
2. die Landkrankenkassen,
3. die Betriebskrankenkassen,
4. die Innungskrankenkassen (§ 225).

Fernere Träger der Versicherung sind: Die nach Landesgesetz errichteten knappschaftlichen Krankenkassen und die freien Hilfskassen (Ersatzkassen), deren Mitglieder den obigen Krankenkassen nicht angehören können.

Zu 1 und 2: **Allgemeine Ortskrankenkassen und Landkrankenkassen.**

a) Die regelmäßigen — allgemeinen — Krankenkassen sind die für örtliche Bezirke errichteten Ortskrankenkassen ebenso — die neu errichteten — Landkrankenkassen.

b) Der Bezirk ist in der Regel der eines Versicherungsamts (§ 226).

c) Neben diesen territorialen Kassen bleiben als besondere Ortskrankenkassen die für einzelne Gewerbszweige, Betriebsarten, oder Geschlechter früher errichteten Krankenkassen bestehen, solange sie mindestens 250 Mitglieder haben und den sonstigen gesetzlichen Vorschriften entsprechen (§§ 239 ff.).

d) Landkrankenkassenmitglieder sind hauptsächlich die durch das neue Gesetz versicherungspflichtig gewordenen Personen, z. B. die in der Landwirtschaft und dem Wandergewerbe Beschäftigten, die Dienstboten, die Hausgewerbetreibenden (§ 235).

Zu 3 und 4: **Betriebskrankenkassen, Innungskrankenkassen.**

a) Erstere kann ein Arbeitgeber für seinen Betrieb errichten, wenn er dauernd mindestens 150 Versicherungspflichtige beschäftigt. (In landwirtschaftlichen oder Binnenschiffahrtsbetrieben genügen 50 Beschäftigte). (§§ 245 ff.)

b) Auch Bau- und Innungskrankenkassen können auf Anordnung des Oberversicherungsamts resp. durch die Innung errichtet werden (§§ 249—250).

c) Im allgemeinen dürfen besondere Kassen nur errichtet werden, wenn sie den Betrieb der allgemeinen Kassen nicht gefährden und zu den gewöhnlichen Leistungen fähig sind (§§ 248—251).

d) Freie Hilfskassen bleiben seit dem G. vom 12. Mai 1901 „über die privaten Versicherungsunternehmungen" als Versicherungsvereine auf Gegenseitigkeit bestehen und sind der Aufsicht des Aufsichtsamts für private Versicherungen unterstellt. Sie sind nur unter der Voraussetzung eines Mitgliederbestandes von mehr als 1000 Personen als **Ersatz**kassen möglich.

e) **Zuschußkassen** als Ergänzung zu den gesetzlichen Kassenleistungen sind freigestellt (§§ 503 ff.).

Vierter Abschnitt. Verfassung.

Dieser Abschnitt behandelt in 6 Titeln:

1. Mitgliedschaft (Beginn, Ende, Meldungen),
2. Satzung,

3. Kassenorgane,
4. Angestellte und Beamte,
5. Verwaltung der Mittel,
6. Verhältnis zu Medizinalpersonen und Apotheken.

I. Mitgliedschaft.

1. Beginn und Ende (§§ 306—316).

a) Bereits oben ist erwähnt, daß die Mitgliedschaft der Versicherungspflichtigen mit dem Anfangstage der Beschäftigung beginnt. Dies geschieht ohne Rücksicht auf eine Meldung.

Bei etwaiger mehrfacher versicherungspflichtiger Beschäftigung und daraus folgender Konkurrenz von Kassen entscheidet die überwiegende — im Zweifel die erste — Beschäftigung (§ 309).

b) Die Mitgliedschaft Berechtigter beginnt dagegen erst mit dem Tage des Beitritts, welcher durch mündliche oder schriftliche Anmeldung beim Vorstand erfolgt (§ 310).

c) Das Ende der Mitgliedschaft tritt ein, wenn der Versicherte Mitglied einer anderen Krankenkasse wird (§ 312).

d) Berechtigte verlieren die Mitgliedschaft auch durch Nichtentrichtung der Beiträge (§ 314).

e) Arbeitsunfähige bleiben Mitglieder, solange die Kasse ihnen Leistungen zu gewähren hat (§ 311).

2. Meldungen (§§ 317—319).

Jeder Versicherungspflichtige ist von seinem Arbeitgeber innerhalb drei Tagen nach Beginn und Ende der Beschäftigung bei den Kassen zu melden.

II. Satzung (§§ 320—326).

a) Noch vor der Kassenerrichtung ist eine Satzung zu errichten.

b) Die Errichtung erfolgt für Orts- und Landkrankenkassen nach Anhörung der Beteiligten durch den Gemeindeverband, sonst durch den Betriebsunternehmer bzw. die Innungen (§ 320).

c) Ein Mußinhalt der Satzung bestimmt Namen und Sitz, Leistungen, Beiträge usw. (vgl. § 321).

III. Organe der Krankenkassen (§§ 327 ff.).

Kassenorgane, welche die Geschäfte der Kasse besorgen, sind der **Vorstand** und **Ausschuß** (Inkompatibilität). Die bisherige Generalversammlung der Mitglieder ist weggefallen.

1. Der **Vorstand** besteht zu einem Drittel aus Arbeitgebern und zu zwei Dritteln aus Versicherten. Die Absicht der Regierung, statt der bisherigen Beitragsleistungen von einem Drittel seitens der Arbeitgeber und zwei Drittel der Versicherten, eine Halbierung

der Beiträge vorzunehmen, um die frühere Majorisierung der Arbeitgeber zu beseitigen, ist bei dem Reichstag nicht durchgedrungen. Es blieb bei dem bisherigen Beitragsmodus. Nur hat man durch die Maßregel einer getrennten Wahl für den wichtigen Posten des Vorsitzenden die Gefahr der Majorisierung beseitigt, indem dabei Arbeitgeber und Arbeitnehmer getrennt stimmen.

Der Vorsitzende des Vorstandes wird aus der Mitte der Vorstandsmitglieder der Ortskrankenkasse gewählt. Gewählt ist, wer die Mehrheit der Stimmen aus der Gruppe sowohl der Arbeitgeber als der Versicherten im Vorstande erhält (§ 328).

Kommt bei der ersten und ev. zweiten Wahl eine Mehrheit beider Gruppen für eine bestimmte Person nicht zustande, so bestellt das Versicherungsamt auf Kosten der Gruppe einen Vertreter bis ein gewählter Vertreter vorhanden ist (§ 329).

Bei der Landkrankenkasse wählt die Vertretung des Gemeindeverbandes (Kreistag) den Vorsitzenden und die anderen Mitglieder des Vorstandes.

2. Der **Ausschuß** besteht zu einem Drittel aus Vertretern der Arbeitgeber und zu zwei Dritteln aus Vertretern der Versicherten und zählt höchstens 90 Vertreter (§ 332).

Der Ausschuß, welcher die Stelle der früheren Generalversammlung vertritt, beschließt über alles, was nicht Gesetz, Satzung oder Dienstordnung dem Vorstand zuweist, z. B. Etat, Decharge (§ 345).

3. Der Ausschuß regelt besonders noch die Meldung und Überwachung der Kranken, sowie ihr Verhalten durch eine Krankenordnung (§ 347).

4. Ein Zusammenwirken von Vorstand und Ausschuß hat statt bei Erwerb, Veräußerung oder Belastung von Grundstücken (§ 346).

IV. Angestellte und Beamte.

Die RVO. regelt eingehend die Dienstverhältnisse der Angestellten der Krankenkassen. Dieselben werden durch übereinstimmende Beschlüsse der Gruppe der Arbeitgeber und der Versicherten im Vorstande gewählt und durch schriftlichen Vertrag angestellt.

Eine Dienstordnung regelt die allgemeinen Verhältnisse dieser Angestellten (§ 349).

V. Verwaltung der Mittel (§§ 363 ff.).

1. Die Mittel der Kasse dürfen nur zu den satzungsgemäßen Leistungen, zur Füllung der Rücklagen, zu den Verwaltungskosten und für allgemeine Zwecke der Krankheitsverhütung verwendet werden (§ 363).

2. Die Kasse hat dem Versicherungsamt einen Rechnungsabschluß einzurichten, sowie Nachweisungen über die gesamten Kassenverhältnisse (§ 367).

VI. **Verhältnis zu den Medizinalpersonen, Krankenhäusern, Apotheken** (§§ 368 ff.).

1. Die RVO. versucht den bisherigen vielfachen Streitigkeiten zwischen den Kassen und Ärzten durch eingehende Vorschriften vorzubeugen. Die Beziehungen sollen durch schriftlichen Vertrag geregelt werden.

2. Die Kasse kann, von dringenden Fällen abgesehen, die Bezahlung anderer Ärzte ablehnen (§ 368).

3. Den Mitgliedern soll die Wahl zwischen mindestens zwei Ärzten freistehen (§ 369).

4. Die Kasse kann bei Gefährdung der ärztlichen Versorgung statt der Krankenpflege oder der sonstigen erforderlichen ärztlichen Behandlung einen Geldbetrag gewähren (§ 370).

5. Auch mit Krankenhäusern und Apothekenbesitzern kann die Kasse über Aufnahme und Arzneileistungen usw. Vorzugsbedingungen vereinbaren (§§ 371—376).

Fünfter Abschnitt. Aufsicht (§§ 377 ff.).

1. Die Aufsicht über die Krankenkassen führt das Versicherungsamt. Sie erstreckt sich auch auf die Beobachtung der Dienst- und Krankenordnung.

2. Gegen die Anordnungen des Versicherungsamts gibt es Beschwerde an die Beschlußkammer des Oberversicherungsamts.

Die Beschwerde muß sich auf Rechtsverletzung stützen.

3. Das Aufsichtsrecht umfaßt auch die Befugnisse des Versicherungsamts (Beschlußausschuß), solange die Wahlberechtigten sich weigern zu den Kassenorganen zu wählen, die Mitglieder oder die Vertreter derselben zu bestellen (§ 379).

Sechster Abschnitt. Aufbringung der Mittel (§§ 380 ff.).

1. **Beiträge** (§§ 380—392).

Die Mittel für die Krankenversicherung sind von den Arbeitgebern mit *einem Drittel*, von den Versicherten mit *zwei Drittel* aufzubringen.

Bei Innungskrankenkassen kann statutarisch eine *Halbierung* der Aufträge bestimmt werden.

2. Die Arbeitgeber haben ihre Beiträge an dem statutarisch bestimmten Zahltage zu entrichten, den Versicherten werden die Beitragsteile vom Lohn abgezogen (§§ 393, 394).

3. Streitigkeiten zwischen Arbeitgebern und Beschäftigten über die Beitragsteile entscheidet der Beschlußausschuß des Versicherungsamts (§ 405).

4. Den Streit über das Versicherungsverhältnis zwischen Arbeitgeber einerseits und der Kasse andererseits entscheidet erstinstanzlich der Beschlußausschuß des Versicherungsamts und bei Beschwerde endgültig das Oberversicherungsamt (§ 405 Abs. 2).

5. Die endgültigen Entscheidungen über das Versicherungsverhältnis sind für alle Behörden und Gerichte bindend (§ 405[1]).

Siebenter Abschnitt. Kassenverbände. Sektionen (§§ 406 ff.).

1. Krankenkassen können sich durch übereinstimmenden Beschluß ihrer Ausschüsse zu einem Kassenverbande vereinigen.

2. Haben die Kassen ihren Sitz nicht im Bezirk desselben Versicherungsamts, gehört zur Vereinigung die Genehmigung des Oberversicherungsamts (§ 406).

3. Für den Verband muß durch Mehrheitsbeschluß der beteiligten Kassen eine Satzung errichtet werden, die über Name, Ziel und Zwecke des Verbandes usw. Bestimmungen trifft (§§ 408, 409).

4. Der Kassenverband kann für die angeschlossenen Kassen gemeinsame Beamte und Medizinalpersonen anstellen (§ 407).

5. Die Aufsicht über den Verband führt das Versicherungsamt (§ 413).

6. Die Krankenkassen können auch mit Zustimmung des Oberversicherungsamts für bestimmte Gruppen ihrer Mitglieder oder für bestimmte Bezirke Sektionen errichten. Dieselben haben eigene Satzungen und es können ihnen von der Kasse bis zu zwei Drittel der Einnahmen und Leistungen zugewiesen werden (§ 415).

Achter Abschnitt. Besondere Berufszweige (§§ 416 ff.).

1. In den §§ 417—494 werden von der Versicherungsordnung mit zahlreichen Ausnahmen und Abweichungen von der Regel Vorschriften für die Versicherung der besonderen Berufszweige (Landwirtschaft, Dienstboten, unständig Beschäftigte, für das Wandergewerbe, das Hausgewerbe und für Lehrlinge) aufgestellt.

2. Diese Abweichungen zeigen teils Minderungen von Leistungen und Beiträgen, teils besondere Arten von Leistungen (so erweiterte Krankenpflege, z. B. Kuren in Krankenhäusern für Arbeitsunfähige; vgl. §§ 426—429).

3. Befreiung. Die in der Landwirtschaft Beschäftigten können auf Antrag des Arbeitgebers von der Versicherung befreit werden, wenn sie bei Erkrankung an diesen einen Rechtsanspruch auf eine

Unterstützung haben, welche den Leistungen der zuständigen Kassen gleichwertig ist.

Hierbei ist Voraussetzung, daß der Arbeitgeber die volle Unterstützung aus eigenen Mitteln deckt, und daß seine Zahlungsfähigkeit sicher ist (§ 418).

4. **Dienstboten.** Das gleiche — wie in 3 — kann gemäß § 435 bei Dienstboten eintreten. Diesen kann übrigens der Dienstberechtigte das Krankengeld auf den Lohn anrechnen, den er während der Krankheit weiter zu zahlen hat.

Dienstboten in häuslicher Gemeinschaft hat die Krankenkasse bei ansteckender Krankheit Kuraufenthalt in einer Heilanstalt zu gewähren (§ 437).

5. Bei den Hausgewerbtreibenden werden die Mittel für die Krankenversicherung entweder durch sog. Auftraggeberzuschuß, d. h. Zuschüsse derjenigen aufgebracht, in deren Auftrag und für deren Rechnung hausgewerblich gearbeitet wird, oder von den Hausgewerbtreibenden selbst und ihren hausgewerblich Beschäftigten (§§ 469 ff.).

6. Lehrlingen aller Arten, die ohne Entgelt beschäftigt werden, wird Krankengeld nicht gewährt (§ 494).

Neunter Abschnitt. Knappschaftliche Krankenkassen (§§ 495 ff.).

Abgesehen von einigen allgemeinen Vorschriften — z. B. daß diese Kassen ihren Mitgliedern mindestens die Regelleistungen der Ortskrankenkassen gewähren müssen — hat die RVO. die für diese Kassen bestehenden landesgesetzlichen Regelungen unberührt gelassen (§ 502). Für Preußen ist maßgebend die Kaiserl. VO. vom 7. Nov. 1904 und das Gesetz vom 19. Juni 1906.

Zehnter Abschnitt. Ersatzkassen (§§ 503 ff.).

1. Seitdem durch das Reichsgesetz vom 20. Dezember 1911 das Gesetz über die eingeschriebenen Hilfskassen von 1884 aufgehoben ist, können sich die noch bestehenden Hilfskassen in Versicherungsvereine auf Gegenseitigkeit verwandeln und werden dann als Ersatzkassen zugelassen, wenn sie mehr als 1000 Mitglieder haben und diesen mindestens die Leistungen der Gemeindekrankenversicherung gewähren (vgl. § 503).

2. Die Versicherten stehen alsdann zu den Krankenkassen in keinerlei Beziehung (§ 517). Indessen haben ihre Arbeitgeber den eigenen Beitragsteil an die Krankenkassen zu zahlen.

Elfter Abschnitt. Schluß- und Strafvorschriften (§§ 526 ff.).

1. Gegen einen Versicherten, der die Krankenordnung oder die ärztlichen Anordnungen übertritt, können vom Vorstand Ordnungs-

strafen bis zum dreifachen Betrage des täglichen Krankengeldes für jeden Einzelfall festgesetzt werden (§ 529).

2. Arbeitgeber werden bei Unterlassung der pflichtgemäßen Anmeldung von Versicherten bestraft, und zwar bei Vorsatz bis zu 300 M, bei Fahrlässigkeit bis zu 100 M (§ 530).

3. Der Versicherte hat gegen seine Bestrafung durch den Vorstand Beschwerde beim Versicherungsamt, der Arbeitgeber gegen seine Bestrafung durch das Versicherungsamt Beschwerde beim Oberversicherungsamt (§§ 529 Abs. 3, 530 Abs. 4).

4. Das vorsätzliche Nichtabliefern von abgezogenen oder eingehaltenen Beitragsteilen seitens der Arbeitgeber an die Kasse wird mit Gefängnis bestraft; daneben kann auf Geldstrafe bis 3000 M und Verlust der bürgerlichen Ehrenrechte erkannt werden. Mildernde Umstände mit bloßer Geldstrafe sind zugelassen (§ 533).

5. Wenn der Arbeitgeber die ihm obliegenden Pflichten erlaubterweise an Betriebsleiter usw. überträgt, so haften zwar diese und werden wie die Arbeitgeber bestraft, indessen ist neben ihnen der Arbeitgeber strafbar, wenn ihn eine culpa in eligendo trifft oder wenn die Zuwiderhandlung mit seinem Wissen geschehen ist. Ersterenfalls allerdings nur mit Geldstrafe (§ 534).

6. Die gleichen Bestrafungen wie den einzelnen Arbeitgeber treffen die Vorstandsmitglieder resp. Geschäftsführer von juristischen Personen (§ 536).

§ 57.

Drittes Buch.

Unfallversicherung.

A. Übersicht über den bisherigen Rechtszustand.

1. Die frühere Gesetzgebung hatte für eine Schadloshaltung der bei Betriebsunfällen Verunglückten fast gar nichts getan.

So gewährte das gemeine Recht in den durch Zufall oder eigene Unvorsicht herbeigeführten Fällen gar keine Entschädigung.

Bei Verletzungen, die ein Dritter schuldhaft herbeigeführt hatte, haftete nur der Täter selbst, also vielleicht der Arbeitsgenosse des Verunglückten oder ein Betriebsbeamter, aber niemals der Betriebsunternehmer selbst. Bei der Mittellosigkeit der Täter gingen der Ersatzberechtigte resp. seine Hinterbliebenen naturgemäß zumeist leer aus.

2. Einen ersten Wandel schuf das **Reichshaftpflichtgesetz** vom 7. Juni 1871, welches teilweise heute noch gilt.

Indem hier dem Betriebsunternehmer für die in seinem Betriebe vorkommenden Unfälle, insbesondere für die Vernachlässigungen seiner Angestellten eine selbständige Verantwortung auferlegt wurde, schuf man zuerst eine gesetzliche **Haftung für Dritte.**

3. Nach § 1 dieses Gesetzes haftet — auch heute noch —, wenn bei dem Betriebe einer **Eisenbahn** ein Mensch getötet oder körperlich verletzt wird, der Betriebsunternehmer für den dadurch entstandenen Schaden, sofern **er** nicht beweist, daß der Unfall durch höhere Gewalt oder durch eigenes Verschulden des Getöteten oder Verletzten verursacht ist.

4. Der § 2 bestimmt:

„Wer ein Bergwerk, einen Steinbruch, eine Gräberei (Grube) oder eine Fabrik betreibt, haftet, wenn ein Bevollmächtigter oder ein Repräsentant, oder eine zur Leitung oder Beaufsichtigung des Betriebes oder der Arbeiter angenommene Person durch ein Verschulden in Ausführung der Dienstverrichtungen den Tod oder die Körperverletzung eines Menschen herbeigeführt hat, für den dadurch entstandenen Schaden."

5. Weil den Verunglückten aber die schwere Beweislast dafür traf, daß ein Verschulden des Unternehmers oder Betriebsbeamten vorgelegen habe, wurde die Wohltat des Gesetzes oft wertlos.

6. Schließlich waren die vielen zufälligen und die durch eigene Fahrlässigkeit herbeigeführten Unglücksfälle auch jetzt noch unberücksichtigt und führten zu Armut und Elend.

7. Hier wollte die Kaiserliche Botschaft vom 17. November 1881 vornehmlich einsetzen und den, der in den vielen Gefahren der Betriebe sein einziges Gut, die Arbeitskraft verloren hatte, davor schützen, daß er der Armenpflege zur Last fiel. Nicht um ein Almosen mehr sollte der invalide Arbeiter betteln müssen, ein Recht auf Rente sollte er haben.

8. Aus dem privatrechtlichen Anspruch auf Schadenersatz wurde eine auf öffentlichrechtlicher Versicherung beruhende Fürsorge der Unternehmer für ihre im Betriebe verletzten Arbeiter und deren Hinterbliebene.

9. Weil die Unfälle im Gewerbebetrieb geschehen, wurden die Unfallasten als ein Bestandteil der Produktionsunkosten aufgefaßt, die den Unternehmer allein treffen.

10. Nur schrittweise ist die Gesetzgebung vorgegangen.

a) Durch das zuerst ergehende Unfallversicherungsgesetz vom 6. Juli 1884 — sog. Stammgesetz — wurden außer den Arbeitern der im Haftpflichtgesetz von 1871 aufgezählten Betriebe auch die Arbeiter des Bau- und Schornsteinfegergewerbes und die mit Motoren arbeitenden Handwerksbetriebe und deren Beamte mit weniger als 2000 ℳ Jahreseinkommen für versicherungspflichtig erklärt.

b) Sodann durch das „Ausdehnungsgesetz" vom 28. Mai 1885: Die Arbeiter im Transportgewerbe, welchen die Betriebe der Post-, Telegraphen- und Eisenbahnverwaltungen, der Marine- und Heeresverwaltungen, der Baggerei-, Fuhrwerks-, Binnenschiffahrts-, Flößerei- und Fahrbetriebe, sowie der Gewerbebetrieb der Spediteure und Güterpacker zugezählt werden, desgleichen die Beamten der Reichszivilverwaltung, des Reichsheeres und der Marine und die Personen des Soldatenstandes, welche in einem unfallversicherungspflichtigen Betriebe beschäftigt werden.

c) Die land- und forstwirtschaftlichen Arbeiter durch das landwirtschaftliche UVG. vom 5. Mai 1886;

d) die bei Bauten beschäftigten Personen (Gesetz von 1887);

e) die Seeleute (Gesetz von 1887).

11. Aus ähnlichen Gründen, wie seinerzeit bei der Krankenversicherung, erfolgte im Jahre 1900 eine Revision der Unfallversicherung.

12. Ein **Haupt- oder Mantelgesetz** vom 30. Juni 1900 faßte das Stamm- und Ausdehnungsgesetz zusammen, während eine Verschmelzung sämtlicher Sondergesetze zu einem einzigen Gesamtgesetz als unpraktisch abgelehnt wurde. Diese — das landwirtschaftliche, das Bau- und das SeeUVG. — bestanden also neben jenem Mantelgesetz fort.

Besonders geregelt wurde die Unfallfürsorge für Gefangene (Gesetz vom 30. Juni 1900) und für die Beamten und Personen des Soldatenstandes (Gesetz vom 18. Juni 1901).

Die Versicherung erstreckte sich auf Inländer und Ausländer, männliche, weibliche, jugendliche, erwachsene Arbeiter, Meister, Gesellen und Lehrlinge, gleichviel ob sie mit oder ohne Lohn, dauernd oder nur vorübergehend beschäftigt sind.

Der Einkommensbetrag wurde gegen 1884 von 2000 auf **3000 ℳ** erhöht.

13. Ein Anspruch erwuchs nur in dem Falle nicht, wenn der Verletzte den Betriebsunfall vorsätzlich herbeigeführt hat; er entsteht also auch bei Fahrlässigkeit, selbst bei culpa lata.

14. Die Gewährung der Entschädigung lag den Betriebsunternehmern ob.

Die Unternehmer gleicher oder verwandter Betriebe wurden für bestimmte Bezirke zu **Berufsgenossenschaften**, den Trägern der Versicherung, behufs der Gegenseitigkeitsversicherung vereinigt.

Jeder versicherungspflichtige Unternehmer wurde kraft Gesetzes Mitglied der seinen Betrieb umfassenden Genossenschaft.

15. Die Genossenschaften hatten die Rechte juristischer Personen und volle Selbstverwaltung; in gewissen Angelegenheiten war den Arbeitern eine Vertretung neben der Genossenschaft eingeräumt.

16. Die Mittel wurden durch jährliche Umlagen auf die Mitglieder der Genossenschaft aufgebracht. Soweit Betriebe auf Reichs- oder Staatskosten unterhalten wurden, trat das Reich oder der Bundesstaat an die Stelle der Berufsgenossenschaften mit besonderen „Ausführungsbehörden".

B. **Heutiges Recht.**

Wenngleich an dem bisherigen Grundaufbau der Unfallversicherung durch die neue Ordnung am wenigsten geändert ist, findet sich doch in Einzeilheiten viel Neues. Insbesondere hat die Unfallversicherung eine starke Ausdehnung erfahren, so auf die Apotheken, Badeanstalten, die Binnenfischerei usw.

Wichtig ist, daß Betriebsbeamte heute bis zu 5000 *M* anstatt wie bisher bis zu 3000 *M* Jahresverdienst versicherungspflichtig geworden sind.

Das dritte Buch zerfällt in Anlehnung an die oben dargestellte geschichtliche Entwicklung in drei Teile:

1. Teil: **Gewerbeunfallversicherung** (§§ 537—914).
2. Teil: **Landwirtschaftliche Unfallversicherung** (§§ 915—1045).
3. Teil: **Seeunfallversicherung** (§§ 1046—1225).

Jeder dieser drei Teile zerfällt in zwölf Abschnitte.

Erster Teil. Gewerbeunfallversicherung.

Erster Abschnitt. Umfang der Versicherung (§§ 537—554).

1. In § 537 ist der Umfang der Versicherung festgelegt. Derselben sind in elf Ziffern alle Betriebe unterworfen, die erfahrungsgemäß Gefahren mit sich bringen, so insbesondere die verschiedenen Arten der Bergwerke, Fabriken, Hüttenwerke, Apotheken, Brauereien, Schornsteinfeger-, Fensterputzer-, Fleischergewerbe, Badeanstalten, Eisenbahnen, Post- und Telegraphenverwaltung. Die Betriebe der Marine- und Heeresverwaltung, Schiffahrtsbetriebe, Fischerei-. Speicherei-, Fuhrwerksbetriebe usw.

2. Als Versicherte gegen Betriebsunfälle zählt der § 544 auf:

Arbeiter, Gehilfen, Gesellen, Lehrlinge; ferner Betriebsbeamte, Werkmeister und Techniker mit Gehalt bis 5000 ℳ.

Durch die Satzung kann die Versicherungspflicht sogar auf Betriebsbeamte mit noch höherem Gehalt erstreckt werden (§ 548). Die Versicherung erstreckt sich auch auf häusliche Dienste, zu denen Versicherte vom Arbeitgeber herangezogen werden.

3. Versicherungsfrei sind Offiziere und Mannschaften, für welche das Offizierspensionsgesetz von 1906 oder das Mannschaftsversorgungsgesetz von 1906 gilt, desgleichen mit festem Gehalt und Anspruch auf Ruhegeld in staatlichen oder gemeindlichen Betrieben angestellte Beamte (§ 554).

Zweiter Abschnitt. Gegenstand der Versicherung (§§ 555 ff.).

1. Gegenstand der Versicherung ist der Ersatz des Schadens, der durch Körperverletzung oder Tötung entsteht (§ 555).

Hierbei ist zu bemerken, daß die Unfallversicherung erst nach der von der Krankenversicherung ausgefüllten Zeit von **13** Wochen seit dem Unfall, der sog. Karenzzeit, eintritt. Die Fürsorge während dieser Zeit ist aber durch die Versicherungsordnung ebenfalls erhöht (vgl. unter 4).

2. Wie im bisherigen Recht sind Ansprüche ausgeschlossen, wenn der Unfall vorsätzlich herbeigeführt wurde (§ 556). Desgleichen kann der Schadenersatz versagt werden, wenn der Verletzte sich den Unfall bei Begehung eines Verbrechens oder vorsätzlichen Vergehens zugezogen hat (§ 557).

3. Bei Verletzungen sind gemäß § 558 vom Beginn der **14.** Woche nach dem Unfall zu gewähren:

a) Krankenbehandlung, d. h. ärztliche Behandlung und Arzneiversorgung.

b) Für die Dauer der Erwerbsunfähigkeit eine Rente.

Das Gesetz kennt Vollrente und Teilrente. Erstere beträgt während der völligen Erwerbsunfähigkeit des Unfallverletzten zwei Drittel des Jahresarbeitsverdienstes. Bei teilweiser Erwerbsunfähigkeit wird ein entsprechender Teil als Teilrente gewährt.

c) Ist der Verletzte infolge des Unfalls so hilflos, daß er nicht ohne fremde Wartung und Pflege bestehen kann, so kann die Vollrente bis zum vollen Jahresarbeitsverdienst erhöht werden (Hilfenloserente; § 560).

d) Statt Krankenpflege und Rente kann die Genossenschaft freie Kur und Verpflegung in einer Heilanstalt (Heilanstaltspflege) und seinen Angehörigen eine **Angehörigenrente** gewähren (§§ 597, 598).

4. Für die ersten 13 Wochen hilft also dem Unfallverletzten die Krankenversicherung. Ist er nicht gegen Krankheit versichert, hat zunächst der Unternehmer einzustehen (§ 577).

Bei Krankenversicherung sind ihm gemäß § 573 die Regelleistungen der Krankenkasse (§ 179 Krankenhilfe) zu gewähren.

Indessen wird das Krankengeld vom Beginn der fünften Woche nach dem Unfall bis zum Ende der dreizehnten auf mindestens zwei Drittel des maßgebenden Grundlohnes erhöht (**Krankengeldzuschuß**; §§ 573—579).

Diesen Zuschuß trägt die Genossenschaft.

5. Bei **Tötung** erhalten die Hinterbliebenen:

a) Ein **Sterbegeld** in Höhe von einem Fünfzehntel des Jahresarbeitsverdienstes, mindestens 50 *M* (§ 586 Abs. 1).

b) Eine **Rente**, bestehend im Fünftel des Jahresarbeitsverdienstes. Die Witwe bis zur ev. Wiederverheiratung, die Kinder bis zum 15. Lebensjahre (§§ 588 ff.).

Dritter Abschnitt. Träger der Versicherung (§§ 623 ff.).

1. Versicherungsträger sind, wie bisher, grundsätzlich die **Berufsgenossenschaften**, zu denen die Unternehmer der versicherten Betriebe vereinigt sind (§ 623).

2. Unternehmer eines Betriebes ist nach § 633 derjenige, für dessen Rechnung der Betrieb geht.

3. Geht der Betrieb bei Post, Telegraphen, Marine, Heeresverwaltung und bei den Eisenbahnen für Rechnung des Reichs und eines Bundesstaates, so sind diese Träger der Versicherung (§ 624).

Ebenso die Gemeinde und andere öffentliche Körperschaften (§ 628).

4. Die Berufsgenossenschaften sind nach örtlichen Bezirken eingeteilt, welche alle Betriebe der Gewerbszweige darin umfassen, für die sie errichtet sind (§ 630). Vom Bundesrat können besondere Knappschafts-Berufsgenossenschaften genehmigt werden (§ 630 Abs. 2).

5. Neu sind **Zweiganstalten**, welche einzelnen Berufsgenossenschaften angegliedert werden können, z. B. einer Berufsgenossenschaft von Baugewerbtreibenden, wenn ein Unternehmer nicht gewerbsmäßiger Bauarbeiten hierbei Personen beschäftigt (§§ 783 ff.).

6. Jeder Unternehmer, dessen Betrieb zu den der Genossenschaft zugewiesenen Gewerbszweigen gehört, wird kraft Gesetzes mit Errichtung des Betriebes Mitglied der Berufsgenossenschaft (§§ 649, 650). Auch das Reich, Bundesstaaten und Gemeinden sind Mitglieder, soweit nichts anderes vorgeschrieben ist (§§ 624—628).

Vierter Abschnitt. Verfassung der Berufsgenossenschaften (§§ 649 ff.).

1. **Mitgliedschaft.** Die gesetzliche Mitgliedschaft und Stimmberechtigung beginnt mit der Eröffnung des Betriebes, der spätestens nach Umlauf einer Woche beim übergeordneten Versicherungsamt anzuzeigen ist (§ 653).

2. Betriebsverzeichnis. Der Vorstand hat Betriebsverzeichnisse zu führen, in welche die Mitglieder aufzunehmen sind (§§ 657 ff., 654—656). Etwaige Ablehnung kann durch begründeten Bescheid durch Vermittlung des Versicherungsamtes erfolgen.

Gegen die Aufnahme und Ablehnung steht dem Unternehmer Beschwerde beim Oberversicherungsamt zu. Frist ein Monat.

3. Die Zugehörigkeit zur Genossenschaft und Sektion ist in jedem Betriebe durch Aushang bekanntzumachen (§ 651).

4. Änderungen im Betriebe, z. B. Wechsel des Unternehmers, sind dem Vorstand satzungsgemäß anzuzeigen (§§ 664 ff.).

5. **Satzung und Genossenschaftsorgan** (§§ 685 ff.).

a) Die innere Verwaltung und Geschäftsordnung der Berufsgenossenschaft wird durch eine von der Genossenschaftsversammlung beschlossene Satzung geregelt (§ 675).

b) Als Organe fungieren der Vorstand, welcher die Genossenschaft verwaltet und die Genossenschaftsversammlung. Letzterer liegt Wahl der Vorstandsmitglieder, Satzungsänderung usw. ob (§ 686).

In den Vorstand wählbar sind nur Mitglieder der Berufsgenossenschaft (§ 687).

c) Angestellte. Die Dienstverhältnisse der Angestellten sind in den §§ 690 ff. eingehend geregelt. Es ist für ihre Rechtsverhältnisse durch die Genossenschaftsversammlung eine Dienstordnung aufzustellen.

6. **Bildung der Gefahrklassen** (§§ 706 ff.). Die Genossenschaftsversammlung hat für die der Genossenschaft zugehörigen Betriebe durch einen Gefahrtarif Gefahrklassen nach dem Grade der Unfallgefahr zu bilden und danach die Höhe der Beiträge abzustufen (§ 706).

Der Gefahrtarif unterliegt regelmäßigen Nachprüfungen auf der Grundlage der vorgekommenen Unglücksfälle. Seine Aufstellung und Änderungen bedürfen der Genehmigung des Reichsversicherungsamts (§ 709).

7. Teilung und Zusammenlegung der Last. Einerseits kann durch die Satzung bestimmt werden, daß die Sektionen für Unfälle, die in ihren Bezirken auftreten, die Entschädigung bis zu $^3/_4$ tragen (§ 713), andererseits können Genossenschaften vereinbaren, ihre Entschädigungslast ganz oder zum Teil gemeinsam zu tragen.

8. Vermögensverwaltung (§§ 717 ff.).

a) Bei Anlage und Aufbewahrung der Mittel ist eine Mitwirkung des Reichsversicherungsamts gesichert.

b) Die Anlage mindestens der Hälfte des Vermögens hat mündelsicher zu erfolgen (§ 718 Abs. 2).

c) Interessant ist die neue Stützvorschrift für Reichs- und Staatsanleihen: die Berufsgenossenschaften müssen mindestens $1/4$ ihres Vermögens in solchen Anleihen anlegen (§ 718 Abs. 1).

Fünfter Abschnitt. Aufsicht (§§ 722 ff.).

Die Aufsicht über die Genossenschaften führt das Reichsversicherungsamt, ev. ein Landesversicherungsamt.

Sechster Abschnitt. Auszahlung der Entschädigung. Aufbringung der Mittel (§§ 726 ff.).

1. Postauszahlung. Die Genossenschaften zahlen die Entschädigung auf Anweisung des Vorstands durch die Postanstalten des Wohnsitzes des Empfängers aus (§ 726).

Die Post kann von jeder Berufsgenossenschaft Vorschüsse einziehen (§ 728).

Die endgültige Verrechnung mit der Post erfolgt durch das Reichsversicherungsamt (§§ 777 ff.).

2. Aufbringung der Mittel.

a) Die früheren Arten der Aufbringung — das Umlage-, das Kapitaldeckungs-, das Prämienverfahren — sind im wesentlichen beibehalten.

b) Wie bisher werden die Beiträge von den Arbeitgebern allein aufgebracht. Die Berufsgenossenschaften bringen die notwendigen Mittel durch Mitgliedsbeiträge auf (§ 731), die den Bedarf des Geschäftsjahres decken.

c) Die Beiträge werden nach dem Entgelt, den die Versicherten in den Betrieben verdient haben, sowie nach dem Gefahrtarife jährlich umgelegt (§ 732 Abs. 1).

d) Neu errichtete Genossenschaften können die notwendigen Betriebsmittel von ihren Mitgliedern im voraus erheben (§ 737).

e) Rücklagen. Die Berufsgenossenschaften haben Rücklagen anzusammeln (§ 741). Diese werden durch prozentuale Zuschläge zu den Entschädigungsbeiträgen gebildet (vgl. § 742).

Der 7. Abschnitt bringt die schon erwähnten Vorschriften über Zweiganstalten, und zwar für Bauarbeiten (§§ 783 ff.) und für Halten von Reittieren und Fahrzeugen (§§ 836 ff.). In beiden Fällen handelt es sich um die Versicherung von Personen, die in nicht gewerbsmäßigen Betrieben beschäftigt sind.

Der 8. Abschnitt behandelt weitere Einrichtungen, welche die Berufsgenossenschaften unter Aufsicht des Reichsversicherungsamts treffen können, wie Versicherungen gegen die Unternehmerhaftpflicht, Rentenzuschußkassen usw. (vgl. §§ 843 ff.).

Neunter Abschnitt. Unfallverhütung (§§ 848 ff.).

a) Die Berufsgenossenschaften sollen Vorschriften erlassen über Einrichtungen und Anordnungen, welche die Mitglieder zur Verhütung von Unfällen in ihrem Betriebe zu treffen haben, ingleichen über das Verhalten, welches die Versicherten zur Verhütung von Betriebsunfällen zu beobachten haben (§§ 848 ff.).

b) Technische Aufsichtsbeamte sollen für Durchführung der Unfallverhütungsvorschriften angestellt werden (§§ 874 ff.).

Der **10.** Abschnitt (§§ 892 ff.) enthält Vorschriften über Betriebe für Rechnung öffentlicher Verbände. Reich oder Bundesstaat, Gemeinden usw. treten, wenn sie Versicherungsträger sind, an die Stelle der Genossenschaften und die Organspflichten werden besonderen Ausführungsbehörden übertragen.

Elfter Abschnitt. Haftung von Unternehmern und Angestellten (§§ 898 ff.).

1. **Haftung gegenüber Verletzten und Hinterbliebenen.**

a) Den großen, die Unternehmer heute belastenden Verpflichtungen steht ein Äquivalent insofern gegenüber, als alle Schadenersatzansprüche auf die Mitglieder der Berufsgenossenschaft verteilt werden.

b) Das Gesetz hat auch angesichts des Anspruchs der Verletzten gegen die Genossenschaft den unmittelbaren Anspruch gegen die einzelnen Unternehmer beschränkt.

c) In diesem Sinne bestimmt der § 898, daß der Unternehmer Versicherten und deren Hinterbliebenen, auch wenn sie keinen Anspruch auf Rente haben, nach anderen Vorschriften zum Ersatz des Unfallschadens nur dann verpflichtet ist, wenn strafgerichtlich festgestellt worden ist, daß er den Unfall vorsätzlich herbeigeführt hat.

Dann beschränkt sich die Verbindlichkeit des Unternehmers auf den Betrag, um den sie die Entschädigung aus der Unfallversicherung übersteigt.

Das gleiche gilt für Ersatzansprüche Versicherter und ihrer Hinterbliebenen gegen Bevollmächtigte und Repräsentanten des Unternehmers und gegen Aufseher (§ 899).

d) Auch ohne gerichtliches Urteil können Ansprüche geltend gemacht werden, wenn ein solches wegen des Todes des Verpflichteten oder sonstiger Gründe (Abwesenheit) nicht möglich ist (§ 900).

e) Die ordentlichen Gerichte sind an die Entscheidung der Versicherungsorgane gebunden, die darüber befinden, ob ein entschädigungspflichtiger Unfall vorliegt, und in welchem Umfange und von welchem Versicherungsträger die Entschädigung zu gewähren ist (§ 901).

f) Bis zur Entscheidung der Organe wird das Gerichtsverfahren ausgesetzt, mit Ausnahme von Arresten und einstweiligen Verfügungen (§ 901 Abs. 2).

2. **Haftung gegenüber Genossenschaften, Krankenkassen usw.** (§§ 903 ff.).

a) Ein Regreß wegen Unfallsaufwendungen solcher Kassen gegen die Unternehmer ist — im Gegensatz zu den Ansprüchen Versicherter — schon bei strafgerichtlich festgestellter berufsfahrlässiger Herbeiführung des Unfalls gegeben, und zwar nicht nur gegen einzelne Unternehmer, sondern auch gegen juristische Personen (Aktiengesellschaften usw.) bei Fahrlässigkeit der Vorstände (§§ 903 u. 904).

Statt der geleisteten Rente kann der Kapitalwert gefordert werden.

b) Die Vorschrift gilt auch für das Reich, Bundesstaat und öffentlichrechtliche Körperschaften (§ 904 Abs. 2).

c) Eine besondere Verjährungsfrist dieser Regreßansprüche ist auf 18 Monate resp. ein Jahr nach der Rechtskraft des Strafurteils oder der ersten rechtskräftigen Feststellung der Entschädigungspflicht der Genossenschaft spätestens auf fünf Jahre nach dem Unfall festgesetzt (§ 907).

d) Würden übrigens den Versicherten Ansprüche gegen dritte Personen erwachsen, so richten sich diese nach den allgemeinen bürgerlichen Rechtsvorschriften (§§ 823 ff. BGB.).

Doch geht, soweit die Berufsgenossenschaft Ersatz geleistet hat, der Anspruch gegen die Dritten kraft cessio legis auf die Genossenschaft über (§ 1542).

Zwölfter Abschnitt. Strafvorschriften (§§ 908 ff.).

1. Die Befolgung der durch das Gesetz dem Unternehmer auferlegten Pflichten kann vom Genossenschaftsvorstand mit Geldstrafen erzwungen werden (§§ 908, 909).

Als Unternehmer gelten auch die Vorstände, Geschäftsführer usw. der juristischen Personen (§ 912).

2. Eine Beschwerde gegen die Straffestsetzung ist an die Beschlußkammer des Oberversicherungsamts zu richten, welche auch endgültig entscheidet (§ 910).

3. Besonders ist mit Geldstrafe (300 *M*) oder Haft die Anrechnung von Beiträgen auf den Entgelt bedroht (§ 911).

Zweiter Teil. Landwirtschaftliche Unfallversicherung (§§ 915—1045).

Diese umfaßt die in der Land- und Forstwirtschaft und deren Nebenbetrieben beschäftigten Personen.

Auch dieser Teil ist im Gesetz in 12 Abschnitte geteilt, die im wesentlichen denselben Aufbau zeigen wie Teil I.

1. Die bisherige Fürsorge für landwirtschaftliche Arbeiter war bei Betriebsunfällen während der ersten 13 Wochen eine mangelhafte. Durch die neue Ordnung wird dem abgeholfen, indem statt der bisherigen freien ärztlichen Behandlung und Arzneien, welche die Gemeinde nach dem früheren Gesetz zu gewähren hatten, jetzt eine Krankenhilfe nach § 182, also auch Krankengeld für diese erste Zeit gewährt wird (§ 942). — Die Unfallrente setzt auch hier erst mit der 14. Woche ein (§§ 930, 555—562).

An Stelle der Krankenhilfe kann auch Krankenhauspflege mit Hausgeld gewährt werden. Leistungspflichtig ist hierfür während der ersten 13 Wochen nach dem Unfall die Gemeinde des Beschäftigungsorts (§ 942 Abs. 2).

2. Im übrigen sind, was Umfang und Gegenstand der Versicherung anlangt, die Vorschriften der gewerblichen Unfallversicherung maßgebend (vgl. § 930). Träger der Versicherung sind auch hier die Berufsgenossenschaften, welche nach örtlichen Bezirken gebildet werden (§§ 956 ff.).

3. Auf die Genossenschaftsorgane finden im großen und ganzen ebenfalls die Bestimmungen der gewerblichen Unfallversicherung Anwendung. Nur ist das Reichsversicherungsamt nicht berechtigt, an Stelle der Genossenschaften Unfallverhütungsvorschriften zu erlassen und technische Aufsichtsbeamte anzustellen (§ 975).

4. Auch für die Auszahlung der Entschädigung gelten im wesentlichen die Bestimmungen der gewerblichen Unfallversicherung.

5. Aufbringung der Mittel erfolgt auch durch Mitgliederbeiträge (§§ 989 ff.). Bisher wurden die Mittel nach dem Maßstabe des Arbeitsbedarfs oder nach dem Maßstab des Steuerfußes aufgebracht. Nach der RVO. sind auch andere Maßstäbe, z. B. Kulturart, Fläche in Verbindung mit der Grundsteuer, Reinertrag, Ertragswert, zugelassen (§ 1010).

Dritter Teil. Seeunfallversicherung (§§ 1046—1225).

Ebenfalls 12 Abschnitte.

1. Der normale Umfang der Versicherung erstreckt sich hier auf sämtliche im deutschen Schiffsverkehr Angestellten ohne Rücksicht auf die Höhe des Jahresverdienstes (§ 1046).

2. Sie erstreckt sich außer auf den eigentlichen Seedienst auch auf häusliche Dienste der Versicherten und auf Dienstleistungen Versicherter beim Retten oder Bergen von Menschen und Sachen (§ 1057).

3. Erleiden Seeversicherte einen Berufsunfall und haben für die ersten 13 Wochen keinen Anspruch auf irgendwelche Krankenfürsorge, so hat der Unternehmer für diese Zeit Fürsorge zu treffen (§ 1084).

4. Träger der Versicherung ist hier die Seeberufsgenossenschaft (§ 1118) resp. das Reich oder der Bundesstaat, wenn der Betrieb für seine Rechnung geht (§ 1119).

5. Auch hier ist wie bei der Landwirtschaft eine Verbesserung der Lage der Versicherten während der ersten 13 Wochen eingeführt, indem den Verletzten die Gemeinde, in deren Bezirk der Betrieb seinen Sitz hat, Krankenhilfe und Krankengeld zu gewähren hat (§ 1087).

§ 58.

Viertes Buch.

Invaliden- und Hinterbliebenenversicherung (§§ 1226—1500).

Acht Abschnitte.

1. Die bisherige Hinterbliebenen- und Altersversicherung ist im wesentlichen in ihrer alten Gestaltung aufrechterhalten.

2. Neu ist die aus freien Stücken mögliche Zusatzversicherung zur Invalidenversicherung und insbesondere die Hinterbliebenen- d. h. die Witwen- und Waisenversicherung, deren Ursprung auf das Zolltarifgesetz vom 15. Dezember 1902 § 15 (lex Trimborn) zurückgeht.

Erster Abschnitt. Umfang der Versicherung.

I. **Die Versicherungspflicht** (§§ 1226—1242).

a) Es gibt bei der Invalidenversicherung wie bei der Krankenversicherung neben der Pflicht auch eine Versicherungsberechtigung, in der doppelten Form, als Selbstversicherung und Weiterversicherung (§§ 1243, 1244).

b) Die Versicherungspflicht ist ausgedehnt worden.

Versicherungspflichtig sind alle 16 Jahre alten Angestellten ohne Rücksicht auf den Betrieb, und niedere Angestellte ohne Rücksicht auf die Höhe des Lohns. Hierzu zählt auch die Schiffsbesatzung.

Höhere Angestellte, wie Gehilfen und Lehrlinge in Apotheken, Bankbeamte, Bühnen- und Orchestermitglieder, ohne Rücksicht auf den Kunstwert der Leistung, Lehrer und Erzieher, Schiffer sofern sie nicht einen Jahresverdienst von mehr als 2000 *M* haben (§ 1226).

Versicherungsfrei sind die beim Reich, Bundesstaat und bei öffentlichen Behörden Beschäftigten, sofern sie ein der Versicherungsrente gleiches Ruhegeld haben, desgleichen die Lehrer und Erzieher an öffentlichen Schulen (§ 1234).

Desgleichen auch diejenigen, die bereits eine Invalidenrente beziehen (§ 1236).

c) Es ergibt sich mithin doch noch ein engerer Umfang dieser Versicherung gegenüber der Krankenversicherung, insofern sich diese auch auf Personen unter 16 Jahren, auf Personen bis 2500 ℳ Jahreseinkommen und auf Hausgewerbtreibende erstreckt.

Allerdings kann der Bundesrat eine Ausdehnung dieser Invalidenversicherung, insbesondere auf Hausgewerbtreibende, anordnen (§ 1229).

d) Auf Antrag können solche Versicherungspflichtige befreit werden, die während oder nach der Zeit eines Hochschulunterrichts zur Ausbildung für ihren künftigen Beruf beschäftigt werden (§ 1238).

II. **Versicherungsberechtigung** (§§ 1243 ff.).

a) Der freiwillige Eintritt in eine **Selbst**versicherung besteht bis zum 40. Jahre für die höheren Bediensteten (§ 1226 Ziff. 2—5) und Schiffer mit einem Jahresverdienst zwischen 2000—3000 ℳ, desgleichen für Gewerbtreibende und Kleinbetriebsunternehmer mit höchstens zwei Gehilfen sowie für Hausgewerbtreibende (§ 1243).

b) Eine **Weiter**versicherung ist denjenigen gestattet, die aus einem versicherungspflichtigen Verhältnis ausscheiden (§ 1244).

c) **Zusatz**versicherung. Sämtlichen Versicherten ist durch die RVO. die neue Möglichkeit geschaffen, zu jeder Zeit und in beliebiger Anzahl Zusatzmarken in die Quittungskarte zu kleben (vgl. Abschnitt 7 §§ 1472 ff.).

Der Wert der Zusatzmarke beträgt **1 ℳ** und schafft Erhöhung der Invalidenrente. Diese wird für jede Marke um so viel mal 2 ₰ erhöht, als beim Eintritt der Invalidität Jahre seit Verwendung der Zusatzmarke vergangen sind (§ 1473).

III. **Lohnklassen** (§§ 1245 ff.).

a) Für die Versicherten werden wie früher nach der Höhe des Jahresarbeitsverdienstes folgende 5 Klassen gebildet:

Klasse	1	bis	zu	350 ℳ			
„	2	von mehr	als	350	bis	zu	550 ℳ
„	3	„ „	„	550	„	„	850 „
„	4	„ „	„	850	„	„	1150 „
„	5	„ „	„	1150 ℳ.			

b) Für die Zugehörigkeit zu den Lohnklassen ist mangels anderweiter Bestimmung statt des tatsächlichen Jahresverdienstes ein Durchschnittsbetrag maßgebend (§ 1246).

c) Als Jahresarbeitsverdienst gilt zumeist das 300fache des Grundlohns resp. des Ortslohns.

Zweiter Abschnitt. Gegenstand der Versicherung (§§ 1250—1325).

I. **Allgemeines.**

1. Gegenstand der Versicherung sind Invaliden- oder Altersrenten, sowie Renten, Witwengeld und Waisenaussteuer für Hinterbliebene (§ 1250).

2. Anders wie bei Krankheit und Unfall, wo die Berechtigung zur Rente sofort mit der Beschäftigung erwächst, erhält eine Invaliden- oder Altersrente nur der, welcher die Invalidität oder das gesetzliche Alter nachweist, sowie die Wartezeit erfüllt und die Anwartschaft aufrechterhalten hat (§ 1251).

3. Hinterbliebenenfürsorge wird gewährt, wenn der Verstorbene zur Zeit seines Todes die Wartezeit für die Invalidenrente erfüllt und die Anwartschaft aufrechterhalten hat.

Witwengeld und Waisenaussteuer nur, wenn außerdem die Witwe zur Zeit der Fälligkeit der Bezüge selbst die Wartezeit für die Invalidenrente erfüllt und die Anwartschaft aufrechterhalten hat (§ 1252).

II. **Invalidenrente** (§§ 1255, 1256).

1. **Berechtigung.** Diese Rente erhält ohne Rücksicht auf das Lebensalter der infolge von Krankheit oder Gebrechen dauernd invalid gewordene Versicherte. Hier handelt es sich also nicht um Betriebsunfälle.

2. Als invalide gilt, wer nicht mehr imstande ist, $^1/_3$ dessen zu erwerben, was Gleichgestellte verdienen (vgl. § 1255 Abs. 2).

3. Auch nicht dauernd, aber doch wenigstens 26 Wochen hindurch arbeitsunfähig Gewesene erhalten die Rente — Krankenrente (§ 1255 Abs. 3).

4. **Beginn.** Die Rente beginnt mit dem Tage der Invalidität. Kann dieser nicht festgestellt werden, mit dem Tage des Antrags auf Rente beim Versicherungsamt (§ 1256).

5. **Inhalt.**

a) Die einzelne Invalidenrente setzt sich zusammen wie bisher aus einem Reichszuschuß von 50 *M*, einem Grundbetrage von 60 bis 160 *M*, je nach Höhe der geleisteten Beiträge, und einem Steigerungssatze, je nach Zahl der Beiträge, und einer Kinderzuschußrente (§ 1291).

b) Die Berechnungsart der Rente ist zwar neu und vereinfacht (§ 1288), bringt aber gegenüber früher keine sachliche Veränderung.

c) Grundbetrag und Steigerungssatz richten sich wie früher nach den fünf Lohnklassen (§ 1245).

d) Neu ist der Kinderzuschuß. Für Rentenempfänger mit Kindern unter 15 Jahren erhöht sich die Invalidenrente pro Kind um $^1/_{10}$ bis höchstens zum $1^1/_2$fachen Betrage.

6. Wartezeit. Diese dauert für den Versicherten, wenn auf Grund der Versicherungspflicht mindestens 100 Beiträge geleistet sind, 200, anderenfalls 500 Beitragswochen (§ 1278).

7. Erlöschen der Anwartschaft. Eine Anwartschaft erlischt, wenn während zweier Jahre nach dem Ausstellungstag der Quittungskarte weniger als 20 Wochenbeiträge auf Grund der Versicherungspflicht oder der Weiterversicherung entrichtet sind (§ 1280).

Militärdienst-, Krankheits- und Rentenbezugszeiten zählen als Wochenbeiträge (§ 1281).

III. Altersrente.

a) Altersrente erhält der Versicherte vom vollendeten **70.** Lebensjahr an ohne Rücksicht auf Invalidität (§ 1257).

b) Berechnung. Diese besteht nur aus zwei Teilen: Dem Reichszuschuß von je 50 *M* und festen Beträgen von 60, 90, 120, 150, 180 *M* je nach den fünf Lohnklassen (§ 1293).

IV. Bezüge der Hinterbliebenen (§§ 1258 ff.).

a) Die Hinterbliebenenversicherung erstreckt sich auf die Hinterbliebenen der gegen Invalidität Versicherten, welche nach dem Inkrafttreten des Gesetzes sterben.

b) Voraussetzung ist Erfüllung der Wartezeit und Aufrechterhaltung der Anwartschaft seitens des Verstorbenen.

c) Die einzelnen Leistungen bestehen in:
Witwen- bzw. Witwerrenten,
Waisenrenten,
Witwengeld,
Waisenaussteuer.

α. Witwenrente erhält die dauernd oder 26 Wochen hindurch invalide Witwe nach dem Tode ihres versicherten Mannes (§ 1258).

β. Waisenrente erhalten nach dem Tode ihres versicherten Vaters seine ehelichen Kinder unter 15 Jahren und nach dem Tode einer Versicherten ihre vaterlosen Kinder unter 15 Jahren. Als vaterlos gelten auch Uneheliche (§ 1259).

Nach dem Tode einer versicherten Ehefrau eines erwerbsunfähigen Mannes, die durch ihre Arbeit ihre Familie ernährte, steht den Kindern unter 15 Jahren eine Waisenrente, dem Manne eine Witwerrente zu, solange sie bedürftig sind (§ 1260).

γ. Das Witwengeld wird beim Tode des Ehemannes fällig (§ 1264) und beträgt den zwölffachen Monatsbetrag der Witwenrente (§ 1296).

δ. Die Waisenaussteuer wird fällig bei Vollendung des 15. Lebensjahres der Kinder (§ 1264) und beträgt den achtfachen Monatsbetrag der bezogenen Waisenrente (§ 1296).

d) Beitragserstattungen, wie sie früher in Todesfällen vor Eintritt des Versicherungsfalles oder bei Heiraten stattfanden, sind durch die RVO. beseitigt.

V. Heilverfahren (§§ 1269 ff.).

a) Zur Abwendung durch Krankheit drohender Invalidität kann die Versicherungsanstalt ein Heilverfahren einleiten, kann insbesondere Erkrankte in Krankenhäuser und Genesungsheime unterbringen.

b) Unterhaltsberechtigte Angehörige erhalten während dieser Zeit ein Hausgeld (§ 1271).

VI. Sachleistungen statt Renten (§§ 1275 ff.).

Mit Genehmigung der höheren Verwaltungsbehörde können Gemeinden Sachleistungen bis zu $^2/_3$ der Rentenbezüge gewähren.

VII. Wegfall und Entziehung der Renten und Leistungen.

1. Die Witwen- und die Witwerrenten fallen bei Wiederverheiratung weg (§ 1298).

2. Das Witwengeld verfällt außerdem noch, wenn es nicht binnen Jahresfrist seit dem Tode des Ehemannes geltend gemacht wird (§ 1300).

3. Die Waisenrente fällt weg mit Vollendung des 15. Lebensjahres (§ 1299).

4. Eine Entziehung der Invaliden- und Witwenrente erfolgt, wenn der Empfänger nicht mehr invalide ist (§ 1304), desgleichen wenn er sich dem Heilverfahren zur Abhilfe seiner Invalidität entzieht (§§ 1305, 1306).

5. Ein Ruhen der Rente tritt ein neben einer hohen Unfallrente (§ 1311), bei längerer Freiheitsstrafe (§ 1312), bei Aufenthalt im Auslande (§ 1313).

Dritter Abschnitt. Träger der Versicherung (§§ 1326 ff.).

A. Versicherungsanstalten.

B. Sonderanstalten.

I. Äußere Verfassung.

1. Träger der Invaliden- und Hinterbliebenenversicherung bleiben wie bisher die Versicherungsanstalten. Dieselben werden mit Genehmigung des Bundesrats errichtet (§ 1327). In Preußen besteht für jede der 12 Provinzen und für Berlin je eine.

2. Neben den Versicherungsanstalten können durch Beschluß des Bundesrats als Sonderanstalten die früheren „zugelassenen Kasseneinrichtungen", z. B. Eisenbahn- und Knappschaftskassen, Anstalten des Reichs usw., der Seeberufsgenossenschaft, weiterbestehen (§§ 1360 ff.).

II. Innere Verfassung.

Ausschuß. Satzung. Vorstand. Vermögensverwaltung.

1. Die Versicherungsanstalten haben eine Satzung. Mußinhalt derselben: Name der Versicherungsanstalt, Zahl der Arbeitgeber- und Versichertenvertreter im Vorstand usw. (vgl. § 1338).

2. Der Vorstand verwaltet die Anstalt (§ 1342). Er hat die Eigenschaft einer öffentlichen Behörde (§ 1343). Er besteht aus einem oder mehreren Beamten des Gemeindeverbandes oder Bundesstaates, für den die Anstalt errichtet ist. Einer von ihnen wird als Vorsitzender bestellt (§ 1344).

Als nichtbeamtete Mitglieder gehören dem Vorstand Vertreter der Arbeitgeber und Versicherten an (§ 1346).

Die Bureaubeamten sind Staats- oder Gemeindebeamte (§ 1348).

3. Ausschuß. Jede Versicherungsanstalt hat einen je zur Hälfte aus Vertretern der Arbeitgeber und Versicherten, mindestens aus zehn Mitgliedern bestehenden Ausschuß (§§ 1351 ff.).

Dem Ausschuß bleibt vorbehalten die Wahl der nichtbeamteten Vorstandsmitglieder, Festsetzung des Voranschlags, Abnahme der Jahresrechnung, Änderung der Satzung (§ 1353).

4. Vermögensverwaltung (§§ 1356—1358). Ebenso wie die Berufsgenossenschaften müssen auch die Versicherungsanstalten mindestens $1/_4$ ihres Vermögens in Anleihen des Reichs oder der Bundesstaaten anlegen (§ 1356).

Sie müssen die Hälfte des Vermögens mündelsicher anlegen.

Zu größeren Vermögensgeschäften bedarf es der Genehmigung des Reichsversicherungsamts oder des Landesversicherungsamts ev. auch der obersten Verwaltungsbehörden (§§ 1356 Abs. 2, 3, 1357).

Vierter Abschnitt. Aufsicht (§§ 1381, 1382).

Die Aufsicht über die Versicherungsanstalten führt das Reichsversicherungsamt resp. das ev. Landesversicherungsamt über diejenigen Versicherungsanstalten, die nicht über den Bundesstaatsbezirk hinaus gehen.

Fünfter Abschnitt. Auszahlung der Leistungen. Aufbringung der Mittel.

I. **Auszahlung durch die Post.**

Wie bei der Unfallversicherung sind auch hier die Postanstalten des Wohnsitzes des Empfängers Zahlstellen (§ 1383).

II. **Aufbringung der Mittel** (§§ 1387 ff.).

1. Die Mittel für die Versicherung werden gemeinsam vom Reich, den Arbeitgebern und den Versicherten aufgebracht.

2. Das Reich leistet zu jeder Invaliden-, Alters- und Witwenrente einen Jahreszuschuß von 50 *M*.

3. Arbeitgeber und Versicherte zahlen je zur Hälfte in Gestalt von Wochenbeiträgen (§ 1387).

4. Der Bundesrat setzt die Höhe der Wochenbeiträge fest [zunächst bis 1920, sodann für immer 10 Jahre] (§ 1388).

5. Bis auf weiteres werden Wochenbeiträge nach 5 Lohnklassen erhoben (§ 1392):

In Lohnklasse	I	16 ₰
„ „	II	24 „
„ „	III	32 „
„ „	IV	40 „
„ „	V	48 „

Freiwillige Versicherung in höherer Lohnklasse ist gestattet.

Ein Unterschied zwischen männlichen und weiblichen, verheirateten und unverheirateten Versicherten wird für die Beitragshöhe nicht gemacht.

Sechster Abschnitt. Beitragsverfahren.

1. Die Entrichtung der Beiträge geschieht durch Einkleben von Marken in die Quittungskarte des Versicherten (§ 1413).

2. Die Marken mit der Bezeichnung der Lohnklasse und des Geldwertes gibt jede Versicherungsanstalt aus (§ 1411).

3. **Karten.** Eine Karte ist für 52 Beitragswochen bestimmt. Sie enthält Jahr und Tag der Ausstellung. Sie soll binnen zwei Jahren

nach Ausstellung zum Umtausch eingereicht werden (§ 1420). Ist dies versäumt, muß im Streitfall der Versicherte beweisen, daß die Anwartschaft erhalten ist.

4. Die Karten werden bei der Ursprungsanstalt (§ 1418), d. h. derjenigen Versicherungsanstalt gesammelt, in deren Bezirk die erste Karte ausgestellt ist (§ 1423).

5. Die Karte darf bei Vermeidung der Einziehung und Geldstrafe bis 20 *M* (§ 1495) nur die gesetzlich vorgeschriebenen Angaben enthalten, insbesondere nichts über Führung oder Leistungen des Inhabers (§ 1424).

6. Ausgeschlossen ist das Zurückbehaltungsrecht an der Karte, es sei denn von Behörden zwecks Umtausch usw. vorgenommen (§ 1425).

7. Zum Markenkleben verpflichtet ist der den Versicherten eine Woche lang beschäftigende Arbeitgeber. Beschäftigen ihn mehrere während der Woche, zahlt der erste den ganzen Betrag (§ 1426).

Die Versicherten müssen sich die Hälfte des Beitrags von der Lohnzahlung abziehen lassen (§ 1432).

8. Die Marken müssen nach näherer Angabe des Bundesrats bei Strafe entwertet werden (§ 1431).

9. Die Versicherungsanstalten überwachen die rechtzeitige und vollständige Entrichtung der Beträge (§ 1465).

10. Streitigkeiten über die Beitragsleistung entscheidet das Versicherungsamt. Beschwerde an das Oberversicherungsamt (§ 1459).

Siebenter Abschnitt. Freiwillige Zusatzversicherung.

Wie oben bereits ausgeführt, können alle Versicherten zu jeder Zeit beliebig viele Zusatzmarken zu 1 *M* in ihre Karte einkleben. Sie bekommen daraufhin eine jährliche Zusatzrente von so viel mal 2 *ℌ*, als beim Eintritt der Invalidität Jahre seit Verwendung jeder Zusatzmarke vergangen sind (§§ 1472 ff.).

Achter Abschnitt. Schluß- und Strafvorschriften (§§ 1484 ff.).

1. Mit Strafen bedroht sind Arbeitgeber für Nichteinhaltung der ihnen auferlegten Pflichten bezüglich der Anmeldung Versicherungspflichtiger, für unrichtige Eintragungen in die Nachweise, Verwendung unrichtiger Marken sowie für Überhebung und Nichtabführung von Beiträgen (§§ 1487 ff., 1490 ff.).

2. Bei den ersteren Zuwiderhandlungen sind Geldstrafen (bis 500 *M*), bei den letzteren sogar (bei Vorsatz) Gefängnisstrafen vorgesehen (§ 1492).

§ 59.

Fünftes Buch.

Beziehungen der Versicherungsträger zueinander und zu anderen Verpflichteten.

Erster Abschnitt. Die Beziehungen der Versicherungsträger zueinander.

I. Krankenversicherung und Unfallversicherung.

1. Es ist selbstverständlich, daß nach dem Gesetz viele Versicherte gleichzeitig nach den verschiedenen Fürsorgerichtungen hin versichert sind, so insbesondere gegen Krankheit und gegen Betriebsunfälle.

2. Gemäß § 1501 wird nun die Leistungspflicht der Krankenkassen nicht dadurch berührt, daß eine Unfallverpflichtung besteht.

3. Da die Unfallfürsorge mit der 14. Woche einsetzt, läuft von da an eine doppelte Unterstützungspflicht und die Krankenkassen können von den Berufsgenossenschaften einen gesetzlich (§§ 1502—1507) festgelegten Ersatz verlangen.

4. Aus diesem Grunde muß die Krankenkasse jede Krankheit, die ein Betriebsunfall herbeigeführt hat, der Berufsgenossenschaft anzeigen (§ 1512), diese kann alsdann das Heilverfahren übernehmen. Es findet alsdann ein Ausgleich wegen der Krankenleistungen statt (§ 1513).

II. Krankenversicherung und Invaliden- und Hinterbliebenenversicherung (§§ 1518 ff.).

1. Krankheits- und Invaliditätsversicherung treffen ebenfalls fast regelmäßig zusammen.

2. Die Versicherungsanstalt, welche (gemäß § 1269) ein Heilverfahren zwecks Abwehr drohender Invalidität einleitet, kann von der zuständigen Krankenkasse Ersatz verlangen, soweit der Kranke Anspruch hat. Die Versicherungsanstalt kann aber dies Heilverfahren auch der Krankenkasse gegen Ersatzleistung übertragen (§ 1519).

III. Unfallversicherung und Invaliden- und Hinterbliebenenversicherung.

1. Hier handelt es sich um Anspruchskonkurrenz gegen die Berufsgenossenschaften und die Versicherungsämter.

2. Der Versicherte hat jedenfalls sofortigen Anspruch auf Invalidenrente, bis die Unfallrente gewährt wird. Von da ab wird nur der höhere Betrag der Unfallrente gewährt (§ 1522).

3. Im Innenverhältnis trägt die Berufsgenossenschaft den Schadenersatz von ihrer Verpflichtungszeit an.

Zweiter Abschnitt. Beziehungen zu anderen Verpflichteten.

1. Unberührt durch die RVO. bleiben die gesetzlichen Pflichten der Gemeinden, Armenverbände zur Unterstützung Hilfsbedürftiger, sowie andere privatrechtlichen Verpflichtungen zur Fürsorge Versicherter (§ 1527).

2. Ein Ausgleich findet insofern statt, als, wenn eine Gemeinde, ein Armenverband Versicherte unterstützt, von den Trägern der in Frage kommenden Pflicht Ersatz verlangt werden kann (§§ 1531 ff.).

§ 60.

Sechstes Buch.

Verfahren.

Übersicht:

Das 6. Buch zerfällt in 4 Teile, die mit A—D bezeichnet sind.

Teil A behandelt Feststellung der Leistungen und zerfällt in 4 Abschnitte (Feststellung durch den Versicherungsträger, Feststellung im Spruchverfahren, Besondere Arten des Verfahrens, Besondere Vorschriften für die Seeunfallversicherung).

Teil B behandelt „Andere Spruchsachen", d. h. Streitigkeiten außerhalb des Feststellungsverfahrens.

Teil C behandelt in 3 Abschnitten das Beschlußverfahren.

Teil D Kosten und Gebühren.

Inhalt:

A. Feststellung der Leistungen.

Erster Abschnitt. Feststellung durch die Versicherungsträger.

I. **Einleitung des Verfahrens** (§§ 1545 ff.).

Gemäß § 1545 sind die Leistungen aus der Reichsversicherung festzustellen, und zwar

a) in Unfallsachen von Amts wegen,

b) im übrigen auf Antrag.

II. **Krankenversicherung** (§ 1551).

a) In der Krankenversicherung werden wie früher die Anträge auf Leistungen bei der Krankenkasse oder dem sonst Verpflichteten gestellt. Der Versicherungsträger entscheidet zuerst selbst über die Feststellung der Leistungen.

Diese Feststellung ist anfechtbar im Verwaltungsstreitverfahren vor den drei Instanzen der Arbeiterversicherung.

b) Bei Streit entscheidet nämlich heute:

in I. Instanz das Versicherungsamt (§ 1660);

auf Berufung in II. Instanz das Oberversicherungsamt (Spruchkammer — § 1675);
auf Revision in III. Instanz das Reichsversicherungsamt (§§ 1694, 1695).

III. Unfallversicherung (§§ 1552 ff.).

1. **Unfallanzeige.** Jeder Betriebsunternehmer hat bei Strafe (bis 300 ℳ) innerhalb drei Tagen einen Unfall durch den der Tod oder Arbeitsunfähigkeit Versicherter herbeigeführt wird, der Ortspolizeibehörde zu melden.

2. Es erfolgt sodann die polizeiliche Unfalluntersuchung unter Zuziehung der Beteiligten.

3. **Bescheid.** Darauf geht von Amts wegen die Festsetzung der Entschädigung durch den Vorstand der Genossenschaft resp. Sektionsvorstand mittels schriftlichen Bescheides (§§ 1583 ff.).

4. **Rechtsmittel.**

Erste Instanz.

a) **Einspruch.** Gegen den Bescheid des Vorstandes gibt es binnen Monatsfrist Einspruch.

b) **Endbescheid.** Über diesen Einspruch entscheidet nach angestellten Ermittlungen und Anhörung der Beteiligten (§§ 1591—1605), und, nachdem ein Gutachten des Versicherungsamts ergangen ist, der Genossenschafts- oder Sektionsvorstand den Endbescheid (§ 1605). (Hier entscheidet also — anders wie bei der Krankenversicherung [Versicherungsamt] — der Versicherungsträger selbst.)

Zweite Instanz. Berufung.

Gegen den Endbescheid der Berufsgenossenschaft ist innerhalb eines Monats seit Zustellung die Berufung an die Spruchkammer des Oberversicherungsamts gegeben (§ 1675), welche nach mündlicher Verhandlung entscheidet.

Dritte Instanz. Rekurs.

a) Gegen das Urteil der Spruchkammer ist binnen Monatsfrist seit Zustellung Rekurs an das Reichsversicherungsamt resp. Landesversicherungsamt) zulässig (§ 1699), soweit er nicht, wie z. B. bei vorläufigen Renten, ausdrücklich ausgeschlossen ist.

b) **Rekurs** ist ein zwischen Berufung und Revision stehendes Rechtsmittel, welches zwar auch eine Rechtsverletzung voraussetzt, wie die Revision, aber in Annäherung an die Berufung dem Reichsversicherungsamt gestattet, neue Tatsachen festzustellen und zu berücksichtigen (§ 1701).

IV. **Invaliden- u. Hinterbliebenenversicherung** (§§ 1613ff.).

1. Hier hat sich das Verfahren gegen früher nicht wesentlich verändert. Die Hinterbliebenenversicherung wird der Invalidenversicherung gleich behandelt. Die Einheitlichkeit dokumentiert sich ja auch schon äußerlich darin, daß für beide Zwecke nur ein Beitrag erhoben wird.

2. Die Anträge auf Leistungen der Invaliden- und Hinterbliebenenversicherung sind mit den Beweisstücken an das Versicherungsamt zu richten (§ 1613).

3. Nachdem der Vorsitzende des Versicherungsamts die ihm zweckdienlich erscheinende Klarstellung des Sachverhalts veranlaßt hat (§ 1617), findet unter Zuziehung von je einem Vertreter der Arbeitgeber und der Versicherten eine Erörterung in mündlicher Verhandlung statt (§ 1618).

4. Das Versicherungsamt erstattet sodann ein Gutachten. Der Vorsitzende des Versicherungsamts übersendet dasselbe dem Versicherungsträger (§ 1625).

5. **Entscheidung.** Die Feststellung der Leistungen aus der Invaliden- und Hinterbliebenenversicherung erfolgt durch den Vorstand der Versicherungsanstalt durch einen begründeten Bescheid (§§ 1630 ff.).

6. **Rechtsmittel.**

a) **Erste Instanz** ist die Versicherungsanstalt. Deren Bescheid wird rechtskräftig, wenn er nicht binnen einem Monat mit der Berufung angegriffen wird.

b) **Zweite Instanz. Berufung.** Die Berufung geht (Monatsfrist seit Zustellung) an die Spruchkammer des Oberversicherungsamts (§ 1675).

c) **Dritte Instanz. Revision.** Gegen das Urteil der Spruchkammer ist binnen Monatsfrist seit Zustellung die Revision an das Reichsversicherungsamt zulässig (§ 1694).

Dieses Rechtsmittel ist indessen ausgeschlossen, wenn es sich handelt um: Höhe, Beginn und Ende der Rente, Kapitalabfindung, Witwengeld, Waisenaussteuer und die Verfahrenskosten (§ 1696).

Die Revision kann sich auf falsche Rechtsanwendung oder Verfahrensmängel stützen (§ 1697).

V. **Wahrung einheitlicher Rechtsprechung.**

a) Will das Oberversicherungsamt in einem Falle, wo Revision oder Rekurs ausgeschlossen sind (§§ 1695, 1696, 1700) von einer amtlich publizierten, grundsätzlichen Entscheidung des Reichsversicherungsamts (Landesversicherungsamt) abweichen, so hat es diesem die Sache zur Entscheidung abzugeben (§ 1693 Abs. 1).

b) Will ein Senat des Reichsversicherungsamts in einer grundsätzlichen Rechtsfrage von der Entscheidung eines anderen Senates abweichen, so hat er die Sache mit seiner motivierten Rechtsauffassung dem Großen Senate (§ 101) zu überweisen. Das gleiche gilt, wenn ein Senat von der Entscheidung des Großen Senats selbst abweichen will (§ 1717 Abs. 1).

VI. **Wiederaufnahme des Verfahrens** (§§ 1722 ff.).

a) Ein durch rechtskräftiges Urteil abgeschlossenes Verfahren kann wieder aufgenommen werden, und zwar auf Antrag oder von Amts wegen (§ 1729[1]).

b) Die in der RVO. in den §§ 1722, 1723 aufgeführten Gründe — ebenso die Unzulässigkeiten (§§ 1724 ff.) — sind die gleichen, wie sie die ZPO. in den §§ 579, 580 für die Nichtigkeits- und Restitutionsklage aufstellt.

b) Zuständigkeit. Über den Antrag entscheidet die Spruchstelle, deren Urteil angefochten wird (§ 1727).

c) Frist. Der Antrag ist binnen Monatsfrist vom Tage der Kenntnis des Grundes, aber nicht vor Rechtskraft des Urteils zu stellen. Nach Ablauf von 5 Jahren ist er unstatthaft (§ 1728).

VII. Beim Streit mehrerer Versicherungsträger über die Entschädigungspflicht ist dem Berechtigten von dem Träger der Unfallversicherung eine vorläufige Fürsorge zuzuwenden, bis zur Entscheidung des Landesversicherungsamts resp. des Reichsversicherungsamts (§§ 1735 ff.).

VIII. **Seeunfälle.**

Unfälle zur See hat der Schiffsführer in das Tagebuch einzutragen und eine Abschrift davon dem zunächst erreichbaren Seemannsamt zu übergeben (§§ 1746 ff.). Von hier aus geht die Anzeige an das Seemannsamt des Heimathafens (§ 1749). Es findet ebenfalls eine Unfalluntersuchung statt (§§ 1753 ff.).

IX. **Andere Spruchsachen** (B. §§ 1771 ff.).

1. Für Streitigkeiten, die nicht im Feststellungsverfahren, aber dem Gesetz gemäß im Spruchverfahren zu erledigen sind, gelten die Verfahrensvorschriften der §§ 1636—1734 entsprechend (§ 1771).

2. Solche Streitigkeiten entscheidet in erster Instanz der Spruchausschuß des Versicherungsamts.

3. Gegen dessen Urteil ist die Berufung an die Spruchkammer des Oberversicherungsamts zulässig (§ 1776).

4. Gegen die Urteile der Spruchkammern ist die Revision an das Reichsversicherungsamt gegeben (§§ 1777 ff.).

X. Beschlußverfahren (C. §§ 1780 ff.).

1. Soweit das Gesetz nicht das Spruchverfahren vorschreibt, ergehen die Entscheidungen der Versicherungsbehörden im Beschlußverfahren (§ 1780).

2. Das Beschlußverfahren kennt als Rechtsmittel die Beschwerde (§§ 1791 ff.) und die weitere Beschwerde (§§ 1797 ff.).

3. Die Beschwerde gegen Entscheidungen der Versicherungsträger geht mangels anderer Vorschrift in Sachen der Kranken-, Invaliden- und Hinterbliebenenversicherung an das Versicherungsamt und im Sinne der Unfallversicherung an das Oberversicherungsamt (§ 1791).

4. Gegen die Entscheidungen des Versicherungsamts in erster Instanz ist regelmäßig Beschwerde an das Oberversicherungsamt, gegen solche des Oberversicherungsamts in erster Instanz Beschwerde an das Reichsversicherungsamt (bzw. Landesversicherungsamt) gegeben (§§ 1792, 1793).

5. Gegen die auf Beschwerde erlassene Entscheidung des Versicherungsamts (zweite Instanz) geht — soweit nichts anderes vorgeschrieben ist — die weitere Beschwerde an das Oberversicherungsamt; gegen die auf Beschwerde erlassene Entscheidung des Oberversicherungsamts geht die weitere Beschwerde an das Reichsversicherungsamt bzw. Landesversicherungsamt (§ 1797).

XI. Kosten und Gebühren (§§ 1802—1805).

1. Gemäß § 137 sind die vor den Versicherungsträgern und Versicherungsbehörden notwendigen Verhandlungen gebühren- und stempelfrei.

2. Wenn ein Beteiligter indessen durch Mutwillen, Verschleppung usw. besondere Kosten veranlaßt, so können die Versicherungsbehörden sie ihm ganz oder teilweise auferlegen (§ 1802).

3. In Spruchsachen der Krankenversicherung legt das Oberversicherungsamt dem Unterliegenden eine Gebühr auf. Diese schwankt zwischen 1—20 ℳ (§ 1803).

4. Rechtsanwaltsgebühren.

a) Für diese hat eine Kaiserliche Verordnung, welche gemäß § 1804 unter dem 24. Dezember 1912 ergangen ist, Näheres bestimmt.

b) Vereinbarungen über höhere als von der Gebührenordnung vorgesehene Beträge (vor dem Versicherungsamt 3—30 ℳ, vor dem Oberversicherungsamt 3—50 ℳ, vor dem Reichsversicherungsamt 5—100 ℳ) sind nichtig (§ 1805).

§ 61. Die Angestelltenversicherung.

Versicherungsgesetz für Angestellte. Vom 20. Dezember 1911. (RGBl. S. 989 ff.)

I. Zweck und Ziel des Gesetzes.

Seit Jahren bereits waren sowohl bei den zuständigen Behörden wie den beteiligten Kreisen Bestrebungen im Gange, um den Privatbeamten in mittleren Stellungen dieselbe soziale Fürsorge angedeihen zu lassen, wie sie für die niederen Klassen der Arbeitnehmer schon seit Jahrzehnten bestanden.

Diese entweder der Selbstfürsorge oder der humanen Vorsorglichkeit großer Arbeitgeber überlassenen Kategorien von Beschäftigten — der eigentliche deutsche Mittelstand — sah sich und die Seinen beim herannahenden Alter oder eingetretener Arbeitsunfähigkeit nicht selten der größten Not ausgesetzt.

Dem will die nunmehr vom Reich einheitlich durchgeführte, öffentlichrechtliche Angestelltenversicherung abhelfen.

II. Beginn und Aufbau des Gesetzes.

1. Das Gesetz vom 20. Dezember 1911 ist — was die organisatorischen Anordnungen anlangt, sofort in Kraft getreten. Der übrige Wirkungsbeginn wird durch Kaiserliche Verordnung festgesetzt (§ 399).

2. Das Gesetz zerfällt in neun Abschnitte.

III. **Inhalt.**

Erster Abschnitt. Umfang der Versicherung (§§ 1—9).

A. Versicherungs**pflicht.**

1. Gemäß § 1 werden für den Fall der Berufsunfähigkeit, des Alters sowie zugunsten der Hinterbliebenen vom vollendeten **16.** Lebensjahr an versichert: Angestellte in leitender Stellung, Betriebsbeamte, Werkmeister, Bureauangestellte, Handlungs- und Apothekergehilfen, Bühnen- und Orchestermitglieder ohne Rücksicht auf den Kunstwert ihrer Leistungen, Lehrer, Erzieher, Schiffskapitäne deutscher Seefahrzeuge und Offiziere derselben.

2. Voraussetzung der Versicherung ist, daß diese Personen

a) nicht berufsunfähig sind, daß sie
b) gegen Entgelt als Angestellte beschäftigt werden,
c) daß ihr Jahresarbeitsverdienst 5000 ℳ nicht übersteigt,
d) daß sie beim Eintritt in die versicherungspflichtige Beschäftigung noch nicht 60 Jahre alt sind (§ 1 Abs. 3).

3. Vergleich des AVG. mit der RVO.

a) Der eben angezogene § 1 AVG. zeigt eine starke Ähnlichkeit mit dem § 1226 RVO. und es ergibt sich, daß eine große Anzahl Versicherter sowohl in der Invaliden- und Hinterbliebenenversicherung wie in der Angestelltenversicherung zu finden ist, nämlich die höheren Angestellten mit Jahresverdienst bis 2000 ℳ. Die Angestelltenversicherung ist somit eine ergänzende Invalidenversicherung. Die Renten werden auch gesondert gezahlt.

b) Nur in der Angestelltenversicherung zu finden sind die Angestellten mit 2000—5000 ℳ Einkommen.

c) Nur in der Invaliden- und Hinterbliebenenversicherung zu finden sind niedere Angestellte (Arbeiter usw.) ohne Rücksicht auf ihren Verdienst.

d) Gar nicht versichert sind Handlungs-, Apothekenlehrlinge, Schiffsleute mit mehr als 2000 ℳ Verdienst, desgleichen leitende Angestellte mit mehr als 5000 ℳ.

e) Versicherungsfrei sind gemäß § 10 AVG. — ebenso wie von der Invaliden- und Hinterbliebenenversicherung (vgl. §§ 1234 ff.) — die Beamten des Reichs, Bundesstaats, der Gemeinden, Geistliche, Lehrer an öffentlichen Schulen, Ärzte usw.

B. **Freiwillige Versicherung** (§§ 15, 18).

1. Wer aus einer versicherungspflichtigen Beschäftigung ausscheidet und mindestens **6** Beitragsmonate hinter sich hat, kann die Versicherung in der bisherigen Gehaltsklasse freiwillig fortsetzen.

2. Hat der Pflichtige mehr als 120 Beitragsmonate zurückgelegt, kann er sich die bis dahin erworbene Anwartschaft durch eine jährliche Anerkennungsgebühr von 3 ℳ erhalten.

C. **Gehaltsklassen** (§§ 16 ff.).

1. Statt der 5 Klassen der Invaliden- und Hinterbliebenenversicherung sind hier **9** Klassen (A bis I) gebildet.

2. Sie beginnen mit 550 und steigen bis 5000 ℳ.

3. Die Beiträge dafür beginnen mit 1,60 ℳ und steigen bis 26,60 ℳ pro Monat (§ 172).

Zweiter Abschnitt. Gegenstand der Versicherung (§§ 20 ff.).

I. **Allgemeines.**

Gegenstand der Versicherung sind Ruhegeld und Hinterbliebenenrenten (§ 20).

II. **Ruhegeld.**

a) Dies erhält, wer Berufsunfähigkeit oder das gehörige Alter nachweist, zudem die Wartezeit erfüllt und die Anwartschaft aufrechterhalten hat.

1. Berufsunfähig ist der körperlich oder geistig Gebrechliche, dessen Arbeitsfähigkeit auf die Hälfte herabgesunken ist (§ 25).

2. Alter. Hier setzt die Rente bereits mit dem **65.** Lebensjahr ein (statt **70** bei der Invaliden- und Hinterbliebenenversicherung) — § 25.

3. Wartezeit. Verlangt werden 60 Beitragsmonate für Frauen und 120 bei Männern (§ 48).

4. Anwartschaft. Diese erlischt, wenn nach dem Kalenderjahr des ersten Beitragsmonats innerhalb der nächsten 10 Jahre weniger als 8 und später weniger als 4 Beitragsmonate innerhalb Jahresfrist zurückgelegt sind oder die Zahlung der Anerkennungsgebühr unterblieben ist (§ 49).

b) **Betrag.** Das Ruhegeld beträgt nach Ablauf von 120 Beitragsmonaten ein Viertel der entrichteten Beiträge und ein Achtel der übrigen Beiträge (§ 55).

c) **Entziehung** des Ruhegeldes kann durch den Rentenausschuß erfolgen, wenn der Empfänger nicht mehr berufsunfähig ist (§ 68).

d) **Ruhen** der Rente tritt ein neben

1. Renten der Arbeiterversicherung,

2. Gehalt, Lohn oder sonstigem Einkommen aus Beschäftigung, soweit die sämtlichen Bezüge oder Ruhegeld und einer der Bezüge zu 1 und 2 zusammen den Jahresarbeitsverdienst übersteigen, der dem Durchschnitt der 60 höchsten monatlichen Beiträge entspricht (§ 73).

III. **Hinterbliebenenrenten** (§§ 28 ff.).

a) Als solche kennt das Gesetz Witwen- (Witwer-) und Waisenrenten.

1. Erstere erhält die Witwe nach dem Tode ihres Mannes ohne Rücksicht auf eigene Arbeitsfähigkeit.

Sie fällt bei Wiederverheiratung weg (§ 64).

2. Waisenrente erhalten nach dem Tode des versicherten Vaters seine ehelichen Kinder unter 18 Jahren. Nach dem Tode einer Versicherten ihre vaterlosen (auch unehelichen) Kinder unter 18 Jahren.

3. Witwerrente bekommt der arbeitsunfähige Mann nach dem Tode seiner Frau, die Ernährerin der Familie war.

b) **Betrag.** Die Witwen- und Witwerrente beträgt zwei Fünftel des vom Ernährer zur Zeit seines Todes bezogenen Ruhegeldes. Waisenrente ist ein Fünftel (Vollwaisen ein Drittel) der Witwenrente (§ 57).

IV. **Heilverfahren** (§§ 36 ff.).

Zwecks Abkehr der infolge Krankheit drohenden Berufsunfähigkeit kann die Reichsversicherungsanstalt ein Heilverfahren einleiten, insbesondere die Unterbringung des Erkrankten in eine Heilanstalt veranlassen.

V. **Sachleistungen** (§§ 44 ff.).

Die Barbezüge von Ruhegeld- oder Rentenempfängern können ganz oder teilweise für Unterbringung derselben in ein Invaliden- oder Waisenhaus verwendet werden.

Insbesondere können Trunksüchtigen Sachleistungen gewährt werden.

VI. **Erstattung von Beiträgen**

kann hier — anders wie bei der Invaliden- und Hinterbliebenenversicherung — beim Tode oder der Verheiratung einer Versicherten zur Hälfte nach 60 Beitragsmonaten erfolgen (§ 60 ff.).

VII. **Das Verhältnis zu anderen Ansprüchen**

ist in den §§ 81 ff. ähnlich wie bei der Invaliden- und Hinterbliebenenversicherung insofern geregelt, als sowohl die Unterstützungspflicht Hilfsbedürftiger durch Gemeinden und Armenverbände unberührt bleiben, wie andere gesetzliche private Unterhaltspflichten.

Die Empfänge aus diesem Gesetz gelten ferner auch nicht als Armenunterstützung und genießen die prozessualen Vorzüge der Nichtpfändbarkeit (§§ 92 ff.).

Dritter Abschnitt. Träger der Versicherung (§§ 96 ff.).

1. Träger der Versicherung ist die mit Rechtsfähigkeit ausgestattete Reichsversicherungsanstalt für Angestellte zu Berlin.

2. **Organe** der Anstalt sind:

1. Das Direktorium,
2. der Verwaltungsrat,
3. die Rentenausschüsse,
4. die Vertrauensmänner (§ 98).

a) Das **Direktorium** besteht aus dem Präsidenten, beamteten und nichtbeamteten Mitgliedern und vertritt in der Stellung eines gesetzlichen Vertreters die Anstalt gerichtlich und außergerichtlich (§§ 99 ff.).

Die Beamten haben Rechte und Pflichten der Reichsbeamten.

b) Der **Verwaltungsrat** besteht aus dem Präsidenten (Stellvertreter) und mindestens 12 Vertretern der Arbeitgeber und Versicherten (§ 109).

Seine Tätigkeit liegt in der rechnerischen Verwaltung (§ 108).

c) **Rentenausschüsse** sind die Stellen, denen Feststellung und Anweisung der Renten obliegt und und an welche die diesbezüglichen Anträge zu richten sind (§ 122).

Sie sind Organe der Reichsversicherungsanstalt, welche sie nach Bedarf errichtet, und sind öffentliche Behörden.

Sie bestehen aus dem vom Reichskanzler ernannten Vorsitzenden, der die Geschäfte leitet und aus Beisitzern (§§ 129 ff.).

d) Die **Vertrauensmänner**, welche je zur Hälfte von Arbeitgebern und Versicherten gewählt werden (§ 145), wählen ihrerseits die Beisitzer.

Vierter Abschnitt. Schiedsgerichte und Oberschiedsgericht (§§ 156 ff.).

I. Rechtsprechende Behörden höherer Instanz sind die Schiedsgerichte und das Oberschiedsgericht, deren Geschäftsgang durch das Gesetz und Kaiserliche Verordnung geregelt wird.

A. **Schiedsgerichte.**

a) **Errichtung und Zusammensetzung.**

1. Die Schiedsgerichte, deren Zahl und Sitz durch Kaiserliche Verordnung bestimmt wird (§ 158), funktionieren als Spruch- und Beschlußbehörde.

2. Sie bestehen aus dem Vorsitzenden (Stellvertreter) und Beisitzern (§ 159). Letztere, mindestens 12, werden je zur Hälfte von Arbeitgebern und Versicherten gewählt.

B. **Das Oberschiedsgericht** (§§ 162 ff.).

a) **Errichtung und Zusammensetzung.**

1. Das Oberschiedsgericht — mit dem Sitz Berlin — ist oberste Spruch- und Beschlußbehörde. Seine Entscheidungen sind endgültig.

2. Seine Zusammensetzung entspricht der der Schiedsgerichte (§ 164).

II. Die **Aufsicht** über die Schiedsgerichte führt die oberste Verwaltungsbehörde ihres Sitzes, die über das Oberschiedsgericht der Reichskanzler (§§ 166, 169).

Fünfter Abschnitt. Deckung der Leistungen (§§ 170 ff.).

1. Die **Aufbringung der Mittel** geschieht auch hier durch Arbeitgeber und Versicherte je zur Hälfte (durch Monatsbeiträge).

2. Über die 9 Gehaltsklassen (A bis I) und die Höhe der Beiträge (1,60—26,60 M) ist bereits oben gesprochen (vgl. § 172).

3. Zur Verwendung der Beiträge ist der Arbeitgeber verpflichtet, von mehreren im Monat der erste (§§ 176 ff.).

4. Die Arbeitgeber haben die fälligen Beiträge bis zum 15. jeden Monats den Beitragsstellen (§ 186) portofrei einzusenden (§ 181), worüber diese durch Marken quittieren (§ 183), welche von den Arbeitgebern sofort in die Versicherungskarte des Angestellten einzukleben und zu entwerten sind (§ 185).

5. Die Karte, welche Raum für 48 Marken (4 Jahre) enthält (§ 193), soll binen 5 Jahren durch eine neue ersetzt werden (§ 195).

6. Die Reichsversicherungsanstalt überwacht die rechtzeitige und vollständige Entrichtung der Beiträge (§§ 214 ff.).

Sechster Abschnitt. Verfahren (§§ 229 ff.).

I. Verfahren vor den **Rentenausschüssen**.

1. Wie bereits erwähnt, sind Anträge auf Leistungen an den für den Wohnsitz des Versicherten zuständigen Rentenausschuß zu richten unter Beifügung der Beweisstücke.

2. Der Ausschuß stellt auf Grund mündlicher Verhandlung (Vorsitzende, 1 Arbeitgeber, 1 Versicherter, ev. 1 Vertreter der Reichsversicherungsanstalt) die Leistungen fest (§§ 239 ff.).

3. Der Antragsteller hat das Recht, selbst zu erscheinen oder sich durch einen Rechtsanwalt oder zugelassenen Prozeßagenten vertreten zu lassen (§§ 256 ff.).

4. Es hat ein mit Gründen versehener **Bescheid** zu ergehen mit Unterschrift des Vorsitzenden (§§ 250, 262 Abs. 2).

II. Verfahren vor dem Schiedsgericht.

1. Rechtsmittel: Gegen den vorigen Bescheid kann in Monatsfrist seit Zustellung (§ 328) **Berufung** an das Schiedsgericht erfolgen (§ 270).

2. Auch hier hat mündliche Verhandlung statt: Vorsitzender, 2 Arbeitgeber, 2 Versicherte (§ 273).

III. Verfahren vor dem Oberschiedsgericht.

1. Gegen die Urteile der Schiedsgerichte ist **Revision** zulässig (1 Monat), es handle sich denn um Höhe, Beginn, Ende von Ruhegeld und Leibrente, Verfahrenskosten (§§ 281 ff.).

2. Die Revision kann auch hier nur auf Gesetzesverletzung oder wesentliche Verfahrensmängel gestützt werden (§§ 285 ff.).

3. Bei der auf Grund mündlicher Verhandlung ergehenden Entscheidung wirken 7 Personen mit (Vorsitzender, 2 ständige Mitglieder, 2 richterliche Beamte, je 1 Vertreter der Arbeitgeber und Versicherten).

4. Wird das angefochtene Urteil aufgehoben, so entscheidet das Oberschiedsgericht entweder selbst oder weist an das Schiedsgericht zurück (§ 293).

5. Entscheidungen von grundsätzlicher Bedeutung werden veröffentlicht (§ 294).

IV. **Wiederaufnahme des Verfahrens** (§§ 297 ff.).

1. Auch hier kann (wie bei der RVO.) ein rechtskräftig abgeschlossenes Verfahren wieder aufgenommen werden. Die Gründe sind auch hier im wesentlichen die gleichen, wie sie die ZPO. (Buch IV) für die Nichtigkeits- und Restitutionsklage aufstellt.

2. Über den Antrag entscheidet die Stelle, deren Entscheidung angefochten wird (§ 302).

3. Antragsfrist 1 Monat seit Kenntnis des Anfechtungsgrundes [nicht vor Rechtskraft] (§ 303).

4. Einleitung der Wiederaufnahme auch von Amts wegen (§ 304).

V. **Auch eine Anfechtung endgültiger Bescheide**

ist beim Vorliegen der Wiederaufnahmegründe möglich. Die Entscheidung liegt beim Rentenausschuß (§ 310).

VI. **Kosten des Verfahrens**

erwachsen im Prinzip den Beteiligten nicht, nur die durch Mutwillen oder Verschleppung veranlaßten können auferlegt werden (§§ 311, 312).

Siebenter Abschnitt. Auszahlung der Leistungen (§§ 313 ff.).

Wie bei der sonstigen Versicherung wird auch hier durch die **Post** gezahlt. Die Anweisung geht vom Rentenausschuß zunächst an die Rentenversicherungsanstalt. Diese verrechnet mit den Postbehörden.

Achter Abschnitt. Sonstige Vorschriften (§§ 320 ff.).

1. Innere Verwaltungsbestimmungen, insbesondere bez. der Zuständigkeit, gehen von der obersten Verwaltungsbehörde aus.

2. Auch hier ist allen öffentlichen Behörden die Pflicht der **Rechtshilfe** auferlegt (§ 322).

3. Strafen bedrohen die Arbeitgeber für falsche Aufstellungen, Nachweisungen, Zurückhaltung der Renten usw. (§§ 339 ff.).

Neunter Abschnitt. Schluß- u. Übergangsbestimmungen (§§ 364 ff.).

I. **Die Kosten**

der ersten Einrichtung werden von der Reichshauptkasse vorgeschossen.

II. **Private Pensionseinrichtungen. Zuschuß-Ersatzkassen.**

1. Bei der Errichtung dieser Versicherung mußte der Gesetzgeber Rücksicht nehmen auf die bereits in vielen Großbetrieben bestehenden Fürsorgeeinrichtungen zugunsten der Angestellten und Arbeiter. Hatten diese doch nicht selten durch auch ihrerseits geleistete Beiträge sich ein Anrecht auf Ruhegeld erworben.

2. Der Gesetzgeber hat nun ein Ineinandergreifen des Neuen mit Altem durch Schaffung von Zuschuß- und Ersatzkassen erstrebt.

A. **Zuschußkassen** (§§ 365 ff.).

1. Hier handelt es sich um bestehende Fabrik-, Betriebs-, Haus-, Seemannskassen u. a. Sind diese Kassen nur für Angestellte errichtet, welche der neuen Versicherung unterliegen, oder wird das diesbezügliche Vermögen aus der Gesamtkasse ausgesondert, so können diese Kassen die Beiträge an die öffentliche Versicherung aus ihren Mitteln entrichten und können dann die Ruhegeld- und Hinterbliebenenbezüge auf die ihrerseits zu leistenden Unterstützungen anrechnen (§ 365).

2. Die Reichsversicherungsanstalt überweist die nach dem Gesetz ev. in dem gesetzlichen Verfahren festgestellten Bezüge fortlaufend der beteiligten Kasse, ev. durch die Post unmittelbar an den Berechtigten.

3. Die genannten Privatkassen können auch die bisherigen statutarischen Leistungen gegen Einzahlung des Deckungskapitals auf die Reichsversicherungsanstalt übertragen (§ 367).

B. **Ersatzkassen** (§§ 372 ff.).

1. Die vorher behandelten Privatkassen können auch auf Antrag durch Bestimmung des Bundesrats als *Ersatzkassen*, d. h. an Stelle der Reichsversicherungsanstalt zugelassen werden.

2. Voraussetzung dafür ist zunächst, daß die Einrichtungen schon vor dem 5. Dezember 1911 bestanden haben und bei Stellung des Antrags rechtsfähig sind. Neuerrichtung von Ersatzkassen ist ausgeschlossen.

3. Weitere Voraussetzungen, daß:

a) sämtliche Versicherungspflichtige der betreffenden Unternehmung der Ersatzkasse angehören,

b) die Ersatzkassen Leistungen gewähren, die den reichsgesetzlichen mindestens gleichwertig und in dieser Höhe gewährleistet sind (§ 375).

4. Die Beiträge der Arbeitgeber müssen mindestens den reichsgesetzlichen gleichkommen (§ 377).

5. Eine Mitwirkung der Versicherten bei der Kassenverwaltung ist notwendig wie beim Gesetz.

6. Als Rechtsmittel stehen Berufung und Revision an die Schiedsgerichte und das Oberschiedsgericht offen (§ 378).

7. Die Beteiligung bei einer zugelassenen Ersatzkasse gilt der Versicherung bei der Reichsversicherungsanstalt gleich (§ 373), so daß bei ev. Austritt die nach Inkrafttreten des Gesetzes bei der Ersatzkasse zurückgelegte Beitragszeit von der Reichsversicherungsanstalt gerechnet wird (§ 380).

III. **Öffentlichrechtliche Pensionskasse** (§§ 387 ff.).

1. Wie auf die bereits bestehenden privaten, so mußte das Gesetz auch auf die öffentlichrechtlichen Unterstützungs- und Pensionskassen Rücksicht nehmen.

Als solche kommen für Bergleute die Knappschaftskassen in Betracht (Preußische Knappschaftsnovelle von 1906).

2. In entsprechender Anwendung der für die Privatkassen getroffenen Anordnungen können auch die Knappschaftsvereine und -kassen, desgleichen andere öffentlichrechtliche Pensionseinrichtungen, sowohl als Zuschuß- wie als Ersatzkassen zugelassen werden.

3. Auch Gemeinden und sonstige öffentlichrechtliche Körperschaften sind berechtigt, auf die von ihnen gewährten Ruhegeld- oder Hinterbliebenenbezüge die Leistungen dieses Gesetzes anzurechnen (§ 389 Abs. 2).

IV. **Versicherungsverträge mit Lebensversicherungsunternehmungen** (§§ 390 ff.).

1. Endlich hatte das Gesetz auch darauf Rücksicht zu nehmen, daß viele der jetzt versicherungspflichtigen Angestellten mit Rücksicht auf Alter und Arbeitsunfähigkeit entweder mit Hilfe ihrer Arbeitgeber oder allein aus eigenen Mitteln Versicherungen abgeschlossen hatten.

Einerseits war diesen Angestellten eine nunmehr doppelte Beitragspflicht, andererseits nicht der Verlust der gezahlten Prämien zuzumuten.

2. Das Gesetz gestattet daher für die vor dem 5. Dezember 1911 Versicherten auf ihren Antrag *Befreiung* von der Beitragsleistung, wenn ihre Zahlungen und Bezüge den gesetzlichen Abmessungen entsprechen (§ 390).

3. Die Arbeitgeber haben in solchen Fällen den auf sie entfallenden Beitragsanteil an die Reichsversicherungsanstalt abzuführen. Dem

Versicherten werden dafür die halben Leistungen des Gesetzes gewährt. Eventuelle Mitzahlungen zu der Privatversicherung seiner Angestellten kann er von den Beiträgen an die Reichsversicherungsanstalt abziehen (§ 392).

V. **Freiwillige Versicherung** (§ 394).

Die Reichsversicherungsanstalt kann im ersten Jahre nach dem Inkrafttreten des Gesetzes Angestellten mit einem Jahreseinkommen von 5000—10 000 *M* auf Antrag gestatten, sich nach den Vorschriften dieses Gesetzes über die freiwillige Versicherung (vgl. § 15) selbst zu versichern, wenn sie den Nachweis führen, daß sie in den letzten vier Jahren mindestens in 30 Kalendermonaten versicherungspflichtig beschäftigt waren.

Das gleiche Recht haben Arbeitgeber mit höchstens drei versicherungspflichtig Beschäftigten (§ 394 Abs. 2).

VI. **Abkürzung der Wartezeit** (§§ 395—398).

1. Mit Rücksicht auf die im § 48 aufgestellte erhebliche Wartezeit (120 bzw. 60 Beitragsmonate) kann die Reichsversicherungsanstalt Angestellten — nach vorheriger ärztlicher Untersuchung — gestatten, durch Einzahlung entsprechender Prämien die Wartezeit zum Bezuge der Leistungen dieses Gesetzes abzukürzen.

2. Der § 396 kürzt für die ersten 10 Jahre nach Inkrafttreten des Gesetzes bez. der Hinterbliebenenrenten die Wartezeit von 120 auf 60 Beitragsmonate.

3. Denjenigen Angestellten, welchen die Abkürzung der Wartezeit (Ziff. 1) nicht gestattet wird und die 55 Jahre alt sind, wird auf Antrag Befreiung von der Versicherungspflicht gewährt (§ 397).

4. **Beitragserstattung.** Schließlich steht, wenn der Versicherungsfall innerhalb der ersten 15 Jahre nach Inkrafttreten des Gesetzes eintritt, ohne daß ein Anspruch auf die gesetzlichen Leistungen erhoben werden kann (mangels Erfüllung der Wartezeit), der Witwe oder dem Witwer oder den Kindern unter 18 Jahren ein **Anspruch auf Erstattung** der Hälfte (bei freiwilliger Versicherung $^3/_4$) der für den Verstorbenen eingezahlten Beiträge zu. Allerdings verfällt der Anspruch mit Nichtgeltendmachung innerhalb Jahresfrist (§ 398).

§ 62. Schutz der Gesundheit.

1. **Reichsimpfgesetz** vom 8. April 1874.

Alle Kinder müssen vor Ablauf des auf das Geburtsjahr folgenden Lebensjahres, alle Schüler im 12. Lebensjahre geimpft werden, soweit sie nicht die natürlichen Blattern überstanden haben. Bleibt die Impfung erfolglos, so ist sie im folgenden bzw. im dritten Jahre nochmals zu wiederholen. Zur Impfung sind nur Ärzte und Wundärzte befugt.

2. Reichsgesetz vom 14. Mai 1879, betr. den Verkehr mit **Nahrungsmitteln**, Genußmitteln und Verbrauchsgegenständen, und ergänzendes Gesetz vom 29. Juni 1887.

Der Verkehr mit Nahrungs- und Genußmitteln sowie mit Spielwaren, Tapeten, Farben, Eß-, Trink- und Kochgeschirr und mit Petroleum unterliegt der Beaufsichtigung der Polizei, welche befugt ist, den Verkehr mit diesen Gegenständen, insbesondere ihre Herstellung, Aufbewahrung und Feilhaltung zu regeln. Im Falle rechtskräftiger strafgerichtlicher Verurteilung fallen dem Verurteilten neben den gerichtlichen Kosten auch die der polizeilichen Untersuchung der Gefäße usw. zur Last.

3. Reichsgesetz vom 25. Juni 1887, abgeändert 1888, durch welches festgestellt, ist in welchem Maße Blei und Zink bei Herstellung von **Eß-, Trink- und Kochgeschirr**, sowie bei Flüssigkeitsmaßen verwendet werden dürfen.

4. Reichsgesetz vom 5. Juli 1887, welches die Verwendung von gesundheitsschädlichen **Farben** bei Herstellung von Nahrungs- und Genußmitteln, welche zum Verkaufe bestimmt sind, verbietet und zugleich feststellt, welche Farben als gesundheitsschädlich anzusehen sind.

5. **Internationale Übereinkunft** vom 3. Dezember 1903, betr. Maßregeln gegen Pest, Cholera und Gelbfieber, zwischen dem Deutschen Reiche und der Mehrzahl der Staaten des europäischen Kontinents zum Schutze der öffentlichen Gesundheit in Zeiten des epidemischen Auftretens genannter Krankheiten.

6. Reichsgesetz vom 27. Januar 1890, welches den Verkehr mit **Arzneimitteln** regelt.

7. Aus dem Bereiche der Lebensmittelpolizei:

a) Das sog. **Margarinegesetz** vom 15. Juni 1897, betr. den Verkehr mit Butter, Käse, Schmalz und deren Ersatzmitteln.

b) Das Gesetz, betr. den Verkehr mit **Wein**, weinhaltigen und weinähnlichen Getränken, vom 7. April 1909.

c) Das sog. **Süßstoffgesetz** vom 7. Juli 1902, betr. den Verkehr mit künstlichen Süßstoffen.

8. Das Gesetz, betr. die Bekämpfung **gemeingefährlicher Krankheiten**, vom 20. Juni 1900 (Reichsseuchengesetz).

Auf dem Gebiete des **Veterinärwesens** sind folgende Gesetze ergangen:

1. Das Gesetz, betr. die Maßregeln gegen die **Rinderpest**, vom 7. April 1869 und ein Gesetz, betr. Zuwiderhandlungen gegen

die zur Abwehr der Rinderpest erlassenen Vieheinfuhrverbote, vom 21. Mai 1878.

2. Gesetz, betr. die Beseitigung von Ansteckungsstoffen bei Viehbeförderungen auf Eisenbahnen, vom 25. Februar 1876.

3. Gesetz, betr. Abwehr und Unterdrückung von **Viehseuchen**, vom 26. Juni 1909.

4. Das Gesetz, betr. die **Schlachtvieh- und Fleischbeschau**, vom 3. Juni 1900.

Schutz des Weinbaues.

Zur Abwehr der die Weinberge verheerenden Reblaus sind durch die Gesetze vom 27. Februar 1878 und 23. März 1885 die erforderlichen Maßregeln vorgesehen. Außerdem ist unter dem 3. November 1881 (RGBl. 1882, 125) zwischen dem Deutschen Reiche, Österreich-Ungarn, Frankreich, Portugal und der Schweiz eine Konvention abgeschlossen worden, welcher später auch Belgien, Luxemburg, die Niederlande und Serbien beigetreten sind.

Das Reichsgesetz vom 3. Juli 1883 trifft die zur Ausführung dieser internationalen Konvention erforderlichen Maßnahmen.

Insbesondere sind zur Sicherung der Kontrolle in den Weinbaugebieten des Reiches alle Gemarkungen (Ortsfluren), in welchen Weinbau getrieben wird, bestimmten Weinbaubezirken zugeteilt.

Die Versendung und Einführung bewurzelter Reben in einen anderen Weinbaubezirk ist untersagt, innerhalb desselben Weinbaubezirkes aber nur mit Einschränkung gestattet.

§ 63. Urheberrecht.

1. **Begriff.** Unter „geistigem Eigentum" hat man alle diejenigen Erzeugnisse des menschlichen Geistes, der menschlichen Arbeit zu verstehen, die dem Gebrauch nicht durch ihren Stoff, sondern durch ihre Form dienen.

2. **Inhalt des Urheberrechts.** Das Recht des geistigen Eigentums — Urheberrecht —, dessen Inhalt die ausschließliche Befugnis zur Veröffentlichung, Vervielfältigung und gewerblichen Verwertung der Geistesprodukte ausmacht, besteht nur an solchen Erzeugnissen, bezüglich deren das positive Recht dem ersten Urheber die ausschließliche Verwertungsbefugnis vorbehält. „Urheberrecht ist das ausschließliche Recht des Schöpfers eines Geisteswerkes, über dessen Veröffentlichung und Wiedergabe zu verfügen" (Gierke); „das sog. Urheberrecht besteht in dem an alle Personen gerichteten Verbot, fremde Geistesarbeit gewerblich auszubeuten" (Laband).

3. **Urheber** ist derjenige, dessen geistige Tätigkeit ein Werk hervorgebracht hat. Die bloße Reproduktion der Gedanken anderer ist nicht Urheberschaft. Indessen verlangt dieser Begriff doch nicht eine absolute Neuschöpfung; auch die Bearbeitung fremder Werke, das Schaffen eines neuen Ganzen aus Bruchteilen fremder Werke (Sammlung, Kompilation) ist Urheberschaft. (Über die Urheberschaft infolge Bearbeitung für Grammophone usw. — Novelle 1910 — vgl. unten.)

4. Der dem geistigen Erzeugnis zugrunde liegende Gedanke kann der Wissenschaft, der Kunst, der Technik zugehören.

5. Ihren Ausdruck können die Schöpfungen des Urhebers finden in Schriftzeichen, Tönen, Vortrag, Vorlagen zwecks Nachbildung. Hierauf beruht die Einteilung der Urheberrechte: „Literarisches Urheberrecht" an Werken der Literatur und Tonkunst, an Photographien, an Geschmacks-, Gebrauchsmustern.

6. **Doppelte Richtung des Urheberschutzes.** Der Urheber ist nach einer doppelten Richtung geschützt. Einmal in einem Persönlichkeitsrecht, insofern es seinen persönlichen Interessen entspricht, daß das Produkt seines Geistes nur mit seinem freien Willen und nur in der von ihm gewünschten Gestaltung vor die Öffentlichkeit tritt. Das andere Mal in seinen Vermögensinteressen, insofern als ihm die materielle Ausbeutung seiner Arbeit ausschließlich gewährleistet ist.

7. **Theorien über die juristische Konstruktion des Urheberrechts.**

a) In Anknüpfung an den früheren Privilegienschutz gegen Nachdruck geht eine — veraltete — Auffassung dahin, daß es ein subjektives Recht des Urhebers überhaupt nicht gebe. Derselbe genieße nur wegen der Strafbarkeit des Nachdrucks einen Schutz gegen Ausbeutung.

b) Andere, ebenfalls an die Druckerprivilegien anknüpfende Theorien fassen das Urheberrecht als ein reines Vermögensrecht auf; im einzelnen als ein „Verbietungsrecht", als ein „absolutes Vermögensrecht ohne sachliche Grundlage", als ein „Monopolrecht, d. h. ausschließliches Gewerberecht".

Hierher gehört auch die Theorie des „geistigen Eigentums", welche das Urheberrecht an einer Geistesschöpfung, die sich in einem Manuskript usw. verkörpert, gleichstellt der Eigentumsmacht über körperliche Sachen.

c) Von anderer Seite wird das Urheberrecht den Persönlichkeitsrechten zugezählt.

d) Zweifellos zeigt sich im Urheberrecht ein Gemisch von personenrechtlichen und sachenrechtlichen Elementen, und so dürfte es angezeigt sein, von einer einseitigen Einreihung abzusehen und es als ein Recht besonderer Art anzusprechen.

8. Verschieden vom geistigen Eigentum des Urhebers ist das Sacheigentum an den einzelnen Erzeugnissen, z. B. den Buchexemplaren, denn das Urheberrecht knüpft sich an die Geistesschöpfung an, nicht an das äußerliche Gewand derselben.

9. Kohler — das Autorrecht — verwirft den im preuß. Gesetz von 1837 und RV. Art. 4 Ziff. 6 gebrauchten Ausdruck „geistiges Eigentum" und setzt dafür „**immaterielles Güterrecht**".

10. Dem Immaterialgüterrecht ist eine Verwandtschaft mit dem Individualrecht nicht abzusprechen, indessen wäre es falsch, sie völlig zu identifizieren (vgl. Kohler S. 152 und RGZ. 18, 10 ff.).

Geschichtliche Entwicklung des Urheberrechts.

In Rom und im germanischen Rechtsleben kannte man noch keinen Schutz für Schöpfer geistiger Produkte.

Erst seit der Erfindung des Buchdrucks nimmt er seinen Ausgang mit dem nunmehr für notwendig befundenen Verbot des Nachdrucks.

Ursprünglich äußert sich dieser Schutz in „**Privilegien**", und zwar für den Hauptkünstler — den Drucker. Bekannt ist ein solches Privileg der Republik Venedig (1486) an Sabellus für eine Geschichte Venedigs. Kaiserliche und bischöfliche Privilegien in Deutschland folgten alsbald. So z. B. das Privileg Kaiser Karls V. für den Druck der Carolina 1532 an Ivo Schöffer zu Mainz.[1]

Schließlich waren es seit dem 18. Jahrhundert Landesgesetze, welche allgemein Schutz vor Nachdruck gewährten, und auch den Autor selbst, nicht mehr den Drucker schützten.

Im Deutschen Bunde (Art. 18 der Bundesakte vom 8. Juni 1815) kamen auf Grund der einen Schutz verheißenden Bundesakte mehrere Beschlüsse und auch Landesgesetze zustande, so vornehmlich das preuß. Gesetz vom 11. Juni 1837.

Nunmehr hat das **Reich** den Schutz des geistigen Eigentums nach seinen verschiedenen Richtungen hin, sowie der Erfindungspatente im Art. 4 der RV. seiner Kompetenz unterstellt, und es sind daraufhin folgende Gesetze ergangen:

1. Bezüglich des **literarischen Urheberrechts** das Reichsgesetz vom 19. Juni 1901, betr. das Urheberrecht an Werken der Literatur und der Tonkunst, welches — am 1. Januar 1902 in Kraft getreten — das frühere Gesetz vom 11. Juni 1870 im wesentlichen außer Kraft setzt. Ergänzung durch Art. I des Gesetzes vom 22. Mai 1910, betr. Ausführung der Berner Übereinkunft.

---

[1] Vgl. Kohlers Ausgabe der PGO. Karls V., 1900 S. 2.

2. Von demselben Tage — 19. Juni 1901 — ist das Gesetz über das **Verlagsrecht**, welches diese Materie zum erstenmal reichsrechtlich regelt.

3. Bezüglich des Urheberrechts an Werken der **bildenden Künste** und der **Photographie** das Gesetz vom 9. Januar 1907 (sog. Kunstschutzgesetz).

4. Bezüglich **gewerblichen Urheberrechts**:

a) Urheberrecht an **Mustern und Modellen** (inkl. Geschmacksmuster), Gesetz vom 11. Januar 1876,

b) Schutz von **Gebrauchsmustern**, Gesetz vom 1. Juni 1891,

c) Schutz der **Warenbezeichnungen** (**Marken**) vom 12. Mai 1894.

5. Schutz des **Erfinders**: Reichspatentgesetz vom 7. April 1891.

6. Schließlich sei hier aufgeführt das Gesetz zur **Bekämpfung des unlauteren Wettbewerbs** vom 7. Juni 1909 (in Kraft vom 10. Oktober 1909).

§ 64. Literarisches Urheberrecht.

Das Gesetz zerfällt in 5 Abschnitte.

I. **Voraussetzungen des Schutzes** (Abschn. I §§ 1—10).

a) **Geschützt** sind durch das Gesetz § 1:

1. Die Urheber von **Schriftwerken** und solchen **Vorträgen** oder **Reden**, welche dem Zweck der Erbauung, der Belehrung oder der Unterhaltung dienen (Predigten, Universitätsvorlesungen, Tischreden). Andere Vorträge und Reden (Wahlreden) sind nur als Schriftwerke geschützt. Geschützt sind solche Schriftwerke aber auch, wenn sie einen strafbaren (beleidigenden, unsittlichen) Inhalt haben.

2. Die Urheber von Werken der **Tonkunst**.

3. Die Urheber von solchen Abbildungen wissenschaftlicher oder technischer Art, welche nicht ihrem Hauptzwecke nach als Kunstwerke zu betrachten sind.

4. Der § 1 hat durch das Ergänzungsgesetz vom 22. Mai 1910 einen zweiten Absatz des Inhalts erhalten, daß choreographische und pantomimische Werke auch dann wie Schriftwerke geschützt werden, wenn der Bühnenvorgang auf andere Weise als schriftlich (Libretto) festgelegt ist (z. B. kinematographische u. dgl.).

b) **Nicht geschützt** sind demnach:

1. Wiedergabe, Zusammenstellung öffentlicher Anzeigen, Kataloge, Theaterzettel, Wetterberichte, sofern darin nicht eine individuelle geistige Schöpfung enthalten ist (vgl. RGZ. 66, 227 und JW. 1909, 341).

2. Die princeps editio von aufgefundenen Inschriften, Handschriften.

3. Titel von Werken (vgl. aber § 16 UnlWG.).

4. Briefe, Tagebücher, die sich nach Form und Inhalt nur auf Wiedergabe von Tatsachen beschränken.

Man streitet, ob unbefugte Wiedergabe privater Briefe eine Verletzung des Persönlichkeitsrechts bedeute[1] und zum Schadenersatz verpflichte (BGB. § 823 „sonstiges Recht").

Gegen die Annahme eines Persönlichkeitsrechts an eigenen Briefen: RGZ. 69, 403.

Zu den Abbildungen gehören heute auch plastische Darstellungen.

c) Als Urheber gilt der Verfasser, der Übersetzer, bei Bearbeitungen der Bearbeiter (§ 2).

Auch bezüglich der Urheberschaft bringt das Gesetz von 1910 eine wichtige Ergänzung (Abs. 2 zum § 2) dahin, daß der, welcher Werke der Literatur und Tonkunst durch einen persönlichen Vortrag auf Vorrichtungen für Instrumente überträgt, die der mechanischen Wiedergabe für das Gehör dienen (Grammophone u. dgl.), sowie der, der eine solche Übertragung durch Lochen, Stanzen, Anordnung von Stiften oder ähnliche Tätigkeit bewirkt, sofern es sich um eine künstlerische Leistung handelt, als Bearbeiter und somit als Urheber gilt.

d) Auch juristische Personen des öffentlichen Rechts (Akademie, Universität) werden als Urheber angesehen, wenn sie ein Werk **herausgeben**, ohne daß auf dem Titelblatt ein Verfasser angegeben ist (§ 3).

e) Bei Sammelwerken (Lexiken) gilt der **Herausgeber** als Urheber (§ 4). Dies (c u. d) sind die beiden Ausnahmefälle, in denen der Herausgeber als Urheber gilt.

Ist auf dem Sammelwerk der Herausgeber nicht genannt, so gilt der Verleger als Herausgeber (§ 4 Satz 2).

f) Mehrere gemeinschaftliche Verfasser bilden eine Urhebergemeinschaft nach Bruchteilen im Sinne des BGB.

g) Für den auf dem Titelblatt usw. genannten Verfasser besteht, wenn das Werk erschienen d. h. im Handel ist, eine **Vermutung** der Urheberschaft (§ 7).

h) Die Urheberrechte gehen **auf die Erben** über, aber nicht wenn Fiskus oder andere juristische Personen gesetzliche Erben sind. In diesem Falle erlöschen sie (§ 8 Abs. 1 u. 2).

---

[1] Vgl. Kohler, DJZ. 1906 S. 51.

i) Im übrigen ist das Urheberrecht **übertragbar.** Zessionare des Urheberrechts haben kein Änderungsrecht am Werk (§ 8 Abs. 3, § 9).

k) Das Urheberrecht ist der **Zwangsvollstreckung entzogen,** d. h. Gläubiger eines Autors können dessen selbst druckfertiges Werk nicht pfänden, um es zu veröffentlichen. Die Einwilligung kann nicht durch den gesetzlichen Vertreter erteilt werden. Gegen den Erben ist ohne seine Einwilligung die Zwangsvollstreckung nur zulässig, wenn das Werk erschienen ist (§ 10).

l) Aus dieser Beschränkung der Zwangsvollstreckung ist bezüglich der Rechtsnatur des Urheberrechts die Folgerung zu ziehen, daß es kein reines Vermögensrecht ist. Es soll vielmehr auch die Persönlichkeit des Autors gegen willkürliche Veröffentlichung seiner geistigen Schöpfungen gesichert sein.

II. **Befugnisse des Urhebers** (Abschn. II §§ 11—28).

a) Der Urheber hat die ausschließliche Befugnis, das Werk zu vervielfältigen und gewerbsmäßig zu verbreiten, noch nicht erschienene Werke öffentlich vorzutragen; bei Bühnenwerken oder Werken der Tonkunst sie öffentlich aufzuführen (§ 11).

b) Auch auf die Übersetzung in andere Sprachen oder Dialekte, auf die Wiedergabe einer Erzählung in dramatischer Form oder umgekehrt, auf Herstellung von Auszügen bei Werken der Tonkunst erstreckt sich das Urheberrecht (§ 12).

Diesem Paragraph ist als wichtigste Neuerung durch die Novelle von 1910 (Ziff. 5 u. 6) die Ausdehnung des Schutzes von Werken der Literatur und Tonkunst gegen Wiedergabe durch **mechanische Musikinstrumente** hinzugefügt. Als solche sind genannt auswechselbare Scheiben, Platten, Walzen, Bänder.

Die Ziff. 6 verbietet die Benutzung eines Schriftwerkes zu einer bildlichen Darstellung, welche das Originalwerk seinem Inhalte nach im Wege der Kinematographie (oder ähnlichem Verfahren) wiedergibt.

c) Das Urheberrecht ist übertragbar. Dem Zessionar stehen aber ohne besondere Abrede nicht die sämtlichen Befugnisse des Urhebers zu; so verbleiben diesem das Übersetzungsrecht und das Recht auf Dramatisierung.

d) Durch das neue Gesetz ist **jede Vervielfältigung,** gleichviel durch welches Verfahren sie bewirkt wird, **verboten.** Auch die einzelne Abschrift ist unzulässig.

e) Statthaft ist nur die Vervielfältigung zum persönlichen Gebrauch, wenn damit nicht ein Einnahmezweck verbunden ist.

f) Gegenüber diesen ausschließlichen Rechten des Urhebers stellt das Gesetz (§§ 16ff.) eine ganze Reihe von **„Zulässigkeiten"** auf:

α. So ist zulässig der Abdruck von Gesetzbüchern, Gesetzen, Verordnungen, amtlichen Erlassen und Entscheidungen, sowie von amtlichen Schriften, welche zum amtlichen Gebrauch hergestellt sind (§ 16).

β. Zeitungen dürfen Reden und Vorträge aus öffentlichen Verhandlungen wiedergeben (§ 17).

γ. Vom Inhalt der Zeitungen selbst werden unterschieden: „Artikel" allgemeinen Inhalts, „Ausarbeitungen" wissenschaftlicher Natur und „Vermischte Nachrichten".

Der Abdruck der ersteren ist (in anderen Zeitungen — Novelle) zulässig bei mangelndem Vorbehalt der Rechte, der Abdruck der Ausarbeitungen wissenschaftlichen, technischen und unterhaltenden Inhalts ist unzulässig, auch wenn ein Vorbehalt nicht gemacht ist, und vermischte Nachrichten tatsächlichen Inhalts und Tagesneuigkeiten dürfen stets abgedruckt werden (§ 18).

δ. Die Vervielfältigung einzelner Werkstellen, einzelner kleiner Aufsätze und Gedichte ist unter deutlicher Quellenangabe erlaubt, falls der Urheber nicht Widerspruch erhebt (§ 19).

ε. Unzulässig ist die Vervielfältigung von Dichtungen, die ihrer Gattung nach zur Komposition bestimmt sind, während sonst die Vervielfältigung kleinerer Teile einer Dichtung in einer neuen Komposition zulässig ist (§ 20).

ζ. Für erschienene Tonkunstwerke, mit Ausnahme von Opern, ist eine Aufführung ohne Einwilligung der Berechtigten zulässig bei Volksfesten, zu wohltätigen Zwecken und in geschlossenen Vereinen. Im übrigen sind Werke der Tonkunst, um das ausschließliche Aufführungsrecht zu sichern, von der Bedingung des Vorbehalts befreit (§§ 27, 28).

η. **Zwangslizenz.** Gestattet der Urheber eines Werkes der Tonkunst einem anderen die Vervielfältigung zwecks mechanischer Wiedergabe — die sonst heute verboten ist: § 12 Abs. 2 —, so kann jeder Dritte, der im Inland eine gewerbliche Hauptniederlassung oder Wohnsitz hat, verlangen, daß ihm der Urheber gegen angemessene Vergütung gleichfalls eine solche Erlaubnis erteile (§ 22).

g) Wer ein fremdes Werk nach Maßgabe der „Zulässigkeiten" benutzt, hat die Quelle deutlich anzugeben. Nichteinhaltung (Plagiat) zieht Geldstrafe bis 150 Mark nach sich (§ 44).

III. **Dauer des Schutzes** (Abschn. III §§ 29—35).

a) Der Schutz des Urheberrechts **endigt**, wenn seit dem Tode des Urhebers **30** Jahre und außerdem seit der ersten Veröffentlichung **10** Jahre abgelaufen sind. Bei mehreren Berechtigten ist der Tod des Letztlebenden maßgebender Zeitpunkt (§§ 29, 30).

b) Bei **pseudonym** erschienenen Werken endet der Schutz mit Ablauf von 30 Jahren seit der Veröffentlichung. Indessen ist durch Eintragung des wahren Urhebernamens in die vom Stadtrate zu Leipzig geführte **Eintragsrolle** die Erreichung der vollen Schutzfrist möglich (§ 31).

c) **Beginn** der Schutzfrist ist Ende des Jahres, in welchem der Tod oder die Veröffentlichung erfolgt ist (§ 34).

IV. **Rechtsverletzungen** (Abschn. IV §§ 36—53).

a) Vorsätzliche oder fahrlässige Verletzung der Urheberrechte durch Vervielfältigung, gewerbsmäßige Verbreitung, öffentliche Mitteilung des wesentlichen Inhalts verpflichtet zum Schadenersatz und wird mit Geldstrafe bis zu 3000 Mark geahndet, welcher im Unvermögen Gefängnisstrafe bis zu 3 Monaten zu substituieren ist. Strafverfolgung nur auf Antrag, dessen Rücknahme zulässig ist (§§ 36, 38, 45).

b) Neben der Strafe steht dem Verletzten Anspruch auf **Buße** bis zu 6000 Mark zu, die dann aber weiteren Schadenersatzanspruch ausschließt (§ 40).

c) Widerrechtlich hergestellte Exemplare und die Platten, Firmen usw. unterliegen der **Vernichtung**, die erfolgt, nachdem hierauf dem Eigentümer gegenüber rechtskräftig erkannt ist (§ 42).

Diese Vernichtung kann sowohl im zivilrechtlichen wie strafrechtlichen Verfahren verlangt werden (§ 46).

Antrag auf Vernichtung ist so lange zulässig, als Exemplare, Platten usw. vorhanden sind.

d) Bezüglich aller hier möglichen Fragen sollen in den Bundesstaaten **Sachverständigenkammern** eingerichtet werden, über deren Zusammensetzung und Geschäftsbetrieb der Reichskanzler bestimmt (§ 49).

e) Der Schadenersatzanspruch und die Strafverfolgung **verjähren** in **drei** Jahren vom Tage der Verbreitung der Nachdruckexemplare an (§ 50).

V. **Schlußbestimmungen** (Abschn. V §§ 54—64).

Den Schutz genießen Reichsangehörige für alle ihre Werke, ob erschienen oder nicht, desgleichen Ausländer für ihre im Inland erschienenen Werke. Streitigkeiten gehören in letzter Instanz vor das Reichs- (nicht oberste Landes-)Gericht.

§ 65. Verlagsrecht.

Reichsgesetz vom 19. Juni 1901. Ebenfalls ergänzt durch Gesetz vom 22. Mai 1910 Art. II.

1. Der wichtigste und häufigste Fall der Übertragung des Urheberrechts, d. h. des Rechts, ausschließlich ein Geisteswerk zu vervielfältigen und gewerbsmäßig zu verbreiten, ist der **Verlagsvertrag.**

2. **Bisheriger Zustand.** Für diese Materie galten in Preußen mangels einer reichsrechtlichen Regelung bis zum 1. Januar 1902 — dem Tage des Inkrafttretens des neuen Reichsgesetzes — gemäß Art. 76 EG.BGB. — die Vorschriften des ALR. (I 11 §§ 996 ff.). Das Landrecht behandelt „Verlagsverträge" unter dem Abschn. 8: „Von Verträgen über Handlungen". Es verlangt Schriftlichkeit für dieselben. Da indessen das HGB. § 1 Ziff. 8 das Verlagsgeschäft für ein Handelsgeschäft erklärt, so ist diese Form dadurch für Kaufleute beseitigt.

3. **Inhalt des Verlagsvertrags.** Der Inhalt des Verlagsvertrags geht dahin, daß der Verfasser eines Werkes der Literatur oder der Tonkunst sich verpflichtet, das Werk dem Verleger zur Vervielfältigung und Verbreitung zu überlassen; der Verleger andererseits sich zur Vervielfältigung und Verbreitung verpflichtet (§ 1).

4. **Nicht das Urheberrecht geht über!** Hervorgehoben sei, daß es nicht das Urheberrecht als solches ist, welches durch Vertrag unter Lebenden auf den Mitkontrahenten übergeht: Nur das Vervielfältigungs- und Verbreitungsrecht geht auf den Verleger über, die Substanz des Urheberrechts bleibt beim Verfasser.

Diesem verbleibt auch während der Dauer des Vertragsverhältnisses die Befugnis zur Vervielfältigung und Verbreitung für Übersetzungen in andere Sprache und Mundart, für Wiedergabe in dramatischer Form oder Bearbeitung in Tonkunst, sowie endlich (neu § 2 Ziff. 4 u. 5) zur mechanischen Wiedergabe für das Gehör sowie zur bildlichen, kinematographischen oder ähnlichen Darstellung (§ 2).

Nach 20 Jahren seit Ablauf des Erscheinungsjahres kann Verfasser auch die Vervielfältigung und Verbreitung in einer Gesamtausgabe vornehmen (§ 2 Abs. 3).

Speziell zeigt sich noch die Fortdauer des Urheberrechts auch während des Verlagsvertrags darin, daß gemäß § 13 Verleger am Werke selbst, an dessen Titel, an der Bezeichnung des Urhebers Zusätze, Kürzungen oder sonstige Änderungen nicht vornehmen darf.

Endlich darf Verleger nicht mehr Abzüge des Werkes herstellen, als vertraglich festgesetzt, resp. in Ermangelung dessen vom Gesetz erlaubt ist (1000 Stück); anderenfalls würde er sich gegen den Urheber des Nachdrucks schuldig machen (§ 5).

5. Die **Erbfolge** dagegen als Universalsukzession läßt das ganze Recht übergehen.

6. **Konsequenzen.** Die praktische Konsequenz dieser Rechtslage zeigt sich darin, daß, wenn aus irgend einem Grunde das Recht des Verlegers erlischt, das er z. B. auf Zeit oder nur für die erste Auflage erworben hatte, jenes Verbreitungsrecht einzig und allein wieder dem Verfasser zusteht.

7. **Anfang und Ende des Verlagsrechts.** Das Verlagsrecht entsteht mit der Ablieferung des Werkes an den Verleger und erlischt mit Beendigung des Vertragsverhältnisses (§ 9).

8. **Autorenrechte neben Verlegerrechten.** Dem Autor muß auch während des Bestehens des Verlagsvertrags neben dem Verleger das Recht zugebilligt werden, gegen Verletzer des Urheberrechts zivil- und strafrechtlich vorzugehen.

Dem Verleger sind durch das Gesetz (§ 9) zum Schutze seines Verlagsrechts alle aus dem Urheberrecht hervorgehenden Schutzbefug- zugebilligt.

9. Als weiterer Inhalt eines Verlagsvertrags ist auch die **Gewährleistungspflicht** des Autors dem Verleger gegenüber aufzufassen, die nach **zwei** Richtungen hin sich betätigt:

Einmal, daß dem Verleger mit Aushändigung des Werkes auch wirklich ein Verbreitungsrecht erwächst, d. h. nicht Rechte anderer Autoren oder Verleger derartig verletzt sind, daß sie diese neue Publikation verbieten können,

und zweitens, daß dem Verleger auch ein ausschließliches Recht insofern erwächst, als das Werk nicht bereits anderen Personen überlassen war (§ 9).

10. **Übertragbarkeit des Verlagsrechts.** Das Verlagsrecht selbst ist wieder übertragbar, „soweit nicht" besonders ausgeschlossen. (Nach Vorgang des BGB. würde diese Wortstellung des Relativsatzes die Beweislast dem auferlegen, der die Ausnahme der Grundregel für sich in Anspruch nimmt.) An Zustimmung des Verfassers allgemein gebunden ist die Übertragung, wenn nicht über das ganze Verlagsrecht, sondern nur über einzelne Werke der Zessionsvertrag geschlossen werden soll (§ 28).

11. **Umfang der Verlegerrechte und Pflichten** (§§ 4—7, 14—21).

a) Verleger ist nicht berechtigt, Einzelwerke für Gesamtausgaben, sowie Teile aus einer solchen für Sonderausgaben zu benutzen.

b) Verleger ist nur zu einer Auflage berechtigt; für weitere ihm eingeräumte Auflagen gelten im Zweifel die für die erste getroffenen Abreden.

c) Abzüge, die dem Verleger am Lager untergehen, darf er nach vorheriger Anzeige an Verfasser ersetzen.

d) Für zweckentsprechende und übliche Verbreitung des Werkes hat Verleger Sorge zu tragen und mit der Vervielfältigung zu beginnen, sobald ihm das vollständige Werk zugegangen ist.

e) Von der Berechtigung, neue Auflagen zu veranstalten, Gebrauch zu machen, ist er nicht verpflichtet.

f) Ein Kündigungsrecht steht dem Verleger unbeschadet des Anspruchs auf Vergütung seitens des Autors zu, wenn der Zweck, dem das Werk dienen sollte, nach Vertragsabschluß wegfällt.

g) Der Verleger hat für Korrektur zu sorgen. Einen Abzug hat er dem Verfasser rechtzeitig zur Durchsicht vorzulegen, dieser gilt als genehmigt, wenn er nicht in angemessener Frist beanstandet ist.

h) Den Ladenpreis hat Verleger zu bestimmen; er darf denselben unter Nichtverletzung berechtigter Interessen des Verfassers herabsetzen, zur Erhöhung bedarf er stets dessen Zustimmung.

12. **Ablieferungspflicht des Verfassers** (§§ 10—12).

a) Der Verfasser ist verpflichtet, dem Verleger das Werk in einem für die Vervielfältigung geeigneten Zustand abzuliefern. Bei Verträgen über bereits vollendete Werke hat die Ablieferung sofort zu erfolgen.

b) Die Frist für erst nach Vertragsschluß herzustellende Werke richtet sich nach deren Zweck, ev. nach Leistungsfähigkeit des Verfassers.

c) Verfasser ist bis zur Beendigung der Vervielfältigung zu Abänderungen befugt, kann diese auch durch einen Dritten vornehmen lassen.

13. **Vergütung des Verfassers** (§§ 22—24).

a) Der Verleger ist zur Zahlung der vereinbarten Vergütung verpflichtet; eine solche gilt als stillschweigend vereinbart, wenn die Überlassung des Werkes nur gegen Vergütung zu erwarten ist. Mangels Vereinbarung ist angemessene Vergütung in Geld zu leisten.

b) Zahlungszeit bei Ablieferung des Werkes; bestimmt sich die Vergütung nach Absatz, so hat Verleger jährlich Rechnung zu legen und für die erforderliche Prüfung Büchereinsicht zu gewähren.

c) Verfasser hat Anspruch auf Freiexemplar — 1 auf 100 Abzüge, jedoch nicht weniger als 5, nicht mehr als 15.

14. **Beendigung des Vertragsverhältnisses** (§§ 29—38).

a) Ist das Vertragsverhältnis auf eine bestimmte Zahl von Auflagen oder Abzügen beschränkt, so endigt es, sobald diese vergriffen sind. Desgleichen mit Ablauf der etwa bestimmten Vertragszeit.

b) Was **unvollständige Vertragserfüllung** des Verfassers anlangt, so unterscheidet der Gesetzgeber die Nicht- resp. nicht rechtzeitige Ablieferung (§ 30) von der Ablieferung in nicht vertragsmäßiger Beschaffenheit (§ 31).

c) Unterfälle bei beiden Hauptfällen, und zwar

α. bei Nicht- resp. nicht rechtzeitiger Erfüllung, ob Verfasser im Verzug ist, oder nicht,

β. bei mangelhafter Erfüllung, ob Verfasser dieselbe zu vertreten hat, oder nicht.

d) Bei Nicht- oder nicht rechtzeitiger Lieferung ohne Verzug des Verfassers hat Verleger die Wahl, Erfüllung zu verlangen, oder dem Verfasser eine angemessene Frist zu bestimmen mit der Erklärung, daß er nach deren Ablauf die Annahme der Leistung ablehne.

15. **Rechte des Verlegers dabei.** Nach fruchtlosem Ablauf dieser Frist ist Verleger zum Rücktritt berechtigt; Anspruch auf Ablieferung des Werkes ist ausgeschlossen.

16. Der **Fristbestimmung bedarf es nicht**, wenn:

a) die rechtzeitige Herstellung unmöglich ist,

b) dieselbe vom Verfasser verweigert wird,

c) Verleger ein besonderes Interesse am sofortigen Rücktritt hat.

17. Ist Verfasser **in Verzug,** also in subjektiver mora, so bleiben dem Verleger die weiteren Rechte des BGB. offen, also aus dessen §§ 186, 326 entweder Schadenersatz wegen verspäteter Erfüllung neben der Nachlieferung, oder nur Schadenersatz wegen Nichterfüllung resp. Rücktritt vom Vertrag.

18. Wird das Werk **nicht in vertragsmäßiger Beschaffenheit** geliefert, treffen dieselben Bestimmungen zu, wie oben, wenn Verfasser nicht rechtzeitig liefert ohne im Verzug zu sein. Beruht der Mangel dagegen auf Umständen, die Verfasser zu vertreten hat, so kann Verleger statt des Rücktrittsrechts Schadenersatz wegen Nichterfüllung geltend machen.

19. Umgekehrt stehen auch dem Verfasser die Rechte aus § 30 zu, wenn Verleger das Werk nicht rechtzeitig vertreibt, also Rücktritt resp. bei Verzug Schadenersatz.

20. Dem Verfasser ist noch ein besonderes Rücktrittsrecht gewährt: Bis zum Beginn der Vervielfältigung kann er wegen un-

vorhersehbarer Umstände, die ihn bei Kenntnis der Sachlage und verständiger Würdigung des Falles von der Herausgabe des Werkes zurückgehalten haben würden, zurücktreten.

Er ist in solchem Fall verpflichtet, dem Verleger die gemachten Auslagen zu ersetzen, und bei anderweitiger Herausgabe binnen Jahresfrist Schadenersatz wegen Nichterfüllung zu leisten (§ 35).

Auf die hier statuierten Rücktrittsrechte finden die §§ 346—356 BGB. über das vertragsmäßige Rücktrittsrecht Anwendung.

21. **Tragung der Gefahr.** Die Gefahr selbst zufälligen Unterganges des Werkes nach Ablieferung trägt der Verleger; er ist dem Verfasser vergütungspflichtig. Der Ablieferung ist der Annahmeverzug gleichgestellt (§ 33).

22. **Konkurs des Verlegers.** Bei Konkurs des Verlegers hat der Verwalter das Wahlrecht aus § 17 KO. Bleibt er beim Vertrag und zediert er das Verlagsrecht, so zeigt sich ein Fall gesetzlicher Bürgschaft insofern, als die Masse neben dem Erwerber für Erfüllung der Verbindlichkeiten wie ein selbstschuldnerischer Bürge haftet (§ 36).

23. **Verlagsvertrag über Werke ohne Urheberrecht.** Im allgemeinen wird mit einem Verlagsvertrag die Übertragung des Verlagsrechts beabsichtigt sein. Das Gesetz sieht aber in §§ 39 u. 40 den Fall vor, daß eine solche Verpflichtung nicht aufgestellt werden soll.

Wenn nämlich ein Vertrag über Werke abgeschlossen wird, an denen ein Urheberrecht nicht besteht — sie stammen vielleicht noch aus schutzloser Zeit, oder ihre Schutzfrist ist abgelaufen, oder das Gesetz versagt ihnen den Schutz, wie amtlichen Erlassen usw. —, so liegt demjenigen, der ein solches Werk in Verlag gibt, nicht die Verschaffung des Verlagsrechts ob, sondern er haftet dem Verleger nur für arglistiges Verschweigen eines anderweiten Verlages oder der bereits erfolgten Veröffentlichung.

24. **Bestimmungen über Beiträge zu Zeitungen usw.** Das Gesetz enthält schließlich in den §§ 41—46 noch nähere Bestimmungen über Beiträge zu Zeitungen, Zeitschriften oder sonstigen periodischen Sammelwerken als Gegenständen eines Verlagsvertrags; im § 47 über einen Vertrag, welcher die Herstellung eines Werkes nach genauem Plan des Bestellers bezweckt, und will, nach § 48 seine Vorschriften auch dann Anwendung finden lassen, wenn derjenige, der mit dem Verleger den Vertrag abschließt, nicht der Verfasser ist.

25. **Reichsgericht letzte Instanz.** Prozessual ist die Vorschrift des § 49, welche das oberste Landesgericht ausschaltet, und als letzte Instanz für bürgerliche Rechtsstreitigkeiten das Reichsgericht bestimmt.

§ 66. Urheberrecht an Werken der bildenden Künste und der Photographie.

Gesetz vom 9. Januar 1907 (RGBl. S. 7). Ergänzt durch das Gesetz vom 22. Mai 1910.

1. **Geschichtliche Entwicklung.** Durch die Reichsgesetze vom 9., 10. und 11. Januar 1876 waren die Werke der bildenden Künste, also Malerei und Bildhauerkunst (mit Ausschluß der Baukunst), durch Photographie hergestellte Werke, sowie gewerbliche Muster oder Modelle gegen Nachbildung einzeln geschützt.

Außer der Baukunst war demnach auch das Kunstgewerbe nicht besonders geschützt, vielmehr auf den Schutz aus dem Geschmacksmustergesetz (11. Januar) angewiesen.

Diese Unzulänglichkeit, die sich auch mehrfach in dem Photographieschutz (10. Januar) herausstellte (z. B. erschien die nur fünfjährige Schutzzeit ungenügend; der den Schutz voraussetzende Bezeichnungszwang (§ 5) war störend (es mußte auf dem Karton Name, Wohnort der Hersteller und Verleger verzeichnet sein), gaben Anlaß zur Neuregelung.

Das heutige „Kunstschutzgesetz" umfaßt die Werke der bildenden Künste wie die Photographie und ist ergänzt durch Art. III Gesetz vom 22. Mai 1910 im Anschluß an die Berner Konvention vom 13. November 1908. (Der neue § 15 a dehnt den Schutz auf kinematographische Darstellung aus.)

2. Aufbau des Gesetzes: 5 Abschnitte und Schlußbestimmungen. Nachbildung des literarischen Urheberrechts.

I. **Voraussetzungen des Schutzes** (Erster Abschnitt §§ 1—14).

a) Geschützt werden die Urheber von Werken der bildenden Künste und der Photographie (§ 1). — Als letztere gelten auch in ähnlichem Verfahren hergestellte Werke (§ 3).

b) Die Erzeugnisse des Kunstgewerbes und Bauwerke, soweit sie künstlerische Zwecke verfolgen, sind heute den Werken der bildenden Künste im Schutze gleichgestellt (§ 2).

c) Der Urheberbegriff ist in diesem Gesetz nicht definiert, und man wird in Anlehnung an das literarische Urhebergesetz (§ 2) den Verfasser d. h. hier den Schöpfer eines Werkes als Urheber anzusprechen haben.

d) Auch weitere Ähnlichkeiten beider Gesetze zeigen sich. So z. B.

α. die Vermutung der Urheberschaft für den, dessen Name auf einem Werke verzeichnet ist (auch nur durch kenntliche Zeichen; § 9);

β. die Urheberschaft des Herausgebers

αα. für juristische Personen des öffentlichen Rechts (Akademien), die ein Werk ohne Urheberbenennung erscheinen lassen (§ 5),

ββ. bei Sammelwerken (§ 6),

γγ. bei anonym erschienenen Werken (§ 9 Abs. 2);

γ. bei der Vererblichkeit (§ 10), der Übertragbarkeit (§ 12), der Nichtpfändbarkeit (§ 14).

e) Die Überlassung des Eigentums an einem Werke schließt hier — soweit nicht ein anderes vereinbart ist — die Übertragung des Rechtes des Urhebers nicht in sich. (Bekannter Fall der Übermalung des Kunstgemäldes im Aufgang einer Berliner Villa.)

II. **Befugnisse des Urhebers** (Zweiter Abschnitt §§ 15—24).

a) Der Urheber hat die ausschließliche Befugnis, das Werk, gleich ob in einem oder mehreren Exemplaren, zu vervielfältigen, gewerbsmäßig zu verbreiten und mittels mechanischer oder optischer Einrichtungen vorzuführen (§§ 15, 17).

Das Verleihen gehört nicht zur Verbreitung.

Als Vervielfältigung gilt auch die Nachbildung, bei Bauwerken auch das Nachbauen (§ 15).

b) Auch kinematographische oder in ähnlicher Weise hergestellte, als eigentümliche Bühnenschöpfung anzusehende Werke genießen den Schutz (§ 15 a, neu).

c) Auch hier **Zulässigkeiten:**

α. Die freie Benutzung eines Werkes ist zulässig, wenn dabei eine eigentümliche Schöpfung hervorgebracht wird (§ 16).

β. Die unentgeltliche Vervielfältigung zum eigenen Gebrauch mit Ausnahme des Nachbauens (§ 18).

γ. Unter Quellenangabe und ohne Änderung (§ 21). Die Aufnahme einzelner Werke in eine selbständige wissenschaftliche Arbeit oder in Werke, die für den Schul- und Unterrichtsgebrauch bestimmt sind (§ 19).

δ. Zulässig ist endlich die Vervielfältigung von Werken, die sich bleibend an öffentlichen Wegen, Straßen, Plätzen befinden durch Photographie oder malende Kunst.

An einem Bauwerk darf indessen die Vervielfältigung nicht erfolgen, sie erstreckt sich hier nur auf die äußere Ansicht (§ 20 Abs. 2).

d) Soweit ein Werk nach diesen „Zulässigkeiten" vervielfältigt werden darf, ist auch seine Verbreitung und Vorführung zulässig (§ 20 Abs. 3), jedoch sind mit Ausnahme von Größenänderungen Vervielfältigungen nur ohne Änderung der wiedergegebenen Werke zulässig (§ 21).

e) **Bildnisse. Recht am eigenen Bilde.**

α. Für Bildnisse gilt insofern Besonderes, als bei Personenbildnissen dem Besteller resp. seinem Rechtsnachfolger die Vervielfältigung gestattet ist (§ 18 Abs. 2).

Allerdings gilt die Einschränkung, daß, wenn das Bildnis ein Werk der bildenden Kunst ist, nur die photographische Vervielfältigung gestattet ist.

β. Heute ist auch in gewissen Grenzen das vielumstrittene „Recht am eigenen Bilde" anerkannt.

Nur mit Erlaubnis des Abgebildeten dürfen seine Bildnisse verbreitet oder öffentlich zur Schau gestellt werden (§ 22).

Diese Erlaubnis gilt allerdings als erteilt, wenn der Abgebildete dafür, daß er sich abbilden ließ, eine Entlohnung erhielt.

Nach dem Tode des Abgebildeten bedarf es **10** Jahre lang der Einwilligung der Angehörigen (§ 22).

f) **Ausnahmen** vom Verbot der nicht erlaubten Bildnisverbreitung sind folgende (§ 23):

1. Bildnisse aus dem Bereiche der Zeitgeschichte (Monarchen, berühmte Männer).

2. Bilder, auf denen die Personen nur als Beiwerk neben Landschaften oder sonstigen Örtlichkeiten erscheinen.

3. Bilder von Versammlungen, Aufzügen und ähnlichen Vorgängen, an denen die dargestellten Personen teilgenommen haben (Startbilder).

4. Bildnisse, die nicht auf Bestellung angefertigt sind, sofern die Verbreitung oder Schaustellung einem höheren Interesse der Kunst dient.

Die Befugnis erstreckt sich jedoch nicht auf eine Verbreitung und Schaustellung, durch die ein berechtigtes Interesse des Abgebildeten, oder, falls dieser verstorben ist, seiner Angehörigen verletzt wird[1] (§ 23 Abs. 2).

5. Endlich dürfen Behörden im Dienst der Rechtspflege und öffentlichen Sicherheit Bildnisse verbreiten (Steckbriefe). (Analog wird die Behörde auch Zwangsaufnahmen — für das Verbrecheralbum — vornehmen dürfen [das Gesetz schweigt darüber].)

---

[1] Hierher gehört der bekannte Fall, wo zwei Hamburger Photographen unbefugt in das Sterbezimmer Bismarcks eingedrungen waren und unschöne Aufnahmen seiner Totenmaske gemacht hatten. Auf Klage der Erben verbot das Reichsgericht — RGZ. 45, 170 — die Verbreitung.

III. **Dauer des Schutzes** (Dritter Abschnitt §§ 25—30).

Der künstlerische Urheberschutz endet:

a) an einem Werk der bildenden Künste nach **30** Jahren seit dem Tode des Urhebers (§ 25),

b) an einem Werke der Photographie in **10** Jahren seit dem Erscheinen des Werkes (§ 26).

Steht zu a) der Schutz einer juristischen Person zu, so zählen die 30 Jahre seit Erscheinen des Werkes (§ 25 Abs. 2).

c) Steht das Urheberrecht mehreren zu, so zählen die 30 Jahre nach dem Tode des Letztlebenden.

d) Erscheinen Werke nach dem Tode des Urhebers, so endigt der Schutz stets in **30** Jahren seit dem Erscheinen (§ 25 Abs. 2 Satz 2).

e) Beginn der Schutzfristen: Ablauf des Kalenderjahres des Erscheinens oder Todeseintritts (§ 29).

IV. **Rechtsverletzungen** (Vierter Abschnitt §§ 31—50).

1. Auch der Schutz des künstlerischen Urheberrechts in zivil- und strafrechtlicher Beziehung ist dem des literarischen nachgebildet.

2. Auch hier wird vorsätzliche und fahrlässige Verletzung unterschieden. Beides verpflichtet zum Schadenersatz (§ 31).

3. Das vorsätzliche Verletzen des Urheberrechts (nicht auch das fahrlässige) wird als Vergehen mit Geldstrafe bis 3000 Mark oder Gefängnis bis 6 Monaten bestraft (§ 32).

4. Fahrlässigkeitsdelikt (Übertretung) ist das Nichtangeben der Quelle bei sonst zulässiger Benutzung (§ 40), desgleichen die ungenehmigte Änderung an dem Werk oder seiner Bezeichnung usw. (§ 33).

5. **Buße** kann auch hier verlangt werden (bis 6000 Mark [§ 35]). Die zuerkannte Buße schließt ebenfalls weiteren Schadenersatzanspruch aus.

6. **Vernichtung** ist gleichfalls ähnlich wie beim Nachdruck geregelt (§§ 37—39). Sie kann selbst beim Fehlen von Fahrlässigkeit gefordert werden.

Nur Bauwerke (und Teile solcher) unterliegen nicht der Vernichtung (§ 37 Abs. 5).

7. **Verjährung** der Strafverfolgung wie der Schadenersatzansprüche tritt bei Vergehen in **3** Jahren, bei Übertretungen in **3** Monaten ein (§ 47).

Beginn der Verjährung vom Tage der Vervielfältigung resp. Verbreitung.

Die Vernichtung kann so lange gefordert werden, als Exemplare oder Vorrichtungen vorhanden sind (§ 50).

8. **Sachverständigenkammern** spielen im künstlerischen Urheberschutz die gleiche Rolle wie beim literarischen (§ 46).

V. **Schlußbestimmungen** (Fünfter Abschnitt §§ 51—55).

1. Den Kunsturheberschutz genießen die Reichsangehörigen für alle ihre Werke, gleichviel ob sie erschienen sind oder nicht (§ 51 Abs. 1).

Nichtreichsangehörige genießen den Schutz für ihre im Inland erscheinenden Werke, sofern sie nicht das Werk an einem früheren Tage haben im Auslande erscheinen lassen (§ 51 Abs. 2).

2. Prozessual wird auch hier dem Reichsgericht die letzte Entscheidungsinstanz zugewiesen (§ 52).

§ 67. Der Musterschutz.

1. **Muster — Modelle; Begriff.** Wenn das Gesetz vom 11. Januar 1876 von Mustern und Modellen spricht, so sei darauf hingewiesen, daß man hier unter Muster **Geschmacks**muster, d. h. eine Zeichnungsvorlage, unter Modell ein plastisches Vorbild für industrielle Arbeiten versteht.

2. **Geschmacks-, Gebrauchsmuster.** Außer den Geschmacksmustern gibt es Gebrauchsmuster; während diese die besondere praktische Verwertung eines Gegenstandes im Auge haben, zielen jene auf Veredelung des Formensinnes, Vertiefung des Schönheitsgefühls hin.

Sie sind durch obiges Gesetz geschützt, die Gebrauchsmuster erst durch Gesetz vom 1. Juni 1891. Es ist nicht zu leugnen, daß es Gegenstände geben wird (z. B. Leuchter, Zigarrenabschneider usw.), die sowohl das eine wie das andere Muster sein können.

3. **Musterregister.** Auch hier besteht das Urheberrecht in dem ausschließlichen Nachbildungsrecht (§ 1) und wird erworben (§ 7) durch Anmeldung zu dem (vom Amtsgericht zu führenden) Musterregister. Hierselbst ist auch ein Muster (Modell) niederzulegen.

Wenn in einer gewerblichen Anstalt Muster und Modelle von den dortselbst Beschäftigten im Auftrag und für Rechnung des Unternehmers angefertigt werden, so gilt dieser mangels abweichender Abrede als Urheber (§ 2).

4. **Schutzfristen.** Die Schutzfristen, Entschädigung, Strafen usw. sind ähnlich wie bei literarischen Erzeugnissen; bei Mustern und Modellen, die zum Musterregister angemeldet sind, nach Wahl des

Urhebers 1—3 Jahre und kann gegen eine bestimmte Gebühr bis auf 15 Jahre verlängert werden (§ 12).

5. Der Schutz besteht an und für sich nur für die Erzeugnisse deutscher Urheber, für Ausländer nur, wenn sie im Deutschen Reich ihre gewerbliche Niederlassung haben (§ 16).

§ 68. Schutz von Gebrauchsmustern.

(Reichsgesetz vom 1. Juni 1891.)

1. **Modelle** von Arbeitsgerätschaften oder Gebrauchsgegenständen, oder von Teilen derselben werden, insoweit sie dem Arbeits- oder Gebrauchszweck durch eine neue Gestaltung, Anordnung oder Vorrichtung dienen sollen, gegen unbefugte Benutzung geschützt (§ 1).

2. **Rolle beim Patentamt.** Dazu bedarf es der Anmeldung an das Patentamt unter Beifügung eines Modells und der Eintragung in die Rolle für Gebrauchsmuster, welche durch den Reichsanzeiger bekanntzumachen ist (§§ 2, 8).

Die Eintragung erfolgt ohne Prüfung der Berechtigung des Anmeldenden. Ist derselbe nicht wahrer Urheber, so kann dieser auf Löschung klagen (§ 6).

Als **neu** gelten Modelle nur insoweit, als sie zur Zeit der Anmeldung nicht bereits in öffentlichen Druckschriften beschrieben und im Inlande offenkundig benutzt sind (§ 1 Abs. 2).

3. **Inhalt des Schutzes.** Die Eintragung hat die Wirkung, daß dem Eingetragenen ausschließlich das Recht zusteht, gewerbsmäßig das Muster nachzubilden, die durch Nachbildung hervorgebrachten Gegenstände und Gerätschaften in Verkehr zu bringen, feilzuhalten oder zu gebrauchen (§ 4 Abs. 1).

4. Greift ein solches Recht in ein Patent ein, oder ist das Umgekehrte der Fall, so darf das Recht ohne die Erlaubnis des anderen Teiles nicht ausgeübt werden (§ 5).

5. Das Recht an Gebrauchsmustern ist vererblich und veräußerlich (§ 7).

6. Die **Dauer des Schutzes** ist **3** Jahre, von dem auf die Anmeldung folgenden Tage gerechnet. Sie kann um **3** Jahre verlängert werden. Also Höchstdauer des Schutzes sind **6** Jahre (§ 8).

7. Die **Gebühr** beträgt bei der Anmeldung 15, bei der Verlängerung 60 Mark (§ 8).

8. **Rechtsverletzungen.** Eine Schadenersatzpflicht entsteht hier erst durch **grob** fahrlässiges (nicht wie sonst bloß fahrlässiges) Benutzen eines eingetragenen Gebrauchsmusters (§ 9).

9. Wissentlichkeit zieht auf Antrag Bestrafung nach sich (§ 10). (Öffentliche Bekanntmachung derselben.)

10. **Buße** bis zu 10000 Mark (§ 11). (Dagegen keine Vernichtungsansprüche.)

11. Über die im Wege der Klage oder Widerklage geltend gemachten Ansprüche entscheidet in letzter Instanz das **Reichsgericht**.

12. Über den Schutz der Ausländer und die Pariser Konvention vgl. unten Anhang.

§ 69. Schutz der Warenbezeichnungen (Marken).

(Reichsgesetz vom 12. Mai 1894 an Stelle des Markenschutzgesetzes von 1874.)

1. **Geschichtliche Entwicklung.** Es war altgermanische Sitte zur Bezeichnung einer bestimmten Persönlichkeit, später auch der Grundstücke und Sachen des Handelsverkehrs, sich eines bestimmten Zeichens zu bedienen (Hausmarken, Handgemal).

Im späteren Mittelalter mochten bei dem zunehmenden Reisehandel solche „signa" wohl an den Waren angebracht werden, die auf Stapelplätzen lagerten, um sie leichter herauszukennen. Es waren Eigentumsmarken.

Aus diesen entwickelte sich die Ursprungsmarke, die den Kaufmann und seine Waren bezeichnen sollte. Hierfür der Name „Firma", der erst später auf den Gewerbenamen angewendet wurde.

Dem Kaufmann mußte natürlich daran liegen, seine Marke gegen unbefugte Nachahmung geschützt zu sehen, und in der Tat findet sich schon sehr früh ein Eintragen von Marken in öffentliche Bücher.

Die alten Personen- und Hausmarken sind teils geschwunden, teils haben sie sich beim Adel, den Städten usw. im Wappen erhalten.

Das kaufmännische Markenzeichen — heute Ursprungs-, Herkunftszeichen — ist nunmehr reichsrechtlich geschützt.

2. Die Benutzung der zur Kenntlichmachung der Waren eines bestimmten Geschäftes dienenden Zeichen, die beim Patentamt, „Abteilung für Warenzeichen", angemeldet und von diesem auf Grund eines einfachen Prüfungsverfahrens in die **Zeichenrolle** eingetragen sind, ist dem Eingetragenen ausschließlich vorbehalten (§ 1).

Dieses, mit dem Gewerbebetrieb veräußerliche Recht wird auf **10** Jahre gegeben und wird von 10 zu 10 Jahren ohne Höchstgrenze verlängert.

3. Das Markenrecht ist nicht mehr, wie bisher, an eine eingetragene Firma gebunden. Es steht z. B. auch Landwirten zu.

4. Wer das Verbot wissentlich oder aus grober Fahrlässigkeit übertritt, ist auf Antrag des Verletzten neben der Strafe auch zu einer Entschädigung oder statt dieser zur Zahlung einer Buße von 10000 Mark verpflichtet (§§ 14, 18).

5. Daneben wird die in den Abnehmerkreisen anerkannte besondere **Ausstattung und Verpackung** der Waren straf- und zivilrechtlich, und die Ursprungsangabe strafrechtlich geschützt. Den Schutz genießen im Falle der Gegenseitigkeit auch die Gewerbetreibenden anderer Länder (zurzeit: Österreich-Ungarn, Italien, Schweiz, Serbien, Großbritannien, Frankreich, Belgien, Niederlande, Luxemburg, Portugal, Dänemark, Schweden-Norwegen, Rußland, Rumänien, Griechenland, Nordamerika, Brasilien, Venezuela).

Zulässig als Warenbezeichnung ist der kaiserliche Adler mit Ausschluß des Wappenschildes, ebenso der preußische Adler; die unbefugte Abbildung des kaiserlichen, bundesfürstlichen oder Landeswappens ist mit Strafe bedroht.

§ 70. Patentrecht.[1]

Reichsgesetz vom 7. April 1891 (RGBl. S. 79) an Stelle der §§ 1—40 des Patentgesetzes vom 25. Mai 1877. Dessen Abschnitt V §§ 41—45 (Übergangsbestimmungen) bleiben in Kraft. Der § 11 des Patentgesetzes ist geändert durch das Gesetz, betr. den Patentausführungszwang vom 6. Juni 1911.

I. Begriffliches und Geschichtliches.

1. a) Das Gesetz bestimmt im § 1, daß Patente erteilt werden für neue Erfindungen, welche eine gewerbliche Verwertung gestatten.

b) Was Erfindung sei, definiert das Gesetz nicht, überläßt diese Feststellung vielmehr der Wissenschaft und Praxis.

Der Verzicht des Gesetzes war um deswillen richtig, weil „eine kurze Formel, die den Begriff erschöpft, sich nicht geben läßt" (Robolski).

Die Erfindung gehört dem **technischen Leben** und den **Naturkräften** an. Sie ist eine Kombination solcher Kräfte zu einem bestimmten, technisch und gewerblich verwertbaren Resultate.

c) Sie steht somit im Gegensatze zur **Entdeckung**, d. h. dem Wahrnehmen und Feststellen bislang unbekannter, aber bereits vorhandener Naturerscheinungen.

---

[1] Robolski, Aufsatz: Patentrecht im H.-W.-B. Bd. VI S. 1014 ff. Derselbe Kommentar 3. Aufl. 1908. Lieber, Kommentar 1892.

Die Röntgenstrahlen, das Radium u. a. werden entdeckt, eine Maschine, die einen technischen Fortschritt darstellt, ein Verfahren, welches eine technische Aufgabe leichter und schneller löst, erfindet man.

Ergebnisse wissenschaftlicher Forschung, abstrakte Erfolge der Naturbeobachtung, die Erklärung physikalischer Vorgänge, die Lösung mathematischer Probleme sind für sich allein keine patentfähige Erfindung, sondern nur die schöpferische Tätigkeit, welche jene Errungenschaften für die Bedürfnisse und Interessen des praktischen Lebens nutzbar macht.

d) Geschützt ist alsdann die **Idee** dieser Verwertung und der technische Erfolg, nicht etwa das einzelne Modell, die Verkörperung des erfinderischen Gedankens.

Auch wenn ein anderer die erste Idee in einem ganz abweichenden Modell verkörperte, würde er doch den Schutz verletzen (Gasglühlicht in anderen als Auerschen Strümpfen).

2. Der patentrechtliche Schutz ist erst neueren Datums.

a) Dem römischen Recht war ein derartiger Schutz neuer Erfindungen fremd.

b) Der mittelalterliche, in Zwangs- und Bannrechten sich äußernde Gewerbeschutz beruht auf ganz anderer Grundlage, ein Schutz neuer gewerblicher Erfindungen liegt durchaus nicht darin.

c) Dieser Rechtsschutz taucht erst seit dem 16. Jahrhundert auf, wo man in England und Frankreich Personen, denen technische Neuerungen gelangen, Gewerbsprivilegien erteilte, die ihnen bereits eine ausschließliche Ausnutzung sicherten. (Das älteste hieraus hervorgegangene Patentgesetz ist in England 1623 unter Jakob I. ergangen.) Der damalige Patentschutz hat jedenfalls zumeist den Charakter eines staatlichen Gnadenakts.

d) Einen Fortschritt dem gegenüber bedeutet das französische Patentgesetz von 1791, welches dem Erfinder bereits einen offiziellen Rechtsschutz gewährt.

e) Mit der fortschreitenden Entwicklung der Technik, mit den häufigeren und wichtigen Erfindungen schafft sich alsbald der zweite, dem ganzen Patentrecht zugrunde liegende Gedanke Geltung, daß neben dem Gewährschutz des Erfinders, der diesem die alleinige Ausnutzung seiner Erfindung wahren soll, auch das Interesse der Allgemeinheit an solchen Fortschritten Rücksicht finden müsse. Der Erfinder soll — darin liegt das letztere — nicht ewig geschützt sein, und er soll seine Erfindung dem Interesse der Allgemeinheit nutzbar machen. Die breite Masse soll die Vorteile der Erfindung direkt genießen dürfen und der Gewerbefleiß und die Technik sollen zu weiteren Fortschritten angeregt werden.

Diese beiden Probleme und der gerechte Ausgleich unter ihnen sind die politische Seite der modernen Patentgesetzgebung.

f) In Deutschland hat sich — gegenüber der Auffassung von der notwendigen Freiheit des Gewerbebetriebes, der Gedanke an die Notwendigkeit des staatlichen Patentschutzes nur langsam und schwer durchgerungen.

Die Zerrissenheit unseres Vaterlandes machte sich auch hier in einer großen Buntscheckigkeit einzelner Patentgesetze (es waren ca. 30) geltend.

Die innerhalb des Zollvereins im Jahre 1842 auf eine Vereinheitlichung dieser Materie hinzielenden Bestrebungen — „Übereinkunft der zum Zoll- und Handelsverein verbundenen Regierungen wegen Erteilung von Erfindungspatenten und Privilegien" — erzielten keinen wesentlichen Erfolg.

Erst dem neuen Deutschen Reich blieb es vorbehalten, auch hier Wandel und Einheitlichkeit zu schaffen.

Es kam das Patentgesetz von 1877, und zwecks Durchführung einiger Verfahrens- und Organisationsänderungen das neue Gesetz von 1891 zustande.

Der Nutzen und Segen dieser Gesetze ist in der Neubelebung der erfinderischen Tätigkeit, in der Kraftentfaltung auf allen Gebieten der Technik ein ganz unverkennbarer.

II. **Das deutsche Patentgesetz.**

Aufbau. Das Gesetz vom 7. April 1891 zerfällt in 4 Abschnitte: Patentrecht, Patentamt, Verfahren in Patentsachen, Strafen und Entschädigung. Dazu tritt der fünfte aus dem Gesetz von 1877: Übergangsbestimmungen.

1. Der oben bereits mitgeteilte § 1 des Gesetzes stellt also 3 Voraussetzungen des Patentschutzes auf:
   1. Eine Erfindung,
   2. Neuheit derselben,
   3. Möglichkeit der gewerblichen Verwertung.

2. **Ausgenommen** sind Erfindungen, deren Verwertung den Gesetzen oder guten Sitten zuwiderlaufen würde,

sowie Erfindungen von Nahrungs-, Genuß- und Arzneimitteln (um ihre Zugänglichkeit nicht zu erschweren)

und von Stoffen, welche auf chemischem Wege hergestellt werden, soweit die Erfindungen nicht ein bestimmtes Verfahren zur Herstellung der Gegenstände betreffen (§ 1 Abs. 2).

Der wissenschaftliche Nachweis z. B., daß eine Krankheit auf gewissen Erregern (Bakterien) beruht, ist als Entdeckung nicht patentfähig, wohl aber die Herstellung des Heilserums.

3. Auf die Erteilung des Patents hat derjenige Anspruch, welcher die Erfindung nach Maßgabe des Gesetzes zuerst angemeldet hat. Selbsterfindung ist also nicht erfordert (§ 3). Ein Ansporn für jeden, seine Erfindung alsbald anzumelden.

4. **Zurückweisung** des Patentgesuchs erfolgt auf Einspruch eines anderen, wenn dessen frühere Erfindung verletzt ist (vgl. Nichtigkeitserklärung). (§§ 10, 3 Abs. 2.)

5. Das **Verfahren beginnt** sonst gemäß § 20 mit schriftlicher Anmeldung beim Kaiserlichen Patentamt.

Zunächst findet eine **Vorprüfung** durch ein Mitglied der **Anmeldeabteilung** statt. Eventuell wird eine Ergänzung erfordert (§ 21). Gegen den Abweisungsbeschluß dieser Abteilung ist Beschwerde binnen einem Monat an die **Beschwerdeabteilung** gegeben (§ 26).

6. Bei Nichtzurückweisung erfolgt ein **Aufgebotsverfahren**, d. h. im Reichsanzeiger wird der Name des Patentsuchers und eine Beschreibung seiner Erfindung veröffentlicht (§ 23).

7. Hierauf ist binnen 2 Monaten **Einspruch** von jedermann, bei unbefugter Entlehnung nur vom Verletzten zulässig (§ 24).

8. In dieser Frist ist der Patentsucher aber einstweilen bereits patentrechtlich geschützt.

9. Über Einsprachen und die Erteilung des Patentes entscheidet die Anmeldeabteilung; hiergegen steht dem Patentsucher und dem Einsprechenden binnen einem Monat Beschwerde an die Beschwerdeabteilung zu. Diese entscheidet definitiv, der Rechtsweg ist ausgeschlossen (§ 26).

10. Die Erteilung wird im Reichsanzeiger bekanntgemacht, und der Erfinder erhält eine Urkunde. Das Patent wird in die **Patentrolle** eingetragen.

11. Das Patent hat die **Wirkung**, daß der Patentinhaber ausschließlich befugt ist, gewerbsmäßig den Gegenstand der Erfindung herzustellen, in Verkehr zu bringen, feilzuhalten oder zu gebrauchen; es gilt nur im Inlande. Will der Erfinder auch im Auslande Schutz genießen, muß er daselbst ebenfalls ein Patent nachsuchen (§ 4).

Das deutsche Patent hat aber eine territoriale Grenze. Ist das Patent für ein „Verfahren" erteilt, so erstreckt sich die Wirkung auch auf die hergestellten Erzeugnisse. Auch deren Feilhalten kann Dritten verboten werden.

12. Die Wirkung des Patents tritt insoweit nicht ein, als die Erfindung zur Zeit der Anmeldung bereits von einem andern im Inlande in Benutzung genommen war, oder die zur Benutzung erforderlichen Veranstaltungen getroffen waren. Dieser Dritte ist dann durch seinen „Erfindungsbesitz“ zur Ausnutzung der Erfindung für die Bedürfnisse seines eigenen Betriebes berechtigt (§ 5 Abs. 1).

Ferner tritt die Wirkung des Patents insoweit nicht ein, als die Erfindung nach Bestimmung des Reichskanzlers für das Heer und für die Flotte oder sonst im Interesse der öffentlichen Wohlfahrt benutzt werden soll. Die von dem Patentinhaber in diesem Falle zu beanspruchende angemessene Vergütung wird in Ermangelung einer Verständigung im Rechtswege festgesetzt (eine Art Reichsenteignung). (§ 5 Abs. 2.)

13. Der Anspruch auf Erteilung des Patents und das Recht aus dem Patent gehen auf die Erben über und können beschränkt oder unbeschränkt durch Vertrag oder durch Verfügung von Todes wegen auf andere übertragen werden (§ 6).

14. Die **Dauer** des Patents ist 15 Jahre; die Frist beginnt mit dem auf die Anmeldung der Erfindung folgenden Tage. Eine Verlängerung der Schutzdauer gibt es nicht (§ 7).

15. Für jedes Patent ist vor der Erteilung eine Gebühr von 30 Mark, außerdem mit Beginn des zweiten und jedes folgenden Jahres der Dauer eine Gebühr zu entrichten, welche das erstemal 50 Mark beträgt und weiterhin jedes Jahr um 50 Mark steigt (§ 8).

Das Patent erlischt, wenn der Patentinhaber auf dasselbe verzichtet oder die Gebühren nicht rechtzeitig einzahlt (§ 9).

16. Das erteilte Patent wird für **nichtig** erklärt, wenn sich ergibt:

a) daß der Gegenstand nicht patentfähig war;

b) daß die Erfindung Gegenstand des Patents eines früheren Anmelders ist;

c) daß der wesentliche Inhalt der Anmeldung den Beschreibungen, Zeichnungen, Modellen, Gerätschaften oder Einrichtungen eines anderen, oder einem von diesem angewendeten Verfahren ohne Einwilligung desselben entnommen war (§ 10).

17. **Zurücknahme des Patents** (neu geregelt 1911). Das Patent kann nach Ablauf von drei Jahren, von dem Tage der über die Erteilung des Patents erfolgten Bekanntmachung gerechnet, zurückgenommen werden, wenn die Erfindung ausschließlich oder hauptsächlich außerhalb des Deutschen Reichs oder der Schutzgebiete eingeführt wird. Es dürfen Staatsverträge nicht entgegenstehen.

Dagegen findet heute eine Zurücknahme wegen grundloser Verweigerung der Erteilung der Erlaubnis zur Benutzung der Erfindung (sog. **Lizenz**) an andere nicht mehr statt. Es kann vielmehr heute, wenn der Patentinhaber diese Erlaubnis auch bei Angebot einer angemessenen Vergütung oder Sicherstellung verweigert und die Erteilung der Erlaubnis im öffentlichen Interesse geboten ist, dem anderen die Benutzungsberechtigung zugesprochen werden (**Zwangslizenz**), möglicherweise unter Bedingungen und Einschränkungen (§ 11 Abs. 2 Gesetz vom 6. Juni 1911).

Die Rücknahme wirkt nur für die Zukunft vom Eintritt der Rechtskraft der Entscheidung ab.

18. **Drei Beendigungsgründe des Patentschutzes.** Die **Beendigung des Patentschutzes** kann also eintreten:

1. durch Erlöschen,
2. durch Nichtigkeitserklärung,
3. durch Zurücknahme. Diese wirkt ex nunc, die Nichtigkeit ex tunc,
4. durch Zwangslizenz an einen anderen.

19. Die **wissentliche Benutzung** einer patentierten Erfindung wird auf Antrag mit Geldstrafe bis zu 5000 Mark oder mit Gefängnis bis zu einem Jahre bestraft. Daneben besteht bei wissentlicher oder auf grober Fahrlässigkeit beruhender Verletzung des Patentrechts die Entschädigungspflicht gegenüber dem Verletzten, falls nicht neben der Strafe zugleich auf eine an den Verletzten zu zahlende **Geldbuße**, die den Betrag von 10000 Mark erreichen kann, erkannt wird (§§ 35—37).

20. Die Klagen wegen Verletzung des Patentrechts **verjähren** in **drei** Jahren.

21. **Patentberühmung.** Wer Gegenstände oder deren Verpackung so bezeichnet oder eine Bezeichnung in öffentlichen Anzeigen, auf Aushängeschildern, Empfehlungskarten oder in ähnlichen Kundgebungen wählt, wodurch der Irrtum erregt werden kann, daß die betreffenden Gegenstände durch ein Patent geschützt seien, wird mit Geldstrafe bis zu 1000 Mark bestraft (sog. Patentberühmung). (§ 40.)

22. **Patentamt — Reichsgericht.** Die Erteilung, die Erklärung der Nichtigkeit und die Zurücknahme der Patente erfolgt durch das Patentamt, welches seinen Sitz in Berlin hat. Das Patentamt ist eine dem Reichsamt des Innern unterstellte Behörde. Abteilungen für Patentsachen sind: die Anmelde-, die Beschwerde-, die Nichtigkeitsabteilung. Die Entscheidungen ergehen „Im Namen des Patentamts" (§§ 13—19).

Gegen die Entscheidung des Patentamts wegen Nichtigerklärung oder Zurücknahme eines Patents entscheidet in der Berufungsinstanz das Reichsgericht. Dagegen sind die Entscheidungen der Anmelde- und Beschwerdeabteilung über die Erteilung eines Patents ausschließliche. Der Rechtsweg ist diesbezüglich ausgeschlossen.

Berufungsfrist 6 Wochen seit Zustellung des Beschlusses (§ 33).

23. **Landespatente** gibt es seit dem Reichsgesetz nicht mehr.

24. **Besondere Arten** sind die

a) Zusatzpatente,

b) Abhängigkeitspatente und

c) Kombinationspatente (§§ 7, 8).

Zu a. **Zusatzpatente** (§ 7) werden für Erfindungen erteilt, welche mit einem Hauptpatent in so innigem Zusammenhange stehen, daß sie als Verbesserung oder Ausbildung der älteren Erfindung anzusehen sind.

Vorausgesetzt wird weiter **Identität** des Inhabers des zu verbessernden Hauptpatents und des Nachsuchers des Zusatzpatents.

Der Antrag muß auch ausdrücklich auf ein Zusatzpatent gestellt sein.

Das Zusatzpatent endet mit dem Hauptpatent, ist aber von den Jahresgebühren frei (§§ 7, 8).

Zu b. Die **Abhängigkeitspatente** sind in § 3 des Gesetzes behandelt. Es handelt sich dabei um Fälle der Konkurrenz von Anmeldungen mit anderen Anmeldungen, oder mit Patenten, oder von Patenten untereinander, d. h. es liegt eine „abhängige Erfindung" vor, deren Ausführung die Benutzung einer älteren durch Patent geschützten Erfindung erfordert. An und für sich können spätere Anmeldungen Patentansprüche nicht begründen, wenn die Erfindung Gegenstand eines früheren Patentes ist. Trifft diese Voraussetzung nur teilweise zu, so hat der spätere Anmelder Anspruch auf ein **beschränktes** Patent.

Die diesbezügliche Prüfung hat das Patentamt vorzunehmen und demgemäß die Fassung des Patentes zu gestalten.

Die Entscheidung dagegen über die Abhängigkeit eines Patentes von einem anderen steht den Gerichten, nicht dem Patentamt, zu.

Eine Einigung der beiden Patentinhaber über die Ausnutzung der späteren Erfindung — es wird sich zumeist um eine Verbesserung der früheren Erfindung handeln — wird stattfinden müssen, widrigenfalls eine Ausnutzung unmöglich ist.

Zu c. **Kombinationspatente.** Nach § 20 des Gesetzes darf der Gegenstand eines Patentes nur in einer einzigen in sich abgeschlossenen Erfindung bestehen. Das Kombinationspatent bezieht sich nun auf mehrere, äußerlich selbständige Teile, die, zusammengebracht, einen neuen technischen Fortschritt darstellen. Das Kombinationspatent bildet ein sie innerlich zusammenfügendes Rechtsband.

Es handelt sich dabei um verschiedene Anfertiger einzelner Teile. Nicht das, was der einzelne angefertigt hat, ist für sich, sondern nur in Kombination mit den von anderen gefertigten und hinzugefügten Teilen der Gegenstand der durch das Patent geschützten Erfindung.

25. **Patentanwälte.** Reichsgesetz, betr. die Patentanwälte vom 21. Mai 1900. Auf Antrag können berufsmäßige Vertreter in die diesbezügliche Liste des Patentamts eingetragen werden; notwendig sind eine technische und eine juristische Prüfung, gemäß der (vom Bundesrat erlassenen) Prüfungsordnung von 1900.

Nicht eingetragene Personen — mit Ausnahme der Rechtsanwälte — können zurückgewiesen werden.

Die Patentanwälte unterstehen einem aus zwei Mitgliedern des Patentamts und drei Patentanwälten gebildeten **Ehrengericht**, welches bei Pflichtverletzung auf Löschung aus der Liste erkennen kann.

Anhang.

Internationale Übereinkunft (Berner Konvention, Berliner, Pariser Zusatzakte).

I. Unter dem 9. September 1886 (RGBl. 1887, 493) hat das Deutsche Reich mit Frankreich, England, Italien, Spanien, Schweiz, Belgien und anderen Staaten eine Übereinkunft wegen eines internationalen Verbandes zum Schutze des Urheberrechts an Werken der Literatur und Kunst getroffen, die sog. Berner Konvention.

Zu derselben sind im Jahre 1896 die Pariser Zusatzakte erlassen und im Jahre 1908 ist in Berlin eine Revision erfolgt. Hier wurden einerseits die kinematographischen Wiedergaben verboten, andererseits derartige Erzeugnisse geschützt. Jedenfalls sind durch die revidierte Berner Konvention alle Erzeugnisse der Literatur, Wissenschaft, Kunst, Photographie geschützt.

Im Anschluß an diese revidierte Berner Übereinkunft ist das oben mehrfach zitierte Abänderungsgesetz für Literatur, Verlag und Kunstschutz vom 22. Mai 1910 ergangen.

Die einem der Verbandsländer angehörigen Urheber oder ihre Rechtsnachfolger genießen in den übrigen Ländern für ihre Werke, und zwar sowohl für die in einem der Verbandsländer veröffentlichten, als für die überhaupt nicht veröffentlichten, diejenigen Rechte, welche die betreffenden Gesetze den inländischen Urhebern gegenwärtig oder in Zukunft einräumen werden.

Ein in **Bern** errichtetes „**Bureau** des internationalen Verbandes zum Schutze von Werken der Literatur und Kunst" ist bestimmt, den Verbandsmitgliedern jederzeit sachverständige Auskunft zu erteilen.

II. **Abkommen mit Amerika.** Unter dem 11. Juni 1892 ist auch zwischen Deutschland und den Vereinigten Staaten von Amerika wegen gegenseitigen Schutzes des Urheberrechtes bezüglich der Werke der Literatur und Kunst und des Schutzes der Photographien ein Übereinkommen getroffen worden.

Ein besonderer Musterschutz ist durch Handelsverträge z. B. mit Österreich, Italien, Schweiz auf Gegenseitigkeit festgelegt.

III. **Der Pariser Unionsvertrag.**

a) Ähnlich der für das literarrische Urheberrecht ins Leben gerufenen Berner Konvention schützte der Pariser Unionsvertrag vom 20. März 1883 (dazu die Brüsseler Zusatzakte vom 14. Dezember 1900) das **gewerbliche Eigentum** (Art. 1).

b) Auch hier sollen die Angehörigen der Vertragsstaaten in Ansehung der Erfindungspatente, der gewerblichen Muster und Modelle, der Fabrik- oder Handelsmarken und der Handelsnamen die Vorteile genießen, welche den Staatsangehörigen durch ihre Gesetze gewährt werden (Art. 2).

c) Auch hier ein internationales Bureau in Bern zum Schutze des gewerblichen Eigentums (Art. 13).

§ 71. Unlauterer Wettbewerb.

Gesetz gegen den unlauteren Wettbewerb vom 7. Juni 1909 (RGBl. S. 499). In Kraft vom 1. Oktober 1909 (§ 30).

Begriff. Einleitung. Unter Wettbewerb (Konkurrenz) versteht man das Bestreben des Geschäftsmannes, mit seinen Waren den Vorrang zu gewinnen.

Wenn irgendwo, so heißt es im kaufmännischen Leben heute alle Kräfte anspannen, will man nicht hintanbleiben, sondern mitkommen oder gar Führer sein.

Die Eisenbahn, der Telegraph, der Fernsprecher und so viele Erfindungen der Neuzeit haben dem freien Spiel der Kräfte eine ungeheure Entfaltung gegeben.

Wird der Kampf mit anständigen Mitteln geführt, so ist er das, was das Geschäftsleben braucht, um nicht stillzustehen; wo aber ordinäre Gesinnung nicht vor „unlauteren" Wegen zurückschreckt, da muß der Gesetzgeber einsetzen, um den ehrenhaften Geschäftsmann vor solchen Konkurrenten zu schützen.

Bei den Beratungen zu dem ursprünglichen Gesetz von 1896 ist man zu der Anschauung durchgedrungen, daß es nicht mit allgemein gehaltenen Maßregeln getan sei, sondern „das Gesetz solle die Scheidelinie zwischen dem Erlaubten und dem Unerlaubten in klar erkennbarer Weise festlegen" (Motive). Man wollte vermeiden, daß es, wie z. B. in Frankreich auf Grund des ganz allgemein gehaltenen Art. 1382 Code civil,[1] erst einer jahrzehntelangen Spruchpraxis der Gerichte bedürfe, um derartige Klarheit zu schaffen.

Aus dem großen Streit der Meinungen darüber wie man den Auswüchsen des Geschäftsverkehrs entgegentreten, ob man sie nur zivilrechtlich oder nur strafrechtlich verfolgen solle, ist die beides fordernde Ansicht siegreich hervorgegangen.

Im großen und ganzen ist aber die Strafverfolgung damals wie heute, da es sich in der Regel ja nur um Verletzung von Privatinteressen handelt, auf den Weg der Privatklage verwiesen — womit man zugleich auch dem leichtfertigen Denunziationswesen vorgebeugt hat. Nur bei Verletzung des öffentlichen Interesses tritt zwar Verfolgung durch die Staatsanwaltschaft ein, aber auch mit wenigen Ausnahmen (§§ 6, 10, 11; vgl. § 22) nur auf Antrag des Verletzten (§ 22). Das ursprüngliche Gesetz von 1896 („zur Bekämpfung des unlauteren Wettbewerbs") hat sich als unzulänglich erwiesen, und darum erging das neue Gesetz von 1909: „gegen den unlauteren Wettbewerb". Dasselbe verschärft allgemein die bisherigen Bestimmungen, stellt vor allem eine umfassende Generalklausel an seine Spitze (§ 1) und wendet sich namentlich gegen die Schwindelausverkäufe und das Schmiergelderunwesen.

I. Die **Generalklausel:** „Wer im geschäftlichen Verkehre zu Zwecken des Wettbewerbes Handlungen vornimmt, die gegen die guten Sitten verstoßen, kann auf Unterlassung und Schadenersatz in Anspruch genommen werden" (§ 1).

a) Es wird also nur Sitten- nicht Rechtswidrigkeit erfordert, auch nicht Vorsatz und Fahrlässigkeit. (Dieses Haften ohne Verschulden geht über BGB. hinaus; vgl. § 826, der Vorsatz erfordert.) Beachtlich ist aber, daß ein Handeln zu Zwecken des Wettbewerbs vorliegen muß.

---

[1] Tout fait quelconque de l'homme, qui cause à autrui un dommage, oblige celui, par la faute duquel est arrivé, à le réparer.

b) Die Ersatzpflicht besteht jetzt auch gegenüber denjenigen Konkurrenten, die der Handelnde nicht zu schädigen glaubte. (Hierher gehört z. B. der Geschäftsverrat nach Lösung des Dienstverhältnisses, der Gedankendiebstahl.)

c) Der Anspruch auf Unterlassung steht jedem Gewerbetreibenden, der Waren gleicher oder ähnlicher Art herstellt oder vertreibt, also jedem Gewerbekonkurrenten zu. Desgleichen auch den Verbänden zur Förderung gewerblicher Interessen, soweit sie rechtsfähig sind (Innungen usw., den Ärztekammern gegen Kurpfuscher usw.). (§ 13 Abs. 1).

d) Der Schadensersatzanspruch steht nur dem zu, der durch die Handlung geschädigt ist (den wirklichen Konkurrenten). Erleichterung des Schadennachweises durch das freie richterliche Ermessen (vgl. ZPO. § 287).

II. Die **Einzelbestimmungen.**

1. **Unlautere Reklame.** Was die unlautere Reklame anlangt, so kann, wer in öffentlichen Bekanntmachungen, welche für einen größeren Kreis von Personen bestimmt sind — also Zeitungsannoncen, Anschlag an Säulen, Wänden usw., auch bildliche Darstellungen und sonstige Veranstaltungen nennt das Gesetz (§ 5 Abs. 2) — über geschäftliche Verhältnisse, insbesondere über die Beschaffenheit, Herstellungsart der Waren, Bezugsquelle derselben, über den Besitz von Auszeichnungen, über den Anlaß oder Zweck des Verkaufs, über die Menge der Vorräte unrichtige Angaben macht, welche den Anschein eines besonders günstigen Angebots hervorzurufen geeignet sind, auf Unterlassung dieser falschen Angaben in Anspruch genommen werden (§ 3).

Anspruchsberechtigt sind hier ebenfalls jeder Gewerbetreibende verwandter Gattung und rechtsfähige Verbände (§ 13 Abs. 1).

Außerdem ist zum Schadenersatz verpflichtet, wer die Unrichtigkeit der Angaben kannte oder kennen mußte (§ 13 Abs. 2). Redakteure, Verleger, Drucker, Verbreiter periodischer Zeitschriften haften bloß bei wirklicher Kenntnis (§ 13 Abs. 2).

Wer in der Absicht, den Anschein eines besonders günstigen Angebots hervorzurufen, über die obigen Umstände in der Öffentlichkeit unwahre oder zur Irreführung geeignete Angaben macht, wird mit Gefängnis bis zu 1 Jahre und mit Geldstrafe bis 5000 Mark oder einer dieser Strafen bestraft (§ 4). — Eventuell liegt Betrug § 263 StGB. vor.

Strafverfolgung tritt nur auf Antrag ein.

Der Antrag ist zurücknehmbar (§ 22).

Als Waren haben auch landwirtschaftliche Erzeugnisse zu gelten (§ 2).

2. **Ausverkäufe.**

α. Ankündigung von Waren als aus einer Konkursmasse stammend, ist verboten, wenn sie nicht mehr zum Bestande der Konkursmasse gehören (§ 6).

Zuwiderhandlungen werden mit Geld bis 150 Mark oder Haft bestraft (§ 6 Abs. 2).

Auch hier Unterlassungsklage der Interessenten aus § 13 Abs. 1 und Schadenersatzanspruch der Geschädigten bei Verschulden des Täters (§ 13 Abs. 2).

β. Ausverkaufsankündigungen müssen den Grund des Ausverkaufs angeben; Vor- und Nachschiebungen sind verboten. Die Einrichtung einer besonderen Kontrolle durch Anzeige und durch Einreichung von Warenverzeichnissen ist möglich (§ 7).

Zuwiderhandlungen werden mit Geld (150 Mark) oder Haft (sechs Wochen) bestraft.

Wer nur zum Zweck des Ausverkaufs Waren herbeischafft (das sog. Vor- oder Nachschieben) wird mit Gefängnis bis zu 1 Jahre und mit Geldstrafe bis 5000 Mark oder mit einer dieser Strafen bestraft (§ 8).

3. **Quantitätsverschleierungen** nennt man Zuwiderhandlungen gegen die Vorschrift, daß bestimmte Waren im Einzelverkehr nur in vorgeschriebenen Einheiten der Zahl, der Länge, des Gewichts verkauft werden dürfen (§ 11).

Für Zuwiderhandlungen Geldstrafe bis 150 Mark oder Haft.

4. **Unwahre, geschäftsschädigende Behauptungen.** Wer zu Zwecken des Wettbewerbs über das Erwerbsgeschäft eines anderen, über die Persönlichkeit des Geschäftsinhabers oder Leiters, über die Waren und gewerblichen Leistungen eines anderen nicht erweislich wahre Behauptungen verbreitet, ist dem Verletzten zum Schadenersatz verpflichtet, wenn dadurch der Betrieb des Geschäftes oder der Kredit des Inhabers geschädigt wird. Der Verletzte kann auch den Anspruch geltend machen, daß die Behauptung oder Verbreitung der Tatsachen unterbleibe (§ 44 Abs. 1).

Ausgenommen ist der Fall, daß es sich um vertragliche Mitteilungen handelt, und daß der Mitteilende oder der Empfänger der Mitteilung an ihr ein berechtigtes Interesse hat (Auskunfteien).

Bei Verbreitung wider besseres Wissen Gefängnis bis zu 1 Jahr und Geldstrafe bis 5000 Mark oder eins von beiden.

Hier ist der Anspruch auf Unterlassung nur zulässig, wenn wahrheitswidrige Tatsachen verbreitet sind. Der Anspruch auf Schadenersatz ist davon abhängig, daß der Mitteilende die Unrichtigkeit der Tatsachen kannte oder kennen mußte (§ 14 Abs. 2).

5. **Mißbräuchliche Firmen- und Namenbenutzung** treibt der und kann auf Unterlassung in Anspruch genommen werden, welcher im geschäftlichen Verkehr einen Namen, eine Firma oder die besondere Bezeichnung eines Erwerbsgeschäftes usw. in einer Weise benutzt, welche darauf berechnet und geeignet ist, Verwechselungen mit den eigentlichen Namen usw. hervorzurufen. Schadenersatzverpflichtung beim Bewußtsein der Möglichkeit der Verwechselung (§ 16).

6. **Verrat von Geschäfts- und Betriebsgeheimnissen und deren Verwertung.** Diese Materie ist im StGB. nicht geregelt. (Die Vorschrift von dessen § 300 beruht auf anderer Grundlage.) Somit galt bis zum Erlaß dieses Reichsgesetzes Landesstrafrecht fort.

„Mit Gefängnis bis zu 1 Jahr und Geldstrafe bis zu 5000 Mark oder einem von beiden wird bestraft, wer als Angestellter, Arbeiter oder Lehrling eines Geschäftsbetriebes Geschäfts- oder Betriebsgeheimnisse, die ihm vermöge des Dienstverhältnisses anvertraut oder sonst zugänglich gemacht sind, während der Geltungsdauer des Dienstverhältnisses unbefugt an andere zu Zwecken des Wettbewerbes oder in der Absicht, dem Inhaber des Geschäftsbetriebes Schaden zuzufügen, mitteilt" (§ 17 Abs. 1).

Erläuterung zum § 17:

a) Verrat ist nur durch die drei genannten Kategorien von Personen möglich. Angestellter ist der, welcher ganz oder zum Teil seine Tätigkeit einem Betriebe widmet.

b) Geschäftsbetrieb ist hier sowohl kaufmännisches, wie industrielles und gewerbliches Unternehmen.

c) Geheimnis kann nur vorliegen, wenn eine Tatsache außer dem Prinzipal und jenen drei Kategorien niemandem bekannt ist. Die Offenbarung dieses Geheimnisses muß objektiv den Prinzipal zu schädigen geeignet sein.

d) Vermöge des Dienstverhältnisses muß das Geheimnis dem Angestellten anvertraut oder sonst zugänglich geworden sein, d. h. es genügt nicht, daß ihm dasselbe von dritter Seite, durch im Geschäft nicht mittätige Personen mitgeteilt wurde.

e) Während der Geltungsdauer des Dienstverhältnisses muß der Verrat begangen werden, eine Bestimmung, die erst nach lebhaften Kämpfen in dieser Fassung Gesetz geworden ist.

f) Nur die Mitteilung zu Zwecken des Wettbewerbes oder in der Absicht, dem Prinzipal Schaden zuzufügen, verpflichtet den Angestellten zum Schadenersatz und macht ihn strafbar.

g) Der Versuch ist nicht bedroht, bleibt mithin gemäß § 43 Abs. 2 StGB. straflos.

h) Die Mitteilung kann in irgend einer Form erfolgen.

7. **Verwertung der Geheimnisse** (§ 17 Abs. 2):

„Gleiche Strafe trifft denjenigen, welcher Geschäfts- oder Betriebsgeheimnisse, deren Kenntnis er durch eine der vorigen unerlaubten Mitteilungen, oder durch eine gegen das Gesetz oder die guten Sitten verstoßende eigene Handlung erlangt hat, zu Zwekken des Wettbewerbs unbefugt verwertet oder an andere mitteilt."

Was gegen die guten Sitten verstößt, wird quaestio facti sein müssen.

Der zweite Empfänger solcher Mitteilungen ist nicht mehr getroffen; ebensowenig ist ein Angestellter selbst gehindert, nach Beendigung des Dienstverhältnisses die erfahrenen Geheimnisse im eigenen Betriebe zu verwerten.

Desgleichen wird bestraft (Gefängnis 1 Jahr, Geldstrafe 5000 Mark), wer die ihm im geschäftlichen Verkehr anvertrauten Vorlagen, Zeichnungen, Modelle, Schablonen, Schnitte, Rezepte zu Zwecken des Wettbewerbs unbefugt verwertet oder an andere mitteilt (§ 18).

Mehrere zum Schadenersatz Verpflichtete haften als Gesamtschuldner (§ 19). — Innenverhältnis: § 426 BGB.

8. Der § 20 stellt als delictum sui generis den erfolglosen Versuch der Verleitung eines Angestellten zum Verrate auf, und zwar zum Zwecke des Wettbewerbes.

Strafe Gefängnis bis zu 9 Monaten und Geld bis 2000 Mark oder eines von beiden. Kein Schadenersatzanspruch, weil ein Schaden bei erfolglosem Versuch nicht denkbar.

Die Strafverfolgung tritt in den Verratsfällen nur auf den (rücknehmbaren) Antrag des Verletzten ein.

9. **Das Schmiergeldunwesen.**

a) Wer im geschäftlichen Verkehre zu Zwecken des Wettbewerbes dem Angestellten oder Beauftragten eines geschäftlichen Betriebes Geschenke oder andere Vorteile anbietet, verspricht oder gewährt, um durch **„unlauteres Verhalten"** des Angestellten oder Beauftragten bei dem Bezuge von Waren oder gewerblichen Leistungen eine Bevorzugung für sich oder einen Dritten zu erlangen, wird mit Gefängnis bis zu 1 Jahre und mit Geldstrafe bis 5000 Mark oder einer dieser Strafen bestraft (§ 12 Abs. 1).

b) Die gleiche Strafe trifft den Angestellten, Beauftragten eines geschäftlichen Betriebes, der im geschäftlichen Verkehr Geschenke oder andere Vorteile fordert, sich versprechen läßt oder annimmt, damit er durch unlauteres Verhalten einem anderen solche Bevorzugung verschaffe (Abs. 2).

c) Das Urteil hat das Empfangene oder den Wert als dem Staate verfallen zu erklären (Abs. 3; vgl. § 335 StGB.).

d) Gewerbekonkurrenten und interessierte rechtsfähige Verbände können auf Unterlassung klagen, Geschädigte außerdem, falls den Täter Verschulden trifft, auf Schadenersatz (§ 13).

10. **Verjährung.**

a) Die auf Grund des Gesetzes erlassenen zivilrechtlichen Ansprüche (auf Unterlassung resp. Schadenersatz) verjähren in **6** Monaten a die scientiae der Tat und der Person des Verpflichteten. Ohne Rücksicht hierauf in **3** Jahren von der Tatbegehung an.

Für Schadenersatzansprüche beginnt der Verjährungslauf vom Zeitpunkt der Schadenentstehung an (§ 21).

b) Die Verjährung der Strafverfolgung richtet sich nach den Grundsätzen des StGB. § 67.

11. **Zuständigkeit.**

a) Ausschließlicher Gerichtsstand für Klagen auf Grund dieses Gesetzes ist das Gericht, in dessen Bezirk der Beklagte seine gewerbliche Niederlassung resp. mangels deren seinen Wohnsitz hat (§ 24).

b) Einstweilige Verfügungen sind zur Sicherung der Ansprüche auf Unterlassung zulässig (§ 25).

c) Gehören die Zivilklagen ihrem Werte nach vor die Landgerichte, so kommen sie vor die Kammern für Handelssachen (§ 27).

12. **Publikationen.** In den Strafurteilen — sowohl in den auf Privatklage wie in den auf Offizialverfolgung (§ 22 öffentliches Interesse) ergehenden — kann in den meisten Fällen die öffentliche Bekanntmachung des Urteils angeordnet werden.

Im Falle der Verleumdung muß dem Verletzten die Befugnis zugesprochen werden, die Verurteilung innerhalb bestimmter Frist auf Kosten des Verurteilten zu publizieren (§ 23).

Andererseits kann das Gericht bei Freisprechung auf Antrag des Angeschuldigten auch diese publizieren (§ 23 Abs. 3).

13. **Reziprozität.** Wer im Inland keine Hauptniederlassung besitzt, genießt den Gesetzesschutz nur insoweit, als in dem Staate, wo sich dieselbe befindet, deutsche Gewerbetreibende einen entsprechenden Schutz genießen (§ 28).

14. Die **Pariser Konvention** zum Schutz des gewerblichen Eigentums vom 20. März 1883 (vgl. oben Anhang) stellt allerdings die Gewerbetreibenden der Vertragsstaaten bezüglich des Schutzes gegen unlauteren Wettbewerb einander gleich.

§ 72. Einrichtungen des Reichs zur Förderung des Verkehrs.

I. Die auswärtigen Angelegenheiten.

Die Verwaltung der auswärtigen Angelegenheiten ist Reichssache. Im engeren Sinne ist es „Kaiserliche Regierung".

Die Verfassung (Art. 11 Abs. 1) hat dem Kaiser „die völkerrechtliche Vertretung des Reiches" übertragen.

Die Organe der Kaiserlichen Regierung für die Wahrnehmung der Interessen sowohl des Reichs wie der Einzelstaaten sind das Auswärtige Amt und die von ihm ressortierenden Gesandten und Konsuln.

Durch sie d. h. durch die friedlichen Mittel der Diplomatie schafft der deutsche Kaiser dem Deutschen Reiche und Volke seine Stellung unter den Völkern der Erde.

Erst wenn diese Mittel versagen, wird der Appell an das deutsche Schwert erfolgen.

Die diplomatische Arbeit ist aber nicht nur für Staat und Volk im ganzen, sondern auch für jeden einzelnen Deutschen da.

Sie hat das Schlußwort des Art. 3 der Verfassung zu verwirklichen: „Dem Ausland gegenüber haben die Deutschen gleichmäßig Anspruch auf den Schutz des Reiches." Und so mag sich in diesem sicheren Schutz und Hort der Angehörige des kleinsten Fürstentums der Wiedergeburt des geeinten, mächtigen Reiches erfreuen, dessen starker Kaiseraar auch über ihn im Ausland seine schützenden Schwingen breitet.

Das Nähere über die Rechte und Stellung der diplomatischen Beamten gehört in das Völkerrecht. Hier sei nur darauf hingewiesen, daß die Interessen der Kulturstaaten am Gesandtschafts- und Konsulatswesen durchaus gegenseitige sind. Die völkerrechtliche Entwicklung dieser Materie, wie sie sich seit Jahrhunderten unter den Staaten der Völkerrechtsgemeinschaft ausgebildet hatte, fand das Deutsche Reich bei seiner Wiederaufrichtung vor und trat im wesentlichen den preußischen Traditionen entsprechend, auf der Aktiv- wie Passivseite sofort in dieses Recht ein.

A. Gesandtschaften.

1. Nicht die diesseitig aufgestellte Reichsverfassung, sondern die Anerkennung des Reichs als politische Körperschaft durch die anderen Staaten bildet den Boden für das Gesandtschaftsrecht des Reichs.

2. Auf dieser Grundlage konnte erst die Bestimmung des Art. 11 der Verfassung bestehen, wonach der Kaiser das Reich völkerrechtlich zu vertreten, Gesandte zu beglaubigen und zu empfangen hat.

3. Die Vertretung des Reiches durch den Kaiser ist eine fast ausschließliche. Die Mitwirkung des Bundesrates ist nur wesentlicher bei den Staatsverträgen (vgl. Art. 11 Abs. 3, worüber Näheres oben), und dem Reichstag stehen nur die allgemeinen konstitutionellen Befugnisse der Geldbewilligung und der parlamentarischen Kontrolle zu.[1]

4. Der Kaiser empfängt gemäß Art. 11 auch die fremden beim Deutschen Reich beglaubigten Gesandten und verleiht ihnen damit die Rechtsgrundlage ihrer amtlichen Tätigkeit in und gegenüber dem Reich.

5. Trotz der Bestimmung des Art. 11 behalten indessen — anders als bei der konsularischen Vertretung (Art. 56) — die Einzelstaaten das Recht, auch ihrerseits einen Gesandtschaftsverkehr mit dem Auslande zu unterhalten. In dem Schlußprotokoll zum Bayerischen Vertrag vom 23. November 1871 ist dies ausdrücklich anerkannt.

6. Es wird allerdings die Einschränkung zu machen sein, daß, falls das Reich seine diplomatischen Beziehungen zu einem Fremdstaat abgebrochen hat, auch ein Gliedstaat solche Beziehungen nicht mehr aufrechterhalten kann. Das wäre bundeswidrig.

7. Im übrigen haben die Einzelstaaten das aktive und passive Gesandtschaftsrecht nicht nur gegenüber den Auslandstaaten, mit denen das Reich keine diplomatischen Beziehungen unterhält, sondern es hindert sie nichts, neben einer Reichsgesandtschaft eine Landesgesandtschaft zu errichten. Preußen allerdings hat — mit Ausnahme des Vatikans — wegen der Personenidentität des Königs und Kaisers keine Landesgesandte, es sei denn an deutschen Fürstenhöfen. Am preußischen Hofe gibt es ausländische Gesandte überhaupt nicht mehr.

8. Preußen zahlt übrigens dafür, daß die Reichsgesandtschaften zugleich die besonderen preußischen Landesangelegenheiten besorgen, dem Reich einen Jahreszuschuß von 90000 Mark. Da, wo allein eine Reichsgesandtschaft besteht, hat diese neben den Reichsinteressen zugleich diejenigen der Einzelstaaten wahrzunehmen; eine Teilung tritt erst beim Nebeneinanderbestehen einer Landes- und Reichsgesandtschaft ein.

9. Einer Landesgesandtschaft könnte auch von einem anderen Bundesstaat die Vertretung seiner Interessen anvertraut werden.

10. Unbedingt in den **Geschäftskreis** der Reichsgesandtschaften fallen diejenigen Angelegenheiten, welche auf Grund der Verfassuug

[1] Vgl. Zorn, Die deutsche Reichsverfassung, Leipzig 1907 S. 59.

(Art. 4) oder sonstiger Gesetze gemeinschaftliche sind, also die auswärtige Politik, Handels-, Schiffahrtssachen, internationale, Militär-, Marine-, Post-, Telegraphen-, Maß-, Münz-, Gewichtsangelegenheiten, Auswanderungssachen usw.

Die Gesandten werden die in all diesen Angelegenheiten erforderlich werdenden Verhandlungen mit den fremden Regierungen zu führen und diesbezüglich an ihren Vorgesetzten zu berichten haben.

Zu ihren Funktionen zählt ferner die Pflicht der Rat- und Auskunfterteilung an Reichsangehörige.

Auch obrigkeitliche Funktionen stehen ihnen auf Grund des Völkerrechts oder besonderer Verträge zu, so z. B. „das Recht des ersten Angriffs", d. h. Anordnung vorläufiger Maßnahmen, wenn exterritoriale Angehörige der Gesandtschaft Verbrechen begangen haben. Ferner steht ihnen die Legalisation von Urkunden, Paßausfertigung, Vornahme von Zustellungen, Eheschließung zu.

11. Die zunächst vorgesetzte Behörde der Reichsgesandtschaften ist der **Reichskanzler**; die oberste und vom Bundesart ganz unabhängige Leitung der gesamten Reichsdiplomatie, die Ernennung und Abberufung der Gesandten steht dem **Kaiser** zu.

Seine Befehle sind in allen wichtigen Fragen vom Reichskanzler einzuholen, seine Genehmigung ist zur Anstellung des gesamten Personals erforderlich.

Die gesandtschaftlichen Beamten sind Reichsbeamte und als solche neben den allgemeinen noch einigen besonderen Vorschriften unterworfen.

B. Reichskonsulate.

Einheitliche Regelung des Konsulatwesens. Das gesamte Konsulatswesen des Deutschen Reiches steht unter der Aufsicht des Kaisers, welcher die Konsuln (d. h. Vorsteher eines Generalkonsulates, Konsulates oder Vizekonsulates) nach Vernehmung des Ausschusses des Bundesrates für Handel und Verkehr anstellt. Das Recht, Konsuln zu bestellen, ist ausschließlich Reichssache (Art. 56 RV.). Es gibt demnach vielleicht Gesandte, aber keine Konsuln der Einzelstaaten im Auslande.[1]

---

[1] Art. 56: „Das gesamte Konsulatswesen des Deutschen Reichs steht unter der Aufsicht des Kaisers, welcher die Konsuln nach Vernehmung des Ausschusses des Bundesrats für Handel und Verkehr anstellt."

„In dem Amtsbezirk der deutschen Konsuln dürfen neue Landeskonsulate nicht errichtet werden."

„Die bestehenden Landeskonsulate sind nach erfolgter Durchführung der Organisation der Reichskonsulate — die längst erfolgt ist — aufzuheben."

Das Empfangsrecht indessen haben die Einzelstaaten behalten. „Der Austausch von Konsuln seitens deutscher Einzelstaaten entbehrt heute nicht nur der völkerrechtlichen Grundlage, sondern wohl überhaupt des vernünftigen Sinnes" (Zorn).

Die Konsulate im Auslande ressortieren vom Auswärtigen Amte.

Einteilung der Reichskonsulate. Die Reichskonsulate zerfallen in **Berufs**konsulate und **Wahl**konsulate.

Unter den Berufskonsulaten befinden sich **General**konsulate (zum Teil zugleich mit diplomatischem Charakter), **Konsulate** und **Vizekonsulate**.

Den Generalkonsuln steht die Oberaufsicht über die zu ihrem Bezirk gehörenden Konsulate zu.

Zwischen Konsuln und Vizekonsuln besteht nur Titularunterschied.

Maßgebend für die Rechtsverhältnisse der deutschen Konsuln ist das Gesetz, betr. die Organisation der Bundeskonsulate, sowie die Amtsrechte und Pflichten der Bundeskonsuln, vom 8. November 1867. Abgeändert durch G. vom 10. Juli 1879 und ergänzt durch Art. 38 EG.BGB.

Konsularische Tätigkeit. Die Reichskonsuln sind zunächst berufen, das Interesse des Reiches, namentlich in bezug auf Handel, Verkehr und Schiffahrt, tunlichst zu schützen und zu fördern, die Beachtung der Staatsverträge zu überwachen und den Angehörigen der Bundesstaaten, sowie anderer befreundeter Staaten in ihren Angelegenheiten Rat und Beistand zu gewähren.

Sie haben, wenn Angehörige des Reichs unter sich oder mit Fremden Rechtsstreitigkeiten haben, auf den Antrag der Parteien den Abschluß von Vergleichen bzw. das Schiedsrichteramt zu übernehmen; sie haben hilfsbedürftigen Reichsangehörigen die Mittel zur Linderung augenblicklicher Not oder zur Rückkehr in die Heimat zu gewähren usw.

Sie sind der **Aufsicht des Reichskanzlers** unterworfen, haben an ihn zu berichten und empfangen von ihm ihre Weisungen (§ 3 KonsOG.).

In Angelegenheiten einzelner Bundesstaaten oder deren Angehörigen müssen sie auch von den Landesregierungen Aufträge entgegennehmen (§ 3 Abs. 2).

Der Berufskonsul ist **Reichsbeamter**, er bezieht Gehalt und Gebühren. Vor Antritt des Amtes wird er vereidigt. Er darf ohne Genehmigung des Kaisers weder ein Konsulat fremder Mächte führen, noch Orden oder Geschenke fremder Regierungen annehmen (vgl. RBG. §§ 4—6, 8, 25).

Zum Berufskonsul (consul missus) gehört eine besondere juristische **Vorbereitung** und die Ablegung der ersten juristischen Prüfung, ferner mehrjährige dienstliche Beschäftigung oder Ablegung einer besonderen Prüfung, die durch Regulativ geordnet ist (§ 7 KonsOG.).

Zu **Wahlkonsuln** (consules electi) sollen in erster Linie Kaufleute bestellt werden, die Reichsangehörige sind. Erst in Ermangelung solcher Ausländer.

Auch diese sind Reichsbeamte, ohne durch dieses Amt die Reichsangehörigkeit zu erwerben.

Konsularagenten endlich sind nicht Konsuln. Das Reich trägt für sie keine Verantwortung, sie sind — mit Genehmigung des Reichskanzlers — vom Konsul zu seiner Unterstützung angeworbene Privatangestellte (§ 11 KonsOG.).

Als Beamte fungieren im übrigen bei den Konsulaten noch das Hilfspersonal (Kanzler, Sachverständige usw.).

An und für sich stehen den Konsuln obrigkeitliche Befugnisse nicht zu, weil ihre Tätigkeit sich außerhalb des Gebietes des Reichs entfaltet, wohin seine Herrschergewalt nicht reicht. Allein es werden solche Befugnisse doch von ihnen ausgeübt, und zwar teils auf Grund völkerrechtlichen Herkommens, teils auf Grund von Verträgen, welche das Reich mit auswärtigen Staaten geschlossen hat.

Die Erlaubnis, die der Empfangsstaat dem Konsul erteilt, Hoheitsrechte in seinem Gebiet ausüben zu dürfen, heißt das „Exequatur". (Diese Genehmigung ist als einzige Ausnahme des sonst ganz dem Reich unterstellten Konsulatswesens den Einzelstaaten verblieben; vgl. Vertrag vom 23. November 1870 Nr. XII Abs. 1.)

Übrigens haben die Konsuln auch eine Reihe nicht obrigkeitlicher Funktionen wahrzunehmen, wie z. B. die Berichterstattung über den Handel usw. in ihrem Bezirk, Rat-, Beistandsgewährung an Reichsangehörige usw. (§ 1 KonsOG.).

Personen, die unter dem deutschen konsularischen Schutz stehen, sind:

a) Reichsangehörige,

b) Schutzgenossen (d. h. Ausländer, denen vertragsgemäß der Schutz zugesichert ist),

c) die sog. de facto Untertanen (frühere Deutsche, die noch Sprache und Sitten ihres Heimatlandes haben).

(Das Nähere regeln Dienstinstruktionen des Reichskanzlers.)

Obrigkeitliche Befugnisse der Konsuln sind:

1. Jeder Reichskonsul führt über die in seinem Amtsbezirk wohnenden und zu diesem Behufe bei ihm angemeldeten Reichsangehörigen eine **Matrikel** (§ 12 KonsOG.).

So lange ein Reichsangehöriger in die Matrikel eingetragen ist, bleibt ihm sein heimatliches Staatsbürgerrecht erhalten, auch wenn dessen Verlust lediglich infolge des Aufenthalts in der Fremde eintreten würde.

2. Die Konsuln sind **Urkundspersonen** und befugt zur **Legalisation** derjenigen Urkunden, welche in ihrem Amtsbezirk ausgestellt und beglaubigt sind. Unter Legalisation versteht man die amtliche Erklärung über die Zuständigkeit der fremden Behörde und über die Echtheit der Unterschrift (KonsOG. § 14; ZPO. § 438).

Mit Siegel und Unterschrift versehene Zeugnisse und Beurkundungen über amtliche Wahrnehmungen der Reichskonsuln haben die Beweiskraft öffentlicher Urkunden (KonsOG. § 15; vgl. §§ 415 ff. ZPO.).

Urkunden, welche von Reichskonsuln in ihrem Amtsbezirk über Rechtsgeschäfte von Reichsangehörigen unter Zuziehung von zwei Zeugen und Unterzeichnung der Beteiligten aufgenommen, untersiegelt und unterschrieben sind, sind den innerhalb der Bundesstaaten aufgenommenen **Notariatsurkunden** gleichzuachten (KonsOG. §§ 16, 17).

3. Die Konsuln können, sofern sie der Reichskanzler dazu ermächtigt, **standesamtliche Befugnisse** dahin ausüben, daß sie innerhalb ihres Amtsbezirkes Eheschließungen vornehmen und Geburten, Heiraten und Sterbefälle beurkunden, soweit es sich um Reichsangehörige und Schutzgenossen handelt. Die Ermächtigung wird nicht für das Konsulat, sondern dem Konsul persönlich erteilt (KonsOG. § 13).

4. Die Konsuln können, soweit sie der Reichskanzler dazu ermächtigt, auch Zeugen abhören und Eide abnehmen, üben also ein **Richteramt** aus (KonsOG. § 20).

Die Konsuln können innerhalb ihres Amtsberzikes als Hilfsorgane inländischer Gerichte und Behörden **Zustellungen** bewirken (KonsOG. § 19).

5. Als **Vormundschaftsbehörde** haben die Konsuln aus dem Gesichtspunkte der cura absentis die Fürsorge für Verlassenschaften der Reichsangehörigen (KonsOG. § 18); für Bergungs- und Rettungsangelegenheiten bei Unfällen, durch welche deutsche Schiffe betroffen sind; Wahrung der Interessen des Reeders bei einer notwendigen

Veräußerung oder Verbodmung des Schiffes, Einsetzung eines Schiffsführers an Stelle eines verstorbenen, erkrankten oder zur Führung des Schiffes untauglich gewordenen Schiffers.

6. Die Konsuln fungieren im Auslande als **Seemannsämter.** Ihre Befugnisse erstrecken sich auf alle Kauffahrteischiffe, welche das Recht, die Reichsflagge zu führen, ausüben dürfen, sowie auf die Führer und die Mannschaft dieser Schiffe, ohne Rücksicht auf die Reichsangehörigkeit (SeemO. vom 2. Juni 1902 § 5).

Ihnen liegt insbesondere ob, die gütliche Ausgleichung der zu ihrer Kenntnis gelangten zwischen dem Kapitän und der Schiffsbesatzung ausgebrochenen Streitigkeiten zu versuchen (vgl. SeemO. vom 2. Juni 1902), ev. die vorläufige Entscheidung zu treffen.

Sie sind befugt, deutschen Schiffsführern Befehl zu geben, hilfsbedürftige deutsche Seeleute in die Heimat zurückzubefördern (KonsOG. §§ 26, 29).

7. Die Konsuln üben über die Schiffe der deutschen Handelsmarine die **Polizeigewalt** aus und haben namentlich auf die Beobachtung der auf die Gesundheit und Sicherheit der Schiffsleute bezüglichen Vorschriften zu achten (KonsOG. § 33).

Sie dürfen jedoch nicht in die Hoheitsrechte des fremden Staates eingreifen und haben sich deshalb auf das Schiff und die Vorkommnisse auf demselben zu beschränken. Schiffsführer haben die Pflicht, Ankunft und Abgang des Schiffes dem Konsul zu melden (KonsOG. § 31).

Die Konsuln haben auch die Vorschriften über Führung der Reichsflagge zu überwachen (KonsOG. § 30).

Sie sind auch befugt, den in ihrem Amtsbezirk sich aufhaltenden Reichsangehörigen **Pässe auszustellen** und Pässe zu visieren (§ 35).

Die Konsulargerichtsbarkeit.

8. Mit einigen Konsulaten ist auch **Gerichtsbarkeit** verbunden. (Konsulargerichte zählen zu den reichsrechtlich bestellten Sondergerichten.)

Die Konsulargerichtsbarkeit wird in den Ländern ausgeübt, in welchen ihre Ausübung durch Herkommen oder durch Staatsvertrag gestattet ist, und erstreckt sich auf die in den Konsulargerichtsbezirken wohnenden oder sonst sich aufhaltenden Reichsangehörigen und Schutzgenossen.

Länder, in denen sie ausgeübt wird. Seitens deutscher Konsuln wird die Konsulargerichtsbarkeit zurzeit tatsächlich ausgeübt in China,

Persien, Siam, Abessinien, Marokko, in der Türkei, wo sie jedoch für Bosnien, Herzegowina und Tunis außer Übung gesetzt, für Ägypten sehr eingeschränkt zugunsten der daselbst durch internationale Vereinbarung eingesetzten zum Teil mit Europäern besetzten Landesgerichte, in Bulgarien beschränkt.

Das Gesetz, betreffend die Konsulargerichtsbarkeit vom 7. April 1900.

Ergänzt durch G. vom 23. Dezember 1911 (RGBl. S. 1135), dessen Art. I einen neuen § 31a gibt.

Dieses Gesetz (an Stelle des von 1879) enthält **9** Abschnitte.

Abschnitt 1 behandelt den **Umfang** der Konsulargerichtsbarkeit.

1. Die Konsulargerichtsbarkeit wird in den Ländern ausgeübt, in denen ihre Ausübung durch Herkommen oder durch Staatsverträge gestattet ist (§ 1 Abs. 1).

2. **Unterworfen** sind dieser:

a) Deutsche soweit sie nicht exterritorial sind,

b) Schutzgenossen, d. h. Ausländer, die auf Anordnung des Reichskanzlers unter deutschen Schutz stehen.

Den Deutschen stehen gleich: Handelsgesellschaften, Eingetragene Genossenschaften, Juristische Personen, wenn sie im Reichsgebiet oder Schutzgebiet ihren Sitz haben (§ 2).

Die Konsulargerichtsbarkeit greift Platz in allen bürgerlichen Streitigkeiten, in denen beide Teile Reichsangehörige usw. sind; bei Streitigkeiten zwischen diesen und Eingeborenen entscheidet Prävention. Endlich in Strafsachen.

Die Militärgerichtsbarkeit wird durch das Gesetz nicht berührt (§ 3).

Abschnitt 2. Die Konsulargerichtsbarkeit wird ausgeübt:

durch Konsul (wenn er dazu vom Reichskanzler ermächtigt ist § 6),

durch Konsulargericht,

durch Reichsgericht[1] (§ 5).

Der **Konsul ist zuständig:**

1. für die durch Gerichtsverfassung, die Prozeßordnungen und Konkursordnung den Amtsgerichten überwiesenen Sachen, mit Ausnahme der Schöffensachen (§§ 7, 10);

[1] Die Schaffung eines das Reichsgericht ersetzenden Reichskolonial- und Konsulargerichts ist in Aussicht genommen.

2. für die freiwillige Gerichtsbarkeit (§ 7).

Auch Funktionen der Staatsanwaltschaft übt der Konsul aus.

Derselbe ist mithin:

Staatsanwalt,
Amtsrichter,
Untersuchungsrichter,
Vorsitzender der Zivil- und Strafkammer.

Das **Konsulargericht** besteht aus dem Konsul und zwei Beisitzern (§ 8). Bei Verbrechen und Nichtüberweisungs-Vergehen vier Beisitzer (§ 8 Abs. 2).

Der Konsul ernennt für die Dauer eines jeden Geschäftsjahrs aus den achtbaren Gerichtseingesessenen, ev. aus sonstigen achtbaren Einwohnern seines Bezirkes 4 Beisitzer und mindestens 2 Hilfsbeisitzer. Der Berufung ist Folge zu leisten (§ 12).

Es ist zuständig:

1. für Schöffengerichts- und Landesgerichtssachen (gemäß Gerichtsverfassung); (also Zivil- und Strafkammer erster Instanz — nicht auch Schwurgericht).
2. Es ist Beschwerdeinstanz gegen Konsul in Strafsachen (§ 10).

Die vom Konsul ernannten Beisitzer unterliegen der Beeidigung, Ablehnung, Bestrafung wie Schöffen. Sie haben in den vor das Konsulargericht gehörigen Sachen ein unbeschränktes Stimmrecht (§§ 11 ff.).

In **Schwurgerichts-** und **Reichsgerichts**sachen hat der Konsul nur die nötigen Sicherheitsmaßregeln und dringenden Untersuchungshandlungen vorzunehmen und darauf die Akten an die Staatsanwaltschaft des zuständigen deutschen Gerichts einzusenden (§ 55).

Für das **Verwaltungsstreitverfahren** ist der Bundesrat erste und letzte Instanz.

An Stelle der Zentralverwaltungs- und Polizeibehörden tritt der Konsul.

Fiskalische Rechte und Pflichten treffen das Reich. Geldstrafen fließen zur Reichskasse.

Rechtsmittel gehen an das Reichsgericht (Konsul, Reichskanzler, Reichsgericht).

Das Reichsgericht ist Berufungs- und Beschwerdeinstanz hinsichtlich der Entscheidungen des Konsuls und des Konsulargerichts in bürgerlichen Rechtsstreitigkeiten und in Konkurssachen.

Ferner Beschwerde- und Berufungsinstanz bezüglich der Entscheidungen des Konsulargerichts in Strafsachen.

Endlich Beschwerdeinstanz bezüglich der Entscheidungen des Konsuls in Angelegenheiten der freiwilligen Gerichtsbarkeit (§ 14).

In den zur Zuständigkeit des Konsuls gehörenden, amtsgerichtlichen Zivilprozessen ist ein Rechtsmittel nur zulässig, sofern der Wert des Streitgegenstands 300 Mark übersteigt (§ 43).

Ebenso ist gegen die wegen Übertretungen erlassenen Entscheidungen des Konsuls oder des Konsulargerichts ein Rechtsmittel nicht zulässig, sofern eine Verurteilung auf Grund von StGB. § 361 Abs. 3 bis 8 erfolgt, oder auf Geldstrafe oder auf Einziehung erkannt ist (§ 63).

Eine Mitwirkung der Staatsanwaltschaft findet in Konsulargerichtssachen nicht statt (§ 15).

Deren Verrichtungen werden in Strafsachen vom Konsul (§§ 53ff.), in Ehenichtigkeits-, Entmündigungs- und Todeserklärungssachen von einer vom Konsul bestimmten Person wahrgenommen (§ 42).

Der Konsul bestimmt auch die als Gerichtsschreiber, Gerichtsvollzieher und Gerichtsdiener zuzuziehenden Personen und läßt Personen zur Ausübung der Rechtsanwaltschaft zu (§§ 16, 17).

Für die Rechtshilfe im Verkehr der Konsulargerichte untereinander und mit den Behörden des Reichsgebietes kommen die Bestimmungen des GVG. (§§ 157 ff.) zur Anwendung (§ 75). Bei justitia denegata entscheidet das Reichsgericht.

In Strafsachen, in denen ein Konsul oder Konsulargericht in erster Instanz erkannt hat, steht das **Begnadigungsrecht** dem Kaiser zu (§ 72).

Eine sehr gute Übersicht über den Instanzenzug in der Konsulargerichtsbarkeit gibt die auf nächster Seite abgedruckte Heilfronsche Tabelle (Heilfron, Zivilprozeß Bd. II S. 685).

Abschnitt 3. Das anzuwendende Recht.

Es gelten (§ 19):

BGB. und StGB.,
GVG., KO., FGG.,
ZPO. und StPO.

Für das bürgerliche Recht gelten neben den Vorschriften der Reichsgesetze die innerhalb Preußens im bisherigen Geltungsgebiete des ALR. geltenden Vorschriften, so daß die Konsulargerichtsbezirke wie eine landrechtliche preußische Provinz behandelt werden.

Neue Gesetze erlangen nach 2 bzw. 4 Monaten Kraft. (2 in Europa, Ägypten, an der asiatischen Küste des Schwarzen und Mittelländischen Meeres.) (§ 30.)

Erste Instanz.	Zweite Instanz.	Dritte Instanz.

Besondere streitige Gerichtsbarkeit.

a) **Konsulargerichtssachen** (RG. vom 7. April 1900).

1. Beschluß des Konsuls oder Konsulargerichts (Konsul und 2 Beisitzer, KonsGG. § 8) in Zivilsachen.	1. Beschwerde an den Zivilsenat des Reichsgerichts, nur bei 300 ℳ übersteigendem Streitwerte. KonsGG. § 43.	1. Keine weitere Instanz.
2. Urteil des Konsuls oder Konsulargerichts in Zivilsachen.	2. Berufung (durch Einreichung einer Berufungsschrift beim Konsul) an den Zivilsenat des Reichsgerichts, jedoch nur bei 300 ℳ übersteigendem Streitwerte. KonsGG. § 45.	2. Keine weitere Instanz.
3. Beschluß des Konsuls in Strafsachen.	3. Beschwerde an das Konsulargericht. KonsGG. § 10^{3}.	3. Weitere Beschwerde (nur bei Verhaftungen, StPO. § 352) an den Strafsenat des Reichsgerichts. KonsGG. § 14^{1}.
4. Urteil des Konsuls oder Konsulargerichts (2 oder 4 Beisitzer, KonsGG. §§ 8 Abs. 2, 10^{1}) in Strafsachen.	4. Berufung an den Strafsenat des Reichsgerichts. Bei Übertretungen kein Rechtsmittel. KonsGG. §§ 14^{2}, 63.	4. Keine weitere Instanz.

b) **Kolonialgerichtssachen** (Schutzgebietsgesetz vom 10. September 1900, KaisVO. vom 9. November 1900).

Wie zu a, nur treten an die Stelle der Konsuln die vom Reichskanzler zur Ausübung der Gerichtsbarkeit ermächtigten Beamten (Kaiserl. Bezirksrichter), an die Stelle der Konsulargerichte die Kaiserl. Bezirksgerichte und an die Stelle des Reichsgerichts Kaiserl. Obergerichte (SchutzgebG. § 2). Die Gerichte I. Instanz sind auch für die Schwurgerichtssachen zuständig (KaisVO. § 8).

Abschnitt 4. Besondere Vorschriften über das bürgerliche Recht.

a) **Vereine** in den Konsularbezirken können Rechtsfähigkeit durch Beschluß des Bundesrats erhalten.

b) Die **Form** der im Konsulargerichtsbezirk geschlossenen **Ehen** wird ausschließlich durch das Gesetz, betr. die Eheschließung und Beurkundung des Personenstandes von Reichsangehörigen im Auslande vom 4. Mai 1870 bestimmt (§ 36).

c) **Testamentserrichtung** kann bei Todesgefahr durch mündliche Erklärung vor 3 Zeugen erfolgen (§ 38).

d) Wichtig ist, daß in **Handelssachen** vor den deutschen Gesetzen, also auch vor dem HGB. das im Bezirk geltende **Gewohnheitsrecht** gilt (§ 40).

Abschnitt 5. a) Verfahren in bürgerlichen Streitigkeiten, im **Konkurs** und freiwilliger Gerichtsbarkeit vor dem Konsul wie vor Amtsgericht (indessen gibt es ein vorbereitendes Verfahren). (§ 41.)

b) **Rechtsmittelsumme** in Zivilsachen 300 Mark; Berufung wird beim Konsul eingelegt, dieser übersendet die Akten dem Reichsgericht (§ 45).

c) Zwangsvollstreckung wie im Inland (§ 46).

Abschnitt 6. Besondere Strafrechtsvorschriften.

Konsul ist zum Erlaß von Polizeivorschriften befugt. Strafandrohung: Haft, Geld bis 1000 Mark (§ 51).

Abschnitt 7. Verfahren in Strafsachen.

Konsul veranlaßt Zustellungen (§ 53).

Abschnitt 8. Kostenvorschriften (Gebühren doppelt). (§ 73.)

Abschnitt 9. Schlußbestimmungen. § 77: „Deutsche und Schutzgenossen können nach den diesem Gesetz gemäß in den Konsulargerichtsbezirken Anwendung findenden strafrechtlichen Vorschriften wegen eines Verbrechens oder Vergehens auch dann verfolgt werden, wenn sie die Handlung in einem Gebiete begangen haben, das keiner Staatsgewalt unterworfen ist." (Wichtig für die Interpretation des § 4 Abs. 2 Ziff. 3 StGB. „Nordpolfrage".)

II. Post- und Telegraphenwesen des Reichs.

Gesetzgebung (RV. Artt. 4 Ziff. 10; 48—52). Gesetze:

1. Vom 5. Juni 1869, betr. die Portofreiheiten.
2. Vom 28. Oktober 1871 über das Postwesen (Reichspostgesetz).

3. Gesetz, betr. Änderung über das Postwesen vom 20. Dezember 1899 (Privatposten-Entschädigung).
4. Postordnung für das Deutsche Reich vom 20. März 1900. Änderung 1901.
5. Weltpostvertrag vom 15. Juni 1897, neu vom 26. Mai 1906 (RGBl. 1907, 593).
   a) Gesetz über das Telegraphenwesen des Deutschen Reichs vom 6. April 1892. Dazu Änderungsgesetz vom 7. März 1908 und die Bekanntmachung, betr. die Schiffstelegraphie vom 16. Juli 1908 (RGBl. S. 79, 476).
   b) Telegraphenwegegesetz von 1899.
   c) Telegraphenordnung von 1897; Abänderungen 1901.
   d) Fernsprech-Gebührenordnung 1899.
   e) Internationaler Telegraphenverein (5 Übereinkommen 1906).

A. **Einleitung. Geschichtliches.**[1] Das staatliche und private Bedürfnis einer Nachrichtenübermittlung in die Ferne ist uralt. Von den Persern, Ägyptern und Griechen wissen wir diesbezügliche Einrichtungen und berühmt ist der „cursus publicus" des römischen Weltreichs, eine anscheinend tadellos funktionierende, großzügige Einrichtung für Brief- und Personenbeförderung.

Im Deutschen Reich waren es anfangs weniger die staatlichen als die kirchlichen Behörden, die sich dieses Verkehrszweiges annahmen. Den Verkehrsanstalten der geistlichen, insbesondere des Deutschen Ordens schlossen sich die der Universitäten an. Auch die Städte, ja selbst einzelne Innungen (besonders die Metzger) richteten einen regelmäßigen Boten- und Verkehrsdienst ein.

Im übrigen bildet gerade auf dem Verkehrsgebiete das alte Deutsche Reich ein Abbild staatlicher Zersplitterung.

Erst mit der Erstarkung der Landesgewalten sieht man sich das Postwesen einheitlicher und kräftiger entwickeln.

Der Ausdruck „Post" stammt übrigens aus Frankreich, wo das Postwesen sich zuerst unter Ludwig XI. (1464) und Karl VIII. (1487) in Gestalt königlicher Kuriere (chevaucheurs en postes) entwickelte. (Der Ursprung des Wortes ist wohl die posita statio).

In Deutschland gingen die ersten umfassenden Posteinrichtungen von der Familie **Taxis** aus (1500).

Bereits Karl V. schloß schon 1516 mit den Taxis Postverträge über Beförderungen von Briefen und Personen insbesondere nach

---

[1] Vgl. den Artikel „Post" von Fischer und Aschenborn im H.-W.-B. Bd. VI S. 1068 ff.

Italien ab. Ein Baptist v. Taxis wurde zum Generalpostmeister ernannt, er ist der Gründer der Taxisschen Postdynastie.

Die Generalpostmeisterwürde wurde später Reichsamt und erbliches Reichslehen, das von Kaiser Mathias 1615 an Landrat v. Taxis verliehen wurde, dessen Linie später (1686) in den Reichsfürstenstand erhoben wurde.

Die Familie stammt aus Bergamo und ist spanisch-niederländischen Ursprungs.

Die Versuche der Taxis, aus ihren Unternehmungen einen ausschließliche Reichsanstalt zu schaffen, sind stets mißglückt. Es blieb eine private Unternehmung.

Die größeren Reichsstände nahmen das Recht, Posten in ihren Territorien zu errichten, stets in Anspruch. Insbesondere wies der Brandenburger Kurfürst Friedrich Wilhelm (1660) die Ansprüche der Taxis schroff ab.

Preußen übernahm später das Taxissche Postwesen und entschädigte 1816 die Familie durch das Fürstentum Krotoschin sowie 1867 durch eine Zahlung von 9 Mill. Mark.

B. **Das heutige deutsche Postwesen.**

1. Das Reich ist heute für das ganze Reichsgebiet ausschließlich zuständig zur Gesetzgebung über die Vorrechte der Post und Telegraphie, über die rechtlichen Verhältnisse beider Anstalten zum Publikum, über die Portofreiheit und das Posttaxwesen (vgl. RV. Art. 4 Ziff. 10; Artt. 48, 51).

Eine Ausnahme besteht hinsichtlich der reglementarischen und Tarifbestimmungen für den inneren Verkehr **Bayerns** und **Württembergs.**

2. Das Reich führt, mit Ausnahme von Bayern und Württemberg, die **unmittelbare Verwaltung** von Post und Telegraphie.

Der Kaiser stellt die oberen Beamten (Direktoren, Räte usw.) und die Aufsichtsbeamten (Inspektoren, Kontrolleure) an, welche ihm den Diensteid leisten. Die anderen Beamten werden von den Landesregierungen angestellt.

Sämtliche Beamte der Post- und Telegraphenverwaltung sind verpflichtet, den Kaiserlichen Anordnungen Folge zu leisten. Diese Verpflichtung ist in den Diensteid aufzunehmen.

Die Beamten unterstehen dem Reichsbeamtengesetz.

Auf Grund vertragsmäßigen Verzichtes der betreffenden Staaten wird übrigens vom Reiche die gesamte Post- und Telegraphenverwaltung, einschließlich der Ernennung sämtlicher Beamten, geführt in Preußen, Hessen, Anhalt, Waldeck, beiden Lippe, in sämtlichen thüringischen Staaten, in Elsaß-Lothringen, in Hamburg, Bremen und Lübeck.

Bayern und Württemberg[1] haben ihre besondere Post- und Telegraphenverwaltung behalten und haben keinen Anteil an den zur Reichskasse fließenden Einnahmen aus Post und Telegraphie.

Soweit es sich jedoch um die Regelung des Post- und Telegraphenverkehrs mit dem Auslande handelt, werden auch diese Staaten durch das Reich vertreten.

Eine Ausnahme besteht nur für die Regelung des unmittelbaren Verkehrs mit ihren dem Reiche nicht angehörenden Nachbarstaaten.

Die Grundlage der rechtlichen Beziehungen zwischen dem Reich und diesen beiden Staaten ist nicht eine staatsrechtliche, sondern vertragsmäßige. Maßgebend ist der Postvertrag von 1867, ergänzt 1872, und der Telegraphenvertrag von 1868/1872.

Unterschieden werden danach:

a) Innerer Verkehr,
b) Wechselverkehr (mit Reich),
c) Durchgangsverkehr (mit Ausland).

3. Post und Telegraphie sind öffentliche Verkehrsanstalten des Staates, zwar kein Hoheitsrecht aber auch nicht ein freies Gewerbe des Fiskus.

Postregal — Monopol — ist die Befugnis der Post zur ausschließlichen Vornahme gewisser von ihr betriebener Geschäfte. (Das Postregal ist praktisch dasselbe wie der Postzwang.)

Das Postregal besteht heute eigentlich nur noch für Briefe und Zeitungen.

Der Post- und Telegraphenverwaltung sind gewisse **Vorrechte** eingeräumt:

a) **Postzwang.**[2] Er ist eine Beschränkung der allgemeinen Handlungs- und Gewerbefreiheit zugunsten der Postanstalt, und zwar innerhalb des Reichs und vom Reiche in das Ausland.[3]

---

[1] Württemberg hat seit 1901 die Postwertzeichen des Deutschen Reichs eingeführt, während Bayern noch eigene Marken führt.

[2] „Postzwang ist kein Zwang, sich der Post zu bedienen, sondern ein Zwang, sich des Betriebes, der der Post vorbehaltenen Transportgeschäfte zu enthalten." (Laband, Staatsr. III, 78 Note 1).

[3] Brief- und Zeitungsverkehr vom Ausland in das Inland unterliegt dem Postzwang nicht.

Ihm ist unterworfen die **Beförderung** von:

α. versiegelten, zugenähten oder sonst verschlossenen **Briefen** von Orten mit einer Postanstalt nach anderen Orten mit einer Postanstalt (PostG. § 1). (Unverschlossene Briefe sowie Kreuzbandsendungen unterliegen dem Postzwange nicht),

β. allen **Zeitungen** politischen Inhalts, sofern sie öfter als einmal wöchentlich erscheinen und sofern die Beförderung über den zweimeiligen Umkreis ihres Ursprungsortes hinausgeht (PostG. § 1) (innerhalb dessen kein Postzwang).

Verboten ist nur die Beförderung von Briefen und Zeitungen gegen **Bezahlung**, d. h. Vergütung in barem Gelde oder anderen Gegenständen.

Eine **Ausnahme** ist jedoch für Beförderung durch expresse Boten oder Fuhren gemacht, die aber nur von einem Absender geschickt werden dürfen (PostG. § 2).

Umfang und Ausdehnung des Postmonopols. Das Monopol besteht nur hinsichtlich solcher Orte, an denen Postanstalten errichtet sind (PostG. § 1).

Durch das Gesetz vom 20. Dezember 1899 ist das Postmonopol ausgedehnt auf unverschlossene Briefe, Karten, Drucksachen, Warenproben mit benanntem Empfänger innerhalb einer Gemeinde, falls in derselben eine Postanstalt vorhanden ist.

Für Gegenstände und Beförderungsarten, die dem Postzwange nicht unterworfen sind, besteht das Monopol nicht (z. B. offene Drucksachen ohne Aufschrift bestimmter Empfänger).

Im übrigen genügt jede auch nur einmalige Beförderung gegen irgend ein Entgelt, um eine Verletzung des Postregals zu begründen.

Recht des Publikums auf Postsendung. Dem Postzwange steht das Recht des Publikums gegenüber, daß die Annahme und Beförderung von Postsendungen von der Post nicht verweigert werden darf, sofern die gesetzlichen oder reglementarischen Bestimmungen beobachtet sind (§ 3). Auch darf keine im Gebiete des Deutschen Reichs erscheinende politische Zeitung vom **Postdebit** (d. i. Besorgung und Vertrieb) ausgeschlossen werden, und die Provision für alle inländischen Zeitungen ist nach gleichen Grundsätzen zu bestimmen (PostG. § 3).

Eine **Suspension** des Postregals ist möglich. Wenn nämlich die Postverwaltung in Kriegs- oder sonstiger Gefahr jedwede Haftung bei der Beförderung ablehnt, kann auch für postzwangspflichtige Gegenstände jede beliebige Beförderung gewählt werden (PostG. § 15).

4. **Sonderheiten des Vertrags mit der Post.** Überhaupt bestehen für den Vertrag, den ja Post und Telegraphie in jedem Fall mit dem einzelnen abschließen, feste Bestimmungen, von denen weder zugunsten noch zuungunsten der Kontrahenten abgewichen werden darf.

In der Mußübernahme und diesem **Vertragszwang** unterscheiden sich diese öffentlichen Anstalten von einem privaten Transportunternehmer.

Die Wichtigkeit solcher Normativbestimmungen erklärt ihre teilweise Aufstellung durch **Gesetz**, während sie an und für sich ein Verwaltungsakt sind.

Reglementarische Verordnungen ergehen im übrigen vom Reichskanzler oder durch Beschluß des Bundesrats.

Bei Mangel spezialgesetzlicher oder reglementarischer Bestimmungen würden die allgemeinen Grundsätze des BGB. in Anwendung kommen. (HGB. ausgeschlossen § 452 — nicht weil Postbeförderungsgeschäfte keine Frachtgeschäfte wären, sondern weil sie durch lex specialis geregelt sind.)

5. **Regelung der Portopflicht.** Die Portopflicht des Absenders ist durch Gesetz geregelt für Briefe, Wertsendungen, Zeitungen, durch Reglement für sonstige postalische Geschäfte, durch internationalen Vertrag beim Auslandsverkehr.

Das **Posttaxwesen** ist geregelt durch die Gesetze vom 28. Oktober 1871, 17. Mai 1873 und 3. November 1874, welche jedoch auf den inneren Postverkehr in Bayern und Württemberg keine Anwendung finden.

Behörden können an Stelle der Einzelfrankierung **Aversionalsummen** mit der Post vereinbaren.

6. **Post hat das Briefgeheimnis zu wahren.** Auf der Eigenschaft einer öffentlichen Anstalt beruht für die Post die Verpflichtung zur Bewahrung des Brief- und Telegraphengeheimnisses, d. h. kein Beamter darf bei Disziplinar- oder Kriminalstrafe und Schadenersatz von dem Inhalt von Briefen, Karten usw. selbst Kenntnis nehmen noch Mitteilungen an Dritte oder an Behörden machen. Dem steht die Vernichtung oder Vorenthaltung von Postsendungen gleich (PostG. § 5). Vgl. §§ 299, 354, 358 StGB.

Ausnahmen von dem Postgeheimnis finden nur im Strafprozeß und Konkurs statt (StPO. §§ 99, 101; KO. § 121).

7. **Verlusterfatz.** Bei Briefen und Paketen **mit Wertangabe** wird im Falle des Verlustes, der Beschädigung oder verzögerten Beförderung oder Bestellung Ersatz geleistet, soweit nicht

1. den Absender ein Verschulden trifft oder
2. der Nachteil durch die unabwendbaren Folgen eines Naturereignisses oder
3. durch die natürliche Beschaffenheit des Gutes herbeigeführt ist (PostG. § 6).

Den Beweis für diese Tatsachen hat die Post zu erbringen.

Die ohne Erinnerung geschehene Annahme einer Sendung begründet die Vermutung, daß bei der Aushändigung Verschluß und Verpackung unverletzt und das Gewicht mit dem bei der Einlieferung ermittelten übereinstimmend befunden worden ist. Ist dies der Fall, so leistet die Post keinen Ersatz.

Für gewöhnliche Briefe, Postkarten, Drucksachen, Warenproben haftet die Post unter keinen Umständen (PostG. §§ 6, 12).

8. **Höhe des Ersatzes.** Bei Paketen, bei welchen die Wertangabe unterblieben ist, haftet die Post bis zu drei Mark für jedes Pfund (PostG. §§ 6, 9).

Für eingeschriebene oder Eilbotensendungen mit 42 Mark. Die Ansprüche müssen binnen 6 Monaten geltend gemacht werden (PostG. §§ 6, 10).

Für Briefe und Pakete mit Wertangabe hat die Post im Verlustfalle nur den wirklich entstandenen Schaden zu ersetzen, nicht den deklarierten. Beweislast bezüglich zu hoher Wertangabe obliegt der Post. Ist die zu hohe Wertangabe mit Betrugsabsicht erfolgt, tritt Verlust des Entschädigungsanspruchs ein (PostG. § 8; StGB. §§ 263, 267, 268).

Berechtigt zur Geltendmachung des Schadens ist nur der Absender (PostG. §§ 6, 10).

9. **Weitere Vorrechte der Post.**

a) Befreiung von Entrichtung der Chausseegelder.

b) Benutzung der Neben- und Feldwege, sowie der ungehegten Wiesen und Äcker, im Falle des Bedürfnisses und vorbehaltlich der Ersatzleistung.

c) Befreiung von Pfändung.

d) Jedes Fuhrwerk muß den Posten usw. auf das übliche Signal bei Strafe ausweichen.

f) Das Inventar der Posthaltereien ist kein Arrest- oder Exekutionsobjekt außer im Konkurs des Posthalters (KO. § 1 Abs. 2).

Verhältnis der Post zur Eisenbahn. Die Eisenbahnen sind von ihrer Entstehung an zu besonderen Leistungen bezüglich der Postbeförderung verpflichtet gewesen.

In Preußen war hierfür maßgebend das Gesetz über die Eisenbahnunternehmungen vom 3. November 1838 § 36.

In Anlehnung daran ist heute im Reich maßgebend das Eisenbahn-Postgesetz vom 20. Dezember 1873 (RGBl. S. 318). (Nicht zutreffend für Bayern und Württemberg.)

Das Eisenbahn-Postgesetz stellt folgende Verpflichtungen auf:

a) Den Betrieb tunlichst in Übereinstimmung mit den Postbedürfnissen einzurichten (Art. 1).

b) Postwagen teils entgeltlich teils unentgeltlich zu befördern, nötigenfalls auch besondere Transportmittel zur Verfügung zu stellen (Artt. 2—6).

c) Bei Bahnhofsanlagen Diensträume usw. für die Postverwaltung und deren Beamten herzustellen und gegen Mietsentschädigung zu überlassen (Art. 7).

10. **Portofreiheit** besteht:

a) für die regierenden Fürsten des Deutschen Reichs, deren Gemahlinnen und Witwen;

b) für Postsendungen in reinen Reichsdienstangelegenheiten (Bundesratssachen, Militär- und Marineangelegenheiten).

Auf Stadtpostsendungen erstreckt sich die Portofreiheit nicht.

c) Für Militärpersonen vom Feldwebel abwärts sind Briefe frei, Geldsendungen und Pakete billiger.

11. **Post- und Portodefraudationen** werden mit Geldstrafe, im Unvermögensfalle mit Haft bestraft. Die Verhängung der Geldstrafe erfolgt, wenn nicht der Angeschuldigte auf rechtliches Gehör anträgt, im Administrativverfahren durch Strafbescheide der Oberpostdirektion.

Die Geldstrafe ist das Vierfache des defraudierten Portos, mindestens jedoch 3 Mark (PostG. §§ 27, 28).

Die Dauer der subsidiär eintretenden Haft, welche 6 Wochen nicht übersteigen darf, ist stets vom Richter festzustellen.

12. **Näheres über den Postfrachtvertrag.** Der Abschluß des Transportvertrags, auf welchem, wie bereits erwähnt, die Beförderung von Briefen usw. seitens der Post beruht,[1] erfolgt durch **Offerte** (Einwurf in den Briefkasten, Abgabe am Schalter) und **Annahme** (Abstempelung).

Das Verhältnis zwischen der Postverwaltung einerseits und dem Absender andrerseits charakterisiert sich als ein privatrechtliches.[2] Es

---

[1] Nach Laband (III 83) fällt derselbe unter die allgemeine Kategorie des Werkvertrages des BGB.

[2] So Meyer-Dochow, Deutsches Verwaltungsrecht, 3. Aufl. 1910 § 113.

liegt ein zweiseitiger Vertrag vor. Daraus gegen die Post entstehende Ansprüche sind im Wege der Privatklage geltend zu machen.

Als Beförderungsgebühr ist die Verwendung von Marken eingeführt, welche die Post verkauft und entwertet. Dieselben beurkunden — auf dem Poststück befindlich — die erfolgte Zahlung.

13. Bis zur wirklich erfolgten Aushändigung kann **Absender** über die Sendung **verfügen.**

14. **Weitere Geschäfte der Post.** Außer dem Frachtgeschäft besorgt die Post noch das Inkassogeschäft, das Anweisungs- und Auszahlungsgeschäft und nimmt Zustellungen vor.

Bei dem **Inkassogeschäft** zieht die Post Summen bis 800 Mark auf Grund eines Wechsels, einer Rechnung, die mit Quittungen versehen sind, von Schuldnern ein (grüner **Postauftrag**) und übermittelt auf Postanweisung den eingetragenen Betrag dem Auftraggeber.

Bei Wechseln ist gemäß der Wechselrechtsnovelle von 1908 bei Nichtzahlung des Papiers der Postbeamte zur Protesterhebung bis zu 800 Mark befugt.

Postnachnahmen erfolgen in der Weise, daß die Post eine Sendung dem Adressaten uneröffnet vorlegt und gegen Zahlung (bis 800 Mark) aushändigt.

Postanweisungen sind Aufträge an die Post, Summen (bis 800 Mark), die bei ihr eingezahlt sind, den Adressaten auszuliefern.

Postalischer Scheckverkehr. Auf Grund des Etatsgesetzes vom Jahre 1900 sollte bei der Post (bis spätestens 1. April 1905) ein Scheckverkehr eingerichtet werden. Es sollen damit im Wege der Ab- und Zuschreibungen auf den Girokonten jedesmalige Barzahlungen vermieden werden. Dieser Postüberweisungs- und Scheckverkehr ist auf Grund gesetzlicher Ermächtigung (§ 2 des Etatnachtraggesetzes vom 18. Mai 1908 — RGBl. S. 197) durch Verordnung des Reichskanzlers vom 1. Januar 1909 ab eingeführt. Es soll zunächst Erfahrung gesammelt werden und alsdann die definitive gesetzliche Regelung erfolgen.

15. **Das Telegraphenregal** ist geregelt durch das Reichsgesetz vom 6. April 1892. Abgeändert durch Gesetz vom 7. März 1908 (RGBl. S. 79). Es besteht in der ausschließlichen Befugnis, Telegraphenanlagen für die Vermittlungen von Nachrichten zu errichten und zu betreiben (TelG. § 1).

Unter Telegraphen sind die Fernsprechanlagen mitbegriffen. Beides sind — wie die Post — öffentliche Verkehrsanstalten. Sie beschränken aber ihren Wirkungskreis auf Beförderung von Nachrichten.

Das Telegraphenregal erstreckt sich auch auf den Ortsverkehr, so daß auch den Gemeinden untersagt ist, solche Anlagen für den Verkehr innerhalb des Gemeindebezirks zu errichten, sofern sie nicht genügende Sicherheit für ordnungsmäßigen Betrieb bieten und das Reich nicht selbst einen solchen Betrieb errichtet hat oder zu errichten bereit ist (TelG. § 2).

16. **Ausgenommen** vom Telegraphenregal sind gewisse Arten von Betriebstelegraphen, die Behörden, Kommunen, Transportanstalten, oder einem Grundstücksbesitzer im inneren Verkehr dienen (TelG. § 3).

17. **Verletzung** des Telegraphenregals wird mit Geld bis zu 1500 Mark, Haft oder Gefängnis bis zu 6 Monaten bestraft.

Die unbefugt errichteten Anlagen sind zu beseitigen.

18. Das Gesetz über Telegraphenwesen gilt auch in Bayern und Württemberg.

19. Die Geschäfte der Telegraphie sind teils Werk- teils Dienstverträge. Auch diese tragen privatrechtlichen Charakter. Die Benutzung des öffentlichen Telegraphs und Fernsprechers steht jedermann zu. Allerdings ist der Auftraggeber von Privattelegrammen auf Verlangen verpflichtet, sich auszuweisen.

Zurückgewiesen können nur solche Telegramme werden, die unsittlichen Inhalt oder Gefährdung des öffentlichen Wohls enthalten (TelG. § 10).

Das Vertragsverhältnis entsteht durch Aufgabe der Depesche und besteht nur zwischen dem Reichsfiskus (dessen Organ ist die Telegraphenverwaltung) und dem Absender.

20. Der Telegraphenverwaltung liegt ebenfalls die Pflicht zur Wahrung des Telegraphengeheimnisses ob (TelG. § 8). Da die Beamten notwendigerweise den Inhalt der Telegramme kennen müssen, so wird die Verhütung hier in der unbefugten Mitteilung an Dritte liegen.

21. **Keine Haftung der Telegraphenverwaltung.** Die Telegraphenverwaltung übernimmt niemals (auch nicht gegen Versicherung) eine Verantwortung für die richtige Übermittlung von Telegrammen. Es findet nur eine Rückerstattung von Gebühren statt (TelO. § 21).

22. **Postdampfersubventionen.** Behufs Einrichtung und Unterhaltung regelmäßiger Postdampfschiffsverbindungen zwischen Deutschland einerseits und Ostasien sowie Australien, Ost- und Südafrika andrerseits hat das Reich erhebliche Mittel (zunächst bis zu 4 Mill. Mark) zur Verfügung gestellt.

23. Auf dem **Postkongreß zu Paris** (1878) wurde der bis dahin bestandene „Allgemeine Postverein" zum **Weltpostverein** (Union postale universelle), mit einem gemeinsamen Bureau in Bern erweitert. Ein neuer Weltpostvertrag ist unter dem 26. Mai 1906 auf dem Kongreß in Rom abgeschlossen (RGBl. 1907, 583). Demselben gehören gegenwärtig 72 Länder mit 1228 Millionen Einwohnern an.

Die wichtigsten Grundsätze bestehen darin, daß für den Postverkehr die Staatsgrenzen möglichst als aufgehoben gelten, so daß sämtliche beteiligte Staaten gleichsam ein einziges Postgebiet bilden, daß die Taxen erheblich herabgesetzt und übereinstimmende Formen der Postsendungsarten (einfache und versicherte Briefe, Postkarten usw.) eingeführt werden.

24. **Allgemeiner Telegraphenverein.** Die in Paris (1865) zusammengetretene Telegraphenkonferenz führte zur Bildung eines Allgemeinen Telegraphenvereins, welchem allmählich fast sämtliche Staaten der Welt beigetreten sind. Organ des Vereins ist das „Internationale Bureau der Telegraphenverwaltungen" zu Bern. Zweck ist, übereinstimmende Ordnung der Telegraphie herbeizuführen, insbesondere eine einheitliche Taxe (nach dem System der Worttaxe).

III. Handelsmarine.

(Reichsverfassung Art. 4 Ziff. 7, 54, 55; Reichsgesetze vom 25. Oktober 1867, 28. Juni 1873, 5. April 1885, 23. Dezember 1888 und VO. vom 8. November 1892 und Flaggenrechtsgesetz vom 22. Juni 1899.)

1. **Handelsflagge.** Die Kauffahrteischiffe aller Bundesstaaten bilden eine einheitliche Handelsmarine; ihre Nationalität ist die deutsche, deren Flagge schwarz-weiß-rot ist (deutsche Nationalflagge) (RV. Artt. 54, 55).

2. Die **Einheitlichkeit** ist hier nicht etwa in dem Sinne einer gemeinsamen Verwaltung zu verstehen, eine solche gibt es natürlich nicht. Sie bedeutet nur, daß alle deutschen Handelsschiffe, was den internationalen Seeverkehr, den völkerrechtlichen Schutz der Schiffahrt anbetrifft, gleich behandelt werden. Die deutschen Schiffe sind sämtlich reichsangehörig.

3. **Flaggenrecht.** Die Nationalität eines Schiffes findet seit altersher ihren äußerlichen Ausdruck in der Flagge.

Das Gesetz über das Flaggenrecht der Kauffahrteischiffe vom 22. Juni 1899, Neufassung vom 29. Mai 1901 überträgt die Bestimmung der Flagge dem Kaiser.

4. **Wer darf Flagge führen?** Zur Führung der Reichsflagge sind die Kauffahrteischiffe berechtigt, aber nur dann, wenn sie in dem ausschließlichen Eigentum solcher Personen sich befinden, welchen das Reichsindigenat zusteht (FlaggenG. § 1).

Zu letzteren werden auch gerechnet im Bundesgebiete befindliche Aktien- und Kommanditgesellschaften auf Aktien, sofern bei diesen allen persönlich haftenden Mitgliedern das Reichsindigenat zusteht, sowie diejenigen Eingeborenen der Schutzgebiete, welche in dieser Beziehung den Reichsangehörigen gleichgestellt worden sind (FlaggenG. § 2).

Außer den eigentlichen Kauffahrteischiffen sind zur Flaggenführung berechtigt noch die Lotsen-, Hochseefischerei-, Bergungs-, Schleppfahrzeuge. Sodann die seegehenden Lustjachten, die Gouvernementsfahrzeuge, Schulschiffe (FlaggenG. §§ 2, 26).

5. Schiffe, welche das Recht zur Flaggenführung haben, sind dazu auch verpflichtet. (Nebenführung einzelstaatlicher Flaggen ist gestattet.)

Die Form der Flagge ist durch Verordnung bestimmt (26. Oktober 1867). Die Führer deutscher Schiffe, welche Offiziere des Beurlaubtenstandes der Marine sind, dürfen das Eiserne Kreuz auf der Handelsflagge führen.

6. **Registrierung der Schiffe.** Jedes Schiff wird in das (öffentliche) **Schiffsregister** seines Heimatshafens eingetragen (FlaggenG. § 4). Ausgenommen sind kleine Fahrzeuge von nicht mehr als 50 Kubikmeter Raumgehalt. Die Änderung des Namens eines eingetragenen Schiffes bedarf der Genehmigung des Reichskanzlers. Von der Eintragung ist die Flaggenführung abhängig.

Über die Eintragung wird von der Registerbehörde ein **Schiffszertifikat** ausgefertigt zwecks Legitimation (FlaggenG. § 10).

7. **Zuständigkeit des Reiches.** Alle für die Handelsmarine erforderlichen Bestimmungen gehen vom Reiche bzw. dem Kaiser aus, denn die Zuständigkeit des Reichs erstreckt sich gemäß Art. 4 Ziff. 7 der Verfassung auf die Organisation eines gemeinsamen Schutzes der deutschen Schiffahrt und ihrer Flagge zur See.

8. Nach Art. 4 Ziff. 9 erstreckt sich die Zuständigkeit des Reichs ferner auf „die **Fluß-** und sonstigen **Wasserzölle**". Gleich ist, ob die Wasserstraßen natürlich oder künstlich sind, ob sie nur einem oder mehreren Staaten angehören.

9. Der Flößerei- und Binnenschiffahrtsbetrieb auf den mehreren Staaten gemeinsamen Wasserstraßen und deren Zustand, sowie die Fluß- und Wasserzölle sind jetzt reichsrechtlich geregelt.

Der **Art.** 54 der **RV.** ist abgeändert durch das **RG.** vom 24. Dezember 1911 (RGBl. S. 1137), betr. den Ausbau der deutschen Wasserstraßen und die Erhebung von **Schiffahrtsabgaben.**

Danach (Art. I) dürfen auf natürlichen Wasserstraßen nur für solche Anstalten (Werke, Einrichtungen) Abgaben erhoben werden, die zur Erleichterung des Verkehrs bestimmt sind (Schiffahrtsabgaben).

Kosten für Anstalten, die anderen Zwecken als der Verkehrserleichterung dienen, dürfen nur anteilsweise durch Schiffahrtsabgaben aufgebracht werden.

Als Kosten der Herstellung gelten die Zinsen und Tilgungsbeträge für die aufgewendeten Kapitalien.

Gemäß Art. II werden zwecks Aufbringung von Mitteln für die Verbesserung und Unterhaltung der natürlichen Wasserstraßen in den Stromgebieten des Rheins, der Weser und der Elbe die beteiligten Staaten zu je einem **Strombauverband** zusammengeschlossen.

Von diesen Strombauverbänden werden für ihre Zwecke Befahrungsabgaben erhoben (Art. II § 2).

Die Verwaltung erfolgt durch Ausschüsse und Strombeiräte (§ 5).

Die **Rhein-** und **Elbzölle** und die besonderen Flößereiabgaben sind **aufgehoben.**

Die Binnenfahrzeuge müssen bestimmte Maße innehalten und werden für die Überwachung in steuerlicher und polizeilicher Hinsicht besonders bezeichnet.

10. Das private **Binnenschiffahrtsrecht** ist neu geregelt. Das G. vom 15. Juni 1895 ist 1898 neu publiziert. Desgleichen ist das **Flößereirecht** neu geordnet (G. vom 15. Juni 1895).

11. Endlich erstreckt sich gemäß Ziff. 9 Art. 4 die Zuständigkeit des Reichs auch auf die **Seeschiffahrtszeichen** (Leuchtfeuer, Tonnen, Baken usw.).

Der § 145 des StGB. gilt als Blankettgesetz für die Kaiserlichen Verordnungen zur Verhütung des Zusammenstoßes von Schiffen auf See.

12. **Kabotage.** Die Küstenfrachtfahrt (cabotage) steht als Ausfluß der Staatsoberhoheit über die Küstengewässer an und für sich nur inländischen Schiffen zu (RG. von 1881, betr. die Küstenfrachtfahrt). Abändernde Staatsverträge möglich. Als Küstengewässer werden 3 Seemeilen vom Uferrande ab zur Zeit der Ebbe gerechnet. (Die Seemeile hat 1852,01 m.)

13. **Art. 4 Ziff. 8 RV.** Zur Herstellung von Land- und Wasserstraßen (Nord-Ostsee-Kanal) ist das Reich befugt auf Grund der Ziff. 8 Art. 4 RV.

IV. Eisenbahnwesen.

Einleitung.

Eisenbahnen sind Verkehrsanstalten, welche die Beförderung von Personen und Gütern auf Schienen bezwecken.

Im weiteren Sinne gehören, da die treibenden Kräfte irrelevant sind, auch Pferdebahnen zu den Eisenbahnen.

Im engeren Sinne versteht man darunter allerdings nur die mit elementaren Kräften betriebenen Bahnen dazu.

Jedenfalls bezieht sich das moderne Eisenbahnrecht nur auf diese.

Diese Eisenbahnen teilt man ein in

Haupt- oder Vollbahnen,
Nebenbahnen (Sekundärbahnen),
Kleinbahnen.

Die ersteren dienen dem großen Durchgangsverkehr. Die Nebenbahnen sollen den Hauptbahnen als Anschlußglieder dienen, die Kleinbahnen dienen nur dem örtlichen Verkehr.

Neben- und Kleinbahnen haben natürlich einen einfacheren Betrieb.

Privatbahnen und Kleinbahnen bilden mit ihrem Gesamtbesitz eine **Bahneinheit.** Diese unterliegt den allgemeinen Grundsätzen des Grundbuchwesens (Bahngrundbücher), der Veräußerung, Belastung, Zwangsversteigerung. (Die Betriebsfähigkeit darf durch Belastung nicht gestört werden.)

Die ältesten deutschen Bahnen sind die Ludwigsbahn von Nürnberg nach Fürth (1834) und die Berlin-Potsdamer Stammbahn (1836).

Ursprünglich Privatunternehmungen sind jetzt die Vollbahnen durchweg Staatseigentum bezüglich der anderen besteht gemischtes System.

Jedenfalls besteht in Deutschland kein Eisenbahnregal.

Die Transportübernahme jedweder Eisenbahn ist stets ein privatrechtlicher (Werk-) Vertrag.

1. Das Eisenbahnwesen ist an und für sich der Selbstverwaltung der Einzelstaaten überlassen. In unmittelbarer Verwaltung des Reichs stehen nur die früher der französischen Ostbahn gehörigen Eisenbahnen in Elsaß-Lothringen, sowie vertragsmäßig die Luxemburgische Wilhelms-Eisenbahn.

2. **Sonstiges Verhältnis des Reichs zum Eisenbahnwesen.** Das Verhältnis des Reichs zum Eisenbahnwesen ist folgendes:

a) dem Reiche steht die Kontrolle über das Tarifwesen zu;

b) bei eintretenden Notständen kann der Kaiser für den Transport von Getreide usw. einen niedrigen Spezialtarif einführen;

c) das Reich hat das Recht, im Interesse der Verteidigung des Bundesgebietes oder im Interesse des gemeinsamen Verkehrs selbst Eisenbahnen anzulegen bzw. die Konzessionen zu deren Bau zu erteilen, auch gegen den Widerspruch der Bundesglieder, deren Gebiet die Eisenbahnen durchschneiden. (Eine **Reichsenteignung.**)

d) das Reich hat dafür Sorge zu tragen, daß die Eisenbahnverwaltungen die Bahnen jederzeit in einem die nötige Sicherheit gewährenden baulichen Zustande erhalten und dieselben mit Betriebsmaterial so ausrüsten, wie das Verkehrsbedürfnis es erheischt;

e) den Bundesregierungen liegt die Verpflichtung ob, die im Bundesgebiete belegenen Eisenbahnen im Interesse des Verkehrs wie ein einheitliches Netz verwalten zu lassen (vgl. Betriebsordnung für die Haupteisenbahnen Deutschlands vom 5. Juli 1892 und Verkehrsordnung vom 15. November 1892 bzw. 9. Februar 1895, jetzt 23. Dezember 1908 — gültig seit 1. April 1909).

3. **Näheres über Eisenbahnverkehrsordnungen.** Die Verkehrsordnungen enthielten weiter nichts als Vertragsfestsetzungen, nach welchen die Eisenbahn als öffentliche Anstalt mit dem einzelnen einen Frachtvertrag abschließen konnte resp. mußte.

Für die Bahnbeamten enthielten sie außerdem eine Reihe dienstlicher Instruktionen.

Das ist durch das neue Handelsgesetzbuch nunmehr dahin geändert, daß die Verkehrsordnung zu einer Rechtsnorm, einem materiellen Gesetz erhoben ist, welches dem HGB. teils vorgeht, teils als Ergänzung dient, insofern es auf die Ordnung verweist (vgl. z. B. §§ 453, 471, 472 HGB.).

Daß das Reich jede privatrechtliche Norm erlassen kann, ist nach Art. 4 Ziff. 13 nicht zu bezweifeln; ob aber der Bundesrat einseitig nunmehr noch Verkehrsordnungen erlassen darf, die den Charakter von Gesetzen haben, dürfte sehr zweifelhaft sein.

Die de facto vom Bundesrat auf Grund des Art. 45 der RV. erlassene Verkehrsordnung wird darum auch von namhaften Rechtslehrern für rechtsungültig erklärt (vgl. Laband Bd. III S. 122 ff.; so auch Gg. Meyer).

4. **Bayerns Ausnahmestellung.** Die vorstehenden Bestimmungen — mit Ausnahme der unter c gedachten — finden auf Bayern keine Anwendung. Dem Reiche steht jedoch auch gegen Bayern das Recht zu, im Wege der Gesetzgebung einheitliche Normen für die Konstruktion und Ausrüstung der für die Landesverteidigung wichtigen Eisenbahnen aufzustellen. Auch die neue Verkehrsordnung gilt

nicht für Bayern. Dieses hat indessen am 16. Dezember 1899 eine mit jener inhaltlich übereinstimmende erhalten.

5. **Das Reichseisenbahnamt.** Das Aufsichtsrecht über das Eisenbahnwesen, sowie die Veranlassung der Abstellung der in Hinsicht auf dieses hervortretednen Mängel und Mißstände liegt der in Berlin unter dem Namen „Reichseisenbahnamt" bestehenden Zentralbehörde ob (RG. vom 27. Juni 1873), die unter Aufsicht und Verantwortlichkeit des Reichskanzlers steht.

6. **Haftung der Eisenbahnen.** Wird bei dem Betriebe einer Eisenbahn ein Mensch getötet oder verletzt, so haftet der Betriebsunternehmer nach dem RG. vom 7. Juni 1871 § 1 für den dadurch entstandenen Schaden, sofern er nicht beweist, daß der Unfall durch höhere Gewalt oder durch eigenes Verschulden der Getöteten oder Verletzten verursacht ist. Die Höhe des Schadens ist vom Gericht nach freiem Ermessen unter Würdigung aller Umstände festzusetzen. Die Forderungen auf Schadenersatz verjähren in zwei Jahren vom Tage des Unfalls an.

7. **Exemtion der Fahrbetriebsmittel von der Zwangsversteigerung.** Die Fahrbetriebsmittel der Eisenbahnen, welche Personen oder Güter im öffentlichen Verkehr befördern, sind von der ersten Einstellung in den Betrieb bis zur endgültigen Ausscheidung aus den Beständen der Pfändung nicht unterworfen. Dies gilt auch von den Fahrbetriebsmitteln ausländischer Eisenbahnen insoweit, als die Gegenseitigkeit verbürgt ist (RG. vom 3. Mai 1886).

8. **Internationales Abkommen über den Eisenbahnfrachtverkehr.** Unter dem 14. Oktober 1890 (RGBl. 1892, 793) ist ein internationales Übereinkommen zwischen dem Deutschen Reiche, Belgien, Frankreich, Italien, den Niederlanden, Luxemburg, Österreich-Ungarn, Rußland und der Schweiz wegen einheitlicher Regelung des Eisenbahnfrachtverkehrs abgeschlossen und damit ein wichtiger Schritt auf dem Wege zu einheitlicher Regelung des Eisenbahnwesens getan worden.

V. Die Münzgesetzgebung und das Bankwesen.

Einleitung: Geld,[1] Begriffliches, Geschichtliches.

I. Auf dem Gebiete der Volkswirtschaftslehre und der Sozialphilosophie gibt es kaum noch ein bedeutungsvolleres Problem als die Fragen über die Entstehung des Geldes und sein Wesen, d. h.

---

[1] C. Menger, Artikel Geld im Handwörterbuch Bd. 4 S. 555 ff.; Conrad, Nationalökonomie, Jena 1900, § 25; W. Lotz, Artikel „Geld" im Wörterbuch der Volkswissenschaft Bd. 1 S. 796; Lexis, Geldwirtschaft, daselbst S. 805.

seine Funktionen, seine Eigenart im Kreise der übrigen Verkehrsobjekte.

Daß Güter im Bedürfnisaustausch gegen andere dem Menschen nützende Güter hingegeben werden, ist etwas leicht Erklärliches, daß aber die Menschheit bestrebt ist, ihre zum Austausch bestimmten Güter gegen kleine, an sich nutzlos erscheinende Metallscheiben oder gegen Urkunden, die jene vertreten, auszutauschen, das ist ein Vorgang, den noch v. Savigny einen „geheimnisvollen" nannte (Oblig. I § 40).

Bei der Frage nach der Entstehung des Geldes ist auf die Entwicklungsstufen des Wirtschaftslebens hinzuweisen.

A. Im Anfang war die Naturalwirtschaft.

Jahrmillionen mögen die Menschen in tauschverkehrsloser Namens- und Familiengemeinschaft gelebt haben, in welcher nichts für den Verkauf, sondern nur das für den Hausbedarf Notwendige produziert wird.

Da kein Warenabsatz angestrebt wird, gibt es keinen Tausch, noch weniger ein Bedürfnis nach Tauschvermittlern.[1]

B. Die Uranfänge des Tauschverkehrs stehen im engen Zusammenhange mit der Entstehung des Privateigentums sowohl an der Fahrnis wie an Grundstücken.

Nunmehr mochte es vorkommen, namentlich da, wo sich Sklavenwirtschaft entwickelte, daß in den einzelnen Haushaltungen dank des Überschusses an Besitz dem Eigenbedarf gegenüber wie der Überproduktion der häuslichen (Sklaven-)Arbeitskräfte, daß man zum Abgeben an andere bereit war.

Dazu kam, daß bei ausgedehnterem Verkehr die Angehörigen des einen Gaues drüben etwas anderes sahen, als sie hatten, es erschien dies und jenes bei wachsendem Bedürfnis begehrenswert, was man selbst nicht hatte; was war natürlicher, als daß man vom eigenen Überfluß anbot um Begehrtes dafür einzutauschen, einzuhandeln?

Das mag angefangen haben mit den primitiven, aber notwendigen Bedarfsartikeln zur Wirtschaft, Jagd, für den Haushalt usw. und wird allmählich vom Nötigen zum Nützlichen, vom Nützlichen zum Luxus (Gold-, Silber-, Bronzespangen) fortgeschritten sein.

Es ist die zweite Periode des Warengeldsystems mit konventioneller Wertskala.

Die Gesamtheit der vertretbaren Waren, welche in bestimmten Wertverhältnissen gegeneinander ausgetauscht werden, bildet das Geldsystem in dieser Periode des Warengeldes.

---

[1] Menger (Handwörterbuch) erklärt diesen Ausdruck für präziser als den gewöhnlichen „Tauschmittel".

„Nicht der Sklave, das Rind, eine Schnur Muscheln sind das Geld, sondern alle diese Waren sind gleichzeitig Geld und Handelsware nebeneinander" (das merx et pretium der permutatio Dig. 19, 4; vgl. auch L. 1 Dig. 18, 1).

Das stetige Fortschreiten in der Entwicklung der Menschen brachte es zu regelmäßigen Zusammenkünften der Kauf- und Verkaufslustigen, es entstehen die **Märkte.**

Die Schwierigkeit des Austauschverkehrs mag nun darin bestanden haben, auf dem Markt den Gegenkontrahenten zu finden, der feilhält, was ich suche, und zugleich braucht, was ich feilhalte.

Hier mögen drei-, vierfache Austausche zu dem gewünschten Ziele geführt haben, wenn auch oft nach großen Mühsalen.[1]

C. Die **Erfindung des Wägens**, des **Gewichts** gestaltet die dritte Etappe. Mit der Anwendung des Abwägens auf Edelmetalle begannen diese eine entscheidende Rolle gegenüber den anderen nach Zahl und Maß gehandelten Waren zu führen.

Die Goldwage auf der Goldstaub gegen Fruchtkörner gewogen, wurde, ist wohl die älteste Wage. (Das „Karat" entspricht dem Gewicht der Kerne des Johannisbrotbaums, das „Grän" englischen Juwelengewichts dem Gewichte des Gerstenkorns.)

Jetzt, wo unter Zuhilfenahme der Wage mit Edelmetall bezahlt wurde, war der Grundstein für die Geldwirtschaft und die Produktion zum Zwecke des Verkaufs gelegt.

D. Der nächste Fortschritt ist die Entwicklung von der Metallgewichtswährung zum **Münzgeldsystem.**

Die obrigkeitlich geprägte Münze ist ein hinsichtlich des Gewichtes und Feingehaltes amtlich beglaubigtes Stück Edelmetall.

Man streitet über die Wiege der ersten Münzprägung: Mesopotamien und die griechischen Stadtstaaten Kleinasiens werden als solche genannt. Sehr alt sind auch die Münzen Lydiens (700 v. Chr.).

War die geprägte Münze einerseits eine große Verkehrserleichterung, so wurde das Münzrecht, welches die Herrscher sich anmaßten, vielfach ausgenutzt, um aus heimlicher Münzverschlechterung usw. Gewinn zu erzielen.

Auf diesen Münzmißbräuchen beruht die Geldtheorie, welche

[1] Reizend die Schilderung des englischen Reisenden Cameron, der am Tanganjika ein Boot mieten will, dessen Eigentümer Elfenbein dafür haben will, das C. nicht hat. C. hat Draht, den gibt er einem Dritten, der ihn braucht, der dafür Baumwolle an einen Zweiten gibt, der nunmehr dem Bootsmann Elfenbein gibt.

davon ausgeht, daß der Wert des Geldes auf dem Metallwerte der Münzen beruhe, nicht vom Herrscher beliebig festgesetzt werden könne.

Schon in den Schriften des 15. und 16. Jahrhunderts wird dabei auf den großen Unterschied hingewiesen, ob das Geld nur im Inlande kursierte, wo ihm vielleicht der Herrscherwille einen bestimmten Wert verleihen kann, oder auch im Auslande, wo die Bewertung lediglich nach dem Edelmetallgehalt stattfände.

II. Das Wesen des Geldes[1] in der Gegenwart.

Während die Theorie in der Auffassung übereinstimmt, daß das Geld der allgemeine **Wertmesser** innerhalb eines Wirtschaftsgebietes sei, stehen sich sonst bezüglich der Natur des Geldes **drei** Hauptansichten gegenüber:

1. Die einen sehen als Hauptnatur desselben seine Eigenschaft als gesetzliches **Zahlungsmittel** an.

2. Die anderen erblicken das Wesentliche in der durch den Edelmetallwert der Münze entstandenen Fähigkeit derselben, Wertaufbewahrungsmittel und Werttransportmittel zu sein (für **Thesaurierung** und **Vermögensübertragung**).

3. Andere erklären als Hauptcharakteristikum des Geldes, daß es die **absatzfähigste Ware** sei, und aus stets absatzfähigem Material hergestellt sein müsse.

Aus den Funktionen des Geldes ergibt sich jedenfalls dessen Begriff dahin, daß es ein den Güteraustausch vermittelndes Verkehrsgut ist, welches in einem Gegensatz zu allen übrigen Verkehrsobjekten steht.

Als Wertmesser und Tauschvermittler kann natürlich nur etwas dienen, was selbst Wert hat.

Wollte man dabei den „inneren Wert" des Geldes ausschlaggebend sein lassen, so müßte alles schlechte Geld ausschalten.

Die einzige Ursache, weshalb Geld Wertträger ist, ist das **Werturteil**, d. h. das Urteil derjenigen, die es verwenden, daß es brauchbar sei für den Abschluß der täglichen Lebensgeschäfte des Kaufs, Darlehns usw.

Das Werturteil kann sich stützen

α. auf die Schätzung des Edelmetallquantums, welches in der ganzen Welt seine Würdigung findet (ev. in der Industrie),

β. auf das Vertrauen, daß das Empfangene zu Weiterzahlungen verwendbar sei.

---

[1] Das deutsche Wort „Geld" (Verbalsubstantiv von „gelten" = zahlen, eine Gegengabe, einen Ersatz leisten) bedeutet ursprünglich: Leistung, Vergeltung jeder Art; Grimm, Rechtsaltertümer, 3. Aufl., S. 601, 649.

Geld in **juristischem Sinne** sind natürlich nur die Zahlungsmittel, welche Zwangskurs haben, d. h. von jedem Gläubiger zu dem bestimmten Nennwerte — mag es Metall- oder Papiergeld sein — genommen werden müssen.

Danach kann man auch definieren:

„Geld im Rechtssinne ist gesetzliches Zahlungsmittel."

Neben diesem „Zwangsgelde" spielt im modernen Leben das „Verkehrsgeld" eine große Rolle, d. h. Zahlungsmittel, die allgemein an Geldes Statt verwendet werden, so in Deutschland die Reichskassenscheine, Bankwechsel und -schecks, Coupons, Briefmarken. Noten anderer Banken als der Reichsbank; diese sind heute Papiergeld (vgl. unten).

Währung. Die Gesamtheit der mit Zwangskurs, d. h. mit Annahmepflicht vom Staat ausgestatteten Geldsorten, heißt Währung (Währungsgeld). Im Gegenseitigkeitsverkehr mehrerer Staaten spricht man von Valuta.

Je nachdem der Währung als Metall Gold oder Silber oder beides zugrunde gelegt wird, spricht man von Gold-, Silber- oder Doppelwährung (Bimetallismus).

Bei der Doppelwährung ist ein bestimmtes Wertsverhältnis zwischen Gold und Silber gesetzlich festgelegt. Dabei kann jede Schuld, sei sie in Gold oder Silber eingegangen, durch eine festberechnete Quantität des anderen Metalles bezahlt werden.

Etwas anderes ist die **Parallelwährung.** Auch hier haben Gold und Silber Zwangskurs, aber die jeweils in Gold oder Silber eingegangenen Schuldverhältnisse müssen in dem gleichen Metalle gelöst werden (so das preußische Münzedikt von 1764).

Bei der Doppelwährung ist zu beachten, daß die beiden Metalle, wie jede andere Ware auf dem Weltmarkte, Preisschwankungen ausgesetzt sind.

Mit jeder solchen und den damit verbundenen Veränderungen muß eine Verschiebung in dem beiderseitigen Verhältnis von Gold- und Silbermünzen eintreten, die im internationalen Verkehr Bedeutung gewinnen. Es kann daraus leicht ein Abfluß des wertvolleren Goldes ins Ausland und ein Zuströmen des minderen Silbers ins Inland erfolgen.

Aus diesem Anlaß sind die meisten Kulturstaaten — so die sog. lateinische Münzkonvention: Frankreich, Belgien, Italien, Schweiz, Griechenland seit 1873; Großbritannien (mit Ausnahme Indiens), Nordamerika, Dänemark, Schweden, Norwegen (Österreich, Rußland sind im Anfange dazu), Deutschland — zur Goldwährung übergegangen.

Das Gold bietet, abgesehen von seiner größeren Preisstetigkeit, noch mancherlei Vorteile vor dem Silber (z. B. geringere Abnutzung). (Das Verhältnis des Goldes zu Silber bis 1871 zirka 15,5 zu 1 ist heute auf zirka 40 zu 1 herabgegangen.)

Die **Bimetallisten** (insbesondere die Agrarier) gehen von der Auffassung aus, daß die Doppelwährung eine Erhöhung der Preise (insbesondere der landwirtschaftlichen Produkte) mit sich bringen müsse. Denn — sagen sie — die Kaufkraft des Geldes sei um so größer und der Preis der gekauften Ware um so geringer, je schmaler die „metallische Basis" des Münzsystems eines Landes sei, d. h. je seltener das zur Währung verwendete Metall sei. Dagegen sinke die Kaufkraft des Geldes, d. h. der Preis der einzelnen Ware steige, wenn die metallische Basis eine breitere sei. (Schulfall: Für 110 Mark Gold erhalte man 20 Zentner Roggen, bei der Doppelwährung werde man für 110 Mark nur 15 Zentner erhalten, so daß der Landmann für 15 Zentner denselben Preis erhielte, wie dort für 20 Zentner.)

Die Agrarier vergessen nur dabei, daß sie nicht *nur* produzieren und einnehmen, sondern schließlich auch Ausgaben haben, wobei *ihr* Geld dann auch nur *geringere* Kaufkraft hätte.

III. **Das Münzwesen.**[1]

A. **Begriffliches. Terminologie. Geschichtliches.**

a) *Begriffliches.*

1. **Münzen** sind Metallstücke, die im Namen und nach Vorschrift des Staates durch Prägung eine bestimmte Form erhalten haben, um als *Geld* zu dienen (Sommerlad im Handwörterbuch).

2. Der Begriff „**Währungsmünze**" ist oben bereits dahin charakterisiert, daß dieselbe unbeschränkte und unbedingte Zahlungskraft in einem Lande hat.

3. **Scheidemünze** sind diejenigen Münzen, deren gesetzliche Zahlungskraft auf eine bestimmte, mäßige Summe beschränkt ist.

4. **Handelsmünzen** sind solche, denen der Prägestaat keine Zahlungskraft beilegt. Sie sind Edelmetallstücke mit staatlicher Beglaubigung bezüglich ihres Gewichts und Feingehalts. (Die Goldkronen des Deutschen Münzvertrages von 1857.)

5. **Münzregal.** Zum Wesen jeder wirklichen Münze gehört es, daß sie eine *öffentliche Beglaubigung* besitzt. Mit dem Allgemeininteresse des Staates nur vollwertige Münzen zu besitzen, trat hierbei

[1] Artikel „Münzwesen" im Handwörterbuch Bd. 6 S. 816 ff., Artikel „Münzprägung", „Münzsystem" im Wörterbuch der Volkswirtschaft (*Elster, Lexis*) Bd. 2 S. 276, Jena 1898.

oft die Geldnot resp. Gewinnsucht der Herrscher in Konflikt. Verschlechterung des Goldes — das griechische Elektron bereits — und Verringerung des Gewichts dienten den Vorteilen der Inhaber des Münzregals zur Erreichung von Vorteilen. Die Hauptmethode der Gewinnerzielung aus dem Münzregal geschah im Wege des **Schlagschatzes**, d. h. es wurde eine Differenz von zirka 2% zwischen dem wirklichen Werte des Metallbarrens und der Prägung herausgeschlagen. In schlimmen Zeiten, und namentlich beim Silbergelde, stieg der Schlagschatz auf 10—15%.

Dieser Schlagschatz, der also lediglich der finanziellen Ausnutzung des Münzregals dient, ist wohl zu scheiden von der **Prägegebühr**, die auch nicht selten unkorrekt als Schlagschatz bezeichnet wird.

So haben z. B. heute die Münzstätten die Pflicht, Reichsgoldmünzen auch für Private auszuprägen. Diese Gebühr beträgt 3 Mark für das Pfund Feingold. Höchstgebühr beträgt 14 Mark für das Kilogramm (Bek. vom 8. Juni 1875; 25 Pf. davon fließen in die Reichskasse).

b) **Terminologie.**[1]

1. **Münzgrundgewicht** ist die Gewichtseinheit, nach dem die den einzelnen Münzen zuzuteilenden Quantitäten des Währungsmetalls zu bemessen sind. So ist Münzgrundgewicht in Deutschland heute das Kilogramm feinen Goldes. Aus demselben werden 139½ Zwanzigmarkstücke oder 279 Zehnmarkstücke geprägt (§ 3 MünzG.; vgl. unten).

2. **Münzfuß** ist das Verhältnis der Münzstücke zum Münzgrundgewicht. Früher wurde er durch die Angabe ausgedrückt, wie viel Stück der Hauptmünze auf eine feine Mark kamen (vgl. unten).

3. **Remedium, Fehlgewicht.** Bei der Herstellung der Münzen muß die möglichste Übereinstimmung zwischen dem gesetzlichen und dem tatsächlichen Metallgehalt verbürgt sein. Die höchste zulässige Abweichung ist gesetzlich festgelegt = Remedium.

So darf bei deutschen Goldmünzen der tatsächliche **Feingehalt** — d. i. der Prozentsatz vom edlen Währungsmetall zu dem ihm zugesetzten unedlen sog. Beschickung oder Legierung (900 Teile Gold, 100 Teile Kupfer) — nicht um mehr als 2‰ das Gewicht der Goldmünzen nicht um mehr als 2½‰ bei der Prägung abweichen (§ 4 MünzG.).

Je gleichmäßiger die Münzen ausgeprägt werden, um so mehr wird dem Aussortieren und Einschmelzen besonders guter Stücke (Wipperei) vorgebeugt.

---

[1] Artikel „Münzprägung" (Lotz) im Wörterbuch der Volkswirtschaft.

4. Bei der einzelnen Münze nennt man **Schrot** (Rauhgewicht) das Gesamtgewicht; die in demselben enthaltene Gewichtsmenge feinen Metalls ist **Feingewicht** (Feingehalt). **Korn** ist das Verhältnis vom Feingewicht zum Rauhgewicht (zuweilen wird Korn auch gleichbedeutend mit Feingehalt gebraucht).

5. **Passiergewicht.** Münzen werden im Umlauf allmählich abgenutzt; es ist gesetzlich festgestellt, wie weit das Gewicht der einzelnen Münzen sinken darf (deutsche Goldmünzen, die 5 ‰ des gesetzlichen Gewichts eingebüßt haben, besitzen das Passiergewicht nicht mehr).

6. **Avers** ist die Vorderseite, **Revers** die Rückseite der Münze.

7. **Rändelung** ist die zur Verhütung des Abfeilens (Kippens) auf dem Rande befindliche Aufschrift.

8. **Legende** ist die auf einer der beiden Seiten befindliche Umschrift.

9. **Münzzeichen** ist ein die Münzstätte angebendes Zeichen (meist Buchstaben; in Deutschland A—J: A = Berlin, B = Hannover, C = Frankfurt, D = München, E = Dresden, F = Stuttgart, G = Karlsruhe, H = Darmstadt, J = Hamburg).

10. **Nennwert, Metallwert, Kurswert.**

α. Nennwert ist der Wert, welcher den einzelnen Währungsgeldstücken im Inland vom Gesetzgeber beigelegt wird (sog. Tarifierung).

β. Metallwert ist der „innere Wert" der Münze, d. h. der des Metalls, wie ihn das Ausland als „Ware" beurteilt. (Dieser „innere Wert" wird sich bei den Haupt- oder Kurantmünzen mit dem Nennwert decken; die Scheidemünzen dagegen werden unterwertig ausgeprägt.)

γ. Kurswert ist der Wert, den eine Münze im Verkehr, der sie als Ware behandelt, an anderem Grade gemessen hat.

c) **Geschichtliches** über Münzentwicklung.[1]

1. In Babylonien, dem vorderasiatischen Handelsgebiet, von da aus in Ägypten haben sich zuerst Edelmetalle als Wertmesser entwickelt.

Von der Barrenwirtschaft ist ein weiterer Schritt zur Erfindung der Münze in Lydien (Verwendung des Elektron, einer Goldlegierung).

Die Münzprägung fand bald große Verbreitung namentlich in dem großen Perserreich, das ganz Vorderasien und Ägypten umfaßte.

---

[1] Siehe den Artikel „Münzwesen" im Handwörterbuch Bd. 6, II S. 824.

Die Länder des Orients blieben aber zumeist bei der Goldwährung, während in Griechenland sich die Silberwährung entwickelte.

Diese griechischen Währungen haben sich alsdann ebenso wie die persische und lydische über die Küsten des Mittelmeeres und Schwarzen Meeres verbreitet.

2. In Rom, wo das Herdenvieh das ursprünglichste natürliche Tauschmittel war, tauchte daneben das Kupfer (nach Gewicht) als solches auf. Dieses verdrängte mit seiner größeren Bequemlichkeit alsbald das „Viehgeld" (daher, nicht von den ältesten Münzbildern stammt das Wort „pecunia"). An Stelle des zu wiegenden Rohkupfers traten dann gemarkte (abgewogene) Barren auf, und demnächst wurde das Rohkupfergeld in Münze umgewandelt, indem man an Stelle des Pfundes Kupfer eine Münze setzte.

Die Münzen wurden mit Wertzeichen versehen (Götterköpfe auf der Vorderseite, auf der Rückseite stets ein Schiffsvorderteil).

Das große Pfundstück hatte den Einheitsnamen: **„as"**. Das Zwölftel davon war die **„uncia"** (daneben der „sextans" = 2 Unzen; „quadrans" = 3, „triens" = 4; semis = 6 Unzen).

Streitig ist die Zeit dieser Durchbildung. Nach der einen Ansicht geschah sie mit der Zwölftafelbildung (450 v. Chr.), nach neueren Forschungen erst um **340**.

Neben diesen Kupfermünzen war Gold und Silber in Gewichtsbarren im Verkehr.

Silbermünzen wurden erst im Jahre 269 eingeführt. Es erschienen der Denarius, Quinarius und Sestertius (Kopf der Roma, Dioskuren). Sie sind gleich 10, 5 und $2^1/_2$ Assen. (Der Sesterz unter dem Zeichen: HS).

Cäsar ließ später auch Gold prägen: Aureus (= 25 Denaren, = 100 Sesterzen; Gewicht $^1/_{40}$ Pfund).

Unter Augustus erscheint Teilung des Münzrechts: der Princeps läßt Gold- und Silbermünzen prägen, der Senat Bronzemünzen (SC).

3. **Mittelalterliches Münzwesen.**

a) Im Frankenreiche der Merowinger herrschte Goldwährung. Grundlage des Münzwesens war der **Goldsolidus** (Goldschilling, soldo, sou), unter Zugrundelegung des Römerpfundes = 327,45 g (Konstantin 323—337: 72 solidi). Der Solidus hat also $^1/_{72}$ Pfund Gewicht (4,55 g Gold).

Daneben gab es ein Silberpfund (das in 144 Siliquen zerfiel). Halbstücke der Siliquen sind die Silberdenare der Franken.

Die Silberwährung ist durch Pippin zirka 755 eingeführt.

Karl d. Gr. beseitigte das Römerpfund durch ein Münzpfund von schwererem Gewicht. (Nach einigen = 408 g, nach Soetbeer = 367 g, nach Sommerlad = 409,32 g.)

b) **Münzsystem der Mark.** Nachdem man im westlichen Deutschland bis ins 11. Jahrhundert allgemein nach Pfunden, Schillingen, Denaren gerechnet hatte, trat das Münzsystem der Mark auf.

Wahrscheinlich nordgermanischen Ursprungs erscheint sie in England (9. Jahrhundert) und gelangt in die Rheingegend.

Köln und Lübeck schufen durch ihren Münzfuß eine Grundeinheit, die bald allgemein wurde.

Die verschiedenen Arten der Kölnischen Mark (Prägungs-, Gewichts-, Kaufmannsmark) machen im Mittelalter der Mark zu 233,85 g Platz, die die weiteste Verbreitung in Deutschland findet.

Nach der Münzordnung von 1559 ist sie die Grundlage des gesamten deutschen Münzsystems, wurde 1821 in Preußen und 1837 als allgemeine Münz- oder Vereinsmark aufgenommen.

Bis zur **Wiener Münzkonvention** von 1857 blieb sie die Rechnungseinheit des deutschen Münzsystems. Hier wurde sie durch das **Zollpfund** = 500 g ersetzt.

Aus diesem Zollpfund fein wurden **30** Taler (oder 45 Gulden) geprägt; aus der Kölnischen Mark dagegen früher 12 Taler; seit 1750 wurde in Preußen der nach dem damaligen Münzdirektor **Graumann** genannte Münzfuß eingeführt, wonach aus der feinen Mark 14 Taler à 24 Groschen à 12 Pfg. geprägt wurden.

Daneben wurde in Preußen als Goldmünze der **Friedrichsdor** zu **5** Taler eingeführt.

Man rechnete seit dem Münzedikt von 1750 nach Talern „kurant" und nach Talern „gold".

Ein gesetzliches Wertsverhältnis der Gold- zu den Silbermünzen war nicht eingeführt (Parallelwährung vgl. oben), indessen schuf der Verkehr ein solches, indem die 5 Taler darstellende Goldmünze (der Friedrichsdor) zu $5^2/_3$ Taler kurant gerechnet und so auch von den Staatskassen angenommen wurde.

IV. **Das Münzwesen des Deutschen Reichs.**

1. Das Münzwesen des Reichs ist jetzt einheitlich geregelt durch das **Münzgesetz** vom **1. Juni 1909** (RGBl. S. 507). Durch dieses Gesetz sind aufgehoben das RG., betr. die Ausprägung von Reichsgoldmünzen, vom 4. Dezember 1871, das Münzgesetz vom 9. Juli 1873 sowie die Ergänzungsgesetze von 1900 und 1908.

2. Nach **Art. 4** Ziff. **3** der RV. unterliegt der Beaufsichtigung des Reichs und der Gesetzgebung desselben die Ordnung des Maß-,

Münz- und Gewichtssystems nebst Feststellung der Grundsätze über die Emission von fundiertem und unfundiertem Papiergelde.

3. Der § 7 des MünzG. bestimmt: „Die Münzen werden für Rechnung des Reichs auf den Münzstätten derjenigen Bundesstaaten, welche sich dazu bereit erklären, ausgeprägt. Das Verfahren bei der Ausprägung und die Ausgabe der Münzen unterliegen der Aufsicht des Reichs.“ (Das frühere Gesetz von 1871 bestimmte: „Die Ausprägung der Goldmünzen erfolgt auf Kosten des Reichs für sämtliche Bundesstaaten“).

An den § 7 MünzG. knüpft sich die Streitfrage, wem die Münzprägung heute zusteht, dem Reich oder den Gliedstaaten.

Meyer[1] steht auf dem Standpunkt, daß dieses Münzregal im neueren Sinne dem Reich zusteht, welches allerdings keine eigenen Münzstätten errichtet habe, vielmehr bezüglich der Prägung mit den Münzstätten der Einzelstaaten in einem privatrechtlichen Vertragsverhältnis stehe. Diese Ansicht wird begründet unter Hinweis auf das Aufsichtsrecht des Reiches (§ 7 oben) und die ganze übrige Geschäftsgebarung hierbei (Bezahlung seitens des Reichs, Lieferung des Goldes seitens desselben usw.).

Das Vorhandensein der Bildnisse der einzelstaatlichen Herrscher resp. der Hoheitszeichen der freien Städte auf den Münzen erklärt Meyer für rechtlich bedeutungslos, mindestens nicht für ausschlaggebend für ein Münzregal der Einzelstaaten.

Auch Arndt[2] vertritt mit sehr energischen Worten und unter Zitat Bismarcks die Münzhoheit des Reichs.

Gegner Meyers sind u. a. v. Seydel.[3] Dieser meint, wenn auch nach der Verfassung vom 28. März 1849 der Reichsgewalt das Recht eingeräumt war, Reichsmünzen zu prägen, so komme dieses Recht nach der jetzigen Reichsverfassung nicht dem Reiche, sondern den Staaten zu.

Eine Zwischenmeinung entwickelt Laband.[4] Dieser scheidet zwischen Münzhoheit und Münzmonopol. Ersteres soll dem Reich, letzteres den Gliedstaaten zustehen.

Ich schließe mich der Ansicht von Meyer und Arndt an. Allerdings spricht ja die Verfassung nur von dem Recht der Beaufsichtigung und Gesetzgebung bezüglich der Ordnung des Münzsystems.

---

[1] Meyer, Verwaltungsrecht § 119.

[2] Arndt, Staatsrecht des Deutschen Reiches, Berlin 1901, § 32 S. 257.

[3] v. Seydel, Kommentar zur Verfassungsurkunde, 2. Aufl., 1897, zu Art. 4.

[4] Laband, Staatsrecht Bd. 3 S. 160.

Ich lege aber ein entscheidendes Gewicht auf die Worte des § 7 MünzG.: „welche sich dazu bereit erklären". Es gibt also keinen Zwang seitens des Reiches gegenüber einem Bundesstaat hinsichtlich der Münzprägung. Wenn sich nun die gesamten Prägestätten eines Tages — vielleicht wegen zu geringer für sie festgesetzter Vergütung oder aus anderem Grunde, der mangels reichsgesetzlicher Beschränkung völlig in ihrem Belieben steht — für nicht mehr bereit zur weiteren Prägung erklären, so unterliegt es meines Erachtens gar keinem Zweifel, daß aus dem Verfassungsrecht des Reichs bezüglich des Münzsystems auch dessen Recht (man kann wohl sogar sagen Pflicht) folgt, selbst Münzen zu prägen. Die Maschinen der Münzstätten ständen still, der Auftraggeber hält seine Orders zurück, prägt selbst, das ist des Reiches Münzhoheit.

Auch das Vorhandensein der einzelnen Herrscherköpfe und Hoheitszeichen dürfte nicht ausschlaggebend für die Gegenansicht sein, denn solche ziemlich wenig oder gar nichts besagenden Höflichkeitserweisungen finden sich mehrfach, es sei an die Kontingentsherrlichkeit im deutschen Militärwesen erinnert.

Auch das Labandsche Münzmonopol der Einzelstaaten scheint mir eine Erscheinung, die aus den Gesetzen nicht herauszulesen ist. Zum mindesten ein sehr aufgeteiltes Monopol. Und wie, wenn der Auftrag seitens des Reiches nur der Münzstätte A oder J zuginge, hätten die anderen ein „Recht auf Arbeit?" Wo bleibt die essentielle Selbstbestimmung und Selbstausführung bei diesem Monopol?

4. Dem Reich liegt also verfassungsmäßig Aufsicht und Gesetzgebung über das Münzsystem zu. Daß das Deutsche Reich hierbei volle Einheitlichkeit geschaffen hat, ist eigentlich etwas Selbstverständliches.

Ein **Münzsystem** erledigt übrigens die Frage, was zunächst Geld in rechtlichem Sinne ist, d. h. was in Zahlung genommen werden muß, besonders sodann die Frage, wer Münzen prägen lassen darf (nirgends ist gesagt, daß dies ein Gliedstaat aus sich heraus dürfte), endlich aus welchem Metall, mit welcher Legierung die Prägung zu erfolgen hat.

Unter **Papiergeld** sind nicht bloß solche Urkunden zu verstehen, welche Zwangskurs haben — also im juristischen Sinne Geld sind —, sondern nach dem gewöhnlichen Sprachgebrauch auch alle unverzinslichen, auf den Inhaber gestellten, sofort zahlbaren Schuldurkunden des Reichs oder eines Bundesstaats.

Theoretisch ist die Zuständigkeit des Reichs, Papiergeld auszugeben, nicht unbestritten gewesen, jedenfalls hat es sich durch das G., betr. die Ausgabe von **Reichskassenscheinen**, vom 30. April 1874 diese Kompetenz beigelegt.

Eine der ersten Aufgaben des Norddeutschen Bundes und des Reiches war es, der unglaublichen Verworrenheit im Münzwesen und der Gefahr des ungedeckten Notenumlaufs (zirka 425 Millionen Mark Ende 1870) ein Ende zu machen.

Nachdem durch ein Gesetz von 1870 die Ausgabe von Banknoten und Papiergeld von einem Reichsgesetz abhängig gemacht und so eine Sicherungsmaßregel getroffen war, schritt man zur positiven **Münzreform** durch das G. vom 4. Dezember 1871, betr. Ausprägung von Goldmünzen. Die Prägung von Zehn- (Kronen) und Zwanzigmarkstücken (Doppelkronen) wurde angeordnet.

Sodann wurde durch das Münzgesetz vom 9. Juli 1873 für die Ausprägung der nicht in Gold herzustellenden Münzen das **Marksystem** angeordnet.

Somit sollte bereits damals die gesamte künftige Münzverfassung Deutschlands auf der Grundlage der **Reichsgoldwährung** und **Markrechnung** geregelt sein.

Daneben ordnete das Gesetz die Ausprägung von Reichsscheidemünzen an.

Den bis 1867 geprägten österreichischen Vereinstalern wurde die Eigenschaft eines gesetzlichen Zahlungsmittels genommen durch Verordnung des Bundesrats vom 1. Januar 1901.

Von der Ermächtigung, auch die übrigen Taler für Scheidemünze zu erklären, hat der Bundesrat zunächst keinen Gebrauch gemacht, so daß dieselben in jeder Höhe in Zahlung genommen werden mußten.

Bis zur Einziehung der Taler, vom 1. Oktober 1907 ab (Bek. vom 27. Juni 1907, RGBl. S. 401), hatten wir demnach die sog. **hinkende Goldwährung.**

5. Das heute allein maßgebende Münzgesetz vom 1. Juni 1909 bestimmt im § 1: „Im Deutschen Reich gilt die Goldwährung. Ihre Rechnungseinheit bildet die Mark, welche in 100 Pfennige geteilt ist."

Die **Stückelung** der Reichsmünzen ist heute folgende (§ 2):

Goldmünzen: Zwanzig- und Zehnmarkstücke.
Silbermünzen: 5-, 3-, 2-, 1-, $^1/_2$-Markstücke.
Nickelmünzen: 25-, 10-, 5-Pfennigstücke.
Kupfermünzen: 2-, 1-Pfennigstücke.

6. Das **Münzgrundgewicht** ist heute das **Kilogramm.**

a) Aus 1 kg feinen Goldes werden geprägt:
139$^1/_2$ Zwanzigmarkstücke,
279 Zehnmarkstücke.

27*

b) Aus 1 kg feinen Silbers:
40 Fünfmarkstücke,
$66^2/_3$ Dreimarkstücke,
100 Zweimarkstücke,
200 Einmarkstücke,
400 $^1/_2$-Markstücke.

Das Mischungsverhältnis beträgt bei Gold- und Silbermünzen 900 Teile Edelmetall zu 100 Teilen Kupfer.

Über das Remedium — tolérance, Fehlgewicht — ist oben gesprochen (heute darf die Abweichung in Mehr oder Weniger bei Goldmünzen im Gewicht nicht mehr als $2^1/_2$ Tausendteile, im Feingehalt nicht mehr als 2 Tausendteile betragen, bei Silbermünzen 10 und 3 Tausendteile). (§ 4.)

Bezüglich des **Passiergewichts** ist die Grenze auf 5 Tausendteile bei Goldmünzen festgesetzt. Münzen geringeren Gewichts werden eingezogen (§ 11). Ebenso Silber-, Nickel- und Kupfermünzen, die durch Umlauf an Gewicht und Erkennbarkeit erheblich verloren haben (§ 12).

7. Das **Äußere** unserer Münzen:

Die Goldmünzen und die Silbermünzen über eine Mark tragen auf der einen Seite den Reichsadler mit der Inschrift: „Deutsches Reich" und mit der Angabe des Wertes in Mark, sowie mit der Jahreszahl der Ausprägung; auf der anderen Seite das Bildnis des Landesherrn bzw. der Hoheitszeichen der freien Städte mit einer entsprechenden Umschrift und dem Münzzeichen.

Sonstige Verzierungen und der Durchmesser werden vom Bundesrat festgestellt.

Der Bundesrat wird ermächtigt, 5-, 3-, 2-Markstücke als Denkmünzen in anderer Prägung herstellen zu lassen (§ 5).

Die übrigen Silbermünzen, die Nickel- und Kupfermünzen tragen auf der einen Seite die Wertangabe, die Jahreszahl und die Inschrift: „Deutsches Reich", auf der anderen Seite den Reichsadler und das Münzzeichen (§ 6).

8. **Beschränkung der Annahmeverpflichtung.** Niemand ist verpflichtet, Silbermünzen im Betrag von mehr als zwanzig Mark, Nickel- und Kupfermünzen von mehr als einer Mark in Zahlung zu nehmen. (Von den Reichs- und Landeskassen werden Reichssilbermünzen in jedem Betrag in Zahlung genommen.) (§ 9.)

9. **Höchstbetrag auszugebender Münzen.** Ein Höchstbetrag von Goldmünzen ist nicht festgesetzt, dagegen, damit nicht eine Überschwemmung mit Nichtwährungsgeld eintritt, bestimmt, daß der Betrag

der Kupfer- und Nickelmünzen nicht

2½ Mark pro Kopf der Bevölkerung,

der Silbermünzen nicht

20 Mark pro Kopf bis auf weiteres übersteigen solle (§ 8).

10. In Deutschland sind

ca. 5 Milliarden Mark in Goldmünzen,

„ 1 Milliarde in Silbermünzen,

„ 9 Millionen „ Nickel,

„ 2 „ „ Kupfer

im Umlauf.

Der Bundesrat ist befugt, einzuziehende Münzen außer Kurs zu setzen, sowie die zur Aufrechterhaltung eines geregelten Geldumlaufs erforderlichen polizeilichen Vorschriften zu erlassen. (§ 14 MünzG., dazu Erlaß vom 23. Juni 1910, RGBl. S. 909.)

11. **Reichskassenscheine.** An Stelle des früheren Staatspapiergeldes traten seit 1874 die Reichskassenscheine, welche in einer Stückelung von 5 und 10 Mark bis zum Betrage von 120 Millionen ausgegeben werden dürfen.

Sie müssen bei allen Kassen des Reichs und der Einzelstaaten in Zahlung genommen und von der Reichshauptkasse auf Erfordern jederzeit bar eingelöst werden. Annahmezwang im Privatverkehr existiert für sie nicht (Ergänzungsgesetz vom 5. Juni 1906, RGBl. S. 730).

Eine Papiergeldausgabe durch die Bundesstaaten ist nur auf Grund eines Reichsgesetzes zulässig.

Das zur Herstellung von solchen Scheinen verwendete sog. Wilcox-Papier ist gegen unbefugte Nachahmungen strafrechtlich geschützt (Gesetz von 1885).

Den **Schluß** der großen **Reform** machte die Regelung des Banknotenwesens.

Bis 1876 wurden sämtliche nicht auf Reichswährung lautende Noten eingezogen.

Das Bankgesetz vom 14. März 1875.

(Abänderungsgesetze vom 7. Juni 1899[1] und vom 1. Juni 1909, RGBl. S. 515, auf die Verhältnisse der Reichsbank bezüglich.)

a) **Banken** sind Institute, welche Geld- und Kreditgeschäfte gewerbsmäßig betreiben. Der einzelne, welcher dies tut, ist Bankier.

[1] Der Aufbau des Bankgesetzes ist folgender: Titel I: Allgemeine Bestimmungen §§ 1—11; Titel II: Reichsbank §§ 12—41; Titel III: Privatnotenbanken §§ 42—54; Titel IV: Strafbestimmungen §§ 55—59; Titel VI: Schlußbestimmungen. (Die Abänderungsgesetze zerfallen in Artikel und Paragraphen.)

b) „Bankier- und Geldwechslergeschäfte" (§ 1 Ziff. 4 HGB.) sind das Diskontogeschäft, das Inkasso- und Lombardgeschäft, das Effektenkommissions-, das Depotgeschäft, Scheck- und Giroverkehr usw.

Je nach den Geschäften spricht man von Depositen-, Giro-, Kredit-, Lombard-, Diskontobanken. Die meisten Banken betreiben allerdings alle bankmäßige Geschäfte.

c) **Banknoten** sind von einer Bank ausgestellte, auf Geld lautende Schuldverschreibungen auf den Inhaber (§§ 793 ff. BGB.), die jederzeit eingelöst werden müssen.

d) Die Befugnis zur Ausgabe von Banknoten kann nur durch Reichsgesetz erworben werden (§ 1 BankG.).

Ausländische Banknoten sind nur dann im Deutschen Reich als Zahlungsmittel zugelassen, wenn sie auf Reichswährung lauten (BankG. § 11).

e) Die Banken, denen das Recht der Notenausgabe zusteht, heißen **Noten-** oder **Zettelbanken**. Man hat bei uns die Reichsbank und die Privatnotenbanken zu unterscheiden. Erstere steht unter Verwaltung des Reichs (vgl. oben), letztere unterliegen nur der Konzession und Aufsicht. Die Reichsbank ist durch Abtretung der Preußischen Bank an das Reich begründet worden (BankG. §§ 61—65). Die Reichsbank ist im übrigen ein privatrechtliches Institut und nicht statio fisci. Sie dient allerdings öffentlichen Interessen.

Aufgabe der Reichsbank ist es nämlich, den Geldumlauf im Reich zu regeln, die Zahlungsausgleichungen zu erleichtern und für die Nutzbarmachung verfügbaren Kapitals zu sorgen (§ 12 BankG. von 1875).

f) Gemeinsame Bestimmungen des Gesetzes für die Reichsbank und die Privatnotenbanken sind:

1. Die ursprüngliche Bestimmung, daß die Banknoten keinen Zwangskurs haben (§ 2 BankG. von 1875), ist für die Reichsbank aufgehoben. Deren Noten sind jetzt gesetzliches Zahlungsmittel (Art. 3 Abänderungsgesetz vom 1. Juni 1909).

2. Desgleichen gilt die Bestimmung des § 3 des Gesetzes von 1875, wonach Banknoten nur auf Beträge von 100, 200, 500 und 1000 Mark oder dem Vielfachen von 1000 Mark ausgefertigt werden dürfen, heute nur noch für die Privatbanken. Durch Gesetz vom 20. Februar 1906 (RGBl. S. 318) wurde die Reichsbank ermächtigt, Banknoten über 50 und 20 Mark auszugeben (5 und 10 Mark sind Reichskassenscheine). (Noten von 200 und mehr als 1000 Mark gibt es nicht; 500 Reichsbank und Sächsische Notenbank; 1000 nur Reichsbank.)

3. Jede Bank ist verpflichtet, ihre Noten jederzeit auf Präsentation zum vollen Nennwerte einzulösen und in Zahlung zu nehmen (§ 4 BankG. von 1875).

Die Reichsbank ist außerdem noch verpflichtet, Barrengold zum festen Satze von 1392 Mark für das Pfund fein gegen ihre Noten umzutauschen. Sie ist dabei berechtigt, auf Kosten des Abgebers solches Gold durch von ihr zu bezeichnende Techniker prüfen und scheiden zu lassen (§ 14 BankG.).

4. Ersatz für beschädigte Noten und Verbot der Wiederausgabe beschädigter Noten (§ 4 Abs. 2 Nr. 5).

5. Aufruf und Einziehung der Banknoten ist nur auf Anordnung oder mit Genehmigung des Bundesrats erlaubt (§ 6).

6. Verbot folgender Geschäfte (§ 7):
   a) Wechsel zu akzeptieren,
   b) Zeitkäufe in Waren oder Wertpapieren und Bürgschaftsübernahme für solche Geschäfte.

7. Die Verpflichtung zur wöchentlichen Veröffentlichung des Standes der Aktiven und Passiven (§ 8). Strafe für (§ 59) Verschleierungen bis 3 Monate Gefängnis.

8. Das Notengeschäft ist überdies einer wichtigen Beschränkung unterworfen, nämlich der bedingten Notensteuer (§§ 9, 10).

Im Interesse der Goldwährung und aus wirtschaftlichen Rücksichten sollte einer übermäßigen Ausgabe ungedeckter Noten entgegengewirkt werden.

Zu diesem Zweck hat das Gesetz das System der sog. „**indirekten Kontingentierung**" der Banknoten angenommen. Das bedeutet:

Einer jeden Notenbank ist ein steuerfreier Normalbetrag von nicht durch ihren Barvorrat gedeckten Noten überwiesen. (Als Barvorrat gilt der Kassenbestand an kursfähigem deutschen Gelde, an Reichskassenscheinen, an Noten anderer Banken, an Gold in Barren oder ausländischen Münzen, das Pfund fein zu 1392 Mark berechnet.)

Für die diesen Betrag übersteigenden Noten haben die Banken für die Dauer der Überschreitung eine Steuer von 5% an die Reichskasse zu entrichten. (BankG. §§ 9, 10; erg. Art. 2 Gesetz von 1909.) Strafe § 59.

Steuerfrei sind seit der Bankgesetznovelle vom 1. Juni 1909 ab 1. Januar 1911: ca. 618 Millionen Mark.

Davon hat die Reichsbank ein Kontingent von 550 Millionen.

g) Es existieren noch folgende **Privatnotenbanken:**
   1. die Bayrische Notenbank,
   2. die Sächsische Bank zu Dresden,

3. die Württembergische Notenbank,
4. die Badische Bank,
5. die Bank für Süddeutschland.

Die durch Verzicht einer Privatbank frei werdenden Kontingente wachsen der Reichsbank zu. Die Politik der Reichsbank ist auf ein völliges Aufsaugen des Notenprivilegs gerichtet, um so das Zentralbanksystem durchzuführen.

h) Neben der indirekten Kontingentierung gilt das **„System der Dritteldeckung."**

Sämtliche Notenbanken sind verpflichtet (§§ 17 u. 44 Abs. 3), um bei einem „run" (Sturm auf die Kasse seitens der Noteninhaber) gerüstet zu sein, für den Betrag ihrer in Umlauf befindlichen Noten jederzeit mindestens

$^1/_3$ in kursfähigem deutschen Geld (Gold), Reichskassenscheinen, oder in Gold in Barren (nicht Silberbarren) oder ausländischen Münzen (keine Silbermünzen), das Pfund fein zu 1392 Mark gerechnet,

den Rest in Dreimonatswechseln oder Schecks mit 3 oder 2 guten Unterschriften in ihren Kassen als Deckung bereitzuhalten.

i) **Beschränkung der Privatnotenbanken.** Der § 42 bestimmt, daß die Privatnotenbanken außerhalb des Staates, der ihnen die Konzession erteilt hat, keine Bankgeschäfte betreiben dürfen, und

§ 43, daß auch ihre Noten außerhalb des Konzessionsstaates nicht zu Zahlungen gebraucht werden dürfen.

Gemäß § 56 werden Zuwiderhandlungen mit Geldstrafe bis 100 Mark bestraft.

Diesen Einschränkungen konnten die Banken indessen dadurch entgehen, daß sie gewisse Voraussetzungen erfüllten, insbesondere neben der Dritteldeckung **nur Geschäfte, wie die Reichsbank** (§ 13), vornahmen und zwar:

a) An- und Verkauf von Gold- und Silberbarren,

b) Diskontierung, An- und Verkauf von Dreimonatswechseln oder Schecks mit mindestens 2 guten Unterschriften, sowie Schuldverschreibungen des Reichs, eines Bundesstaats oder kommunaler Korporationen,

c) Hingabe zinsbarer Dreimonatsdarlehen gegen Lombard von Gold, Silber, Reichs-, Staatsschuldverschreibungen usw.

d) An- und Verkauf von Effekten,

e) Inkassogeschäfte,

f) Depositen-, Girogeschäfte,

g) Verwahrung von Gegenständen.

Diese Bestimmungen hatten sämtliche Banken mit Ausnahme der Braunschweigischen Bank angenommen. Deren Noten durften also außerhalb Braunschweigs bei Strafe nicht in Zahlung gegeben werden. Diese Bank hat inzwischen auf ihr Privileg verzichtet. Die Banken sind zur wechselseitigen Einlösung ihrer Noten verpflichtet.

Die Privatnotenbanken müssen einen Reservefond bis zu $^1/_4$ des Grundkapitals ansammeln.

VI. Maße und Gewichte.

(RV. Art. 4 Ziff. 3; frühere Maß- und Gewichtsordnung vom 17. Aug. 1868, abgeändert durch Reichsgesetze von 1884 und 1893. Heute Maß- und Gewichtsordnung vom 30. Mai 1908 — in Kraft vom 1. April 1912 laut KaisVO. vom 24. Mai 1911, RGBl. S. 244 —, Eichordnung vom 8. November 1911 — in Kraft ebenfalls ab 1. April 1912 — und internationale Meterkonvention vom 20. Mai 1875, geändert 13. Oktober 1908.)

1. Die Maß- und Gewichtsordnung hat im Gesamtgebiete des Reichs Geltung.

Sie regelt das Maß und Gewicht, d. h. sie setzt die Normen fest, nach denen Ausdehnung und Schwere der Gegenstände zu berechnen sind.

Die Maße dabei sind entweder Längenmaße, Flächenmaße oder Körpermaße.

2. **Grundlagen der Maße.** Die Grundlagen des Maßes und des Gewichts sind das **Meter** und das **Kilogramm** (§ 1). Das Meter ist die Einheit des Längenmaßes. Aus demselben werden die Einheiten des Flächenmaßes und des Körpermaßes — Quadratmeter und Kubikmeter — gebildet (§ 3 MaßO.).

Das Meter ist der Abstand zwischen den Endstrichen des internationalen Meterprototyps bei der Temperatur des schmelzenden Eises.

Das Kilogramm ist die Masse des internationalen Kilogrammprototyps (§ 1 Abs. 2).

3. Es gibt ein deutsches Urmaß und Urgewicht. Nämlich das aus Platiniridium von der Internationalen Generalkonferenz für Maß und Gewicht dem Deutschen Reich als nationale Prototypen überwiesene Gewichtsstück resp. der Maßstab (§§ 2, 4). Sie werden von der Kaiserlichen Normaleichungskommission aufbewahrt.

4. Die Maßordnung stellt die Einteilungen und Bezeichnungen fest (§ 5).

A. Längenmaße:

Der 10. Teil des Meters heißt das Dezimeter,
„ 100. „ „ „ „ „ Zentimeter,
„ 1000. „ „ „ „ „ Millimeter.

Tausend Meter sind das Kilometer.

B. Flächenmaße:

Flächenmaß ist das Quadratmeter.

Hundert Quadratmeter heißen der **Ar**.

Hundert Ar = **Hektar**.

Hundert Hektar heißen das Quadratkilometer.

Der 100. Teil des Quadratmeters ist der Quadratdezimeter, der 100. Teil dieses der Quadratzentimeter, der 100. Teil dieses der Quadratmillimeter.

C. Körpermaße:

Die Grundlage bildet das Kubikmeter.

Dessen 1000. Teil ist das Kubikdezimeter.

Für Hohlmaße = **Liter**.

100 Liter = Hektoliter.

Der 1000. Teil des Kubikdezimeters = Kubikzentimeter, dessen 1000. Teil = Kubikmillimeter.

5. Die Gewichtseinheit, das Kilogramm, wird eingeteilt:

Der 1000. Teil des Kilogramms = **Gramm**.

Dessen 1000. Teil = Milligramm.

Hundert Gramm heißen Hektogramm.

Hundert Kilogramm heißen Doppelzentner,

Tausend Kilogramm heißen **Tonne** (MaßO. § 5).

Das Kilogramm ist das Gewicht eines Liters destillierten Wassers in luftleerem Raume bei — 4 Grad des hundertteiligen Thermometers (Celsius).

6. Zum Zumessen und Zuwägen im öffentlichen Verkehr dürfen nur gehörig gestempelte (geeichte) Maße, Gewichte und Wagen angewendet werden (§ 6).

Die Herstellung aller Maße und Gewichte und deren Vertrieb ist Privaten überlassen.

Nur die Kontrolle wird behördlich ausgeübt.

Das Geschäft der Eichung und Stempelung wird ausschließlich durch **Eichämter** ausgeübt. Die Eichung ist entweder Neueichung oder Nacheichung (§ 10). Die Eichämter und die Aufsichtsbehörden sind staatliche Behörden, deren Errichtung, Besetzung den Landesregierungen überlassen ist (MaßO. § 18).

7. Eine Kaiserliche **Normaleichungskommission** besteht als Reichsbehörde mit dem Sitze in Berlin. Dieselbe hat darüber zu wachen, daß im gesamten Reiche das Eichungswesen nach übereinstimmenden Regeln und dem Interesse des Verkehrs entsprechend gehandhabt werde (§ 19).

Desgleichen hat sie die Ausführungsbestimmungen zu der Maß- und Gewichtsordnung über Material, Gestalt usw. aller eichfähigen Meßgeräte, die Eichfehlergrenzen usw. festzusetzen.

Auf Grund dieses § 19 erließ die Kaiserliche Normaleichungskommission die **Eichordnung** für das Deutsche Reich vom 8. November 1911 (RGBl. S. 961 ff.).

8. Auf Grund der internationalen Meterkonvention, welcher außer dem Deutschen Reiche die meisten Kulturstaaten beigetreten sind, ist in Paris ein „internationales Gewichts- und Maßbureau" eingerichtet, welches unter Leitung und Aufsicht eines „internationalen Gewichts- und Maßkomitees" fungiert. Dieses Komitee ist einer aus Vertretern aller Vertragsstaaten zusammengesetzten „Allgemeinen Gewichts- und Maßkonferenz" unterstellt. Das Bureau hat die Aufgabe, die Vergleichung neuer Meter- und Kilogrammprototype zu besorgen, die internationalen Prototype aufzubewahren, im Auftrage von Regierungen und Privatpersonen aller Staaten Maßstäbe und Mustermaße zur Bestimmung der Richtigkeit und Genauigkeit von Ausmessungen jeder Art zu beglaubigen.

10. Gesetzliche **Einheiten für elektrische Messungen** sind eingeführt durch Reichsgesetz von 1898, und zwar das

1. „**Ohm**" als Einheit des elektrischen Widerstandes,
2. das „**Ampère**", die Einheit der elektrischen Stromstärke,
3. das „**Volt**", die Einheit der elektrischen Kraft (Spannung).

Man unterscheidet bei dieser elektromotorischen Kraft Nieder- und Hochspannung (erstere bis 250, letztere bei mehr Volt).

Ampère × Volt = **Watt.** (PS ist die Kraft, welche 1 Kilo in der Sekunde 75 m hoch oder 75 kg in 1 Sekunde 1 m hoch befördert.)

Mit der Herstellung, der Kontrolle und Aufbewahrung der „Normale" der elektrischen Meßwerkzeuge ist die Physikalisch-Technische Reichsanstalt betraut.

11. Besondere Bestimmungen sind:

a) **Schankgefäße** für Wein und Bier müssen in Gast- und Schankwirtschaften mit einem den Raumgehalt in Litermaß bezeichnenden Füllstrich versehen sein (Reichsgesetz vom 20. Juli 1881, ergänzt durch Gesetz vom 24. Juli 1909).

b) **Gold- und Silberwaren** dürfen nur dann mit einem Zeichen des Feingehaltes — wie solches für das ganze Reich einheitlich festgestellt ist — versehen werden, wenn sie einen bestimmten Gehalt an Edelmetall besitzen (Reichsgesetz vom 16. Juli 1884).

Auf goldenen und silbernen Geräten ist die Stempelung in jedem Feingehalt zugelassen, doch haften die Verkäufer für die diesbezüglichen Angaben (Gesetz vom 16. Juli 1884).

Die Angabe des Feingehalts geschieht durch ein Stempelzeichen, welches Zahl der Tausendteile und die stempelnde Firma kenntlich macht.

Aus dem Ausland eingeführte Gold- und Silberwaren dürfen erst nach Stempelung feilgehalten werden.

Bei Zuwiderhandlungen Geldstrafe bis 1000 Mark oder Gefängnis bis 6 Monate.

c) **Handfeuerwaffen** dürfen nur dann feilgehalten oder in den Verkehr gebracht werden, wenn ihre Läufe und Verschlüsse durch Beschußprobe mit verstärkter Ladung in amtlichen Prüfungsanstalten geprüft und mit dem Prüfungszeichen versehen sind (Reichsgesetz vom 19. Mai 1891).

VII. Zeitbestimmung.

(Reichsgesetz vom 12. März 1893.)

Die gesetzliche Zeit ist in Deutschland die mittlere Sonnenzeit des 15. Längengrades östlich von Greenwich. Sie ist von den Behörden, namentlich den öffentlichen Verkehrsanstalten, den Zeitbestimmungen zugrunde zu legen.

§ 73. Das Reichsland Elsaß-Lothringen.

A. Entwicklung der früheren Verhältnisse.

I. Die Gebiete von Elsaß-Lothringen sind, nachdem Frankreich gemäß Art. I des Präliminarfriedens von Versailles vom 26. Februar 1871 in der durch den Frankfurter Frieden vom 10. Mai 1871 festgestellten Begrenzung zugunsten des Deutschen Reichs auf alle darauf bezüglichen Rechte und Ansprüche verzichtet hatte, weder ein selbständiger Bundesstaat, noch auch Bestandteile eines anderen Bundesstaates, sondern unmittelbares Reichsland geworden. Sie sind Bestandteil oder Provinz des Reichs; die Landeshoheit ruht im Reiche, und der Kaiser übt dieselbe aus. Derselbe ist nicht Landesherr von Elsaß-Lothringen, wie er Landesherr von Preußen ist, sondern er ist dort als Vertreter des Reichs Verwalter der staatlichen Hoheitsrechte.

II. **Früher keine Vertretung im Bundesrat.** Das Reichsland hatte ursprünglich keine Mitgliedschaftsrechte und deshalb keine Stimme im Bundesrat, indessen konnte der Statthalter, wenn elsaß-lothringische Interessen in Frage standen, Kommissare mit lediglich beratender Stimme in den Bundesrat entsenden. Ebensowenig stehen ihm Sonderrechte zu, wenn ihm auch tatsächlich den Sonderrechten einzelner Bundesstaaten entsprechende Vergünstigungen (Biersteuer) zugestanden sind.

III. **Elsaß-Lothringen in völkerrechtlichen Beziehungen.** In allen völkerrechtlichen Beziehungen erscheint das Reichsland nicht als Staat, sondern als Bestandteil des Reichs; ihm steht kein Gesandtschaftsrecht zu und es kann keine völkerrechtlichen Verträge schließen.

IV. **Finanzverhältnisse.** In allen die Finanzwirtschaft betreffenden Verhältnissen wird indessen zwischen Landesangelegenheit und Reichsangelegenheit, zwischen Landeskasse und Reichsfiskus unterschieden. So wird die Landesverwaltung auf Kosten der Landeskasse geführt und in dieser Beziehung scharf von der Reichsverwaltung getrennt.

V. In der Verwaltungsgeschichte von Elsaß-Lothringen kann man, insbesondere was die Legislative anlangt, **4 Perioden** unterscheiden:

1. Zur Zeit der militärischen Okkupation, d. h. seit dem 14. August 1870 bestand das vom König von Preußen eingesetzte **Generalgouvernement.**

2. **Kaiserliche Diktatur von 1871.** Nachdem durch das Reichsgesetz vom 9. Juli 1871 die Vereinigung der abgetretenen Teile mit dem Deutschen Reich ausgesprochen war, übte der Kaiser unter Verantwortlichkeit des Reichskanzlers in diktatorischer Weise die Reichsgewalt in Elsaß-Lothringen aus. Die Reichsverfassung war mit Ausnahme des Art. 3 (Indigenat) nicht eingeführt; indessen war der Kaiser bei der Gesetzgebung an die Zustimmung des Bundesrats, bei Aufnahme von Anleihen an die Zustimmung des Reichstags gebunden.

3. Mit der vollen **Einführung der Reichsverfassung** am 1. Januar 1874 wurden die Elsaß-Lothringer gleichberechtigte Bürger des Deutschen Reichs, in dessen Volksvertretung auch sie nunmehr Abgeordnete (15) entsenden.

Mit Einführung der Verfassung änderte sich auch die Ausübung der Reichsgewalt. Für die gesamte elsaß-lothringische Gesetzgebung waren nunmehr die Formen der Reichsgesetzgebung maßgebend (auch dort, wo sonst Bundesstaaten autonomes Gesetzesrecht behalten hatten).

Verordnungsrecht des Kaisers. Wenn der Kaiser mithin auch seiner gesetzgeberischen Funktionen entkleidet war, behielt er doch das Recht, unter Zustimmung des Bundesrats Verordnungen mit gesetzlicher Kraft zu erlassen.

Beschränkungen sind diesbezüglich, daß sie nicht verfassungswidrig sein, nicht Angelegenheiten betreffen durften, die nach Gesetz vom 9. Juni 1871 zur Zuständigkeit des Reichstags gehörten, und daß sie dem Reichstag bei seinem nächsten Zusammentritt zur Genehmigung vorzulegen waren. Wurde diese versagt, traten sie außer Kraft.

4. **Landesausschuß wurde gesetzgebende Körperschaft 1877.** Die letzte Ausgestaltung erfolgte durch Gesetz vom 2. Mai 1877, durch welches dem schon seit 1874 als begutachtendes Kollegium ins Leben gerufenen Landesausschuß der Charakter einer gesetzgebenden Versammlung neben Kaiser und Bundesrat beigelegt wurde.

Der aus 58 Mitgliedern bestehende Landesausschuß wurde in einem indirekten Verfahren gewählt, und zwar 34 von den Bezirkstagen, 20 von den Landkreisen, je 1 von den Städten Straßburg, Metz, Kolmar, Mülhausen.

Diese Landesgesetzgebung war aber keineswegs eine ausschließliche, vielmehr insofern nur eine geduldete, als daneben die Reichsgesetzgebung besteht und ergänzend (z. B. im Rechnungswesen) und abändernd eingreifen konnte.

Es bestanden also 2 **Wege** mit verschiedenen Faktoren:

1. **Landesgesetzgebung:** Kaiser, Bundesrat, Landesausschuß. (Kaiser ist hier — anders als im Reich — Sanktionsorgan.)

2. **Reichsgesetzgebung:** Bundesrat und Reichstag.

Die Veröffentlichung der Gesetze erfolgt in einem besonderen „Gesetzblatt für Elsaß-Lothringen".

VI. **Entwicklung der Verwaltung.** Genau wie die Legislative hat auch die Verwaltungsmaschinerie in Elsaß-Lothringen mehrfache Wandlungen durchgemacht.

1. Zunächst stand an der Spitze der Gesamtverwaltung der **Reichskanzler.**

Unter ihm als Haupt der lokalen Verwaltung ein **Oberpräsident.**

Das Verwaltungsgesetz vom 30. Dezember 1871 hatte diesem den größten Teil der Befugnisse der früheren französischen Ministerien übertragen, speziell der § 10 ihm das Recht gegeben, „alle Maßregeln zu ergreifen, welche ihm zur Abwendung von Gefahren für den öffentlichen Frieden geeignet schienen" (**Diktaturparagraph**). Diese Befugnis ist später auch auf den Statthalter übergegangen, indessen später durch das Gesetz vom 18. Juni 1902 wieder aufgehoben worden.

Vielfach wurde sonst die **französische Verwaltungsorganisation** beibehalten.

Die bisherigen Departements hießen fortan **Bezirke**, die Arrondissements **Kreise**, mit Bezirkspräsidenten und Kreisdirektoren an der Spitze.

Die kommunalen Vertretungen waren jetzt Bezirks- und Kreistage.

Die **Verwaltungsgerichtsbarkeit** — früher bei den Präfekturräten — stand nunmehr in erster Instanz den Bezirksräten, in zweiter Instanz dem neugebildeten Kaiserlichen Rat für Elsaß-Lothringen zu.

Bis 1877 hatte im **Reichskanzleramt** eine besondere **Abteilung** für Elsaß-Lothringen bestanden, diese wurde aufgehoben und ein besonderes Reichskanzleramt für Elsaß-Lothringen geschaffen mit einem Unterstaatssekretär an der Spitze.

Neuorganisation 1879. Der 1. Oktober 1879 endlich brachte eine neue, die im wesentlichen noch jetzt bestehende Organisation der Regierung und Verwaltung.

Das Reichskanzleramt und der Oberpräsident verschwanden, der Reichskanzler verlor die Funktion des obersten Gehilfen des Kaisers in elsaß-lothringischen Angelegenheiten.

Fortan ist höchstes Verwaltungsorgan der **Statthalter** in Straßburg.

Vom Kaiser ernannt erscheint er in einer **Doppelstellung.**

Einmal kann ihm der Kaiser die Ausübung derjenigen Befugnisse übertragen, welche ihm persönlich als Organ der Reichsgewalt in Elsaß-Lothringen zustehen. Insofern ist der Statthalter alsdann wie ein Souverän von eigener Verantwortung frei. Seine Anordnungen werden vom Staatssekretär kontrasigniert.

Natürlich kann der Kaiser diese Regierungsrechte dem Statthalter jederzeit kürzen oder sie ihm ganz entziehen. Ihr Umfang ist hauptsächlich Erlaß von Verordnungen für verschiedene Verwaltungszweige, Erlaß von Geldstrafen, Ernennung und Bestätigung von Beamten. In diesen landesherrlichen Funktionen liegt heute de vero der Schwerpunkt der Stellung des Statthalters. Als Minister des Reichslandes ist der Staatssekretär anzusehen.

Zweitens übt der Statthalter diejenigen Funktionen aus, die vordem der Reichskanzler und zum Teil der Oberpräsident versah; wenigstens dessen diktatorische Gewalt (vgl. oben) ging auf ihn über.

Im übrigen wurde für die Oberpräsidialgeschäfte und diejenigen des Reichskanzleramts für Elsaß-Lothringen ein dem Statthalter unterstelltes Ministerium für Elsaß-Lothringen neu geschaffen, dessen Chef ein vom Kaiser ernannter Staatssekretär ist, unter welchem (ihm subordiniert) ebenfalls vom Kaiser ernannte Unterstaatssekretäre an der Spitze der Einzelressorts stehen.

Solcher gibt es folgende **vier**:

1. für Inneres (einschließlich Eisenbahn- und Bergwesen),
2. für Justiz und Kultus,
3. für Finanzen, Gewerbe, Domänen,
4. für Landwirtschaft und öffentliche Arbeiten.

Der Staatssekretär hat überall die Verantwortung, die er durch Gegenzeichnung übernimmt. Er selbst bearbeitet die Sachen, welche das Verhältnis zum Reich, zum Landesausschuß und zum Staatsrat betreffen.

Die elsaß-lothringische Landesverwaltung umfaßt im übrigen, ganz wie bei den Einzelstaaten, alles, was nicht durch die Reichsverfassung dem Reiche überwiesen ist; das **Eisenbahnwesen** ist allerdings auch heute noch Reichsangelegenheit. (§ 24 G. von 1911).

Staatsrat. Dieser Staatsrat ist eine 1879 zur Begutachtung von Gesetzentwürfen und wichtigeren Angelegenheiten geschaffene beratende Behörde, bestehend aus dem Statthalter, dem Staatssekretär, den Unterstaatssekretären, dem Präsidenten des Oberlandesgerichts, dem Oberstaatsanwalt und 8—12 teils vom Kaiser allein, teils auf Vorschlag des Landesausschusses auf je drei Jahre gewählten Mitgliedern. Den Vorsitz führt der Statthalter, ev. der Staatssekretär.

VII. Die Landesbeamten stehen im Dienste des Reichs und werden vom Kaiser ernannt. Sie sind daher Reichsbeamte — so Laband und Zorn gegen Arndt und Schulze —, auf welche das RG. vom 31. März 1873 Anwendung findet. Übrigens sind sie nicht dem Reichskanzler, sondern dem Statthalter unterstellt. Ihre Besoldung beziehen sie aus der Landeskasse.

Staatssekretär und Unterstaatssekretäre können jederzeit entlassen und mit Wartegeld zur Verfügung gestellt werden.

VIII. Die Rechnungskontrolle über die elsaß-lothringischen Finanzen erfolgt durch den Rechnungshof des Deutschen Reiches.

IX. An den Matrikularbeiträgen ist das Reichsland ebenso wie die Einzelstaaten beteiligt, desgleichen an den militärischen Leistungen.

B. **Die heutigen Verhältnisse.**

1. Unter dem 31. Mai 1911 ist ein **neues Gesetz** über die **Verfassung** Elsaß-Lothringens ergangen. Dasselbe zerfällt in drei Artikel, von denen der erste eine Änderung der Reichsverfassung bringt, der zweite in 28 Paragraphen die neue Verfassung selbst enthält und der dritte Bestimmungen über das Inkrafttreten trifft.

Hierzu alsdann die Kaiserliche Verordnung vom 21. August 1911 (RGBl. S. 885), wonach das Verfassungsgesetz mit dem **1. September 1911** in Kraft tritt.

Unter dem gleichen Tage — 31. Mai 1911 — erging ein **Wahlgesetz** für die zweite Kammer.

2. Gemäß Art. I wird in die Reichsverfassung als Art. 6 a folgende Vorschrift eingestellt: „Elsaß-Lothringen führt im Bundesrat 3 Stimmen, solange die Vorschriften im Art. II §§ 1, 2 Abs. 1 u. 3 des Verfassungsgesetzes für Elsaß-Lothringen in Kraft sind," d. h. die Vertretung dauert solange, als der Kaiser die Staatsgewalt ausübt und an der Spitze der Landesregierung ein vom Kaiser ernannter Statthalter steht, der die elsaß-lothringischen Bundesratsbevollmächtigten instruiert.

Ist diese nunmehrige Bewilligung von beschließenden Stimmen also vor der Hand nur ein **zeitweiliges Provisorium**, so tritt noch eine andere Beschränkung hinzu.

Die elsaß-lothringischen Stimmen werden nämlich **nicht gezählt**

α. bei der Beschlußfassung über eine Verfassungsänderung,

β. wenn durch ihren Hinzutritt Preußen die Mehrheit für sich erlangen, oder sich Stimmengleichheit ergeben und daher Preußen im Sinne des Art. 7 Abs. 3 Satz 3 RV. den Ausschlag geben würde.

Im übrigen kann Elsaß-Lothringen so viel Bevollmächtigte zum Bundesrat ernennen, als es Stimmen hat. Die Stimmen können nur einheitlich abgegeben werden. Die Bevollmächtigten nehmen heute mit beschließender (nicht bloß beratender) Stimme an den Plenar- und Ausschußsitzungen teil.

3. Wenn dieser Art. I des elsaß-lothringischen Verfassungsgesetzes mit der Bestimmung schließt, daß Elsaß-Lothringen im Sinne der Art. 6 Abs. 2, Artt. 7 u. 8 der RV. als Bundesstaat gelte, so ist daraus zu folgern, daß es im übrigen — trotz seiner nunmehrigen eigenen Verfassung — als deutscher Bundesstaat noch nicht anzusehen sei.[1]

4. **Die Verfassung selbst.**

§ 1. Die Staatsgewalt übt — wie bisher — der Kaiser aus. (Die Regierungsakte des Kaisers bedürfen der Gegenzeichnung des Statthalters.)

§ 2. An der Spitze der Landesregierung steht der Statthalter. Er wird unter Gegenzeichnung des Reichskanzlers vom Kaiser ernannt und abberufen.

---

[1] So auch die herrschende Meinung.

Er hat wie früher die ehedem dem Reichskanzler zustehenden Befugnisse (Truppenrequisition).

Er ernennt und instruiert die (drei) Bundesratsbevollmächtigten.

Residiert in Straßburg.

§ 3. **Statthalter als Landesherr.** Unter Gegenzeichnung des Reichskanzlers kann der Kaiser dem Statthalter landesherrliche Befugnisse übertragen. Die von demselben alsdann erlassenen Verordnungen bedürfen der Gegenzeichnung des Staatssekretärs.

§ 4. Der Statthalter wird durch den Staatssekretär vertreten. Die Organisation der Landesverwaltung ist also unverändert geblieben.

§ 5. **Gesetzgebung. Landesgesetze** für Elsaß-Lothringen werden vom Kaiser mit Zustimmung des aus **zwei** Kammern bestehenden **Landtags** erlassen (der Landesausschuß ist also beseitigt). — Ausgeschaltet ist demnach auch Bundesrat und Reichstag bis auf den einen Fall der Verfassungsänderung selbst.

Der Kaiser ist hier also gesetzgebender Faktor. Übereinstimmung der drei Faktoren ist erforderlich.

Der Kaiser fertigt die Gesetze aus und verkündet sie (Kraft nach 14 Tagen).

Der Landeshaushaltsetat wird alljährlich durch Gesetz festgestellt. Vorlage desselben, wie in Preußen, zuerst an die **Zweite** Kammer. Die erste hat nur Annahme resp. Ablehnung en bloc.

Das Budgetrecht der Zweiten Kammer ist beschränkt: Im Entwurf nicht vorgesehene Erhöhungen oder Ausgaben kann sie nicht ohne Zustimmung der Regierung in den Etat einsetzen.

Bei nicht rechtzeitigem Zustandekommen des Etats ist hier Vorkehrung getroffen. Die Regierung ist berechtigt, die bestehenden Steuern und Abgaben fortzuerheben, ev. die Verpflichtungen der Landeskasse usw. durch Ausgabe von Schatzscheinen zu ermöglichen.

§ 6. **Erste Kammer.**

Mitglieder (teils von Gesetzes wegen, teils gewählt, teils ernannt).

1. Die Bischöfe von Straßburg-Metz, die Präsidenten des evangelischen Oberkonsistoriums, des Synodalrats der reformierten Kirche und des Oberlandesgerichts Kolmar gehören auf die Dauer ihres Amtes der Ersten Kammer von Gesetzes wegen an.

2. **Gewählt** werden ein Vertreter der Universität Straßburg, der Handels- und Handwerkskammern, der Landwirte, der israelitischen Konsistorien, der Städte Straßburg, Metz, Kolmar, Mülhausen usw.

3. Vom Kaiser auf Vorschlag des Bundesrats **ernannte**, in Elsaß-Lothringen wohnende Reichsangehörige (deren Zahl darf die übrigen nicht übersteigen).

Wählbar nach Maßgabe besonderer kaiserlicher Wahlordnung nur Reichsangehörige mit Wohnsitz in Elsaß-Lothringen und Alter von 30 Jahren.

Die Mitgliedschaft Gewählter und Ernannter dauert **fünf** Jahre.

§ 7. **Zweite Kammer** (**60** Abgeordnete).

Dieselbe geht hervor aus allgemeinen, direkten geheimen Wahlen.

§ 8. **Fünfjährige** Legislaturperiode. Der Wahltag wird gleichzeitig vom Statthalter angesetzt und im Gesetzblatt für Elsaß-Lothringen bekanntgemacht. Die Eigenschaft als Abgeordneter erlischt nach fünf Jahren seit dem Tage der allgemeinen Wahl (damit ist also die bekannte Streitfrage hier in diesem Sinne entschieden).

§ 9. **Wahleinsprüche** entscheidet der oberste Verwaltungsgerichtshof, vorläufig ein Senat des Oberlandesgerichts.

§ 10. **Beamte** bedürfen keines Urlaubes zum Landtag; Mitglieder der Zweiten Kammer verlieren Sitz und Stimme mit Eintritt in ein Amt oder bei Avancement.

§ 11. **Berufung**, Eröffnung, Vertagung, Schließung und Auflösung beider Kammern steht dem Kaiser zu. Diese Akte erfolgen für beide Kammern gleichzeitig mit Ausnahme der Auflösung. Auflösung der einen führt Sessionsschluß der anderen herbei.

§ 12. **Vertagung** über **30** Tage ist abhängig von Zustimmung des Landtags.

Nach Auflösung ist Neuversammlung binnen **90** Tagen erforderlich.

§ 13. **Geschäftsgang.** Disziplinierung, Präsidentenwahl erfolgen durch die Kammern selbst.

§ 14. **Homagialeid** der Mitglieder des Landtags für den Kaiser bedingt deren Mitgliedschaft.

§ 15. **Öffentlichkeit** der Verhandlungen. Deutsche Geschäftssprache. Straffreiheit wahrheitsgetreuer Berichte.

§ 16. **Initiative** zu Gesetzen steht neben dem Kaiser bei jeder Kammer. Gesetzesvorschläge, welche durch den Kaiser oder eine der Kammern verworfen sind, können in derselben Sitzungsperiode nicht wieder eingebracht werden.

Die Kammern haben das Recht zu Interpellationen. Überweisung von Petitionen an die Regierung.

§ 17. Gegenwartsrecht der Mitglieder des Ministeriums sowie jederzeitiges Gehör derselben bei den Verhandlungen der Kammern, Abteilungen und Kommissionen.

§ 18. **Abstimmung** erfolgt mit absoluter Majorität. Quorum:
Erste Kammer **23** Mitglieder;
Zweite Kammer Mehrheit (60/31) der gesetzlichen Mitgliederanzahl.

§ 19. Die Landtagsmitglieder sind Vertreter des ganzen Volkes und an Aufträge und Instruktionen nicht gebunden.

Es besteht Inkompatibilität zwischen den Kammern.

§ 20. **Immunität** der Abgeordneten wegen der Abstimmungen sowie der Äußerungen im Beruf.

§ 21. Keine Verhaftung oder Untersuchung gegen Mitglieder während der Sitzungsperiode.

Einstellung des Strafverfahrens für die Session auf Verlangen der Kammer.

§ 22. **Entschädigung** an Mitglieder nach Maßgabe besonderen Landesgesetzes.

§ 23. **Kaiserliche Verordnungen** (mit Gegenzeichnung des Statthalters) mit Gesetzeskraft können ergehen, wenn der Landtag nicht versammelt ist und die Aufrechterhaltung der öffentlichen Sicherheit und die Beseitigung eines ungewöhnlichen Notstandes sie dringend erfordert (vgl. Art. 63 preuß. VU.).

Diese Notstandsverordnungen sind dem nächsten Landtag zur Genehmigung vorzulegen und treten mit dessen Nichtgenehmigung außer Kraft. (Hierüber herrscht für die preußischen bekanntlich Streit.)

§ 25. Das G. vom **3. Juli 1869** gilt jetzt auch in Elsaß-Lothringen.

§ 26. Amtssprache ist Deutsch.

§ 28. Landesausschuß bedeutet jetzt Zweite Kammer.

Wahlgesetz für die Zweite elsaß-lothringische Kammer (31. Mai 1911, in Kraft vom selben Tage).

§ 1. Die **Zweite** Kammer wird aus **60** Abgeordneten gebildet. Jeder Abgeordnete wird in einem besonderen Wahlkreis gewählt; zumeist wählen die Kreise (23) je 2 oder 3 Abgeordnete. Nur Straßburg und Mülhausen 6.

§ 2. **Aktiv wahlberechtigt** jeder **25**jährige Elsaß-Lothringer, der im Besitz der Reichsangehörigkeit ist. Außerdem wird erfordert **drei**jähriger Wohnsitz in Elsaß-Lothringen.

Die Wahlberechtigung **ruht** bei den aktiven Militärpersonen mit Ausnahme der Militärbeamten.

Die Wahlberechtigung ist **ausgeschlossen**:
1. für Entmündigte,
2. Kridare,
3. für Steuerrückständige,
4. Personen, die keine bürgerlichen Ehrenrechte haben,
5. Personen, welche Armenunterstützung empfangen.

§ 3. Jeder Wahlberechtigte hat 1 Stimme.

§ 4. **Wählbar** ist jeder männliche Elsaß-Lothringer, welcher seit 3 Jahr Reichsangehöriger ist, Wohnsitz in Elsaß-Lothringen hat und direkte Staatssteuern zahlt und das 30. Jahr vollendet hat.

Die **Ausschließungsgründe** für die Aktivwahl gelten auch für die Wählbarkeit.

§ 5. Die Wahl erfolgt gemeindeweise auf Grund von Wählerlisten.

§ 7. Die Wahl dauert mindestens 4 und höchstens 8 Stunden. Anfang nicht vor 10 Uhr morgens, Schluß längstens 6 Uhr abends.

Der **Wahltag** muß ein **Sonntag** sein.

§ 8. Das Wahlrecht ist **in Person** auszuüben. Abgeschlossene Wahlurnen mit Normativformat sind aufzustellen.

§ 9. Die Wahl und die Ermittlung des Ergebnisses erfolgt **öffentlich**.

§ 10. Erforderlich ist **absolute** Stimmenmehrheit. In Elsaß-Lothringen gibt es keine **Stichwahl**, vielmehr findet, falls keine absolute Mehrheit erreicht wurde, am siebenten Tage nach der Hauptwahl eine **Nach**wahl statt.

Gewählt ist bei Nachwahl der Inhaber der meisten Stimmen. Losentscheidung bei Stimmengleichheit.

Da keine Stichwahl zwischen den beiden mit höchster Stimmenzahl Gewählten, sondern allgemeine Nachwahlen stattfinden, werden sich sämtliche Wähler, nicht nur ev. zwei Parteien, daran beteiligen.

§ 11. Bei **Ablehnung** oder Ungültigkeitserklärung findet sofort **Ersatz**wahl statt.

§ 74. Das Staatsrecht der freien Städte.[1]

1. Als **Reichsstädte** wurden im Mittelalter (Ausgangszeit der Hohenstaufen) die im Reichsgebiet belegenen Städte bezeichnet, welche ausschließlich unter der Obergewalt des Reiches — im Gegensatz zur Landeshoheit — standen.

---

[1] Bornhak, Grundriß des deutschen Staatsrechts, Leipzig 1907, § 35 S. 131; Meyer-Anschütz § 57.

2. **Freie Städte** waren diejenigen, die allmählich selbst eine Landeshoheit über ihr Gebiet erwarben.

3. Insbesondere geschah dies von den Reichsstädten, die sich der Oberhoheit der Landesherren zu entziehen wußten und von diesen spricht man als von **freien Reichsstädten.**

4. Auf dem Reichstage waren zuletzt noch 51 Städte vertreten, 14 auf der Rheinischen, 37 auf der Schwäbischen Bank.

5. Mit dem Reichsdeputationshauptschluß (1830) verloren die meisten ihre Selbständigkeit, indem sie wie die geistlichen Gebiete zur Entschädigung weltlicher Fürsten verwendet wurden.

6. Bei Auflösung des Reiches (1806) sind **6** freie Reichsstädte vorhanden: Hamburg, Bremen, Lübeck, Frankfurt, Nürnberg und Augsburg.

Die letzten beiden fielen 1806 an Bayern; Frankfurt kam an den Großherzog von Frankfurt (Fürstprimas von Mainz).

Die ersten drei fielen zwar 1810 an Frankreich, wurden aber 1815 durch den Wiener Kongreß nebst Frankfurt wieder als „Freie Städte" wiederhergestellt, und zwar die ersten drei als „Freie und Hansestädte".

7. Die Verhältnisse der ursprünglichen Stadtgemeinden mit ihrem Organe, dem Rate und den ihnen zugehörigen Landgemeinden wurden früher durch Rezesse und Konkordate, später durch **Staatsverfassungen** geregelt (Lübeck 1848, Bremen 1849, beide revidiert 1875, Hamburg 1860/1879).

8. Die Hansestädte sind **Republiken.** Einen Monarchen gibt es nicht, ebensowenig wie Staatsorgane kraft eigenen Rechts.

Andererseits liegt die Staatsgewalt durchaus nicht bei allen Staatsangehörigen, es ist keine Volkssouveränität.

9. **Inhaber der Staatsgewalt** sind **Senat** und **Bürgerschaft** als die obersten Verfassungsorgane.

10. Der **Senat** (Hamburg 18, Bremen 16, Lübeck 14 Mitglieder, darunter Kaufleute und Juristen) beruht auf Wahl durch ein Kollegium, das sich in gleicher Anzahl aus Senatsmitgliedern und Bürgerschaft zusammensetzt.

Bürgermeister (erster, zweiter) werden vom Senat aus seiner Mitte gewählt. Ihnen obliegt die Geschäftsleitung. Sie haben Vorsitz im Senat.

Bürgerschaft ist ein von den wahlberechtigten Staatsangehörigen gewähltes Kollegium. Sie sind das Staatsparlament und wie sonst die Volksvertreter an Aufträge und Instruktionen nicht gebunden.

11. Die **Gesetzgebung** erfordert ein Zusammenwirken von Senat und Bürgerschaft, die hierbei gleichbedeutende Faktoren sind.

12. Nicht nur Gesetze im engeren Sinne gehören zur Beschlußfassung dieser beiden Organe, vielmehr spricht — soweit nicht die Verfassung ausdrücklich den Senat beruft — die Vermutung für das Zusammenwirken beider Organe.

13. Rechtliche Meinungsverschiedenheiten zwischen beiden entscheidet in Hamburg das Reichsgericht, in Bremen und Lübeck das Hanseatische Oberlandesgericht.

14. Dem Senat steht die **Regierung** zu, sowie die staatsrechtliche Vertretung.

An der Spitze der einzelnen Verwaltungszweige stehen die Senatoren (ihnen zur Seite Senats- und Bürgerschaftsdeputationen sowie einzelne Berufsbeamte).

15. Der Senat ist also ein Staatsministerium ohne monarchische Spitze.

16. Eine besondere Stadtverwaltung neben dieser Staatsregierung gibt es nicht mehr. Die Bewohner des Landgebietes haben teil an der Regierung. (In Bremen ist das Landgebiet ein Kreis mit Kreistag, Kreisausschuß. An der Spitze ein Senator.)

17. Nachdem die Städte ihre ausschließliche Herrschaft über ihre Landgemeinden zugunsten einer Gleichberechtigung derselben haben aufgeben müssen, zeigen sie heute das Bild von Stadtstaaten.

§ 75. Die deutschen Schutzgebiete.

(Grundlegendes Gesetz über die Rechtsverhältnisse in den Schutzgebieten war das Reichsgesetz vom 17. April 1886 und 15. und 19. März 1888. Neuänderung durch das RG. vom 25. Juli 1900 in der Neupublikation vom 10. September 1900 — RGBl. S. 813. Ergänzt durch G. vom 16. Juli 1912. Endlich die Kaiserliche VO. vom 9. November 1900.)

Einleitung.

Seit dem Jahre 1884 erst hat das Deutsche Reich eine Reihe von Besitzungen (Schutzgebiete — Kolonien) in Afrika, Asien und Australien erworben, und zwar auf dem Wege der Okkupation oder des Staatsvertrages.

Der Erwerb bezweckt, dem auswärtigen Handel neue Import- und Exportgebiete zu erschließen, ihm draußen feste Stützpunkte zu geben. Das Mutterland soll für den notwendigen Bezug von Kolonialwaren dem Ausland gegenüber unabhängig gestellt werden.

Endlich sollen die Auswanderungskräfte, die bisher in erheblichem Maße dem Deutschen Reiche leider zumeist für immer verloren gingen, nach diesen eigenen Auslandsgebieten hingelenkt und so dem Mutterlande erhalten bleiben.

Das Reich hat sich zunächst bei dem Kolonialerwerb große Zurückhaltung auferlegt, in dem es den Erwerb wie die Fruktifizierung zunächst der Tätigkeit Privater, insbesondere den Handelsgesellschaften, überließ und sich selbst auf den Schutz und das allgemeine Aufsichtsrecht beschränkte.

Mit der wachsenden Erkenntnis von der Unhaltbarkeit dieses Systems und der Notwendigkeit, selbst einzutreten, hat darum das Reich im weiteren Verlaufe in allen Gebieten die vollen Hoheitsrechte übernommen und dieselben seiner Souveränität unterstellt (Näheres unten).

I. Die Schutzgebiete des Deutschen Reichs bestehen aus folgenden Ländern und Ländergruppen:

1. **Deutsch-Südwestafrika** (Angra-Pequena) vom Cap Frio bis zum Oranjefluß mit Ausschluß der unter englischer Staatshoheit stehenden Walfischbay. Es sind **zwei Teile** zu unterscheiden:

α. Das Küstengebiet („Deutsch-Namaland" und „Deutsch-Damaraland") gehörte der „Deutschen Kolonialgesellschaft für Südwestafrika", welche es teils von der Bremer Firma Lüderitz, teils von einheimischen Besitzern erworben hat.

Durch Erklärung des Reichskanzlers vom 24. April 1884 hat das Reich den Schutz über dies Gebiet übernommen.

β. Das **Hinterland** („Groß-Namaland" und „Groß-Damaraland") steht unter der Hoheit von Häuptlingen, welche im Jahre 1884 „Schutz- und Freundschaftsverträge" mit dem Deutschen Reiche geschlossen und sich unter den Schutz des deutschen Kaisers gestellt haben.

2. **Deutsch-Westafrika.** Dieses Gebiet besteht aus zwei getrennten Ländern: **Kamerun** und **Togo.** Die Ansiedelungen deutscher Firmen in diesen Gebieten wurden unter deutschen Schutz genommen, und es wurden Verträge mit den Häuptlingen bzw. dem Könige von Togo geschlossen, die ähnlichen Inhalt wie die mit den südwestafrikanischen Häuptlingen hatten.

3. **Deutsch-Ostafrika.** Die jetzt den Namen „Deutsch-ostafrikanische Gesellschaft" führende Gesellschaft hatte unter Dr. Peters durch Verträge mit den Herrschern des Zanzibar gegenüberliegenden Landes dieses Ländergebiet mit allen Hoheitsrechten erworben und erhielt dafür 1885 einen Kaiserlichen Schutzbrief.

Zu diesem Gebiete gehörte nicht der Küstenstrich, welcher unter der Hoheit des Sultans von Zanzibar stand.

Im Jahre 1890 hat das Deutsche Reich alle der gedachten Gesellschaft, sowie die dem Sultan von Zanzibar über den Küstenstrich zustehenden Hoheitsrechte erworben, dagegen zugunsten Englands — in Verbindung mit dem Erwerb der Insel Helgoland — auf das Protektorat über **Witu** verzichtet.

4. **Kaiser-Wilhelms-Land** und **Bismarck-Archipel** der „Neuguinea-Kompagnie", welches den Teil von Neuguinea umfaßt, der nicht unter englischer oder niederländischer Oberhoheit steht, ferner die vor diesem Gebiet liegenden Inseln, die Inseln des Archipels und die **Salomons**inseln. 1884 durch Okkupation erworben. Durch Vertrag vom 7. Oktober 1898 hat die Gesellschaft für 4 Millionen Mark und 50000 ha auf ihre Rechte verzichtet, und durch KaisVO. von 1899 ist die Landeshoheit über das Schutzgebiet übernommen.

5. Die **Marschall-Brown-** und **Providence-Inseln.** 1885 durch Okkupation erworben, weil diese Länder völkerrechtlich herrenlos waren.

6. **Kiautschou.** 1898 pachtweise, zunächst auf 99 Jahre vom Kaiser von China an Deutschland überlassen. Hier ist der Rechtstitel also nicht Besitznahme, sondern Abtretung. Die Hoheitsrechte stehen formell noch China zu, Deutschland übt sie nur aus.

7. Die **Karolinen, Palau** und **Marianen**, durch Staatsverträge von 1899 gegen 30 Millionen Peseten von Spanien übernommen. Die Inselgruppen bilden einen Teil des Schutzgebietes von Neuguinea unter voller Souveränität des Reichs.

8. Die Inseln der **Samoa**gruppe. Ursprünglich gemeinsames Protektorat Deutschlands, Englands und Nordamerikas; begründet durch die Generalakte der Berliner Samoakonferenz 1899. Beseitigt wurde dieses Kondominat durch Teilung noch in demselben Jahre. Deutschland bekam die westlich vom 171. Grad (westlicher Länge von Greenwich) liegenden Inseln und nahm sie durch Erlaß vom Februar 1900 unter Kaiserlichen Schutz.

Zur Sicherung, Feststellung und Erschließung des neuen Besitzes schloß das Reich eine dreifache Art von Verträgen ab:

a) mit anderen Staaten — zwecks Abgrenzung des „Hinterlandes" mittels Absteckung der Interessensphären,

b) mit den Eingeborenenhäuptlingen — zwecks Erleichterung der Okkupation (ohne völkerrechtliche Bedeutung),

c) mit deutschen Handelsunternehmungen — um den neuen kolonialen Aufgaben zunächst nicht selbst nachzugehen, sondern dies privaten, mit Hoheitsrechten ausgerüsteten Unternehmen zu überlassen.

Heute sind diese „Schutzbriefe" durchweg beseitigt, das Reich verwaltet selbst.

II. Im Gegensatze zu den Schutzgebieten stehen die sog. **Interessensphären.**

Die Erwerbung der Schutzgewalt beruht, soweit nicht die Abtretung des betreffenden Küstenstriches seitens des Sultans von Zanzibar in Frage steht, auf dem völkerrechtlich anerkannten Erwerbstitel der **Besitzergreifung** des Gebietes unzivilisierter oder halbzivilisierter Völkerschaften.

Die Besitzergreifung ist rechtswirksam nur, soweit tatsächlich die Herrschaft ausgeübt und eine staatliche Ordnung hergestellt wird. (**Prinzip der Effektivität.**)

Die Generalakte der Berliner Konferenz vom 26. Februar 1885 (RGBl. S. 215) — sog. **Kongoakte** — erfordert auch Mitteilung an die Mächte, welche diese Akte mitunterzeichnet haben, um ihnen zu etwaigem Einspruch Gelegenheit zu geben (**Prinzip der Publizität**).

Heute bestimmt übrigens das Abänderungsgesetz vom 16. Juli 1912, daß zum **Erwerb** und zur Abtretung eines Schutzgebietes oder von Teilen eines solchen ein **Reichsgesetz** erforderlich ist. (Jetzt Abs. 2 des § 1 des SchutzgebG. von 1900).

Begriff der Interessensphäre. Unter Interessensphäre dagegen versteht man solche Gebiete, von welchen Besitz noch nicht ergriffen ist, hinsichtlich deren aber zwischen kolonisierenden Staaten vertragsmäßig festgestellt ist, bis zu welchen Grenzen der eine und der andere Staat seine Besitzergreifungsakte auszudehnen berechtigt sein solle.

Die Feststellung solcher Grenzen soll Streitigkeiten zwischen den betreffenden Staaten vorbeugen; sie gewährt ein ausschließliches Recht „zur" Besitzergreifung, ein Ausschließungsrecht aller anderen.

Solche Verträge hat das Reich mit England — deutsch-englische Abkommen vom 1. Juli 1890 — Frankreich und Portugal abgeschlossen.

Der Reichskanzler ist ermächtigt, für diejenigen innerhalb einer deutschen Interessensphäre in Afrika gelegenen, zu dem Schutzgebiete bisher nicht gehörenden Gebietsteile, hinsichtlich deren der fortschreitende Einfluß der deutschen Verwaltung die Vereinigung mit dem Schutzgebiet angezeigt erscheinen läßt, die hierzu erforderlichen Anordnungen in betreff der Organisation der Verwaltung und Rechtspflege nach Maßgabe der für die Schutzgebiete geltenden Vorschriften zu treffen (VO. vom 2. Mai 1894).

III. **Schutzgewalt.** Die Schutzgewalt — der Ausdruck ist juristisch gleichbedeutend mit „Staatsgewalt", „Reichsgewalt" — des Deutschen Reichs ist eine territoriale, über die fraglichen Gebiete sich erstreckende. Dem Deutschen Reiche steht die souveräne Staatsgewalt, die Oberhoheit über die Schutzgebiete zu.

Was die Ausübung der Landeshoheit anbetrifft, so handelt es sich für das Reich hauptsächlich um den Schutz der Deutschen und der Angehörigen anderer zivilisierter Nationen, um Förderung von Handel und Gewerbe und Sicherung des Gebietes gegen fremde Einwirkung.

Die Ordnung der Verhältnisse der Eingeborenen wird, wenn letzteren sich auch die allgemeine Fürsorge zuwendet, doch fast ausschließlich den einheimischen Häuptlingen und den Kolonialgesellschaften überlassen.

IV. **Gebietshoheit des Reichs über Schutzgebiete.** Über das Schutzgebiet steht dem Reiche eine Gebietshoheit zu. Die Schutzgebiete sind für das Reich nicht fremde, sondern eigene Gebiete, wie dies namentlich im völkerrechtlichen Verhältnis zu anderen Mächten zur Geltung kommt.

Demgemäß ist das Reich befugt, in den Schutzgebieten Flottenstationen, Eisenbahnen, Telegraphen, Postanstalten, Befestigungen usw. anzulegen, Einfuhr-, Ausfuhr- und Durchgangszölle zu erheben, Ausweisungen und Aufenthaltsbeschränkungen anzuordnen usw.

Dagegen sind die Schutzgebiete dem Reiche nicht einverleibt, sie sind nicht Bundesgebiet im Sinne des Art. 1 der Reichsverfassung, vielmehr — allerdings nicht unbestritten — im Sinne der letzteren und aller Reichsgesetze **Ausland.**

Hierin besteht der Unterschied von **Schutzgebiet** und **Kolonien.** Diese sind auch staatsrechtlich **Inland.** Als Inland gelten indessen die Schutzgebiete bei Anwendung des Reichsgesetzes wegen Beseitigung der Doppelbesteuerung und im Sinne des § 21 des Reichsgesetzes vom 1. Juni 1870 (vgl. V a).

Die hier niedergelegte, von vielen vertretene Anschauung über die Auslandsnatur der Schutzgebiete wird z. B. von Zorn[1] bestritten, welcher sie für **Reichsinland** erklärt mit der Begründung, daß Ausland nur **da** sein könne, wo die deutsche Reichsgewalt nicht gelte. Wenn und weil aber in jenen Gebieten die deutsche Reichsgewalt herrsche, seien sie Reichsinland.

V. Die Angehörigen der Schutzgebiete sind entweder **Reichsangehörige** oder **Schutzgenossen** oder **Eingeborene.**

a) Die Reichsangehörigkeit regelt sich nach dem Reichsgesetz vom 1. Juni 1870.

---

[1] Zorn, Die deutsche Reichsverfassung, Leipzig 1907, § 25.

Es kann indessen Ausländern, die sich im Schutzgebiet niederlassen, und Eingeborenen vom Reichskanzler die Naturalisation verliehen werden.

Auch wird das Schutzgebiet im Sinne des § 21 dieses Gesetzes nicht als Ausland angesehen, so daß durch mehr als zehnjährigen Aufenthalt in demselben die Reichsangehörigkeit nicht verloren wird.

b) Schutzgenossen sind in den Schutzgebieten die Angehörigen aller fremden zivilisierten Nationen; sie genießen den gleichen Rechtsschutz, wie er ihnen auch sonst im Gebiete des Deutschen Reichs gewährt wird. Durch das Gesetz vom 10. September 1900 sind sie der deutschen Schutzgebietsgerichtsbarkeit unterstellt.

c) Die Eingeborenen sind zunächst der Gewalt der einheimischen Häuptlinge oder der Kolonialgesellschaften und nur mittelbar der des Reichs unterstellt. Allein das Reich kann auch Eingeborene seiner Gerichtsbarkeit unterstellen, polizeiliche Verfügungen gegen sie erlassen, Strafen vollstrecken usw. Die Eingeborenen sind nicht reichsangehörig, sondern **Ausländer**. Der Schutzgebietsgerichtsbarkeit unterliegen sie nur, wenn sie ihr besonders unterstellt sind.

Durch Kaiserliche Verordnung wird (gemäß Gesetz vom 10. September 1900) über diese Unterstellung bestimmt, sowie darüber, welche Teile der Bevölkerung den Einheimischen gleichgestellt werden.

Nach der Kaiserlichen Verordnung von 1900 sind in sämtlichen Schutzgebieten die Farbigen als Eingeborene anzusehen, auch wenn sie nicht den einheimischen Stämmen angehören. Japaner gelten nicht als Angehörige farbiger Stämme.

VI. Die gesetzliche Grundlage des ganzen Kolonialrechts bildet das Schutzgebietsgesetz vom 17. April 1886 in der Neufassung vom 25. Juli 1900. Danach wird die Schutzgewalt, welche dem Reiche zusteht, ausgeübt durch den **Kaiser** im Namen des Reichs, wobei derselbe weder an die Mitwirkung des Bundesrats, noch an diejenige des Reichstags gebunden ist. Er übt das Gesetzgebungsrecht aus, soweit nicht reichsgesetzlich Beschränkungen vorgesehen sind.

Umfang der Schutzgewalt. Die Schutzgewalt umfaßt alle Zweige der Staatstätigkeit und ist nur beschränkt durch die den einheimischen Häuptlingen eingeräumten Befugnisse.

Die Anordnungen des Kaisers bedürfen der Gegenzeichnung des Reichskanzlers.

Das bürgerliche Recht, das Strafrecht und das gerichtliche Verfahren, einschließlich der Gerichtsverfassung, bestimmt sich im wesentlichen nach den Vorschriften des Konsulargerichtsbarkeitsgesetzes vom 7. April 1900 in Verbindung mit dem Schutzgebietsgesetz vom 10. September 1900 (SchutzgebG. § 2). In Handelssachen geht das in der Kolonie geltende Handelsgewohnheitsrecht vor.

Beurkundung des Personenstandes und Eheschließung richten sich nach dem Gesetz vom 4. Mai 1870.

Die **Verwaltung** der Schutzgebiete steht unter Leitung des Reichskanzlers und ressortiert von dem Reichskolonialamt (4 Abteilungen):

1. für politische und allgemeine,
2. für Finanz-, Verkehrs- und technische,
3. für Personalangelegenheiten,
4. für die Militärverwaltung (Kommando der Schutztruppe).

Die Verwaltung von Kiautschou untersteht dem Kaiserlichen Marineamt.

Die zur Ausübung der Schutzgewalt bestellten Beamten sind Reichsbeamte. Indessen bezeichnet man diejenigen, die ihre Einkünfte nicht vom Reich, sondern aus dem Schutzgebietsfonds erhalten als Landesbeamte.

VII. **Organisation** der Schutzgebiete. An der Spitze der Schutzgebiete steht ein **Gouverneur** als Kaiserlicher Kommissar. (Im Gebiet der Marschallsinseln heißt er Landeshauptmann.)

Unter den Gouverneuren stehen **Bezirksamtmänner** an der Spitze der Amtsbezirke. Endlich unterstehen den Gouverneuren auch die Beamten für Berg-, Forst-, Bau-, Schul-, Zoll- und Steuerwesen, sowie die Richter.

VIII. **Rechtspflege.** Die Gerichtsbarkeit ist verschieden für Weiße und Farbige.

1. Über die Reichsangehörigen und die Schutzgenossen entscheiden die Vorschriften des Gesetzes über die Konsulargerichtsbarkeit vom 7. April 1900 und die für jedes Schutzgebiet erlassenen Kaiserlichen Verordnungen. Die Sitze und Bezirke der Gerichte erster Instanz bestimmt der Reichskanzler.

An Stelle des Konsuls fungiert ein vom Reichskanzler zur Ausübung der Gerichtsbarkeit ermächtigter Beamter (Kaiserlicher Bezirksrichter). Die Stelle des Konsulargerichts vertritt als erste Instanz das Bezirksgericht (Richter mit 2 resp. 4 Beisitzern).

In jedem der fünf Schutzgebiete besteht als **zweite** Instanz ein Berufungsgericht am Sitze des Gouverneurs, welches aus dem vom Reichskanzler ermächtigten Beamten und **vier** Beisitzern besteht. (Kaiserliches Obergericht an Stelle des Reichsgerichts.)

Die Gerichte erster Instanz sind hier auch für die Schwurgerichtssachen zuständig (KaisVO. § 8).

Eine dritte koloniale Instanz fehlt.

In Kiautschou gibt es „Kaiserliche Richter".

Zuständig sind diese Gerichte in Zivilsachen in ähnlicher Weise wie die heimischen Amts- und Landgerichte.

In Strafsachen erledigt der Bezirksrichter die Schöffensachen ohne resp. mit Beisitzern (2).

In Strafkammer- resp. Schwurgerichtssachen hat er 4 Beisitzer zuzuziehen.

Für jedes Schutzgebiet ist seit 1897 eine Staatsanwaltschaft errichtet worden, welche bei Verbrechen und Vergehen mitwirkt.

Rechtsanwälte werden vom Richter zugelassen. Notare werden vom Reichskanzler ernannt. Ihre Zuständigkeit ist auf die Beurkundung von Rechtsgeschäften unter Lebenden beschränkt.

Für das **Verfahren** sind die Vorschriften des deutschen (ev. preußischen) Rechts maßgebend.

Die Todesstrafe wird je nach Bestimmung des Gouverneurs im Einzelfalle durch Enthaupten, Erschießen oder Erhängen vollstreckt.

Begnadigung steht dem Kaiser zu.

In einem etwaigen Verwaltungsstreitverfahren entscheidet der Bundesrat erst- und letztinstanzlich.

2. Die Gerichte über die Farbigen sind in den einzelnen Gebieten durch Verordnungen der Gouverneure geregelt. Entweder urteilen Häuptlinge allein oder die Verwaltungsbehörden.

IX. Finanzwesen.

1. Der Kaiser ist bei Erlaß von Zoll- und Steuerverordnungen, Festsetzung von Gebühren, sowie bei Bestimmung der Ausgaben für die Verwaltung an die Mitwirkung von Bundesrat und Reichstag nicht gebunden.

2. Jedes Schutzgebiet hat seine eigene, von der der anderen Schutzgebiete wie von der des Reichs getrennte Finanzwirtschaft. Das Reich trägt die Kosten der Oberleitung und Zentralverwaltung (Kolonialamt), die Einnahmen und Ausgaben der örtlichen Verwaltung gehören zur Finanzwirtschaft der einzelnen Schutzgebiete. Für jedes Schutzgebiet wird alljährlich ein **besonderer Etat** durch Reichsgesetz festgestellt.

Bezüglich dieser Etats gelten die allgemeinen für den Reichshaushaltsetat maßgebenden Bestimmungen (Rechnungslegung usw.).

Nur die Zentralverwaltung (Kolonialamt) erfolgt auf Kosten des Reichs.

Für die aus der Verwaltung eines Schutzgebietes entstehenden Verbindlichkeiten haftet nicht das Reich, sondern nur das Vermögen dieses Gebietes.

X. **Militärwesen.** Für Ostafrika, Südwestafrika und Kamerun sind aus Weißen bestehende und berittene **Schutztruppen** errichtet. (SchutztrG. vom 18. Juli 1896.)

Oberster Kriegsherr ist der Kaiser. Im Gebiet hat der Gouverneur die oberste militärische Gewalt, unter ihm Kommandeure.

Daneben gibt es noch **Polizeitruppen**, die, von den Gouverneuren angeworben, im Dienst der Zivilverwaltung stehen.

In Kiautschou ist Kaiserliche Marinebesatzung.

Für die Schutztruppen gelten die Militärstrafgesetze.

Gesellschaften in den Schutzgebieten können nach dem Gesetz vom 19. März 1888, nachdem ihr Statut vom Reichskanzler genehmigt ist, juristische Persönlichkeit durch Verordnung des Bundesrats erhalten (SchutzgebG. § 11).

Einführungsgesetz und Verfassung des Deutschen Reichs.

A. Gesetz,

betreffend die Verfassung des Deutschen Reichs, vom 16. April 1871.

§ 1.

An die Stelle der zwischen dem Norddeutschen Bunde und den Großherzogtümern Baden und Hessen vereinbarten Verfassung des Deutschen Bundes (Bundesgesetzbl. vom Jahre 1870 S. 627 ff.), sowie der mit den Königreichen Bayern und Württemberg über den Beitritt zu dieser Verfassung geschlossenen Verträge vom 23. und 25. November 1870 (Bundesgesetzbl. vom Jahre 1871 S. 9 ff. und vom Jahre 1870 S. 654 ff.) tritt die beigefügte Verfassungsurkunde für das Deutsche Reich.

§ 2.

Die Bestimmungen in Artikel 80 der in § 1 gedachten Verfassung des Deutschen Bundes (Bundesgesetzbl. vom Jahre 1870 S. 647), unter III. § 8 des Vertrages mit Bayern vom 23. November 1870 (Bundesgesetzbl. vom Jahre 1871 S. 21 ff.) in Artikel 2 Nr. 6 des Vertrages mit Württemberg vom 25. November 1870 (Bundesgesetzbl. vom Jahre 1870 S. 656), über die Einführung der im Norddeutschen Bunde ergangenen Gesetze in diesen Staaten bleiben in Kraft.

Die dort bezeichneten Gesetze sind Reichsgesetze. Wo in denselben von dem Norddeutschen Bunde, dessen Verfassung, Gebiet, Mitgliedern oder Staaten, Indigenat, verfassungsmäßigen Organen, Angehörigen, Beamten, Flagge usw. die Rede ist, sind das Deutsche Reich und dessen entsprechende Beziehungen zu verstehen.

Dasselbe gilt von denjenigen im Norddeutschen Bunde ergangenen Gesetzen, welche in der Folge in einem der genannten Staaten eingeführt werden.

§ 3.

Die Vereinbarungen in dem zu Versailles am 15. November 1870 aufgenommenen Protokolle (Bundesgesetzbl. vom Jahre 1870 S. 650ff.) in der Verhandlung zu Berlin vom 25. November 1870 (Bundesgesetzbl. vom Jahre 1870 S. 657), dem Schlußprotokolle vom 23. November 1870 (Bundesgesetzbl. vom Jahre 1871 S. 23ff.), sowie unter IV. des Vertrages mit Bayern vom 23. November 1870 (a. a. O. S. 21 ff.) werden durch dieses Gesetz nicht berührt.

B. Verfassung des Deutschen Reichs.

(Vom 16. April 1871.)

Seine Majestät der König von Preußen im Namen des Norddeutschen Bundes, Seine Majestät der König von Bayern, Seine Majestät der König von Württemberg, Seine Königliche Hoheit der Großherzog von Baden und Seine Königliche Hoheit der Großherzog von Hessen und bei Rhein für die südlich vom Main belegenen Teile des Großherzogtums Hessen, schließen einen ewigen Bund zum Schutze des Bundesgebietes und des innerhalb desselben gültigen Rechtes, sowie zur Pflege der Wohlfahrt des Deutschen Volkes. Dieser Bund wird den Namen Deutsches Reich führen und wird nachstehende

Verfassung

haben.

I. Bundesgebiet.

Artikel 1.

Das Bundesgebiet besteht aus den Staaten Preußen mit Lauenburg, Bayern, Sachsen, Württemberg, Baden, Hessen, Mecklenburg-Schwerin, Sachsen-Weimar, Mecklenburg-Strelitz, Oldenburg, Braunschweig, Sachsen-Meiningen, Sachsen-Altenburg, Sachsen-Koburg-Gotha, Anhalt, Schwarzburg-Rudolstadt, Schwarzburg-Sondershausen, Waldeck, Reuß älterer Linie, Reuß jüngerer Linie, Schaumburg-Lippe, Lippe, Lübeck, Bremen und Hamburg.

Wegen Vereinigung von Elsaß-Lothringen mit dem Deutschen Reiche vgl. RG. vom 9. Juni 1871 und vom 25. Juni 1873 § 2. — Wegen Helgoland vgl. RG. vom 15. Dezember 1890 und G., betr. die Vereinigung von Helgoland mit der preußischen Monarchie vom 18. Februar 1891.

Das Herzogtum Lauenburg, zunächst mit der Krone Preußen durch Personalunion vereinigt (13. September 1856), ist nach dem preuß. G. vom 23. Juni 1876 mit Preußen in Realunion verbunden.

II. Reichsgesetzgebung.

Artikel 2.

Innerhalb dieses Bundesgebietes übt das Reich das Recht der Gesetzgebung nach Maßgabe des Inhalts dieser Verfassung und mit der Wirkung aus, daß die Reichsgesetze den Landesgesetzen vorgehen. Die Reichsgesetze erhalten ihre verbindliche Kraft durch ihre Verkündigung von Reichs wegen, welche vermittelst eines Reichsgesetzblattes geschieht. Sofern nicht in dem publizierten Gesetze ein anderer Anfangstermin seiner verbindlichen Kraft bestimmt ist, beginnt die letztere mit dem vierzehnten Tage nach dem Ablauf desjenigen Tages, an welchem das betreffende Stück des Reichsgesetzblattes in Berlin ausgegeben worden ist.

Gesetzgebung: vgl. Art. 5. — Die Verkündung der Reichsgesetze liegt dem Kaiser ob: Art. 17, und erfolgt im Reichsgesetzblatt, herausgegeben vom Reichsamt des Innern.

Artikel 3.

Für ganz Deutschland besteht ein gemeinsames Indigenat mit der Wirkung, daß der Angehörige (Untertan, Staatsbürger) eines jeden Bundesstaates in jedem anderen Bundesstaate als Inländer zu behandeln und demgemäß zum festen Wohnsitz, zum Gewerbebetriebe, zu öffentlichen Ämtern, zur Erwerbung von Grundstücken, zur Erlangung des Staatsbürgerrechts und zum Genusse aller sonstigen bürgerlichen Rechte unter denselben Voraussetzungen wie der Einheimische zuzulassen, auch in betreff der Rechtsverfolgung und des Rechtsschutzes demselben gleich zu behandeln ist.

Kein Deutscher darf in der Ausübung dieser Befugnis durch die Obrigkeit seiner Heimat, oder durch die Obrigkeit eines anderen Bundesstaates beschränkt werden.

Diejenigen Bestimmungen, welche die Armenversorgung und die Aufnahme in den lokalen Gemeindeverband betreffen, werden durch den im ersten Absatz ausgesprochenen Grundsatz nicht berührt.

Ebenso bleiben bis auf weiteres die Verträge in Kraft, welche zwischen den einzelnen Bundesstaaten in Beziehung auf die Übernahme von Auszuweisenden, die Verpflegung erkrankter und die Beerdigung verstorbener Staatsangehörigen bestehen.

Hinsichtlich der Erfüllung der Militärpflicht im Verhältnis zu dem Heimatslande wird im Wege der Reichsgesetzgebung das Nötige geordnet werden.

Dem Auslande gegenüber haben alle Deutschen gleichmäßig Anspruch auf den Schutz des Reichs.

Artikel 4.

Der Beaufsichtigung seitens des Reichs und der Gesetzgebung desselben unterliegen die nachstehenden Angelegenheiten:

1. die Bestimmungen über Freizügigkeit, Heimats- und Niederlassungsverhältnisse, Staatsbürgerrecht, Paßwesen und Fremdenpolizei und über den Gewerbebetrieb, einschließlich des Versicherungswesens, soweit diese Gegenstände nicht schon durch den Artikel 3 dieser Verfassung erledigt sind, in Bayern jedoch mit Ausschluß der Heimats- und Niederlassungsverhältnisse, desgleichen über die Kolonisation und die Auswanderung nach außerdeutschen Ländern;
2. die Zoll- und Handelsgesetzgebung und die für die Zwecke des Reichs zu verwendenden Steuern;
3. die Ordnung des Maß-, Münz- und Gewichtssystems, nebst Feststellung der Grundsätze über die Emission von fundiertem und unfundiertem Papiergelde;
4. die allgemeinen Bestimmungen über das Bankwesen;
5. die Erfindungspatente;
6. der Schutz des geistigen Eigentums;
7. Organisation eines gemeinsamen Schutzes des deutschen Handels im Auslande, der deutschen Schiffahrt und ihrer Flagge zur See und Anordnung gemeinsamer konsularischer Vertretung, welche vom Reiche ausgestattet wird;
8. das Eisenbahnwesen, in Bayern vorbehaltlich der Bestimmung im Artikel 46, und die Herstellung von Land- und Wasserstraßen im Interesse der Landesverteidigung und des allgemeinen Verkehrs;
9. der Flößerei- und Schiffahrtsbetrieb auf den mehreren Staaten gemeinsamen Wasserstraßen und der Zustand der letzteren, sowie die Fluß- und sonstigen Wasserzölle, desgleichen die Seeschiffahrtszeichen (Leuchtfeuer, Tonnen, Baken und sonstige Tagesmarken);
10. das Post- und Telegraphenwesen, jedoch in Bayern und Württemberg nur nach Maßgabe der Bestimmung im Artikel 52;
11. Bestimmungen über die wechselseitige Vollstreckung von Erkenntnissen in Zivilsachen und Erledigung von Requisitionen überhaupt;
12. sowie über die Beglaubigung von öffentlichen Urkunden;
13. die gemeinsame Gesetzgebung über das gesamte bürgerliche Recht, das Strafrecht und das gerichtliche Verfahren;
14. das Militärwesen des Reichs und die Kriegsmarine;
15. Maßregeln der Medizinal- und Veterinärpolizei;
16. die Bestimmungen über die Presse und das Vereinswesen.

Artikel 5.

Die Reichsgesetzgebung wird ausgeübt durch den Bundesrat und den Reichstag. Die Übereinstimmung der Mehrheitsbeschlüsse beider Versammlungen ist zu einem Reichsgesetze erforderlich und ausreichend.

Bei Gesetzesvorschlägen über das Militärwesen, die Kriegsmarine und die im Artikel 35 bezeichneten Abgaben gibt, wenn im Bundesrate eine Meinungsverschiedenheit stattfindet, die Stimme des Präsidiums den Ausschlag, wenn sie sich für die Aufrechthaltung der bestehenden Einrichtungen ausspricht.

III. Bundesrat.

Artikel 6.

Der Bundesrat besteht aus den Vertretern der Mitglieder des Bundes, unter welchen die Stimmführung sich in der Weise verteilt, daß Preußen mit den ehemaligen Stimmen von Hannover, Kurhessen, Holstein, Nassau

und Frankfurt	17	Stimmen führt,
Bayern	6	"
Sachsen	4	"
Württemberg	4	"
Baden	3	"
Hessen	3	"
Mecklenburg-Schwerin	2	"
Sachsen-Weimar	1	"
Mecklenburg-Strelitz	1	"
Oldenburg	1	"
Braunschweig	2	"
Sachsen-Meiningen	1	"
Sachsen-Altenburg	1	"
Sachsen-Koburg-Gotha	1	"
Anhalt	1	"
Schwarzburg-Rudolstadt	1	"
Schwarzburg-Sondershausen	1	"
Waldeck	1	"
Reuß ältere Linie	1	"
Reuß jüngere Linie	1	"
Schaumburg-Lippe	1	"
Lippe	1	"
Lübeck	1	"
Bremen	1	"
Hamburg	1	"
	zusammen 58	Stimmen.

Jedes Mitglied des Bundes kann so viel Bevollmächtigte zum Bundesrate ernennen, wie es Stimmen hat, doch kann die Gesamtheit der zuständigen Stimmen nur einheitlich abgegeben werden.

Wegen Elsaß-Lothringen vgl. Art. I des RG. vom 31. Mai 1911 (Einschaltung von Art. 6a unten). Die Stimmenzahl ist dadurch auf 61 angewachsen.

Artikel 7.

Der Bundesrat beschließt:

1. über die dem Reichstage zu machenden Vorlagen und die von demselben gefaßten Beschlüsse;
2. über die zur Ausführung der Reichsgesetze erforderlichen allgemeinen Verwaltungsvorschriften und Einrichtungen, sofern nicht durch Reichsgesetz etwas anderes bestimmt ist;
3. über Mängel, welche bei der Ausführung der Reichsgesetze oder der vorstehend erwähnten Vorschriften oder Einrichtungen hervortreten.

Jedes Bundesglied ist befugt, Vorschläge zu machen und in Vortrag zu bringen, und das Präsidium ist verpflichtet, dieselben der Beratung zu übergeben.

Die Beschlußfassung erfolgt, vorbehaltlich der Bestimmungen in den Artikeln 5, 37 und 78, mit einfacher Mehrheit. Nicht vertretene oder nicht instruierte Stimmen werden nicht gezählt. Bei Stimmengleichheit gibt die Präsidialstimme den Ausschlag.

Bei der Beschlußfassung über eine Angelegenheit, welche nach den Bestimmungen dieser Verfassung nicht dem ganzen Reiche gemeinschaftlich ist, werden die Stimmen nur derjenigen Bundesstaaten gezählt, welchen die Angelegenheit gemeinschaftlich ist.

Artikel 8.

Der Bundesrat bildet aus seiner Mitte dauernde Ausschüsse

1. für das Landheer und die Festungen;
2. für das Seewesen;
3. für Zoll- und Steuerwesen;
4. für Handel und Verkehr;
5. für Eisenbahnen, Post und Telegraphen;
6. für Justizwesen;
7. für Rechnungswesen.

In jedem dieser Ausschüsse werden außer dem Präsidium mindestens vier Bundesstaaten vertreten sein, und führt innerhalb derselben jeder Staat nur eine Stimme. In dem Ausschuß für das Landheer und die Festungen hat Bayern einen ständigen Sitz, die übrigen Mitglieder desselben, sowie die Mitglieder des Ausschusses für das Seewesen werden vom Kaiser ernannt; die Mitglieder der anderen Ausschüsse werden von dem Bundesrate gewählt. Die Zusammensetzung dieser Ausschüsse ist für jede Session des Bundesrates resp. mit jedem Jahre zu erneuern, wobei die ausscheidenden Mitglieder wieder wählbar sind.

Außerdem wird im Bundesrate aus den Bevollmächtigten der Königreiche Bayern, Sachsen und Württemberg und zwei, vom Bundesrate alljährlich zu wählenden Bevollmächtigten anderer Bundesstaaten ein Ausschuß für die auswärtigen Angelegenheiten gebildet, in welchem Bayern den Vorsitz führt.

Den Ausschüssen werden die zu ihren Arbeiten nötigen Beamten zur Verfügung gestellt.

Artikel 9.

Jedes Mitglied des Bundesrates hat das Recht, im Reichstage zu erscheinen und muß daselbst auf Verlangen jederzeit gehört werden, um die Ansichten seiner Regierung zu vertreten, auch dann, wenn dieselben von der Majorität des Bundesrates nicht adoptiert worden sind. Niemand kann gleichzeitig Mitglied des Bundesrates und des Reichstages sein.

Kommissarien des Bundesrats: Art. 16.

Artikel 10.

Dem Kaiser liegt es ob, den Mitgliedern des Bundesrates den üblichen diplomatischen Schutz zu gewähren.

IV. Präsidium.

Artikel 11.

Das Präsidium des Bundes steht dem Könige von Preußen zu, welcher den Namen Deutscher Kaiser führt. Der Kaiser hat das Reich völkerrechtlich zu vertreten, im Namen des Reichs Krieg zu erklären und Frieden zu schließen, Bündnisse und andere Verträge mit fremden Staaten einzugehen, Gesandte zu beglaubigen und zu empfangen.

Zur Erklärung des Krieges im Namen des Reichs ist die Zustimmung des Bundesrates erforderlich, es sei denn, daß ein Angriff auf das Bundesgebiet oder dessen Küsten erfolgt.

Insoweit die Verträge mit fremden Staaten sich auf solche Gegenstände beziehen, welche nach Artikel 4 in den Bereich der Reichsgesetzgebung gehören, ist zu ihrem Abschluß die Zustimmung des Bundesrates und zu ihrer Gültigkeit die Genehmigung des Reichstages erforderlich.

Vgl. Erlaß vom 3. August 1871, betr. Feststellung des Kaiserlichen Wappens und der Kaiserlichen Standarte:

Auf Ihren Bericht vom 27. Juni d. J. genehmige Ich:

1. daß die nach Maßgabe der Verfassung und der Gesetze des Deutschen Reichs vom Kaiser ernannten Behörden und Beamten als Kaiserliche zu bezeichnen sind;
2. daß als Kaiserliches Wappen der schwarze, einköpfige, rechtssehende Adler mit rotem Schnabel, Zunge und Klauen, ohne Szepter und Reichsapfel, auf dem Brustschilde den mit dem Hohenzollernschilde belegten Preußischen Adler, über demselben die Krone in der Form der Krone Karls des Großen, jedoch mit zwei sich kreuzenden Bügeln, in Anwendung gebracht werde;
3. daß die Kaiserliche Standarte in gelbem Grunde das eiserne Kreuz, belegt mit dem Kaiserlichen, von der Kette des Schwarzen-Adler-Ordens umgebenen Wappen im gelben Felde und den vier Eckfeldern des Fahnentuchs abwechselnd den Kaiserlichen Adler und die Kaiserliche Krone enthalten soll.

Artikel 12.

Dem Kaiser steht es zu, den Bundesrat und den Reichstag zu berufen, zu eröffnen, zu vertagen und zu schließen.

Auflösung: Artt. 24, 25. — Vertagung: Art. 26.

Artikel 13.

Die Berufung des Bundesrates und des Reichstages findet alljährlich statt und kann der Bundesrat zur Vorbereitung der Arbeiten ohne den Reichstag, letzterer aber nicht ohne den Bundesrat berufen werden.

Artikel 14.

Die Berufung des Bundesrates muß erfolgen, sobald sie von einem Drittel der Stimmenzahl verlangt wird.

Artikel 15.

Der Vorsitz im Bundesrate und die Leitung der Geschäfte steht dem Reichskanzler zu, welcher vom Kaiser zu ernennen ist.

Der Reichskanzler kann sich durch jedes andere Mitglied des Bundesrates vermöge schriftlicher Substitution vertreten lassen.

Wegen des ev. Vorsitzrechts von Bayern vgl. Schlußprotokoll unter IX.

Artikel 16.

Die erforderlichen Vorlagen werden nach Maßgabe der Beschlüsse des Bundesrates im Namen des Kaisers an den Reichstag gebracht, wo sie durch Mitglieder des Bundesrates oder durch besondere von letzterem zu ernennende Kommissarien vertreten werden.

Vgl. Art. 9.

Artikel 17.

Dem Kaiser steht die Ausfertigung und Verkündigung der Reichsgesetze und die Überwachung der Ausführung derselben zu. Die Anordnungen und Verfügungen des Kaisers werden im Namen des Reichs erlassen und bedürfen zu ihrer Gültigkeit der Gegenzeichnung des Reichskanzlers, welcher dadurch die Verantwortlichkeit übernimmt.

Verkündung: Art. 2. — Überwachung der Ausführung: Art. 36 Abs. 2, Artt. 50, 56 Abs. 1, Art. 63.

Reichsgesetz, betr. die Stellvertretung des Reichskanzlers, vom 17. März 1878:

§ 1.

Die zur Gültigkeit der Anordnungen und Verfügungen des Kaisers erforderliche Gegenzeichnung des Reichskanzlers, sowie die sonstigen demselben durch die Verfassung und die Gesetze des Reichs übertragenen Obliegenheiten können nach Maßgabe der folgenden Bestimmungen durch Stellvertreter wahrgenommen werden, welche der Kaiser auf Antrag des Reichskanzlers in Fällen der Behinderung desselben ernennt.

§ 2.

Es kann ein Stellvertreter allgemein für den gesamten Umfang der Geschäfte und Obliegenheiten des Reichskanzlers ernannt werden. Auch können für diejenigen einzelnen Amtszweige, welche sich in der eigenen und unmittelbaren Verwaltung des Reichs befinden, die Vorstände der dem Reichskanzler untergeordneten obersten Reichsbehörden mit der Stellvertretung desselben im ganzen Umfang oder in einzelnen Teilen ihres Geschäftskreises beauftragt werden.

§ 3.

Dem Reichskanzler ist vorbehalten, jede Amtshandlung auch während der Dauer einer Stellvertretung selbst vorzunehmen.

§ 4.

Die Bestimmung des Artikel 15 der Reichsverfassung wird durch dieses Gesetz nicht berührt.

Artikel 18.

Der Kaiser ernennt die Reichsbeamten, läßt dieselben für das Reich vereidigen und verfügt erforderlichen Falles deren Entlassung.

Den zu einem Reichsamte berufenen Beamten eines Bundesstaates stehen, sofern nicht vor ihrem Eintritt in den Reichsdienst im Wege der Reichsgesetzgebung etwas anderes bestimmt ist, dem Reiche gegenüber diejenigen Rechte zu, welche ihnen in ihrem Heimatslande aus ihrer dienstlichen Stellung zugestanden hatten.

Vereidigung, vgl. VO. vom 29. Juni 1871, betr. den Diensteid der unmittelbaren Reichsbeamten:

Der Diensteid aller Reichsbeamten, deren Anstellung vom Kaiser ausgeht, wird, sofern nicht durch Reichsgesetz eine andere Bestimmung getroffen ist, in nachstehender Form geleistet:

Ich N. N. schwöre zu Gott dem Allmächtigen und Allwissenden, daß, nachdem ich zum Beamten des Deutschen Reichs bestellt worden bin, ich in dieser meiner Eigenschaft Seiner Majestät dem Deutschen Kaiser treu und gehorsam sein, die Reichsverfassung und die Gesetze des Reichs beobachten und alle mir vermöge meines Amtes obliegenden Pflichten nach meinem besten Wissen und Gewissen genau erfüllen will, so wahr mir Gott helfe usw.

Artikel 19.

Wenn Bundesglieder ihre verfassungsmäßigen Bundespflichten nicht erfüllen, können sie dazu im Wege der Exekution angehalten werden. Diese Exekution ist vom Bundesrate zu beschließen und vom Kaiser zu vollstrecken.

Der zweite Satz des Art. 19 lautete in der Verfassung des Norddeutschen Bundes:

„Diese Exekution ist

a) in betreff militärischer Leistungen, wenn Gefahr im Verzuge, von dem Bundesfeldherrn anzuordnen und zu vollziehen,

b) in allen anderen Fällen aber von dem Bundesrate zu beschließen und von dem Bundesfeldherrn zu vollstrecken.

Die Exekution kann bis zur Sequestration des betreffenden Landes und seiner Regierungsgewalt ausgedehnt werden. In den unter a bezeichneten Fällen ist dem Bundesrate von Anordnung der Exekution, unter Darlegung der Beweggründe, ungesäumt Kenntnis zu geben."

V. Reichstag.

Artikel 20.

Der Reichstag geht aus allgemeinen und direkten Wahlen mit geheimer Abstimmung hervor.

Bis zu der gesetzlichen Regelung, welche im § 5 des Wahlgesetzes vom 31. Mai 1869 (Bundesgesetzbl. 1869 S. 145) vorbehalten ist, werden in Bayern 48, in Württemberg 17, in Baden 14, in Hessen südlich des Main 6 Abgeordnete gewählt, und beträgt demnach die Gesamtzahl der Abgeordneten 382.

Die gesetzliche Regelung ist noch nicht erfolgt. — Nach dem RG. vom 25. Juni 1873 § 3 werden in Elsaß-Lothringen 15 Abgeordnete gewählt, so daß die Gesamtzahl der Reichstagsabgeordneten 397 beträgt. — Helgoländer wählen im Wahlkreis V von Schleswig-Holstein.

Artikel 21.

Beamte bedürfen keines Urlaubs zum Eintritt in den Reichstag.

Wenn ein Mitglied des Reichstages ein besoldetes Reichsamt oder in einem Bundesstaat ein besoldetes Staatsamt annimmt oder im Reichs- oder Staatsdienste in ein Amt eintritt, mit welchem ein höherer Rang oder ein höheres Gehalt verbunden ist, so verliert es Sitz und Stimme in dem Reichstag und kann seine Stelle in demselben nur durch neue Wahl wieder erlangen.

Vgl. Reichsbeamtengesetz (Fassung vom 18. Mai 1907) § 14 Abs. 2: In Krankheitsfällen, sowie in solchen Abwesenheitsfällen, zu denen die Beamten eines Urlaubs nicht bedürfen (RV. Art. 21), findet ein Abzug vom Gehalte nicht statt. Die Stellvertretungskosten fallen der Reichskasse zur Last.

Artikel 22.

Die Verhandlungen des Reichstages sind öffentlich.

Wahrheitsgetreue Berichte über Verhandlungen in den öffentlichen Sitzungen des Reichstages bleiben von jeder Verantwortlichkeit frei.

Vgl. StGB. § 12.

Artikel 23.

Der Reichstag hat das Recht, innerhalb der Kompetenz des Reichs Gesetze vorzuschlagen und an ihn gerichtete Petitionen dem Bundesrate resp. Reichskanzler zu überweisen.

Artikel 24.

Die Legislaturperiode des Reichstages dauert fünf Jahre. Zur Auflösung des Reichstags während derselben ist ein Beschluß des Bundesrats unter Zustimmung des Kaisers erforderlich.

Artikel 25.

Im Falle der Auflösung des Reichstages müssen innerhalb eines Zeitraumes von 60 Tagen nach derselben die Wähler und innerhalb eines Zeitraumes von 90 Tagen nach der Auflösung der Reichstag versammelt werden.

Artikel 26.

Ohne Zustimmung des Reichstages darf die Vertagung desselben die Frist von 30 Tagen nicht übersteigen und während derselben Session nicht wiederholt werden.

Vgl. Art. 12.

Artikel 27.

Der Reichstag prüft die Legitimation seiner Mitglieder und entscheidet darüber. Er regelt seinen Geschäftsgang und seine Disziplin durch eine Geschäftsordnung und erwählt seinen Präsidenten, seine Vizepräsidenten und Schriftführer.

Vgl. die Geschäftsordnung für den Reichstag des Norddeutschen Bundes vom 12. Juni 1868. — Vgl. auch Wahlgesetz: § 13, Reglement: § 35 (Prüfung der Wahlen).

Artikel 28.

Der Reichstag beschließt nach absoluter Stimmenmehrheit. Zur Gültigkeit der Beschlußfassung ist die Anwesenheit der Mehrheit der gesetzlichen Anzahl der Mitglieder erforderlich.

Gesetzliche Anzahl: Art. 20.

Artikel 29.

Die Mitglieder des Reichstages sind Vertreter des gesamten Volkes und an Aufträge und Instruktionen nicht gebunden.

Artikel 30.

Kein Mitglied des Reichstages darf zu irgend einer Zeit wegen seiner Abstimmung oder wegen der in Ausübung seines Berufes getanen Äußerungen gerichtlich oder disziplinarisch verfolgt oder sonst außerhalb der Versammlung zur Verantwortung gezogen werden.

Vgl. StGB. § 11: Kein Mitglied eines Landtags oder einer Kammer eines zum Reich gehörigen Staats darf außerhalb der Versammlung, zu welcher das Mitglied gehört, wegen seiner Abstimmung oder wegen der in Ausübung seines Berufes getanen Äußerung zur Verantwortung gezogen werden.

Artikel 31.

Ohne Genehmigung des Reichstages kann kein Mitglied desselben während der Sitzungsperiode wegen einer mit Strafe bedrohten Handlung zur Untersuchung gezogen oder verhaftet werden, außer wenn es bei Ausübung der Tat oder im Laufe des nächstfolgenden Tages ergriffen wird.

Gleiche Genehmigung ist bei einer Verhaftung wegen Schulden erforderlich.

Auf Verlangen des Reichstages wird jedes Strafverfahren gegen ein Mitglied desselben und jede Untersuchungs- oder Zivilhaft für die Dauer der Sitzungsperiode aufgehoben.

Abs. 2. Die Schuldhaft ist durch G., betr. die Aufhebung der Schuldhaft, vom 29. Mai 1868 beseitigt; jetzt gilt ZPO. § 904 Ziff. 1.

Artikel 32.

Die Mitglieder des Reichstages dürfen als solche keine Besoldung beziehen. Sie erhalten eine Entschädigung nach Maßgabe des Gesetzes.

Satz 2 aus dem RG., betr. die Gewährung einer Entschädigung an die Mitglieder des Reichstags, vom 21. Mai 1906. Bek., betr. die freie Fahrt der Mitglieder des Reichstags auf den deutschen Eisenbahnen, vom 27. Juni 1906.

VI. Zoll- und Handelswesen.

Artikel 33.

Deutschland bildet ein Zoll- und Handelsgebiet, umgeben von gemeinschaftlicher Zollgrenze. Ausgeschlossen bleiben die wegen ihrer Lage zur Einschließung in die Zollgrenze nicht geeigneten einzelnen Gebietsteile.

Alle Gegenstände, welche im freien Verkehr eines Bundesstaates befindlich sind, können in jeden anderen Bundesstaat eingeführt und dürfen in letzterem einer Abgabe nur insoweit unterworfen werden, als daselbst gleichartige inländische Erzeugnisse einer inneren Steuer unterliegen.

Artikel 34.

Die Hansestädte Bremen und Hamburg mit einem dem Zweck entsprechenden Bezirke ihres oder des umliegenden Gebietes bleiben als Freihäfen außerhalb der gemeinschaftlichen Zollgrenze, bis sie ihren Einschluß in dieselbe beantragen.

Artikel 35.

Das Reich ausschließlich hat die Gesetzgebung über das gesamte Zollwesen, über die Besteuerung des im Bundesgebiete gewonnenen Salzes und Tabaks, bereiteten Branntweins und Biers und aus Rüben oder anderen inländischen Erzeugnissen dargestellten Zuckers und Sirups, über den gegenseitigen Schutz der in den einzelnen Bundesstaaten erhobenen Verbrauchsabgaben gegen Hinterziehungen, sowie über die Maßregeln, welche in den Zollausschlüssen zur Sicherung der gemeinsamen Zollgrenze erforderlich sind.

In Bayern, Württemberg und Baden bleibt die Besteuerung des inländischen Branntweins und Bieres der Landesgesetzgebung vorbehalten. Die Bundesstaaten werden jedoch ihr Bestreben darauf richten, eine Übereinstimmung der Gesetzgebung über die Besteuerung auch dieser Gegenstände herbeizuführen.

Die Reservatrechte von Bayern, Württemberg und Baden bezüglich der Besteuerung des Branntweins haben nach Erlaß des RG., betr. die Besteuerung des Branntweins, vom 24. Juni 1887 ihre Bedeutung verloren. Jetzt gilt das Branntweinsteuergesetz vom 15. Juli 1909; vgl. dessen § 25.

An dem zur Reichskasse fließenden Steuerertrage bzw. dem Aversum haben die betreffenden Bundesstaaten keinen Teil: Art. 38 Abs. 4.

Artikel 36.

Die Erhebung und Verwaltung der Zölle und Verbrauchssteuern (Art. 35) bleibt jedem Bundesstaate, soweit derselbe sie bisher ausgeübt hat, innerhalb seines Gebietes überlassen.

Der Kaiser überwacht die Einhaltung des gesetzlichen Verfahrens durch Reichsbeamte, welche er den Zoll- oder Steuerämtern und den Direktivbehörden der einzelnen Staaten, nach Vernehmung des Ausschusses des Bundesrates für Zoll- und Steuerwesen, beiordnet.

Die von diesen Beamten über Mängel bei der Ausführung der gemeinschaftlichen Gesetzgebung (Art. 35) gemachten Anzeigen werden dem Bundesrate zur Beschlußnahme vorgelegt.

Artikel 37.

Bei der Beschlußnahme über die zur Ausführung der gemeinschaftlichen Gesetzgebung (Art. 35) dienenden Verwaltungsvorschriften und Einrichtungen gibt die Stimme des Präsidiums alsdann den Ausschlag, wenn sie sich für Aufrechterhaltung der bestehenden Vorschrift oder Einrichtung ausspricht.

Artikel 38.

Der Ertrag der Zölle und der anderen in Artikel 35 bezeichneten Abgaben, letzterer soweit sie der Reichsgesetzgebung unterliegen, fließt in die Reichskasse.

Dieser Ertrag besteht aus der gesamten von den Zöllen und den übrigen Abgaben aufgekommenen Einnahme nach Abzug:

1. der auf Gesetzen oder allgemeinen Verwaltungsvorschriften beruhenden Steuervergütungen und Ermäßigungen,
2. der Rückerstattungen für unrichtige Erhebungen,

3. der Erhebungs- und Verwaltungskosten, und zwar:
   a) bei den Zöllen der Kosten, welche an den gegen das Ausland gelegenen Grenzen und in dem Grenzbezirke für den Schutz und die Erhebung der Zölle erforderlich sind,
   b) bei der Salzsteuer der Kosten, welche zur Besoldung der mit Erhebung und Kontrollierung dieser Steuer auf den Salzwerken beauftragten Beamten aufgewendet werden,
   c) bei der Rübenzuckersteuer und Tabaksteuer der Vergütung, welche nach den jeweiligen Beschlüssen des Bundesrates den einzelnen Bundesregierungen für die Kosten der Verwaltung dieser Steuern zu gewähren ist,
   d) bei den übrigen Steuern mit fünfzehn Prozent der Gesamteinnahme.

Die außerhalb der gemeinschaftlichen Zollgrenze liegenden Gebiete tragen zu den Ausgaben des Reichs durch Zahlung eines Aversums bei.

Bayern, Württemberg und Baden haben an dem in die Reichskasse fließenden Ertrage der Steuern von Branntwein und Bier und an dem diesem Ertrage entsprechenden Teile des vorstehend erwähnten Aversums keinen Teil.

Die Reineinnahme aus der Branntweinsteuer wird den einzelnen Bundesstaaten nach Maßgabe der Bevölkerung, mit der sie zu den Matrikularbeiträgen herangezogen werden, überwiesen (RG., betr. Änderungen des Finanzwesens, vom 15. Juli 1909 Art. I § 5 Abs. 3).

Artikel 39.

Die von den Erhebungsbehörden der Bundesstaaten nach Ablauf eines jeden Vierteljahres aufzustellenden Quartalextrakte und die nach dem Jahres- und Bücherschlusse aufzustellenden Finalabschlüsse über die im Laufe des Vierteljahres beziehungsweise während des Rechnungsjahres fällig gewordenen Einnahmen an Zöllen und nach Artikel 38 zur Reichskasse fließenden Verbrauchsabgaben werden von den Direktivbehörden der Bundesstaaten, nach vorangegangener Prüfung, in Hauptübersichten zusammengestellt, in welchen jede Abgabe gesondert nachzuweisen ist, und es werden diese Übersichten an den Ausschuß des Bundesrates für das Rechnungswesen eingesandt.

Der letztere stellt auf Grund dieser Übersichten von drei zu drei Monaten den von der Kasse jedes Bundesstaates der Reichskasse schuldigen Betrag vorläufig fest und setzt von dieser Feststellung den Bundesrat und die Bundesstaaten in Kenntnis, legt auch alljährlich die schließliche Feststellung jener Beträge mit seinen Bemerkungen dem Bundesrate vor. Der Bundesrat beschließt über diese Feststellung.

Artikel 40.

Die Bestimmungen in dem Zollvereinigungsvertrage vom 8. Juli 1867 bleiben in Kraft, soweit sie nicht durch die Vorschriften dieser Verfassung abgeändert sind und solange sie nicht auf dem im Artikel 7 beziehungsweise 78 bezeichneten Wege abgeändert werden.

VII. Eisenbahnwesen.

Artikel 41.

Eisenbahnen, welche im Interesse der Verteidigung Deutschlands oder im Interesse des gemeinsamen Verkehrs für notwendig erachtet werden, können kraft eines Reichsgesetzes auch gegen den Widerspruch der Bundesglieder, deren Gebiet die Eisenbahnen durchschneiden, unbeschadet der Landeshoheitsrechte, für Rechnung des Reichs angelegt oder an Privatunternehmer zur Ausführung konzessioniert und mit dem Expropriationsrechte ausgestattet werden.

Jede bestehende Eisenbahnverwaltung ist verpflichtet, sich den Anschluß neu angelegter Eisenbahnen auf Kosten der letzteren gefallen zu lassen.

Die gesetzlichen Bestimmungen, welche bestehenden Eisenbahnunternehmungen ein Widerspruchsrecht gegen die Anlegung von Parallel- oder Konkurrenzbahnen einräumen, werden, unbeschadet bereits erworbener Rechte, für das ganze Reich hierdurch aufgehoben. Ein solches Widerspruchsrecht kann auch in den künftig zu erteilenden Konzessionen nicht weiter verliehen werden.

Artikel 42.

Die Bundesregierungen verpflichten sich, die deutschen Eisenbahnen im Interesse des allgemeinen Verkehrs wie ein einheitliches Netz verwalten und zu diesem Behuf auch die neu herzustellenden Bahnen nach einheitlichen Normen anlegen und ausrüsten zu lassen.

Wegen Bayerns vgl. Art. 46 Abs. 2.

Artikel 43.

Es sollen demgemäß in tunlichster Beschleunigung übereinstimmende Betriebseinrichtungen getroffen, insbesondere gleiche Bahnpolizei-Reglements eingeführt werden. Das Reich hat dafür Sorge zu tragen, daß die Eisenbahnverwaltungen die Bahnen jederzeit in einem die nötige Sicherheit gewährenden baulichen Zustande erhalten und dieselben mit Betriebsmaterial so ausrüsten, wie das Verkehrsbedürfnis es erheischt.

Artikel 44.

Die Eisenbahnverwaltungen sind verpflichtet, die für den durchgehenden Verkehr und zur Herstellung ineinander greifender Fahrpläne nötigen Personenzüge mit entsprechender Fahrgeschwindigkeit, desgleichen die zur Bewältigung des Güterverkehrs nötigen Güterzüge einzuführen, auch direkte Expeditionen im Personen- und Güterverkehr, unter Gestattung des Überganges der Transportmittel von einer Bahn auf die andere, gegen die übliche Vergütung einzurichten.

Artikel 45.

Dem Reiche steht die Kontrolle über das Tarifwesen zu. Dasselbe wird namentlich dahin wirken:

1. daß baldigst auf allen deutschen Eisenbahnen übereinstimmende Betriebsreglements eingeführt werden;
2. daß die möglichste Gleichmäßigkeit und Herabsetzung der Tarife erzielt, insbesondere, daß bei größeren Entfernungen für den Transport von Kohlen, Koks, Holz, Erzen, Steinen, Salz, Roheisen, Düngungsmitteln und ähnlichen Gegenständen ein dem Bedürfnis der Landwirtschaft und Industrie entsprechender ermäßigter Tarif, und zwar zunächst tunlichst der Einpfennig-Tarif eingeführt werde.

Artikel 46.

Bei eintretenden Notständen, insbesondere bei ungewöhnlicher Teuerung der Lebensmittel, sind die Eisenbahnverwaltungen verpflichtet, für den Transport, namentlich von Getreide, Mehl, Hülsenfrüchten und Kartoffeln, zeitweise einen dem Bedürfnis entsprechenden, von dem Kaiser auf Vorschlag des betreffenden Bundesratsausschusses festzustellenden niedrigen Spezialtarif einzuführen, welcher jedoch nicht unter den niedrigsten auf der betreffenden Bahn für Rohprodukte geltenden Satz herabgehen darf.

Die vorstehend, sowie die in den Artikeln 42 bis 45 getroffenen Bestimmungen sind auf Bayern nicht anwendbar.

Dem Reiche steht jedoch auch Bayern gegenüber das Recht zu, im Wege der Gesetzgebung einheitliche Normen für die Konstruktion und Ausrüstung der für die Landesverteidigung wichtigen Eisenbahnen aufzustellen.

Artikel 47.

Den Anforderungen der Behörden des Reichs in betreff der Benutzung der Eisenbahnen zum Zweck der Verteidigung Deutschlands haben sämtliche Eisenbahnverwaltungen unweigerlich Folge zu leisten. Insbesondere ist das Militär und alles Kriegsmaterial zu gleichen ermäßigten Sätzen zu befördern.

VIII. Post- und Telegraphenwesen.

Artikel 48.

Das Postwesen und das Telegraphenwesen werden für das gesamte Gebiet des Deutschen Reichs als einheitliche Staatsverkehrsanstalten eingerichtet und verwaltet.

Die im Artikel 4 vorgesehene Gesetzgebung des Reichs in Post- und Telegraphenangelegenheiten erstreckt sich nicht auf diejenigen Gegenstände, deren Regelung nach den in der Norddeutschen Post- und Telegraphenverwaltung maßgebend gewesenen Grundsätzen der reglementarischen Festsetzung oder administrativen Anordnung überlassen ist.

Wegen Bayern und Württemberg vgl. Art. 52 der Verfassung.

Artikel 49.

Die Einnahmen des Post- und Telegraphenwesens sind für das ganze Reich gemeinschaftlich. Die Ausgaben werden aus den gemeinschaftlichen Einnahmen bestritten. Die Überschüsse fließen in die Reichskasse (Abschnitt XII).

Artikel 50.

Dem Kaiser gehört die obere Leitung der Post- und Telegraphenverwaltung an. Die von ihm bestellten Behörden haben die Pflicht und das Recht, dafür zu sorgen, daß Einheit in der Organisation der Verwaltung und im Betriebe des Dienstes, sowie in der Qualifikation der Beamten hergestellt und erhalten wird.

Dem Kaiser steht der Erlaß der reglementarischen Festsetzungen und allgemeinen administrativen Anordnungen, sowie die ausschließliche Wahrnehmung der Beziehungen zu anderen Post- und Telegraphenverwaltungen zu.

Sämtliche Beamte der Post- und Telegraphenverwaltung sind verpflichtet, den Kaiserlichen Anordnungen Folge zu leisten. Diese Verpflichtung ist in den Diensteid aufzunehmen.

Die Anstellung der bei den Verwaltungsbehörden der Post und Telegraphie in den verschiedenen Bezirken erforderlichen oberen Beamten (z. B. der Direktoren, Räte, Oberinspektoren), ferner die Anstellung der zur Wahrnehmung des Aufsichts- usw. Dienstes in den einzelnen Bezirken als Organe der erwähnten Behörden fungierenden Post- und Telegraphenbeamten (z. B. Inspektoren, Kontrolleure) geht für das ganze Gebiet des Deutschen Reichs vom Kaiser aus, welchem diese Beamten den Diensteid leisten. Den einzelnen Landesregierungen wird von den in Rede stehenden Ernennungen, soweit dieselben ihre

Gebiete betreffen, behufs der landesherrlichen Bestätigung und Publikation rechtzeitig Mitteilung gemacht werden.

Die anderen bei den Verwaltungsbehörden der Post und Telegraphie erforderlichen Beamten, sowie alle für den lokalen und technischen Betrieb bestimmten, mithin bei den eigentlichen Betriebsstellen fungierenden Beamten usw. werden von den betreffenden Landesregierungen angestellt.

Wo eine selbständige Landespost- resp. Telegraphenverwaltung nicht besteht, entscheiden die Bestimmungen der besonderen Verträge.

Artikel 51.

Bei Überweisung des Überschusses der Postverwaltung für allgemeine Reichszwecke (Art. 49) soll, in Betracht der bisherigen Verschiedenheit der von den Landespostverwaltungen der einzelnen Gebiete erzielten Reineinnahmen, zum Zwecke einer entsprechenden Ausgleichung während der unten festgesetzten Übergangszeit folgendes Verfahren beobachtet werden.

Aus den Postüberschüssen, welche in den einzelnen Postbezirken während der fünf Jahre 1861 bis 1865 aufgekommen sind, wird ein durchschnittlicher Jahresüberschuß berechnet, und der Anteil, welchen jeder einzelne Postbezirk an dem für das gesamte Gebiet des Reichs sich danach herausstellenden Postüberschusse gehabt hat, nach Prozenten festgestellt.

Nach Maßgabe des auf diese Weise festgestellten Verhältnisses werden den einzelnen Staaten während der auf ihren Eintritt in die Reichspostverwaltung folgenden acht Jahre die sich für sie aus den im Reiche aufkommenden Postüberschüssen ergebenden Quoten auf ihre sonstigen Beiträge zu Reichszwecken zugute gerechnet.

Nach Ablauf der acht Jahre hört jene Unterscheidung auf, und fließen die Postüberschüsse in ungeteilter Aufrechnung nach dem im Artikel 49 enthaltenen Grundsatz der Reichskasse zu.

Von der während der vorgedachten acht Jahre für die Hansestädte sich herausstellenden Quote des Postüberschusses wird alljährlich vorweg die Hälfte dem Kaiser zur Disposition gestellt zu dem Zwecke, daraus zunächst die Kosten für die Herstellung normaler Posteinrichtungen in den Hansestädten zu bestreiten.

Artikel 52.

Die Bestimmungen in den vorstehenden Artikeln 48 bis 51 finden auf Bayern und Württemberg keine Anwendung. An ihrer Stelle gelten für beide Bundesstaaten folgende Bestimmungen.

Dem Reiche ausschließlich steht die Gesetzgebung über die Vorrechte der Post und Telegraphie, über die rechtlichen Verhältnisse beider Anstalten zum Publikum, über die Portofreiheiten und das Posttaxwesen, jedoch ausschließlich der reglementarischen und Tarifbestimmungen für den internen Verkehr innerhalb Bayerns, beziehungsweise Württembergs, sowie, unter gleicher Beschränkung, die Feststellung der Gebühren für die telegraphische Korrespondenz zu.

Ebenso steht dem Reiche die Regelung des Post- und Telegraphenverkehrs mit dem Auslande zu, ausgenommen den eigenen unmittelbaren Verkehr Bayerns, beziehungsweise Württembergs mit seinen dem Reiche nicht angehörenden Nachbarstaaten, wegen dessen Regelung es bei der Bestimmung im Artikel 49 des Postvertrages vom 23. November 1867 bewendet.

An den zur Reichskasse fließenden Einnahmen des Post- und Telegraphenwesens haben Bayern und Württemberg keinen Teil.

IX. Marine und Schiffahrt.

Artikel 53.

Die Kriegsmarine des Reichs ist eine einheitliche unter dem Oberbefehl des Kaisers. Die Organisation und Zusammensetzung derselben liegt dem Kaiser ob, welcher die Offiziere und Beamten der Marine ernennt, und für welchen dieselben nebst den Mannschaften eidlich in Pflicht zu nehmen sind.

Der Kieler Hafen und der Jadehafen sind Reichskriegshäfen.

Der zur Gründung und Erhaltung der Kriegsflotte und der damit zusammenhängenden Anstalten erforderliche Aufwand wird aus der Reichskasse bestritten.

Die gesamte seemännische Bevölkerung des Reichs, einschließlich des Maschinenpersonals und der Schiffshandwerker, ist vom Dienste im Landheere befreit, dagegen zum Dienste in der Kaiserlichen Marine verpflichtet.

Artikel 54.

Die Kauffahrteischiffe aller Bundesstaaten bilden eine einheitliche Handelsmarine.

Das Reich hat das Verfahren zur Ermittelung der Ladungsfähigkeit der Seeschiffe zu bestimmen, die Ausstellung der Meßbriefe, sowie der Schiffszertifikate zu regeln und die Bedingungen festzustellen, von welchen die Erlaubnis zur Führung eines Seeschiffes abhängig ist.

In den Seehäfen und auf allen natürlichen und künstlichen Wasserstraßen der einzelnen Bundesstaaten werden die Kauffahrteischiffe sämtlicher Bundesstaaten gleichmäßig zugelassen und behandelt.

Auf natürlichen Wasserstraßen dürfen Abgaben nur für solche Anstalten (Werke und Einrichtungen) erhoben werden, die zur Erleichterung des Verkehrs bestimmt sind. Sie dürfen bei staatlichen und kommunalen Anstalten die zur Herstellung und Unterhaltung erforderlichen Kosten nicht übersteigen. Die Herstellungs- und Unterhaltungskosten für Anstalten, die nicht nur zur Erleichterung des Verkehrs, sondern auch zur Förderung anderer Zwecke und Interessen bestimmt sind, dürfen nur zu einem verhältnismäßigen Anteil durch Schiffahrtsabgaben aufgebracht werden. Als Kosten der Herstellung gelten die Zinsen und Tilgungsbeträge für die aufgewendeten Kapitalien.

Die Vorschriften des Abs. 4 finden auch Anwendung auf die Abgaben, die für künstliche Wasserstraßen und für Anstalten an solchen sowie in Häfen erhoben werden.

Der Bemessung von Befahrungsabgaben können im Bereiche der Binnenschiffahrt die Gesamtkosten für eine Wasserstraße, ein Stromgebiet oder ein Wasserstraßennetz zugrunde gelegt werden.

Auf die Flößerei finden diese Bestimmungen insoweit Anwendung, als sie auf schiffbaren Wasserstraßen betrieben wird.

Auf fremde Schiffe oder deren Ladungen andere oder höhere Abgaben zu legen, als von den Schiffen der Bundesstaaten oder deren Ladungen zu entrichten sind, steht keinem Einzelstaate, sondern nur dem Reiche zu.

Die Fassung des Art. 54 beruht auf dem G. vom 24. Dezember 1911 Art. I, durch das in Abs. 3 der zweite Satz gestrichen ist und statt des Abs. 4 die Abs. 4—7 eingefügt sind.

Vgl. Art. 4 Ziff. 7, 8 u. 9.

Artikel 55.

Die Flagge der Kriegs- und Handelsflotte ist schwarz-weiß-rot.

X. Konsulatwesen.

Artikel 56.

Das gesamte Konsulatwesen des Deutschen Reichs steht unter der Aufsicht des Kaisers, welcher die Konsuln, nach Vernehmung des Ausschusses des Bundesrates für Handel und Verkehr, anstellt.

In dem Amtsbezirk der deutschen Konsuln dürfen neue Landeskonsulate nicht errichtet werden. Die deutschen Konsuln üben für die in ihrem Bezirk nicht vertretenen Bundesstaaten die Funktionen eines Landeskonsuls aus. Die sämtlichen bestehenden Landeskonsulate werden aufgehoben, sobald die Organisation der deutschen Konsulate dergestalt vollendet ist, daß die Vertretung der Einzelinteressen aller Bundesstaaten als durch die deutschen Konsulate gesichert von dem Bundesrate anerkannt wird.

Vgl. Art. 4 Ziff. 7. — Exequaturerteilung durch die Bundesstaaten: Schlußprotokoll vom 23. November 1871 unter XII.

XI. Reichskriegswesen.

Artikel 57.

Jeder Deutsche ist wehrpflichtig und kann sich in Ausübung dieser Pflicht nicht vertreten lassen.

Artikel 58.

Die Kosten und Lasten des gesamten Kriegswesens des Reichs sind von allen Bundesstaaten und ihren Angehörigen gleichmäßig zu tragen, so daß weder Bevorzugungen noch Prägravationen einzelner Staaten oder Klassen grundsätzlich zulässig sind. Wo die gleiche Verteilung der Lasten sich in natura nicht herstellen läßt, ohne die öffentliche Wohlfahrt zu schädigen, ist die Ausgleichung nach den Grundsätzen der Gerechtigkeit im Wege der Gesetzgebung festzustellen.

Artikel 59.

Jeder wehrfähige Deutsche gehört sieben Jahre lang, in der Regel vom vollendeten zwanzigsten bis zum beginnenden achtundzwanzigsten Lebensjahre, dem stehenden Heere, die folgenden fünf Lebensjahre der Landwehr ersten Aufgebots und sodann bis zum 31. März des Kalenderjahres, in welchem das neununddreißigste Lebensjahr vollendet wird, der Landwehr zweiten Aufgebots an.

Während der Dauer der Dienstpflicht im stehenden Heere sind die Mannschaften der Kavallerie und reitenden Feldartillerie die ersten drei, alle übrigen Mannschaften die ersten zwei Jahre zum ununterbrochenen Dienste bei den Fahnen verpflichtet.

In bezug auf die Auswanderung der Reservisten sollen lediglich diejenigen Bestimmungen maßgebend sein, welche für die Auswanderung der Landwehrmänner gelten.

Abs. 1 u. 2 haben ihre jetzige Fassung durch das RG., betr. Änderung der Wehrpflicht, vom 15. April 1905 Art. I erhalten.

Abs. 3. Vgl. RG. über die Erwerbung und den Verlust der Bundes- und Staatsangehörigkeit vom 1. Juni 1870 §§ 15, 17 und StGB. §§ 140 und 360 Ziff. 3.

Artikel 60.

Die Friedenspräsenzstärke des deutschen Heeres wird bis zum 31. Dezember 1871 auf ein Prozent der Bevölkerung von 1867 normiert, und wird pro rata derselben von den einzelnen Bundesstaaten gestellt. Für die spätere Zeit wird die Friedenspräsenzstärke des Heeres im Wege der Reichsgesetzgebung festgestellt.

Jetzt ist maßgebend das RG., betr. die Friedenspräsenzstärke des deutschen Heeres, vom 27. März 1911. Danach wird die Friedenspräsenzstärke allmählich derart erhöht, daß sie (ohne Einrechnung der Einjährig-Freiwilligen) im Laufe des Rechnungsjahres 1915 die Zahl von 515321 Gemeine, Gefreite und Obergefreite erreicht und in dieser Höhe bis zum 31. März 1916 bestehen bleibt.

Artikel 61.

Nach Publikation dieser Verfassung ist in dem ganzen Reiche die gesamte preußische Militärgesetzgebung ungesäumt einzuführen, sowohl die Gesetze selbst, als die zu ihrer Ausführung, Erläuterung oder Ergänzung erlassenen Reglements, Instruktionen und Reskripte, namentlich also das Militärstrafgesetzbuch vom 3. April 1845, die Militärstrafgerichtsordnung vom 3. April 1845, die Verordnung über die Ehrengerichte vom 20. Juli 1843, die Bestimmungen über Aushebung, Dienstzeit, Servis- und Verpflegungswesen, Einquartierung, Ersatz von Flurbeschädigungen, Mobilmachung usw. für Krieg und Frieden. Die Militärkirchenordnung ist jedoch ausgeschlossen.

Nach gleichmäßiger Durchführung der Kriegsorganisation des Deutschen Heeres wird ein umfassendes Reichsmilitärgesetz dem Reichstage und dem Bundesrate zur verfassungsmäßigen Beschlußfassung vorgelegt werden.

Abs. 1. Diese preußischen Gesetze sind fast durchweg durch Reichsgesetze ersetzt (Militärstrafgesetzbuch für das Deutsche Reich vom 20. Juni 1872 und die Militärstrafgerichtsordnung vom 1. Dezember 1898).

Abs. 2. Vgl. Reichsmilitärgesetz vom 2. Mai 1874.

Artikel 62.

Zur Bestreitung des Aufwandes für das gesamte deutsche Heer und die zu demselben gehörigen Einrichtungen sind bis zum 31. Dezember 1871 dem Kaiser alljährlich sovielmal 225 Taler, in Worten zweihundertfünfundzwanzig Taler, als die Kopfzahl der Friedensstärke des Heeres nach Artikel 60 beträgt, zur Verfügung zu stellen. Vgl. Abschnitt XII.

Nach dem 31. Dezember 1871 müssen diese Beiträge von den einzelnen Staaten des Bundes zur Reichskasse fortgezahlt werden.

Zur Berechnung derselben wird die im Artikel 60 interimistisch festgestellte Friedenspräsenzstärke so lange festgehalten, bis sie durch ein Reichsgesetz abgeändert ist.

Die Verausgabung dieser Summe für das gesamte Reichsheer und dessen Einrichtungen wird durch das Etatsgesetz festgestellt.

Bei der Feststellung des Militärausgabeetats wird die auf Grundlage dieser Verfassung gesetzlich feststehende Organisation des Reichsheeres zugrunde gelegt.

Artikel 63.

Die gesamte Landmacht des Reichs wird ein einheitliches Heer bilden, welches in Krieg und Frieden unter dem Befehle des Kaisers steht.

Die Regimenter usw. führen fortlaufende Nummern durch das ganze Deutsche Heer. Für die Bekleidung sind die Grundfarben und der Schnitt der Königlich Preußischen Armee maßgebend. Dem betreffenden Kontingentsherrn bleibt es überlassen, die äußeren Abzeichen (Kokarden usw.) zu bestimmen.

Der Kaiser hat die Pflicht und das Recht, dafür Sorge zu tragen, daß innerhalb des deutschen Heeres alle Truppenteile vollzählig und kriegstüchtig vorhanden sind und daß Einheit in der Organisation und Formation, in Bewaffnung und Kommando, in der Ausbildung der Mannschaften, sowie in der Qualifikation der Offiziere hergestellt und erhalten wird. Zu diesem Behufe ist der Kaiser berechtigt, sich jederzeit durch Inspektionen von der Verfassung der einzelnen Kontingente zu überzeugen und die Abstellung der dabei vorgefundenen Mängel anzuordnen.

Der Kaiser bestimmt den Präsenzstand, die Gliederung und Einteilung der Kontingente des Reichsheeres, sowie die Organisation der Landwehr, und hat das Recht, innerhalb des Bundesgebietes die Garnisonen zu bestimmen, sowie die kriegsbereite Aufstellung eines jeden Teils des Reichsheeres anzuordnen.

Behufs Erhaltung der unentbehrlichen Einheit in der Administration, Verpflegung, Bewaffnung und Ausrüstung aller Truppenteile des deutschen Heeres sind die bezüglichen künftig ergehenden Anordnungen für die preußische Armee den Kommandeuren der übrigen Kontingente, durch den Artikel 8 Nr. 1 bezeichneten Ausschuß für das Landheer und die Festungen, zur Nachachtung in geeigneter Weise mitzuteilen.

Artikel 64.

Alle deutschen Truppen sind verpflichtet, den Befehlen des Kaisers unbedingte Folge zu leisten. Diese Verpflichtung ist in den Fahneneid aufzunehmen.

Der Höchstkommandierende eines Kontingents, sowie alle Offiziere, welche Truppen mehr als eines Kontingents befehligen, und alle Festungskommandanten werden von dem Kaiser ernannt. Die von demselben ernannten Offiziere leisten ihm den Fahneneid. Bei Generalen und den Generalstellungen versehenden Offizieren innerhalb des Kontingents ist die Ernennung von der jedesmaligen Zustimmung des Kaisers abhängig zu machen.

Der Kaiser ist berechtigt, behufs Versetzung mit oder ohne Beförderung für die von ihm im Reichsdienste, sei es im preußischen Heere, oder in anderen Kontingenten zu besetzenden Stellen aus den Offizieren aller Kontingente des Reichsheeres zu wählen.

Vgl. Art. 53 Abs. 1.

Artikel 65.

Das Recht, Festungen innerhalb des Bundesgebietes anzulegen, steht dem Kaiser zu, welcher die Bewilligung der dazu erforderlichen Mittel, soweit das Ordinarium sie nicht gewährt, nach Abschnitt XII beantragt.

Artikel 66.

Wo nicht besondere Konventionen ein anderes bestimmen, ernennen die Bundesfürsten, beziehentlich die Senate die Offiziere ihrer Kontingente, mit der Einschränkung des Artikels 64. Sie sind Chefs aller ihren Gebieten angehörenden Truppenteile und genießen die damit verbundenen Ehren. Sie haben namentlich das Recht der Inspizierung zu jeder Zeit und erhalten, außer den regelmäßigen Rapporten und Meldungen über vorkommende Veränderungen, behufs der nötigen landesherrlichen Publikation, rechtzeitige Mitteilung von den die betreffenden Truppenteile berührenden Avancements und Ernennungen.

Auch steht ihnen das Recht zu, zu polizeilichen Zwecken nicht bloß ihre eigenen Truppen zu verwenden, sondern auch alle anderen Truppenteile des Reichsheeres, welche in ihren Ländergebieten disloziert sind, zu requirieren.

Artikel 67.

Ersparnisse an dem Militäretat fallen unter keinen Umständen einer einzelnen Regierung, sondern jederzeit der Reichskasse zu.

Artikel 68.

Der Kaiser kann, wenn die öffentliche Sicherheit in dem Bundesgebiete bedroht ist, einen jeden Teil desselben in Kriegszustand erklären. Bis zum Erlaß eines die Voraussetzungen, die Form der Verkündigung und die Wirkungen einer solchen Erklärung regelnden Reichsgesetzes gelten dafür die Vorschriften des preußischen Gesetzes vom 4. Juni 1851 (Gesetz-Samml. für 1851 S. 451 ff.).

Erklärung des Kriegszustandes vgl. § 4 des EG.StGB.

Schlußbestimmung zum XI. Abschnitt.

Die in diesem Abschnitt enthaltenen Vorschriften kommen in Bayern nach näherer Bestimmung des Bündnisvertrages vom 23. November 1870 (Bundesgesetzbl. 1871 S. 9) unter III. § 5, in Württemberg nach näherer Bestimmung der Militärkonvention vom 21./25. November 1870 (Bundesgesetzbl. 1870 S. 658) zur Anwendung.

XII. Reichsfinanzen.

Artikel 69.

Alle Einnahmen und Ausgaben des Reichs müssen für jedes Jahr veranschlagt und auf den Reichshaushaltsetat gebracht werden. Letzterer wird vor Beginn des Etatsjahres nach folgenden Grundsätzen durch ein Gesetz festgestellt.

Vgl. RG., betr. das Etatsjahr für den Reichshaushalt, vom 29. Februar 1876 (das Etatsjahr läuft vom 1. April bis 31. März).

Artikel 70.

Zur Bestreitung aller gemeinschaftlichen Ausgaben dienen zunächst die aus den Zöllen und gemeinsamen Steuern, aus dem Eisenbahn-, Post- und Telegraphenwesen, sowie aus den übrigen Verwaltungszweigen fließenden gemeinschaftlichen Einnahmen. Insoweit die Ausgaben durch diese Einnahmen nicht gedeckt werden, sind sie durch Beiträge der einzelnen Bundesstaaten nach Maßgabe ihrer Bevölkerung aufzubringen, welche in Höhe des budgetmäßigen Betrags durch den Reichskanzler ausgeschrieben werden. Insoweit diese Beiträge in den Überweisungen keine Deckung finden, sind sie den Bundesstaaten am Jahresschluß in dem Maße zu erstatten, als die übrigen ordentlichen Einnahmen des Reichs dessen Bedarf übersteigen.

Etwaige Überschüsse aus den Vorjahren dienen, insoweit durch das Gesetz über den Reichshaushaltsetat nicht ein anderes bestimmt wird, zur Deckung gemeinschaftlicher außerordentlicher Ausgaben.

Fassung des Gesetzes vom 14. Mai 1904 § 2. — Vgl. RG., betr. Änderungen des Finanzwesens, vom 15. Juli 1909 § 2.

Artikel 71.

Die gemeinschaftlichen Ausgaben werden in der Regel für ein Jahr bewilligt, können jedoch in besonderen Fällen auch für eine längere Dauer bewilligt werden.

Während der im Artikel 60 normierten Übergangszeit ist der nach Titeln geordnete Etat über die Ausgaben für das Heer dem Bundesrate und dem Reichstage nur zur Kenntnisnahme und zur Erinnerung vorzulegen.

Artikel 72.

Über die Verwendung aller Einnahmen des Reichs ist durch den Reichskanzler dem Bundesrate und dem Reichstage zur Entlastung jährlich Rechnung zu legen.

Artikel 73.

In Fällen eines außerordentlichen Bedürfnisses kann im Wege der Reichsgesetzgebung die Aufnahme einer Anleihe, sowie die Übernahme einer Garantie zu Lasten des Reichs erfolgen.

Schlußbestimmung zum XII. Abschnitt.

Auf die Ausgaben für das bayerische Heer finden die Artikel 69 und 71 nur nach Maßgabe der in der Schlußbestimmung zum XI. Abschnitt erwähnten Bestimmungen des Vertrages vom 23. November 1870 und der Artikel 72 nur insoweit Anwendung, als dem Bundesrate und dem Reichstage die Überweisung der für das bayerische Heer erforderlichen Summe an Bayern nachzuweisen ist.

XIII. Schlichtung von Streitigkeiten und Strafbestimmungen.

Artikel 74.

Jedes Unternehmen gegen die Existenz, die Integrität, die Sicherheit oder die Verfassung des Deutschen Reichs, endlich die Beleidigung des Bundesrates, des Reichstages, eines Mitgliedes des Bundesrates oder des Reichstages, einer Behörde oder eines öffentlichen Beamten des Reichs, während dieselben in der Ausübung ihres Berufes begriffen sind oder in Beziehung auf ihren Beruf, durch Wort, Schrift, Druck, Zeichen, bildliche oder andere Darstellung, werden in den einzelnen Bundesstaaten beurteilt und bestraft nach Maßgabe der in den letzteren bestehenden oder künftig in Wirksamkeit tretenden Gesetze, nach welchen eine gleiche gegen den einzelnen Bundesstaat, seine Verfassung, seine Kammern oder Stände, seine Kammer- oder Ständemitglieder, seine Behörden und Beamten begangene Handlung zu richten wäre.

Vgl. EG.StGB. § 4 und StGB. §§ 81, 93, 105, 196, 197, 339.

Artikel 75.

Für diejenigen in Artikel 74 bezeichneten Unternehmungen gegen das Deutsche Reich, welche, wenn gegen einen der einzelnen Bundesstaaten gerichtet, als Hochverrat oder Landesverrat zu qualifizieren wären, ist das gemeinschaftliche Ober-Appellationsgericht der drei Freien und Hansestädte in Lübeck die zuständige Spruchbehörde in erster und letzter Instanz.

Die näheren Bestimmungen über die Zuständigkeit und das Verfahren des Ober-Appellationsgerichts erfolgen im Wege der Reichsgesetzgebung. Bis zum Erlasse eines Reichsgesetzes bewendet es bei der seitherigen Zuständigkeit der Gerichte in den einzelnen Bundesstaaten und den auf das Verfahren dieser Gerichte sich beziehenden Bestimmungen.

Abs. 1 aufgehoben durch § 136 des GVG. (vom 27. Januar 1877): Zuständigkeit des Reichsgerichts.

Artikel 76.

Streitigkeiten zwischen verschiedenen Bundesstaaten, sofern dieselben nicht privatrechtlicher Natur und daher von den kompetenten Gerichtsbehörden zu entscheiden sind, werden auf Anrufen des einen Teils von dem Bundesrate erledigt.

Verfassungsstreitigkeiten in solchen Bundesstaaten, in deren Verfassung nicht eine Behörde zur Entscheidung solcher Streitigkeiten bestimmt ist, hat auf Anrufen eines Teiles der Bundesrat gütlich auszugleichen oder, wenn das nicht gelingt, im Wege der Reichsgesetzgebung zur Erledigung zu bringen.

Vgl. RG., betr. die Zuständigkeit des Reichsgerichts für Streitfragen zwischen dem Senat und der Bürgerschaft der Freien und Hansestadt Hamburg, vom 14. März 1881.

Artikel 77.

Wenn in einem Bundesstaate der Fall einer Justizverweigerung eintritt und auf gesetzlichen Wegen ausreichende Hilfe nicht erlangt werden kann, so liegt dem Bundesrate ob, erwiesene, nach der Verfassung und den bestehenden Gesetzen des betreffenden Bundesstaates zu beurteilende Beschwerden über verweigerte oder gehemmte Rechtspflege anzunehmen, und darauf die gerichtliche Hilfe bei der Bundesregierung, die zu der Beschwerde Anlaß gegeben hat, zu bewirken.

XIV. Allgemeine Bestimmungen.

Artikel 78.

Veränderungen der Verfassung erfolgen im Wege der Gesetzgebung. Sie gelten als abgelehnt, wenn sie im Bundesrate 14 Stimmen gegen sich haben.

Diejenigen Vorschriften der Reichsverfassung, durch welche bestimmte Rechte einzelner Bundesstaaten in deren Verhältnis zur Gesamtheit festgestellt sind, können nur mit Zustimmung des berechtigten Bundesstaates abgeändert werden.

Sonderrechte der einzelnen Bundesstaaten:

a) Bayern: Art. 4 Ziff. 1, 4 u. 10, Artt. 35, 38, 46, 52 und Schlußbestimmungen zu Abschn. XI u. XII;

b) Württemberg: Art. 4 Ziff. 10, Artt. 8, 35, 38, 52 und Schlußbestimmung zu Abschn. XI;

c) Baden: Artt. 35, 38;

d) Sachsen: Art. 8.

e) Hamburg und Bremen: Art. 34.

Anhang.

Reichsgesetz
über die Verfassung Elsaß-Lothringens.
Vom 31. Mai 1911.

(Wegen des Inkrafttretens vgl. Art. III.)

Artikel I.

In die Reichsverfassung wird als **Artikel 6 a** folgende Vorschrift eingestellt:

Art. 6 a der RV.

Elsaß-Lothringen führt im Bundesrate drei Stimmen, solange die Vorschriften im Artikel II § 1, § 2 Abs. 1 und 3 des Gesetzes über die Verfassung Elsaß-Lothringens vom 31. Mai 1911 in Kraft sind.

Die elsaß-lothringischen Stimmen werden nicht gezählt, wenn die Präsidialstimme nur durch den Hinzutritt dieser Stimmen die Mehrheit für sich erlangen oder im Sinne des Artikel 7 Abs. 3 Satz 3 den Ausschlag geben würde. Das gleiche gilt bei der Beschlußfassung über Änderungen der Verfassung.

Elsaß-Lothringen gilt im Sinne des Artikel 6 Abs. 2 und der Artikel 7 und 8 als Bundesstaat.

Artikel II.

Elsaß-Lothringen erhält folgende **Verfassung**:

§ 1.

Die Staatsgewalt in Elsaß-Lothringen übt der Kaiser aus.

§ 2.

An der Spitze der Landesregierung steht ein Statthalter, der vom Kaiser unter Gegenzeichnung des Reichskanzlers ernannt und abberufen wird.

Der Statthalter hat insbesondere die Befugnisse und Obliegenheiten, die vor dem Inkrafttreten des Gesetzes, betr. die Verfassung und die Verwaltung Elsaß-Lothringens, vom 4. Juli 1879 (Reichs-Gesetzbl. S. 165) durch Gesetze und Verordnungen dem Reichskanzler in elsaß-lothringischen Landesangelegenheiten überwiesen waren. Er ist berechtigt, zu polizeilichen Zwecken die in Elsaß-Lothringen stehenden Truppen in Anspruch zu nehmen.

Der Statthalter ernennt und instruiert die Bevollmächtigten zum Bundesrate.

Die Anordnungen und Verfügungen des Kaisers bedürfen zu ihrer Gültigkeit der Gegenzeichnung des Statthalters, der dadurch die Verantwortlichkeit übernimmt.

Der Statthalter residiert in Straßburg.

§ 3.

Der Kaiser kann dem Statthalter landesherrliche Befugnisse übertragen. Der Umfang dieser Übertragung wird durch Kaiserliche Verordnung bestimmt, die vom Reichskanzler gegenzuzeichnen ist.

Die Anordnungen und Verfügungen, die der Statthalter kraft der ihm zustehenden landesherrlichen Befugnisse erläßt, bedürfen zu ihrer Gültigkeit der Gegenzeichnung des Staatssekretärs, der dadurch die Verantwortlichkeit übernimmt.

§ 4.

Der Statthalter wird, soweit es sich nicht um die Ausübung landesherrlicher Befugnisse handelt, durch den Staatssekretär vertreten. Als Vertreter des Statthalters hat der Staatssekretär die Rechte und die Verantwortlichkeit in dem Umfang, wie ein dem Reichskanzler nach Maßgabe des Gesetzes vom 17. März 1878 (Reichs-Gesetzbl. S. 7) substituierter Stellvertreter sie hat.

Dem Statthalter ist vorbehalten, jede in diesen Bereich fallende Amtshandlung selbst vorzunehmen.

§ 5.

Landesgesetze für Elsaß-Lothringen werden vom Kaiser mit Zustimmung des aus zwei Kammern bestehenden Landtags erlassen. Die Übereinstimmung des Kaisers und beider Kammern ist zu jedem Gesetz erforderlich.

Der Kaiser fertigt die Gesetze aus und ordnet ihre Verkündung an. Sofern nicht in dem verkündeten Gesetz ein anderer Anfangstermin seiner verbindlichen Kraft bestimmt ist, beginnt diese mit dem vierzehnten Tage nach dem Ablauf desjenigen Tages, an welchem das betreffende Stück des Gesetzblatts für Elsaß-Lothringen in Straßburg ausgegeben worden ist.

Der Landeshaushaltsetat wird alljährlich durch Gesetz festgestellt. Die Gesetzentwürfe über die Feststellung des jährlichen Landeshaushaltsetats werden zuerst der Zweiten Kammer vorgelegt und von der Ersten Kammer im ganzen angenommen oder abgelehnt. Im Etatsentwurfe nicht vorgesehene Ausgaben oder Erhöhungen von Ausgabeposten über den Betrag der von der Landesregierung vorgeschlagenen Summe können von der Zweiten Kammer ohne Zustimmung der Regierung in den Etat nicht eingesetzt werden.

Steuern und Abgaben für die Staatskasse dürfen nur erhoben werden, soweit sie in den Haushaltsetat aufgenommen oder durch besondere Gesetze angeordnet sind. Nach dem Ablauf eines Etatsjahrs bleibt die Landesregierung bis zum Inkrafttreten des neuen Etatsgesetzes ermächtigt, Schatzanweisungen auszugeben, soweit die Einnahmen aus den auf besonderen Gesetzen beruhenden Steuern und Abgaben nicht ausreichen, um die rechtlich begründeten Verpflichtungen der Landeskasse zu erfüllen, Bauten, die auf Grund eines dem Landtag vorgelegten und von ihm genehmigten Bauanschlags ausgeführt werden, fortzusetzen und die gesetzlich bestehenden Einrichtungen zu erhalten und fortzuführen.

§ 6.

Der Ersten Kammer gehören als Mitglieder an:

I. Die Bischöfe zu Straßburg und Metz, sowie während der Sedisvakanz eines der Bistümer sein ältester Bistumsverweser,
der Präsident des Oberkonsistoriums der Kirche Augsburgischer Konfession,
der Präsident des Synodalvorstandes der reformierten Kirche,
der Präsident des Oberlandesgerichts zu Kolmar;

II. ein Vertreter der Kaiser-Wilhelms-Universität Straßburg, den das Plenum der Universität unter denjenigen ordentlichen Professoren wählt, welche zum Halten von Vorlesungen und zur Übernahme von Universitätsämtern verpflichtet sind,
ein Vertreter der israelitischen Konsistorien, den diese aus ihrer Mitte wählen,
je ein Vertreter der Städte Straßburg, Metz, Kolmar und Mülhausen, den die Gemeinderäte dieser Städte aus ihrer Mitte wählen,
je ein von den Handelskammern zu Straßburg, Metz, Kolmar und Mülhausen gewählter Vertreter,
je zwei vom Landwirtschaftsrat aus im Hauptberuf in der Landwirtschaft tätigen Personen der Bezirke Oberelsaß, Unterelsaß

und Lothringen gewählte Vertreter, deren je einer aus jedem Bezirke bäuerlicher Kleinbesitzer sein muß,

zwei von der Handwerkskammer zu Straßburg gewählte Vertreter;

III. in Elsaß-Lothringen wohnhafte Reichsangehörige, welche der Kaiser auf Vorschlag des Bundesrats ernennt. Die Zahl der vom Kaiser ernannten Mitglieder darf die der übrigen Mitglieder nicht übersteigen.

Die Wahlen der unter II. genannten Mitglieder sind nach Maßgabe einer zu erlassenden Kaiserlichen Wahlordnung vorzunehmen. Wählbar sind nur Reichsangehörige, die in Elsaß-Lothringen ihren Wohnsitz haben und mindestens 30 Jahre alt sind.

Zu den unter II. genannten Mitgliedern treten drei Vertreter des Arbeiterstandes hinzu, sobald durch Reichs- oder Landesgesetz eine Arbeitervertretung geschaffen ist, der die Wahl dieser Vertreter übertragen werden kann.

Die Mitgliedschaft der gewählten und ernannten Mitglieder dauert fünf Jahre von dem Tage an, an welchem ihnen die Wahl oder Ernennung amtlich mitgeteilt worden ist. Vor dem Ablauf dieser Frist erlischt sie mit dem Wegfall der gesetzlichen Voraussetzungen für die Berufung sowie durch die Auflösung der Ersten Kammer.

§ 7.

Die Zweite Kammer geht aus allgemeinen und direkten Wahlen mit geheimer Abstimmung nach Maßgabe eines Wahlgesetzes hervor.

§ 8.

Die Abgeordneten der Zweiten Kammer werden in Zeiträumen von fünf Jahren neu gewählt.

Die allgemeinen Wahlen finden gleichzeitig für sämtliche Abgeordnete an einem Tage statt, der durch Verordnung des Statthalters festgesetzt und im Gesetzblatt für Elsaß-Lothringen bekanntgemacht wird.

Die Eigenschaft als Abgeordneter erlischt, wenn seit dem Tage der allgemeinen Wahlen fünf Jahre verflossen sind.

§ 9.

Über die Einsprüche gegen Gültigkeit der Wahlen der Landtagsmitglieder entscheidet der oberste Verwaltungsgerichtshof, bis zu seiner Errichtung ein Senat des Oberlandesgerichts.

Zur Erhebung des Einspruchs ist jeder Wahlberechtigte befugt, der an der betreffenden Wahl teilnehmen durfte, bei Wahlen zur

Zweiten Kammer auch jeder Wählbare, der bei der Wahl Stimmen auf sich vereinigt hat. Der Einspruch ist binnen vierzehn Tagen nach der amtlichen Feststellung des Wahlergebnisses bei dem im Abs. 1 bezeichneten Gericht einzulegen und zu rechtfertigen.

Jeder Kammer sind die abgeschlossenen Akten über die Wahl ihrer Mitglieder vorzulegen.

Entstehen Zweifel darüber, ob die gesetzlichen Voraussetzungen der Mitgliedschaft vorhanden sind, so entscheidet das im Abs. 1 bezeichnete Gericht auf Verlangen der Kammer, der das Mitglied angehört.

§ 10.

Beamte bedürfen keines Urlaubs zum Eintritt in den Landtag.

Wenn ein Mitglied der Zweiten Kammer ein besoldetes Reichs- oder Staatsamt annimmt oder im Reichs- oder Staatsdienst in ein Amt eintritt, mit dem ein höherer Rang oder ein höheres Gehalt verbunden ist, so verliert es Sitz und Stimme und kann beides nur durch neue Wahl wieder erlangen.

§ 11.

Dem Kaiser steht es zu, die Kammern zu berufen, zu eröffnen, zu vertagen, zu schließen und aufzulösen.

Beide Kammern werden gleichzeitig berufen, eröffnet, vertagt und geschlossen.

Die Berufung des Landtags findet alljährlich statt.

Die Auflösung nur einer Kammer hat für die andere den Schluß der Sitzungsperiode zur Folge.

§ 12.

Ohne Zustimmung des Landtags darf dessen Vertagung die Frist von 30 Tagen nicht übersteigen und während derselben Sitzungsperiode nicht wiederholt werden.

Im Falle der Auflösung muß der Landtag binnen 90 Tagen wieder versammelt werden.

§ 13.

Jede Kammer regelt ihren Geschäftsgang und ihre Disziplin durch eine Geschäftsordnung und wählt ihren Präsidenten, ihre Vizepräsidenten und Schriftführer.

§ 14.

Die Mitglieder des Landtags schwören bei ihrem Eintritt in die Kammer Gehorsam der Verfassung und Treue dem Kaiser.

Die Ausübung der Mitgliedschaft wird durch die Leistung des Eides bedingt.

§ 15.

Die Verhandlungen des Landtags sind öffentlich. Die Geschäftssprache ist deutsch.

Wahrheitsgetreue Berichte über Verhandlungen in den öffentlichen Sitzungen des Landtags bleiben von jeder Verantwortlichkeit frei.

§ 16.

Innerhalb des Bereichs der Landesgesetzgebung steht neben dem Kaiser jeder der beiden Kammern das Recht zu, Gesetze vorzuschlagen.

Gesetzesvorschläge, welche durch eine der Kammern oder den Kaiser verworfen worden sind, können in derselben Sitzungsperiode nicht wieder vorgebracht werden.

Jede Kammer hat das Recht, Interpellationen an die Regierung zu richten und an sie gerichtete Petitionen der Regierung zu überweisen.

§ 17.

Die Mitglieder des Ministeriums und die zu ihrer Vertretung abgeordneten Beamten haben das Recht, bei den Verhandlungen der Kammern sowie in deren Abteilungen und Kommissionen gegenwärtig zu sein. Sie müssen auf ihr Verlangen jederzeit gehört werden.

§ 18.

Die Kammern beschließen nach absoluter Stimmenmehrheit. Zur Gültigkeit der Beschlußfassung ist in der Ersten Kammer die Anwesenheit von mindestens dreiundzwanzig Mitgliedern, in der Zweiten Kammer die Anwesenheit der Mehrheit der gesetzlichen Anzahl ihrer Mitglieder erforderlich.

§ 19.

Die Mitglieder des Landtags sind Vertreter des ganzen Volkes und an Aufträge und Instruktionen nicht gebunden.

Niemand kann Mitglied beider Kammern sein.

§ 20.

Kein Mitglied des Landtags darf zu irgend einer Zeit wegen seiner Abstimmung oder wegen der in Ausübung seines Berufs getanen Äußerungen gerichtlich oder disziplinarisch verfolgt oder sonst außerhalb der Versammlung zur Verantwortung gezogen werden.

§ 21.

Kein Mitglied einer Kammer kann ohne deren Genehmigung während der Sitzungsperiode wegen einer mit Strafe bedrohten

Handlung zur Untersuchung gezogen oder verhaftet werden, außer wenn es bei Ausübung der Tat oder im Laufe des nächstfolgenden Tages ergriffen wird.

Jedes Strafverfahren gegen ein Mitglied einer Kammer sowie jede Untersuchungshaft wird für die Dauer der Sitzungsperiode aufgehoben, wenn die Kammer es verlangt.

§ 22.

Die Mitglieder des Landtags erhalten eine Entschädigung nach Maßgabe eines Landesgesetzes.

Bis zum Erlasse dieses Gesetzes, längstens jedoch bis zum 1. Juli 1912, erhalten sie die bisher den Mitgliedern des Landesausschusses zustehende Entschädigung.

§ 23.

Der Kaiser kann, während der Landtag nicht versammelt ist, Verordnungen mit Gesetzeskraft erlassen, wenn die Aufrechterhaltung der öffentlichen Sicherheit oder die Beseitigung eines ungewöhnlichen Notstandes es dringend erfordert.

Diese Verordnungen sind dem Landtag bei seinem nächsten Zusammentreten zur Genehmigung vorzulegen. Sie treten außer Kraft, sobald der Landtag die Genehmigung versagt.

§ 24.

In Elsaß-Lothringen dürfen Eisenbahnen, die dem öffentlichen Verkehre dienen, nur vom Reiche oder mit dessen Zustimmung gebaut werden.

Soweit das Reich selbst Eisenbahnen baut oder betreibt, steht die Ausübung der auf den Bau und Betrieb der Eisenbahnen sich beziehenden Rechte der Reichsverwaltung zu. Entstehen über den Umfang dieser Rechte Meinungsverschiedenheiten zwischen der Reichs- und der Landesverwaltung, so entscheidet hierüber der Bundesrat.

Werden durch den Bau neuer oder die Veränderung bestehender Eisenbahnen die Verkehrsinteressen des Landes berührt oder wird durch die Herstellung neuer oder die Veränderung bestehender Eisenbahnanlagen in den Geschäftsbereich der Landespolizei eingegriffen, so dürfen die Entscheidungen der Reichsverwaltung nur nach Anhörung der Landesbehörden ergehen. Das gleiche gilt für die Entscheidungen über die Zulässigkeit der Enteignung. In den Entscheidungen ist festzustellen, daß die Landesbehörden gehört sind.

§ 25.

Das Gesetz, betreffend die Gleichberechtigung der Konfessionen in bürgerlicher und staatsbürgerlicher Beziehung, vom 3. Juli 1869 (Bundes-Gesetzbl. S. 292) wird in Elsaß-Lothringen eingeführt.

§ 26.

Die amtliche Geschäftssprache der Behörden und öffentlichen Körperschaften sowie die Unterrichtssprache in den Schulen des Landes ist die deutsche.

In Landesteilen mit überwiegend französisch sprechender Bevölkerung können auch fernerhin Ausnahmen zugunsten der französischen Geschäftssprache nach Maßgabe des Gesetzes, betreffend die amtliche Geschäftssprache, vom 31. März 1872 (Gesetzbl. für Elsaß-Lothringen S. 159) zugelassen werden. Desgleichen kann der Statthalter den Gebrauch des Französischen als Unterrichtssprache entsprechend der bisherigen Übung auf Grund des § 4 des Gesetzes, betreffend das Unterrichtswesen, vom 12. Februar 1873 (Gesetzbl. für Elsaß-Lothringen S. 37) auch fernerhin zulassen.

§ 27.

Aufgehoben werden:

§§ 3 und 4 des Gesetzes, betreffend die Vereinigung von Elsaß-Lothringen mit dem Deutschen Reiche, vom 9. Juni 1871 (Reichs-Gesetzbl. S. 212; Gesetzbl. für Elsaß-Lothringen S. 1),

§ 2 Abs. 2 des Gesetzes, betreffend die Verkündung der Gesetze und Verordnungen, vom 3. Juli 1871 (Gesetzbl. für Elsaß-Lothringen S. 2),

§ 10 Abs. 2 des Gesetzes, betreffend die Einrichtung der Verwaltung, vom 30. Dezember 1871 (Gesetzbl. für Elsaß-Lothringen 1872 S. 49),

§ 8 des Gesetzes, betreffend die Einführung der Verfassung des Deutschen Reichs in Elsaß-Lothringen, vom 25. Juni 1873 (Reichs-Gesetzbl. S. 161; Gesetzbl. für Elsaß-Lothringen S. 131),

das Gesetz, betreffend die Landesgesetzgebung von Elsaß-Lothringen vom 2. Mai 1877 (Reichs-Gesetzbl. S. 491),

§§ 1, 2, 4, 7, 9, 10, 12 bis 21 und § 22 Satz 2 des Gesetzes, betreffend die Verfassung und die Verwaltung Elsaß-Lothringens, vom 4. Juli 1879 (Reichs-Gesetzbl. S. 165),

das Gesetz, betreffend die Öffentlichkeit der Verhandlungen und die Geschäftssprache des Landesausschusses für Elsaß-Lothringen, vom 23. Mai 1881 (Reichs-Gesetzbl. S. 98) und das Gesetz, betreffend die Anwendung abgeänderter Reichsgesetze auf landesgesetzliche Angelegenheiten Elsaß-Lothringens, vom 7. Juli 1887 (Reichs-Gesetzbl. S. 377),

sowie ferner:

der Allerhöchste Erlaß, betreffend die Einrichtung eines beratenden Landesausschusses für Elsaß-Lothringen, vom 29. Oktober 1874 (Gesetzbl. für Elsaß-Lothringen S. 37),

§§ 1 und 2 der Verordnung zur Ausführung des Allerhöchsten Erlasses vom 29. Oktober 1874, betreffend die Einrichtung eines beratenden Landesausschusses für Elsaß-Lothringen, vom 23. März 1875 (Gesetzbl. für Elsaß-Lothringen S. 63),

der Allerhöchste Erlaß, betreffend die Wahl eines zweiten Stellvertreters des Vorsitzenden des Landesausschusses für Elsaß-Lothringen, vom 13. Februar 1877 (Gesetzbl. für Elsaß-Lothringen S. 9),

die Verordnung, betreffend die Wahlen zum Landesausschusse, vom 1. Oktober 1879 (Gesetzbl. für Elsaß-Lothringen S. 89) und

§ 2 Ziffer I, § 7 der Verordnung, betreffend Erweiterung der Zuständigkeit des Kaiserlichen Rats, vom 22. April 1902 (Gesetzbl. für Elsaß-Lothringen S. 32).

§ 28.

Wo in Gesetzen oder Verordnungen vom Landesausschusse die Rede ist, ist die Zweite Kammer zu verstehen.

Artikel III.

Dieses Gesetz tritt hinsichtlich der Bestimmungen über die Bildung des Landtags (Artikel II § 6 Abs. 1, 2, § 7, § 8 Abs. 2, § 9) mit dem Tage seiner Verkündung, im übrigen an einem durch Kaiserliche Verordnung festzusetzenden Tage, spätestens am 1. Januar 1912 in Kraft. Es kann nur durch Reichsgesetz aufgehoben oder abgeändert werden.

Das Gesetz ist am 6. Juni 1911 verkündet. — Durch Kaiserliche Verordnung über das Inkrafttreten des Gesetzes über die Verfassung Elsaß-Lothringens vom 31. Mai 1911, vom 21. August 1911 ist bestimmt, daß das Gesetz in seinem ganzen Umfange am 1. September 1911 in Kraft tritt.

Register.

(Die Zahlen bedeuten die Seiten.)

A

B

C

F

H

L

M

W

Z

Kolibri 360 GmbH
Ferdinand-Jühlke-Straße 7
99095 Erfurt, Deutschland
produktsicherheit@kolibri360.de